随园文史研究丛书 第二辑

中國梅花名勝攷

程杰著

中华书局

图书在版编目(CIP)数据

中国梅花名胜考/程杰著. —北京:中华书局,2014.5
(随园文史研究丛书. 第2辑)
ISBN 978 - 7 - 101 - 09697 - 2

Ⅰ. 中…　Ⅱ. 程…　Ⅲ. 梅花 - 风景名胜区 - 研究 - 中国
Ⅳ. K928.73

中国版本图书馆 CIP 数据核字(2013)第 235032 号

书　　名	中国梅花名胜考
著　　者	程　杰
丛 书 名	随园文史研究丛书　第二辑
责任编辑	俞国林
出版发行	中华书局
	(北京市丰台区太平桥西里 38 号　100073)
	http://www.zhbc.com.cn
	E-mail:zhbc@ zhbc.com.cn
印　　刷	北京瑞古冠中印刷厂
版　　次	2014 年 5 月北京第 1 版
	2014 年 5 月北京第 1 次印刷
规　　格	开本/787×1092 毫米　1/16
	印张 46½　字数 860 千字
印　　数	1 - 1200 册
国际书号	ISBN 978 - 7 - 101 - 09697 - 2
定　　价	380.00 元

目 录

内编二　古代其他梅花名胜

内编三　古代梅花规模风景的历史总结

内编四　梅花古树名木

外编　现代梅花名胜

附录 蜡梅名胜

引　言

梅原产我国，在我国分布较为广泛，而在国外除日本、朝鲜、越南、缅甸、泰国等少数东亚国家外，其他地方较为罕见，因此梅是我国最具本土意义的植物之一。梅在我国的开发利用历史极其悠久，考古发现，早在七千年前的新石器时代，先民已经采用梅实。商周以来进入栽培应用，三千年来一直是我国重要的果树品种。魏晋以来人们开始欣赏其花，中唐以来尤其是宋元时期，梅花"疏影横斜"的姿态、凌寒傲雪的气格、幽韵冷香的气质神韵受到人们越来越多的关注和赞扬，被赋予了丰富的品德象征意义，获得了崇高的思想文化地位。梅花成了中国文化中最为重要的花卉，具有民族精神象征的符号意义。古人有"花魁"、"岁寒三友"、"梅兰竹菊"四君子等说法，1929 年南京国民政府曾创议以梅花为国花，"改革开放"以来各地有关国花、名花的评选活动中，梅花一直与牡丹一起广受欢迎，呼声最高，这些都充分反映了我国人民对梅花的无比喜爱和高度推崇。

纵观历史，梅经历了一个由"果子实用"到"花色审美"，再到"文化象征"不断拓展的文化历程，其过程几乎贯穿了整个中国历史发展的全程，因此说，梅暨梅花是一个开发历史跨度大、文化"年轮"完整的植物，包含着漫长的历史风景和深厚的文化积淀，是解剖中国社会发展与文化演进轨迹和变化规律最为重要的意象标本。正是有鉴于此，笔者近十多年致力于梅文化的专题研究，梳理和挖掘人类相关社会生活和文化活动生成、发展的历史景观，解读梅花得天独厚的生物特性与深餍人意的精神价值，梳理物色资源与人情世理知遇契应的历史机制，阐发其中思想情趣寄托的民族特色和人文精神象征的符号意义，简单地说就是研究中国历史文化中的梅花，研究梅花中的中国历史文化。本著作属于前一方面的工作，专题考察和挖掘自然生长、种植为业与观赏栽培而形成的各类梅花风景名胜，全面、系统、详细地梳理和展现中华大地梅花风景资源逶迤生息、此起彼伏、盛衰变迁的历史风貌。

梅花名胜是梅花植物最为集中、丰富的自然风景，是梅花观赏文化最为活跃、生动的生活场景，包含着园林、宗教、农林、贸易、旅游、交通、文学艺术等广泛领域的丰富历史信息和深厚文化沉积。本书致力探讨我国自魏晋以来近两千年的梅花风景名胜，主要梳理和考述各名胜景点兴衰存废、此起彼伏的变化历程，探讨其盛衰变迁的自然和社会原因，阐述各景点的风景特色、资源价值和历史地位，并在此基础上，就梅花风景资源主要是梅花名胜时空分布、盛衰存亡等方面的历史规律进行全面总结。

所谓名胜，顾名思义包括两个方面的含义：一是景胜，也就是有景可观，风景资源突出；一是名著，也就是广为人知，具有一定的知名度。具体到本著所论述的梅花名胜，也不外具有这两个要素。

首先是风景之胜。古往今来梅花景观林林总总，本著所讨论的主要是我国古代规模较大，具有公共资源性质的梅林风景。而那些纯粹的私有园林，一般规模有限，存世短暂，我们选择了南宋范成大范村、张镃玉照堂、清朝袁枚随园等少数几个在梅文化史上最为重要的士人园墅梅景作为代表，其他一般都不涉及。这些名胜梅景少则数十树，多则连绵三十里、方圆五十里乃至上百里，一般大多在"万树"、"连绵十里"以上。这些大规模的风景或出于天然野生，或出于农业种植，多属社会公共资源，是一种富于风景气势、观赏价值的壮丽景观，起源背景丰富，延续时间较长，社会影响广泛，而历史意义也就比较显著。另有一些相传名人手植或寺观传植号称"某某梅"如"六朝梅"、"唐梅"、"宋梅"、"元梅"的古树名木，虽然多属孤株零植，但历时经久，备受人们重视，历史积淀丰厚，我们也择其要者一一详加考述。现代部分主要指各类公私梅花专类园、植梅景点和青梅产地的梅花风景。本著专题考述的古代梅花规模风景49处，古梅名株33处，合计82个，现代（含台湾地区）各类梅园40个、产地梅景20多处。

关于知名度，又包括两方面的要求。一是地点明确、具体。古人说"闽、浙、三吴之间，梅花相望，有十余里不绝者"，"皆俗人种之以售其实耳"①，这种情况在南方各省区普遍存在。古代文人经常有"某某道中"、"某某山中"梅花十里五里一类诗题和说法，所写梅景大多泛指途经某地所见大片风景，并未指明具体地点。如福建闽县、怀安、侯官三县自古盛产梅子，南宋吕本中称怀安"夹路梅花三十里"②、喻良能称"怀安道中梅林绵亘十里"③，但都未明确具体地点。到了明万历至清康熙间，福州南台（今福州仓山区）的藤山梅花盛极一时。南台旧属闽县，而怀安由闽县析出，两地相邻较紧，梅花风景属于同一地区的种植传统，但福州藤山地点明确，游人聚集，当时有"藤山梅坞"、"藤山早梅"、"罗浮春色"等制名称

---

① 谢肇淛《五杂俎》卷一〇。
② 吕本中《简范信中钤辖三首》，《东莱诗集》卷一四。
③ 喻良能《雪中赏横枝梅花》诗注，《香山集》卷九。

呼，属于典型的名胜风景，我们给予专题考述，而泛说怀安一县的情况，只作为藤山梅花的背景兼顾交代。二是要广为人知，具体地说，古代景点至少要有两处以上的文献记载或多人提及。除台湾地区的淡水古梅外，我们论述的古代名胜景点都符合这一标准。而像南宋杨万里《自彭田铺至汤田道旁梅花十余里》一诗所说今广东顺丰县北境有连绵梅林①，清初陆世仪《城之北乡自薛家湾至蔡家湾一路皆种梅，入春如雪，予心乐之，将卜居于此焉》说江苏太仓城北十里尽梅②，虽然规模较大、地点明确，但未见有他人游踪及作品可资佐证。而象南宋叶适《中塘梅林，天下之盛也，聊伸鄙述，启好游者》"上下三塘间，萦带十里余"③，规模也大，地点明确，也有同人诗可证④，但不仅叶适自认前所未闻，而且经其热情推荐，仍未见多少反响，并叶适也只是一时偶及，此后未见任何记载⑤。古代这类仅见个别记载或零星吟咏的梅花风景不在少数，难当名胜之称，因而也不是我们考述的对象。现代公园自属名胜，而青梅产地和台湾地区的景点，笔者多据有关科研论文和互联网各类游记采撷信息，因而也都有一定的影响。

我们的研究以名胜风景的个案考述为主，分内、外两编展开。

内编论述古代的风景，准确地说是起源于古代的梅花风景。这是我们研究和论述的重点，所述景点都尘埃落定，文献记载丰富、明确，我们的考述也较为具体、详实，因而称为内编。内编分四部分，第一部分重点考述大庾岭、西湖孤山、罗浮梅花村、苏州邓尉、杭州西溪等五大名胜。这是众多名胜中最具代表性和影响力的5个梅花景点，构成了我国梅文化发展史上的经典元素与象征符号，我们详细论述了它们所在地点、兴衰历程、风景特色、历史地位等方面的具体情况。第二部分则考述其他44个名胜风景，这些景点的风景特色、规模大小、持续长短、社会影响各不相同，展示了古代梅花风景丰富复杂的生态状况。我们根据不同的情况，广泛搜集资料，纵横梳理考述，力求再现其历史面貌，曲尽其来龙去脉。这两部分的内容按风景名胜兴盛时代先后为序。第三部分是对上述规模风景的总结阐发。我们根据上述个案考察的内容，对古代梅花名胜的整体情况进行全面总结，综合不同的学科视野，集中阐述了古代梅花名胜地域分布、时代分布、盛衰变化、经济背景、旅游

---

① 杨万里《诚斋集》卷一七。对杨万里此诗写作地点有不同看法，具体考证见本书现代部分广东"梅州城东梅园"条下注释。

② 陆世仪《桴亭先生诗文集》诗集卷五。

③ 叶适《叶适集》水心文集卷六。

④ 戴栩《赏梅游中塘，分韵得影字，呈水心》，《浣川集》卷一。

⑤ 清孙衣言《瓯海轶闻》卷五〇"宋时中塘梅花之盛"："中塘、下仙，宋时盖皆以多梅花著。余尝至楠溪，过中塘，又尝访友下仙之奚师村，皆不复知其事矣。"张宝琳、黄荣等《（光绪）永嘉县志》卷二记载"中塘山在永宁乡（三十八都），有梅林"，但下引仅叶适诗，可见非当时实录。

状况等方面的基本特点、历史规律和现实启示。第四部分则是对 33 个古代著名的梅花古树名木逐一考述介绍。

外编论述现当代的风景。由于实际情况多数仍处变动不居之中，加之文献记载不够稳定、充分，笔者掌握的材料也极为有限，论述大多较为简略。尤其是青梅产地的风景和台湾地区的情况，多数仍只借助网络信息，有待来日增补和修订，因而统称为外编。外编共分五章：第一章论述现代三大梅园，指江苏无锡梅园、南京中山陵梅花山、湖北武汉东湖磨山梅园；第二章列述现当代的其他观赏梅园，按华东、华南、西南、鲁豫、北方的顺序展开；第三章列述当代果梅产地的梅花风景，按华东、中南、西南三大区域排列；第四章简介当代发现的野梅和古梅资源；第五章简述台湾地区的梅花风景。最后附录几个古今蜡梅名胜景点的简介。

在现代人文、社会学科体系中，我们这一研究课题是一个大雅不尚，极难归类的东西，无论放在哪一个传统的学科领域都若即若离，笔者常自谑为"旁门左道，拈花惹草"。如果勉强归类的话，大概属于历史学科中的专门史研究，是梅文化史的专题研究。如果放在笔者所在的中国古代文学专业中，可以称作古代文学的文化学研究。而所有文化问题都有跨学科的色彩，在我国目前的学科管理体系中尚未获得明确的地位①。但也正是如此"不伦不类"、"不三不四"的工作，有着跨学科的多维意义，放在任一聊可归类的学科领域中，都多少具有一些发疆拓土、拾遗补阙的作用。就笔者多年研究的体会，我们这项工作的意义主要有以下几个方面。

首先，就梅文化的研究而言，我们第一次全面、系统、深入、详实地展示了我国自魏晋以来 1800 年中梅花风景名胜盛衰兴废、此起彼伏、逶迤演变的历史全景，这是梅文化专题史中一个特殊的方面。我们重点考述了 80 多个古代梅花名胜，尤其是近 50 个规模风景，深入揭示了梅花观赏文化中最具规模的自然资源和最具社会性的历史场景，大大拓宽了我们对相关社会生活和文化活动的认识。作为一种花卉植物，梅花虽属雅俗共赏，但就其精神核心而言，却主要属于传统士大夫的高雅文化。梅花是"清友"，是"君子"，是"高士"，人们主要欣赏其高雅、幽逸、闲静、孤峭的风韵气质和气节品格。反映为欣赏习惯或生活情趣，最为看重的是山间水滨、荒寒清绝之地野梅数枝、三两横斜的景致，而在日常居宅私园中更以小园幽径、篱边墙角的零星闲植、小品经营为主，相应的欣赏活动也多属"小园香径独徘徊"的家常日涉、书窗幽吟，这是梅文化活动中最普遍的生活场景、欣赏方式和精神传统。而梅与桃、李、梨等鲜食水果不同，可以腌藏干制，便于贮存和运输，因而宜于大规模种植与制作。我们集中考述的主要是乡村经济种植或公私园林种植所形成的大

---

① 　在我国大学的专业设置中至今仍没有"文化"专业的一级学科。

规模风景，绝大多数属于公共风景资源，相应的游览欣赏活动也有着广泛的民众参与性，是一种较为广阔的自然资源和历史场景，属于梅文化生活中最具社会性的方面，包含着深厚的历史文化积淀。这在以往的梅文化研究中注意不够，我们的研究开拓了这一视野，提供了全面系统而又深入具体的认识。

其次，我们这里所着力研究和论述的规模风景包含了经济史、农业史、园艺史、生态史、人文地理学和区域经济社会学的丰富信息，具有多学科广泛的参考价值。重点考述的古代41个规模景点绝大多数都是乡村农业种植所形成的风景，不仅规模大，而且大多持续时间长，属于程度不等的规模产业发展的历史景象和生产传统，是农业史、经济史和相关区域研究的直接对象。我们的成果至少提供了这方面的初步认识，包含了一些引人深思的内容。比如我们统计发现，整个古代梅种植业的中心在今江苏、浙江、福建三省，而当代梅产区的中心则向岭南、西南地区转移，这是古今种植业分布格局转变的重要方面。我们发现，明万历至清康熙、乾隆年间，江浙两省梅花风景暨青梅产地出现最多、分布最密、规模最为盛大。虽然其间有着明清鼎革这样的社会动荡，但这一带整个青梅产业的发展却持续不衰，显示了当时江南地区经济社会发展的稳定性、持续性。鸦片战争是中国古近代社会的转折点，此后内忧外患日益加剧，封建社会全面衰落。有趣的是，正是从这一时期开始，全国的梅花名胜特别是江南地区的梅产区全面萎缩。当时的情景是，国门被列强冲开后，丝绸外贸迅猛发展，各地纷纷伐梅种桑，大大冲击了传统青梅产业的生存空间。透过种植业这一具体的变化可以进一步加深对当时社会半封建、半殖民地化整体趋势的感受和理解。无论是古代还是现代，江、浙两省，尤其是以今江苏省南京市、扬州市、浙江省宁波市、台州市为顶点，以苏、杭两大历史文化名城和太湖为中心的四边形地带是梅花名胜分布最为集中、最为密集的地区，这是我国传统梅产业发展的繁盛之区，也是梅文化发展的核心之地。

再次，我们的研究对于旅游业有着最直接的贡献。梅花名胜是我国重要的旅游资源，我们的研究是风景旅游史的当然课题。我们个案考述的景点，尤其是古代50个景点中，绝大多数都属于乡村经济种植所形成的风景，借用今天的说法是一种观光农业资源。这样的风景资源一般规模壮阔，久盛不衰，较之纯粹的观赏园林具有强大的生命力。我们的研究还发现，古代梅花名胜大多分布在大中城市的周边地区，地形上多为丘陵山区，前者保证了产品销售的市场空间，后者构成了水果种植的地理条件。这些历史经验无论对我们今天同类种植资源的旅游开发，还是城市专类园林的建设，都有着丰富的借鉴意义。我们讨论的古代名胜有一些已走出人们的记忆，消失在历史的烟尘中，但仍有不少穿越历史，一直绵延至今，如大庾梅岭、杭州孤山、超山、西溪、苏州邓尉、太湖西山、广州萝岗等地的梅花风景如今仍是当地活力十足的旅游景点，悠久的历史、深厚的文化积淀无疑是它们蕴含的无形资源，我们的研究至少为这些景区的开发和建设提供了精确详细的相关知识和丰富宝贵的历史经验。我们外编对各地梅园和产地梅景的系统介绍，就相关旅游业来说，不啻是一个相对全面的资源调查，有着直接的参考价值。

第四，对这些名胜风景知识的专题研究，远非仅仅满足旅游业的需要，对许多相关领域都是不可或缺的知识信息，有着切实的参考价值。这里仅就笔者专业所属的古代文学研究来说，我们所讨论的古代梅花名胜正是文人墨客征逐竞游的去处，早春探梅是四时游览中最为风雅的节目。"徒物不足名世"，"事实托乎雅言"①，绝大多数景点的名声鹊起也多赖文人的风雅游兴、生花妙笔。事实上我们对这些名胜的考述就主要采用文史互证、史地互证的方法，使用的材料除各类史籍记载外，就主要是诗文作品中生动的歌咏赞美、记叙描写。笔者曾就网络版《中国基本古籍库》所收明清文人别集统计过邓尉探梅的作家人数，有172位文集中有邓尉探梅作品，其中有20多位超过10篇。这仅是邓尉一景的情况，窥斑见豹，古代文学中与梅花名胜有关的作家、作品是一个大宗数量。我们的研究成果为考察这些作家的生平事迹，解读其相关作品，提供了比较详实的参考信息。

---

① 顾璘《东园雅集诗序》，《顾华玉集》息园存稿文卷一。为求语言整齐，原语删去一虚字。

内编一　古代五大梅花名胜

一、关于五大名胜

六朝以来，梅"始以花闻天下"①，梅花受到世人喜爱，诗咏歌赋层出不穷。唐宋以来，尤其是两宋以来举世好梅，春日探梅酿成风气，一些产梅之地因其花季繁盛、气势壮观，一些梅景出于掌故胜谈、名人遗迹，而游者乐道，世人闻风竞趋，成为赏梅名胜。岁月流转，世事变迁，这些风景名胜的时代不同，气运参差，有些如过眼烟云，享誉一时，有些则历时绵久，数世不衰。如是此起彼伏，与时变化，构成了绵延不绝、丰富复杂的历史景观。这就存在一个问题，在这古代众多的梅花名胜中，哪些最为著名，最为重要？如果我们为这些梅花名胜开列一个"排行榜"的话，哪些名列前茅，屈指必数？清人龚自珍《病梅馆记》开头一句"江宁之龙蟠、苏州之邓尉、杭州之西溪皆产梅"，广为人知，其所举即为当时著名产梅胜地。笔者曾著文考证，"江宁之龙蟠"梅花实不足称盛，龚氏此说有其写作当下的特殊背景和主题需要②。显然这类说法也需要科学的审视与历史的检验。时至今日，古代的风景胜概早已尘埃落定，定格在历史的时空之中，对这些风景名胜的历史地位也就可以有一个全面、客观、清晰的认识。综观本著所涉古代近50个大片风景，就其实际规模和历史影响而言，以下这样五个最为重要：江西大庾梅岭、杭州西湖孤山、广东罗浮山梅花村、苏州邓尉、杭州西溪。这不仅是我们今天考察的结果，也是古人逐步形成的共识，是漫长的历史积淀和人文结晶。

庾岭、孤山和罗浮是第一批出现的梅花名胜。庾岭梅花在南朝见于记载，六朝后期以来即成词林常典，唐代文人也有一些纪行之作写及其景。西湖孤山林逋隐居咏梅之事，出现于北宋初期，由于欧阳修、苏轼等人的揄扬，广受世人推重。隋朝赵师雄在罗浮山梦遇梅仙之事见于柳宗元所撰《龙城录》，宋人认为此书为时人伪托，但这一故事幽美神奇而引人遐想，北宋后期以来广为流传，成了咏梅作品的习

---

① 杨万里《洮湖和梅诗序》。《诚斋集》卷七九中此处作"始一日以花闻天下"，而《全芳备祖》所收此文无"一日"二字，此从。

② 笔者《龚自珍〈病梅馆记〉写作时间与相关梅事考》，《江海学刊》2005年第6期，又载笔者《梅文化论丛》第169—178页。

用典故，相应地南宋后期出现了"罗浮山下梅花村"的景观。从六朝到宋代是我国梅花观赏文化的早期发展期，梅花欣赏之风逐步兴起并走向鼎盛，梅花由一般的三春芳菲逐步上升为百花至尊、群芳盟主，由一般的花卉物色上升为一个饱含着广大人民情趣所向、精神寄托的文化象征。庾岭、孤山、罗浮是这一阶段先后出现、逐步闻名，并最终积淀为梅花欣赏的著名掌故。

南宋以来，无论文学创作还是一般笔记言谈，人们提及梅花，经常连喻并称的就是庾岭、孤山和罗浮三地。比如南宋初期周之翰《蒸梅文》："公（引者按：指梅花）之灵生自罗浮，派分庾岭。"① 南宋后期姜特立《梅涧》："宛似孤山见，还如庾岭开。"② 吕浦《梅边稿》："一气总回天地春，枝南枝北自寒温。雪迷庾岭难行脚，月落罗浮空断魂。""春回庾岭花南北，梦晓孤山人古今。"③ 这里相对出现的总是上述三地中的两个。元朝陈宜甫《忆梅怀傅初庵学士》："十年不见梅花树，长忆暗香冰雪颜。心逐暮云飞庾岭，梦随寒月到孤山。缟衣叩户来何晚，翠羽传书去未还。一自西湖幽响绝，岂无诗句落人间。"④ 诗中"孤山"、"西湖"是指林逋之事，"缟衣"、"翠羽"说的是罗浮梅仙之事，加之"庾岭"意象，三者同时出现，用来形容梅花。元末画家王冕以拟人的手法作《梅先生传》，其中说："先生之名闻天下，清江、成都，罗浮、庾岭，孤山、石亭，野桥、溪路之滨，山店、水驿、江岸之侧，遇会心处，辄婆娑久之。"⑤ 这里列举的六个名胜地名中，清江、成都见于范成大《梅谱》，以一株、数株虬干古树著称，存续时间不长。石亭见于宋末周密《癸辛杂识》，在今江苏宜兴，当时古梅成林，元以来名声消沉。剩下的"罗浮、庾岭、孤山"三处，正是我们所说的五大名胜中的最初三个。

再看明朝。徐有贞《推篷春意诗序》："或以为庾岭之所见，或以为罗浮之所遇，或以为扬州东阁之赏，或以为西湖孤山之观"⑥。李昱《徐原父画梅歌》："金华徐君亦有梅花屋，终日关门媚幽独。西湖东阁座上亲，庾岭罗浮眼中熟。三年落笔始一挥，观者已觉心神飞。达官名流得真迹，珍藏箧笥生光辉。"⑦ 陈循《题梅二首为罗进善》："百卉无荣岁正阑，万花如雪独凌寒。披图仿佛西湖上，更似罗浮庾岭看。"⑧ 戴澳《盆梅赋》："苟可托根，知复何求，是处庾岭，是处罗浮，是处孤

① 陶宗仪《辍耕录》卷二八。
② 北京大学古文献研究所《全宋诗》第38册第24174页。
③ 吕浦《梅边稿》，《竹溪稿》卷上。
④ 陈宜甫《秋岩诗集》卷下。
⑤ 王冕《竹斋集》续集。
⑥ 徐有贞《武功集》卷四。
⑦ 李昱《草阁诗文集》诗集卷二。
⑧ 陈循《芳洲文集续编》卷六。

山，是处扬州。"① 这几条赞美画梅、盆梅的作品，都连用几个风景名胜比喻、形容：罗浮、庾岭、孤山与"扬州"（"东阁"）。"扬州东阁"也是一个由来已久的咏梅掌故，南朝诗人何逊有《咏早梅诗》，后来杜甫"东阁官梅动诗兴，还如何逊在扬州"诗句加以赞美，宋人为杜诗作注，说何逊曾在扬州作官，廨下有梅树，流连不舍，作诗吟玩。于是扬州东阁也成了著名的赏梅之地，相关事迹也成了咏梅诗词的常用典故。但历史上何逊做官的扬州在今江苏南京市，隋唐以来所称扬州则是被誉为"淮左名都"的今江苏扬州市，两者地点前后并不一致，而后来的扬州城也从未出现过实际对应而固定的东阁植梅之所，因此所谓扬州东阁梅花纯然是一个文学传说而已，不属我们这里论述的风景名胜之列。上述这些例证可见，经过漫长的历史积淀，庾岭、孤山、罗浮已成为人们心目中公认的三个梅花经典产地，三大梅景名胜，具有梅文化的符号意义。

明清时期产梅名胜之地不断涌现，而这其中以苏州邓尉山和杭州西溪两地名声最响。两地梅花分别于明嘉靖、万历间开始闻名，明万历间李日华《味水轩日记》卷六："吾蚤春探梅于杭之西溪、苏之光福。"杨文骢《春游偶记》："自癸亥（引者按：天启三年）春客湖上，探梅西溪，友人从万顷香雪中语我曰：'吴门邓尉山梅花四十里，较此则三山之与名岳，洛神之与夷光，大有仙凡隔，不可失也。'"② 可见明万历以来，人们已开始把两者相提并论。乾隆十六年（1751）皇帝首次下江南，一路曾到邓尉、西溪两地赏梅，"邓尉、西溪梅事特盛，上取竹炉烹泉赏之，从臣皆有恭和元韵诗数种"③。到道光间龚自珍作《病梅馆记》，将江宁龙蟠、苏州邓尉、杭州西溪三地并称，其中江宁龙蟠植梅名不副实，所剩实只邓尉、西溪两地。从明万历至清乾隆间，至少前后有两三个世纪，邓尉、西溪一直被视为两个最大的产梅胜地。

由这两个新兴的梅花盛景，连带早已公认的三大名胜，入清后人们谈到梅花，多把邓尉、西溪与庾岭、罗浮、孤山齐名并举。明末清初陶汝鼐《梅花十二首》其五诗注："吴门玄墓山（引者按：即邓尉山）、武林孤山、西溪皆种梅名胜。"④ 屈大均《送曾止山还光福歌》："梅花大宗在庾岭，小宗乃在罗浮阿。……西溪邓尉天下闻，当年种自梅岭分。"⑤ 清中叶储大文《梅花千咏序》："罗浮山梅、大庾岭梅、孤山梅、万峰山（引者按：邓尉山别名）梅，世竞传之。"⑥ 沈大成《西山观梅

① 戴澳《杜曲集》卷一。
② 周永年《邓尉圣恩寺志》卷一六。
③ 钱陈群《庄愈庐舍人斋中双盆梅歌次陆根堂编修韵》注，《香树斋诗文集》诗续集卷四。
④ 陶汝鼐《荣木堂合集》诗集卷七。
⑤ 屈大均《翁山诗外》卷三。
⑥ 储大文《存砚集二楼》卷五。

记》："余尝观牡丹于谯，观桂于灵岩，观梅于庾岭于孤山于西溪，而元墓（引者
按：玄墓，清朝因避讳而写作元墓，即邓尉山）再至焉，是梅与余独故也。"①《张
西圃飞鸿堂梅花迚年益盛，今春枉驾屡邀，而余在湖上，归始知之，因呈长歌》：
"我性爱花犹爱梅，一看一饮三百杯。罗浮庾岭独登陟，元墓西溪频往来。"② 晚清
庞元济《〈万横香雪〉跋》："梅之著名如罗浮、孤山、邓尉、燕子矶（引者按：在
今江苏南京城北，一度江边梅颇盛，但不久即被砍伐废弃）、西溪，所在而是，以
天下数之，则其境界诚不可多得也，陇头之梅（引者按：指陆凯寄梅与范晔事）已
无有矣，庾岭之梅余将往观焉。"③ 以上诸例，除偶有滥及他景外，所称都在五大名
胜中。在诗文中，这五个景点也常被组合起来形容梅花。如清陶元藻《满庭芳·泛
西溪至张园观梅》写西溪梅花，连用大庾、罗浮、孤山、元墓（邓尉）来加以比
拟④。查礼《题画梅》："兴之所至，随笔挥洒，罗浮、邓尉、西溪、大庾，于意云
何，一香而已。"⑤ 弘晓《题便面折枝梅花》："孤山元墓留遗迹，庾岭罗浮净远尘。
输与画工能肖物，粉痕香雪十分春。"⑥ 凡此种种可见，庾岭、罗浮、孤山、邓尉、
西溪五个梅花名胜地位相当，在整个古代梅花名胜中最为重要，堪称梅花名胜的代
表。对此人们已经形成共识，并凝定为基本的生活常识。

　　从下文我们对五大景点的具体研究可以发现，庾岭、孤山、罗浮三地主要成名
于古籍记载、文人遗迹和诗文掌故，时代较早。由于自然条件有限，艺梅实不称盛，
但却具有特别重要的历史地位和深厚的人文意义。大庾岭是梅花风景的千古源头或
祖庭，在年年冬去春来的梅期花信中，庾岭梅开被视为天下梅信之始。孤山由林逋
隐居咏梅而闻名，林逋"疏影横斜水清浅，暗香浮动月黄昏"等名句不仅精辟揭示
了梅花疏淡幽雅的神韵，而且开创了梅花与隐士的联系，奠定了梅花高雅、超逸的
品格象征意蕴，因而孤山成了梅花风景的人文圣地。罗浮梅花村以月夜梦仙的幽美
传说，带给人们无限的绮思与遐想，成了梅花风景中的方外仙境，具有超凡脱俗的
神奇色彩。邓尉、西溪梅花属于乡村经济种植所形成的盛大风景，从明中叶开始兴
起，一直持续到清康乾盛世，邓尉"香雪海"余绪一直绵延至今，无论风景规模、
盛况持续时间，还是社会影响都远过于同类名胜，堪称封建社会后期两大梅花重镇。
它们的形成有着封建社会后期社会形势与两景所在的苏、杭两地山川地理和都市经

---

① 沈大成《学福斋集》文集卷一一。
② 沈大成《学福斋集》诗集卷三〇。
③ 庞元济《〈王石谷十万图册·万横香雪〉跋》，《虚斋名画录》卷一四。
④ 陶元藻《泊鸥山房集》卷三五。
⑤ 查礼《铜鼓书堂遗稿》卷三〇。
⑥ 弘晓《明善堂诗文集》诗集卷二四。

济文化发展的区域优势相互激发蕴育的深广因缘，代表了我国古代梅花风景资源发展的最高境界。上述五地是我国古代梅花风景旅游最主要的历史场景，构成了我们民族梅花观赏中经典的集体记忆和知识话语，获得了鲜明的文化符号意义。它们是古代梅花观赏文化的重要历史遗产，值得我们特别的珍视，并切实地加以继承和维护①。

---

① 本章内容曾发表于《阅江学刊》2011 年第 1 期，题为《古代五大梅花名胜的历史地位和文化意义》，本章为其中部分。

二、梅花的祖庭——大庾岭

大庾岭，又称梅岭，是人们所说的五岭之一，地处今江西大余县与广东南雄县交界，最高峰油山海拔1070多米。自古以来，大庾岭有两点比较闻名：一是在现代京广铁路开通前①，一直是岭南与长江流域间的交通要道；二是大庾岭的梅花，所谓梅岭的称呼就是由此而来。大庾岭梅花可以说是中国古代出现最早的梅花风景名胜，历史悠久，影响深远，本篇就其演变历程、历史地位和文化意义详细梳理与阐发。

（一）庾岭与梅岭

首先我们面对的是地名问题，庾岭与梅岭之名哪个在先，梅岭之得名到底是因为梅花，还是因为人名。清初岭南文人屈大均《广东新语》卷三"山语·梅岭"条："梅岭之名，则以梅鋗始也。鋗本越句践子孙，与其君长避楚，走丹阳皋乡，更姓梅，因名皋乡曰梅里。越故重梅，向以梅花一枝遗梁王，谓珍于白璧也。当秦并六国，越复称王，自皋乡逾零陵至于南海。鋗从之，筑城浈水上，奉其王居之，而鋗于台岭家焉。越人重鋗之贤，因称是岭曰梅岭。其曰大庾岭者，汉元鼎五年（引者按：公元前112年），楼船将军杨仆出豫章击南越，裨将庾胜城而戍之，故名大庾。其东四十里胜弟所守，名小庾。是则岭名梅以鋗，岭名庾以胜兄弟。秦之时岭名梅，汉之时岭名庾也。"这段关于梅岭名称的解释，为清一统志和庾岭南北江西、广东有关方志及地名考论广泛采信，影响甚大。但其中疑点也较为明显，一般说来地名比较稳定，秦时既然有梅岭之名，而且出于梅氏所居，应该说来头不小，根深蒂固，何以庾胜一戍守偏将，时隔不久便轻而易举地夺得新的"冠名权"？披阅历史资料，不难发现，所谓梅岭得名梅鋗的说法其实并不可靠。梅岭地名出现较

---

① 粤汉铁路（今京广铁路广州至武昌段）1898年动工，1939年正式通车。1934年，广东韶关至江西大庾公路建成通车。

早,《史记》、《汉书》均有,但后来的注家都认为所指在江西宁都县东北①,而不在今江西大余、广东南雄。大庾岭地名在古籍文献中出现稍晚,但至迟晋裴渊《广州记》、南朝宋邓德明《南康记》记载五岭,庾岭已为其一。到了陈、隋时,由于用兵南方,大庾岭常为人们所提及。隋朝始设大庾镇,初唐时升为县,地当今江西大余县。

图 1 梅岭图(同治《南安府志》卷二),图中方位为上南下北。

有关大庾岭名称的明确解释,以唐李吉甫《元和郡县志》最早。《元和郡县志》卷二九"大庾县"条下:"《南康记》云,前汉南越不宾,遣监军庾姓者讨之,筑城于此,因之为名。隋以为镇,神龙初改镇为县。"卷三五"始兴县"条下:"大庾岭,一名东峤山,即汉塞上也。……本名塞上,汉伐南越,有监军姓庾,城于此地,众军皆受庾节度,故名大庾。"李吉甫的观点出于《南康记》,唐宋间地记及类书所引《南康记》有邓德明、王韶之两种,两人均为南朝刘宋人。李吉甫所引虽未明确

_____

① 宁都县,本汉赣县地,三国吴析置新都县,晋太康间改名宁都,后析地别置虔化县,不久又省归宁都县。如《史记》卷一一四《东越列传》:"令诸校屯豫章梅岭(引者按:今标点本作领,误)待命"。唐司马贞《史记索隐》卷二五:"按豫章三十里有梅岭,在洪崖山足,当古驿道,今此文云豫章梅岭,知非会稽也。"《汉书》颜师古注本卷九五《西南夷两粤朝鲜传》考证:"杜佑曰:梅岭在虔州虔化县界。"

撰者，应不出两种之外，也就是说至迟在南朝刘宋时，有关大庾岭得名于西汉南征监军庾姓的说法已经出现。《元和郡县志》是现存最古的方舆总志，其中提到大庾岭的古称塞上和别称东峤，却没有梅岭，可见至少在唐人心目中，梅岭尚不是一个正式或通行的名称。

从现存各类文献资料看，大庾岭之被称为梅岭，又是从唐朝开始的①。现存唐人诗文作品中，提到庾岭多言及梅花，渐渐地许多情况下直呼梅岭，但无一例称与梅

图 2　梅关（江西大余县旅游局提供）。此为关楼北面，上有横匾"南粤雄关"四字，无款。关前石碑一块，高 2.95 米，宽 1.2 米，阴刻"梅关"两大字，有款，为康熙十八年（1679）南雄知府张凤翔所题。

姓人氏有关。可见所谓梅岭之称，完全是因其梅花闻名，并不是出于梅鋗或梅福之类历史人物。到宋代直接称呼梅岭的现象更为普遍，《方舆胜览》、《舆地纪胜》有关方域都列有"梅岭"条目，可见此时已成为正式的名称。王象之《舆地纪胜》卷三六"南安军·大庾县"条："梅岭：大庾岭上多梅，亦名梅岭。"这可以说是当时人们的共识。南方各地叫梅岭的地方，也多有因梅氏人物，尤其是梅福的传说得名的，但大庾岭之称梅岭不是，至少在唐宋时期即梅岭之称最初兴起的几个世纪里，未见人们有这样的看法。至明嘉靖十五年（1536）刘节《南安府志》仍坚持"其上多产梅，尤多红梅，故名梅岭"之说②。

那么，梅岭得名梅鋗的说法何时又是何因而起？笔者就影印文渊阁《四库全书》电子版检索发现，时代最早的材料是百二十卷本《说郛》卷五八上所载阙名《广州先贤传》"梅鋗"条："梅鋗，家浈水上，从吴芮

---

① 如张九龄《二弟宰邑南海，见群雁南飞，因成咏以寄》："为我更南飞，因书至梅岭。"《全唐诗》卷四七。刘长卿（一作贾岛）《却赴南邑留别苏台知己》："又过梅岭上，岁岁北枝寒。"《送裴二十端公使岭南》："桂林无叶落，梅岭自花开。"《全唐诗》卷一四七。
② 刘节《（嘉靖）南安府志》卷八。

图3　庾将军祠雪景（江西大余县旅游局提供），位于梅关关楼北坡不远处。

定百粤有功，梅岭因锔封地得名，后锔将庾胜兄弟居守，又名大庾岭，非谓岭上有梅也。"古籍著录《广州先贤传》有多种，如《旧唐书》著录三国吴陆胤撰，郑樵《通志》著录刘芳撰，以及《说郛》同卷另载署名邹闳甫《广州先贤传》等。《说郛》所引《广州先贤传》作者、时代均不明，但从文字内容看，俨有辨正旧说之意，年代应在梅岭之名流行之后，也就是说应该属于唐以后如宋元时期的作品。各种《广州先贤传》今无完本传世，唯小说丛辑、各类类书、古本注文所引断章残句。但《说郛》之前未见有与《说郛》所载阙名《广州先贤传》"梅锔"条相同或相近的文字，因此出于宋元之前的可能性极小。这段文字又见于明万历间陆应阳《广舆记》，今所见康熙蔡方炳增辑本卷十九，也许所谓《广州先贤传》所载此条，是辑自《广舆记》，或者出于同一来源，时间可能都在万历年间或稍后。随着岭南的深入开发和地志编纂的活跃，当地人物、古迹备受关注，其中梅锔的传说也不断增衍趋繁。阙名《广州先贤传》"梅锔"条的说法逐步为各类舆地志所引用和发挥，俨然成了事实。前引屈大均《广东新语》正是其中代表。

　　细度此类叙述，所说细节不外是《史记》、《汉书》、《越绝书》所有，仅是把本来分散无关之事，缝缀捏合，加油添醋，围绕梅岭名称形成一煞有介事的叙述，荒谬之处不难窥识。如梅锔既为秦末汉初将军，而以其部下庾胜于近百年后的武帝元鼎年间仍戍庾岭，殊难属实。明清方志中对这一说法也多有辩驳反对，如余光璧《（乾隆）大庾县志》卷三"大庾岭"条、卷二〇《种梅记》即是。乾隆朝《南雄府志》、《保昌县志》均对梅岭得名梅鋗之说表示否定①。也许正是针对《说郛》所辑《广州先贤传》说法的流行，乾隆《大清一统志》卷三四二明确指出："其曰梅岭，只以多梅之故。或谓以梅领得名，殆未足据。"

综上所述，无论从文献的时代先后，还是从内容的合理性看，关于大庾岭的名称应以《元和郡县志》的解释最可信赖，即大庾岭本名塞上，又称东峤，西汉时有监军庾姓驻此，故名庾岭。唐以来通称梅岭，是因为岭上多梅，与梅鋗等人无关。

（二）庾岭梅花的成名与特色

1. 成名

庾岭梅花之闻名大约在晋宋时期。现存汉唐文献中有关大庾岭的直接记载极少，更不用说是岭上梅花。现存汉唐各类文献有关资料以所传白居易《六帖》辑录的一段文字最为著名："大庾岭上梅，南枝落，北枝开。"材料来源不明。更早的类书如《艺文类聚》、《初学记》"梅"字条都未见引用，因此很难判断这段话的原始出处与所属时代。清陈元龙《格致镜原》卷七〇："《广志》：大庾岭上梅花，南枝已落，北枝方开，寒暖之候异也。"《广志》是一部有关各地物产、风土之类的博物著作，《隋书·经籍志》著录，作者郭义恭，一般认为是晋人，近年有论者考为北魏人，与《齐民要求》作者大致同时②。《格物镜原》所引此条，前此各类类书所引《广志》均未见，完全相同的文字后人多称出于"东坡诗注"，可见应是陈元龙误记。但这一错误又包含一定的合理性，《六帖》这段文字可能正是撷自晋宋时期大量出现的有关南岭及岭南一带的地志或博物著作，如《南康记》、《广州记》、《南方草木状》之类，本意是记述庾岭梅花的奇特景象。这一记载的原始时间不致过晚，南朝陈文人贺彻《赋得长笛吐清气诗》"柳折城边树，梅舒岭外林"③，用了《折杨柳》、《梅花落》两个著名笛曲的典故，这里的"岭外"之"岭"所指应即大庾岭。可见至迟在南朝后期关于庾岭梅花的这段文字已引起人们的注意，在诗文中有所引用，也就是说至迟在南朝后期庾岭梅花已开始出名。到了唐代，庾岭梅花的知名度大幅提高，主要由于"南枝落，北枝开"这段记载的影响，从唐初开始，诗歌中有关庾岭或梅花的话题很少不提到岭梅的，庾岭梅景也就成了一道脍炙人口的风景和掌故。

---

① 蔡必升《（乾隆）南雄府志》卷三；陈志仪《（乾隆）保昌县志》卷三。
② 王利华《〈广志〉成书年代考》，北京《古今农业》1995 年第 3 期。
③ 逯钦立《先秦汉魏晋南北朝诗》下册第 2554 页。

图4 梅关古驿道牌坊（江西大余县旅游局提供），位于梅关古驿道入口处。驿道沿路东侧多梅林，有驿站、梅谷、庾将军祠、望梅阁等景点。

2. 特色

综观古代文献记载和诗词吟咏，庾岭梅花以下列特色著称：

（1）枝分南北

《六帖》中的记载虽只寥寥数语，但简洁地揭示了大庾岭梅花一树分南北，花发有先后，南枝花已落，北枝才开放的奇特景象。这在古代梅花名胜中是绝无仅有的，与大庾岭独特的气候、地貌等地理特征密切相关。早在宋人就深感"岭南地暖，百卉造作无时"[1]，乍荣乍枯、且开且落的现象较为普遍，与中土植物之生长节奏大不相同。而大庾岭地处南岭的东端，是珠江与长江两大流域分水岭。这里山势陡峭，南北气候差异大。梅花对气温变化特别敏感，地处庾岭山头，经受南北两侧不同的气温，花期也便截然分明，参差不齐，可谓移步换形，以至于同一树上枝分南北，半开半落。古人对这一原理也不乏体察。前一节所提宋人"东坡诗注"所说"庾岭梅南枝落，北枝开，寒暖之候异故也"[2]，明郎瑛《七修类稿》卷四"盖由南入粤北，近江也"，说的就是地理与气候方面的原因。陈志仪《（乾隆）保昌县志》卷三："于今腊月岭上梅花盛开，秀色迷离，清香馥郁，所谓'南枝先，北枝后'，

① 庄绰《鸡肋编》卷下。
② 苏轼《虔州八境图八首》诗注，王十朋《东坡诗集注》卷四。

犹然如故。"民国知事吴宝炬《戊午十月朔,至大庾岭看梅……》:"我至大梅关,快登张相阁。放眼看梅花,丰姿竞绰约。气候有燠寒,秉气分厚薄。南枝开灿烂,北枝将破萼。"①可见这一奇特现象并不只是古人传说,晚近人犹得眼见之实。

（2）花期特早

庾岭地近岭南炎瘴气候,岭头又阳气偏盛,因而花期也特早。唐人樊晃《南中感怀》即有"四时不变江头草,十月先开岭上梅"②的诗句。宋人徐鹿卿《梅花》也写道:"旧传庾岭梅花好,及到梅关少见梅。惟有一般差可信,南枝长占小春开。"所谓小春即俗言小阳春,即夏历十月。元人贡性之《题山农画梅》:"大庾岭头春信早,十月梅开照晴昊。"这些都进一步印证了唐人的说法。十月开花,放在岭南,未必算早,但在整个梅产区中,这一花期是比较超前的。如果说枝分南北的现象可能还有着梅树个体生长状况和环境地点的偶然性因素,那么花期之早则是岭梅较为稳定而显著的特征。

（3）花小而红

唐段公路《北户录》卷三:"岭之梅小于江左。"《太平御览》卷九七〇引孟琯《岭南异物志》:"南方梅繁如北杏,十二月开。"宋黄庭坚《山谷集》外集卷七《戏赠南安倅柳朝散》:"庾岭梅花如小棠（引者按:海棠）。"释慧洪《冷斋夜话》卷一〇:"岭外梅花与中国异,其花几类桃花之色,而唇红香著。东坡词曰:'玉质那愁瘴雾,冰姿自有仙风。……素面常嫌粉涴,洗妆不褪唇红。'"这些唐宋人的记载揭示了岭南梅花与内地梅花不同的生物特征,总结起来是三个字:繁、小、红。这可能与华南地区的气候和土质有关。屈大均《广东新语》卷二五:"岭上梅微与江南异,花颇类桃而唇红,故驿名红梅。盖岭头雪少,积阳之气所发,故梅多红而香烈。"明清时期当地方志与文人诗文描写也都特别强调一个"红"字。如明刘节《（嘉靖）南安府志》卷八;"其上多产梅,尤多红梅。"彭大翼《山堂肆考》卷一七:"梅岭,即大庾岭……两壁峭立,中涂坦夷,上多红梅,故名梅岭。"当地地名和机构也多有"红梅"二字,如庾岭南下南雄境内有红梅铺（邮舍）、红梅驿、红梅司等,岭北南安府嘉靖府志"南安八景"将以往的"庾岭早梅"改名"庾岭梅红"③,这些都反映出当地以红梅为主的情形。明南安知府张弼《红梅赠同年翁金事》"庾岭小红梅,风标天下绝"④,可以说是庾岭梅花以红梅称胜这一特点的绝好概括。

---

① 吴宝炬、刘人俊《（民国）大庾县志》卷一四。
② 彭定求《全唐诗》卷一一四。
③ 刘节《（嘉靖）南安府志》卷二三。
④ 张弼《张东海先生诗文集》诗集卷一。

（三）庾岭梅景的演变与维持

现代地理资料表明，大庾岭一带地处中亚热带气候区，雨水充沛，年平均气温为 18.4℃，比较适宜梅花生长。以今证古，古代这一带人口稀少，草木茂密蕃盛，野生梅花应比较繁茂。清汪琬《程周量像赞序》："南粤自庾岭以往，深溪峭谷，幽崖绝壁之间，弥望皆梅也。"① 陈志仪《（乾隆）保昌县志》卷三记载："梅花山，城北八十里，其上多梅。"此山属大庾岭附峰，想必类似的情况在整个庾岭地区比较普遍，而十多个世纪之前的晋唐时期更应如此。因此最初人们所说的庾岭梅花应该属于野生梅林。大庾岭横亘江西大庾和广东南雄县界，东西绵延二百里，在开元初张九龄开凿岭路之前，往来南北者取径多途，今庾岭梅关西有所谓小梅关（今韶赣公路所经），相传为张九龄开山前通往岭南的重要路口，想必早期人们所说岭梅决非一路一地，而是随处可见。

岭路的开通对当地梅林风景产生了深远的影响。众所周知，唐玄宗开元四年（716）岭南曲江（今广东韶关）人张九龄奉命修凿岭路，两壁峭立，中路坦夷，以通车马，方便往来商旅。"岭路既开，用是入粤，或迁谪岭表者，悉此取道。"② 在近代粤汉铁路和雄余公路开通之前，这里一直是五岭南北的交通孔道。岭路方便了行人，也固定了人们的行走路线，同时也就限制了人们观察和欣赏岭梅的视野，此后人们所谓"岭梅"，实际只是驿路梅花。而作为交通要道，商贾如云，货物如雨，万足践踏，冬无寒土，梅花"伤于樵采，及人马践踏"③。加以山头两壁峭立逼仄，沿线花木生长的规模和寿命都大受制约。这种情况宋以来不断得到反映，我们在宋以来的文献中反复读到过往庾岭者对岭梅盛名之下其实难副，"梅岭无梅空有名"④的遗憾。如所传南宋绍兴间张九成谪居南安（今江西大余）《庾岭旧传有梅，往往诗人借此为江南春信，予到此数年，因登岭上，不见一枝，遂成一绝》所说："诗人常说岭头梅，往往春风自此来。我到岭头都不见，空将春梦又空回。"⑤ 同时我们

---

① 汪琬《尧峰文钞》卷三七。
② 刘节《（嘉靖）南安府志》卷八。
③ 余光璧《种梅记》，余光璧《（乾隆）大庾县志》卷二〇。
④ 张弼《送客》，《张东海先生诗文集》诗集卷二。
⑤ 此诗载张九成《横浦心传录》卷上，但不见于宋本《横浦集》，而后者所载谪居南安（今江西大余）诗中不乏庾岭梅花的描写，如卷二《十二月二十四夜赋梅花》："我来岭下已七年，梅花日日斗清妍。"卷四《送单普赴肇庆节推》："岁穷情错莫，吾子欲何之。庾岭梅今见，端溪石自奇。"可见当时庾岭有梅。《心传录》所载此诗或为后人误传。南宋后期徐鹿卿《徐清正公存稿》卷六《梅花》："旧传庾岭梅花好，及到梅关少见梅。"明初乌斯道《春草斋集》诗集卷二《为石龙吴簿写竹并题（吴住岭南横浦）》："大庾岭上梅花多，劳我梦思无奈何。昨日亲从岭头过，梅花不见空烟萝。"语意相近。

图 5　大余梅岭驿道梅景（江西大余县旅游局提供，刘照志摄）。

也看到，历代宦游之士和当地官吏、乡绅循名补植和增置景观之举也是史载不绝。因此所谓庾岭梅景，唐宋之际有一个明显的转折。如果说宋以前是天然山林梅景的话，那么宋以来则进入了人工种植、建设和维护的阶段。

宋以来见于各类记载的梅花种植及相关景观营置活动主要有这样一些：

（1）英州司寇。北宋中期张师正《倦游录》记载："大庾岭上有佛塔庙，往来题诗多矣。有妇人题云：'妾幼年侍父任英州司寇，既代归，父以大庾本有梅岭之名，而反无梅，遂植三十株于道之右，因题诗于壁。今随夫之任端溪，复至此寺，前诗已污漫矣，因再书之云："英江今日掌刑回，上得梅山不见梅。辍俸买将三十本，清香留与雪中开。"'好事者因以夹道植梅矣。"① 此事又见彭乘《墨客挥犀》卷四，文字稍异。这是风雅过客出资补植的最早记载。后世类钞、文选之书多把此诗系诸司寇之女，揣其口吻，应属乃父作品，时间当在北宋初期。

（2）蔡抗、蔡挺兄弟。北宋王巩《闻见近录》记载，仁宗嘉祐八年（1063），时任广东转运使蔡抗、江西提点刑狱蔡挺，供职于庾岭南北的这兄弟二人"相与协议以砖甃其道，自下而上，自上而下，南北三十里，若行堂宇间。每数里置亭以憩客，左右通渠流泉，涓涓不绝，红、白梅夹道，行者忘劳"。这是地方官员主持修路植梅的最早记载。也许正是得益于这次大规模的修整补植，北宋后期苏轼等众多贬官流犯往来庾岭时多有观梅之咏。

（3）罗颉。南宋绍兴末至乾道初权知南安军（治今大余县），于庾岭北路建望梅亭②。

（4）管锐。南安府知军，淳熙七年（1180）或九年于梅关植梅，"以实其名"③。

（5）赵孟蕳。南安府知军，宋度宗咸淳四年（1268）重修南安城④，"以岭下官驿皆梅，扁曰梅花国"⑤。

（6）亦马都丁。南雄路总管，元泰定二年（1325）于岭路"增植松梅"⑥。

（7）杨益。南雄路总管，至元四年（1338）于岭路"增植松梅"⑦。

（8）陈锡。南雄知府，明永乐末年修砌岭路，"关梅路松，约禁砍伐，更为补植"⑧。

（9）郑述。南雄知府，正统十一年（1446）"砌路九十余里，补植松梅"⑨。

（10）张弼。南安知府，成化十五年（1479）组织人力拓宽岭路，以粗石铺砌，由大庾县城直抵南雄红梅铺。于城南五里山建折梅亭，"为迎饯之所"⑩。

---

① 阮阅《诗话总龟》卷二〇。
② 罗愿《望梅亭》，《罗鄂州小集》卷一。
③ 刘节《（嘉靖）南安府志》卷八。
④ 刘节《（嘉靖）南安府志》卷一九。
⑤ 谢旻《江西通志》卷一三。
⑥ 谭大初《（嘉靖）南雄府志》卷下。
⑦ 谭大初《（嘉靖）南雄府志》卷下。
⑧ 蔡必升《（乾隆）南雄府志》卷一二。
⑨ 郭棐《梅岭曲江祠记》，黄其勤、戴锡纶《（道光）直隶南雄州志》卷二〇。
⑩ 刘节《（嘉靖）南安府志》卷二二。

（11）吴廷举。广东右布政使，正德九年（1514）"属府增植松梅万五千余株"①。

（12）陈九锡。大庾知县，天启四年（1624）重甃梅岭路，"建望梅阁于红梅铺南"②。

（13）张萱。广东博罗人，崇祯（1628—1644）初年于梅岭"植三百株"③。

（14）余光璧。大庾县知县，据其《种梅记》介绍，乾隆六年（1741）到任后即访岭梅，发现"约三十许，而老且枯者半"，"种梅核三千余颗"④。

（15）吉庆。两广总督，上任伊始，"道由斯岭，问所谓偃盖之松、屈干之梅无有存焉"，嘉庆三年（1798）捐白金千两，委托南雄知府袁澍"修整岭路，并于路旁种植松梅，以资荫憩"⑤。

（16）杨炜。广东南韶连道巡使，嘉庆十一年（1806）"行至大庾岭，不见梅花"，遂捐俸使保昌县令王暹种梅数百本，次年发花满山⑥。

（17）赵慎畛、罗含章。赵慎畛，广东布政使；罗含章，南雄知州。据罗含章《重修梅岭云峰寺碑记》，嘉庆二十（1815）至二十二年间，由赵慎畛倡议，罗含章主持，曾捐资整修岭上云封寺、张文献祠和梅关关楼等，同时"添植梅花百本"⑦。嘉庆间的几次种植效果颇为明显，嘉庆九年姚文田有《归度庾岭时梅花盛开，在花中行竟日》诗极言花期之盛⑧，二十三年吴嵩梁过岭称"庾岭梅花大开，文献公祠红梅尤盛"，诗中有"寒花烂漫雪成堆"句⑨。道光元年（1821）郑裕固《梅岭》"前贤遍种群山玉，旅客平分一路香。雪海茫茫寻卧士，瑶台叠叠会妍妆"⑩，也是说往来庾岭，一路多梅。

（18）周浩。南安知府，其《庾岭建憩云亭记》载，光绪十一年（1885）到任，造访梅关，"问所谓千万株寒梅者十不存一二，而山半有亭亦倾圮，为之慨然叹息"，会友人捐资植梅修亭，光绪十五年完成，"凡种梅、桃、李之属六千数百株"⑪。

① 郭棐《梅岭曲江祠记》，黄其勤、戴锡纶《（道光）直隶南雄州志》卷二〇。
② 石景芬《（同治）大庾县志》卷九。
③ 屈大均《广东新语》卷二五。
④ 余光璧《（乾隆）大庾县志》卷二〇。
⑤ 吉庆《捐修梅岭石路补种松梅记》，黄其勤、戴锡纶《（道光）直隶南雄州志》卷二一。
⑥ 杨炜《丙寅三月行至大庾岭……》，黄其勤、戴锡纶《（道光）直隶南雄州志》卷一八。
⑦ 冀其勤、戴锡纶《（道光）直隶南雄州志》卷二一。
⑧ 姚文田《邃雅堂集》卷八。
⑨ 吴嵩梁《庾岭梅花大开，文献公祠红梅尤盛，手折一枝而去》，《香苏山馆诗集》今体诗钞卷一二。
⑩ 史实昂《梅关古迹》题壁诗。
⑪ 吴宝炬、刘人俊《（民国）大庾县志》卷一〇。

从上述事例不难感受到，庾岭梅花因为地处交通要道，加之山高路远，与一般园林栽培、田园种植或天然林景相比，生长环境恶劣，屡栽而屡废。其中张萱崇祯初年补"植数百株"，至崇祯六年黎遂球过岭发现，"奈游人攀折，迩复寥寥"①。吉庆与杨炜两次种植，前后相去不过八年，八年后杨炜"索遍千岩哑然失，寻梅竟等寻优昙"②，可见长育和维护极其不易。此前大庾知县余光璧的种植也可谓煞费苦心。不以苗栽，改以子种，"购梅实盈石，得斗核，以二百余颗种岭麓崖上，石有土者半之，道左临坑谷蹄迹不经者，多至五六百颗，依老树前后种颗亦满百，稍远道周陂陀而盘折者约五百有奇，虑其出不齐，种于颗之旁为之副者如其数。自下至巅虚者实之，疏者密之，缺者补之，种梅核三千余颗"③。正是梅岭南北两地官员和过往士人的不断补植，使这一历史悠久的梅花名胜，得以代代相续，绵延至今。

同时也不难感受到，庾岭梅花的命运是与整个岭路的交通建设联系一起的。上述事例中，虽然也有单独补植梅花的，但多数情况下，尤其是两地当政者所为，大多是营景植树与凿山修路统筹进行。庾岭梅景的兴衰可以说是与岭路的交通状况休戚与共，真有几分败亦萧何，成亦萧何的意思，这也许是所有地处交通要道之林木景观的共同特点。宋元以来岭路南北沿线种植最多的是松、梅两种，其中松树生命力较强，宜于行道种植，因而风景也持久些。而梅树树形单薄，相对来说不宜人迹繁杂之地栽种，尤其是庾岭古道这样的陡峭山路，因而实际种植规模较为有限，维持更是困难。康熙间阎尔梅诗即称"种梅曾有人，人归花遂空。独存古石壁，盘郁千岁松"④。现存古人作品言及岭梅者也可谓汗牛充栋，除少数泛泛夸张外，多只概言岭头梅信之早，未见称道林景广阔、花期之盛的。但另一方面，由于岭路要道的延伸效应，在梅关南至南雄县城九十余里，北到大庾县城的二十五里的漫长驿道磴路沿线，先后出现了许多配套或附属植梅景点，如岭北罗颙所建望梅亭，赵孟蔺所署驿站梅花国，南坡之红梅铺、红梅驿，乃至于大庾县城南门外明成化间张弼所建折梅亭等，都属于庾岭梅景的衍生设施，丰富了梅花景观，强化了名胜效应。至迟明代中叶以来，岭路两端的南安和南雄府均把庾岭梅花列为府境名胜"八景"之首⑤。这不仅反映了两地人民对这一传统名胜的重视，同时也进一步扩大了庾岭梅

① 黎遂球《度梅岭记》、《浈阳峡记》，《莲须阁集》卷一六。
② 杨炜《丙寅三月行至大庾岭……》，黄其勤、戴锡纶《（道光）直隶南雄州志》卷一八。
③ 余光璧《种梅记》，《（乾隆）大庾县志》卷二〇。
④ 阎尔梅《遇宋建之自广州来言大庾古松》，《白耷山人诗文集》诗集卷三。
⑤ 见刘节《（嘉靖）南安府志》卷二三"南安八景"、谭大初《（嘉靖）南雄府志》卷上附"南雄八景"。

花的社会影响。

（四）庾岭梅花的文化意义

从上节论述可知，作为一道著名的风景名胜，庾岭梅花的生长规模极其有限，远不能与明清时期声名显赫的苏州邓尉、杭州西溪等地相比，游赏价值大受影响。但作为中国历史上第一个梅花名胜，在中国梅文化的发展史上举足轻重。其特殊的地理位置与风景特色，也被赋予了丰富的文化内涵，产生了深广的社会影响。其文化意义集中起来主要有以下几个方面：

1．千古梅花之源

我国梅的栽培和应用历史悠久，但观赏梅花出现较晚，文献记载最早的是汉刘向《说苑》卷一二所载春秋越国使者以梅花作为国礼献诸梁王的故事，后世越国多被视为梅花的原产地，梅花常称"越梅"，视为南国之树，部分即缘于此。但这一故事实际影响不大，而且所说也是笼统的一方之事，并没有具体的生长地点。而大庾岭是历史上第一个明确记载的梅花产地，因此在后世梅花欣赏文化的深入发展中，被视为梅花的发祥地。明王梧有《大庾公传》，洪璐有《白知春传》，所谓大庾公、白知春都是拟人形象，所指即梅花。"白知春，大庾人也。"[①] 在这些文人笔下，梅花出身于大庾。清屈大均《广东新语》卷二五："吾粤自昔多梅，梅祖大庾而宗罗浮。罗浮之村、大庾之岭，天下之言梅者必归之。"大庾岭是梅花的发源地、祖籍地，庾岭梅花及其简称"岭梅"或"梅岭"，成了咏梅赋梅最常见的话题、最常用的典故。"黄金台上客，大庾岭头春。如是无诗句，梅花也笑人。"[②] 过往梅岭者更是无诗不上岭。

2．天下梅信之先

岭南古称炎瘴之地，山川风物与江南迥异，"百卉造作无时"，元韦居安《梅磵诗话》卷中就记载潮州揭阳县圃梅花九月中盛开的现象。现代科技表明，"在华南一带，由于温度原因往往造成花、蕾、叶、果、新叶等同聚一身的现象。一般说来，梅在平均温度 16～23℃ 的地区才能生长健康。北方地区的低温与干旱相交织的条件是梅花在北方生长的主要障碍"[③]。因此秦岭南坡与淮河以南的南方各省区是梅花的自然分布区，而这其中长江以南，五岭以北的长江中下游地区即人

---

① 詹景凤《古今寓言》卷一二。
② 聂古柏《梅岭题知事手卷》，顾嗣立《元诗选》三集卷四。
③ 王其超、包满珠、张行言《梅花》第 88 页。

们常说的江南地区是梅花生长最佳地区。质诸历史，也不难发现，这一地区也正是观赏梅花栽培乃至于整个梅文化最为发达的地区。庾岭梅花处在这一地区的南缘，腊去春来由此向北梅花渐次开放，因而艺梅赏梅者多认大庾岭为天下梅信之始："庾岭梅先觉"①。"岭头更有高寒处，却是江南第一枝。"②"谁种霜根大庾巅，地高天近得春先。"③而园艺技术中，庾岭梅种也被认为是最典型的早梅品种。如北宋李格非《洛阳名园记》记载洛阳大隐庄梅，"盖早梅，香甚烈而大，说者云大庾岭梅，移其本至此"④。宋徽宗大观间太平州知州徐禋从庾岭移梅至州，创建梅亭⑤。在古代交通条件下，如何千里迢迢从庾岭移植梅花活株，技术上很难想象，但这一现象或传说本身至少反映了人们心理上对庾岭梅花的推重与喜爱。

3. 贬谪之途的时空坐标

严格意义上说，庾岭梅景的真正闻名是从唐代开始的。大一统的政治局面、辽阔的版图大大拓宽了人们的生活空间和精神视野，出入岭南的人逐步增多，而其中官员的贬谪构成了一道特殊的生活风景。唐至北宋时，政治中心在黄河流域的长安、洛阳、开封一线，贬谪官员大多向南方边远州郡安置，江南、岭南、海南是三个离京城越来越远的区域，体现着惩罚的轻重。其中五岭以南是遐荒烟瘴之地，人口稀少，风土迥异，环境恶劣，比较起中原乃至于江南地区经济和文化都远为落后，当时属极贬之地。贬窜岭南者大都有出生入死、天涯沦落之感。大庾岭作为出入岭南的主要关口，迁客至此都不免深有感触。而庾岭梅花又以春色先颖，在这空间的播迁阻隔中加进了光阴流转、岁月变迁的刺激。感时伤远的双重煎熬构成了唐以来迁客骚人庾岭咏梅的抒情特色。如初唐神龙元年（705），宋之问被贬岭南，《题大庾岭北驿》诗写道："明朝望乡处，应见陇头梅。"尚在岭下，已预知登高望远、睹梅惊心之情形。第二天《度大庾岭》诗写道："魂随南翥鸟，泪尽北枝花。"⑥置身岭头，果是一番畏南恋北、魂迷泪飞的痛苦经历。"迁客岭头悲袅袅（梅花）"⑦，可以说是历代出入梅关的迁客骚人们最常见的话题和最沉痛的体验。

---

① 郑谷《咸通十四年府试木向荣（题中用韵）》，《全唐诗》卷六七五。
② 文天祥《题南安黄梅峰》，《文山集》卷二。
③ 冯子振《庾岭梅》，冯子振、释明本《梅花百咏》。
④ 邵博《闻见后录》卷二五。
⑤ 吴芾《梅亭盖旧太守徐公禋所作，传者谓公得庾岭梅移种于此，故创斯亭……》，《湖山集》卷一〇。
⑥ 《全唐诗》卷五二。
⑦ 罗邺《早梅》，《全唐诗》卷六五四。

图6　梅关（彭禄远提供）。此为关楼南面，上有"岭南第一关"匾，明万历二十六年（1598）南雄知府蒋杰题，两侧有"梅止行人渴，关防暴客来"联。

4. 两大区域的文化分野

在近代珠江三角洲地区崛起之前，整个岭南地区不仅是地理空间上的海隅边徼之地，同时也是社会文化上的荒服蛮夷之区，长期以来与内地相比有着野蛮与文明的分别。即便是宋元以来岭南大获开发，由于流民大量凑集，游寇土匪为患严重，荒乱难治仍无异"化外"。而庾岭作为南北两大区域分界线上的重要关口，成了两种区域中外分野的典型象征。早在初唐宋之问《早发大庾岭》、《度大庾岭》诗中就有"嵥起华夷界"，"度岭方辞国"的句子，翻越庾岭即如同去国。庾岭山头的梅花同样也就成了这种"华夷"分野的一种重要界标。宋戴复古《何季皋司理故人也，作诗见相勉意》："梅花庾岭外，别是一山川。"① 清程恩泽《大庾岭》："天南一角多梅花，梅花以外天之涯。"② 往来南北登岭赏梅者，多不禁如此感慨系之。

---

① 戴复古《石屏诗集》卷三。
② 程恩泽《程侍郎遗集》卷四。

　　综上可见，尽管庾岭梅景规模有限，实际观赏价值并不突出，但悠久的历史和特殊的地理区位使其获得了天下梅花之祖、春信之先、华夷分野等象征意义，无数游人迁客登临观赏之际无不深有感触，激起天涯悲悯、生死感怀之独特况味与幽思，这些都大大丰富了这一胜景名区的文化内涵，使其成了古代诸多梅花风景名胜中最重要的一道。

　　图7　来雁亭（彭禄远提供），位于南雄梅关古道入口向北不远，古时北雁南来过岭，多栖息对面崖上，因而得名。由亭北上，驿道两旁多梅林，另有半山亭、六祖寺等景点。

（五）新中国的庾岭梅景

　　现代以来，尤其是新中国改革开放的"新时期"以来，在全社会百废俱兴、蒸蒸日上的新形势下，庾岭南北地方政府自觉利用这一历史资源，积极开发和建设，庾岭梅花因之焕发了新的生机。据1990年版新编《大余县志》记载，"中共十一届三中全会后，为使梅岭重焕英姿，中共大余县委副书记王安富倡议发动青年团，带领青年连续3年补种了梅树21000余株，政府修复古驿道路面1875米，重刻历代名人诗碑 30 余块"①，时间在 1978 年底至 1980 年底。其中 1980 年"3
月，团县委组织县直机关、城区中小学及城郊公社青少年 2000 余人到梅岭种梅树
1.5 万株"②。如此大规模的植梅，在历史上是空前的。大余县政府从一开始就注
意把风景名胜的重建与经济种植有机结合，此后还组织过几批大规模的梅林补种
与扩种。据大余县有关方面提供的信息，1992 年至 95 年县政府又曾组织补种和
扩种 350 亩计 10000 株③，2002 至 03 年县林业局在梅关景区和外围山地植梅近
500 亩计 42000 株，2005 年县林业局、旅游局联合在景区乱石铺补植 38 亩计
6000 棵，2009 年县旅游局古驿道旅游公司在景区望梅阁附近补植 20 多亩计 3000
株④。梅关风景区内现有梅花 345 亩，30 多个品种 15000 多株，有古驿道牌坊、
云封寺、古驿站、古枫树、憩云亭、重来梅国碑、庾将军祠、望梅阁等景点。而
整个古驿道两侧，主要是东侧山地大片经济梅林，合计总面积有 3500 亩，每年公
历一、二月份梅花盛开，由县城到梅关一路香雪如海，花气荡漾，直与岭头雄关
相比高。1992 年年头年尾连续举办过两次大余梅关古驿道赏梅节，取得了良好的
效果⑤，1996 年底至 1997 年初又曾着力举办"大余赏梅月"活动⑥。近年有媒体
报道称，2010 年又在积极筹办第三届大余赏梅节⑦。

　　在梅关南面的广东南雄县，上世纪八、九十年代进行了小规模的补种⑧，其
中 1984 年种植 2000 株，1993 年种植 500 株，2009 年补种 1000 株。由于岭南气

① 江西省大余县志编纂委员会《大余县志》第 600 页。
② 江西省大余县志编纂委员会《大余县志》第 49 页。
③ 大余县风景名胜区管理局《梅花（蜡梅）风景名胜历史情况调查表》，表由笔者草拟，2009 年 4 月大余
　县风景名胜区管理局谢良生先生填写寄返。
④ 大余县旅游局《梅花（蜡梅）风景名胜历史情况调查表》，2009 年 1 月填写。
⑤ 大余县旅游局《梅花（蜡梅）风景名胜现状调查表》，2009 年 1 月填写。为了解大余县梅关风景区的情
　况，笔者投书大余县风景名胜区管理局，承谢良生先生填表回复。另又请赣南师范学院中文系王利民教
　授门下研究生陈丽娟、钟庆禄帮助前往实地采访，2010 年 1 月 11 日梅关古驿道旅游有限公司总经理申
　继斌先生接受了采访，由大余职校袁新华校长帮助介绍联系，大余县旅游局填写了调查表，以上信息和
　数据综合所填表格和采访记录而得。关于举办梅花节的报道，又见大余政府网站的"旅游资源"信息，
　http：//218. 64. 215. 236. 9000/pub/dygov/zjdy/lyzy/200811/t20081105_ 8636. html。
⑥ 廖君福、朱太阳《首届中国大余赏梅月将办》，《中国花卉报》1996 年 12 月 20 日，转引自中国花卉二
　梅分会《中华梅讯》总第 14 期（1997 年 1 月）。
⑦ http：//www. red-soil. com/luyou/2010121101052367393. htm。
⑧ 某某世纪、某某年代是使用公元纪年后兴起的一种年代称谓，迄今并无权威的说法，多只是一个口头习
　惯。本书所涉中国古代的年代，都以朝代和帝王年号指称。晚清以来始参用这一概念，1949 年以后则
　主要使用这一说法。具体概念是：1900—1999 称"20 世纪"或"上世纪"，2000 年以后称"21 世纪"
　或"本世纪"。每一世纪中，每十年即从"某 0"到"某 9"的十年为"某十年代"，如 20—29 年为
　"二十年代"（也写作"20 年代"），30—39 年为"三十年代"（也写作"30 年代"），以下类推，最后
　为"九十年代"。这一概念体系并不周密，至少一个世纪中的第一个十年即 00—09 年没有相应的"某
　十年代"的称呼，人们习惯上称作"某世纪初"。10—19 年也很少称作"一十年代"（"10 年代"），多
　称作"某世纪第二个十年"之类。本书所用此类概念即遵循这些惯例，以下不再说明。

图 8 驿道踏雪寻梅（彭禄远提供）。

候炎热，山区小气候变化多端，如遇天旱，梅树成活率不高，每年都补种 300 株
左右。目前整个梅岭旅游景区梅林面积有 300 亩，总植株 3000 株，主要分布在古
驿道两侧，另由梅关古道向上修有磴道，直通顶峰营盘岭，岭头建有两江亭，寓
意长江、珠江两大水系以此为分水岭，登楼远眺，两省层峦叠嶂、岭南岭北梅花
尽收眼底，极为壮观①。由梅关沿古道向下有东坡树、六祖寺、衣钵亭、挂角寺、
蜡梅园、接岭桥、夫人庙、来雁亭等景点，一路梅花连绵，间见高龄古树。另
2003 年南雄市曾提出打造另一更大规模"梅花长廊"的计划，投资近 200 万元，
由南雄市城东北，沿 323 国道到粤赣交界的小梅关，这里也是一条古道，全长
27 公里，与国道绿化工程相结合，沿路种植梅花，每五米一株，形成一道靓丽
的古道梅花风景线②。岭南岭北分属两省两县，如能携手合作，协调规划，进

① 以上南雄市近三十年的情况主要根据对南雄市梅岭旅游景区管理处主任张甫源先生的采访记录和该管理
处填写的《梅花风景名胜现状调查表》、《梅花风景名胜历史情况调查表》，采访者赣南师范学院 2008
级研究生陈丽娟、钟庆禄，时间是 2010 年 1 月 11 日。

② 此处根据 2009 年 3 月南雄市旅游局彭禄远先生惠寄的文字材料。该计划以梅花作公路行道树，单线
种植，花景分散，观赏效果并不明显，笔者从网络上检得 2003、2004 年有相关报道，但此后却无任
何消息。后来有关南雄旅游报道中所说的梅花长廊都是泛指梅关景区的沿路梅花。

而整合一体，综合开发，必能更有效地维护好这一雄关古道的自然与人文资源，焕发这一千古名胜的历史文化魅力①。

图9　南雄梅花节文艺演出场景（彭禄远提供）。

---

① 关于梅关古道的风景，请查阅网友阿强的《游梅关古道》，见 http://www.03hdhy.com/travel/2009/0811/content_794.htm。本章曾以《论庾岭梅花及其文化意义——中国古代梅花名胜丛考之三》为题，发表于《北京林业大学学报（社科版）》2006年第2期，责任编辑为何晓琦女士，此处有少量增补和修订。本章图片多承南雄彭禄远先生和大余旅游局提供。并上述注释中提到的几位帮助者，一并志谢！

三、梅花的圣地——孤山

杭州西湖孤山因林逋孤山隐居种梅而著称，南宋以来梅花种植相沿不绝，逐渐成了著名的赏梅胜地。然而有关林逋种梅事迹多出于附会，其身后孤山梅花的兴废之迹也不够明确。本篇就这一风景名胜的历史状况和文化意义细加梳理和挖掘。

（一）孤山梅花始于唐

孤山，在今杭州西湖北面湖中，面积 300 多亩，海拔 38 米，为葛岭支脉，东连白堤，西接西泠桥，孤立湖中。早在唐代，这里的梅花便已称胜，白居易《忆杭州梅花，因叙旧游，寄萧协律》："二年闲闷在余杭，曾为梅花醉几场。伍相庙边繁似雪，孤山园里丽如妆。蹋随游骑心长惜，折赠佳人手亦香。赏自初开直至落，欢因小饮便成狂。"唐穆宗长庆二年（822）秋至四年秋，白居易任杭州刺史，此时孤山与吴山伍相庙两处已成杭城春游赏梅胜地。这是现存文献资料所见最早的孤山梅花消息。但白居易之后，未见唐人再提此景，可见盛况维持时间不长。宋真宗朝天台宗高僧钱塘人智圆（976—1022）居孤山西坡玛瑙院[①]，有《砌下老梅》诗写其居处古梅："傍砌根全露，凝烟竹半遮。腊深空冒雪，春老始开花。止渴功应少，和羹味亦嘉。行人怜怪状，上汉采为槎。"[②] 这是古人作品中所见最早的古梅信息。根据现代园艺界对古梅树龄的形态评估经验，像这样树根裸露，树枝怪异，花期较迟的老态，大多有两百年左右的树龄[③]。由释智圆的时代上溯两百年，正是白居易任杭州刺史的年代。由此可以推知，智圆玛瑙院老梅或即白居易所说"孤山园里"唐朝

---

① 关于玛瑙坡，释智圆有《玛瑙坡四咏》自称"养病于玛瑙坡"，写其树、水、路、石四物，见《全宋诗》第 3 册第 1499 页。《孤山诗二首》其一自注："山之西坡名玛瑙。"《全宋诗》第 3 册第 1505 页。《玛瑙院居戏题三首》其三："白傅湖西玛瑙坡，轩窗萧洒瀿烟波。"《全宋诗》第 3 册第 1536 页。南宋以来，称玛瑙坡"在孤山东"，如董嗣杲《西湖百咏·玛瑙坡》注，后世遂沿其误。
② 《全宋诗》第 3 册第 1551 页。
③ 王其超等《梅花》第 15—36 页。

图 10　林逋像（清王复礼《孤山志》卷首）。

梅树的遗存。

（二）林逋孤山隐居地植梅不多

尽管有白居易这样的名人故事在前，但孤山梅花之著名却完全是由于孤山隐士林逋。林逋（968—1028），钱塘人①，少年丧父，刻苦学习，恬淡好古。宋真宗景德时漫游江淮，后归故乡，结庐孤山隐居，据说二十年足不入城市。宋真宗闻其名，屡赐粟帛。林逋多病，不娶无子，教兄子林宥登进士第。临终有诗云"湖上青山对结庐，亭前修竹亦萧疏。茂陵他日求遗草，犹喜曾无封禅书"，体现了隐居终生的高雅节操，仁宗赐谥"和靖先生"。林逋生活在一个朝廷征求各类高士逸民装点升平，而士大夫浮薄奔竞成风又亟待倡导复古、砥砺名节的时代，因而他的湖山幽隐反而引起了广泛的关注和推重，朝廷屡有征聘赐与，地方官员纷纷拜访求见，名声大噪，誉满朝野（图10）。

林逋是历史上第一个着意大力咏梅的文人，现存作品中共有八首咏梅七律，世称"孤山八梅"，如此连篇累牍前无古人。其中"疏影横斜水清浅，暗香浮动月黄昏"，"雪后园林才半树，水边篱落忽横枝"，"池水倒窥疏影动，屋檐斜入一枝低"三联颇为出色，尤其是"疏影"一联，堪称咏梅绝唱，世人激赏。但有一个误解必须澄清，尽管林逋"孤山八梅"数量突出、艺术精彩，但林逋生前孤山隐所种梅却并不像后世传说的那么盛多。这可以从以下几个方面得到证明：

---

① 关于林逋的籍贯，近代以来有以为是浙东明州奉化等地的说法，但林逋同时杨亿《杨文公谈苑》、范仲淹《朝贤送定惠大师诗序》中都称"钱唐林逋"，范仲淹《寄赠林逋处士》诗："几茎簪裾盛，诸生礼乐循。朝廷唯荐鹗，乡党不伤麟。吊古夫差国，怀贤伍相津。"称林逋所居杭州城为其"乡党"。梅尧臣《林和靖先生诗集序》称林逋据"宁海西湖之上"（《四库全书》本、日本贞亨丙寅翻刻宋二卷本并同），宋太宗淳化三年（992）杭州镇海军改为宁海军，宁海即指杭州。另梅尧臣《送梅大年寺丞宰蒙城，先归余杭，逋之侄孙》："（林逋）殁来十五载，独见诸孙贤。煌煌出仕涂，皎皎如淮蠙。今为蒙城宰，归问浙江船。"是说林逋侄孙们都家杭州。苏轼《书林逋诗后》："吴侬生长湖山曲，呼吸湖光饮山绿。不论世外隐君子，佣奴贩妇皆冰玉。先生可是绝俗人，神清骨冷无由俗。"也称林逋生于吴地杭州西湖之畔。传北宋曾巩所撰《隆平集》林逋传、王偁《东都事略》林逋传均称林逋为杭州钱塘人。陆游甥、高邮人桑世昌，世居天台，晚客游西湖，"尝为《西湖纪逸》，考林逋遗事甚详"（《直斋书录解题》卷一四桑世昌《兰亭博议》条下），今传其所作《林逋传》，也称林逋"世为杭州钱塘人，祖克己，仕钱氏为通儒院学士"（桑世昌《林逋传》，沈幼征校注《林和靖诗集》第190页）。这些材料都充分说明林逋为钱塘即今杭州市人，而非明州即今宁波一带人。有关林逋是明州人的说法，主要根据有两点，一是明州境内有些林姓家族自称林逋后裔，家谱中纳入了林逋的内容。但林逋不娶无子，以侄有承祀，林逋侄孙有名大年，北宋人言之凿凿。后世所说林氏宗谱都与此不合，可见也属宋理宗朝泉州林洪"强认亲族"，时人所讥"瓜皮搭李皮"（《梅磵诗话》卷中）之类。二是林逋诗中有《将归四明夜坐话别任君》，又《送善中师归四明》诗中称"四明山水别多时"，说明林逋至少在四明居住过。林逋诗出于后人收罗，其中或有他人作品滥入，或者林逋早年曾有过漫游或短暂寓居四明山一带的经历。但这远不足以动摇宋人有关林逋是钱塘人的一致记载。

1. "孤山八梅"多称孤株

"孤山八梅"中有这样一些信息值得注意：一是"孤山八梅"不尽是写孤山居处梅花。"孤山八梅"共分三组，其中《梅花三首》一组，至少其中的前两首"吟怀长恨负芳时，为见梅花辄入诗"，"几回山脚又江头，绕着瑶芳看不休"云云，是泛写西湖沿岸外出探梅之事。二是小园之梅多称"小梅"、"孤根"、"一枝"。"孤山八咏"中的《山园小梅二首》、《又咏小梅》、《梅花二首》① 是明确吟咏隐居小园梅花的，其中《山园小梅二首》时间最早。既然题称"小梅"，当是隐居孤山之初新栽不久所作，诗中称梅花怯寒、"冷落"，可见是写山园新栽嫩梅风致犹浅的景象。篇末"忆着江南旧行路，酒旗斜拂堕吟鞍"，回忆远游所见梅景之盛，也是因眼前的新植浅景有感而发。《又咏小梅》："数年闲作园林主，未有新诗到小梅。摘索又开三两朵，团栾空绕百千回"，则是作于数年之后。题中仍称"小梅"，显然梅树长势改观不大，唯此一株，因而反复绕观。《梅花二首》有"香篝独酌聊为寿"之语，可见当作于晚年，时间最后。其中"宿霭相粘冻雪残，一枝深映竹丛寒。不辞日日旁边立，长愿年年末上看"，"孤根何事在柴荆，村色仍将腊候并。横隔片烟争向静，半粘残雪不胜清"云云，表明仍是旧树一株，这么多年并未增植。林逋《又和病起》诗附记同时友人谢氏赠他的诗中有"落尽中庭一树梅"句②，显然指的是林逋小园，为此林逋和诗也有句回应，这进一步证明了林逋园中植梅一株的情景。林逋诗中多次写到小园花卉，但大多只是笼统称"花"，具体有桃、杏、樱、海棠、菊花等，除上述"孤山八梅"外，很少专称梅花，显然从整个园圃布局看，梅花的种植数量并不突出，由上述材料可见，所植只是孤株独树，长在竹林旁边，而且一直如此。

2. 林逋居地以松竹为主

林逋隐居地生长或种植最多的是松、竹，而尤以竹子最盛。清人王复礼所辑《孤山志》"种松"、"栽竹"条下均辑有不少林逋诗歌资料，尤其是"栽竹"条下引林逋众多诗作，条述其与竹"四时不忘"、"人己共乐"、"新旧堪赏"、"生死与俱"、"阴晴烟露，无一不入诗也"，足见栽种之盛、爱赏之深。我们看一些重要的作品。《深居杂兴六首》是林逋着意描写孤山隐逸情志的组诗，其中提到的生活内容有琴、书、钓、茶等，而居处植物有三，松、竹、菊。菊一见，而松竹多次出现："隐居松籁细铮然，何独微之重碧鲜。""冉冉秋云抱啸台，一丘松竹是闲媒。""松竹封侯尚未尊，石为公辅亦云云。"其《小隐自题》："竹树绕吾庐，清深趣有余。"

---

① 本篇所引林逋诗均见沈幼征校注《林和靖诗集》，恕不一一具明页码。
② 林逋《林和靖诗集》第159页、卷四。

《喜冯先辈及第后见访》："何期桂枝客，来访竹林居。"这些都属总体描述，强调的都是青松翠竹。

分别而言，林逋诗中有《松径》一题，另《闻灵皎师自信州归越，以诗招之》说："我亦孤山有泉石，肯来松下共忘机？"《山阁偶书》说："但将松籁延佳客，常带岚霏认远村。"《僧有示西湖墨本者，就孤山左侧林萝秘邃间状出衡茅之所，且题云林山人隐居，谨书二韵承之》："泉石年来偶结庐，冷挨松雪瞰西湖。"都是说松景，值得注意的是，最后一条举冬景是"松雪"相兼，而不是梅雪相映。其《竹林》诗写道："寺篱斜夹千梢翠，山径深穿万箨干。"《新竹》诗："齐披古锦围山阁，背迸寒犀过寺墙。"《山阁夏日寄黄大茂才》："新篁绕阁熏风细，还肯时来纳晚凉？"所说山阁是林逋隐所的一处建筑，后世称为巢居阁，可见四周青竹环绕。前引临终诗也提到亭对修竹。另《孤山寺》："云峰水树南朝寺，只隔丛篁作并邻。"《雪三首》其三："寒连水石明渔墅，猛共松篁压寺邻。"是说与寺院隔竹为邻。这些都证明林逋隐所在一片竹林掩映之中。

林逋居处多植松竹，也可以从林逋同时人的往来酬赠、造访回忆之作中得到进一步的印证。在同时文人有关林逋居处的描写中，以两浙转运使陈尧佐（963—1044）《林处士水亭》一诗最为详细、全面："城外逋翁宅，开亭野水寒。冷光浮荇叶，静影浸渔竿。吠犬时迎客，饥禽忽上阑。疏篱僧舍近，嘉树鹤庭宽。拂砌烟丝袅，侵窗笋戟攒。小桥横落日，幽径转层峦。好景吟何极，清欢尽亦难。怜君留我意，重叠取琴弹。"[1] 这里强调的是疏篱、竹树、鸡犬、鹤庭、小桥、幽径等，但未提及梅树。当时林逋隐庐给人们印象最深的是松竹。释智圆《书林处士壁》："鸟语垂轩竹，鱼惊浸月池。"[2] 是说林逋居处有竹有池。梅尧臣《对雪忆往岁钱塘西湖访林逋三首》其一："折竹压篱曾碍过，却寻松下到茅庐。"[3] 梅尧臣大约天圣四五年（1026—1027）冬春之交前往会稽（今浙江绍兴），路过杭州顺访林逋[4]，时值大雪。诗中透露出这样的信息，林逋住地外围是竹林，围有篱笆，经过一段松径，才见屋舍。林逋卒后不久，蔡襄《经林逋旧居二首》其一写道："修竹无多宅一区，先生曾此隐西湖。"[5] 所见仍以修竹为主，不过到这时也已渐衰。到了元丰间，苏轼《书林逋诗后》："我笑吴人不好事，好作祠堂傍修竹。不然配食水仙王，一盏寒泉荐秋

---

① 《全宋诗》第 2 册第 1088 页。
② 《全宋诗》第 3 册第 1578 页。
③ 《全宋诗》第 5 册第 2932 页。
④ 李一飞《梅尧臣早期事迹考》，《文学遗产》2002 年第 2 期。
⑤ 《全宋诗》第 7 册第 4791 页。

菊。"① 希望人们在孤山建祠祭祀林逋,所说傍竹修祠,也应是从林逋故居的植物景象引发的联想与建议。这些都说明,林逋小园所植以松竹,尤其是竹子为主,在其生前及身后相当一段时期都是如此。

从林逋、释智圆等人诗中透露的信息,整个孤山境内也以竹子分布最多,正如清人所说,"松竹则本山所产,不待种也"②。如智圆《送惟凤师归四明》写其居处"引望云山遥,销暑竹风清"③,《孤山诗三首》其三写孤山僧塔,"竹荫高僧塔,云迷处士居"④,苏舜钦《关都官孤山四照阁》"旁观竹树回环翠,下视湖山表里清"⑤,都是说的竹林。虽然欧阳修以来林逋咏梅渐受注意,但综观整个北宋时期的诗文吟咏和史乘杂记,除林逋自己"孤山八梅"所说"小梅"、"孤根"外,未见有林逋故居植梅的明确描写与记载。后世有所谓林逋"梅妻鹤子"之说,又说林逋"种梅三百六十余树,花既可观,实亦可售,每售梅实一树,以供一日之需"⑥。林逋养鹤,诗中屡有所言,时人多有记载⑦,但称其大事种梅,则完全是想象之辞,质诸林逋当时,了无根据。

3. 北宋时整个孤山植梅极其有限

不仅是林逋故居,当时整个孤山梅花分布都极有限。北宋熙宁初杭州知州郑獬与汪辅之等唱和梅花诗,今存郑氏所作《江梅》、《雪里梅》、《和汪正夫梅》等20多首,其中具体提到的只是西湖东南"凤山(引者按:凤凰山)亭下赏江梅"⑧一景。哲宗元祐(1086—1093)中,杭州通判杨蟠与安徽当涂郭祥正唱和《钱塘西湖百咏》,今存杨氏原作近40题⑨、郭氏和作100题⑩,于孤山有林和靖桥、巢居阁、白居易竹阁、陈朝桧等14题,也未见有关于梅花的。苏轼曾先后担任杭州通判和知州,有关西湖的诗歌不少,在孤山至少题咏过陈朝柏、白居易竹阁,但没有一首正面题咏孤山梅花。唯有元丰六年(1083)《和秦太虚梅花》:"西湖处士骨应槁,只有此诗君压倒……孤山山下醉眠处,点缀裙腰纷不扫。"⑪ "孤山"云云,是回忆熙宁年间杭州通判任上孤山赏梅的情形。苏轼同时钱塘人沈辽《次韵和宋平叔》:"忆

① 《全宋诗》第 14 册第 9362 页。
② 陈璨《西湖竹枝词》"不栽洛下牡丹芽"诗注。
③ 《全宋诗》第 3 册第 1500 页。
④ 《全宋诗》第 3 册第 1510 页。
⑤ 《全宋诗》第 6 册第 3954 页。
⑥ 王复礼《孤山志》。
⑦ 沈括《梦溪笔谈》卷一〇。
⑧ 郑獬《江梅》,《全宋诗》第 10 册第 6890 页。
⑨ 《全宋诗》第 8 册第 5042—5050 页。
⑩ 郭祥正《和杨公济钱塘西湖百题》,《全宋诗》第 13 册第 9006—9018 页。
⑪ 《全宋诗》第 14 册第 9332 页。

昔衔杯折梅处，孤山寺前千丈塘。横遮青林斗残雪，暗入红袖留清香。"① 所谓千丈塘即白沙堤，即后世所谓白堤及孤山南麓湖滨沙路，北宋时沿路多有梅花，苏轼所说"孤山山下"应该也指这一带。此外，整个北宋时有关史乘杂记也未见有孤山山上植梅的明确记载。由此可见，北宋时林逋居处所在之孤山山腰和山顶梅花种植并不突出。

何以如此？就林逋而言，所居孤山东麓以竹篱与孤山南坡的广化寺相邻，自称"五亩自开林下隐"（《虢略秀才以七言四韵诗为寄，辄敢酬和，幸惟采览》），又常称"小园"（《小园春日》、《山园小梅二首》），虽然或有自谦之意，但占地不会太大。从其作品可知，除松竹外，又有屋堂、水亭、山阁（后世所谓巢居阁）、小池、蔬圃、鹿栏鹤笼等设施，桃、杏、樱桃、海棠等闲植，想必剩余空间极其有限，绝没有大规模或大片植梅的可能。就孤山而言，属湖中孤耸岩山，除山南水边白沙堤和西坡稍为平缓外，以起伏冈峦为主，松竹等生命力较强的植物易于生长繁育。整个孤山，唐以来就分布着不少寺庙，释智圆称"环山梵刹五焉"②，有广化寺（即孤山寺）、智果观音院、玛瑙宝胜院、报恩院等。另外，从林逋诗中经常提到村居渔人，想必还有一些其他渔农杂户分布。以孤山这样一个区区三百多亩的湖屿，间或有梅花分布，规模必是有限，不可能容有大面积的种植。

更为重要的是，林逋这个时代，乃至于整个北宋时期，人们对梅花的欣赏远未引起重视，掀起高潮，圃艺种植视同一般。释智圆玛瑙坡所植一如林逋，也以松、竹为主，集中有《新栽小松》、《新栽竹》③ 等诗，另计划大事种植的是桃树，其《孤山种桃》诗云："我欲千树桃，夭夭遍山谷。山椒如锦烂，山墟若霞簇。下照平湖水，上绕幽人屋。清香满邻里，浓艳蔽林麓。夺取武陵春，来悦游人目。"④ 一般而言，桃树比梅树更具经济价值。其实林逋居处植桃也多于梅。林逋《桃花》："柳坠梅飘半月初，小园孤树更庭除。任应雨杏情无别，最与新篁分不疏。"所谓树下和阶旁，不止一处。释智圆《寄林逋处士》写林逋隐地："苔荒石径险，犬吠桃源深。中有上皇人，高眠适闲心。"⑤ 或者林逋居处曾一度植桃颇盛，至少较梅花要多些。总之，整个孤山北宋时期植梅较少，而形成规模，成为名胜更是南宋以来的事。

---

① 《全宋诗》第 12 册第 8268 页。
② 释智圆《孤山寺二首》自注，《全宋诗》第 3 册第 1505 页。
③ 《全宋诗》第 3 册第 1570 页。
④ 《全宋诗》第 3 册第 1560 页。
⑤ 《全宋诗》第 3 册第 1560 页。

（三）南宋孤山梅花之盛

南宋行都杭州，皇家驻跸，称临安府，经济、社会、文化进入了急速发展的时期，而西湖风景得天独厚，发展尤为迅速。孤山一带更是重中之重，以皇家延祥观、西太乙宫等园林建设为主体，成了湖上风景游览最为重要的地区，所谓"西湖胜地，惟此为最"①，相应地梅花种植进入了最为繁盛的时期。绍兴十四（1144）至十六年，孤山迁走佛刹、民居、冢墓，建四圣延祥观及园圃以供御游，也正是从这时起，孤山地区开始有规模地营置梅花风景。具体地说，整个南宋时期，孤山梅景主要有以下这些：

（1）凉堂。在孤山南麓。叶绍翁《四朝闻见录》丙集："孤山凉堂，西湖奇绝处也。堂规模壮丽，下植梅数百株，以备游幸。堂成，中有素壁四堵，几三丈。高宗翌日命圣驾，有中贵人相语曰：'官家所至，壁乃素耶？宜绘壁。'亟命御前萧照往绘山水。"可见凉堂建于高宗朝，是南宋孤山记载最早的植梅处。姜夔《卜算子·吏部梅花八咏，夔次韵》其三自注："凉观在孤山之麓，南北梅最奇。竹阁在凉观西，今废。"②理宗朝凉堂改匾曰"瀛屿"，周密《武林旧事》卷四："瀛屿在孤山之椒，旧名凉堂。"淳祐时朝廷于孤山建西太乙宫，凉堂又改建为黄庭殿③，"安奉太乙十神帝像"④。想必原植梅之地受到侵占，又属御园禁地，一般人不容进入，梅景遂罕见称述。

（2）香月亭。在孤山顶偏北，理宗淳祐十二年（1252）即四圣延祥观改建西太乙宫时所建。周密《武林旧事》卷四："香月，倚里湖，旧名水堂，理宗御书。"《咸淳临安志》卷一三："香月亭，在山椒，环植梅花，仍大书林逋诗一联刻于屏：'疏影横斜水清浅，暗香浮动月黄昏。'"与凉亭一样，也是孤山皇家园林一赏梅胜地。

（3）岁寒亭。在香月亭下，建于理宗时。元郑元祐（1292—1364）《遂昌杂录》："钱塘湖上旧多行乐处，西太乙宫、四圣观皆在孤山。……余童时尚记孤山之阴，一山亭在高阜上，曰岁寒，缭亭皆古梅。亭下临水曰挹翠阁，上下皆拱斗砌成，极为宏丽。盖卢、董两珰（引者按：宦官卢允升、董宋臣）以内府钱建西太乙宫，又能以其余资建两阁，亦可谓能事。嘉木扬喇勒智（引者按：即杨琏真伽）夺为僧

①　耐得翁《都城纪胜》"园苑"。
②　夏承焘《白石词编年笺校》第95页。
③　周密《武林旧事》卷四。
④　吴自牧《梦粱录》卷八。

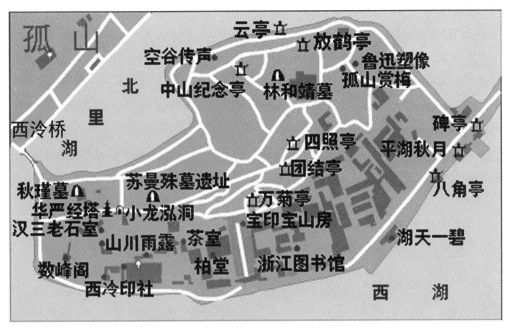

图 11 西湖孤山导游图（旺友提供）。

窟，今皆无一存，荒榛满目，可胜叹哉。"可见元大德间（1297—1307）梅花尚存。

（4）梅亭。《武林旧事》卷四于孤山景观系列中"香月"亭之外列有"梅亭"一目，未见他书记载，或即《遂昌杂录》所说岁寒亭。

（5）西村。在孤山西北麓，地当今西陵桥东一带地势平衍处。《武林旧事》卷五："西陵桥又名西林桥，又名西泠桥，又名西村。"西村之名出现较早，林逋《西村晚泊》："田园向野水，樵采语空林。"郭祥正《和杨公济钱塘西湖百题》有《西村》一题："远近皆僧刹，西村八九家。得鱼无卖处，沽酒入芦花。"可见是孤山西北湖滨最具田园风光之处[①]。这里是孤山通往西湖北山的渡口，南宋时这里由西陵桥相通，是湖上游船归泊里湖必经之地。孝宗朝以来这一带植梅颇多，词人姜夔作品言之最明。姜夔《莺声绕红楼》词序："甲寅春，平甫与予自越来吴，携家妓观梅于孤山之西村，命国工吹笛，妓皆以柳黄为衣。"词中称："十亩梅花作雪飞，冷香下、携手多时。"《角招》词序："甲寅春，予与俞商卿燕游西湖，观梅于孤山之西村，玉雪照映，吹香薄人。"甲寅为宋光宗绍熙五年（1194）。绍熙二年《暗香》词："长记曾携手处，千树压西湖寒碧。"开禧三年（1207）《卜算子·吏部梅花八

---

① 西村可能还包括西陵桥北侧湖滨地。明人浦祊《游西湖小记》："（九月）廿五日放舟里湖，登放鹤亭，旋泊西泠桥，舍舟登岸，步入西村。隔岸望孤山之后，朱栏傍水，翠幕垂窗，古树覆屋，小艇系门，余乃悦其幽寂，呼舟而渡，果佳境也。"

咏，夔次韵》其六："绿萼更横枝，多少梅花样。惆怅西村一坞春，开遍无人赏。"
自注："绿萼、横枝，皆梅别种，凡二十许名。西村在孤山后，梅皆阜陵时所种。"①
宋末董嗣杲《西湖百咏·西林桥》："隔墙莫是神仙宅，红白梅花五百株。"② 由此
可见，南宋孝宗（阜陵）时于西村曾大事植梅，有绿萼、横枝等红白二十多个品
种，数量有五百株之多，姜夔所说"十亩"、"千树"当是约数，但足见规模之盛。

　　（6）林逋祠。林逋的祀祠，本与白居易、苏轼合称三贤堂。"三贤堂，在孤山
竹阁，有白乐天、林君复、苏子瞻三贤像，后废不存，乾道五年郡守周淙重建于水
仙王庙之东庑。"③ 嘉定十五年（1222）移建于苏堤④。在林逋故居，前引苏轼通判
杭州时所作《书林逋诗后》，有"我笑吴人不好事，好作祠堂傍修竹"之议，宣和
年间周紫芝《读林和靖集书其尾》诗对此仍表遗憾："吴儿不解高人意，秋菊何当
荐一杯。"⑤ 可见终北宋之世，杭人终未完成苏轼的遗愿。进入南宋，情况略有改
观，林逋故居始有祠祀之称。如朱淑真《吊林和靖二首》其二："不识酌泉拈菊意，
一庭寒翠蔼空祠。"⑥ 所谓祠堂可能也只是就其故居挂像供祭而已⑦。绍兴间游人都
极称其颓败荒凉，张嵲（1096—1148）《吊和靖故居》："颓垣已芜漫，人事日萧寂。
赖近青莲宫，残僧识遗迹。"⑧ 绍兴中朝廷于林逋故居建四圣延祥观，附近之地多入
御圃。林逋故居暨林逋祠也便附属延祥观，《乾道临安志》、《咸淳临安志》、周密
《武林旧事》、吴自牧《梦粱录》、董嗣杲《西湖百咏》于孤山下均未见有"和靖
祠"一类条目⑨，可见并无独立存在的建筑。《咸淳临安志》卷二三记载："咸淳四
年大风拔木，祠几毁，官为重建"。南宋文人凭吊所称林逋故居、和靖祠，其实都
在四圣延祥观。

　　从有关描写可见，这里一仍北宋林逋故居幽雅深静之风格，所植仍以苍松茂竹
为主。杨冠卿（1138—？）《壬寅仲冬晦日同吴监丞游延祥宫，延祥盖和靖所居也》：
"径路通深杳，宫花不知名。石泉鸣佩环，松篁奏竽笙。"⑩ 时间在淳熙九年
（1182），归途曾写及断桥梅花，但于林逋故居却未言有梅，而只盛称松竹。释宝昙

---

① 夏承焘《白石词编年笺校》第53、54、48、95页。
② 《全宋诗》第68册第42698页。
③ 周淙《乾道临安志》卷二。
④ 潜说友《咸淳临安志》卷三二。
⑤ 《全宋诗》第26册第17121页。
⑥ 《全宋诗》第28册第17978页。
⑦ 张侃《十年前拜四圣观林和靖像，曾有诗为士友讽诵，庚辰中秋后十日重游，适梅破一二萼，再书》：
　　"孤山山下旧祠堂，诗与梅花一样香。"《全宋诗》第59册第37153页。
⑧ 《全宋诗》第32册第20484页。
⑨ 施谔《淳祐临安志》卷八有"和靖处士祠墓"一目，所指当为林逋墓。
⑩ 《全宋诗》第47册第29629页。

《访孤山林和靖梅坞陈迹》，所描写的也是"修竹"、"放鹤"之类北宋人常谈之事①。

但显然这里不会放弃植梅。隆兴元年（1163）杨万里《同岳大用甫抚干雪后游西湖，早饭显明寺，步至四圣观，访林和靖故居，观鹤听琴，得四绝句，时去除夕二日》其三："冰壶底里步金沙，真到林逋处士家。未办寒泉荐秋菊，且将瘦句了梅花。"② 我们看到南宋后期文人的林逋故居或和靖祠的凭吊诗中，基本都会写及梅花③，只是这里属于皇家道观和御圃，并非林逋专享纪念地，而且一直以松竹森严著称，植梅数量很是有限，人们说及梅花，应多属随机联想。宋末艾性夫《和靖祠与故宅皆无梅》："得见梅花即见逋，我来竟日觅梅无。"④ 进一步说明这里的梅花确实为数不多。

（7）林逋墓。在林逋故居北，孤山之阴，下临里湖。南宋绍兴中孤山诏建四圣延祥观，一应寺院、民居、祠墓均迁北山，独林逋墓得以留存⑤。咸淳四年（1268）贾似道游此，"命金华王庭书'和靖先生墓'五字，刻石立墓前"⑥。人们来此凭吊先贤，寻觅梅花，南宋后期以来有关诗词作品颇多。但值得一提的是，与林逋故居暨和靖祠一样，至少在南宋前期，林逋墓周围所植也以松竹为主。杨万里《赵达明太社四月一日招游西湖十首》其七："和靖先生坟已荒，空余松竹故苍苍。"⑦ 王琮《舟过孤山》："寂寞梅花处士坟，竹围岩脚一泉深。"⑧ 也许赵师秀（1170？—1219）《林逋墓下》一诗更能说明问题："梅花千树白，不是旧时村。倾我酤来酒，酹君仙去魂。短碑藤倚蔓，空冢竹行根。犹有归来鹤，清时欲与论。"⑨ 孤山有梅花千树，但不属隐士山林，而是御苑风景，林逋墓前只见古藤修竹。可见至少到赵师秀这个时代即宋宁宗朝，林逋墓所植一如其故居，仍以松竹为主。但到南宋后期，人们的有关诗作中多写到梅花，至少梅花成了人们凭吊感慨的一个主要话题。《咸淳临安志》卷二三"和靖墓"下引宋末高翥、吴惟信、黄宜山三人诗作都不约而同地说到梅花。

---

① 《全宋诗》第 43 册第 27087 页。
② 《全宋诗》第 42 册第 26088 页。
③ 如史弥宁《吊和靖》："只有寒泉欠秋菊，一杯聊复荐梅花。"《全宋诗》第 57 册第 36045 页。严粲《林和靖祠》："白云人已矣，古屋自苍苔。林下误疑鹤，水边空见梅。"《全宋诗》第 59 册第 37393 页。吴子良《林和靖祠》："松树高低逐径斜，祠堂牢落锁烟霞。我来闲咏梅花句，想见此翁如此花。"《全宋诗》第 60 册第 37926 页。
④ 《全宋诗》第 70 册第 44420 页。
⑤ 董嗣杲《孤山》注，《全宋诗》第 68 册第 42696 页。
⑥ 潜说友《咸淳临安志》卷二三。
⑦ 《全宋诗》第 42 册第 26366 页。
⑧ 《全宋诗》第 61 册第 38135 页。
⑨ 《全宋诗》第 54 册第 33851 页。

　　上述七处植梅，前五处应该都属御苑禁地，一般吏民观赏的机会难得，因此在整个南宋文人作品中少有涉及。许及之《戊申岁题玉牒所壁》"担上看梅不是梅，孤山消息限蓬莱"①，王质《题薛公肃〈西湖问梅图〉二首》"孤山疏影横斜处，今有珠楼锁翠门"②，可以说道出了人们无缘观赏的遗憾。这其中西村梅花，最初也许只是一般山林种植，属于开放的赏梅景区，因此姜夔等人得以聚游歌呼其下。而到了理宗淳祐时，孤山中峰及西坡建西太乙宫，也被围入御苑之中。周密《重游孤山有感二首》其二"千尺粉垣围苑树，野梅今日是官梅"③，前引董嗣杲《西湖百咏·西林桥》称"隔墙"梅花五百株，由此可见这个时候的西村梅林已不是一般吏民可以自由进出就近观赏的，因此在南宋后期的文人诗词中再也难觅其迹象。四圣延祥观所属之林逋故宅或所谓和靖祠，与孤山北坡林逋墓，掩映于茂林修竹之中，"花寒水洁，气象幽古"④，虽说植梅，但数量有限，远不能与相邻的皇家园囿相比拟。吴惟信《重拜和靖墓》："片玉沉山草亦珍，断碑残石当麒麟。君王别为开门户，不欲梅花见路人。"⑤所感慨的正是地处皇家园林偏旁的林逋墓风景失修，相形见绌的尴尬处境。

　　尽管有这种种局限，但就园林种植而言，南宋孤山的梅花可以说是孤山历史上最为繁盛的时期。凉堂与西村植梅都号称"数百"株乃至"千树"，其他分散种植也应是随处可见。即便尚未大兴土木的绍兴初年，人们在林逋故居寻觅不得，每值花期湖堤山径总能见到梅花。张扩《用伯初韵再和一篇》："即今湖上荆棘满，谁见穿林度飞雪。道傍数本忽照眼，所喜风流未中绝。"⑥到了宋末高翥《西湖二首》其一写道："浅水摇船冷戛沙，平林暝色接栖鸦。湖边老树垂垂白，半是梅花半雪花。"⑦则是一派沿湖繁布的景象。撇开林逋咏梅的影响，仅孤山梅花的空前盛况在当时的杭州植物名胜中也可谓首屈一指。陈著《赠詹仲和还杭序》列数当时杭州的风景："九里松、孤山梅、飞来峰桂，与环湖三百寺，烟云水月，参差映带，非人间世。"⑧北宋时孤山植被以松竹为主，从整体上说这种情形很难彻底改变，但在南宋以来的园林经营中，梅花可谓一枝独秀，成了孤山最重要的观赏植物和园林风景。甚至在整个行都临安，也都具有一定的代表性。被元人羁解北去的宋恭帝（1271—

① 《全宋诗》第 46 册第 28444 页。
② 《全宋诗》第 46 册第 28859 页。
③ 《全宋诗》第 67 册第 42559 页。
④ 周密《武林旧事》卷四。
⑤ 《全宋诗》第 59 册第 37060 页。
⑥ 《全宋诗》第 24 册第 16060 页。
⑦ 《全宋诗》第 55 册第 34143 页。
⑧ 陈著《本堂集》卷三八。

1323），相传有诗送别汪元量南归："寄语林和靖，梅花几度开。黄金台下客，应是不归来。"① 身处元都北京的他，想到的故国风景就是孤山梅花，孤山梅花成了杭州乃至故国的一个符号，由此足见孤山梅花在当时人们心目中的地位。

（四）元代的兴废继绝

元代是孤山梅花风景的一个历史转折期。南宋经营一百多年的都城湖山胜景受到严重破坏，以皇家园林为主体的梅花林景惨遭毁灭。元代中期以来，随着元代社会经济、文化的稳定与复苏，杭州又逐步展现出一派生机兴旺的景象，西湖风景也逐步恢复了往日的繁华与秀丽。正是在这样的大背景下，孤山梅景也开始有所恢复。

1. 元初孤山梅花的毁灭

公元 1276 年宋元改朝换代。元兵进入临安，大肆抢掠，金谷铜驼，江山黍离，宋朝宫殿陵寝惨遭损毁。元江南释教都总统杨琏真伽恃宠骄纵，贪赃肆虐，恣意掘发宋朝陵墓，强取民财，扩张寺院。孤山园林在劫难逃，延祥观、太乙宫改为寺院，林逋墓也遭掘发，孤山风景一片狼籍，孤山梅花同样也未能幸免。元世祖至元二十二年（1285），俞德邻《为郭元德题〈和靖探梅图〉》一诗写道："前年我亦访湖山，山色湖光竟尘俗。荒坟三尺走狐狸，那复寒泉荐秋菊。真祠并入梵王家，香月亭前马牛牿。水边篱落忽横枝，遥睇犹艰况斤斫。鸡园释子皆鹰腾，挟弹扬鞭骤平陆。仓皇走避尚遭嗔，蹇卫何堪共驰逐。三百年间一梦同，人与梅花几荣辱。"② 繁华似锦、美丽优雅的西湖已失去往日的风采，林逋墓已成狐窝兔穴，和靖祠已并入寺院，香月亭成了马厩，一路都是骄横得势、飞扬跋扈的僧人，梅花不是被圈入寺院，便是被无端砍伐。大德元年（1297），方回《记正月二十五日西湖之游十五首》组诗对孤山园林的存废也有类似的描写，延祥观、西太乙宫均改为僧寺。其中《孤山梅（多无枝）》写道："千树梅花斫半无，有人更欲涸西湖。"③ 经过这番沧桑变迁、世事浩劫，孤山南宋皇家园林为主导的梅林风景摧毁殆尽。

2. 元代后期林逋墓植梅

元代孤山植梅是随着林逋墓的修葺而进行的，时间在元顺帝至元间（1335—1340），具体情况见于当时钱塘人叶森所作《和靖墓堂记》："和靖先生墓在孤山，至元己卯，江浙儒学提举余谦德扬命西湖书院山长陈泌汝泉同森修葺之，复言于宪属，以达宪副杨公翼飞，各捐俸助森。因偕士人陈子安、王思齐、朱信甫、韩伯清、

---

① 赵崶《在燕京作》，《全宋诗》第 71 册第 44838 页。
② 俞德邻《佩韦斋集》卷三。
③ 《全宋诗》第 66 册第 41791 页。

图 12　林逋墓和放鹤亭（清王复礼《孤山志》卷首），所绘为康熙中叶的
景象。

朱晋齐、莫景行、张景仁，僧本初、如志、道流王眉叟、张伯雨作祠堂庑庑，而西
湖书院特建一亭，钱塘尹赵名渊复建墓前屋，始于是年四月廿三日，成于五月十三
日。是日祀以少牢，名其轩曰鹤轩，翼飞书扁，又得张南轩先生（引者按：南宋理
学家张栻）'梅轩'二字揭诸亭，植梅数百本于山之上下。子安持一鹤为山中荣，
因致告先生曰，昔人以先生游观之所匪鹤不能，今人以先生神游之所亦匪鹤不能，
故献兹禽。"①

　　至元己卯即顺帝至元五年（1339），这次对林逋墓的集中整修，动员的人力物

---

①　郑沄、邵晋涵等《（乾隆）杭州府志》卷三三。

力不少，而整个工程的发起人为当时的江浙儒学提举余谦①。余谦大约元统二年（1334）始任江浙儒学提举②，离任当在至元五年后，在任时间至少有五六年之久，主持和赞助了不少人文古迹的修葺。林逋墓的整修是其中最为重要的一项，工程较为系统，从叶森记中可见，包括坟墓、墓屋、墓堂、鹤轩（亭）、梅轩（亭）等，并设有专职管理人员，相关的处士桥③，外围的仆夫泉、玛瑙坡等孤山古迹也一并修复。明确记载的是，与梅轩相配套的是山之上下植梅数百株。这一事迹是后来方志和名胜游览志介绍孤山名胜必得引录的记载，相关的还有郡人陈子安放鹤一事。陈子安，钱塘人，似未出仕，与余谦同时担任江浙儒学副提举的陈旅曾为其作《约斋记》，称其名宁，字子安。又称其"治琴书之室以燕处"④，这一生活情趣颇得林逋湖山闲隐之传，其放鹤之举也正是闲雅情趣的表现。后世称郡人陈子安放鹤建亭，事实上当时他献鹤一只，所建鹤轩是余谦整个林逋墓重建工程的一部分。附带一提的，十年后的至正八年（1348），继任江浙儒学提举的李祁重建巢居阁⑤，进一步丰富了林逋遗址的园林景观。这类有关林逋的纪念性建设相应地也会附植梅花。王冕《梅花》："昔年曾踏西湖路，巢居阁上春无数。雪晴月白影精神，玛瑙坡前第三树。虬枝屈铁交碧苔，疏花暖送珍珠胎。"⑥巢居阁、玛瑙坡一带都长有梅花。透过王冕的回忆，不难感受到余谦等人的植梅活动给孤山风景带来的变化。

余谦植梅是元代孤山植梅唯一明确的记载，与南宋皇家园林为主的梅景营置不同，这次是由地方官员捐俸，当地绅士参与的林逋祠墓重建项目，属于林逋遗迹纪念性质的公益性种植。这也正是后人在孤山相沿植梅的主要动机，因此可以说，余谦等人的孤山植梅奠定了后世孤山植梅的基本方式与格局。

---

① 关于余谦，史籍记载颇为缺乏，元末陶宗仪《书史会要》卷七："余谦，字嶰山，池阳人，官至江浙儒学提举，善古隶。"刘伯缙、陈善《（万历）杭州府志》卷六一有传，除前述姓氏、籍贯资料外，称其"为文法典谟训诰，书宗隶古。早为蒙古字学教授，改授翰林国史院编修官，除江浙儒学提举。为人廉方有才干，每以风纪自任，其提举学事，程试颇严。"可见是一位正直谨重、颇具才学、爱好古雅的士大夫。关于其名字，记载有分歧，从叶森此文可见，余谦字德挐，取义本自《易经·谦》"无不利挐谦"一语，同时胡助有《送余德挐南归燎黄》诗（《纯白斋类稿》卷八），嶰山为另一字，或是别号。稍后元人郑元祐《遂昌杂录》称其"余山中"，不知何故，疑"山中"为一字，或者余谦号"山中"。

② 陈泌《西湖书院重修大成殿记》："元统二年秋，大成殿东南角坏，葺之者不良于谋，因尽撤而治之……有翰林余公谦、国子助教陈公旅，提举江浙学事，盖深忧之。"《六艺之一录》卷一一一。杨瑀《山居新话》卷一："元统间，余为奎章阁属官，题所寓春帖曰'光依东壁图书府，心在西湖山水间'。时余嶰山为浙江儒学提举，写春帖付其姻，置于山居，则曰'官居东壁图书府，家在西湖山水间'。偶尔相符，亦可喜也。"

③ 郑元祐《遂昌杂录》："余山中以浙省儒学提举，有心力于先生墓上悉力起废，水滨仍建学士桥，傍山建祠宇，塑先生像于其中。"学士桥当为处士桥，因揭傒斯捐疏之学士沟而误记。

④ 陈旅《约斋记》，《安雅堂集》卷八。

⑤ 李祁《巢居阁记》，《云阳集》卷七。

⑥ 王冕《梅花》，《竹斋集》续集。

（五）明代的孤山梅景

人文名胜面临的最大威胁是自然的磨蚀和岁月的淘汰，而其历史价值也正体现在其历劫不灭、不断重建、赓延不绝的时间耐力之中。就在余谦修葺不久，郑元祐在《遂昌杂录》中感慨道："余山中（引者按：指余谦）以浙省儒学提举，有心力于先生墓上悉力起废，水滨仍建学士桥，傍山建祠宇，塑先生像于其中。今复数年矣，闻又荒落，何贤者之不幸哉！"这也就是余谦修葺之后的二十年左右，林逋墓又是一片荒凉。梅花作为植物也许生命力更为长久些，但也决不是一劳永逸的风景。明清时期伴随着林逋遗迹的一代代追复重建，种植梅花以为纪念也成了当地园林营建的一个传统。正是这份不绝的情结，使孤山梅花成了孤山乃至整个湖上风景一个响亮的名胜。明代见诸记载的孤山梅花种植大致可以划分这样两个阶段：

1. 明朝中叶

成化十一年（1475）夏时正《杭州府志》卷六："处士庐：在孤山，有巢居阁，久废，今建三贤祠。郡人夏孟儒、仲寅兄弟、吴寿、刘英种梅数百株祠周遭。""和靖墓：在今三贤祠之北坡，面智果寺山，而里湖绕其下……成化十年知府李端重修，兵部郎中于冕、南昌同知沈恒墓上种梅周遭。"天顺三年（1459），知府胡濬重建三贤祠，郡人种梅之事或即此时。据《（成化）杭州府志》，天顺、成化间由地方官员积极主办，西湖尤其是孤山道路、风景经过一系列整治，孤山四照阁、巢居阁、林逋墓、三贤祠等都得到重建和修葺，明正德、嘉靖间，放鹤亭一再重建①。这可以说是继余谦之后又一次大规模的园景建设，而梅花种植正是配套出现的。种植梅花的六人都是杭州人，显然出于对乡邦故贤文物遗迹的一份责任，其中于冕为于谦之子。沈恒，景泰元年（引者按：1450）举人②。种植数量较为可观，三贤祠称"数百株"，林逋墓则是四周种梅，想必为数也不少。此次所植梅树存活较久，杨应诏《游西湖记》："壬戌夏四月日……过孤山吊林逋之墓，见老梅树挺立放鹤亭侧，傍有独鹤悠闲，啄菱芡，仰空而唳。"③ 时间是嘉靖四十一年（1562）。完成于万历七年（1579）的《（万历）杭州府志》卷二〇也说："山故多梅，为林处士放鹤之地，

---

① 夏时正《（成化）杭州府志》卷六孤山下罗列唐宋以来名胜，无余谦所建梅轩、鹤轩，可见此时二亭已颓废无迹。杭淮《双溪集》卷六《放鹤亭辞》序："放鹤亭者，宋处士林和靖先生之所作也，岁久倾圮，莫考遗迹，今续构于孤山。"这是亭名放鹤之始。杭淮，弘治十二年（1499）进士，正德间任浙江提刑按察司佥事，建亭、作辞辞当在此时。田汝成《西湖游览志》卷二："放鹤亭在孤山之北，嘉靖中钱塘令王釴作。"嘉靖十年（1531）王釴在任，建亭之事当是此时，去杭淮构亭时间不久。

② 李卫、嵇曾筠《浙江通志》卷一三五。

③ 聂心汤《钱塘县志》纪文。

今梅径梅坞尚存，剥落荒藓者殆不下数百年物也。"去成化间于冕等人植梅都已有百年上下，所说古梅应是成化间所植。

2. 明朝后期

明代中叶以来，随着商品经济、城市人口的发展和社会风气的变化，杭州西湖越来越呈现一派繁华奢游的景象。相应地，万历以来孤山梅花的种植也有了一些新的变化。高濂《遵生八笺》卷三："孤山看梅：孤山，林逋故宅也，有梅三百六十株，有陈朝桧树，人竞赏之。""孤山月下看梅花：孤山旧趾逋老种梅三百六十，已废，继种者今又寥寥尽矣。孙中贵公补植原数，春初玉树参差，冰花错落，琼台倚望，恍坐玄圃罗浮。"这里说的是杭州文人湖上风雅游乐的项目。提到的孙姓太监指万历间监织造驻办杭州的孙隆，他在江南大肆征收商税、掠夺民财的同时，"以数十万金钱装塑西湖"繁华①，在孤山种梅三百六十树。

除了这样的权贵宦官外，随着湖上优游享乐之风的兴盛，明代后期一些风雅文人也积极参与此事。这其中最重要的当为吴巽之等人。万历四十一年（1613）陈万言《孤山种梅初记》："岁癸卯，余始读书山麓小轩中，聊破岑寂，诸君子嗣是多踵至者，哦哦声岁不绝。余友新都吴君巽之复为低徊故址，领袖胜因……谋所以为逋叟续者。"②沈守正《孤山种梅疏》："今无论华表之迹，杳不可期，即老桩枯枝，尽供樵爨。有王道士慨然复种梅以复之，吾友韵人吴巽之辈相与怂恿其事。第处士止种三百六十株，而道士之欲甚奢，不千树不止。盖处士止日给其腹，而道士将遍给游屐之腹，宜乎其不止三百六也。"③张岱《西湖梦寻》卷三："天启间有王道士欲于此地种梅千树。"这三条材料说的应该属同一件事，揣度其情形，当由吴巽之等湖上风雅之士发起，据陈万言考察，望湖亭向北湖滨需植500棵，放鹤亭、林逋墓一线也需500株，孤山背至四贤祠约需2000株。如此规模显然并非一些寒酸文人所能胜任，于是竭力拉拢王道士赞助。所说时间从万历中到天启间，想必是分批进行的。同时张鼐《孤山种梅叙》记湖上"同社诸君"补梅之举或即此事，弟子周宗建万历四十六年遵其意在孤山补梅三百余株，并将张叙刻石亭中④。

这一时期有一个现象特别值得注意，那就是出现了林逋种梅三百六十株的说法。明万历初高濂《遵生八笺》称林逋种梅三百六十株，并称孙隆如数补栽，是这一说法最早的文献信息。两宋时并无林逋植梅数量的明确记载，从前面我们的考证可知，

---

① 张岱《西湖梦寻》卷三。
② 黄宗羲《明文海》卷三四九。
③ 沈守正《雪堂集》文集卷六。
④ 周宗建《补种孤山梅花序跋》，王复礼《孤山志》。茅元仪《西湖看花记》："（戊午）时周季侯补种处士梅数百株。"《石民四十集》卷二三。周宗建，字季侯，吴江人，仁和知县。

林逋生前种梅实际只是孤株闲植。但从南宋后期以来，夸张之词便时有所见，如徐集孙《重拜和靖先生墓》："菊老泉堪荐，山孤草亦萎。高风留塑鹤，残雨暗荒碑。依旧梅千树，无花香似诗。"① 俨然是说林逋当年植梅有千树之多。元至元到明成化间的补植都称数百树，这与孤山林逋宅墓一带可用面积大致吻合。相应地，元代诗人言及孤山梅花多称三百树，如郑元祐《梅隐》："昔者先人住杭州，和靖祠前水东流。弊庐与祠政相近，看梅吊古山之幽。咸平梅花三百树，无复春风一树留。"② 元末明初释来复《西湖绝句》："西陵桥下水生烟，属玉飞来近钓船。荒尽梅花三百树，孤山何处访逋仙。"③ 周宗建万历四十六年（1618）所种也称三百余株。所谓林逋植梅三百六十株可能也正是基于元明以来这一实际种植规模的一种想象。这一说法当时颇有影响，同时陈继儒《放鹤亭记》也采此说④，影响更大的是吴从先《和靖种梅论》称："处士有梅三百六十，尊正朔也；以三十树画一沟，分月令也；沟十二有畛，成一期也；居傍列二十有九，以置闰也。"⑤ 到了清代进一步出现了"每售梅实一树，以供一日之需"⑥ 的揣测。但这些都正是吴从先自己所说的"好事者""指画故事，胜谈高迹"而已，并不能认其属实⑦。

（六）清朝的孤山梅花

清朝孤山梅景大致也可划分为两个阶段。

1. 清朝前期

经过明代这番反复的林墓重修与沿名补植，以林逋墓为依托的孤山梅花已成了一道广受关注因而得以不断延续的风景名胜。从清代康、乾杭州府县志的记载可以看出，明人种植的梅树存活较久，康熙朝陆次云《湖壖杂记》："岭上梅花三百树，树无几矣。"无几是说为数不多，但仍有少量留存。清人不断有所补植，尤其是康熙盛世孤山园林大事增建。康熙三十四年（1695），宋骏业奉命改建放鹤亭，三十五年康熙驾幸亭中，御书"放鹤"二字为额，又书《舞鹤赋》，宋氏为勒石别建亭

---

① 《全宋诗》第 64 册第 40330 页。
② 郑元祐《侨吴集》卷二。
③ 李孟《元艺圃集》卷四。
④ 黄宗羲《明文海》卷三三九。
⑤ 王复礼《孤山志》。
⑥ 王复礼《孤山志》。
⑦ 不难想象，以今日乌梅产区一般每亩种 30～50 株计算，所说 360 棵则需 7～12 亩地，这不是林逋所说五亩小园所能承担的。如果像明人所说，林逋纯然依赖此 360 株树林为生计，也不当选择种梅，梅林的效益相对较低，城郊种植更是如此。

图 13 梅林归鹤图（《西湖志纂》卷一），图中自右向左依次标有御书亭
（位置约当今放鹤亭，所奉当即康熙御书《舞鹤赋》）、岁寒岩、处士桥、巢居
阁、四贤祠（实即林逋祠）、御书放鹤（康熙所书）等字样，反映了雍正至乾
隆早期孤山北麓、今放鹤亭一线的景象。

于放鹤亭之上，又重建巢居阁、梅轩，开池叠石筑桥，极其宏丽①。三十八年康熙
再次临幸，御制五言诗一首。康熙五十七年魏峒《（康熙）钱塘县志》卷二："（孤
山）山之阳今建行宫，康熙四十六年上南巡驻跸，御题'西湖山房'。其阴多古梅，
为林逋放鹤亭。"雍正十年（1732），浙江粮储道朱伦瀚捐俸重茸林逋墓，"墓之前后
复增植梅花数十树"②，浙江总督李卫增订"西湖十八景"，"梅林归鹤"列名其中
（图 13），称林逋墓"多古梅，旧传逋于孤山植梅三百本，岁久不存，而后人补植者，
今已成林"③。这可以说是历史上，林逋墓地纪念建筑和梅景营植最为辉煌的时期。雍
正及乾隆朝前期游人探梅孤山，正是得益于康熙中期这些持续的营建和艺植。

　　大约乾隆中期以来，林逋墓、放鹤亭附近的梅花逐渐衰疏。对此可以从乾隆的
御题诗中看出，《南巡盛典》所载六次南巡，每次都题咏放鹤亭，前三次都咏及梅

① 王复礼《孤山志》。
② 朱伦瀚《重修林和靖先生墓记》，李卫《西湖志》卷二五。
③ 李卫《西湖志》卷四。

图 14   放鹤亭（胡丹摄），亭内石壁有康熙御书鲍照《舞鹤赋》石碑。

亭柱有林则徐"世无遗草真能隐，山有名花转不孤"联。

花，后三次都未正面提到。文人的诗咏游记也有佐证。张仁美《西湖纪游》记其乾隆二十四年（1759）孤山所见，"宋林处士故庐也，山多古梅，大者数株，围径尺许，相传为和靖手植"。八年后的乾隆三十五年陈璨《西湖竹枝词》诗注即感慨："处士坟在孤山放鹤亭畔，题'宋处士林逋之墓'。山中松柏甚多，古梅少有存者，点缀冰花，补苴玉树，愿再有余谦、张蒲也。"① 山上松柏苍郁，梅花树势不敌，因而盛景难于维持，这种情况在林逋时代即有。

2. 清朝后期

新一轮大规模的梅花补植见于嘉庆末、道光初的两三年中。许乃谷、张应昌等人倡议修复林逋祠宇，所修有巢居阁、和靖祠，"补梅放鹤，并建梅亭"②，次年即道光元年（1821）完成。参与此事的还有陈嵩庆和林则徐③。是年林则徐任杭嘉湖道事，后世称其修葺林逋墓祠，"于放鹤亭前补种梅花百十本"④，"每逢花开，有本

① 陈璨《西湖竹枝词》"春树枝枝染绿云"。
② 张应昌《摸鱼子》词序，《烟波渔唱》卷二。另许乃谷《买陂塘》词序也载此事，黄燮清《国朝词综续编》卷九。
③ 杜堮《谒和靖先生墓》自注："先一年陈荔峰阁学、林少穆观察补种梅数百株。"《遂初草庐诗集》卷七。此诗作于道光二年，所说先一年乃道光元年（1821）。陈嵩庆，原名复亨，号荔峰，钱塘人，嘉庆六年进士。
④ 胡祥翰《西湖新志》卷七引《楹联三话》，翟灏《湖山便览（附〈西湖新志〉）》第 476 页。

道衙门禁止攀折告示，每树悬牌一块"①，所说实即一事。据张应昌词序，林曾"手题祠榜"，林则徐诗中也言"同人嘱余题额"②，梁章钜《楹联续话》记载林则徐"曾修孤山林处士祠，又葺梅亭，题亭柱一联云'世无遗草真能隐，山有名花转不孤'"③，此或即张氏所说题榜。许乃谷、张应昌分别有《买陂塘》、《摸鱼儿》词纪其事，许又画《孤山补梅图》，一时题咏颇多，影响较大。从时人题咏可知，此次种梅"数百树"，又明确称"六百本"④，可见数量比较可观。这次修葺、种植是康熙中期以来最大的一次补植，祠宇景观大为改观，而梅花更是再造盛况。刘开（1784—1824）有诗《戊寅初夏余游西湖，见孤山竟无梅树，为诗慨叹，今再过孤山则梅花已数十株，盖近年所植也，口占志喜》⑤，戊寅即嘉庆二十三年（1818），正是许乃谷、张应昌等人补植之前。而不久孙原湘作《孤山探梅歌》："山南万花雪皎皎，山北花犹似珠小。人穿花中雪乱飞，玉枝杈出牵人衣。一亭亭亭出花顶，花影纵横间人影。但看香海白四围，不见明湖绿千顷。"⑥ 这正是道光元年重修后花繁亭新的崭新景象。

道光以来著名的补植有：道光十七年，钱塘诸生徐时（字山云）"与同里沈念农、孙阆青、汪介眉补梅孤山，一时称韵事焉"⑦。二十六年（1846），钱塘知县甘鸿"倡议重葺，补梅起亭，绘图征题"⑧。光绪二十五年（1899），杭州知府林启（1839—1900）"补梅百株于孤山之麓"⑨。想必热心捐资补植者远不止这些。

（七）民国以来的情况

晚清以来，林逋祠墓年久失修，到光绪初年巢居阁已废，"东首一亭临湖面山，额曰'水边村下'。亭中呼啸，则山谷应之，所谓'空谷传声'"⑩。民国四年，放

---

① 范祖述《杭俗遗风》。
② 林则徐《偕陈荔峰学崇庆同游孤山，观新种梅花，荔峰诗先成，次韵答之》自注，《云左山房诗钞》卷一。
③ 梁章钜《楹联续话》卷二。
④ 前引杜塕《谒和靖先生墓》自注，又胡敬《不到西湖十七年矣，癸未春重来湖上，亭榭荒圮，游观之盛，迥不如前，感成二律》注："孤山新栽梅数百本。"又《许玉年孤山补梅图》："移梅六百本，栽向孤山址。"《崇雅堂诗钞》卷七。
⑤ 刘开《刘孟鎏集》后集卷二○。
⑥ 孙原湘《天真阁集》诗集卷二六。
⑦ 潘衍桐《两浙辅轩续录》补遗卷四。
⑧ 张应昌《摸鱼子》词序，《烟波渔唱》卷二。
⑨ 林纾《林迪臣太守孤山补梅记》，林纾《林琴南文集·畏庐文集》第52页。
⑩ 潘春生《游湖小识》。

鹤亭等得到重修①。"水边林下"亭即"空谷传声",名声鹊起,一般又视为巢居阁,实非清盛时所建,更非林逋山阁故地。而附近梅花也较闻名,"后人补植,花较他处为晚,有梅名玉蝶者,惟阁旁有之。"② 另杭州工程局曾在林逋墓"补种梅树百余株"③。1936年许宝驹《西湖梅品》:"孤山百株,大抵皆官家补植,数枝临水,清艳殢人。惜杰构不多,余皆柔条嫩枝,罕有苍劲之气。近年通衢既筑,孤山几成闹市,暖日烘晴,游人麟集,缟袂相联,古艳可狎。处士有知,得毋有入山不深之感耶!"④ 这可以说概括了民国间孤山赏梅的基本情景。日寇入侵,孤山梅景受创,乱后伪杭州市长何希甫(1889—1939)于放鹤亭畔补栽,并树碑纪事⑤。八年抗战后,人们所见情况更糟,报端《梅讯》报道:"孤山探梅不过是慕个林老头儿的名而已……几株瘦得像第三期肺病似的'梅妻'实在营养不良。"⑥ 可见长势极差。

图15　林逋墓(叶鑫摄)。

---

① 干人俊《民国杭州市新志稿》卷二;杭州指南社编《杭州指南》第10页。
② 商务印书馆编《西湖游览指南》。
③ 杭州市园林文物管理局《西湖志》第788页。
④ 许宝驹《西湖梅品——月明人倚楼随笔之一》,《越风》(半月刊)第6期,1936年1月16日。
⑤ 路鹃《孤山探梅记》,《新东方》1944年(第9卷)第2期。
⑥ 季墨《梅讯》(超山的宋梅……),《礼拜六》1947年(第63卷)第12期。

　　新中国成立后的 50 年代，人民政府重修林逋墓，并添植寒梅等花木。1964年十二月林墓被夷平，至"改革开放"后的 1986 年重建①。1948 年出版的《杭州指南》称放鹤亭"现又毁陋不堪矣"②，新中国成立后，也"几度按原样加固维修，亭前平台石栏，亦补齐重刻"③。在相应区域不断补植梅花，只是随着孤山各类园庭建筑不断增加，专事梅花种植的空间越来越小，加以山上古树名木参天，浓荫蔽日，不利于梅树的发育生长。如今孤山梅株除零星散见外，集中种植主要见于两处，一是放鹤亭上的林逋墓周围大约有十多株，二是山之东麓鲁迅塑像周围有一片梅林作为衬托，大约有 150 株（图 16），声势已远不如灵峰、西溪和郊区的超山了④。

图 16　孤山赏梅（胡丹摄），所摄为孤山东麓鲁迅塑像前湖畔梅林。

---

① 杭州市园林文物管理局《西湖志》第 681 页。
② 杭州指南社编《杭州指南》第 10 页。
③ 杭州市园林文物管理局《西湖志》第 352 页。
④ 为求孤山植梅数量，2009 年 3 月笔者曾向西湖风景区管理部门寄赠拙著，请求帮助，未蒙回应。2005 年 9 月 16 日下午，笔者与同事曹辛华君一同前往孤山探访，2010 年 7 月 12 日下午笔者二度前往，盘桓山上，细数梅株，此处数据出此。林逋墓地新砌围墙，益形偪仄，梅树株体瘦小，附近高大樟树、无患子树参天蔽日，加以地属山阴背日，梅花长势益见萎靡，如不拓敞空间，景自可不断补造，但树龄和长势难于维持。孤山东麓鲁迅像附近梅林，面积稍大，株体亦壮，皆有数十年树龄，加以地势开阔向阳，长势稍好，可望持久。

（八）孤山梅花的风景特色与文化意义

从上面的梳理不难看出，孤山梅花在我国古代众多梅花风景名胜中有着特殊的地位，其历史的悠久仅次于赣粤交界的庾岭梅花，而实际所受到的重视与维护则又远过于大庾梅岭，这是由孤山梅花所处的特殊地理位置与其深厚的历史渊源及人文积淀所决定的。下面我们从两个方面来加以分析。

1．自然特色：佳境在西湖

孤山处西湖之中，西湖是宋以来江南地区最为重要的风景名胜之一，无论其自然形胜还是社会影响、历史积淀，在众多的湖山胜景中都可谓首屈一指。正如明人高孟升《钱塘十景诗·孤山霁雪》诗所说，"千载林逋留胜迹，总因佳境在西湖"[①]，孤山梅花名胜首先是与西湖的自然形胜和文化地位联系一体的，其作为湖上一景的独特区位环境，赋予孤山梅花风景不绝、千载赓续的自然条件和人文命脉。

图17　林社梅景（叶鑫摄），背景为林社。林社座落在放鹤亭东面，是一座中西结合、飞檐翘角的小楼，为纪念光绪杭州知府林启（1839—1900）所建。

———————————

① 聂心汤《钱塘县志》纪文。

在西湖风景中，孤山虽只是海拔 38 米的小山，但独立湖阴一隅，极具特色。《西湖游览志》卷二："西湖岩介湖中，碧波环绕，胜绝诸山。"明陈万言《孤山种梅初记》："孤山僻在湖阴，无巉怪峰石足以颃颉南北两高之胜，而幽韵过之。"① 沈守正《孤山种梅疏》也说："西湖之上，葱倩亲人，亦爽朗易尽。独孤山盘郁重湖之间，水石草木皆有幽色。"② 是说孤山以湖中孤屿、独立幽静取胜。无论植梅山腰山麓，掩映重湖之间，总有一种高雅幽逸的独特韵致。在西湖四时风景中，宋时"西湖十景"中有"断桥残雪"，明初"钱塘十景"中有"孤山霁雪"一景③，后人推重湖上雪景，有所谓"晴湖不如雨湖，雨湖不如月湖，月湖不如雪湖"之说④，"孤山霁雪"一景，明人也称"孤山梅雪"，大有取代"断桥残雪"之势⑤。人们着意欣赏的正在其湖山一色、冰清玉洁、晶莹幽澈的自然境界。而孤山梅花点缀其中，更是增添了无穷的幽雅。清汪元文《西湖四时游兴》写道"每当腊尾春头，湖雪初霁，或一驴得得，或双桨翩翩，徜徉于放鹤亭前，只觉清香扑鼻，淑气侵肌，萧然有林下风。诗情画意，非躁心人所能领略"⑥，展现了孤山踏雪赏梅的独特情韵。孤山赏梅正以其清澈幽雅的情趣构成了湖上四时风景中别具一格的名胜。

2. 人文意义：梅文化的圣地

与明代兴起的苏州邓尉、杭州西溪等梅花名胜不同，孤山为城郊湖中岛屿，面积有限，缺乏大规模经济种植的条件，属于城郊湖山园林风景的一小部分，因而实际梅花数量极其有限。无论宋代皇家经营，还是后世吏民赓续风雅，所称种植都只在百株或数百株，规划最大的也不过满山拟种两三千株⑦。西湖沿岸曾经出现过不少更大规模的梅花景观，如明《（万历）杭州府志》卷三二记载当时"九里松抵天竺一路几万梅，俗称梅园"。规模显然远比孤山要大，但这类梅景都只是昙花一现，只有孤山梅花以其小园疏林得以绵延不绝。显然这得归功于林逋，"山因和靖隐来灵"⑧，是林逋的孤山隐居赋予了这方山水独特的文化生命，镌刻着山水幽隐的符号意义⑨，而孤山梅花正是这一文化景观活的见证，是这一湖山隐逸文化最典型、最

① 黄宗羲《明文海》卷三四九。
② 沈守正《雪堂集》文集卷六。
③ 凌云翰《钱唐十咏》序，《柘轩集》卷二。
④ 汪砢玉《西子湖拾翠余谈》，高濂等《四时幽赏录（外十种）》第 152 页。
⑤ 明张宁《西湖十咏为李载章题》中未见《断桥残雪》，以《孤山梅雪》取而代之，见其《方洲集》卷一〇。清宫梦仁《读书纪数略》卷一二"西湖十景"也将"断桥残雪"改为"孤山梅雪"。
⑥ 汪元文《西湖四时游兴》，转引自胡祥翰《西湖新志》卷一四。翟灏等辑《湖山便览》第 548—549 页。
⑦ 陈万言《孤山种梅初记》认为孤山东麓可植梅五百，山阴可五百，山之西坡可两千。黄宗羲《明文海》卷三四九。
⑧ 董嗣杲《西湖百咏·孤山路》，《全宋诗》第 68 册第 42691 页。
⑨ 清王复礼《孤山志》虽称山志，而所收实尽林逋事迹和遗址及相关诗文。

生动的标志。

从前面的论述可知，林逋当时植梅极其有限，远不足以名胜，甚至整个北宋时期孤山梅花都未见称道，但林逋咏梅却是梅花观赏史上的大事，其"孤山八梅"无论数量还是质量都极其突出，其中"疏影横斜水清浅，暗香浮动月黄昏"一联，脍炙人口，堪称绝唱。关于林逋发明梅花"暗香""疏影"之特色，渲染疏淡闲静之神韵，赋予高雅幽逸之品格方面的成就，笔者已著文详论①，此不赘述。正是这一划时代的贡献使林逋与梅花结了千古不解之缘，正如古人所说，"千秋万古梅花树，直到咸平始受知"②，"自有渊明方有菊，若无和靖即无梅"③，"清风千载梅花共，说着梅花定说君（引者按：指林逋）"④。随着林逋咏梅作品的广泛传播，梅花品格、神韵的深入人心，梅花越来越成了高人隐士的生活伴侣、心灵图腾、品格象征乃至于身份标志，孤山也因为这一深刻的历史因缘越来越被视为梅花风景的人文圣地。孤山梅花因湖景而称胜，更因人而生辉。从南宋开始，它就不只是一片湖山名胜，更是一道关于梅花的风流佳话，关于隐士越世雅逸、超凡脱俗之高雅生活和人格精神的经典符号与象征。

宋元以来，有关林逋孤山植梅之事越来越盛传，有声有色，到了明代甚至出现了"梅妻鹤子"之说⑤，也许出于康熙御书"放鹤"和《舞鹤赋》的影响，清李卫所订"西湖十八景"中将孤山梅花胜迹定名为"梅林归鹤"。这一名目可以说正是融汇和浓缩了几百年有关林逋孤山隐逸生活的传说与想象，不仅概括了元代以来孤山植梅全然围绕林逋宅墓展开的事实，而且也为这一风景名胜明确打上了林逋遗迹的烙印，揭示了其幽雅高逸的人格意蕴。林逋孤山隐士的遗迹纪念是孤山梅花风景独有的历史因缘和文化底蕴，是这一风景名胜得以绵延不绝的人文命脉。

值得一提的是，清人定名的"梅林归鹤"虽然意义深切，但现实中却难以操作，因为鹤不常有，尤其是随着孤山建筑和游人的日益填塞和密集，这一自然景观更是不可复睹，但梅花却易于续植，事实上梅花是孤山林逋遗迹纪念中最具生命力

---

① 笔者《林逋咏梅在梅花审美认识史上的意义》，《学术研究》2001 年第 7 期；《宋代咏梅文学研究》第 77—97 页。

② 舒岳祥《题王任所藏林逋索句图》其三，《全宋诗》第 65 册第 41007 页。

③ 辛弃疾《浣溪沙·种梅菊》，邓广铭《稼轩词编年笺注》第 498 页。

④ 吴锡畴《林和靖墓》，《全宋诗》第 64 册第 40400 页。

⑤ 此说首见田汝成《西湖游览志》卷二："余谦既葺处士之墓，复植梅数百本于山，构梅亭于其下。郡人陈子安以处士无家，妻梅而子鹤，不可偏举，乃持一鹤放之孤山，构鹤亭以配之。"此说与叶森《和靖墓堂记》记载不合，当时余谦、陈子安所为及叶森所说并无此意。上溯宋人，刘克庄《梅花十绝·九叠》："和靖终身欠孟光，只留一鹤伴山房。"元韦居安《梅磵诗话》卷中无名氏诗："和靖当年不娶妻，只留一鹤一童儿。"董嗣杲《西湖百咏·和靖先生墓》"有鹤有童家事足，无妻无子世缘空"云云，始隐有此意，但非"梅妻鹤子"的明确说法。

和特色的景物。"孤山名以吟梅重，彭泽官因爱菊轻。"① "孤山擎出水中央，留下梅花代代香。"② "姓名犹寄梅花上，一度开时一度香。"③ "清风千古镇长在，见着梅花如见君（引者按：指林逋）。"④ 透过宋代文人的这些深情吊吟，不难感受到孤山梅花这一名胜景观自然风景与人文意义相互寓托的景观特色和历史命运。可以说正是孤山梅花这一穿越历史、不断再造的风景，成了林逋孤山幽隐的生动见证，同时也构成了一道绵延不绝的风流佳话。"但得孤山梅不死，其余风物弗关情。"⑤ 宋末江湖诗人这番表白不免过于性情，但其意愿值得借鉴，孤山梅花是孤山诸景中最值得珍视的一景，当地吏民有责任，有义务精心维护和努力传承⑥！

① 王镃《述怀》，《全宋诗》第 68 册第 43208 页。
② 邓林《望和靖墓》，《全宋诗》第 67 册第 42042 页。
③ 杨公远《和靖》，《全宋诗》第 67 册第 42095 页。
④ 吴龙翰《拜林和靖墓》，《全宋诗》第 68 册第 42875 页。
⑤ 胡仲弓《旱湖》，《全宋诗》第 63 册第 39784 页。
⑥ 本章部分内容以《杭州孤山梅花名胜考》为题，发表于《浙江社会科学》2008 年第 12 期，责任编辑为王立嘉先生。王先生经手发表笔者有关浙江梅花名胜三篇拙文，此为其一，临文至此，深有感触。本章风景图片由杭州植物园胡中先生、浙江大学研究生叶鑫女士提供，在浙江图书馆查书时，多得该馆陈谊先生关照，谨此一并志谢。

四、梅花的仙境——罗浮山梅花村

罗浮山梅花村是有关梅花的一个重要传说,古代梅花艺文作品多见引用,同时它也是一道重要的风景名胜,造访罗浮者每多念念于怀,系心求访,因而在梅花审美文化史上引人瞩目。本篇就其相关本事、历史变迁和文化意义集中考述。

(一) 罗浮梅花村本事之一

与其它古代梅花名胜不同的是,罗浮梅花村之成名并非得力于实际的梅花种植,而是起源于文学创作。追究其起因,源于两种文学作品。其一是相传柳宗元所作《龙城录》,其中有一则《赵师雄醉憩梅花下》故事:

"隋开皇中,赵师雄迁罗浮。一日天寒日暮,在醉醒间,因憩仆车于松林间酒肆傍舍,见一女子淡妆素服,出迓师雄。时已昏黑,残雪未销(未销:原作对,此据宋诸家引文改),月色微明。师雄喜之,与之语,但觉芳香袭人,语言极清丽。因与之扣酒家门,得数杯,相与饮。少顷,有一绿衣童来,笑歌戏舞,亦自可观。顷醉寝,师雄亦懵然,但觉风寒相袭。久之,时东方已白,师雄起视,乃在大梅花树下,上有翠羽啾嘈,相顾月落参横,但惆怅而尔。"①

《龙城录》是一部志怪杂事集,今分二卷。龙城,隋朝县名,唐初升龙州,后改名柳州。顾名思义,如属柳宗元所作,当成于晚年贬官柳州时。但此书的真伪向多疑议。北宋《崇文总目》、《新唐书·艺文志》均未著录,南宋中叶尤袤《遂初堂书目》小说类始有其目,也未明确撰者和卷数。宋元人多认为此书既不见《唐书》记载,且内容虚诞,文笔衰弱,不似柳宗元所著,而是南北宋之交的王铚(1088—1146),或北宋后期苏轼门生刘焘的假托②。近见陶敏等根据《龙城录》所载之事多

① 柳宗元《龙城录》卷上,《五百家注柳先生集》。
② 何薳《春渚纪闻》卷五、张邦基《墨庄漫录》卷二、朱熹《朱子语类》卷一三八、洪迈《容斋随笔》卷一〇、吴师道《敬乡录》卷一。古人有关《龙城录》作者的说法,请参考李剑国《唐五代志怪传奇叙录》上册第493—500页。

与唐代史实不合，又有属于柳宗元身后乃至于唐以后者，所涉唐代文献及典制多有疏误等现象，断言其决非唐人所作，而是北宋人的托名之为①。笔者对此深表赞同。

不仅如此，笔者发现，这一故事本身也是漏洞不少。首先是"残雪未销"。罗浮山地处北回归线以南，属炎海瘴疠之地，"四时常花，三冬不雪，一岁之间暑热过半，腊晴或至摇扇"②。虽然史载宋淳祐五年（1245），明正德、嘉靖、隆庆、万历间广州等地出现大雪天气③，康熙二十九年（1690）罗浮山也曾有千载难遇的大雪之景④，但这都是历史上气温偏低的时期，在隋唐那样一个气候偏暖的时代⑤，是否会象故事中所说的那样"残雪未消，月色微明"，很是值得怀疑。其次是"月落参横"。宋洪迈《容斋随笔》卷一〇："今人梅花诗词多用'参横'字，盖出柳子厚《龙城录》所载赵师雄事。然此实妄书，或以为刘无言所作也。其语云'东方已白，月落参横'。且以冬半视之，黄昏时参已见，至丁夜（引者按：四更，即下半夜1点至3点之间）则西没矣，安得将旦而横乎。秦少游诗'月落参横画角哀，暗香消尽令人老'承此误也。唯东坡云'纷纷初疑月挂树，耿耿独与参横昏'，乃为精当。老杜有'城拥朝来客，天横醉后参'之句，以全篇考之，盖初秋所作也。"洪迈指出了一个星象上的错误。根据参星运行的规则，公历十一

图18　清费丹旭《罗浮梦景》，写赵师雄罗浮梦境，现藏无锡博物院。

① 陶敏《柳宗元〈龙城录〉真伪新考》，《文学遗产》2005年第4期；薛洪勣《〈龙城录〉考辨》，《社会科学战线》2005年第5期。
② 陈裔虞《（乾隆）博罗县志》卷九。
③ 范端昂《粤中见闻》卷二。
④ 屈大均《罗浮对雪歌》，《翁山诗外》卷四；陈恭尹《罗浮黄龙洞对雪》，《独漉堂诗集》卷五；王煐《罗浮见雪，用东坡白鹤山凿井得泉韵》，宋广业《罗浮山志会编》卷二〇。
⑤ 竺可桢《竺可桢文集》第482页。

月初，大约夏历十月初，黄昏初定时参星在东南出现，而黎明时行至西天近乎地平线方向，称为参横。此后黄昏时所见参星越来越西移，而在西陲消失的时间则不断提前。至冬末春初即阳历二月初，约当夏历正月初则是《礼记·月令》所谓孟春之月"昏，参中"，也就是说黄昏时参星当南天正中，而到半夜三更参星已经西落。整个冬季三月中，越近冬初，所谓"东方已白，月落参横"的景象越有可能，但在岭南气温最低或可下雪的时机则在冬末。因此梅雪相兼在罗浮一带固属难见，而同时满足梅开、下雪而又"东方已白，月落参横"三个条件的日子就更不可得了。再次，所谓"迁罗浮"，是说贬官罗浮一带，以隋唐时期罗浮山区的荒僻崎岖，赴任周边诸邑均不会绕道罗浮山脚，即或专程前往探游，是否可带一干"仆车"，尤其是车马这样的交通工具能否施诸罗浮山区，也深可置疑。

这些明显的疏误不能不使人怀疑这一故事的原创性。有一种可能是，这段叙述是由其它二手材料编述拼合而成，而忽视了罗浮地区气候与地理状况的特殊性。这就关系到罗浮梅花村的另一个来源：苏轼的松风亭咏梅诗。

（二）罗浮梅花村本事之二

上述赵师雄罗浮遇仙故事中没有"梅花村"的说法，所说遇仙之事地点在"松竹林间"，另有"酒家"，但未明确提及村庄。罗浮梅花村这一概念最早见于苏轼松风亭梅花诗：

《十一月二十六日松风亭下梅花盛开》："春风岭上淮南村，昔年梅花曾断魂。岂知流落复相见，蛮风蜒雨愁黄昏。长条半落荔支浦，卧树独秀桃榔园。岂惟幽光留夜色，直恐冷艳排冬温。松风亭下荆棘里，两株玉蕊明朝暾。海南仙云娇堕砌，月下缟衣来扣门。酒醒梦觉起绕树，妙意有在终无言。先生独饮勿叹息，幸有落月窥清樽。"

《再用前韵》："罗浮山下梅花村，玉雪为骨冰为魂。纷纷初疑月挂树，耿耿独与参横昏。先生索居江海上，悄如病鹤栖荒园。天香国艳肯相顾，知我酒熟诗清温。蓬莱宫中花鸟使，绿衣倒挂扶桑暾。抱丛窥我方醉卧，故遣啄木先敲门。麻姑过君急洒扫，鸟能歌舞花能言。酒醒人散山寂寂，惟有落蕊粘空樽。"

《花落复次前韵》："玉妃谪堕烟雨村，先生作诗与招魂。人间草木非我对，奔月偶桂成幽昏。暗香入户寻短梦，青子缀枝留小园。披衣连夜唤客饮，雪肤满地聊相温。松明照坐愁不睡，井花入腹清而暾。先生年来六十化，道眼已入不二门。多情好事余习气，惜花未忍终无言。留连一物吾过矣，笑领百罚空罍樽。"

绍圣元年（1094）苏轼贬惠州，刚到不久写下了这组著名的自唱自和咏梅诗。

第二首开头"罗浮山下梅花村"一语，正是后世罗浮梅花村的主要依据。但苏轼所咏梅花是惠州嘉祐寺旁松风亭下两株梅花，称之为"村"，也是自和凑韵而已。苏轼在惠州近三年，前后也仅绍圣元年（1094）九月赴惠州途中过游罗浮一次，《东坡志林》卷一一记载颇详，此行到过冲虚观一带，但未提及梅花村。元以来，惠州、博罗、罗浮的山经地志多引苏轼此诗作为罗浮梅花村的注脚，而且也多把此诗的题目直接改为《梅花村》①。由于苏轼的名人效应，后世罗浮很多景观多有附会苏轼游踪和诗意的现象②，而梅花村正是其中一例。

　　问题还不在这山水名胜附庸名人的现象，《龙城录》所载赵师雄遇仙之事应是抟合苏轼松风亭咏梅在内的众多咏梅诗意而成。除了松风亭三诗外，涉嫌被化用的还有元丰五年（1082）苏轼贬居黄州时《和秦太虚梅花》："多情立马待黄昏，残雪消迟月出早。"元祐六年（1091）在杭州知州任上所作《次韵杨公济奉议梅花十首》其一："梅梢春色弄微和，作意南枝翦刻多。月黑林间逢缟袂，霸陵醉尉误谁何。"《再和杨公济梅花十绝》其十："北客南来岂是家，醉看参月半横斜。他年欲识吴姬面，秉烛三更对此花。"其中"月黑林间逢缟袂"，"醉看参月半横斜"云云，与松风亭诗中"海南仙云娇堕砌，月下缟衣来扣门"，"纷纷初疑月挂树，耿耿独与参横昏"，"蓬莱宫中花鸟使，绿衣倒挂扶桑暾"等，都很容易与《龙城录》中赵师雄故事的具体描写联系起来。后世解诗者多视苏轼是缀用赵师雄遇仙之事，因而词句、语意多与《龙城录》吻合。但综观苏轼诸诗却有其当下的实际背景和语意逻辑，如"绿衣倒挂扶桑暾"一句与赵师雄之事中绿衣歌舞的情景最为贴近，苏轼句下自注道："岭南珍禽有倒挂子，绿毛红啄，如鹦鹉而小，自海东来，非尘埃间物也。"可见苏轼是自写其实，如其预知赵师雄之事，想必会一并作些说明。更重要的是，苏轼诸诗都贴合自身处境，遣词运意也极妥贴自然，全无《龙城录》那样的矛盾抵牾，更具情景原创的色彩。因此，事实应如南宋张邦基《墨庄漫录》卷二所说：罗浮梅仙之事，"盖迁就东坡诗'月黑林间逢缟袂'及'月落参横'之句耳"，而不是反过来苏轼化用其事③。从时间上说，无论《龙城录》，还是其中赵师雄罗浮遇仙之事都是从两宋之交才见于人们称述，远在苏轼身后。因此可以这么说，是苏轼的咏梅诗境，经《龙城录》抟合编造成赵师雄梦仙故事，两者渲染渗透，相互推毂，共同构成了罗浮梅花村传说的源头。

---

① 姚良弼、杨宗甫《（嘉靖）惠州府志》卷五、卷一五；宋广业《罗浮山志会编》卷一六。
② 请参考梁大和《也说苏东坡与罗浮山》，《惠州大学学报》2001 年第 3 期。
③ 参见笔者《苏轼与罗浮梅花仙事》，《南京师大学报》2009 年第 2 期。

（三）罗浮梅花村的出现

南宋以来赵师雄罗浮遇仙之事广泛流传，影响深入。南宋绍兴（1131—1162）初年曾慥《类说》、淳熙年间（1174—1189）的《锦绣万花谷》、淳祐间（1241—1252）祝穆《古今事文类聚》等类书都编载此事，促进了这一故事的传播，大大提升了知名度。南宋中期以来，罗浮梦梅之事成了咏梅的常用典故，罗浮梅花也成了咏梅的常见题材①。

正是这一故事的强大影响，使罗浮当地出现了梅花村遗址景观的建设。"梅花村"的概念出于苏轼。在《龙城录》赵师雄故事文本中，遇仙之地点在"松竹林间"，另有"酒家"，未明确提及村庄，显然所谓"梅花村"的说法源于苏轼松风亭咏梅诗"罗浮山下梅花村"的语意。罗浮梅花村名正式出现于南宋淳祐四年（1244）。淳祐三年，时任惠州知州赵汝驭至罗浮山醮祭，所经道路崎岖，荆棘丛莽，登游极其艰难。办完公事，"与客步自冲虚，东行数里，泉声潇然出蓁翳中，其上则洞口也。由洞口而南，有岩双壁，宛若门然。从门以入，欻然见寒梅冷落于藤梢棘刺间，崎岖窈宛，皆有古意，往往顾者不甚见赏。问其地，则赵师雄醉醒花下，月落参横，翠羽啾嘈处也"。赵一路上山，"以目行心画者指授之，曰某地宜门，某地宜亭，又某地宜庵"，嘱博罗县令主办其事。次年整个工程完成，亭台牌坊、石阶磴道，盘桓山间，直达山顶，大大方便了行人游览。向所见"寒梅冷落"即传赵师雄醉醒处，设立门牌曰"梅花村"，"芳眼疏明皆迎人笑"②。事后番禺人李昂英为作《罗浮飞云顶开路记》，也称"邝仙石之前千玉树横斜，明葩异馥，仙种非人世有，曰梅花村"③。这里所说的石洞，是山谷名④，洞口有门，称石门，向上山坡有邝仙石，均在今罗浮山九天观（明福观）风景区内。当时所谓梅花村，显然是整个工程中的一处营景，并非自然村落，地点在石门里侧。所谓"千玉树"，一改前之"冷落"之景，则是在原有少量野梅的基础上大事增植的结果。从此罗浮遇仙之事有一个名为"梅花村"的明确遗址，并且逐渐成了罗浮风景区一道著名景观。

---

①　请参阅笔者《宋代咏梅文学研究》第401—406页。

②　赵汝驭《罗浮山行记》，《全宋文》第308册第380—382页、宋广业《罗浮山志会编》卷一一。

③　李昂英《文溪集》卷二。

④　曾焕章、张友仁《（民国）博罗县志》第77页："凡罗浮之以洞名者，皆谷也。"

（四）梅花村地点的变迁

综观元明清历代方志和文人罗浮游记题咏，可以看出，随着惠州地区社会发展尤其是罗浮山旅游资源、交通条件的开发，人们进出罗浮山和登山的路线不断变化，所说梅花村遗址也在不断与时迁移。

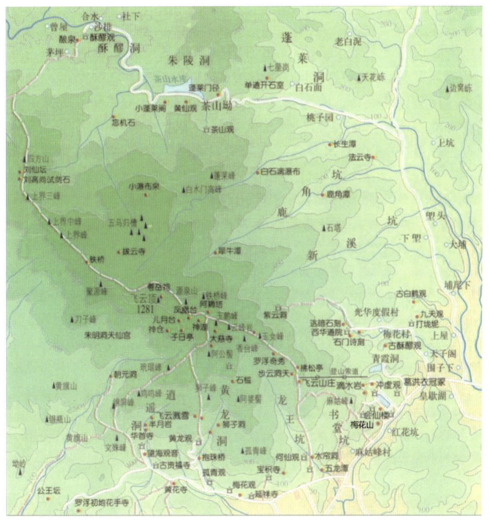

图19　罗浮山地形图（旺友提供）。该图绿色表示较高的地形，而黄色表示较低的地形。图下方五龙潭向下（南）方向即今博罗县长宁镇，如今这一带土地平展，仍多为稻田。古人所说梅花村，一在图之右侧，西华道院向左（东）方向，即古人所说石洞口，标有"梅花村"三字。另一应在五龙潭向下（南）方向。图中这两地之间标有"梅花山"一景，在今罗浮山朱明洞风景区大门内东侧。

赵汝驭等人最初所定梅花村在冲虚观"东行数里"①，"邝仙石之前"②。自宋至明代初叶，人们入山，大致都"自东莞石龙墟东北行，溯沙河水三十里至九子潭，其东二里许为泊头村，古泊头镇也"③。由此东北行直抵冲虚观一线，进而沿赵汝驭所辟山径，历邝仙石、伏虎岩，登飞云顶，而所谓梅花村即在此路山脚。元人唐古台元贞元年（1295）《登山记》④、徐心远《登山记》、赵孟杰《醮山记》⑤，所述行程都是先抵石洞口梅花村，由此登山。

明代以来，情况开始出现变化。弘治十四年（1501）湛若水进山，"由增江口而入，经梅花村，以宿冲虚观"⑥，梅花村在冲虚观的西南方向，而不是在冲虚观东北方向的石洞口。稍后的罗浮山志记载更为具体，嘉靖三十六年（1557）黄佐《罗浮图经》叙罗浮山西南诸峰："又西南曰飞来峰，其傍有梅花村，又西南五里有鹿角岭。自中路之南平畴迤逦，而西曰蓝田，又南曰卖酒田，又西南曰泊头。其北为小罗浮冈，其下有跳鱼石，又西北有牛岭，十里至增城。"⑦ 黄氏这段叙述紧接金沙洞（即黄龙洞）、华首台、龟渊之后。所说飞来峰，不见于宋罗浮道士邹师正《罗浮山指掌图记》，就黄佐《图经》的叙述顺序，应在华首台西南方向，与增城县界不远。而所言梅花村也应在黄龙洞、华首台西南。万历间陈大科《广东通志》卷三四所载罗浮山西南诸峰位置也基本沿袭了这段内容。

黄氏弟子黎民表为黄佐《图经》所作注中有几处提到梅花村："旧志，孤青峰下有孤青观址，葛洪西山庵基也（南汉改长寿观），其南金沙洞（南汉改黄龙洞）。洞中有华首台，后改为寺，与七星坛及梅花村相近，山下游人常于此寄宿。""旧志，梅花村在飞来峰（来一作云）路侧，出独树径，沿路皆茅庐，村民多往鹿角樵苏。""旧志，唐尚书常衮自中阁之南开垦水田千余亩，后人取仙家种玉故事名之曰蓝田。尽梅花村西皆稻区也，峯峦近亦耕种其间。南有市沽处，曰卖酒田，路转西南有泊头，舟舆交凑，墟市集处。若道小罗浮冈，西达增城，可以陆行。转北有牛岭，一名角子山，二十里有欧阳洞。"⑧ 比读这几段内容，大概由于层峦叠嶂，地形复杂的原因，有关梅花村地址的叙述略显混乱。第一条说梅花村在华首台附近，第二条是对前引黄氏"西南曰飞来峰……西南五里有鹿角岭"一段的注解，所说梅花

① 赵汝驭《罗浮山行记》，《全宋文》第 308 册第 380—382 页。
② 李昂英《罗浮飞云顶开路记》，《文溪集》卷二。
③ 陈伯陶《罗浮指南》。
④ 唐古台《登山记》，何镗《古今游名山记》卷一三。
⑤ 陈梿《罗浮志》卷八。
⑥ 湛若水《朱明洞记》，宋广业《罗浮山志会编》卷一二。
⑦ 宋广业《罗浮山志会编》卷一。
⑧ 宋广业《罗浮山志会编》卷一。

村的地点在华首台西南。第三条中梅花村又在中阁（引者按：地在今延祥寺北上）之南，而所谓小罗浮冈道西达增城，则又远在华首台西南。但有一点是确定的，梅花村在冲虚观西南、华首台的南侧，黄佐的门生李时行、欧大任的《游罗浮山记》也都证明了这一点①。

比较而言，与黄佐同时潘勖《罗浮山图记》的说法比较明确："冲虚西二里为故长寿观，其右水帘洞。洞口梅花村，故有松风亭、可赋庵。洞口初入有五龙潭，又入则诸石刻，又入为锡杖潭，又入为药槽……洞之右为故南楼寺，上山十里为小石楼。"②潘勖是博罗人，图记所述罗浮诸形胜地理位置都极为简明清晰，这里明确指出梅花村在水帘洞口、五龙潭之南。这与前引黎民表第三条所说"中阁之南"相吻合。如果确如黄、黎二氏所说，梅花村附近有蓝田稻区，从今天所见整个罗浮山南麓的地形地貌看，也只有五龙潭南向今长宁镇方向土地平衍，适宜种植水稻，而在华首台南及西南都冈峦起伏，不具类似条件。

崇祯十二年（1639）博罗人韩晃《罗浮野乘》进一步证实了这一说法。该书卷二《梅花村说》："飞来峰之麓曰梅花村，即柳子厚《龙城录》所载赵师雄醉梦花前，月落参横处也。沿路皆茅庐，梅花绕屋，村民耕种其中，平畴迤逦。而西曰蓝田，昔唐尚书常衮于中阁之南开垦水田千余亩，后人德之，因取仙家种玉故事以名之。尽梅花村西皆稻区也，其南有市沽处则曰卖酒田。游人至此曳杖山还，余兴未尽，寒香扑鼻，远眺行吟，见一帘出雪堆间，亦未免作绿衣歌舞想也，第恐梦不到罗浮耳。村之东有宋人所建松风亭，《东坡集》载有松风亭赋，又留魏公读书处曰可赋庵。"这段记载综合了潘勖与黄、黎二氏的说法，虽然仍称飞来峰之麓，但更明确的却是中阁之南。而所说松风亭、可赋庵等村景与潘氏所说完全一致。

这样我们可以完全确认，明人所说的梅花村已不是宋元人所说在冲虚观东北石洞口，而是移到了远在冲虚观西南之五龙潭附近的开阔地带。那么从什么时候有了这一转换？永乐年间陈梿《罗浮志》中已经出现了松风亭、可赋庵名目。其中卷二称："可赋庵，乃留丞相书堂，在梅花村。"显然至迟从明永乐年间开始，人们所说梅花村已经移到了五龙潭西南一带。何以有此变化？主要取决于入山路线的改变。明代以来人们游览罗浮，主要有两条路线：一是从石龙墟，溯里波水，由罗浮山西南铁场、罗浮初地、华首台一线进入③，所谓梅花村在华首台西南的说法或出于此；另一是"自九子潭北行"，经石麟市至延祥寺④，自水帘洞、黄龙洞两路登山。前条

①　曾焕章、张友仁《（民国）博罗县志》第443页。
②　宋广业《罗浮山志会编》卷一。
③　陈伯陶《罗浮指南》。
④　陈伯陶《罗浮指南》。

图20　罗浮山图（清陆奇绘，清宋广业《罗浮山志会编》卷首）。原
图四页，此合为一。自右（东）至左（西），原第一页的位置所绘为罗阳溪
和石洞口一带。第二页中有麻姑峰，峰下有麻姑台、五龙潭、延祥寺等，
台下标有梅花村、卖酒田。第三页有华首台、飞来峰等。

较坦易，但发现较晚；后一条南宋邹师正《罗浮指掌图记》早就采取过，取径较为
便捷，明中叶以来行者尤多。而所谓五龙潭梅花村正是此路山下，是登顶首经之地。
想必由苏轼"罗浮山下梅花村"诗语，人们行旅至此自然有此联想，逐渐便附会出
现了梅花村名。

入清后人们一直沿袭明代上述地志山经的说法，认五龙潭南侧为梅花村、卖酒
田所在地。屈大均《广东新语》卷三："梅花村在山口，前对麻姑、玉女二峰，深
竹寒溪，一往幽折。……自中阁之南，尽梅花村西，皆稻区，畲（引者按：疑为
畲）蛮之所耕种。"屈氏友人潘耒康熙二十七年（1688）所作《游罗浮记》："至黄
龙径，又二里至延祥寺基，望见梅花村篱落隐隐，又十里许至冲虚观。"[1] 延祥寺明
初废圮，康熙间重建，地在今罗浮山白鹤洞风景区南侧。康熙四十年钱瑛《罗浮图

───────────────

[1]　潘耒《游罗浮记》，《遂初堂集》文集卷一三。

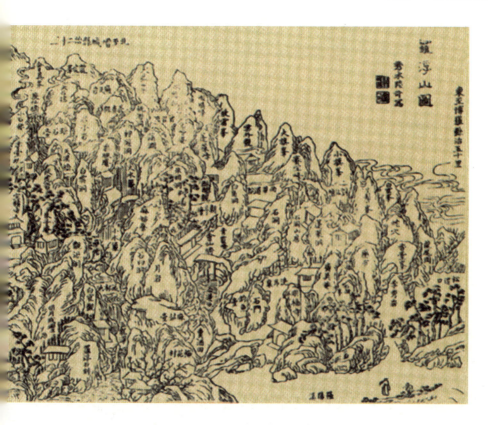

说》："予辛巳春登罗浮，自东莞舟行五十里至园头，舍舟登陆三十里，至华首台……东行八里为黄龙洞，南汉天华宫故址也，亦名金沙洞。洞口双瀑飞流，奔流掣电，其东为梅花村，赵师雄所遇美人及麻姑卖酒田遗迹在焉。北上为五龙潭，潭侧有石槽、石臼、八仙石，又上为水帘洞。"① 宋广业《梅花村说》："水帘洞口即梅花村，多梅树。……内有宋人所建松风亭及留丞相书堂，一名可赋庵，遗址犹存。"② 上述清人诸说所指梅花村地点高度一致，都在水帘洞与五龙潭西南、延祥寺东南一线。

咸丰六年（1856），东莞陈铭珪（1824—1881）因潘耒所说延祥寺附近有梅花村址，与友人相与筑室寺右，偕隐读书其间，号梅花仙院，较之传说中的五龙潭南梅花村址有所西移，更近黄龙洞口。但不久又发觉潘氏所说与宋赵汝驭《山行记》所说梅花村在石洞旁不合，于是著《梅花村事迹考》，附刻于所编《浮山志》中，意在回归宋人所说，同时也主张延祥寺附近与石洞口两处梅花村可以并存③。民国

---

① 钱以垲《罗浮外史》。
② 宋广业《罗浮山志会编》卷首。
③ 陈铭珪《梅花村事迹考》，《浮山志》卷三。

曾焕章、张友仁《博罗县志》所载梅花村地址已明确移到石洞口："梅花村，在石洞西南，明福洞中邝仙石之前，即赵师雄醉卧梅花处（山行记）。玉树横斜，仙种非人世有。洞口门曰梅花村，亭曰仙春……今无梅花，亭废。有村曰亭子角。"① 该志于麻姑洞、五龙潭一线也叙有可赋庵、卖酒田、蓝田等遗址，却撇去了梅花村的传说，可以说正是对陈铭珪《梅花村事迹考》的回应，有关记载完全回归到宋赵汝驭于石洞一线开路时的情形。今罗浮山九天观风景区有梅花村一景，正是这一古老说法的继承与落实。

（五）梅花村的梅花景观

明确了罗浮梅花村的地址变迁，再来看看具体的梅花种植和生长情况。

（1）石洞口梅花村

淳祐四年（1244）赵汝驭开辟山路时本仅有少量寒梅分散荆棘间，遂增植千株，见前引赵汝驭《山行记》、李昂英《飞云顶开路记》。明万历十九年（1591），汤显祖游罗浮，夜宿冲虚观，"诘朝朔，微雨袭梅墟，经石门听泉于叶大夫春及之廊阿"②。是说第二天自冲天观至石洞间曾路过一片生长梅树的地方。天启六年（1626）冬，东莞文人张穆《记游石洞》一文记石洞一线"枫林千万树"，"洞口古梅嵯岈，落落数花，独立徘徊，若不能已"③。这些记载去赵汝驭开路种梅已有四百年左右，所说洞口"梅墟"或"古梅"或即当时所植"千树"梅花之遗。但两人并未提及梅花村，所见梅花应属林间道傍散见。整个明清时期，梅花村名既已移至五龙潭南、延祥寺附近，石洞一带也未见有大规模的梅景出现。石洞北之酥醪观附近酥醪村，清初村中多梅花，屈大均《酥醪村作》："梅花村北酥醪村，家家争酿梅花魂。梅花与酒一时熟，香吹罗浮当朝暾。"情景与五龙潭下梅花村相近④。民国二十三年（1934）酥醪观管道钟玉文"道经梅村，不见一梅"⑤，所说梅村，当在石洞口。今罗浮山九天观风景区内古梅花村⑥，即追溯宋赵汝驭所定遗址而来。

---

① 曾焕章、张友仁《（民国）博罗县志稿》第 691 页。
② 郝玉麟等《广东通志》卷六〇。
③ 张穆《记游石洞》，陈铭珪《浮山志》卷三。
④ 屈大均《翁山诗外》卷三。宋广业《罗浮山志会编》卷三："冲虚观北有酥醪观，观前有酥醪村。""《罗浮书》：酥醪村往时多卖酒家，与麻姑峰下酒田并为山中胜地。"此是古酥醪观，宋邹师正《指掌图记》即载，与康熙末年罗浮山阴所建酥醪观并非一处。
⑤ 钟玉文《酥醪林园种梅记》，谭棣华等编《广东碑刻集》第 810—811 页。
⑥ 笔者未及实地寻访，就罗浮山风景区导游图所标景点而言。谢泽南等《南睹罗浮春》叙述罗浮山梅花景观，提到"明福洞附近的梅村"，见该书第 146 页。所说即今九天观景区。2011 年 10 月，笔者反复电话咨询罗浮山风景区管委会，工作人员见告，该景点仍为民居占用，未能开发。

（2）五龙潭南梅花村

整个明清时期，人们所认"罗浮山下梅花村"多指此地，因而有关记载与诗文吟咏相对多一些。明初陈梿《华首台》："山下梅花岁岁新，师雄遗迹已成尘。"① 可见当时所认梅花村已无遗迹可凭。明中叶正德十三年（1518），祝允明（1460—1526）《游罗浮记》："须臾便过梅花村，无一树，徒名在尔。"② 万历间李孙宸《罗浮游记》："归路寻梅花村，农牧所居，梅少见。"③ 崇祯间郑郧《募修罗浮山宝积等寺缘疏》："寺有卓锡泉，坡仙评为入粤第一泉，水帘涧、梅花村环绕左右，胜甲罗浮，然亦荒旷数椽而已。"④ 韩晃《梅花村寻梅不见》："万树秋声纷落叶，数椽茅屋掩深松。曾无孤艳带寒日，那有远香随野风。"⑤ 不仅梅花无多乃至绝迹，而所谓村户居民也是寥寥无几⑥。

清初情况似乎有过短暂改观。屈大均《广东新语》记载所见梅花村景就充满生机："梅花村在山口……人多以艺梅为生，牛羊之所践踏，皆梅也。冬春之际，以落梅醅酒，于村南麻姑酒田卖之。一茅茨有碑曰'师雄梦处'，予因书高季迪句于楹云，'雪满山中高士卧，月明林下美人来'，而自号曰花田酒田之农。酒田一曰卖酒田，属之麻姑者，以麻姑峰在其前也。罗浮故多田，唐有尚书常衮，捐资开垦千余亩，以供游者，是曰岚田。自中阁之南，尽梅花村西，皆稻区，畲蛮之所耕种。"⑦ 从这段文字可见，屈大均本人到过梅花村⑧，并且为村中"师雄梦处"碑亭书写楹联，有关记载应该比较属实。屈氏《罗浮探梅歌为臧喈亭作》："罗浮梅花天下闻，千树万树如白云。"⑨《梅花村作》："花发当村口，牛羊踏几层。仙人餐不尽，多半化为冰。"⑩ 显然不乏夸张之词，但多少应有些现实基础。这其中有几点信息值得注意，一是称当地人以艺梅为生，二是遍地是梅，三是以梅酿酒销售⑪。如

---

① 宋广业《罗浮山志会编》卷一八。
② 祝允明《游罗浮记》，《怀星堂集》卷二一。
③ 曾焕章、张友仁《（民国）博罗县志》第446页。
④ 宋广业《罗浮山志会编》卷一三。
⑤ 宋广业《罗浮山志会编》卷一八。
⑥ 五龙潭一带地形复杂，游者取径稍异，所见景象便迥然不同。同时也有看到梅花的。谢士章万历末年任增城知县，其《经梅花村宿朱明洞》："罗浮山下路，路口尽梅花。何代成村坞，于今半古楂。峰峦藏野寺，鸡犬出谁家。惆怅师雄梦，清宵望月华。"见《谢石渠先生诗集·游罗浮集》。
⑦ 屈大均《广东新语》卷三。
⑧ 屈大均《答汪栗亭书》（二）："予家近罗浮，而居其上者一二载，穷探其岩岫者十数至。"《翁山文钞》卷九。据邬庆时《屈大均年谱》定屈大均于顺治十二年（1655）住罗浮，康熙二十三年（1684）游罗浮，康熙二十六年《广东新语》刻成，分别见该书第43、194、222页。
⑨ 屈大均《道援堂诗集》卷三。
⑩ 屈大均《道援堂诗集》卷一〇。
⑪ 不仅是梅花村居人以梅酿酒，"梅花村北酥醪村，家家争酿梅花魂。梅花与酒一时熟，香吹罗浮当朝暾。"见屈大均《酥醪村作》，《翁山诗外》卷三。

石洞圖

图21　石洞图（清宋广业《罗浮山志会编》卷首）。南宋人所说梅花村在石洞口。

此旺盛的生产和人气，与明代相比发生了很大的变化。何以如此，排除当地人口增殖、游人聚集等原因，单就梅花种植而言，笔者以为可能与明末罗浮女道罗素月募资植梅有关。张穆《记读书石洞及素月师》："天启丁卯（引者按：七年，公元1627年），道人（引者按：张穆自称）读书石洞。有女道人罗姓，号素月师，原出大家，已入山二十年，不知有女子身，登陟飘然如御风。于罗浮梅花村募种梅千本，以续胜事，泉石异人也。"① 民国年间陈伯陶在其《罗浮指南》中认为罗素月所植梅在石洞口，但就明人的普遍观念，所说梅花村都在五龙潭南，明中叶以来石洞一带文人隐庐颇多，未见有人提及附近有梅花村者，因此这里所说的"于罗浮梅花村募种梅千本"当在五龙潭南。我们从韩晃的描写中也可以感受到这一点。前引韩晃诗中曾感叹梅花村无梅，而崇祯十二年（1639）《罗浮野乘》中《梅花村说》所说已是"梅花绕屋"，"寒香扑鼻"，这应该正是罗素月募种所带来的改观，而屈大均所见"艺梅为生"、因梅酿酒的情形则是当地居民生业进一步发展所致。

但似乎好景不长，到了康熙中叶，梅花村的盛况已是烟消云散。康熙二十八年（1689）惠州知府王煐《寻梅花村不得，用东坡原韵》："生平结想梅花村，几从梦寐劳精魂。依稀疏影映清浅，缥缈暗香生黄昏。琼枝铁干鄗玄墓，幽姿冷韵宜梁园。笋舆深入罗浮路，期与美人通寒温。鸡鸣便促仆夫起，行逾数里方朝暾。遍寻野人问遗迹，却逢老衲当山门。自称住此近三纪，梅花但见传人言。如访故人不相值，寂寥空自浇清尊。"② 诗中自称遍询罗浮当地居民与寺僧，都说只听传闻，不知所在。这去屈大均游览罗浮不过三十年，或者他没有找对地方③，也有另一种可能，罗浮这样的炎瘴之地其实并不十分适宜梅花生长，因而风景难于持久。屈大均听说王煐寻梅未得，就在和诗中勉励其大力补植④。不管出于什么情况，都反映了当时整个罗浮山麓梅花分布不多的事实。康熙四十九年（1710）九月，顾嗣立游罗浮，来到了五龙潭南梅花村，有诗咏卖酒田、梅花村、五龙潭等。其中《梅花村（隋赵师雄梦美人处）》写道："我吟坡仙松风作，半生梦绕梅花村。美人缥缈隔天末，乱云飘散梅花魂。平畴弥望杂秔稻，竹篱茅屋三家存。……麻姑玉女艳妆束，宝镜乍拭悬朝暾。师雄断碑落荆棘，偶逢田父驱鸡豚。当年虬龙千万树，横斜摇曳围柴门。全身剥落裹艾纳，槎牙排冪撑乾坤。朱英绿萼间香雪，孤云落日催黄昏。长条卧树

---

① 陈铭珪《浮山志》卷三。
② 宋广业《罗浮山志会编》卷二〇。
③ 次年即康熙三十年王煐《岁除杂感》其七："去岁罗浮路，梅花雪里看。共言南越煖，翻似朔方寒。"《忆雪楼诗集》卷上。可见康熙二十九年年底曾去罗浮看到梅花，是否梅花村，不得而知。
④ 屈大均《惠州王太守入罗浮寻梅花村不得，用子瞻松风亭下梅花诗原韵有作，予为和之》："急须更植遍岩壑。"《翁山诗外》卷四。

图 22　梅花村图（清宋广业《罗浮山志会编》卷首）。此即明清人所说
梅花村，在五龙潭南。

一朝尽，荔支圃接桄榔园。寒葩漠漠杳无迹，作团蝴蝶空翻翻。"① 由于不值花期，所见梅景自然大受影响。但所说师雄断碑，长条卧树，三两人家，弥望稻区的情形与屈大均所说相比仍是变化很大。同时东莞陈阿平《寻梅花村、卖酒田、白鹤观遗址》："我寻梅花村，却在酒田上。……灵迹在有无，仙观成惝恍。"② 既然称为遗址，显然当地已非实有梅花村名，所谓遗迹也只在似有若无之间。

清代后期，这一梅花村的遗址更是萧条且模糊。道光二十七年（1847）颜熏《游罗浮日记》："寻南汉天华宫址，巨石字志模糊。不四里到延祥寺，闻梅花村约略其地，然寻'师雄梦处'不可得。"③ 光绪三十四年（1908）马骏声《罗浮游记》："出（白鹤）观经五龙潭行二三里，访麻姑卖酒田。山名麻姑峰，下即梅花村，欲求宋人所建松风亭、可赋庵遗址，皆不可得。此地幽僻，数家烟火比而成邻，人甚愚朴，风景寻常。昔日师雄所梦，殆亦幻境寓言矣。"④ 可见到了清末，所谓梅花村遗址乃至于附近村景已是十分凋敝。咸丰六年（1856）陈铭珪（1824—1881）于延祥寺右所建梅花仙院⑤，一名仙人台，光绪间渐圮，光绪十八年（1892）其子陈伯陶迁建寺东，"植梅花数千株"，民国以来景况也渐凋敝⑥。

（六）罗浮山其它梅景

除了上述梅花村名下的艺梅风景外，整个罗浮山还有几处梅景值得一叙：

（1）冲虚观古梅。康熙四十年（1701）钱以垲《罗浮外史》："古梅；梅植冲虚观殿阶，传是葛洪手种，芳烈异于凡梅，铁干虬枝坚瘦如削，真千余年物也，岭南嘉树惟此与智药所植诃子树并传。国朝梁佩兰诗：'冲虚观前有古梅，传是葛仙手所种。千年老干积铁黝，一树繁花照人冻。'"此梅是否葛洪所植，不必当真，但就其所述龙钟之态依今天古梅鉴定的标准，至少有两三百年树龄。康熙四十九年顾嗣立所见此树："老树已枯折，根上复长新枝，高四五尺许。"⑦ 但后来地志山经未见有人提及，想必新生小梅不大起眼，未能引起注意，也就难绍其胜。据罗浮山风

---

① 顾嗣立《闾邱诗集》卷三六。
② 宋广业《罗浮山志会编》卷二〇。
③ 曾焕章、张友仁《（民国）博罗县志稿》第456页。
④ 马骏声《罗浮游记》。
⑤ 陈铭珪《梅花村事迹考》，《浮山志》卷三。
⑥ 马骏声《罗浮游记》。该书记载："梅花仙院亦名仙人台，其山门有颜曰'洞天香国'，乃何仁山题，清光绪壬辰年陈伯陶重修此院，及植梅花数千株。予入观中，不见羽客黄冠，只有二三农夫居此司户而已。从观左觅路登高，行二里至宝积寺，寺在山半三里。"
⑦ 顾嗣立《冲虚观杂咏十首·葛仙翁手植古梅》，《闾邱诗集》卷三六。

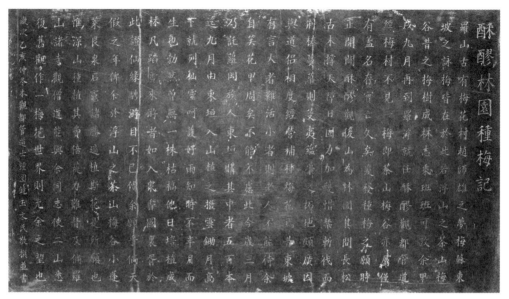

图23　钟玉文《酥醪林园种梅记》石碑（何伟坚摄），在罗浮山酥醪观正殿壁间。

景名胜区管委会网站介绍，今冲虚观殿阶前仍有梅丛。

（2）酥醪洞梅谷等。酥醪洞是罗浮山西北麓之盆地，洞周三十里，明时为山猺所居。康熙末道士柯阳桂（1619—1671，号善智）于洞中创建酥醪院，雍正初改名为观，乾隆以来山民开发，道隐及游人渐多，成了罗浮名胜之区。观之西南二里，有梅谷，也名梅陇，本为村名，"旧多梅林"①。酥醪观住持江本源（号瀛涛），搜取洞中名胜称"酥醪十境"，有酥醪洞天、蓬莱丘壑、茶山飞瀑等名目，实囊括罗浮山阴诸谷胜境。梅谷幽蹊是其中之一②，但从黄培芳等人题咏诗作看，此地以山径幽邃称胜，似乎梅花种植不多③，民国间所见也少④。不过整个酥醪洞，梅花分布并不少见。嘉庆、道光间诗人吟咏所及，如黄培芳《戊辰岁暮重游罗浮》："初入酥醪洞，梅花如琼瑰。"⑤ 胡绍宁《斗台看梅》："登台不觉欣然醉，采得梅花带月归。"⑥ 斗台在酥醪观右侧半山脚，下有酿泉。黄乔松《除夕浮山第一楼，次家香石壁间韵》："飞楼缥缈出嶙峋，座对梅花作主人。"⑦ 民国二十四年（1935），酥醪观

---

① 黄培芳《浮山小志》，陈铭珪《浮山志》卷一。
② 陈伯陶《罗浮指南》。
③ 黄培芳《酥醪十境·梅谷》："幽谷人来，树下成蹊。采采菖蒲，深涧云迷。"陈铭珪《浮山志》卷四。
④ 钟玉文《酥醪林园种梅记》，谭棣华等《广东碑刻集》第810—811页。
⑤ 陈铭珪《浮山志》卷四。
⑥ 陈铭珪《浮山志》卷五。
⑦ 陈铭珪《浮山志》卷五。

后开辟林园，都管钟玉文购梅五百株植之，株株成活①。今人回忆，上世纪60年代中，"这里古梅丛丛，花光璀璨，香气袭人"，给人印象深刻②。据罗浮山风景区网站介绍，今梅谷与酥醪观溪边群玉处仍有大片梅林。

图24　酥醪观大殿后古梅（酥醪观提供），据说树龄有500年。

---

① 钟玉文《酥醪林园种梅记》，谭棣华等《广东碑刻集》第810—811页。碑之实物照请见图23。
② 谢泽南《南睹罗浮春·编者的话》，《南睹罗浮春》第249页。

图 25　梅花山，在罗浮山风景区朱明洞景区大门内东侧，为近年新辟的一处梅景。2007 年 12 月底笔者到此寻访，见栽有不少梅树，但均为小树嫩枝，尚未着花。

（3）小蓬莱洞。即"酥醪十境"之"蓬莱丘壑"所在地。汤贻汾《酥醪洞东南四里许有小蓬莱……》："我爱小蓬莱，松杉不用栽。当窗千尺瀑，绕屋四边梅。"①

（4）黄仙洞茶山观。黄仙洞在罗浮山之阴小蓬莱洞之东，"泉石幽阻，林峦蔽亏，境最森邃"②。乾隆末年始有道教营观，同治九年（1870）东莞何仁山游此，爱其泉山之胜，会友募资重修茶山观，并筑室于观右，曰寄窝，自号寄山人。东莞方文炳（一名合矩，号瑚洲）于观旁植梅花百株③，何仁山又与友人相约植梅千株，同治十一年（1872）何氏募资购中壮梅株二千本嘱道人植之，著《茶山种梅记》，自称"以万树琼葩，为四百峰特开生面"④。何同时营生圹于所种梅花中，死后"门

---

①　陈铭珪《浮山志》卷五。
②　何仁山《改建茶山观黄仙祠，并添构观右道室碑记》，陈铭珪《浮山志》卷三。
③　何仁山《改建茶山观黄仙祠，并添构观右道室碑记》，陈铭珪《浮山志》卷三。
④　何仁山《茶山种梅记》，陈铭珪《浮山志》卷三。

人为作衣冠冢于梅林中"①。

今罗浮山风景区新建梅花山一景，据管委会网站介绍，位于罗浮山朱明洞景区大门的左侧，总面积约 10000 平方米，栽梅近 1000 株（图 25、图 26）。

（七）罗浮梅花村的风景特色与人文意义

罗浮山地处北回归线以南，属南亚热带湿润气候区，适宜梅花的生长。苏轼在惠州《残腊独出》诗中有"罗浮春欲动，云日有清光。处处野梅开，家家腊酒香"的诗句，可见当时惠州地区梅花分布比较普遍。但就罗浮山而言，属花岗岩断裂隆起之地质地貌，山体雄伟，形势陡峭，以奇峰怪石、飞瀑名泉、幽谷洞天称胜。与苏州邓尉、杭州西溪等梅花名胜地处丘陵地带不同，罗浮山的梅花分布多只能在纵向山沟、山麓平谷或支脉蜿蜒之坡地。罗浮山沟幽深狭隘，不宜大量农居，而岭南四季雨水充沛，山麓平展之地又多积潦为水田，宜于水稻和热带植物生长，象梅花这样不耐涝渍的植物，很难大规模种植。无论石洞内，还是五龙潭南，两处梅花村的梅花景观都未能展开，更难以持久。这是罗浮山梅花风景发展的天然缺憾。加之

图 26 梅花山（陈彩虹摄），时为 2011 年 1 月，显然此时新栽了一些大树，花期吸引不少游人。

———————————

① 陈伯陶《罗浮指南》。

所谓梅花村，石洞口梅花村是纯粹的附名营景，五龙潭南所谓梅花村一带虽有分散的自然村落，但实际居户寥寥，古代记载中也未见明显蕃衍，梅花的繁育也就失去了经济种植的基础，这是罗浮梅花村规模发展的社会局限。因此与历史上比较著名的苏州邓尉、杭州西溪等得力于农林种植的梅花风景名胜不同，罗浮山梅花村是典型的因小说故事、艺文佳话而形成的纪念性景点，虽然宋以来声名显赫，但实际种植规模却极有限。康熙二十八年（1689），博罗知县陶敬在所著《罗浮山志》序中称："柳柳州《龙城录》纪赵师雄醉卧梅花下事，至今游兹山者必访梅花村，素服清香，仿佛遇之。是人人意中有一梅花，皆子厚妙笔所化也。实则空山茅屋，老梅一二株而已。"① 乾隆四十九年（1784）袁枚游罗浮，其《随园诗话》说："梅花村、冲虚观，平衍散漫，颇无足观。"② 又有诗写蝴蝶洞、梅花村一带风景："仙衣化蝴蝶，蝶去不我亲。梅花化美女，无花空有村。明知古人语，渺莽难具论。"③ 是说这一带风景多徒有虚名。光绪二十八年（1902）潘飞声《游罗浮日记》也说："是地峭削不能结村，赵师雄所梦皆幻境耳，余阅近人集题梅花村诗，多侈陈风景，今始知其实未到此地。文人结习每借一佳地名，以遣笔墨，梦中呓语，不畏为山灵所笑。"④ 透过这些感慨，我们不难把握到梅花村作为纪念遗址名不副实的情形。

　　罗浮梅花村的梅花风景条件与规模虽然有限，但相关的艺文掌故和传说以及所在罗浮山的历史地位却赋予其深厚的文化底蕴和悠久的文化魅力。罗浮山山水奇丽，风景优美，神话传说、人文古迹繁多，素有道教"神仙洞府"之称。在众多道教神仙传说中，《龙城录》所载赵师雄遇仙之事正是其中之一。由仙山与梅花、文人与仙女、醉酒与夜梦组成的幽美、神奇故事，加以苏轼这位大文豪无意间引为话头，使登临罗浮者总不忘系心寻迹觅故，寄托绮思与遐想。这是罗浮梅花村的灵魂与生命所在，是"游兹山者必访梅花村"的原因所在。南宋蒋捷曾感慨说："罗浮梅花，真仙事也。"⑤ 这是指罗浮遇仙故事，也道出了罗浮梅花村作为神仙托迹的独特魅力。康熙中朱璋《梅花百咏·罗浮梅》："梅产罗浮迥绝尘，高峰四百护花神。淡妆靓服浑如梦，冷艳寒香欲逼人。丘壑钟灵超俗品，烟霞为侣得天真。"⑥ 罗浮梅花是花也是仙，其魅力是与罗浮山"洞天福地"美妙奇丽的自然风光与超凡脱俗的文化风韵联系一体的，因而在人们心目中总带着一份冰肌玉骨、迥绝人寰的仙家气息，

---

① 宋广业《罗浮山志会编》卷一〇。
② 袁枚《随园诗话》卷一二，《袁枚全集》第 3 册第 412 页。
③ 袁枚《病起游罗浮，得诗五首》其四，《袁枚全集》第 1 册第 699 页。
④ 潘飞声《游罗浮日记》。
⑤ 《全宋词》第 3446 页。
⑥ 朱璋《梅花百咏·罗浮梅》，宋广业《罗浮山志会编》卷二一。

图27 齐白石《罗浮觅句图》，设
色纸本，私人藏。

富有特殊的象征意蕴和游赏价值。这是其他梅花胜景名区无以伦比的。

　　整个岭南地区，梅花以花期特早，花朵繁小色红见长，而罗浮梅花于中又别具个性。屈大均《广东新语》卷一四称："自大庾以往，溪谷村墟之间，在在有梅，而罗浮所产梅花，肥大尤香。予诗：'罗浮山下梅花村，花开大者如玉盘。'他处花小，然结子繁如北杏，味不甚酸，以糖渍之可食。"是罗浮梅花以花大香浓取胜，颇耐观赏。屈氏所说诗句出其《罗浮放歌》①，另《罗浮探梅歌》"开时花似玉杯大，枝枝受命罗浮君"，都是说罗浮花大。关于花香，屈大均诗中也曾写道："元墓西溪花百里，可惜天寒香似水。炎天气暖长氤氲，生熟水沉作须蕊。不到罗浮争得知，梅花自此长相思。"② 是说岭南气候炎热，花期虽在三冬，但仍然温暖，芳香不似他处幽冷，而是倍显浓郁。前引钱以垲《罗浮外史》称冲虚观古梅"芳烈异于凡梅"，也可佐证。罗浮梅花的这两个特点似乎都不是品种属性，而应是当地地理与气候条件下的独特长势所致③。

---

① 屈大均《道援堂诗集》卷三。
② 屈大均《罗浮探梅歌为臧喟亭作》，《道援堂诗集》卷三。
③ 本章 2008 年中写成后，从中国期刊网查知，《惠州学院学报》编辑部梁大和先生曾发表过有关罗浮山的文章，于是奉寄该刊，希望得到梁大和先生的审阅指正。三个月后未见回音，便电话过去，询问意见，对方一女士见告，不予录用。窃思必为梁先生所弃，当有严重问题。于是转请惠州学院中文系杨子怡教授出面，前往征询梁先生的批评意见，不意杨先生即告，梁先生两年前已经作古，令我至感遗憾和失望。后转请刘斯翰先生帮助，幸得陶原珂先生援手，节要以《岭南罗浮梅花村考》为题，发表于《学术研究》2009 年第 3 期。后又蒙杨子怡先生推荐，全文发表于吴定球先生主编之《文化惠州》2011 年第 4 期，此处有稍许修订。对上述诸先生的古道热肠，谨志谢忱。本章图片部分由广东惠州同盛梅花繁育基地何伟坚先生、罗浮山酥醪观提供，另部分从网上引用，依所见网页署名，作者未明者则括注"旺友提供"，"旺友"谐音网友，向图片作者致敬和祝福，并志谢忱！

五、封建社会后期两大梅花重镇（一）
——苏州邓尉

苏州西郊湖滨的邓尉"香雪海"是古代著名的梅花风景，无论在古代山水风景旅游史，还是梅文化发展史上都久负盛名，极其重要。其实"香雪海"只是整个邓尉山所在的光福地区梅林的一部分，鼎盛时期整个光福半岛漫山遍野尽是梅花，极其壮观。遗憾的是我们对这一历史胜迹的了解极其有限，近年一些媒体发布的信息不仅莫得其详，更是多有误导。我们这里广泛搜集方志文献有关记载，参以同时文人墨客文辞画迹，对整个邓尉山所在的光福半岛梅花的兴衰历程、背景原因、风景特色及历史地位等详加考述。

（一）邓尉的位置

邓尉，山名，在今苏州市吴中区光福镇[①]，海拔 169 米，明清《苏州府志》称去府城 70 里，由今苏州市城区向西大约 28 公里。山在古镇南，南北走向。"旧名大尖，东汉邓尉隐于山中，始有是名。后晋青州刺史郁泰玄葬此，故又名玄墓。"[②] 玄墓山在邓尉山南，海拔 232 米，康熙朝以来因避圣祖讳多作元墓。两山一南一北，相连一体，两端称呼不同而已，历史上也多以一概二，相呼混称。大致说来，元明时期由于玄墓峰相对突出，加之南坡圣恩寺香火旺盛，比较著名，因而多以玄墓称之。晚明以来，光福镇人烟增加，街市渐繁，而山为镇之屏障，较为醒目，人们也就多以邓尉称之。

光福镇周围大约 20 平方公里，是一个伸向太湖的半岛状地形，三面环湖。西、南为太湖；北为东崦、西崦二湖，二崦相互贯通，而又西接太湖；北隔安山与游湖相望。这里是莫干山脉东延之低山丘陵地貌，人们一般口头所称邓尉或光福山水，

---

① 原苏州吴县，近年析为吴中、相城两区，下文所论地域仍称吴县。
② 沈津《〈邓尉山志〉序》，周永年《邓尉圣恩寺志》卷首。

实际包括光福镇周围方圆五十里，即今苏州市吴中区光福镇香雪村、邓尉村和东崦湖社区的西侧、迁里村的南侧，包括庙前、费家河头、铜坑、窑上、潭西、菖蒲潭、倪巷、青芝山、蔡家场、陈家坞、姚家河头、坎上、西湾、长岐、潭东、天井、南山上等自然村所在的整个半岛诸山①。除邓尉、玄墓外，比较知名的尚有西碛、铜井、弹山、青芝、马家（吾家）、龟山、蟠螭、查山、虎山等山，甚至包括外围的米堆、渔洋等山。诸山高度多在海拔 200 米上下，逶迤连绵，起伏不断，因而外方人士，言其风光多只泛泛称之。尤其是梅花景观，由于花期集中，花开漫山遍野，一望弥白，人们更是习惯笼而统之，以邓尉、玄墓或光福称之。明末周永年《邓尉圣恩寺志》记载："今游人看梅者口呼则称光福，或称玄墓，笔题则光福、玄墓、邓尉字面间出。"② 民国年间张郁文（1863—1938）《光福诸山记》也说：邓尉"与铜井、青芝、玄墓诸山相连，故四周皆蒙邓尉之名。"③ 可见从明代以来有关梅花风景的称呼就比较随便。所谓邓尉梅景实际涵盖整个光福半岛诸山连绵之风光。

（二）邓尉梅花的起源

邓尉梅花起于何时？近年网络信息多从汉代说起，如苏州旅游网（www.aroundsuzhou.com）介绍"香雪海"："光福种梅历史可追溯到秦末汉初"。这实际是邓尉山得名的时代。明牛若麟等《（崇祯）重修吴县志》卷三："邓尉山在光福里……去城七十里，汉有邓尉者隐此，故名。"遍检早期姑苏及吴县方志，未有秦汉艺梅的记载。但必须承认的是，整个江南地区是传统梅产区，正如唐代诗人罗邺所说："繁如瑞雪压枝开，越岭吴溪免用栽。"④ 邓尉诸山地处湖滨之偏，无论天然生长，还是山农种植，历史必定悠久，数量也不会太少。至于究竟起于何时，则又是很难指实的。

有些文献资料把光福一带的梅花追溯到宋代。明中叶长洲（今属苏州）查应兆《查山隐居记》记其先人查莘，南宋人，祖籍安徽休宁，卜居吴中，"买地于西碛东南，种梅结屋，自榜曰梅隐庵。庵之东有巨潭，在梅林交错中，亢旱不涸，为书'梅花潭'三字于潭上崖壁，后人因有潭东潭西之称"⑤。后世称光福梅花始于此，

---

① 吴中区光福镇人民政府、苏州市测绘院有限公司《吴中区光福镇地图》。
② 周永年《邓尉圣恩寺志》卷一六。
③ 张郁文《光福诸山记》，张郁文《木渎小志》附。
④ 罗邺《梅花》，彭定求《全唐诗》卷六五四。
⑤ 冯桂芬《（同治）苏州府志》卷六。

"土人多效之，至今山中皆以圃为业"①。徐傅《光福志》人物志记载：光福徐曰纶，宋亡前受荐入朝，直陈时事，宋亡后"以母老无依，遂缟素避世，终身不入城市。元伯颜知其贤，屡征不出，植梅数十株，畜二鹤，终日苦吟，皆黍离麦秀之句"②。这类记载都未必可靠，比如查应兆提到的"梅花潭"在历代地志和文人题咏中（清中叶以前）都未见记载，可见所谓潭上植梅之事，不无附会想象之嫌，并不完全可靠。

图28　梅花潭（叶君陶等《古镇光福》第50—51页），在西碛山东南。

真正可靠的文字材料出现在元代。元末明初光福名士徐达左（1333—1395），"构养贤楼于邓尉山中，一时名士多集于此"③。倪瓒来此尤频，诗酒唱酬，颇有影响。洪武八年（1375），徐达左编成《金兰集》，收集交友唱和诗作，其中有不少写到梅花。如邵光祖："暮春风日好，游此震泽濒。古梅芳未歇，桃李华相因。"④ 杨大本："宁辞攀陟劳，弥望瞻芳梅。"⑤ 更有甚者，卢熊等人邓尉七宝泉宴集诗中称：

① 张郁文《光福诸山记》，张郁文《木渎小志》附。
② 徐傅《光福志》卷六。
③ 倪瓒《云林遗事》，《清闷阁全集》卷一一。
④ 邵光祖《季春四日，文会于耕渔轩，行觞赋诗，遂适雅兴，各成一章，以纪良集云》其一，徐达左《金兰集》卷二。
⑤ 杨大本《复游铜井山，用"折梅逢驿使"分韵，各赋诗一章，得梅字》，徐达左《金兰集》卷二。

"泉头酌酒兴飞扬，十里梅花送远香。"① 说绵延十里，总不免诗人夸张，但多少应有些实际基础。想必当时邓尉山、玄墓山一线梅花分布已是不少，至少在铜井山、西崦湖滨（今光福镇西北）徐达左耕渔轩、邓尉山东麓七宝泉一带已有梅花出现。这可以说是有关邓尉梅花最早的文字信息，时间大约在元至正二十年（1360）前后。从其"连山十里"的规模和邵光祖诗中"古梅"二字透露的树龄信息，其种植已有一定的历史。由此联系前引查应兆的《查山隐居记》、徐傅《光福志》所说宋代，把邓尉梅花种植的历史由文字记载的元末再上溯大约一百年，即南宋后期或宋元之交，则又是大致可信的。

这一时间也可与邓尉一带的社会整体发展大致相印证。唐宋时光福一带风景渐为外人所知，士人行栖间有所至，如邓尉西南小鸡山（后名查山、茶山、绣毯山），传为晚唐诗人陆龟蒙采樵之处②。南宋以来光福一带人口增多，僧人隐者择幽而居，邓尉山也渐渐打破沉寂。宋范成大《吴郡志》记载："顾禧，字景繁……不仕，居光福山中，闭户读诵，博极坟典，所著书甚富，注苏文忠公诗尤详。绍兴间郡以遗逸荐，闲居五十年不出，名重乡里。"③ 入元后光福社会、人口发展更快。明沈津《〈邓尉山志〉序》称："前世犹未大显，洎胜国之末万峰蔚禅师卓锡其地，始创精蓝，亦名万峰。厥后缁流相承，益勤缔构，遂成钜刹。其中有清泉碧石、修竹茂林，堂宇皆静密幽雅，谈者称为吴中诸山之冠。"④ 这里所说的万峰禅师，于至正九年（1349）来到吴中，驻锡邓尉，创建禅寺（图29）。寺院香火兴盛，正是当地人气趋旺、名声显露的一个表征，邓尉梅花也由此逐渐引起注意，开始了有明确文字记载的历史。

（三）邓尉梅花的发展

明洪武（1368—1398）至正德（1506—1521）的两百多年间，是邓尉梅花的发展阶段。徐达左曾孙徐季清在西崦湖滨庄园构筑先春堂，顾名思义，应是以赏梅为主的建筑。正统元年（1436）徐有贞（1407—1472）《先春堂记》写道："扶疏之林、葱蒨之圃，棋布鳞次，映带于前后。时方冬春之交，松筠橘柚之植，青青郁郁，列玕琪而挺琅玕。梅花万树，芬敷烂漫，爽鼻而娱目，使人心旷神怡，……视他所

① 杨大本《新正访徐氏耕渔轩，翌日游七宝泉，分韵赋诗，得鸯字》，徐达左《金兰集》卷二。原诗题为徐达左所作唱和诗序，称"卢雄公武新正访予耕渔之轩，翌日游七宝泉，各赋诗分韵，终日为乐……"，杨大本得鸯字。
② 范成大《吴郡志》卷一五
③ 范成大《吴郡志》卷二二。
④ 周永年《邓尉圣恩寺志》卷首。

图 29　玄墓山圣恩寺（《古镇光福》第 88 页）。

殆别有一天地也。"① 可见徐氏山圃广植林果，而以梅树最多。大约在成化（1465—1487）初年，徐有贞又为光福徐衢（字用庄）写有《雪湖赏梅赠用庄宗契》组诗："万树梅花千个竹，不输君复与元卿。"② 同时吴宽、沈周均有次韵③。光福一带徐氏是大户，同根同源，宋室南渡时由开封迁来。这位徐衢住光福东北，营有雪湖庄园，广植梅竹，所谓"万树梅花"，可见规模不小。

不仅是大户庄园，山间梅花也初成景象。史鉴（1434—1496）《登凤冈》："梵宇杂民居，楼阁郁相望。闻有赏心人，畴昔此徜徉。况当梅花时，玉雪被连冈。"④ 凤冈是邓尉山北缘小山，与今光福镇街区比邻。弘治二年（1489）九月，都穆游光福诸山，所过邓尉山东麓"夹道多古梅长松"，玄墓山"多杨梅、梅树，湖水明灭树间"，"古梅皆螭蟠蛟结，苍藓被之如鳞"⑤。可见当时邓尉、玄墓一带梅花已连成一片。

就《四库全书》集部，从元末明初顺次披览下来，其中可以明显地感到，有关邓尉诸山纪游揽胜的作品逐步增多，有关邓尉梅景的描写越来越具体，所见梅景也越来越繁盛。正是这些文学作品，使我们清晰地感受到邓尉梅花不断发展、逐步走向繁荣的历史进程。

---

① 徐有贞《武功集》卷三。
② 徐傅《光福志》卷一〇。
③ 吴宽《次韵天全翁，书遗光福徐用庄雪湖赏梅十二绝》，《匏翁家藏集》卷五；沈周《次天全翁雪湖赏梅十二咏》，《石田诗选》卷九。吴宽《山行十五首·泛下崦》也提到徐氏雪湖有梅，《匏翁家藏集》卷五。
④ 史鉴《西村集》卷二。
⑤ 都穆《游郡西诸山记》，钱谷《吴都文粹续集》卷二一。

（四）邓尉梅花的繁盛

　　大约从明嘉靖（1522—1566）至清乾隆（1736—1795）的三百年间，是邓尉梅花的繁盛期。许多材料表明，嘉靖年间，邓尉梅花已形成大规模的林景，呈现漫山遍野的繁茂景象。

　　首先看地方志的记载。卢熊《（洪武）苏州府志》、王鏊《（正德）姑苏志》都没有邓尉一带产梅的记载，而完成于嘉靖八年（1529）的杨循吉（1456？—1548？）《吴邑志》物产志中写道："梅花疏瘦有韵，山家多种之。……吴邑梅，光福山中尤多，花时香雪三十里，物外奇赏也。"①"香雪三十里"是后世有关邓尉梅花盛况最常见的说法，这里是第一次出现。

　　再求证诗文作品。文征明（1470—1559）《玄墓山探梅唱和诗叙》："玄墓山在郡西南太湖之上。西崦、铜坑，映带左右。玉梅万枝，与竹松杂植，冬夏之交花香树色，郁然秀茂，而断崖残雪，下上辉焕，波光渺弥，一目万顷。洞庭诸山宛在几格，真人区绝境也。"②此文写作时间在嘉靖二年（1523）文征明赴京前的两三年中，虽不象杨循吉所载为盛，但也已是一副烂漫之景。另孙承恩《观梅行次答富春山》诗写道："玄墓山中梅花窟，千树万树难仿佛。玉缀琼铺迷近远，英郁芬芳盛蓬莳。四方上下缟素同，虚明镜里无人踪。人行树间如踏空，十里廿里飘香风。"③王世懋《又跋启南梅雪卷》回忆早年游山情形："世懋往从家兄及吴下诸名士游光福虎山桥诸胜处，行铜坑万梅花下，醉十五日不醒，眼中模糊，望诸山间梅尽如六花笼幕，不必从天堕也。"④杨循吉《将游西山道中》写道："树枝拂帽忽低首，水影照人堪数须。牛犊维门角如栗，梅花塞路雪成珠。"⑤所谓"千树万树"、"十里廿里"，所谓"塞路"碍行，这些嘉靖年间的作品措词用语都反映出山中梅林广布、花枝繁密的情形，可以说邓尉梅花从此进入繁盛阶段，并且一直持续到清康、乾盛世。

---

① 杨循吉《吴邑志》卷一四。
② 文征明《文征明集》第457页。
③ 孙承恩《文简集》卷二一。
④ 王世懋《王奉常集》卷五一。
⑤ 钱谷《吴都文粹续集》卷二一。

（五）邓尉梅花的鼎盛

在上述近三个世纪中，又以明万历（1573—1620）到清乾隆（1736—1795）中的两个多世纪，是邓尉梅花最为繁盛的时期，可称为鼎盛期。主要有这样几方面的表现：

1. 梅花分布广泛，花期极其繁盛

明崇祯间吴县知县牛若麟《重修吴县志》卷三："邓尉西行历乌山、观山、朝士坞、外窑、里窑、熨斗柄、西碛山、弹山，过长旂岭、竺山至玄墓，出入湖山间。山人以圃为业，尤多树梅，花时一望如雪，行数十里，香风不绝，此吴中绝景也。"所说几乎是从今光福镇向西、向南再转东，在整个光福半岛绕了一大圈，所至皆圃艺旺盛，梅花连绵不断。从同期文人别集中大量邓尉、光福纪游、题咏作品也可获知，除邓尉、玄墓两山之外，向西南湖滨之铜井、西碛、弹山等主要山峰，以及茶山（今坟山）、蟠螭山（今南山）、马驾山（香雪海所在）等山丘都成了梅花的分布重心。玄墓南之磧上（东湾）、西湾也出现梅花盛景。康熙五年（1666）二月，昆山归庄游邓尉赏梅，历时十天，所经邓尉、马驾、弹山、茶山、铜井、玄墓诸山，一路梅花不绝[1]。不仅如此，光福外围山峰如玄墓东南之米堆山，南面隔湖相望之渔洋山（在今苏州太湖国家旅游度假区境），也有梅花林景分布。沈德潜《游渔洋山记》："取道米堆山、钱家坎、上阳村，一路在梅花园中，花光湖影，弥漫相接，烟云往来其间，欲动欲定。"[2] 不难想见当时整个光福及周边方圆五十里一派香国雪海的极盛景象。

2. 邓尉探梅成吴下胜事，花期游赏盛况空前

文征明《玄墓山探梅唱和诗叙》："其地僻远，居民鲜少，车马所不通。虽有古刹名蓝，岁久颓落，高僧韵士，日远日无。苟其人非有幽情真识，不能得其趣；非具高怀独往之兴，不能即其境而游。"[3] 这是嘉靖初年的情况，当时人们对邓尉一带梅花之盛虽多耳闻，但由于地处湖滨僻隅，交通不便，游览者仅限于吴中少数风雅之士。文征明为"吴中四才子"之一，优游艺文，书画并负盛名，但其现存作品中多苏州近郊虎丘、天平、石湖写景纪游之品，而远足玄墓之篇寥寥无几，这在当时的吴下文人中很有代表性。而万历以来，光福湖山胜景声名渐振，知者日多，游者也日众。玄墓探梅成了吴下士人春游之常事，外方人士过吴也多循名往访。体现在

---

① 归庄《观梅日记》，《归庄集》卷六。
② 沈德潜《沈归愚先生全集·归愚文钞》卷九。
③ 文征明《文征明集》第457页。

图 30　登山津路图（明周永年《邓尉圣恩寺志》卷首）。右侧自上而下注有
圣恩寺、青芝（山）、长旂（岭）、珍珠（坞），中间有费家河（村）、司徒庙、
市墟、铜井（山）、铜坑（村）等，左侧有虎山、虎山桥、安山等地名。图中湖
水为下崦湖，远处为光福塔。该图较写实，所绘为马驾山、西碛山头向东南、东、
北方向所见玄墓山、邓尉山、西崦湖的风景，中心位置所绘费家河、司徒庙等正
是登山所见"香雪海"梅田的核心地区。

文人别集中，相关作品数量激增，弥足可观。如万历、天启间袁宏道、李流芳、姚
希孟、徐枋等都有相关游记小品传世。

　　不仅是士大夫，光福赏梅在民间也逐渐形成风气。"吴人之俗，岁于山中探梅
信，倾城出游。"① 王士稹《邓尉竹枝词六首》写道："二月梅花烂熳开，游人多自
虎山来。新安坞畔重重树，画舫青油日几回。"② 虎山桥，在光福镇东、西二崦之
间，西通太湖，东接光福塘，是水路来访的主要泊地。每年惊蛰前后一个月间，游
人纷至沓来，游舫行轿络绎不绝，一派繁忙景象。宋荦《雨中元墓探梅绝句》："好

① 吴伟业《太学张君季繁墓志铭》，《梅村家藏集》卷四七。
② 王士稹《渔洋山人精华录》卷五。

游吴下从来说，元墓看梅半月忙。头白老翁公事了，也教阑入散花场。"① 说的就是这种情景。查慎行《邓尉山看梅与谭护城都谏分韵》："青红小娅姹，纷若鱼同队。见花娇不怜，手折鬓边戴。本为冷淡游，喧沓性叵耐。"② 游客过多，以致有碍闲静幽雅之致，令养尊处优的士大夫们颇感不适。

3. 邓尉梅景盛名日隆，誉甲天下

还从文征明说起，其绘画多写吴门山水，有《姑苏十景》、《玄墓四景》组画，但其中都无邓尉梅花之目，与光福有关的多是虎山风景。今存《虎山桥图卷》，嘉靖二十九年作，绢本着色，现藏南京博物院。可见在文征明生活的明中叶正德、嘉靖间，光福湖山幽胜虽已引起注意，但其名气却并不突出。而稍后文征明侄子文伯仁（1502—1575）同样有《姑苏十景》画目，其中光福山水得两题："虎山夜月"、"邓尉观梅"③。这说明随着时间的推移，到了嘉靖后期，或者确切地说万历以来，邓尉梅花作为吴中山水名胜才完全确立。我们看到在万历以来的文人诗文作品中，邓尉梅花多与杭州西溪、江西大庾岭、广东罗浮等地相提并举，作为梅花胜迹的代表。到了清朝，康熙南巡，二十八年（1689）二月驾临邓尉圣恩寺观梅，有御制《邓尉山》等诗④，并为寺四宜轩书"松风水月"四字，从臣高士奇等有《扈从登邓尉山观梅》等诗⑤。乾隆六下江南，每次都至邓尉，每次也赋《邓尉香雪海歌》⑥，从臣应制唱和⑦，一时荣宠至极（图38）。这进一步扩大了邓尉梅花的影响。"梅花擅奇观，邓尉泂无两"⑧，邓尉梅花成了社会公认首屈一指的赏梅胜地。

---

① 宋荦《西陂类稿》卷一七。
② 查慎行《敬业堂诗集》卷一六。
③ 爱新觉罗弘历《御制诗集》五集卷一。
④ 爱新觉罗玄烨《圣祖仁皇帝御制文集》二集卷四三。
⑤ 高士奇《高士奇集》随辇续集。
⑥ 乾隆十六年（1751）、二十二年、二十七年、三十年、四十五年、四十九年，时间都在夏历二月。第一次只游玄墓山、圣恩寺，作《邓尉香雪海歌并命沈德潜和韵》七古，为寺书"梵天香海"并楹联"万顷湖光分来功德水；千重花影胜入旃檀林"，"众香国里"并楹联"春入湖山韶且秀；雪凝楼观净无埃"等。第二次游寺作《恭瞻皇祖题额松风水月四字，各得八句以题为韵》组诗，并和前次《香雪海歌》韵，此后每次都例作此二题，此行并游至邓尉山阴、马驾山"香雪海"等处。第三次为香雪海书林逋"疏影""暗香"联。第四次有《邓尉村》七绝二首。第五次被江苏巡抚请至西碛，游程氏逸园，并有纪事诗。第六次再至西碛程园。诸诗见《御制诗集》并徐傅《光福志》卷一。
⑦ 如钱陈群《恭和御制邓尉香雪海歌》，《香树斋诗文集》诗集卷一七、续集卷九；钱维城《恭和御制邓尉香雪海歌并命沈德潜和韵》、《恭和御制邓尉香雪海歌叠旧作元韵》、《恭和御制邓尉村歌叠旧作韵》，《钱文敏公全集》鸣春小草卷一、卷三、卷六；赵文哲《恭和御制邓尉香雪海歌原韵》，《娵隅堂别集》卷三；王鸣盛《恭和御制邓尉香雪海歌韵》，《西庄始存稿》卷一一；尹继善《恭和御制春日叠邓尉香雪海歌元韵》、《恭和御制邓尉山元韵》，《尹文端公诗集》卷七。
⑧ 张大绪《己巳春偕伯兄探梅》，徐溥《光福志》卷一〇。

（六）邓尉赏梅的主要景点

光福半岛方圆五十里，低山丘陵起伏连绵，包含着几十个海拔数十米到二百多米的山丘，梅花多分布在这些山丘的半腰、山脚和冈岭缓坡、沟壑平地。由于人口的不断增加、经济的逐步开发，山间梅花的种植分布也不断发生变化。邓尉、玄墓两山南北连绵成带状山峰，为镇之屏山，邓尉东西两麓，明时梅花即盛，入清后东麓渐为民居所占，而山之北岠嵎岭、凤冈及山之西麓，梅花一直称盛。玄墓居邓尉之南，吴中名刹圣恩寺居山之南腰（图29），背山面湖，视野开阔，寺之东西上下梅花自明中叶以来一直长盛不衰，尤其是山西南麓滨湖，梅田颇多。由此俯眺，花海与湖光一色，颇堪流连。道光时住持觉阿有"一蒲团外万梅花"句①，到访名流多以此起句留题，天长日久裒然成册，遂成丛林佳话②。对此毋庸细述，以下就其他主要山峰和坞谷的梅花情况略作考述。

（1）七宝泉。在邓尉山东麓妙高峰脚下，今光福中学北侧（图32）。元延祐间光禄寺僧发之，"味清而美"③，过于虎丘和惠山④，寺僧凿池砌石围之，引流绕寺，枕流而卧，境象幽僻，从此至光福者多慕名来游。这里是光福境内有可靠文字记载最早的梅花景点之一。前引元末明初卢熊等人邓尉七宝泉宴集诗中称"泉头酌酒兴飞扬，十里梅花送远香"⑤，明弘治二年（1489）都穆游记称，由东崦湖登岸往七宝泉"夹道多古梅长松"⑥，反映当时沿路梅花已颇为可观。七宝泉去光福镇不远，随着人居增加，梅花逐渐消失，入清后并七宝泉也很少有人提及。

（2）凤鸣冈。又称凤冈，俗名百步顶，在今光福镇邓尉北路西侧，由岠嵎岭与邓尉山相连，海拔65米。地处邓尉山脉最北端，龟山伏其前，东西二崦（湖）如明镜南北交映，山之东脚即光福街市。凤冈山麓坡地宜种果树，至今仍以果木为主。前引明成化中史鉴《登凤冈》"况当梅花时，玉雪被连冈"云云，即是登山所见四下梅林弥布的景象，后来也一直如此。这里靠近虎山桥、光福塔和光福街市，是山行赏梅的一个始发地。

---

① 冯桂芬《重修邓尉圣恩寺记》，《显志堂稿》卷三。
② 钱基博《邓尉山探梅记》，《小说月报》1916年（第7卷）第7期。关于该寺历史与现状，可参阅明周永年《邓尉圣恩寺志》和今人张志新主编《邓尉山圣恩寺志》。
③ 王心一《募修七宝泉庵大士殿疏引》，《兰雪堂集》卷五。
④ 袁栋《书隐丛说》卷一六。
⑤ 杨大本《新正访徐氏耕渔轩，翌日游七宝泉，分韵赋诗，得莺字》，徐达左《金兰集》卷二。原诗题为徐达左所作唱和诗序，杨大本得莺字。
⑥ 都穆《游郡西诸山记》，钱谷《吴都文粹续集》卷二一。

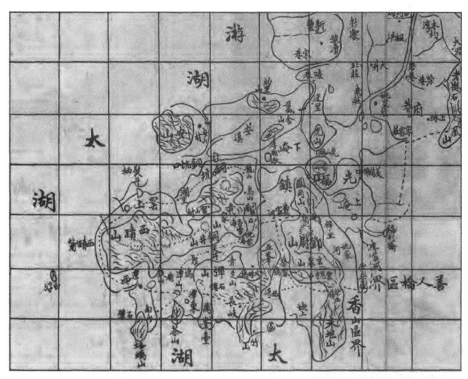

图31 光福区图（部分，民国《吴县志》卷一），为二里方图，即每一方格二里占方。民国版徐傅《光福志》卷首《光福乡区域图》当出于此。图中左下白浮原为湖中孤立小山，今已与石壁、潭西相连。图中村名"天井"，《光福乡区域图》改为"天井上"，天井上实在弹山西，而非弹山北。顾禄《清嘉录》卷二叙"玄墓看梅花"路线，"由倪家巷、铜井山，下至潭东。上弹山，登石楼，转天井上，看红梅、绿萼。之和丰庵，登六浮阁，看太湖。至潭西，访五侯公墓。"可见天井上在潭东和潭西之间，今该村仍名"天井上"。

（3）铜井、铜坑。王鏊《姑苏志》卷八："铜坑山在邓尉山西南，一名铜井。晋宋间凿坑取沙土，煎之皆成铜，故名。上有岩洞，其悬溜汇而为池，清冽可饮名曰铜泉。"铜井山地处光福半岛的中心，西与西碛山相连，东为马驾山，南与弹山相望，海拔185米。在光福诸山中这一带梅花出现较早，前引杨大本《复游铜井山，用"折梅逢驿使"分韵各赋诗一章，得梅字》称"宁辞攀陟劳，弥望瞻芳梅"①，可见早在元末明初山间已遍布梅花。明末姚希孟《邓尉诸山寻梅记》称"至铜井甫

―――――――――――

① 徐达左《金兰集》卷二。

图32 七宝泉（《古镇光福》第48—49页），在邓尉山东麓、今光福中学内。

涉山腰，四望皆白"①，也是一派盛况。入清后山下梅花与马驾山一带连成花海一片，极尽其盛。张毛健《徐子柳次见示邓尉观梅诗十首，讽咏之余，怅然有感，因述旧游凡十二绝句》："芒鞋竹杖万松间，珠坞铜坑取次攀。欲识梅花清绝处，人家多傍夕阳山。"② 嘉庆以来，马驾山一带梅景衰落，而铜井山下却盛况不减。嘉庆十八年（1813），孙原湘（1760—1829）《由穹窿循柴庄、米堆至元墓小憩，历铜坑、西碛、菖蒲潭，寻潭山、查山、天井诸胜，观梅放歌》称"铜坑西碛两山间，一白能将翠全盖"③，这种情况一直持续至晚清。

关于铜井、铜坑另有一说，铜井、铜坑是两山，而具体方位又有两说。一说铜坑为铜井山旁之小山。顾炎武《肇域志》卷七："铜井在邓尉，西去青芝仅半里，旧志云即铜坑。今山中别指其地一小山名铜坑，不知其故。"王士禛《玄墓竹枝词八首》其六："西来铜井又铜坑，山势高低有二名。"④ 都是说铜井、铜坑为两山，

① 姚希孟《循沧集》卷二。
② 张毛健《鹤汀集》卷二。
③ 孙原湘《天真阁集》卷二○。
④ 王士禛《带经堂集》卷九。

铜井山较高，而铜坑山较矮。民国《邓尉小志》也分属两峰，相去不远①。这一说法纯因铜坑、铜井之名附会而生，实际意义不大。

另一说法是铜坑在西崦湖畔，这一说法值得注意。明末清初徐枋《邓尉十景记》中，所记铜井为高山，而铜坑则是"（下）堰之尽，长虹缥缈如线，铜坑桥也，外则太湖巨区矣"②。徐氏另有《吴氏邓尉山居记》叙由费家河往太湖路线："出港即为上下堰（引者按：指东西二崦湖）……堰之尽为铜坑，外即太湖具区也。"③ 所说铜坑当主要是指村庄，在西崦湖畔，与太湖交接处。明周永年《邓尉圣恩寺志》卷首《登山津路图》中铜井与司徒庙相望，而铜坑则在西崦湖畔（图30）。《（同治）苏州府志》记吴县十九都十四图有"铜坑桥"，又记该桥"跨铜坑港"④，今光福镇下崦湖畔、乌龙山（又名卧龙山、乌山）北麓仍有村名"铜坑"（图31）、"十四图"，位于下崦湖与太湖交接口，由此向西即出太湖，这里正是徐枋所说铜坑。

西崦湖畔铜坑一线应是最早兴起的梅景，前引文征明《玄墓山探梅唱和诗序》所说"西崦、铜坑左右，玉梅万枝"即是。万历以来，这里的梅花更为繁盛。前引王世懋《又跋启南梅雪卷》"世懋往从家兄及吴下诸名士游光福虎山桥诸胜处，行铜坑万梅花下"⑤，所说应即湖畔铜坑。万历三十四年（1606）申时行《铜坑看梅，循山傍湖行数里》⑥，稍后王伯稠《吴曲》"铜坑万树梅花开，花落澄湖雪作堆。最是吴侬偏好事，冲寒日日酒船来"⑦，显然都是说西崦湖畔铜坑梅花。前引姚希孟《邓尉诸山寻梅记》中，铜井是一景，山势较高，登高可以望远。而第二日至铜坑，则在湖滨，高高下下均为梅林，由此西行至熨斗柄，一路皆梅花。熨斗柄在西碛山阴，是伸向太湖中的石嘴。由下崦湖畔之铜坑，陆路也可抵达。康熙二十九年（1690）钱澄之（1612—1693）《次日由虎山桥泛舟出铜坑，沿湖看花，望惊鱼洞，至熨斗柄，维舟小饮，夜归，遇蔡九霞，同至光福》诗中所写即是此路，同行取陆路，他则坚持坐船前往："山行观已止，客兴犹未足。今为湖滨游，更图饱所欲。步出虎山桥，呼舟泛空渌。铜坑甫出湖，舟过香先馥。同游怪舟迟，纷纷起从陆。而我独不行，荡漾沿湖曲。望见村际花，不见村中屋。高下同缤纷，远近无断

---

① 无名氏《邓尉小志》第5页："铜坑山，在铜坑山口相近，相传晋宋间取沙土炼铜，故名。""铜井山在吾家山南。"所说铜坑山口地点不明，但次于青芝、吾家两山之间，可见应在附近。
② 徐枋《居易堂集》卷八。
③ 徐枋《居易堂集》卷八。
④ 冯桂芬《（同治）苏州府志》卷二九、卷三三。
⑤ 王世懋《王奉常集》卷五一。
⑥ 申时行《赐闲堂集》卷五。
⑦ 王伯稠《王世周先生诗集》卷二七。

续。"① 这些材料也都充分说明，明万历以来人们所说铜井、铜坑，分为两地，铜井在青芝坞北、马驾山（吾家山）西，西与西碛相连，而铜坑在西崦湖畔。由于地名都有铜字，旧志本就有一山二名之说，时间一长，便容易混淆，以致当地人也说不清楚②。乾隆七年（1742）沈大成《西山观梅记》记一行乘船"浮下堰，临铜坑，晋宋间凿沙煎成铜，故名。山有泉亦曰铜井，旧所见（引者按：沈氏雍正八年曾来游）古梅戕折殆尽，亟解维如吾家山"③。所说铜坑指明在西崦湖畔，而又扯上铜井故事，显然已经混为一谈。从沈大成此记可见，乾隆以来西崦湖畔铜坑一线梅花已经衰落。但道光间顾禄《清嘉录》仍称"梅花最深处在铜坑中"④，可见盛况仍有可观。大约道光二年（1822），沈钦韩来游，有《二月十四日铜坑探梅》组诗，所写都属西崦湖滨村景，而此时梅景远不如菖蒲潭一带花田之盛⑤。

　　（4）西碛。西碛山居光福半岛最西端，三面环湖，东经孙家岭与铜井山相连，海拔 248 米，在光福诸山中高度和占地面积均居第二。西碛以杨梅著称，然梅花也不让他山，且因山峰高大，湖滨幽僻，四面坡麓梅花分布面积较大，颇引游者瞩目。早在明朝，陈仁锡《西碛访梅记》称西碛"不减数千万株"，梅盛为光福诸山"第一"⑥。崇祯元年（1628），钱谦益《十七日早晴，过熨斗柄，登茶山，历西碛、弹山抵铜坑，还憩众香庵》写西碛一带"茫茫梅花海，上有花雾积。不知何处香，但见四山白"⑦，善于形容，颇得后人称道。

　　除山农种梅外，西碛一带的士人园林首推九峰草庐。九峰草庐在西碛山西南麓，为孝子程文焕葬父庐墓之所，其前远近高下为峰有九，故称九峰。其孙程钟进一步营拓，改称逸园，并以为号。占地五十多亩，有腾笑台、清晖阁、白沙翠竹山房等胜。"远近皆梅林，花时香雪空濛，云水相映。盖湖滨诸山迤逦联属，西碛最为深秀，居人以艺梅为业，饮湖光吸山渌，天然香国。"⑧ 园中也植有大片梅树，彭启丰《题程氏逸园》称"拓地三十亩，种梅千百株"⑨，沈德潜《邓尉观梅杂咏》"逸园

① 钱澄之《田间诗文集》诗集卷二八。
② 梁章钜《正月二十六日，陈芝楣观察招同程春海祭酒、汪寅禾编修（世樽）探梅邓尉得截句二十首》其四："莫问铜坑辨铜井，四围岚翠总宜人。"句下自注："铜井铜坑是一是二，询之土人，亦无定论。"《退庵诗存》卷一七。
③ 沈大成《学福斋集》文集卷一一。
④ 顾禄《清嘉录》卷二。
⑤ 沈钦韩《二月十四日铜坑探梅》、《十五日菖蒲潭探梅》，《幼学堂诗文稿》诗稿卷一六。
⑥ 陈仁锡《陈太史无梦园初集》江集二。
⑦ 钱谦益《牧斋初学集》卷五。
⑧ 蒋恭棐《逸园记》，王昶《湖海文传》卷三七。
⑨ 彭启丰《艺庭诗文稿》诗稿卷八。

梅聚处，树树荫佳城"①，毕沅《逸园梅花盛开酬主人程自山》"仙人锄明月，种梅三百树"②，袁枚也记其"古梅百株环绕左右"③，《（同治）苏州府志》载蒋恭棐《逸园纪略》称"临湖四面皆树梅，不下数万本"，"饮鹤涧古梅数本，皆又牙入画"，九峰草庐之西曰"梅花深处"，当是集中植梅处④。程钟字在山（一作自山），其妻顾信芳字蕴玉，号生香居士，夫妇琴瑟偕隐，诗酒自娱，又复好结交名流。"每当梅花盛开，探幽寻诗者必到逸园"⑤，影响甚大。乾隆四十年（1775）程钟去世，一子尚幼，次年园为扬州盐商江氏（一说为苏州地方官）所得，修为行宫。乾隆四十五年"高庙南巡，临幸其地，御制诗有'园应归故主，吾弗更去矣'之句，由是有司不复修葺，其园遂废"⑥。到道光初年，钱泳称"今隔四十年，已成瓦砾场，无有知其处者"⑦。

（5）菖蒲潭、潭东、潭西。均为村庄名。菖蒲潭在西碛山东南麓，本为一山潭，乾隆间赵怀玉《菖蒲潭》"我行菖蒲潭，菖蒲未茁芽。傍潭田二顷，但解种梅花"⑧，所说即为潭。潭名不著，府县及光福地志均未专门记载。潭东在弹山西南麓，潭西在西碛山南麓。据前引明查应兆《查山隐居记》，宋人查莘隐居查山（茶山），有梅花潭（图28），"后人因有潭东、潭西之称"⑨，另有天井上（介于潭东、潭西之间）等村庄，北面与菖蒲潭相接。这一带是西碛、铜井与弹山（今作潭山）和湖滨蟠螭、查山、弹山中间的大片山谷，也是光福半岛邓尉、玄墓以西第二大人居集中地。诸村附近四山坡麓、平田均为梅林，因而成了"香雪海"之外，绵延面积最大的一处植梅区。梅花盛况在清康乾以来逐步显示出来。康熙二十八年（1689）毛师柱《己巳春仲，东岩、松一、巨山、东白探梅西山……》"前登马驾

① 沈德潜《邓尉观梅杂咏》其四，《归愚诗钞余集》卷九。
② 毕沅《灵岩山人诗集》卷三。
③ 袁枚《随园诗话》卷五。
④ 蒋恭棐《逸园纪略》，冯桂芬等《（同治）苏州府志》卷四五。此处所载与王昶《湖海文传》所载蒋恭棐《逸园记》作者相同，而记述远为详细。两处校读，除少量句子一致外，两篇文字繁省、通篇结构、语气均迥异，疑《湖海文传》所收为蒋氏原文，而府志所载穿插了其他一些记载或修纂者本人见闻。
⑤ 钱泳《履园丛话》卷二〇。
⑥ 冯桂芬《（同治）苏州府志》卷四五。
⑦ 钱泳《履园丛话》卷二〇。
⑧ 赵怀玉《亦有生斋集》诗卷一一。
⑨ 查应兆《查山隐居记》，冯桂芬《（同治）苏州府志》卷六。对于潭西、潭东得名之由，有许多说法，一说因居菖蒲潭东西，一说因处潭山东西。光福境内弹山，间也见写作潭山。邵长蘅《弹山吾家山游记》"弹山亦名潭山，故土人呼为潭东、潭西也"。此说不确，人们所说潭西、潭东，为村落名，潭东在弹山南，潭西在西，不因弹山得名无疑。一说弹山之外另有潭山，同治《苏州府志》卷六即称弹山"西南为潭山"，民国年间范广宪（君博）《光福竹枝词》："行遍潭山差脚健，不须折干当筇扶。"句下注："潭山在玄墓、西碛中间，绵亘六七里，有潭东、潭西二村人，业种花树。或谓潭山即弹山，非是。"见其《吴门竹枝词》，所说潭山疑为弹山西麓，因其地有潭东、潭西之称而误会。诸说似都不够恰切，就地理方位说，以查应兆所说最切实。

山，回望朝元阁。幽绝潭西东，石壁湖天削。放眼山苍然，惟见花漠漠"①，可见此时梅花已盛，唯称"幽绝"，是游人尚少。而乾隆以来，游客渐多，梅花盛况渐为人知。楼锜《由石壁至玄墓》，"潭东及潭西，梅林实深窈"②，潭西梅花更盛，顾宗泰《潭西》"天海春迷茫，到此更奇绝。万梅聚一坞，溶然香气结。恍惚如梦游，不辨花与雪"③，这都是乾隆年间的情景。

嘉庆以来，马驾山"香雪海"一带梅林衰落，而西面的菖蒲潭一线梅花盛况依旧，游人转向此地。嘉庆十一年（1806），洪亮吉《邓尉看梅歌，偕钮山人树玉、徐明经云路……同赋共得潭字韵》诗中称"潭东潭西花事最盛"（诗句自注），"看花不到东西潭，无异半道先停骖"④。人们发现，原马驾山一线"香雪海"名不副实，只有潭东、潭西一线才堪当其称。道光十年（1830）二月，安徽程恩泽游邓尉，《游香雪海记》称，在马驾山"香雪海""不见梅，登高眺之，则数十株厕桑林间"，令他很是失望。几天后友人强邀再访，"至菖蒲潭，弥望十数里，若明云屯积。时骄阳乍升，芳馥沤郁，中人如醇酒。至潭西，铁干桀立，丹者碧者缥者皛者，色相糅者，如以锦绮裹虬龙，愈拏攫愈妩媚，香益酷烈，顺风闻数里外"⑤。同行梁章钜诗中也说"近年梅花菖蒲潭最盛，殆不亚昔时之香雪海矣"（诗句自注），"踏遍菖蒲潭上路，磨崖合仿宋绵津"，这里才合像当年宋荦那样，摩崖刻上"香雪海"三字⑥。同时徐傅《光福志》也记载："栽者莫盛于菖蒲潭及潭东西至天井一带"⑦。晚清和民国时，菖蒲潭、潭西、潭东一带的梅花仍然一派盛景。光绪朝费念慈《邓尉探梅图卷吴丈翛闲属题》："菖蒲潭西冷香沍，千树万树梅花开。"⑧ 民国范广宪《光福竹枝词》："蜡屐寻幽取次来，筇枝徙倚好徘徊。游人不识潭东路，但问梅花甚处开（潭东）。""纷纷蜡屐踏芳尘，瞥见山禽总可亲。走向潭西情更好，万梅花外唤催春（潭西）。"⑨ 所说都可略见一斑。

菖蒲潭、天井上、潭西、潭东一线的梅花与光福，尤其是"香雪海"一线，还有所不同。其他地方一般以产果之江梅为主，花期一色洁白如雪，而这里除白梅外，多其他花色品种，居民擅长嫁接，缚枝接花，制作梅桩和盆景出售。这种情况应从

---

① 毛师柱《端峰诗选》。
② 楼锜《于湘遗稿》卷二。
③ 顾宗泰《月满楼诗文集》诗集卷一二。
④ 洪亮吉《更生斋集》诗续集卷四。
⑤ 程恩泽《游香雪海记》，《程侍郎遗集》卷七。
⑥ 梁章钜《正月二十六日，陈芝楣观察招同程春海祭酒、汪寅禾编修（世樽）探梅邓尉，得截句二十首》其七，《退庵诗存》卷一七
⑦ 徐傅《光福志》卷四。
⑧ 徐世昌《晚晴簃诗汇》卷一七六。
⑨ 范广宪《吴门竹枝词》。

康熙年间就已开始。雍正八年（1730），张鹏翀（1688—1745）即写及铜井与弹山之间到查山之间的山谷，"梅花遍地皆是，而梅桩为盛，古干繁枝，红英绿萼，照烂芬馥，可谓花国矣"①。乾隆、嘉庆以来更为显明，而且扩展到潭西、天井、潭东、查山、石壁一线。其中潭西至西碛山南麓一线尤为突出，前引程恩泽所说潭西梅花五彩纷呈之情景即是，张诚也有诗题称《邓尉一带皆单瓣白梅，至西碛始有朱砂红、绿萼梅、玉蝶梅各种……》②。在游者看来，与"香雪海"一带景色不同，"环山多野梅，其骨皆傲岸。岂知菖蒲潭，山容为之换。热宜晴云烘，艳夺晚霞烂。红粉立雁行，青蛾进鱼贯"③。其中红梅最为突出，嘉庆十四年（1809）曹楙坚《慧云寺看残梅》："吾山绝顶探香雪，天井十里红霞妍。"注："天井红梅最盛。"④ 顾禄《清嘉录》称游山"天井上看红梅、绿萼"⑤。邓尉诸山一色香雪，殆如野梅，而潭东、潭西繁丽如锦，五彩烂漫，别是一番奇观。

（6）弹山。弹山间亦见写作潭山⑥，在光福半岛中南部，北望铜井，南面太湖，西南为查山、蟠螭山，东北与青芝山相接，海拔250米，是光福半岛最高峰⑦。山南麓傍湖，明时有顾文康所筑七十二峰阁，山的南坡半腰石嵝庵（俗作石楼）前有万峰台，两地上下相望，均为观揽太湖四时风景的极胜之地（图33）。明朝这里的梅花便盛，万历三十七年（1589）李流芳即有《己酉春日以看梅到弹山，信宿山阁……》诗⑧，后又有文称"环弹山三十里皆梅，花时漫山照野，腰舆而行，凭高而瞩，如在兜绵世界中"⑨。崇祯《吴县志》特别记载了山之东南坡："濒湖处有七十二峰阁，所据极胜，循是而东从山腰行，山之高下如梯级然，上下皆梅，春初行

① 张鹏翀《（正月）三十日早晴，篮舆上邓尉山，梅花一路如雪。至董家坟有古柏二株，垂影寒潭，离奇可爱。前绕马界山，山径殊涩，视村落梅花甚繁。欲上铜井高不可攀，石潭对峙，景亦荒寂，张氏墓柏不及董之古郁，方池弘演可观。梅花遍地皆是，而梅桩为盛，古干繁枝，红英绿萼，照烂芬馥，可谓花国矣。随意成咏，不及尽记，记一律云》《从梅桩望见查山，有亭翼然，至而登阁，始悟为六浮，吾乡李檀园先生所名，竹垞诸前辈倡酬之地也，湖光山色近接几席，殆观梅最胜之地。惜今无人主持，为之怅然，因成此篇》，《南华山房诗钞》卷六。
② 王昶《湖海诗传》卷三六。
③ 赵怀玉《邓尉山探梅三首》其二，《亦有生斋集》诗卷一二。赵怀玉《潭东》诗也极称当地梅之色彩烂漫，见《亦有生斋集》诗卷二三。
④ 曹楙坚《昙云阁集》诗集卷二。
⑤ 顾禄《清嘉录》卷二。
⑥ 邵长蘅《弹山吾家山游记》："弹山在元墓西南，有七十二峰阁。宋公荦闻其名，遂往。……弹山，亦名潭山，故土人呼为潭东、潭西也。"邵长蘅《青门剩稿》卷五。
⑦ 王鏊《（正德）姑苏志》卷八："弹山即小鸡山，在湖滨，土阜也。"此所谓弹山，即同治《苏州府志》卷六所说潭山，该志称弹山"西南为潭山"。陆龟蒙《送小鸡山樵人序》所说采樵之小鸡山，"土多石寡，无大林木"，疑属弹山一支麓小丘，而非弹山之主峰，后世认为即茶山。疑所谓小鸡山、茶山、潭山与正德《姑苏志》所说弹山为一山之异名，所谓潭东、潭西或因处此山（一说在梅花潭）东、西而得名。
⑧ 李流芳《檀园集》卷一。
⑨ 李流芳《檀园集》卷八。

图 33　万峰台远眺。台在弹山南腰，为圣恩寺万峰和尚聚石坐禅处。
台左后为石嵝庵，前有观景台，为观赏太湖美景的绝佳处。古时山麓、湖
湾连绵梅花，起伏如海浪，与湖光山色交相辉映，景象极为壮观。

此如入画图，山中看花最胜处也。"① 入清后盛况依旧。嘉庆间沈钦韩、屠倬都有诗
《沿西碛至石楼高山削天，隙处皆梅花……》诗②，沈钦韩又有《乙亥石楼游记》，
称弹山石楼沿路"十许里梅花夹之，若积雪在地"③，许兆熊《光福竹枝词》："弹
山顶上万峰台，台下人家尽种梅。最好花时去登眺，湖光山色一齐来"④，可见山麓
梅花仍盛。

（7）查山。查山又作茶山、槎山，一名绣裘山，今称坟山，在弹山西，南面太
湖，由平地突出，海拔 60 米。崇祯县志称"状类土阜"，"通体皆石"，"南去太湖
不百步"，湖上六浮小峰若青螺在案⑤。根据明查应兆《查山隐居记》，南宋查莘在

①　牛若麟、王焕如《（崇祯）重修吴县志》卷三。
②　沈钦韩《沿西碛至石楼高山削天，隙处皆梅花，危坐万峰台，湖中岛屿映带，日晚咏归》，《幼学堂诗文
　　稿》诗稿卷一一。屠倬《沿西碛至石楼，高山削天，隙处皆梅花，危坐万峰台，湖中岛屿一览悉尽》，
　　《是程堂二集》卷二。
③　沈钦韩《幼学堂诗文稿》文稿卷六。
④　张郁文《木渎小志》附录。
⑤　牛若麟、王焕如《（崇祯）重修吴县志》卷三。

此隐居种梅，是光福艺梅之始。明以来查山梅花一直较盛，万历末李流芳买得此山，自觉"登陟不数十武，而尽揽湖山之胜，尤于看梅为宜，盖踞花之上，千村万落，一望而收之"①。又欲于此建六浮阁未果，康熙中长洲张文萃始成之，朱彝尊有记，康熙四十一年（1702）春曾邀集名流聚会②，一时游者竞趋。山虽不高，在光福诸山中却倍受青睐，究其原因正是李流芳所说，湖山与梅景兼收眼底，一揽无余。明徐枋也有《茶山》一文描写其特点："邓尉看梅名胜处，玄墓不必言矣，余则马家山、董坟、朝玄阁、茶山、碛上，皆其选也。然马家山、朝玄阁皆有梅花而无太湖，山不得水其势不奇。碛上固临湖，然一面取致，旷而不深。唯茶山则三面皆崇山峻岭，复自平田中突起一小山，山之麓直入湖中，登山瞰湖则远水兼天，一望无际，而回顾三面，凡岩壑壁坞、篱落丛薄、幽深窈窕、曲折层叠，无非梅也。春日既丽，花光照眼，正如玉波雪浪，汹涌青峦碧巘间，自与澄湖万顷争奇矣。"③

（8）蟠螭山。又写作盘螭，俗呼南山，在弹山西南，海拔40多米，旧为光福半岛西南端，插入湖中，古时三面环湖，地势险僻，凭此远眺，湖光万顷，水天一色，风景浩荡。今山外湖泥壅为平陆。山上有石壁精舍，又称永慧禅寺，面临湖水，背倚岩壁，寺后岩壁满布历代名公巨卿、文人墨客之题咏游记石刻（图34）。蟠螭山本以桃花著称，崇祯县志称"其阴多桃花，春时望之如锦步障"④，明末桃花已衰⑤，入清后梅花代兴。康熙间邵长蘅《弹山吾家山游记》："潭西小山曰茶山曰石壁，梅烂漫，望之如残雪满山，与湖光相映。"⑥ 乾隆间孙原湘《题石壁精舍》序称："石壁踞太湖上，憨山大师结茅之所，前拱列岫，后拥万梅，为吴郡诸峰最胜处。"⑦ 蟠螭与查山均为蕞尔小山，山间梅花与潭东、潭西、天井、西碛南麓梅花连成一片，登山俯瞰，前揽湖天之胜，后拥茫茫花海，别是一番境界。

（9）米堆山。在玄墓山东南，南北走向，海拔192米，高耸如米泻尖堆之状，故名。米堆地处光福半岛之东南端，西临湖湾，北以柴庄岭与玄墓相连，南与湖湾南面的渔洋、法华诸山，东与穹窿山相接，是往来诸山的中介地带，旧时探梅可由东崦南行经姚家河泊舟米堆山麓，经柴庄岭上玄墓。明天启三年（1623）姚希孟

---

① 李流芳《余买一小丘于铁山下……》，《檀园集》卷二七。
② 沈德潜《西山探梅》其八诗注，《归愚诗钞》卷二〇。
③ 徐枋《邓尉十景记·槎山》，《居易堂集》卷八，又见葛嗣浵《爱日吟庐书画续录》卷三，此处引文据后者。顾宗泰《游茶山记》于山之登陟之胜也有精妙阐发，见《月满楼诗文集》文集卷一三。
④ 牛若麟、王焕如《（崇祯）重修吴县志》卷三。
⑤ 崇祯元年钱谦益《西山看梅归舟即事示僧弥》其一注："盘螭桃花最盛，今无复存。"《牧斋初学集》卷五。
⑥ 邵长蘅《青门剩稿》卷五。
⑦ 孙原湘《天真阁集》卷二三。

图 34　石壁精舍（永慧禅寺）摩崖石刻。寺后悬崖峭壁似斧劈刀斩，刻清、
民国间顾沄、潘钟瑞、虚谷、章太炎、李根源、于右任等文人墨客的诗文和题名。

《邓尉诸山寻梅记》："至四角亭始见梅，至穹窿坞而梅大盛，转折至玄墓，皆从香林玉树中行。"[1] 此时穹窿、米堆至玄墓一路皆梅。徐枋《邓尉十景记·坎上》："坎上亦名东湾，以与西湾相对也，多高崖拔起湖中，亦有平沙浮衍波面，崖上下皆山家，屋宇篱落，井井行列。屋后皆高山，循山皆梅花，数里中无杂树。"所说坎上后世称钱家坎，在米堆山西麓。清顺治十八年（1661）王士禛《冒雨自法华钟楼寻米堆山》"千重修竹林，一径江梅树"，《由米堆山下行至上杨村、钱家坎望湖中渔洋、法华诸山》"石径何盘纡，疏篱照梅蕊"[2]，是米堆山下沿路皆梅。嘉庆十八年（1813）孙原湘（1760—1829）《由穹窿循柴庄、米堆至元墓小憩，历铜坑（引者按：指铜井）、西碛、菖蒲潭、寻潭山、查山、天井诸胜，观梅放歌》"柴庄米堆抱我前，满山玉树濛濛烟。十里五里香接连，鸡犬都在花中眠"[3]，可见盛况未

---

① 姚希孟《循沧集》卷二。
② 王士禛《带经堂集》卷九。
③ 孙原湘《天真阁集》卷二〇。

减。杨村（也作上阳）与钱家坎（也作碈上、坎上）均在米堆山西麓湖滨，是米堆山下、玄墓南面的游湖赏梅胜地，前引沈德潜《游渔洋山记》"取道米堆山钱家坎、上阳村，一路在梅花园中，花光湖影，弥漫相接"，对两地梅花风景描写较明。另雍正十二年（1734）张鹏翀（1688—1745）《邓尉看梅七首》其六："松栝参天古寺门，曳筇吟入上阳村。米堆山下清钟晚，十里花明夕照繁。"① 张藻《西山探梅》："光福寺前日欲曛，上阳村外望氤氲。千林万树浩无际，不辨湖光与白云。"② 金之俊《钱家坎》："探梅到此地，极目湖山萃。最胜是波光，枝枝妆镜媚。""玉树森森灿，临流更可玩。风清水气香，瘦影晴湖乱。"③ 曾燠《梅花溪屋图为钱梅溪题》诗注："钱家坎在太湖上，梅花最多，余尝游其地。"④ 这些也都揭示具体，读来印象深刻。

（七）马驾山与"香雪海"

在邓尉诸多赏梅景点中，马驾山"香雪海"无疑是最重要的，鼎盛时取代邓尉、玄墓成了整个光福半岛梅花风景的总代表。

1. 马驾山

马驾山，又写作马家山，也名吾家山，在今光福镇香雪村，西与铜井山相连，东望邓尉，海拔80多米。明万历以来，梅花之盛便较突出。徐枋《邓尉十景记·樷山》一文罗列邓尉诸山梅花之胜，马驾山即与青芝山朝元阁、樷山（茶山）、坎上并称其选⑤。入清后，山间梅花愈益繁盛。汪琬《游马驾山记》记载较为详细："马驾山在光福镇西，与铜井并峙，山中人率树梅、艺茶、条桑为业，梅五之，茶三之，桑视茶而又减其一，号为光福幽丽奇绝处也。予入山，与诸子循邓尉之阴前行数十步，辄有平原曲涧，回流倒影，澄澈见底，心稍稍喜。于时游人舆者骑者屦而从者不绝于道，既至山麓，则其境益奇。界以短畦，藩以丛竹，阴森蔚荟，裁通小径，不能受舆骑，率皆舍而徒步矣。前后梅花多至百许树，香气蓊勃，落英缤纷，入其中者迷不知出。"⑥ 这里说的是从邓尉山西麓到马驾山麓山坡、平田遍地是梅的

---

① 张鹏翀《南华山房诗钞》卷九。
② 张藻《培远堂诗集》卷二。
③ 金之俊《金文通公诗集》卷六。
④ 曾燠《赏雨茅屋诗集》卷二二。钱家坎梅杏俱盛，沈德潜《入西山花》"钱家坎畔花为业，一路红云漾绿波"，即咏杏花，载《归愚诗钞余集》卷七。同时韩骐有《钱家坎观杏花》诗，写其本为观梅来，不意梅期已过，巧遇杏花之盛。见其《补瓢存稿》卷二。
⑤ 徐枋《居易堂集》卷八。
⑥ 李卫、嵇曾筠、赵宏恩等《（雍正）江南通志》卷一二。

情景，其中以马驾山麓最为繁密。据说康熙二十八年（1689）驾临玄墓圣恩寺，曾问山中梅花何处最好，寺僧回说"吾家山第一"①。这种情况一直贯穿整个康乾盛世。

2. 马驾山观梅之胜

马驾山不仅自身环山梅花繁盛，更重要的是一个最佳的观梅地点。还是回到汪琬《游马驾山记》："稍北折而上，望见山半累石数十，或偃或仰，小者可几，大者可席，盖《尔雅》所谓磐也。于是遂往列坐其地，俯窥旁瞩，蒙然暍然，曳若长练，凝若积雪，绵谷跨岭，无一不佳。又有微云弄白，轻烟缭青，左澄湖以为境，右崇嶂以为屏，水天浩漾，苍翠错互，然则极邓尉玄墓之观，孰有尚于兹山者耶。"这说了两点，一是由山麓上行至山腰，居高临下，俯观山下梅田的景象，二是放眼远望，浩大梅林与逶迤远山和远处下崦湖水上下交接，青白辉映的情景。

这一奇丽景象是由马驾山所在的特殊位置决定的。马驾山地处光福诸山的腹地偏北，西峙铜井、西碛等山，北与观山、乌龙等山相接，马驾山处于上述西北诸山构成的抛物线边缘的顶端，突出于诸山之间的平原上。山的正东面，凤冈、邓尉、玄墓南北逶迤，横陈如屏。山的南面是青芝、弹山诸峰，东西相接，起伏绵延如嶂。这两列山峰、北面的西崦湖岸和马驾山所在西北山脉之间，构成了一个以司徒庙（图39）为中心的三角形平地，这是光福半岛连绵最大的田野，也是邓尉山以西最大的聚落分布区。马驾山虽然山势不高，但正伸向山之东南面这大片村野平田。梅花花期，登山俯观旁揽，视野极其开阔，山前梅林绵延广阔，远处连绵山坡之梅，东之邓尉、玄墓西麓，南之青芝、弹山北麓，西南之菖蒲潭东西之梅林尽收眼底，有着独特的地理优势和观梅视野（图37）。明末顾梦麟称赞马驾山，"山自平地稍上皆梅，梅尽旷然，东望峰峦周围几数十里中平洼处，万亩一白"②，说的就是这凭高下视，万亩香雪，尽揽无余的赏梅优势。在居高俯视下的茶山、竺山（弹山南临湖小山）、铁山（西碛东南支脉）、堰岭（凤冈南峙崦岭）、柴庄岭（玄墓与米堆山之间）、米堆山诸景中，马驾山周围梅林面积最广，气势最为浩大壮阔，因而在邓尉诸多景点中，确为首屈一指的观梅胜地。

3. "香雪海"之称

正是由于马驾山观梅这一特殊视野，使它赢得了"香雪海"的美誉。

这一称呼正式出现在康熙三十三年（1694）。这年正月十二日，江苏巡抚宋荦（1634—1713，图35）游玄墓山、弹山，顺路探梅马驾山。幕客邵长蘅为作《弹山

---

① 张祥河《光福杂诗》其四注，《小重山房诗词全集》白舫集；徐傅《光福志》卷一。
② 顾梦麟《西山看梅四首》诗序，汪学金《娄东诗派》卷九。

吾家山游记》："下山（潭山）饭村庄，行三四里登吾家中，山高仅廿仞，其上少花，多巨石藓驳。下视则千顷一白，目泫漾银海中，幽丽殆不可名状，月夜登此，不知奇更何似。公欲题以'香海'，予曰极佳，可作汉隶镌崖石上也。"① 文中"香海"二字，邵长蘅集清代诸刻本均同，唯徐傅《光福志》所载作"香雪"，"雪"或为"海"字误书。疑宋荦最初所拟只是两字，康熙三十四年，宋与邵长蘅唱和诗中也称"吾山香海待临眺"②，可以佐证。七年后的康熙四十年，宋荦再至邓尉，《雨中元墓探梅》诗中写道："望去茫茫香雪海，吾家山畔好题名（余于吾家山题'香雪海'三字）。"③ 可见康熙三十三年事后，或康熙四十年早春，正式题刻是"香雪海"三字（图36）。

图35 宋荦像（《吴郡名贤图传赞》卷一九）。

这一题名精辟地概括了马驾山一带梅花景观的壮阔景象。以"香雪"形容梅花，固是贴切，但古来常见，几成套语，这一说法的关键在一个"海"字，揭示出花期漫山遍野之壮阔气势。以"雪"拟梅，也隐可作阔大想象，但雪景有大有小，有深有浅，有盛有残，而且也偏于冱静肃穆，而象马驾山登高放眼，方圆几十里弥望一白；山势起伏连绵，俨如波涛翻滚；芳气氤氲郁发，富于喷薄蒸腾之动态，又远接浩瀚太湖，花光与波影摇曳泫漾。如此壮丽的景象，唯有一"海"字，方能充分显示景色之浩渺壮阔、气势之弥漫动荡。

我们发现，早在明代后期，随着邓尉梅花的日益繁盛，文人探梅作品中花气如海的感觉与形容就频频出现。如杨文骢《春游偶记》写玄墓山"左右直视，香气氤氲，大约有数十里。尝闻径山竹盛，题为'竹海'，玄墓之梅，余亦欲以'梅海'赠之。"④ 杨士修《圣恩寺礼三峰和尚塔》也说玄墓"梅花千万株，参差露光影。上

---

① 邵长蘅《青门剩稿》卷五。
② 宋荦《乙亥元日雪，同子湘山书试手为长句》，《西陂类稿》卷一三。
③ 宋荦《西陂类稿》卷一七。
④ 周永年《邓尉圣恩寺志》卷一六。

图36 宋荦"香雪海"摩崖石刻(《古镇光福》第99页)。岩梅花亭
为五角梅花形,瓦顶、栏柱、地砖均为梅花状,与周围花海融为一体。本为
苏州香山帮古建名师姚承祖设计建造,民国时已圮,此为后来仿建。

遥看一片白，雪海波千顷"①。就马驾山一带而言，康熙二十九年（1690）钱澄之《出光福遇雨，憩道傍兰若，雨止，上马驾山，饭香垿庵，晚登槎山小饮，抵暮始回》写道："遂上马驾山，茫茫一骋顾。大地遍芳菲，不见所来路。平如朝岚铺，皓若夜雪曙。老夫眼迷离，花海洵非誉。"诗下自注说："此地旧称花海。"② 可见早在宋荦之前这里就已有"花海"之称。上述这些诗例和说法，或感香气弥漫浩瀚而称"花海""梅海"，或因弥望如雪而称"雪海""银海"。"香雪海"之称可谓融会诸意，铸为一辞，极其简炼传神。

图 37 香雪海图（《南巡盛典》卷九九）。该图基本写实，所绘为邓尉山头或光福塔远望西北方向所见马驾山及山前"香雪海"的景象。

宋荦之前，以"香雪海"比喻梅景其实已有先例。康熙二十四年（1675）陈维崧《贺新郎·登南岳寺大悲阁》写其家乡南岳寺梅花："倒灌寺门香雪海，又岩梅万树参差发。"③ 宜兴南岳寺虽多梅花，但盛况有限，也不以梅花闻，想必此说多属夸张。宋荦与陈维崧交往颇密，也许对这首词有所了解，但用"香雪海"来形容邓尉梅花，最为恰到好处，不仅形象生动，更是名副其实。其他任何梅花名胜都不可

---

① 周永年《邓尉圣恩寺志》卷一七。
② 钱澄之《田间诗文集》诗集卷二八。
③ 陈维崧《陈迦陵文集·陈迦陵词集》卷二七。

能象邓尉梅景，更准确地说是马驾山一带这样当之无愧，名实两洽。此后这一品题迅速流传开来，形成共识，成了马驾山一带梅花的专称，甚至成了整个邓尉梅花的地标名称，影响极其深远。其他地区赏梅之胜，如扬州蜀冈、金陵随园等，多以"小香雪海"之类名称相比附。

（八）邓尉梅花兴盛的原因

自元朝以来，邓尉梅花持续发展，日益兴盛，绵延明清两代五百多年，极盛期前后也有三百年。何以成此风景名胜、历史大观？究其原因主要在于"地利"，具体体现在地理和经济两个方面，正如明张元凯所言："即是山之利，还为土所宜。"[①]"土宜"指自然地理条件；"山利"属社会经济利益。

1. 自然条件

苏州地处长江下游的江南，自古是梅之野生和栽培分布较为繁盛的地区。晚唐罗隐《梅花》"吴王醉处十余里，照野拂衣今正繁"[②]，可见当时吴下梅花分布之繁盛。南宋范成大《梅谱》著录吴下梅花品种十四种，更是反映了梅花圃艺之发达。这样悠久的传统和深厚的背景无疑是邓尉梅花兴盛的历史渊源和现实基础。

邓尉地处太湖之滨，属石英砂岩丘陵地貌，山体海拔高度在 200 米左右，体积较小，坡度较缓，土厚石少，土壤为残积坡积层组成的山地黄棕壤，比较肥沃，保水性好，适宜林木生长[③]。属北亚热带湿润性季风气候类型，加上太湖水体的调节作用，具有四季分明、温暖湿润、降水丰沛、日照充足和无霜期较长的特点[④]。这些都极利于果树林木的生长，对于性习温润的梅树更是如此。邓尉诸山梅景之盛，其中当不乏自然野生资源。如光福半岛湖滨偏僻地带以及外围渔洋山等地居民鲜少，交通不便，人迹罕至，最初发现的梅林，应多属天然野生。

光福一带气候对于花期的影响也是积极的，尤其是太湖水体的调节作用，光福地区的极端低温都在 -10℃ 以上，这极利于梅树的越冬和花芽的发育，因而花期相对较早较长，且较稳定。由于清代气温较今天偏低[⑤]，据记载，当地有"梅花以惊蛰为候"[⑥] 的说法，此后花期经月不歇，增加了观赏价值。邓尉梅花的长期繁荣是

---

① 张元凯《梅花篇》，《伐檀斋集》卷七。
② 《全唐诗》卷六五七。
③ 吴县地方志编纂委员会《吴县志》第 164 页。
④ 吴县地方志编纂委员会《吴县志》第 168 页。
⑤ 参阅竺可桢《中国近五千年来气候变迁的初步研究》，《竺可桢文集》第 475—498 页。
⑥ 姜顺蛟、施谦等《（乾隆）吴县志》卷二三。

与这些自然条件分不开的。

2. 经济因素

光福属低山丘陵，"山居者以树艺为务"，光福山地"宜植花果杂树，山中人业于此而贩四方者十有七八，其民勤间有力之家亦不废树艺"①。这种生产传统由来已久。明成化间（1465—1487）佚名《吴山赋》叙光福诸山物产："若乃邓尉、聚坞、铜坑、蟠螭（四山也，皆在光福之西），切临泽汇，津液沁滋（山皆近太湖）。浪涛激其跟麓，栽植遍于址坤（其山多出果品）。朱樱银杏之裹树，林檎杨梅之压枝，杏桃粉李之结，橙柑金橘之垂，居民藉以贸易，行商贩而奔趋。"② 可见至迟在明代中叶这一带就是盛产水果，商贩竞趋之地。赋中未提梅实，想必此时果梅产量尚不突出。

明万历以来，有关居民艺梅为业的描写逐渐丰富起来。如晚明王稚登《看梅过玄墓山中二首》其二："不将他树杂，未有一家无。"《湖上梅花歌十首》："门前杨柳藏鱼市，屋上梅花当地租。"③ 清初张英《己巳春日入邓尉山九绝句》："虎山桥外柳溪斜，接屋连村学种花。自是山田收获少，梅园桂圃是生涯。"④ 乾隆朝张诚《光福里探梅》："望衡千余家，种梅如种谷。梅熟子可沽，梅香开不鬻。"⑤ 都是对当地种植规模的描写和概括。就其经济效益而言主要有以下三个方面。

（1）果实。梅是花果兼利之植物，对于农民来说，种梅主要是为了生产梅子出售。"土人不解看花趣，只望青青压担时"⑥，前引张诚"种梅如种谷"，"梅熟子可沽"云云，都是说的这种生产情景。除了直接出售青梅果实外，应该还有一些加工产品出售。在邓尉梅花的有关资料中并未见制作乌梅的信息，因此可见这里生产的梅子主要用于鲜售或腌晒梅干，制作密饯之类。康熙八年（1669）汪懋麟探梅诗："一番谷雨报新晴，梅子香酸最有名。方法不教人学得，入山唯听打梅声。"⑦ 所说为邓尉果农以秘法制作梅干出售，风味较为独特。嘉庆元年（1796）赵翼诗中写道："园丁种树岂因花，为卖酸浆冰齿牙。翻与山村添韵事，错疑比户总诗家。"⑧ 所谓酸浆是今日所谓酸梅汤之类，这种传统消暑商品在苏州这样的城市有很大的需

---

① 徐傅《光福志》卷一。
② 钱谷《吴都文粹续集》卷一九。
③ 王稚登《梅花什同咏》，《王百谷集十九种》。
④ 张英《文端集》卷二七。
⑤ 张诚《婴山小园诗集》卷六。
⑥ 张毛健《徐子柳次见示邓尉观梅诗十首，讽咏之余，怅然有感，因述旧游凡十二绝句》其四，《鹤汀集》卷二。
⑦ 汪懋麟《玄墓看梅十绝句》其八，《百尺梧桐阁集》卷七。
⑧ 赵翼《芸浦中丞邀我邓尉看梅……》其六，《瓯北集》卷三八。

求量，从诗中可见，邓尉农户或土商应该有不少经营此道。梅子不仅用于外销，梅子还是当地炮制桂花的一个重要原料。方以智《物理小识》中即有"盐卤梅酱淹桂花不变色"的说法①。吴县光福、灵岩、天平山一线古来多桂，如明徐枋有诗《邓尉山多桂，家舅吴明初先生山居之右尤盛》②，至乾隆时光福山中桂花益盛，晚清、民国时山中更是"桂花多于梅花"③。"乡人岁中采桂，淹以梅汁，色香味经久不变，销流苏、浙、京、津、高丽，年数万金"④。这几乎是一个产业链，随着山中艺桂的兴盛，梅子必然如影随形，配套种植生产。

（2）花木盆景。这类生产与销售活动主要集中在梅花花期，因而文人笔下涉及颇多。至迟从康熙年间，邓尉艺梅就有部分主要从事这类生产。康熙十七年（1678）黄中坚《邓尉探梅》："山家无他营，栽梅遍岩隙。弱干号梅桩，其花嫩而泽。老树枝扶疏，古意殊标格。"⑤ 这里说的就是用于制作盆景的梅树。所谓"梅桩"有两义，一是盆景，另即指用于盆栽的梅花树桩。而在光福山区，"梅桩"主要指后者，多属新生幼树，而高大一些的硕株老干少量制作盆景外，主要则用作产果。这种小树通过嫁接花色或捆缚虬枝出售。对于这项产业的技术状况和经济效益，康熙四十九年沈起元《梅根（吴人谓之梅桩）》一诗描述较为具体："我来访逸人，踏遍西山巅。林深不知花，弥望空素烟。别有孤瘦姿，铁干撑清坚。幽香一枝秀，苔封或千年。土人施谬巧，曲折同拘挛。剪枝贴孤根，性命几不全。下以刀锯裁，上用棕丝穿。如妪簪娇花，如鹭擎寒拳。妖红既争艳，新绿亦敷解。一本常五色，自谓顾盼妍。花工既矜诩，具陈心力专。见者遂惊赏，不惜抛金钱。豪门争致座，所费讵止千。"⑥ 乾隆《吴县志》记载当时邑中梅品奇彩纷呈⑦，邓尉梅农应该是其中主力。这种梅桩生产主要集中在潭东、潭西、天井上一带，米堆山下的钱家坎也略有所见。乾隆间沈大成《西山观梅记》记载："潭东西皆接梅，萼绿、玉蝶之族以万数，压缚困顿，偃仰野畦。"⑧ 沈德潜《邓尉观梅杂咏》其三："潭山山下户，产业在梅桩。红白枝攒一，东西路界双（接梅者分潭东潭西）。窖花珍北地（引者

① 方以智《物理小识》卷六。
② 徐枋《居易堂集》卷一七。
③ 李根源《吴郡西山访古记》卷一。
④ 片云《邓尉探梅记》，《心声》1924年（第3卷）第5期。另可参见苏州光福香雪海旅游公司《光福景区简介》（吴亦农执笔）第6—7页。以成熟的黄梅加盐打成梅浆，也称梅酱、梅泥，用以腌制桂花，可以保鲜。具体腌制方法，可见李海林《光福桂花的传统保鲜法》，《中国食品》1988年第1期。
⑤ 黄中坚《蓄斋集》卷一五。
⑥ 沈起元《敬亭诗文》诗草卷一。
⑦ 姜顺蛟、施谦等《（乾隆）吴县志》卷二三。
⑧ 沈大成《学福斋集》文集卷一一。

按：京师以窖温催发盆景花卉，谓之唐花），接干让吴邦。"① 道光十年（1830）梁
章钜《正月二十六日陈芝楣观察招同程春海祭酒、汪寅禾编修（世樗）探梅邓尉，
得截句二十首》诗注："潭西居人分畦种梅，独得不传之秘，能使红绿相间，一望
如锦屏，苏州城中盆梅皆从此移植者。"② 这些都展示了大规模生产的情形。花的销
售地应该不止苏州。秦瀛《梁溪竹枝词》"卖花担上买玫瑰，闻道估船光福来。取
次筠篮都入市，枇杷黄后又杨梅"③，无锡市上卖花也多光福所产。不仅是运输外
销，游客观光也多顺便采购带走，因而天井、坎上等地便出现了规模不等的花市④。
在花卉生产中，除梅桩、盆景这些观赏产品外，蒸晒凉干的梅花花朵是一种常用药
材，也可烹茶。红梅一类多不结实，晚清时农家妇女多采摘晒干，售之药店与
茶肆⑤。

　　这种花卉产业与传统的果树种植不尽相同，具有劳动力密集、技术要求高和经
济效益好等特点和优势。邓尉地区这一产业规模形成，拓展了经济发展的空间，大
大增强了整个梅种植业的活力。在嘉庆以来梅子生产效益下降的情况下，邓尉、玄
墓、马驾山、青芝山等半岛东半地区以江梅为主，主产青梅的树林纷纷改弦易辙，
改种其他植物，而潭东、潭西、天井上一带的梅桩、盆景生产却持续不减，一直维
持到民国年间，在一定程度上延续了邓尉梅花这一风景名胜的生命⑥。

　　（3）旅游。古人虽无这方面的产业意识，但邓尉梅花誉满海内，花期游人纷至
沓来，顾禄《清嘉录》将"元墓看梅花"列为二月胜事，称"郡人舣舟虎山桥畔，
袱被遨游，夜以继日"，岁时必往，形成风俗⑦。"山上篮舆湖上舟，春城士女万峰
（引者按：玄墓）游"⑧，客观上为当地提供了不少就业机会。吴翌（1657—1716）
《西山探梅》："虎山桥头太湖曲，花为银海山为玉。湖乡岁判梅花租，花开便抵湖

---

① 沈德潜《归愚诗钞余集》卷九。
② 梁章钜《正月二十六日，陈芝楣观察招同程春海祭酒、汪寅禾编修（世樗）探梅邓尉，得截句二十首》
　其八，《退庵诗存》卷一七。
③ 秦瀛《梁溪竹枝词三十首》其十二，《小岘山人集》诗集卷三。
④ 凌泗《……至天井停舆，凤翁买盆梅。居人以红绿双瓣接老干，吴门清供多取给于此……》，谢家福《邓
　尉探梅诗》卷一。黄达《太湖归棹》："春风孤艇钱家坎，村北村南唤卖花。"《一楼集》卷四。
⑤ 凌泗《……至天井停舆，凤翁买盆梅。居人以红绿双瓣接老干，吴门清供多取给于此，又前行入花巷，缘
　巷纡曲极狭处，低枝碍冠，则下舆行……则潭西村也，村人多习囊驼术，叠石为垣，或抢竹篱，其中红绿
　梅树，不结果为移置园林之用，有椎髻青裙端坐树颠者，则采绿萼为药料……》、施绍书《忆梅诗二十
　首》，谢家福《邓尉探梅诗》卷一、卷三。另我一《邓尉山灵岩山游记》记民国年间也有此事。
⑥ 抗日战争以来，光福的盆梅生产急剧衰落。周瘦鹃《湖山胜处看梅花》："盆梅向来盛于潭东、天井上一
　带，往年我曾两度前去，物色枯干虬枝的老梅，可是所得不多……如今花农因盆梅并无多大利益，多半已
　种田栽桑，岁朝清供，再也不能求之于邓尉的了。"《旅行杂志》1948 年（第 22 卷）第 1 号。
⑦ 顾禄《清嘉录》卷二"玄墓看梅花"。
⑧ 尤珍《题朱广文〈邓尉寻梅图〉二首》其一，《沧湄诗钞》卷六。

田熟。"① 这是说花期湖上船家繁忙的情景。明清时探梅，水路来者多泊舟虎山桥或费家河头，然后则多要靠肩舆（竹兜）抬着上下诸山。康熙间汪懋麟《玄墓看梅十绝句》其六："不用登山倩杖扶，百钱争赁小篮舆。吴姬笑倚湘妃竹，一路余香逊仆夫。"② 晚清许兆熊《光福竹枝词》："探梅船泊费家河，春暖游人日渐多。买得篮舆进山去，菖蒲潭里几回过。"③ 篮舆即竹兜。凌泗《浮梅日记》："……山轿亦名竹兜，即陶靖节篮舆遗制，每春秋香市，穿窿、支硎间妇女如云，舁夫索资，揣肥瘠轻重而递加焉，今用以探梅价特廉。"④ 这些连带的运输业、服务业，进一步加强了邓尉种梅的经济效益和发展基础。

值得附带一提的是，光福乡绅富户在邓尉梅花产业发展中发挥了一定的带头作用。我们发现，有关邓尉梅花最早的材料，是与元末明初两位乡绅——徐达左与徐用庄联系在一起的。他们是光福地区的大姓，他们的农庄和墅园是邓尉艺梅的先行者，由此拉开了种植传统逐步形成，生产规模不断扩大的序幕。这是讨论邓尉梅花兴盛原因也不可忽视的。

（九）邓尉梅花的衰落

岁月无情，世道沧桑。至迟在乾隆后期，邓尉梅花的盛况开始走弱。据《南巡盛典》记载，乾隆四十五年（1780）第五次下江南游邓尉，途中被当地官员请到西碛山逸园，发现景象并不如所言："其松非古遗，其梅或新徙。独是太湖近，凭栏观足底。"⑤ 梅花已不足观，唯远眺湖光山色差强人意，这与明末李流芳诗中所写西碛"山头白云自往来，山腰白云团不开。共道山腰云更白，不知却是梅花堆"⑥ 的盛况远不能比。

邓尉梅花的衰落首先是从邓尉、玄墓两山开始的。这里不仅地势为诸山核心，自明初以来也一直是整个光福地区的人居中心，圣恩寺东西、玄墓南麓至坎上、西湾一线有大片梅田，登山俯视一片梅海，与湖水相接。但至迟到嘉庆（1796—1820）初年，开始发生变化。嘉庆三年（1798），姚鼐（1732—1815）过访，《邓尉》诗中写道："盛衰人事总无常，邓尉梅枯半作桑。赖有山川长不改，倚栏依旧

---

① 徐傅《光福志》卷一〇。
② 汪懋麟《百尺梧桐阁集》卷七。
③ 张郁文辑《木渎小志》附录。
④ 谢家福《邓尉探梅诗》卷一。
⑤ 爱新觉罗弘历《游西碛程园纪事成咏》，《御制诗集》四集卷七〇。
⑥ 李流芳《雨中看梅西碛即事》其五，《檀园集》卷六。

见渔洋。"① 老梅枯死后，农人不予补种，而是改种桑树，数量已占一半。嘉庆十一年洪亮吉《邓尉看梅杂诗》："东西二十几坡陀，补种桑麻补插禾。明岁来游要三月，采桑人比看花多。"诗下注释说："近岁土人种桑者多，故花事稍杀。"② 三年后《花田老人歌（俗名红梅绿萼处）》从农夫的角度反映了经济效益的变化："花田老人骨格清，种禾半生花半生。种禾苦饥种花饱，花下孙曾读书好。花翁花姬扶花行，有女亦知花性情。……频年岁歉花无利，补种柔桑满平地。花田尽处桑田多，更听采茶儿女歌。"③ 以前是种梅效益好于种粮，现在种梅不如种桑、种茶。这里说的是整个邓尉山区的情况，由于花果收益的减少，使得花农果农纷纷改种桑茶。道光二十三年（1843），张应昌《邓尉探梅》所写则是更加萧条的景象："曲曲入深窈，田舍杂篱樊。花光参其中，断续隔桑园。时见数枝斜，竹外与松间。静无车马至，三分花未繁。登亭眺香雪，几片雪已残。缅想高皇时，白如海漫漫。金粉绘辇道，香风迎翠峦。属车久阒寂，山农亦贫顽。宁栽十亩桑，不艺九畹兰。可怜万玉妃，零落同颓垣。喟然吾生晚，斜阳冷空山。归途不忍折，留与游人看。"④

马驾山"香雪海"的变化无疑最引人关注，也最有代表性。嘉庆十八年（1813），孙原湘有《邓尉香雪海古梅已尽，居民易以桑，望之如梅，但无香耳》一诗，次年《归途经香雪海》更是感慨香雪海几无梅可观⑤。嘉庆二十四年，唐仲冕（1753—1827）《遂初园看梅》也说："吴门吾山香雪海，近栽桑柘树全改。其余园林或岩阿，白者渐少红者多。"⑥ 所谓"白者"是指用于采果的梅林，多属江梅品种，花色较淡，所谓"红者"则主要属于观赏梅桩和盆景之类。邓尉、玄墓至马驾山"香雪海"一带以果梅为主，花期一望如雪，在整个邓尉山区最早衰落。道光十年（1830）二月，梁章钜、程恩泽等游马驾山，"不见梅，登高眺之，则数十株厕桑林间"，"数百年旧柯寥落不及十一"⑦。

至于梅花改种的原因，前引材料都清楚地表明，是"桑与梅争地，梅花退自甘"，"土人嫌梅之利薄，多改种桑"⑧。同时赵翼也说："种梅处多改种桑，盖蚕利厚也。"⑨ 回顾清初汪琬《游马驾山记》所说："山中人率树梅、艺茶、条桑为业，

① 姚鼐《惜抱轩诗文集》诗集卷一〇。
② 洪亮吉《邓尉看梅杂诗》其六，《更生斋集》诗续集卷四。
③ 洪亮吉《更生斋集》诗续集卷一〇。
④ 张应昌《彝寿轩诗钞》卷四。
⑤ 孙原湘《天真阁集》卷二〇、卷二一。
⑥ 唐仲冕《陶山诗录》卷一九。
⑦ 程恩泽《游香雪海记》，《程侍郎遗集》卷七。
⑧ 谢元淮《逸山上人法螺种梅图》，《养默山房诗稿》卷一九。
⑨ 赵翼《嘲梅》其一，《瓯北集》卷五二。

　　图38　乾隆御诗碑（《古镇光福》第84页），刻乾隆二十七年（1762）所作
《再叠邓尉香雪海歌旧韵》诗。碑原有多尊，到清末时仅存此一，今立于梅花亭
西侧。

梅五之，茶三之，桑视茶而又减其一。"① 说的虽是马驾一山的情况，但整个光福山区都应是如此，从明万历至康乾时期一直如此，梅树数量占有绝对的优势。而到了道光间，徐傅《光福志》则说"光福艺桑随处皆植，蚕事尤勤于他处"②。这样的语言本来是说山中梅花的，现在则描述蚕桑业。由于经济杠杆的作用，嘉庆以来梅树种植面积急剧减少，逐步取代梅花成了山中主要作物。

嘉庆以来，整个光福半岛的梅花主要只剩下西南一隅。徐傅《光福志》称"栽者莫盛于菖蒲潭及潭东西至天井一带"③，这是较为集中的地区，另玄墓圣恩寺附近有零星梅田，累计面积大约只相当于整个半岛的五分之一。有一组数字很能反映邓尉梅花盛衰变迁的过程。元末明初徐达祖耕渔轩唱和诗中称"十里梅花"，明嘉靖以来多称"香雪三十里"，甚至"言其衍亘五、六十里"④，这是典型的趋盛之势。乾隆中期有诗称"连林廿里花"⑤，至道光间所说更成了"延亘数村"⑥，这又是一个明显的衰落过程。

嘉道以后游人来访，所见再也不是康熙盛时那样的方圆数十里，漫山遍野满目皆是，而只能是有目的性的寻访或得之偶遇，梅花的分布已分散在几个地区。前引材料表明，嘉道时菖蒲潭、潭东、潭西及查山、蟠螭山连绵一片，梅花较盛，至有"香雪海"移来之说。同治十年（1871），潘钟瑞（1822—1890，长洲人）探梅邓尉，其《洞庭邓尉探梅日记》和同时纪行诗，提及梅花的有司徒庙周围多梅，这是"香雪海"所见范围。菖蒲潭、潭东、潭西、茶山有梅，而蟠螭山则多枇杷、杨梅，未见有梅⑦。可见经过咸丰年间太平天国兵乱，山中梅花较之嘉、道时又有减少。同、光间，邓尉种梅似乎"回光返照"，情况有些好转，尤其是"香雪海"一带，盛景得以重现。同治六年，亢树滋《重游邓尉山记》："至香雪海，日正午。未至一里许，香风拂拂，沁人肺腑。及至弥望皆梅，如轻云，如残雪，漂洒山谷中，一白无际，号之曰海，诚宜。……吴中自庚申之乱，诸山之被戕伐者何限，而兹独保其面目，以至今日。"⑧ 光绪十七年（1891）凌泗（1823—1906）《浮梅日记》："乘轿过市西，折而北，村落断续，桑梅相间。越峙岭岭则弥望皆花，正盛开之时，异行其中，衣袂皆香。"⑨ 所

---

① 李卫、嵇曾筠、赵宏恩等《江南通志》卷一二。
② 徐傅《光福志》卷一。
③ 徐傅《光福志》卷四。
④ 姚希孟《梅花杂咏》序，徐傅《光福志》卷一〇。
⑤ 沈德潜《邓尉看梅次商邱宋中丞韵》，《归愚诗钞余集》卷一。
⑥ 徐傅《探梅杂咏序》，《东崦草堂诗钞》卷一。
⑦ 潘钟瑞《洞庭邓尉探梅日记》，《香禅精舍集》卷一〇。潘钟瑞《探梅草》，载《香禅精舍集》。
⑧ 亢树滋《市隐书屋文稿》卷四。
⑨ 谢家福《邓尉探梅诗》卷一。

说是光福镇北凤冈和嵷崦岭一带，过岭则是邓尉山西麓，再向前走就是司徒庙和马驾山前，是传统"香雪海"所见梅区。光绪二十年施绍书《忆梅诗二十首》也说"嵷崦岭下玉交柯，海样香尘一望多"①，可见这里梅花较之嘉、道时有所恢复。揣度其原因，可能与同、光间江浙一带果品蜜饯业的兴盛有关②。而此时菖浦潭、潭东、潭西、天井和弹山南的梅林一仍其盛。这种情况一直延续到民国年间。

（一〇）民国以来的情况

民国年间邓尉一带的梅花风景大致延续着清末即同、光间的格局，但不久又呈急剧衰落之势。民国初年，从嵷崦岭至马驾山前，费家河头、司徒庙、青芝坞一线，即传统的"香雪海"所在地仍有大片梅林。民国四年（1915）胡健生《太湖游记》称，"香雪海"亭圮碑仆，"香雪海之题额亦无存焉，然登其遗址观之，则见植梅区域北自司徒庙，东抵崦岭，西循五山（引者按：当为吾山之误，指吾家山）而南，周围十里间弥望一色，芬芳沁人，真不负此佳名哉"。次年我一的游记也有类似记载③。民国七年片云《邓尉探梅记》：在马驾山"下望梅花数万株，迷漫十余里，如银涛雪浪，一白无垠，香风扑鼻，沁心澈骨"④。所说都是"香雪海"的情景，时梅林仍较繁盛，正是同、光间回光返照之势的延续。

这时大规模的梅林已转到弹山西南麓的潭东一线，我一游记中也说，同行告其"今日梅花最盛处已不在香雪海，而在万峰台，乡之人以植梅之利不敌种桑，故有去梅易桑者，梅死不复补种者，盖梅树越五十年即枯也"。"下山循大路至天井上（吴人读若浪），盛产红绿梅，尤多盆栽"。登弹山石楼"俯瞰四山无处无梅。前至之天井上，即在其下，故他处观梅只白色，此处则红绿白三者俱备，信乎'香雪海'之名当移赠于此。余得句云'十里烟云一湖水，四山香雪万梅花'，可以想见其胜景矣"⑤。前引片云《邓尉探梅记》也说：弹山万峰亭"下望万梅如雪，不亚香雪海"，"出石楼，梅花夹道，舆行万花中"⑥。同时张郁文《光福诸山记》和稍后范广宪（君博）《光福竹枝词》、《光福梅枝词》所见梅景也完全一致⑦。

---

① 谢家福《邓尉探梅诗》卷三。
② 徐珂《清稗类钞·饮食类·蜜煎》："俗称蜜浸果品为蜜煎……后改为蜜饯。顺、康间，滇西"盛产，"降及同、光，江、浙大盛，然以苏州稻香村所制者为尤佳。见该书第13册第6523页。
③ 我一《邓尉山灵岩山游记》。
④ 片云《邓尉探梅记》，《心声》1924年（第3卷）第5期。
⑤ 我一《邓尉山灵岩山游记》。
⑥ 片云《邓尉探梅记》，《心声》1924年（第3卷）第5期。
⑦ 张郁文《木渎小志》附录。范广宪《光福梅枝词》、《光福竹枝词》，载其《吴门竹枝词》卷一四。

　　而这一带的盆梅及梅桩（盆景及园林花木及苗秧）生产、经营承晚清之势也较旺盛，地点主要集中在天井上和潭西一线。胡健生记载，南行至天井一线，"乃花木相聚之市场也，嘉树名花不下数十百种，而仍以梅为最盛，重瓣、单瓣、朱红、绿、白，靡不备焉"①。1916 年钱基博《邓尉山探梅记》称"抵天井有广场十许亩，盆梅甚盛，山人拗折为卍字、鸟兽诸形，吴门清供莫非取足于此"②。这些姿态各异的盆梅和桩景也成了游客们观赏的景点③。

　　但是好景不长，由于种梅利薄，整个半岛伐梅种桑的现象越来越严重。1921 年指严《邓尉探梅记》称由司徒庙至圣恩寺，"所见梅林中辄杂以桑柘，据言乡人以种梅利薄，易种桑耳"④。1922 年蒋维乔《光复游记》也说"邓尉除'香雪海'尚多梅树外，他处已砍伐无余，改种桑树，询之土人，则云种梅利薄，不如种桑利厚"⑤。1926 年记其经崎岖岭往司徒庙，沿路多种桑，"间有梅花数株"，而马驾山上"绝无梅花，惟山下桑田中间有十株八株，抚今思昔不胜沧桑之感"⑥。1926 年李根源到邓尉访古，遍游诸山，总结说："余观光福种植花木，以天井、窑上（引者按：村庄名，在西碛山北麓）为盛，珍珠坞（引者按：在弹山东北青芝山右）次之。桂花多于梅花，故春游当继以秋游也。"⑦ 应该说这正是民国初年至抗战前的衰落情形，虽然梅花仍有可观，但与桑、桂、枇杷等相比已不占优势，与康乾盛世更是远不能及。

　　此后抗战八年和三年国内战争，时事危乱，百业凋蔽，民不聊生，梅花风景衰落更甚。苏州周瘦鹃回忆抗战前他"曾和上海的朋友们结队登临，只见山上山下，以至远处，白茫茫的一片雪白，全是梅花，真是一个不折不扣名副其实的香雪海"⑧。可见抗战前，虽然梅林渐衰，但仍不乏可观。而到 40 年代，游人所记梅景急剧萎缩，全无雪海香涛那样的盛况⑨，山下平原多改作桑田，零零星星的老梅，

---

① 胡健生《太湖游记》。

② 《小说月报》1916 年（第 7 卷）第 6 号。

③ 倚剑《邓尉纪游》："过天井，饱看黄家园圃所艺梅，花多盆植，姿态各具。"载《苏州女子师范学校校刊》1933 年第 21 期。关于黄家园圃，无名氏《邓尉小志》第 8 页："天井上黄世华家专销梅桩盆景树秧。"

④ 《新声》杂志 1922 年第 9 期。

⑤ 蒋维乔《光复游记》，《旅行杂志》1935 年（第 9 卷）第 12 号，此文当作于 1922 年。马家骥《中国合作学社江苏省吴县光福合作实验区事业进行概况》所载当地副业以蚕桑为主，没有提到青梅种植，载《江苏建设月刊》1935 年（第 2 卷）第 11 期。大约同时《邓尉小志》叙物产，以米麦、蚕桑、鱼产、果木、药材为序，果木类中提到消梅（果）和潭东的透骨红梅（花），药材中有绿萼梅，物产经营中有天井上黄世华家专销梅桩盆景树秧，可见此时青梅生产已不旺盛，唯余部分种作花木和药材。

⑥ 《梅社月刊》1938 年第 1 期。

⑦ 李根源《吴郡西山访古记》卷一。

⑧ 周瘦鹃《苏州游踪》第 71 页。

⑨ 老邓《邓尉探梅记》，《弹词画报》1941 年第 41 期。

偶尔也可见三五十株梅树，不足称盛，"香雪海"的山亭不存，御碑仆地，就赏梅而言还不如虎丘山的冷香阁①。周瘦鹃回忆说，"经过了'八·一三'抗日战争的大劫，梅树多被砍伐，而山中人又因种梅之利不如种桑，所以补种的不是梅而是桑了"②，这是清嘉庆以来的基本趋势，此时趋甚。

此间值得一提的是1938年汪伪江苏省政府在苏州成立，苏州成了省会，因省长陈则民是光福人，1939至1940年伪省会建设工程处主持规划和实施了一个规模不小的"邓尉区风景交通整理"工程。工程方案和有关公牍收集在工程处处长丁南州主编的《邓尉区风景交通整理特刊》中③。工程主要是修建光福景区的道路、桥梁、涵洞、码头等交通设施，同时对司徒庙等古迹、名胜也进行了一定的维修，补建亭台、牌坊之类游览设施和景点。工程最主要的项目是修筑了一条从光福镇经香雪海、天井到潭东的公路干道，大大方便了行人。"香雪海"一景也是其中重要的整理项目，此前民国十二年乡绅已捐资重修了梅亭，此次加以维修，并在下方另建古式建筑四面厅和山门，供登临者驻足观览。工程虽也考虑到了植树美化，但不是主要任务，只是在所建公路干道沿路和香雪海厅舍周围植冬青、桃、梅等1800株④，数量有限，且不以梅树为主，想必对梅花风景补益无多。1948年周瘦鹃《湖山胜处看梅花》一文记载："（圣恩寺后真假山）这里一带，至今还有好几十株老梅树。而圣恩寺前，本来也种有不少梅树，不幸在暴日入寇时砍伐都尽，后来虽由伪省长陈则民补种了一百多株梅苗，可是小得可怜。"石楼、石壁只是疏落地点缀一些，香雪海"可惜十年以来，既遭了兵劫，而乡人又因种梅利薄，不及种桑利厚，于是多有砍梅以种桑的"，如今看了已不免失望。"盆梅向来盛于潭东、天井上一带，往年我曾两度前去，物色枯干虬枝的老梅，可是所得不多……如今花农因盆梅并无多大利益，多半已种田栽桑，岁朝清供，再也不能求之于邓尉的了"⑤。可见日占八年，邓尉山区梅花已是全面衰落，损失比较惨重。

尽管如此，"香雪海"这一绵延几个世纪的乡村胜境却深镌于历史记忆之中。即便就汪伪这项工程而言，其出台就出于当权者对光福美好山水的厚爱，这其中"香雪三十里"的历史积淀无疑是一个重要因素，我们从整个工程比较关注"香雪海"景点的修建和将新建公路干道取名"香雪海路"这些细节不难感受到这一点。

① 叶茜《梅之领域：邓尉、孤山、超山、梅园》，《杂志》1943年（第10卷）第4期。
② 周瘦鹃《苏州游踪》第71页。
③ 江苏省省会建设工程处编《邓尉区风景交通整理特刊》共三辑，1940年1—5月编辑，现藏苏州市图书馆。
④ 江苏省省会建设工程处编《邓尉区风景交通整理特刊》第三辑《竣工说明》。
⑤ 周瘦鹃《湖山胜处看梅花》，《旅行杂志》1948年（第22卷）第1号。

事实上，"香雪海"的影响是巨大的，据苏州地方志记载，抗战胜利后的1947年3月，上海中国文化服务社就发起了大规模的"邓尉探梅"活动，参加者有上海市长钱大钧等社会名流57人①，可以说是"玄墓赏梅"这一传统风习的延续。

新中国成立后，邓尉梅花依然受到人们重视，但梅花的种植情况却岌岌可危。苏州文人周瘦鹃在文学、园林等方面都超诣独特，对吴中山川、风物、民俗更是寄情深厚。他对邓尉"香雪海"一直关心较多，从他的文章中，我们可以感受到上世纪五六十年代邓尉梅花的大致情况：马驾山上的梅亭和轩屋已经残破，后经设计修复一新，但山上梅树已无一株，他曾建议补种。马驾山无梅，1957年他从光福庵向西，一路到石楼、石壁，"所见全是白梅"，"一眼望去，只见到处是皑皑白雪，也许有千株万株之多"②。这表明，山中果树花木种植中梅树仍占有一定的分量，尤其是在凤冈和邓尉山西麓，天井、石楼一线，连绵梅花依然可见。1960年吴县开展大规模的群众绿化运动，香雪海所在的香雪大队（今香雪村）作为试点，曾种植了大批梅树和桂树③，成了当时吴县乃至苏州地区的绿化榜样。改革开放以来，土地承包到户，种梅效益不高，农户纷纷改种其他花卉苗木，梅林面积逐年萎缩。至本世纪初期，整个光福镇辖区有梅林1100亩，年产梅子2200担，主要由本镇企业加工成蜜饯外销④。上世纪90年代起，当地政府致力于恢复香雪海景观，1994年起在马驾山一带辟出数百亩，种植精品梅花，修建亭台轩阁。2002年2月举办首届"苏州光福香雪海梅花节"。目前香雪海景区成片梅林有近100亩，花梅品种20多个，连同司徒庙及附近沿路分散种植，据称总计有16000株⑤，花期仍较可观（图40）。

（一）邓尉梅花的风景特色

邓尉梅景是由经济种植而逐步形成的风景名胜，具有独特的景观特色，明清文人纪游、题咏之作和方志著述中多有感咏和阐发，下面结合古贤所言略加概括总结：

1. 种植规模之大

邓尉梅景属于乡村经济种植林，从明中叶以来构成了当地的特色产业，鼎盛时

① 苏州市地方志编委会《苏州市志》第1册第752页。此事未见其他记载。
② 周瘦鹃《苏州游踪》第2、72页。
③ 光福镇志编纂委员会《光福镇志》第15页。
④ 光福镇志编纂委员会《光福镇志》第99页。
⑤ 改革开放以来的情况，根据光福香雪海旅游服务公司副总经理吴亦农所著《光福景区简介》和其填写的《梅花风景名胜现状（2009年）调查表》，以及该公司宣传材料《邓尉探梅香雪海》（苏州相城区委书记顾仙根提供）综合叙述。据笔者所见，整个景区梅花大约有数千株。2009年4月10日，笔者与无锡万钧、徐建清先生，2010年2月21日与元植（李林）先生、堂弟程进来此，均受到吴亦农先生的接待、陪同。吴先生本江西人，退休后来此工作，不数年于光福山川风物、人物掌故了解颇深，一路听其导引讲解，受益良多。

整个光福半岛方圆五十里，即今吴中区光福镇大部大约三十多平方公里的面积，但凡宜梅处无不种梅。在这么大的范围内梅花漫山遍野，弥望一片白茫，香气郁勃如蒸，的确壮观。明末徐枋《吴氏邓尉山居记》："山多植梅，环山百里皆梅也。……春初梅放，极目如雪，遥望诸山若浮于玉波银海中，仅露峰尖，翠微欲动而香气袭人，过于蒸郁。"① 所说即是一种花海香国的盛大感觉，后世马驾山得名"香雪海"，即整个光福而言，梅花鼎盛时无异一个汪洋大海。明姚希孟《梅花杂咏序》："君复仙游孤山，不免萧寂；师雄梦断罗浮，半属榛莱。梅花之盛不得不推吴中，而必以光福诸山为最。"② 清初方文《送曾止山之吴门》："停舟先问灵岩路，邓尉梅花天下无。"③ 在整个古代众多梅花胜迹中，邓尉梅景之浩瀚盛大首屈一指、举世无双，诚如清人所说，"宇内梅花之盛"，"以邓尉山为最"④。在古今所有梅花名胜中，虽然民国间超山梅田的规模要大于邓尉，但就其内部梅林的连绵繁盛，花期弥望一色而言，则超山不如邓尉，古人以"香雪海"称之，邓尉梅花最当之无愧。

2. 湖光山色辉映

邓尉为江南丘陵山地，所属弹山、西碛、玄墓、铜井、邓尉诸山分别高200米左右，其他百米上下的土丘、冈地更是普遍。诸山山势连绵，冈峦起伏，又处湖滨偏隅之地，林木葱郁，湖光掩映，早在元末明初梅景成名之前，即以山水幽清称胜。由于山水姿态丰富，胜境不一，梅花分布其间，"山光紫翠波光明，并为花光助清冷"⑤，也就胜境多多，气象万千。古人于邓尉梅花之可爱，有"以水胜"、"以山胜"、"山水兼胜"之说，像虎山桥一线湖上观梅是"以水胜"，马驾山等居高临下是"以山胜"，圣恩寺、查山、蟠螭等湖滨之山则是"山与水兼胜"⑥。古人又说邓尉赏梅"有自上临观，花在四周，极远近浓淡之致者"，"有隔岸遥看，花在高冈，极横斜隐见之态者"，"有夹道深入，花在两旁，极纡徐幽邃之径者"，"有层霄杰构可推窗凭槛以手攀花之顶者"⑦，都是由于梅花种植之盛与不同的山川形势、人文设施呼应烘托而展现出的丰富景观。

整个光福半岛山岭冈阜连绵起伏，回环不绝。沿山看梅，随势高低而起伏变化，情趣横生。如姚希孟《梅花杂咏序》所写，"从铜井而上陟一磴则足蹑香尘，降一

① 徐枋《居易堂集》卷八。
② 徐傅《光福志》卷一〇。
③ 方文《嵞山集》再续集卷四。
④ 陶士僙《朱辑五〈梅花千咏〉序》，《运甓轩文集》卷二。
⑤ 路德《题张芥航河帅（井）愿游二图·邓尉看梅》，《柽华馆诗集》卷三。
⑥ 沈大成《西山观梅记》，《学福斋集》文集卷一一。
⑦ 薛熙《邓蔚山看梅花记》，《秦楚之际游记》卷一。

陂则手提华鬘，时腾出花上，时窜入花底"①。弹山一带也是"山之高下如梯级然，上下皆梅"②，人行其中，俯观仰眺，移步换形，风光无限。乾隆时王友亮《元墓看梅》："花光不喜平，弥望沿山转。下山花若扶，上山花若援。我前花为道，我后花为殿。所愁花太高，抬眼辄为眩。倦来径上竹兜行，左右花头并人面。高高下下致虽殊，密密疏疏景随变。"细致展示了花海山行赏梅，应接不暇的奇妙情趣。

在邓尉梅花的环境效应中，莫过于太湖万顷湖水的辉映烘托。邓尉诸山呈半岛状伸向太湖，三面波光浩渺，波静如镜，梅花季节弥望一白，芳气蒸腾，湖光闪跃，予人以花光云影，徘徊浮荡之感。明姚希孟《梅花杂咏序》分析邓尉梅景："若言其衍亘五六十里，窈无穷际，犹儿童野老之见也。梅得山水而色扬，天平一带非不奇邃，独恨无水。光福诸山，乃太湖之雉堞也……梅花愈盛，波容水态愈媚。"③ 王衡《邓尉山观梅》："槛外平湖匹练光，鬟髻梅坞共低昂。茫茫十里晴岚白，隐隐千林水月凉。雪里人家兼浪涌，镜中鱼鸟媚花香。"④ 康熙二十五年薛熙《邓尉山看梅花记》："由左而与花左旋，由右而与花右转，由高则与花并见于远，由下则与花并见于近，无适而不在者曰太湖。"⑤ 说的都是这种浩淼湖光与漫山花海气势相接而辉映烘托的奇特效果。

（一二）　邓尉梅花的旅游资源价值

我们这里讨论的旅游价值不是现实用途，而是历史状况，主要从现代旅游学的观念来分析古代梅花兴盛时的资源特点。明万历以来，邓尉探梅在士大夫文人中成了一个常见的宴游娱乐项目。笔者就网络版《中国基本古籍库》所收清人别集统计，有诗文别集传世的940家中有150位到过邓尉，占16%⑥，如果以这个比例推算，那么整个清代到过邓尉赏梅的文人数量将极其庞大。邓尉梅花之所以能盛传明清两代，成为享誉各界的旅游目的地，除了前述地理、经济原因以及诱人的风景特色外，从风景名胜旅游学的角度来考察，尚有这样一些因素：

1. 社会依托

根据现代旅游经济学原理，风景名胜的旅游价值除受其自身的质量、规模决定外，其依托的周边社会经济、文化环境也是一个重要的因素。邓尉诸山地处太湖流域社会

---

① 徐傅《光福志》卷一〇。
② 牛若麟、王焕如《（崇祯）重修吴县志》卷三。
③ 徐傅《光福志》卷一〇。
④ 周永年《邓尉圣恩寺志》卷一七。
⑤ 薛熙《邓蔚山看梅花记》，《秦楚之际游记》卷一。
⑥ 具体名单见下节注。

经济、文化较为发达的鱼米之乡。宋时即有"苏湖熟，天下足"的民谚，明代以来，太湖流域的社会经济、文化长足发展，苏州地区更是商贾云集、人物荟萃，加以吴地"俗多奢少俭，竞节物，好游遨"①，大大促进了吴下山水的旅游人气。光福镇依山傍湖，既有山川之利，又有湖泽之饶。从明代中叶以来，光福一带不仅自身人口增长，栖隐寄居之士增多，而外来游客、商人更是络绎不绝。晚明以来吴下邓尉探梅之风气盛行，与苏州地区社会人口、经济、文化的发展和整体吸引力息息相关，同时客观上也反过来进一步扩大了邓尉梅花的知名度和影响力。

图39　"清奇古怪"（《古镇光福》第74—75页）。马驾山前司徒庙中四株古柏，相传为东汉大司徒邓禹所植。或坚挺，或虬折，气势苍劲，姿态各异，堪称天下一绝。乾隆南巡见此，叹为观止，为题名"清、奇、古、怪"。

2. 交通条件

邓尉地处京杭大运河交通沿线，附近又属太湖水网地区，水路交通极其发达，古时乘船从苏州出胥门，经横塘、木渎，入光福塘不一日即至，或出胥口扬帆太湖绕西驶进，都极为方便。"邓尉梅花二月天，游人争泛太湖船。"② 乾隆之下江南，每来必游，也正因邓尉地处运河沿线。不仅是帝王巡游，即一般游宦、行商、野贤、逸士，南来北往，花期经停苏州或取道太湖，也少有不闻名顺路游览的。

3. 远近得宜

邓尉山水地处苏州远郊、太湖之滨，从旅游角度来说，空间距离恰到好处。姚

---

① 范成大《吴郡志》卷二。
② 程之鵕《游邓尉山》，《练江诗钞》卷五。

希孟感慨广东惠州罗浮山梅花地处荒远，"半属榛莱"（姚希孟《梅花杂咏序》）。赵执信认为杭州西湖靠城太近，缺乏距离美、神秘感，"却笑西子湖，近人如妾媵"①。在古代交通条件下，邓尉梅景正在不近不远之间，从苏州出游，一般往来全程费时一两日，旅游者既遂涤烦潜幽之雅趣，又不需长途跋涉之劳顿，这是邓尉赏梅广受士民欢迎，人们乐此不疲，而其风景也倍见推重喜爱的原因之一。

图 40　香雪海梅池（吴亦农提供）。今梅花亭前、马驾山麓植梅数十亩，梅林中心探梅磴道交结处有"香雪海"卧碣，旁有一方小池，名梅池。

（一三）邓尉梅花的历史文化地位

邓尉梅景如今风光不再，当地政府着力再造，但积衰有年，回春不易，时过境迁，古胜难造。尽管如此，其作为中国历史文化发展中一道持久而绮丽的风景也弥足回味和珍视。究其历史地位和文化价值，主要体现在如下两方面：

1. 规模种植而形成的风景名胜

我国是传统农业国，田园风光构成了中国风景资源的重要内容。邓尉梅花正是由大片果树种植而形成风景名胜的典型个案。中国古代类似的植物风景极其丰富，

---

① 赵执信《何樊圃携庆自西山返，各述所历，因忆湖山旧游》，《因园集》卷一一。

如桃、杏、桑、茶都有大规模种植而蔚为壮观的例子。邓尉梅景属花卉奇观，与“桃花源”、“杏花村”类似，比较其一般的桑陌、茶园更富观赏价值，而在历史上同类花卉景观中，其规模之浩大则又无以伦比。加之处于江南山水清嘉之地，得湖光山色之烘托渲染，又有一份灵秀奇丽之独特神韵。因此，“邓尉香雪”不仅在整个“吴山胜迹”、“江南名胜”中特色鲜明，极其显要，放在中国风景名胜史上也有比较突出的地位。

2. 规模盛大、经久不衰而影响深广的梅花景观

梅花是中国名花之最，开发历史悠久，精神意蕴深厚而文化地位高超。我国幅员辽阔，以高山高原丘陵为主，古时人口稀少，山深林茂，在今淮河、秦岭以南梅产区，野生梅林当不在少数。近几十年，在云贵、青藏高原的洱源、嵩明、德钦、泸水、剑川、祥云、云龙、宾川等地即发现有大面积的天然梅林。邓尉梅景的单片规模也许未必尽能超越，但就栽培梅田而言，邓尉梅花可以说是历史上种植规模最大，盛况持续时间最长的梅花景区。

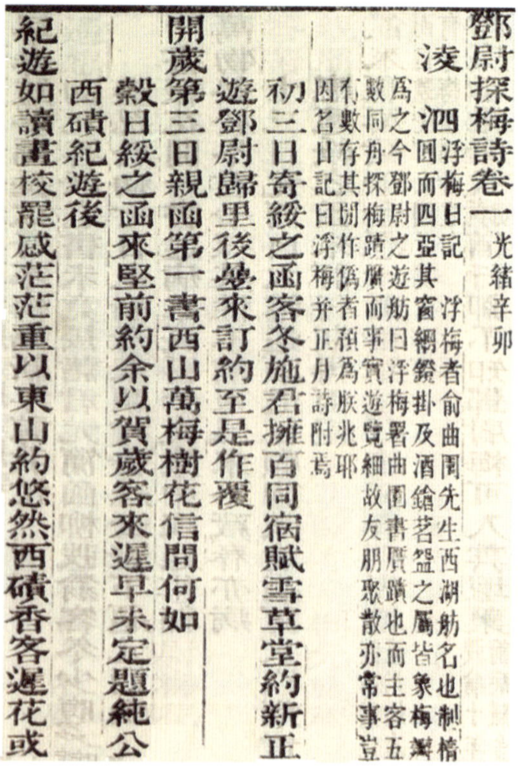
鄧尉探梅詩卷一　光緒辛卯
淩泗
浮梅日記　浮梅者俞曲園先生西湖舫名也制橋圓而四亞其窗綢綴掛及酒鎗茗盌之屬皆象梅辮爲之今鄧尉之遊舫曰浮梅署曲園書曆蹟也而主客五數同舟探梅蹟曆而事實遊覽細故友朋聚散亦常事豈有數存其間作僞者預爲朕兆耶因名日記曰浮梅并正月詩附焉
初三日奇綏之函客冬施君擁百同宿賦雪草堂約新正遊鄧尉歸里後㬂來訂約至是作覆
開歲第三日親函第一書西山萬梅樹花信問何如
穀日綏之函來堅前約余以賀歲客來遲早未定題純公西磧紀遊後
紀遊如讀書校讎威茫茫重以東山約悠然西磧香客遲花或

图41　谢家福编《邓尉探梅诗》书影，清光绪二十年（1894）刻本。

长江中下游自古是我国重要的梅产区，尤其是苏、湖（今浙江湖州）、杭、越（今浙江绍兴）一带，宋以来成了栽培梅花尤其是观赏栽培的中心。邓尉“香雪海”正是处于这样一个传统梅产区的核心地带，而其盛大的规模和持久的历史真可谓是核心中的核心，正如清人所说，“大江南北以梅著者，无与‘香雪海’比，寻梅者以不得至‘香雪海’为憾”①。加之邓尉梅景处吴中经济富庶、人文荟萃之区，其社会基础和影响更非他处能比。也许历史上类似规模的人工梅林应有一些，但象邓尉梅花处鱼米之乡、大城之郊、大湖之滨、运河沿线，其游人众多，文人墨客心仪口颂、诗吟图绘作品之富，在历代诸多梅花名胜中都首屈一指（图41、图42）。笔者就网

① 程恩泽《游香雪海记》，《程侍郎遗集》卷七。

图42 吴昌硕墨梅，题款："十年不到香雪海，
梅花忆我我忆梅。何时买櫂冒雪去，便向花前倾一
杯。乙卯岁十二月，安吉吴昌硕，时年七十又二。"

络版《中国基本古籍库》所收明清文人别集统计，在有别集入选的作家中，有 172 位集中有邓尉探梅之作，其中 20 多位超过 10 篇①。这些丰富的人文活动和艺文创作同样构成了明清文化生活的一大历史风景，形成了丰硕的文化遗产，包含着深厚的历史记忆和人文意义。这不仅是中国梅文化发展史上的辉煌篇章，放在古代旅游文化史乃至于整个文化史上，也都可谓是浓墨重彩的一页。

最后特别想说的是，邓尉梅花是我国大规模梅花名胜中持续时间最长的一个，虽然晚清以来不断衰落，但终能绵延至今从未中绝，这是特别值得我们重视的。当地政府和人民对这样一段悠久而辉煌的历史应该特别珍视，把"香雪海"作为一个重要的"非物质文化遗产"加以精心保护②。

---

① 明代曹学佺、陈仁锡、方凤、高攀龙、顾潜、贡修龄、胡缵宗、李流芳、莫如忠、沈德符＊、申时行、孙承恩、孙继皋、孙永祚、陶汝甫、王稚登＊、吴宽、袁宏道、张元凯、郑元勋、朱存理、邹迪光。清代宝鋆、毕沅、曹亮武＊、曹懋坚、曹仁虎、曹煜、程恩泽、丁耀亢、蒋栺、查慎行、陈瑚、陈维崧＊、董元度、董元恺、杜首昌、法若真、高凤翰、高士奇、葛芝、葛祖亮、龚鼎孳、顾光旭、顾景星、顾沂＊、顾嗣协、顾宗泰、郭麐、郭起元、韩骐、何绍基、洪亮吉＊、黄中坚、惠周惕、金堡、揆叙、李继白、李明睿、李雯、李佐贤、梁章钜＊、林佶、林直、楼锜、刘嗣绾、陆锡熊、毛师柱、毛曙、莫友芝、潘高＊、潘奕隽＊、彭定求、彭孙贻、彭蕴章、齐学裘、钱陈群、钱澄之、钱大昕、彭启丰、钱谦益、钱廉、钱维乔、钱载、秦瀛、彭兆荪、恽恪、屈大均＊、全祖望、桑调元、邵长蘅＊、沈大成＊、沈德潜、沈广舆、沈起元、沈兆沄、沈钦韩、施闰章、石韫玉、释宗渭、宋荦、宋琬、孙尔准、孙洤、孙尚任、孙原湘＊、孙枝蔚、唐仲冕、陶士僙、屠倬＊、汪由敦、王昶、王伯稠、王鸿绪、王嘉曾、王鸣盛、万树、王士禛＊、王廷灿、王昙、吴俊、吴绮、吴嵩梁、吴秉仁、吴伟业、吴重憙、汪缙、汪文柏、汪学金、翁方纲、谢元淮、徐枋＊、徐釚、许宗彦、许兆椿、杨炤、阎尔梅、严熊、姚鼐、姚燮、姚文田、叶廷琯、叶昌炽、英廉、永瑆、尤侗、俞樾、袁枚、曾燠、张大受、张际亮、张九钺、张毛健＊、张鹏翀＊、张五典、张埙、张应昌、张祥河、张英、张裕钊、赵怀玉＊、赵吉士、赵翼、郑世元、郑炎、郑文焯＊、周长发、朱玉蛟、朱祖谟、祝德邻、朱彝尊。民国释敬安。带＊号者邓尉探梅作品较多。

② 本章的古代部分蒙王英志、许周鹣先生抬举，以《苏州邓尉"香雪海"研究——中国古代梅花名胜丛考之一》为题，发表于《苏州大学学报（社科版）》2006 年第 3 期，此处有较大增补和修订。写作过程中，曾两次到苏州和光福搜集资料、实地踏勘，得到光福香雪海旅游公司吴亦农总经理、苏州相城区委顾仙根书记、民建苏州市委张雨歌主委、无锡市前洲镇党委莫治中书记、无锡市社科联李祖坤主席等热情而切实的帮助。前洲镇政府万钧先生、徐建清先生、北京画家元植先生、家堂弟程进等先后陪同考察。图片多取自《古镇光福》一书，并吴亦农先生提供。以上并志谢忱！

六、封建社会后期两大梅花重镇（二）
——杭州西溪

明清时期杭州西溪与苏州邓尉山两地梅花之盛史多明载，文人墨客的诗咏图绘更是极其丰富，堪称封建社会后期两大梅花重镇。本篇就西溪梅花的兴衰历程及其社会背景、风景特色及其文化地位等详加梳理与阐发。

（一）关于西溪

西溪在今杭州市主城区西、灵岩山之北。就现存明确的文献记载而言，西溪作为地名最早出现于北宋中期，初始便有三种含义。

1. 水名

这应是西溪最原始，也是最基本的概念。宋哲宗元祐四、五年间（1089—1090），杭州通判杨蟠与安徽文人郭祥正唱和《西湖百题》，其中即有《西溪》一题①。南宋迁都杭州，相应的地志、杂史一类著述颇多，作为水名的西溪进一步明确起来。吴自牧《梦粱录》卷一一："自武林山之西，名曰西溪。"这可以说是关于西溪最为简洁明了的定义，也隐含着西溪得名的由来。当代杭州方志称，西溪发源于余杭西部板照山麓，东流经留下、古荡，至松木场桥折北汇余杭塘河，入京杭运河，全长35公里②。其中留下至古荡或延至松木场段是核心部分，明清时期人们心目中的西溪，主要指这一段，所谓"由松木场沿村小河夹岸，至留下通名西溪"③。如今这一部分也通称西溪，一名沿山河，而松木场八字桥向北至余杭塘河段则称西溪河。

2. 市镇、村里名

王存《元丰九域志》卷五："钱塘，一十一乡，南场、北关、安溪、西溪四

---

① 《全宋诗》第 13 册第 9013 页。
② 杭州市地方志编纂委员会《杭州市志》第 317—318 页。
③ 孙之騄《南漳子》卷下。

镇。"这是现存正统地理书中对西溪的最早记载，西溪是钱塘县下属的一个镇，其始设大约在宋初。宋初以来地方管镇数量不断减少，南宋以来西溪只称"市"，同时又有"西溪里"，属钱塘县钦贤乡①。元、明两朝大致也是如此。明中叶以来，有关宋高宗"西溪且留下"的传说开始流行，至万历（1573—1619）年间，留下逐步取代西溪，成了当地镇、市的定名②，一直沿用至今。

3. 区域名

北宋沈括《梦溪笔谈》卷二五："予家祖茔在钱塘西溪，尝有一田家忽病癞，通身溃烂，号呼欲绝。西溪寺僧识之曰，此天蛇毒耳，非癞也。"这里所说西溪是区域概念。南宋周密《武林旧事》卷五分"南山路"、"西湖三堤路"、"孤山路"、"北山路"四大部分介绍都城临安（今杭州）"湖山胜概"，其中"北山路"下有"西溪路"分支。这里的"路"相当于今天的风景区概念，与现代城市作为街道名称的路的意义不同。这一分区概念为明清时期的西湖地志、游记、杂史一类纂著所仿效，清雍正十三年（1735）李卫等纂《西湖志》分孤山、南山、北山、吴山、西溪五路记述，西溪从"北山"的一个分支，变为与湖上、南山、北山诸区并列的杭城五大风景区之一。

那么"西溪路"即西溪地区包括怎样的范围？南宋乾道（1165—1173）、淳祐（1241—1252）、咸淳（1265—1274）《临安志》提到的西溪地名有安乐山、龙门山、法华坞、龙驹坞、木坞、闲林酒库等，这些地名都在今北高峰、灵峰山脉之阴。可见在当时人们心目中的西溪景区，主要指今余杭区闲林镇以东，北高峰、灵峰山、老和山北麓的西溪两岸。到了明代，随着当地的发展，人们的视野也有所拓展，西溪上、下游及北岸的许多山川名胜都被纳入到西溪景区的范畴。如崇祯十三年（1640）释大善的《西溪百咏》中就有上埠溪、横山、荆山、桃源岭等名目，清嘉庆（1796—1820）、道光（1821—1850）间陈文述（1771—1843）《西溪杂咏》则增加了太仆山（一名大雄山，今名五郎山，在今余杭良渚镇西南），还有一些相关著述涉及松木场、马塍及瓶窑方山等地名，因此最广义的西溪是西起余杭、富阳交界的溪水源头分金岭，东迄松木场八字桥，南抵灵岩

---

① 潜说友《咸淳临安志》卷一九、二〇。

② "西溪且留下"之说出现时代较晚，检宋、元各类文献未得。据释大善《〈西溪百咏〉序》，明天顺间（1457—1464）周谟《西溪百咏》中已有"留下"一题，又称周氏是唱和宋人《西溪百咏》旧题，但所见百题中多有明人遗迹，称得之宋人，不足为据。目前所见材料，周谟《百咏》应是最早提到留下之名的例子。万历七年（1579）刘伯缙、陈善《〈万历〉杭州府志》卷二二："语云'西溪且留下'，俗称留下云。"但到万历三十七年的《钱塘县志》卷一"纪胜"："西溪留下（俗称楼下）。"可见到万历中期，"留下"已成了一个正式的名称，相应的俗称则变为"楼下"。明崇祯以来的方志及文人诗文作品大多称留下镇。如顺治八年（1651）吴本泰《西溪梵隐志》卷一："留下镇：起西堰桥，至镇十八里。"

诸山山脊，北至余杭良渚五郎山的杭城西北大片地区。清顺治间（1644—1661）
吴本泰《西溪梵隐志》卷一："留、溪界方十里，外则西至余杭，南带江而薄富
阳。内则北距仁和，东错于湖阴者，起天竺属之桃源岭，……其土百顷，田亦称
是，而山泽之数不与焉。"这应该代表了明清时期人们有关西溪区域范围最基本
的认识。而其中最常称的是余杭闲林以下，尤其是留下镇至秦亭山、古荡沿山十
八里溪流两岸。

　　上述三种概念最初都出现在宋神宗熙宁、元丰、哲宗元祐年间（1068—1094），
这应该说是西溪之历史记载的开始。本文的讨论，采取的是广义的西溪区域概念，
凡古人在西溪名下涉及的地名均在其内，主要包括今西湖区留下、古荡两镇，余杭
区蒋村、五常等乡及良渚镇南部，而其中也以人们通称的沿山十八里即留下镇至古
荡段西溪两岸作为论述的重点（图43）。

（二）西溪梅花的兴盛

　　与苏州"香雪海"一样，西溪梅花也有一个逐步酝酿、发展，最终在明清时期
盛极一时的过程。

1. 起源

　　对于具体的植物生长和栽培史来说，要落实一个历史起点很难。杭州属于梅的
自然分布区，因而无论野生还是栽培，历史必定悠久。著名的西湖孤山至迟在中唐
白居易守杭时梅花就极繁盛，西溪所在的武林山麓也应如此，只是地处远郊山后，
不为人知而已。就明确的文字记载而言，西溪梅花最早可以追溯到宋朝。明末释大
善《西溪百咏》："古福胜：在西溪安乐山下，石晋天福间建。至赵宋时有僧渊本澄
中兴，读书好友，绕寺栽梅。高士迈子山尝题其院有'野涧飘来兰气合，家山梦去
雪标清'之句，故有福胜梅花之目。"[①]此条材料虽然出于明人，内中提到的渊本
澄、迈子山生平不详，但作者释大善本人万历中重构此寺，驻隐四十余年，对该寺
历史必有深入研究，值得信赖。另外宋人周淙《乾道临安志》卷二记述杭州花卉品
种，其中有"福梅"一目，遍检各类花卉谱录，仅此一例。笔者不揣臆测，此或即
"福胜梅花之目"，说的是福胜院所艺品种。对这段宋朝释家故事，后人都比较重
视。明末顾简《古福胜院记》即据以提出"西溪梅花因缘或始于此耶"[②]的设想，
康熙朝钱塘知县魏塽更是在其《钱塘县志》中肯定："福胜梅花著于西溪，西溪村

---

① 释大善《西溪百咏》卷上。
② 吴本泰《西溪梵隐志》卷四。

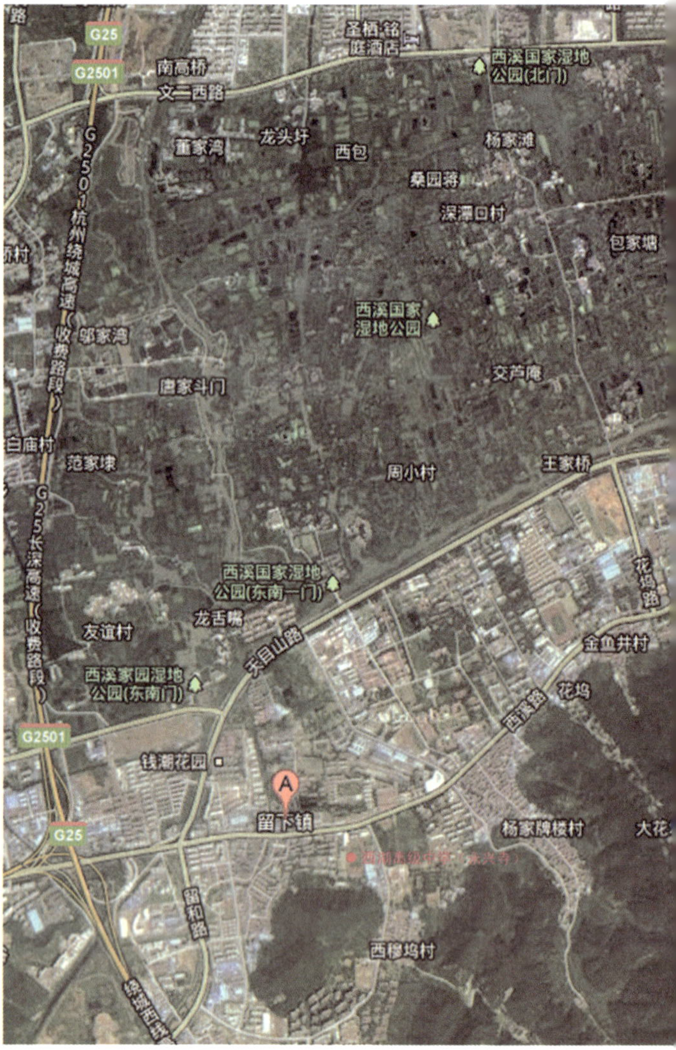

图 43　西溪地区卫星地图。图之右上为古荡镇，左下为留下镇，古人所说西溪主要指这两地之间大约十八里山路（今西溪路）沿线，包括今绕城公路内西溪国家湿地公园全部。图中红字所标为法华寺和安乐山前西溪永兴寺（今西湖中学内）。

村树梅，实始于福胜。"① 应该说，这一推论很有道理。另释大善《西溪百咏》还提到："云山庵：在西溪之西荆山岭左，淳祐间有僧名熙春，号雪山，建庵修道，有乐静堂，遍植梅花。"② 情况应与福胜院大致相类。

2. 兴盛

　　尽管已有宋人艺梅在先，但披检各类文献，明中叶以前了无西溪梅花的专题记载与品题。清毛奇龄《修复福清禅院碑记》："元天历（引者案：公元 1328—

① 魏埙《（康熙）钱塘县志》卷三三。
② 释大善《西溪百咏》卷下。

1329），复竖殿堂于万竹中，间以杂梅，一时游者多为诗镌其堂。"① 西溪福清禅院本以栽竹闻名，可见元代重建时曾添植梅花，但这也只属于清人的追叙。大量材料表明，西溪梅花的兴盛，是从明万历年间开始的。

首先看地方志。夏时正《（成化）杭州府志》有关西溪的内容极少。万历七年（1579），刘伯缙、陈善《（万历）杭州府志》卷二〇记法华山："松竹、杨梅、茶笋之盛，法华为最。"卷三二载杭州物产："梅：种类甚多，惟绿萼者结实甚佳。西湖之梅以孤山为奇绝，然迩来颇不甚多，惟九里松抵天竺一路几万梅，俗称梅园。他处虽繁，皆莫逾此。"后世法华山梅花为西溪之冠，而此时名产不数梅花，当时

① 毛奇龄《西河集》卷六四。

杭州梅花以九里松以西的梅园为最。而到了万历三十七年（1609）聂心汤《钱塘县志》卷一"纪胜"："西溪之山……历方井、法华、秦亭，凡一十有八里，络以小河，夹岸皆茶、竹、梅、栗。二月梅始华，香雪霏霏，四面来袭人。"梅花被特别一提，可见这时法华山一带的梅景已开始崭露头角。

再看文人诗文、笔记和小说中的描写。初刻于嘉靖二十六年（1547）的田汝成《西湖游览志》记西溪仅寥寥数语，也只是复述宋郭祥正、董嗣杲"西湖百咏"诗意。完稿于万历十九年（1591）的高濂《遵生八笺》是文人闲适消遣的生活百科，其中多举杭州风物闲雅之事，于西溪提及笋、茶等特产，以及"西溪楼啖煨笋"、"西溪道中玩雪"等游览项目，却未提到梅花。而紧接着的万历中期，文人西溪探梅之作就大量出现，仅就聂心汤《（万历）钱塘县志》、清初吴本泰《西溪梵隐志》两书所载，就有王在晋《西溪探梅记》、冯梦祯（1548—1605）《法华山看梅遂至西溪记》、杨师孔《法华山看梅记》、黄汝亨《春日同人看梅西溪》、洪瞻祖《从秦亭山济西溪，行梅花树中十八里，贻所迟客》、曹学佺《西溪看梅》等专题作品，另如顾简《古福胜院记》、徐甲《法华坞总纪》、李流芳《题永兴兰若图册子》等文，也多着笔于西溪梅景的欣赏与介绍，时间都在万历中期至崇祯初年。刊刻于崇祯初年的凌濛初《拍案惊奇》卷三四《闻人生野战翠浮庵，静观尼昼锦黄沙弄》中已有吴兴考生赴杭州乡试，路经西溪观梅的情节。综合上述材料，可以肯定地说，西溪梅花的繁盛，是万历年间（1573—1619）开始的。考虑此间有关描写多有提及百年老树的，其源头大致可以推溯到明代中叶的正德（1506—1521）、嘉靖（1522—1566）年间。

3. 鼎盛

从明万历到清乾隆（1736—1795）早期，西溪梅花的兴盛绵延近两个世纪，而其中又以万历后期至康熙年间为鼎盛期。从当时方志和文人诗文的有关描写中不难感受其盛况。明万历间洪瞻祖《从秦亭山济西溪，行梅花树中十八里……》："连山带溪横，二九沿清泚。行共梅花树，四境玉辉里。"[1] 李流芳《（题）永兴兰若（图册子）》："自永兴至岳庙又十里，梅花绵亘村落，弥望如雪，一似余家西碛山（引者按：在苏州邓尉西）中。"[2] 康熙二十五年（1686），马如龙《杭州府志》卷六："西溪一带梅花甚盛，沿亘十余里，清芬袭人。中多别业，往往高人逸士托足其间，或肩舆小艇载酒肴，携幞被，有旬日始归者。"汤右曾《题宝崖〈西溪梅雪图〉》："沿

---

① 吴本泰《西溪梵隐志》卷三。
② 李流芳《檀园集》卷一一。

图44 法华寺（旺友提供），位于西溪路东岳村路底。

图45 永兴寺遗址，在今留下镇西湖高级中学内。

山十八里，家家种梅树。春来梅花发，绕屋不知数。"① 人们常提的沿山十八里，是指
从秦亭山到留下镇一带的大致路程，无论山行溪航，一路梅花绵延不绝，香气馥郁。

　　整个钱塘风景，宋有"西湖十景"，元有"钱塘十景"之说，都无西溪内容，
清雍正末年李卫《西湖志》，载当时新增"西湖十八景"，"西溪探梅"始名列其中
（图46）。康熙二十八年康熙下江南，二月初十日曾驾临西溪高士奇庄园赏梅，有御
制《西溪》、《题西溪山庄》诗②。乾隆十六年（1677）三月也曾驾临西溪，有御制
《西溪》诗③。这些都充分反映了西溪梅花的昌盛及其在杭城山水名胜中的地位。

　　图46　西溪探梅图。清李卫《西溪志》首出"西湖十八景"之说并绘图，
其中《西溪探梅》所绘风景较为粗略。此取梁诗正等《西湖志纂》卷一所载
《增修西湖十八景图》之《西溪探梅》。图中自右之左，上为南山之景，绘有秦
亭山、龙归坞（龙驹坞）、福胜院、安乐山等景点，下为西溪、河渚之景，绘有
蒹葭深处、河渚、高庄（竹窗）等景点，与人们实际所见顺序恰好相反，但也
大致反映了各景点间的位置关系。

① 汤右曾《怀清堂集》卷一三。
② 爱新觉罗玄烨《圣祖仁皇帝御制文集》第二集卷四三；高士奇《恭谢圣驾临幸西溪山庄，御制五言诗，
　并赐竹窗二字表》，《高士奇集》经进文稿卷三。
③ 爱新觉罗弘历《御制诗集》二集卷二五。

（三）西溪梅花的景点

与苏州邓尉"香雪海"地处统一的半岛山丘地形不同，西溪景区以西溪为界，溪南为灵岩山脉阴坡坞麓，溪北则以湖荡洲渚为主，相互差别较大。另一方面，邓尉梅花以农家经济种植为绝对主导，而西溪寺院、园墅、农户多方经营，种植目的各不相同。这些都使得西溪梅花景观相对分散，胜致不一，景点多多。下面就其中重要处略作考述。

1. 山麓村坞之景

南宋辇道沿线山麓及留下西南溪山，山地林麓艺梅极其普遍：

（1）南宋辇道。南宋京城临安至余杭洞霄宫建有石板辇道，自秦亭山至留下镇一段，蜿蜒于法华山一线山麓，号称沿山十八里，方位约当今西溪路。明末释大善《西溪百咏·辇路》："是坞有泉皆到水，沿山无处不栽梅。"清初吴本泰《西溪梵隐志》卷一："沿山十八里至镇，皆梅花竹树中。"明万历至清康熙早期，人们所称西溪梅花之胜主要在此，有所谓"十八里香雪"之说，沿路梅景可以说是西溪景区兴起最早且规模最大，持续时间最长的成片林景。不仅留下镇以东，即镇西辇路两侧，也是"每过村舍，或梅横连亩，或笋拔干霄"[①]。

（2）法华寺、法华山。"十八里香雪"是大的概念，其中又包含众多具体名胜景点，法华山是其中最突出的一处。寺始建于东晋，故址大约在今老东岳西马路底（图44）。寺后即法华山，山因寺名，附近山弯坳地称法华坞。古代也把法华山东西连绵至留下一线山丘通称法华山，十八里辇道蜿蜒山脚。明冯梦祯《西山看梅记》："武林梅花最盛者，法华山上下十里如雪。"[②] 释大善《西溪百咏·法华寺》："兹山十八里皆梅，春时盛开，惟寺前花早。"释真一《梅谱》："法华自方井以西，石人岭下以东，纵横十余里皆有梅。其成林而情景足媚人意，人一见之即抚掌欢呼称赏者，尤在岳庙（引者按：东岳庙）之西，法华亭之东，与予所居龙归坞，南北村落之间为更盛。"[③] 可见明万历中以来，沿山十八里梅花以法华山东西十余里最盛，花期最早，其中尤胜者又在法华坞、龙归坞（又作龙驹坞）一带。

（3）永兴寺。故址在今留下镇安乐山前西湖中学内（图45），唐贞观年间僧悟明开山，明嘉靖时增建，后为民所得。万历初冯梦祯捐资购复，并延僧真麟扩建。

---

① 马元调《横山游记》。
② 李卫《西湖志》卷二四。
③ 李卫《西湖志》卷二四。

寺前有一泓池水，称永兴湖①。真麟重建时，"池右种梅百本，霏霏晴雪，芳馥林表"②。池左有禅堂，冯梦祯"手植绿萼梅二本，题其堂'二雪'，上有楼可以凭眺。花时绿雪交柯，满庭芬馥，堪为韵士清赏。"③ 万历以来兴起的西溪梅景中，永兴寺梅花记载最早。加以地处沿山十八里西端，附近山林幽秀，池水映发，尤其是绿萼二株名士手植，游人特重，当时所谓"西溪梅"主要指此，以至"车马络绎，觞俎喧阗，烦溷净地，主僧患苦之"④，纵容野民砍伐，不意反无恙⑤。明末永兴湖壅废，冯氏手植二梅，移至永兴寺内。崇祯十四年（1641），钱谦益游寺，作《西溪永兴寺看绿萼梅》诗，寺僧"以宋锦绀、琉璃轴装潢而藏之"⑥。顺治十三年（1656），"春夜雪盈三尺，两梅放花遭压，摧折殆尽，仅一小干存耳"⑦。康熙十五年（1676），方象瑛《河渚探梅记》感叹"永兴寺古梅不复存矣"⑧。乾隆十三年（1748），厉鹗《永兴寺观绿萼梅》诗中也说少年所见花势极盛，近来一株摧折衰朽⑨。可见后人不断循名补植，"枝荣非是花原种"⑩，清末寺内梅花仍有可观。但到1923年庄绍周《游西溪永兴寺》诗："西溪古刹此称尊，剩有山僧守寺门。看竹曾来高士驾，咏梅空吊美人魂。堂名二雪今何在，桥卧孤云永自存。"不仅古梅不存，"咏梅"句下自注："唐山旧以梅花著名，今已无。"⑪ 可见并所在山地梅林已荡然无存，后人或有补栽⑫。

（4）福胜院。在留下镇安乐山右岗之麓，福清竹院西。福胜梅花为西溪梅花之始⑬。该寺"元末兵毁，明万历中云栖僧大善构址结茅三楹，颜曰'溪巢'。……大

---

① 2011年7月16日下午，笔者由留下镇东行至西湖中学。该校在安乐山前，踞南朝北，校园极为整洁，道路、楼舍标牌齐全。校大门内不远有一水塘，塘中岛上建有小亭，有牌匾称此塘为永兴湖遗址。再往上走，便有一碑牌称永兴寺遗址。

② 黄汝亨《永兴寺记》，《寓林集》卷八。

③ 吴本泰《西溪梵隐志》卷二。

④ 吴本泰《西溪梵隐志》卷二。

⑤ 沈长卿《沈氏日旦》卷一"崇祯元年"。

⑥ 王嗣槐《西溪看梅记》，《桂山堂诗文选》文选卷六。

⑦ 王嗣槐《西溪看梅记》，《桂山堂诗文选》文选卷六。另可参考张诚《西溪永兴寺二雪堂绿萼梅歌》，《婴山小园诗集》卷七。

⑧ 方象瑛《健松斋集》卷六。

⑨ 厉鹗《樊榭山房集》续集卷六。同行周京《永兴寺访冯具区先生手植绿萼梅，得马字》也反映了这种情景，周京《无悔斋集》卷一四。

⑩ 陈如松《二雪堂梅》，载吴祖枚、陈如松《西溪联吟》。

⑪ 庄绍周《游西溪永兴寺》其二，载其《西溪永兴寺志略》。

⑫ 复人《西溪梅》："大年初一，偕友人同上永兴寺探询梅花的消息。只见墙角很闹热的开着蜡梅，两树绿梅，则犹含苞枝头，一颗颗的如绿珠在挂，虽未发花，已是香满庭园。"《古今》1944年第42期。

⑬ 魏塬《（康熙）钱塘县志》卷三三"福胜梅花"："宋僧渊本澄重兴，种梅树，闭户读书。福胜梅花著于西溪，西溪村村树梅，实始于福胜。"

善亦栽梅艺竹，闭户读书，影不出山者三十余年。……著《西溪百咏》"①。释大善
又有《福胜八咏》，其中"香雪径"一名，应属梅景。但大善所营，更象隐庐，后
虽题额复旧，规模远非其古，而大善身后溪巢并福胜院也少见称道。道光间陈文述
《西溪杂咏》，吟咏西溪名胜数十个，未及福胜，想必此时早已废圮。

（5）梅花泉。泉水名，在西溪镇东北。万历《钱塘县志》："（西溪）有梅花
泉，泉从地涌起，作梅花瓣，深不能以咫，灌十许顷田。"②释大善《西溪百咏》卷
上："梅花泉，在西溪之北柏家园左，隐荒田乱草中，泉底旋漾雪沤，似分五瓣作
梅花状。"清初吴本泰《西溪柏家园看梅》："浦溆沿洄沙路迂，石田梅老几千
株。"③可见这里一度梅花颇盛。雍正元年（1723），厉鹗有诗《柏家园行三四里，
皆竹树梅花中》④，可见此时梅花仍多。

（6）其它。除上述几个著名寺院外，西溪南诸山坡麓及西溪镇（即今留下）东
西记载有梅花栽培的景点还有：永兴湖畔陆元见别天居、西溪东涧桥内小福清庵、
荆山云山庵（又称春雪庵）、法华山孙公树隐居地凿翠轩、法华山龙归院、石人岭
下涌山阁（以上见释大善《西溪百咏》）、桃源岭北报劬庵、永兴寺西冯梦祯别墅西
溪草堂、安乐山福清庵、法华坞竹园村天香庵、法华坞∴斋、法华坞望公尖（以上
见吴本泰《西溪梵隐志》）、法华坞古梅庵、法华坞梅溪庵（以上释明开《流香一
览》）、法华坞树雪林（厉鹗《樊榭山房集》续集卷一《同筠谷太虚上人游花坞诸
精舍十首》）、石人岭下时思荐福寺、六松林江元祚横山草堂（李卫《西湖志》卷一
八）等。另马塍一线也多艺梅分布。

2. 湖荡洲渚之景

今沿山河两岸缓坡地带、河渚附近洲渚地区，也包括外围今余杭区良渚镇五郎
山一线，明清时也多梅花分布：

（1）高庄。在今留下镇东北，康熙宠臣高士奇别业。康熙二十八年（1689）二
月十日，皇帝驾临，御制《西溪山庄》诗一首："花源路几重，柴桑皆沃土。烟翠
竹窗幽，雪香梅岸古。"并为题"竹窗"二字，因而高庄又称竹窗⑤。高士奇《扈
从由昭庆寺乘马至木桥头，泛小舟赐幸西溪山庄，恭纪诗》："修竹递荫覆，老梅自
盘互。"⑥地近张氏西溪山庄，因高氏诗题自称"西溪山庄"，沈德潜《西湖志纂》

① 吴本泰《西溪梵隐志》卷二。
② 聂心汤《（万历）钱塘县志》"纪胜"。
③ 吴本泰《吴吏部集》海粟堂诗卷下。
④ 厉鹗《樊榭山房集》卷三。
⑤ 高士奇《恭谢圣驾临幸西溪山庄，御制五言诗，并赐"竹窗"二字表》，《高士奇集》经进文稿卷三。"雪香梅岸古"句，梁诗正《西湖志纂》卷一〇"岸"作"苔"。
⑥ 李卫《西湖志》卷九。

即沿其例，称高氏别墅为西溪山庄。雍正十年（1732）郑性《寻梅杂咏》："桑间袅袅入高庄，宸览亭边一吊伤。四十四年来片白，何年蓂地尽销亡。"句下注："圣祖驾幸高庄，谓梅花特一片白耳，今萎尽矣。"① 可见这里的梅花盛景维持不久。乾隆十三年（1748），厉鹗《西溪山庄晓起看梅》诗称"千树见应稀"，稍后《西溪山庄重有感》又道"芳草不知人事改，寒梅半逐世情枯"②，所说或专指高庄。大约乾隆十九年，沈大成（1696—1777）《二月三日，鲁秋塍太史招同傅玉匙、金江声两先生、舒云亭明府、吴瓯亭、施竹田……集西溪山庄看梅，以朱子"绕树百千回，香在无言处"为韵，分得千字》："竹窗旧池馆，仍居玉堂仙。"句下注："先生草堂即高文恪别墅。"③ 可见此时高庄至少部分已归会稽鲁曾煜所有。

（2）张庄。户部郎中张汇别业。张汇（？—1745），字茹英，一字容川，娄县人，官户部、刑部郎中④。本柴氏庄，孙之骥《南漳子》卷下称"柴氏庄（今之张庄），在小木桥，柴子云倩居焉"。柴世尧，字云倩，仁和人，万历四十六年（1618）举人⑤。张汇接手后名西溪山庄，李卫《西湖志》："在东岳庙之西，由思过桥入，径古梅翠竹夹岸排立，外环河水澄澈可鉴，稍北有亭曰花宇"，"地广七十亩，池半之，梅约五、六百本，原户部郎中华亭张汇别业"⑥，有乐山楼、古香亭、竺西草堂、临流草堂等景。彭启丰《西溪杂咏》序："西溪山庄为华亭张容川封翁别业，凿池垒石，亭馆幽邃，植梅数百本，桂树成丛，春秋佳日，翁辄鼓棹来游。"⑦ 起初这里的梅花很盛，陶元藻（1721—1801）《西溪观梅并游张庄二首》其二："张园一万树，姑射神仙居。茫茫浮雪海，云色相模糊。"⑧ 乾隆十六年（1751）驾临西溪，《西溪》诗中写道："高墅早颓废，张园复荒冷。都无百年久，寂寥非昔境。"⑨ 同

---

① 郑性《南溪偶刊》。
② 厉鹗《樊榭山房集》续集卷六、卷八。
③ 沈大成《学福斋集》诗集卷一〇。
④ 李卫、嵇曾筠、赵宏恩等《（雍正）江南通志》卷一三七："张汇字茹英，娄县人，刑部郎中。"厉鹗《增修云林寺志》卷四："张汇，字容川，华亭人，官刑部郎中，尝捐金百两为谛晖和尚造塔，且为之志铭。"所说为一人，有茹英、容川两字。乾隆间许承祖《雪庄西湖渔唱》始以张庄为张照别墅。顷见周膺等《西溪湿地·西溪隐秀》也承此说，并引张祥河《关陇舆中偶忆编》为证，见该书第77—78页。然除笔者正文所引各种材料外，又雍正间许仲元《三异笔谈》卷一："董大宗伯邦达少綦贫，父某亦诸生，性迂介，工篆隶，作室扁及楹联，剥灰堆细皆精。时张茹英员外方修西溪山庄，招往奏技。"《三异笔谈》卷四称张汇为户部。是张汇为张庄主人无疑。张照（1691—1745），字得天，号泾南，娄县人，康熙四十八年进士，官至刑部尚书，谥文敏，有《漱芳斋诗话》等，《清史稿》有传。两人同为松江（今上海松江）人，又同年去世，这大概是致误之因。
⑤ 李卫、嵇曾筠等《（雍正）浙江通志》卷一八三、吴庆坻等《（民国）杭州府志》卷一三九。
⑥ 李卫《西湖志》卷九。
⑦ 彭启丰《芝庭诗文稿》诗稿卷七。
⑧ 陶元藻《泊鸥山房集》卷一五。
⑨ 爱新觉罗弘历《御制诗集》二集卷二五。

时梁诗正等《西湖志纂》直称张园"今废"①。此去张汇去世仅五年，可见张园已完全衰落。

（3）汪庄。当在溪南坡地，与高庄、张庄相近。明末释大善《西溪百咏》未见咏及，应是清人别业。李卫《西湖志》卷九："汪庄，在西溪，汪元亮别业，后归少詹事邵远平子锡荣（引者按：邵锡荣，康熙朝诗人、画家，浙江仁和人），扁曰就山堂。面临大池，绕池古梅数百本，有小亭曰半弓。堂前绿萼花一枝，古干成香片，若虬龙夭矫，青枝倒垂，形如飞凤，花开时俨如雪翅。西溪园林皆有梅，而奇古可爱自永兴寺绿萼而外，此梅实为之冠。"康熙五十九年（1720），李暾《题河渚汪园梅，同万九沙》描写此梅颇详②。大约康熙四十二年，查嗣瑮（1652—1733）《高介石招同郑息庐载酒西溪，信宿花下》其六自注："张园萼绿一株中空，仅存皮甲，身高丈许，复有孙枝，周盖数十步，十年来凡数易主。"③ 虽明称张园，但就所言有一绿萼古树名株看，当是汪庄而误记。所谓几易其主，显然包括邵锡荣，或者此时已转手张姓，而称张园。主人汪元亮，名迹不显，清晚期以来多有认为是宋末汪元量者④。然自宋末至清初有四百多年，若真是宋末元初之汪元量别业，其间真不知几易其主矣，而《西湖志》所述由汪氏径归邵氏，显然两者为同时先后之人，康雍间题咏此园也未见有人联想到汪元量者，此汪元亮决非宋元之交汪元量无疑，由音近而讹传。今检得清顺治、康熙间有一汪元亮，同时毛以澳有《九日汪元亮招饮江楼》诗，诗言"万顷钱江水，危楼水一湾"⑤，楼在钱塘江边，汪氏举筵宴客，应是杭州人，或即西溪汪庄主人。雍正十年（1732）郑性诗中称"汪庄颓矣张庄掩"⑥，可见此时汪庄已趋荒废。杨楷《西溪汪氏废园，同朱丈鹿田作》："乔木余根在，残梅老未移。香泥交鸟迹，荒沼浴鹅儿。雨竹青连野，春蔬绿满陂。风流殊不减，徙倚为疏篱。"⑦ 可见此时已极荒芜，但昔日规模形迹仍在。嘉庆、道光间麟庆《鸿雪因缘图记》所记汪园情形全然过录李卫《西湖志》文字，并非当时实况。

（4）梅竹山庄。章鏴（？—1857）别墅，故址在河渚，"西溪之阴"，约当今王家桥沿山河南岸一带，"幽邃清旷，多古梅修竹"⑧，故名。嘉庆八年（1803）和十年，画家奚冈、高树程先后为作图，三吴名流竞相题咏，章氏编《西溪梅竹山庄图

---

① 沈德潜等《西湖志纂》卷一〇。
② 李暾《松梧阁诗集》。
③ 查嗣瑮《查浦诗钞》卷八。
④ 林正秋、黄春雷主编《西溪的历史与文化》第78页；周膺、曹云、吴晶《西溪湿地·西溪隐秀》第79页。
⑤ 阮元《两浙輏轩录》卷一三。
⑥ 郑性《寻梅杂咏》其四，《南溪偶刊》。
⑦ 吴颢、吴振棫《国朝杭郡诗辑》卷一四。
⑧ 王宗炎《西溪梅竹山庄图序》，章鏴《西溪梅竹山庄图题咏》。

图47　章黼像（《武林掌故丛编》本《梅竹山庄图题咏》卷首）。费丹旭原绘，此为光绪二十三年（1897）朱文懋摹本。

题咏》诗画册（图48）。

（5）木桥头。在今留下镇东北，高庄附近。康熙二十八年（1689）康熙临幸高士奇西溪山庄，从驾停此。乾隆年间厉鹗有《始游木桥，是梅花最盛处（地近高氏竹窗）》诗①，可见此时梅花颇盛。今西溪湿地公园北门附近原蒋村南有木桥头自然村，似为另一同名地点②。

（6）余家庄。村名，在东岳庙西，与高庄相近。方象瑛《河渚探梅记》："武林梅花旧称西溪，近时惟余家庄最盛。"这是康熙十五年（1676）的事。

（7）沙滩。地当在今留下镇东、西溪路北一线，最初应属洲渚地貌。明释大善《西溪百咏·沙滩》："沙滩：在西溪之东，一派平沙浅草，溪民牧牛放马之处，今栽梅成林，种竹作囿矣。"当时整个西溪溪北水势尚旺，多洲渚滩涂地貌，如留下西北即有白荡滩。沙滩与沿山坡麓相接，受山地影响，最初栽种以梅竹为主。

在清人的记述中，上述六地多在西溪（沿山河）南，属西溪范畴，而秋水庵、曲水庵等则为河渚范围。

（8）河渚。"本名南漳湖，又曰蒹葭深处，亦名涡水"③，即今西溪湿地公园主体所在地。秦汉时这一带水势较阔，经过一千多年的治理，宋元以来"水渐杀，土渐出，伏而为滩，突而为洲。民得依之以居，河渚自此名焉"④。宋时始有寺庙，明代中叶以来，尤其是崇祯以来居民渐多，僧隐和文人蝉联结庵筑室其间，有秋雪庵、曲水庵、淇上草堂、河渚草堂等，名声渐隆，几与西溪沿山十八里平分秋色。河渚

① 厉鹗《樊榭山房集》卷八。
② 余杭县地名委员会《余杭县地名志》第257页记载蒋村乡蒋村行政村驻地为木桥头自然村，此处为河渚深处，去高庄较远。乾嘉间张汝翼《河渚杂咏·村市》所咏河渚"贸易之处，俗称木桥"当即今木桥头自然村，见全祖望《续耆旧》卷一〇四。
③ 陈文述《西溪杂咏》。
④ 沈晴川《〈南漳子〉序》，孙之騄《南漳子》卷首。

是典型的湖荡洲渚地貌，以"沙汀水濑，芦花如雪"著称①。而明崇祯以来，寺院、别墅乃至土人农家艺梅也较为普遍。方象瑛《河渚探梅记》："土人穿池蓄鱼，陂塘相次若亩浍然，池堤尽种梅"，以至"环河渚皆梅"。从陈文述《西溪杂咏》可知，延至嘉庆、道光年间梅花分布仍盛。

（9）曲水庵。故址在王家桥西北，今西溪湿地公园内。《西溪百咏·曲水庵》："崇祯元年云栖古德贤法师创"。明末马调元《横山游记》记曲水庵一带河道复杂，"是处中多小圩杂埂，树多新桑旧梅"。释大善《曲水庵八咏》中有"西溪梅墅"一题，诗云"十里梅花放，门前水亦香"②。释大绮《西溪梅墅》："花开十万家，一半傍流水。"③ 可见其梅景与法华山一带沿山坡麓梅林相接，甚是壮观。康熙后期以来逐步凋蔽，康熙四十二年查嗣瑮诗中记所见"曲水庵惟余一僧两梅"④。

图48　梅竹山庄图（《武林掌故丛编》本《梅竹山庄图题咏》卷首）。奚冈（1746—1803）原绘，此为光绪二十三年（1897）朱文懋摹本。

---

① 释大善《西溪百咏》卷上。
② 释大善《西溪百咏》附。
③ 吴本泰《西溪梵隐志》卷三。
④ 查嗣瑮《高介石招同郑息庐载酒西溪，信宿花下》其五自注，《查浦诗钞》卷八。

（10）魏家兜。村名，在河渚北，今西溪湿地公园深潭口的东北①。康熙十四年（1675），王嗣槐《西溪看梅记》记其由西溪船夫导其游魏家兜，"比入埭，港益狭，舍舟穿桑径，行数十步，出林一望，周遭二十亩许，皆梅也"，再入五个村庄皆梅与桑、竹间植②。康熙四十二年（1703），查嗣瑮也说："从小桥出魏兜，便入花海。"③雍正年间，孙之骒《南漳子》卷上："魏家兜梅林数千株，景趣萧远，……沈晴川云'春时一望鲜白，如飞雪'。"可见至迟康熙到雍正间这一带有大片梅花林景。

（11）大雄山。也名太仆山，今名五郎山，在今余杭良渚镇崇福村。这里其实已超出西溪的范围，从水系上说属于苕溪支流的安溪，但清人《西溪杂咏》一类创作，大雄多名列其中，因此从广义上说，也属西溪的范围。而且梅花多见于大雄山东南一线，去西溪河渚并不太远，可以视作广义概念的西溪地区北界，具体论述见二编杭州余杭大雄山条目。

（12）其它。上述之外，见于记载的溪北河渚梅迹尚有：河渚刘孝谦别业淇上草堂（《西溪百咏》）、慈觉庵、河渚大苏林（以上吴本泰《西溪梵隐志》）、交芦庵（齐学裘《见闻续笔》卷一二《茭芦庵》、《国朝杭郡诗续辑》卷八许松《宿芦庵》）、瓶窑方山、河渚郑羽逵别业北山草堂、河渚北陆垲陆庄（以上李卫《西湖志》卷六、卷九）、留下镇西唐村（孙之骒《南漳子》）、柏园梅花泉（陈文述《西溪杂咏》）、秋雪庵（陈文述《颐道堂诗选》卷二〇《晓过芦庵遂至秋雪庵》）等。

（四）西溪梅花兴盛的原因

西溪梅花在明清之际的兴起，既有杭城自然条件和历史传统的固有基础，同时又有万历以来，尤其是崇祯以来当地整体社会发展的时代背景。

1. 杭州地区的自然条件与传统基础

说到西溪梅花兴盛的原因，有两点是首要的，也是最基础的：一是西溪所在杭州地区的自然条件。杭州"属北亚热带南缘季风气候区，冬夏长，春秋短，日照较多，雨量充沛，温暖湿润"④，是梅花的自然分布区。二是杭州地区梅花欣赏和栽培的传统。在我国艺梅赏梅的历史发展上，杭州自古而今一直是较为先进的和重要的地区。早在唐代中叶，孤山梅花就比较繁盛，宋人林逋隐居西湖孤山养鹤种梅，有"梅妻鹤子"之称。南宋迁都临安，公私囿苑急剧发展，而梅景经营处于较为突出

---

① 余杭县地名委员会《余杭地名志》第263页记载蒋村乡三深行政村魏家坞自然村，当即古人所说魏家兜。
② 王嗣槐《桂山堂诗文选》文选卷六。
③ 查嗣瑮《高介石招同郑息庐载酒西溪，信宿花下》其三自注，《查浦诗钞》卷八。
④ 余杭县志编纂委员会《余杭县志》第61页。

的地位，著名者如御园梅岗、张镒桂隐玉照堂等。这些都说明钱塘一带艺梅、赏梅传统的悠久与深厚，明清西溪梅花的兴盛正是这一整体背景和发展进程上的辉煌一页。

2. 西溪地区发展的时代背景

那么，何以在明清时期，西溪梅花进入繁荣状态？这又与唐宋以来尤其是明代中叶以来当地社会、经济的发展密切相关。西溪留下一线，是杭州西部德清、余杭与钱塘江之间的货物中转地，同时又是扼守杭城西部的重要屏障，从五代吴越以来渐受重视，入宋后始成市镇，南宋更是屯驻禁军。宋高宗绍兴末年修筑通往余杭洞霄宫辇道，进一步带动了这一地区的人气，寺院、居民和游人明显增加，这可以说是西溪区域发展的第一个高潮。也正是从两宋开始，西溪有了明确的文字记载。元时杭州失去京畿地位，发展受到影响，西溪也是如此。诸多历史材料表明，明代万历以来，随着杭州地区新一轮都市经济、社会的发展，紧邻的西溪区域受其辐射带动，也进入了一个显著的发展阶段。尤其是明清易代之际，干戈动荡，"其境岑寂，以水为村，人踪罕到，故明季避乱者居焉"①，"高人逸士，往往托迹其间"②，进一步激活了这一湖外偏闭之地的利用价值。人居明显增加，大小寺庙星罗棋布，农林渔各业兴起，文人择地经营庄园闲居或游憩的现象较为普遍。南宋乾道、淳祐、咸淳三种《临安志》，吴自牧《梦粱录》，周密《武林旧事》，明成化、万历初两种《杭州府志》于西溪山川物产、名胜故迹的记载内容既少，也较为分散。明嘉靖间田汝成《西湖游览志》几乎未涉及西溪，万历中吴之鲸《武林梵志》所记西溪寺院都附在西湖北山之列。但明崇祯以来，洪瞻祖《西溪志》、释大善《西溪百咏》，清顺治朝吴本泰《西溪梵隐志》（图49），雍正末、乾隆初孙之骦《南漳子》（图50），嘉、道间陈文述《西溪杂咏》等关于西溪及河渚一带篇制不小的专题著述与吟咏相继出现。此前虽也有宋元人"西溪百咏"之类的传言，但都无传本依据。这从一个侧面反映了明万历以来，尤其是崇祯以来西溪地区经济、人口迅猛发展和社会影响不断扩大的事实。西溪梅花正是这一区域整体经济、社会发展的氛围中，以经济种植为主，寺院和园墅种植为辅，逐步孕育起来的一道自然风景名胜。

3. 梅花种植的三种力量

具体说来，万历以来西溪梅花的兴起得力于寺庙、文人、村民三方面的积极参与：

（1）寺庙种植。释大善《西溪百咏》中至少有40题是关于寺庙的，可见寺庙

---

① 孙之骦《南漳子》卷上。
② 慕天颜《〈西溪梵隐志〉序》，吴本泰《西溪梵隐志》卷首。

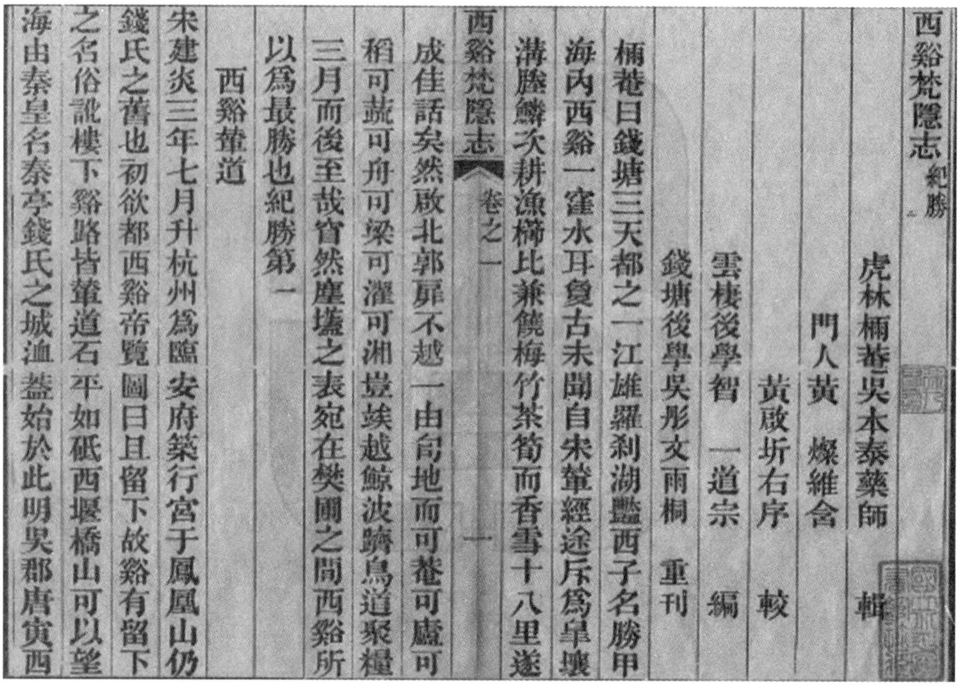

西谿梵隱志 紀勝

虎林栴菴吳本泰藥師 輯

門人黃 燦維舍

黃敃圻右序 較

雲棲後學智 一道宗 編

錢塘後學吳彤文雨桐 重刊

栴菴曰錢塘三天都之一江雖羅剎湖豔西子名勝甲
海內西谿一窪水耳溪古未闢自宋輦經途斥爲阜壤
溝塍鱗次耕漁櫛比兼饒梅竹茶筍而香雪十八里遂

西谿梵隱志 卷之一 一

成佳話矣然啟北郭扉不越一由旬地而可菴可廬可
稻可蔬可舟可梁可灌可湘豈俟越鯨波躋鳥道褁糧
三月而後至哉窅然塵壒之表宛在樊圃之間西谿所
以爲最勝也紀勝第一

西谿輦道

宋建炎三年七月升杭州爲臨安府築行宮于鳳凰山仍
錢氏之舊也初欲都西谿帝覽圖曰且留下故谿有留下
之名俗訛樓下谿路皆輦道石平如砥西堰橋山可以望
海由秦皇名秦亭錢氏之城漁蓋始於此明吳郡唐寅西

图 49 吴本泰《西溪梵隐志》书影，道光三十年（1850）迟云书屋刻本。

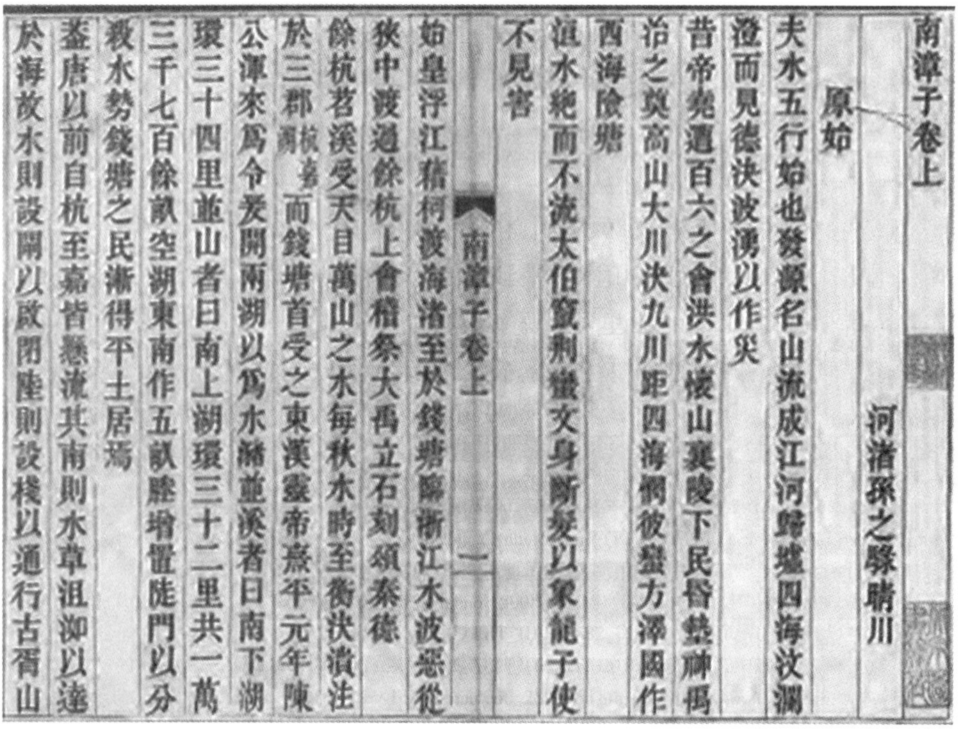

南漳子卷上

河渚孫之騄晴川

原始

夫水五行始也發源名山流成江河歸墟四海汶瀾
澄而見德決波湧以作災
昔帝堯遭百六之會洪水懷山襄陵下民昏墊神禹
治之奠高山大川決九川距四海綱彼蠻方澤國作

西海險塘

逭水絕而不流太伯竄荊蠻文身斷髮以象龍子使
不見害

南漳子卷上 一

始皇浮江藉柯渡海渚至於錢塘臨浙江水波惡從
狹中渡過餘杭上會稽祭大禹立石刻頌秦德
餘杭苕溪受天目萬山之水每秋水時至衝決潰注
於三郡杭嘉湖而錢塘首受之東漢靈帝熹平元年陳
公渾來爲令爰開兩湖以爲水瀦並溪者曰南下湖
環三十四里並山者曰南上湖環三十二里共一萬
三千七百餘畝空湖東南作五畝塍增置陡門以分
殺水勢錢塘之民漸得平土居焉
蓋唐以前自杭至嘉皆懸流其南則水草沮洳以達
於海故水則設閘以啟閉陸則設棧以通行古胥山

图 50 孙之騄《南漳子》书影，丁氏竹书堂重刊本。

在西溪名胜中的地位。上节所列 45 处西溪梅花景点中，有 20 处属于寺院，所占比重最大。史称西溪最早的梅花就起于福胜院，另法华寺、永兴寺、龙归院、曲水庵梅花都名声在外。法华坞古梅庵、梅溪庵、树雪林等寺都因梅得名。西溪地区的寺庙规模一般较小，僧人驻锡大多半僧半隐。释大善《溪巢自述》："自卜溪巢四十年，影不出山，日惟课梅课竹，闭户著书以自娱。人有叩曰，凡耶圣耶，则曰我不在此住。或固叩之，笑指梅竹，则曰闲人而已。"① 所谓"课梅课竹"，既指艺植，也兼闲吟。寺院规模既小，招揽香火之外不得不兼营其他。清末俞樾曾记载在天竺至龙井一线多以樵采、种茶为业的山僧，"自言不知佛法，亦无布施，终岁自食其力，乃削发一山农耳"②，想必西溪沿线这样的山僧也应为数不少。梅竹之植既表山居之雅，对他们来说，更是一项必事的生计。龙归院真一《自制塔铭》称："余喜种梅竹，躬佣作，晚年以卖笋、卖梅、卖茶、卖柴、卖经终其身。"③ 种梅是山寺重要的经济来源。既为经营之道，也便潜心着力。真一著有《梅谱》、《笋谱》各一卷，对当地梅、笋品种多有研究。正是这些星罗棋布的野寺草庵的山林经营，丰富了西溪梅花的分布。

（2）文人园墅种植。李卫《西湖志》卷九："西溪园林皆有梅。"上节所列 45 处西溪梅花景点中，有 13 处为山庄别业。自林逋"梅妻鹤子"以来，梅花便成了闲隐艺植之首选，杭城内外均如此。西溪文人田庄多为闲产别业，或墓田丙舍，间有久居，也多标榜幽隐，因而庄园多在半墅半村间，屋宇经营至简，而以花木梅竹种植为主。如冯梦祯"家有梅园二亩在（龙归）坞口，溪流环之，颇堪卜筑"，又称永兴寺西山庄，"有竹有茶有泉，大堪栽梅而有待"④。而长期归隐定居者，如汪庄、柏家园等都艺梅较多。"曲水八咏"中有"西溪梅墅"一目，章黼别墅则直号梅竹山庄，都很能反映其园林经营以梅竹艺植为主的特色。

（3）土民农户的林果种植。上节所列 45 处西溪梅花景点中，有 12 处属于此类。虽然数量不占优势，但村民土户是西溪人口的主体，其林果生产是梅景名胜发育更深厚的基础。明洪瞻祖《西溪志》云，"居民以梅为业，种梅处不事杂植，且勤加修护，本极大而有致"⑤。类似的描述在明清方志和文人诗文中反复出现。如黄楷《西溪探梅》："路入秦亭山，溪流忽浅狭。居民数百家，半以梅为业。"⑥ 可见

① 吴本泰《西溪梵隐志》卷四。
② 俞樾《春在堂随笔》卷二。
③ 吴本泰《西溪梵隐志》卷四。
④ 冯梦祯《法华山看梅，遂至西溪》，《快雪堂集》卷二八。
⑤ 李卫《西湖志》卷四。
⑥ 丁申、丁丙《国朝杭郡诗三辑》卷二五。

在当地的经济结构中，梅之种植占有很重要的地位。西溪当地农户窗前屋后，围篱作栏也多以梅树为之。沈舲《西溪看梅，同何春渚、吴桂岩、蒋山堂作》："人家出烟际，密树围低檐。……疏篱若间断，横枝仍相粘。"[1] 作为经济作物，村民们对植株培护和品种开发也就倍加关心。杨师孔《法华山看梅记》："土人爱惜本业，花下不容一凡草。"[2] 当地有"桃三李四梅十二"谚语[3]，是说梅树生长期长，结果较迟。释真一《梅谱》记载，村民们通过嫁接促进发花结果，"称未接梅为野梅，已接梅为家梅"[4]。辇路沿线山坞固然如此，而河渚水网地区新辟河滩塘堤也复多栽梅树。方象瑛《河渚探梅记》："土人穿池蓄鱼，陂塘相次若亩浍然，池堤尽种梅。"与溪南山坞植梅不同，这里显然不属主业。王嗣槐《西溪看梅记》描述了魏家兜一位老农的种植经验："吾少壮时荷锄力作于此，采桑饲蚕，丝成而为衣服计，斫笋易钱，完吾税粮，以其余为口食计。若梅之有实，以御寒不如桑，而佐飧不如竹，吾时以隙地余闲种之，今其枝干繁盛，落实盈筐篗者四五十年矣。吾子若孙所续种或十年或七八年或四三年，垂条累累，可食也。吾埠土薄而水深，无田可耕，吾饥时啖梅，涎流而螫口。以入城市，富家大室喜食而争买之，以腊以醃，岁易钱无算，以充吾稻粱。暑雨梅黄，吾家祝有秋时也。"[5] 所产梅果卖给城里人制作梅干、梅卤，得钱以补家用，虽称闲植，由于产品在杭州市上大受欢迎，经济效益稳定可观。

正是这一经济效益，带来了种植梅树的积极性和普遍性。正如张永铨《梅圃》诗所说"环山几十里，小庄尽园囿。无庄无小溪，无溪不梅覆"[6]，由此形成了丰富的田园景观。王嗣槐所见魏家兜一带村庄，一般都是"一池长数亩，修竹万竿屏之，古梅相间成行，所种桑与梅参伍如织。竹高而梅下者，池北也。梅高而桑下者，池南也。四面望之见梅而不见桑竹者，梅在桑竹间放花，若有以蔽之也。"[7] 这里还提供了一个观赏经验，西溪所种桑、竹、梅，一般依其植株高度布局，桑最矮，一般种于最南面的低洼地，然后是梅，最北面高处种竹，作为屏障。梅的种植正处于沿池的中心位置，花期所见最为集中耀眼，给人满地皆花的繁盛感觉。这些都正如厉鹗诗中所说，"既得长子孙，还以资妍悦"[8]，经济效益和风景效益相辅相成，相得益彰。

---

① 吴颢、吴振棫《国朝杭郡诗续辑》卷一五。
② 吴本泰《西溪梵隐志》卷四。
③ 马如龙《（康熙）杭州府志》卷六。
④ 李卫《西湖志》卷二四。
⑤ 王嗣槐《桂山堂诗文选》文选卷六。
⑥ 张永铨《闲存堂集》诗集卷八。
⑦ 王嗣槐《西溪看梅记》，《桂山堂诗文选》文选卷六。
⑧ 厉鹗《柏家园行三四里，皆竹树梅花中》，《樊榭山房集》卷三。

（五）西溪梅花的变迁与衰落

自明代后期以来，西溪梅花随着区域内部社会、经济的发展状况而不断变化：

1. 昌盛期的南北变迁

在西溪梅花的繁盛期内，具体分布空间上即有所变化。大致说来，万历至康熙年间，西溪梅花的繁盛以沿山十八里林麓为主。这一带寺庙不少创始于晋唐，艺梅的历史可以追溯到宋元。明万历后期以来，人们习称十八里梅花，所指主要是秦亭山、法华山至留下镇永兴寺故宋辇路（今西溪路）沿线坡麓林景。盛大者如万历四十六年（1618）茅元仪《西湖看花记》所载"东岳庙吴氏圃在焉，周匝八十亩，亩亩皆梅花，坐其深处，围幌、屏幛、几席无非梅也"①。人们春来赏梅也多取陆路，主要由秦亭山沿辇道西行。而溪北河渚一带湖荡洲渚之地，开发相对稍迟。万历初龙归坞正等院迁来河渚，是为交芦庵；崇祯元年（1628）曲水庵开山；崇祯七年（1634）秋雪庵重建。以这一系列寺院的兴起为标志，河渚一带逐渐成了僧流驻锡、士人隐居的新区。大约雍正间孙之骒著《南漳子》，从西溪划出河渚一块，与西溪相提并论，专论其风土名胜，辨其与西溪之异，充分反映了这一带的崛起。相应的，梅花种植也在这一带逐步发展起来。河渚周围或湖荡堤岸，林植或列植，艺梅极其普遍。到了康熙中期，介于辇道与河渚之间的余家庄、高庄、西溪山庄等处梅花已是弥望一片，蔚为壮观，成了主要的赏梅景点，河渚曲水庵等寺院梅花都颇可观，河渚北之陆庄等地艺梅也始闻名。此间游人前来探梅多取水路舟行。与此相反，地处溪南的法华寺、永兴寺、福胜院等老牌寺庙梅花渐见衰落。康熙、雍正间释明开所著《流香一览》，吟咏法华坞名胜，其中古法华亭、古梅庵等已废，而当地"八景"诗中，有松、竹、茶、笋，已无梅花之目。主要活跃于雍正至乾隆朝初期的杭州文人厉鹗（1692—1752），诗中颇多西溪探梅之咏，但所咏多在河渚及永兴寺一线，几乎没有提到法华寺一带梅景。乾隆四年（1739）到任的钱塘知县王纬，乾隆十年自编诗集《湖山杂咏》，其中有不少诗作咏及法华山风景，但多写苍松翠竹，也未提及梅花。这都不难使人感受到，康熙朝后期以来，法华山为核心的辇路沿线梅花处在逐步萎缩之中。

2. 雍正以来的衰落

尽管河渚一带的兴起为梅花的分布拓展了新的空间，但这种由"山地"到"水滨"的重心转移，对栽培梅花来说未必是一件好事。因为梅花不是芦荻、蒿蓼之

---

① 茅元仪《石民四十集》卷二三。

属，对水湿环境的适应力较差，实际上不宜于浦溆塘圩之地种植。加之"西溪为余杭潴水之区"①，如河渚本名南漳湖，后经上截下泄，"水渐杀土渐出，伏而为滩，突而为洲，民乃得依之以居"②。一旦山洪暴发，水道不畅，必潴为汪洋。乾隆十二年（1747），沈大成比较当时天下梅景："庾岭零落不成行，孤山皆新植，西溪半厄于水，惟元墓年茂而岁繁，余再至而益见其盛。"③所谓"厄于水"即是被水所淹，而梅树是最不经水淹涝渍的。大约同时《西溪》诗注："西溪梅花自康熙戊戌大潦后，土人尽改种桑，永兴古寺梅亦零落，可叹也。"④戊戌为康熙五十七年（1718），所谓西溪梅花"半厄于水"即指为大水所淹之事，此后西溪梅花一蹶不振。乾隆二十二年钱维城和御制香雪海诗，诗中以西溪梅花作反衬，"西溪河渚几百本，对此狭小惭规模"⑤，虽然不免抑此扬彼、夸大其辞之嫌，但也反映了此时西溪梅花整体相形见衰的基本情景。

虽然河渚及溪北的湖荡滩地开发早期多植梅竹，但曾几何时，芦花压倒了梅花，成了这一带最具生命力和生长规模的风物景观。从乾隆中期，最迟从嘉庆以来，河渚一带的梅花也真正开始其衰落的过程。民国周庆云（1864—1933）《秋雪庵志》卷一纪"形胜"，"西溪"、"河渚"名下所收历代诗词题咏，于乾隆朝厉鹗、柯一腾、释篆玉等人之前多咏梅之作，而此后即嘉、道以来的作品所咏多只是芦荻。吴颢、丁丙等人所编《国朝杭郡诗辑》三种所收清代杭人诗歌也存在类似的情况。吴乙照（嘉庆十四年进士）《〈西溪梅竹山庄图〉咏》诗直言："西溪十八里，到处是蒹葭。"⑥"西溪十八里"本来说的是"香雪"，现在"秋雪"（芦花）取而代之，彼消此长之势不难想见。道光中，吴乙照有《自超山看梅至西溪……》一诗，当时超山梅景声名渐起，由超山再到西溪，已无梅可观，"护惜春条小，来年樯要携"，句下自注称"西溪新补梅二百株"⑦，是说梅太小，约来年再游。以西溪昔日之盛况，区区二百株视为难得，可见衰落已甚。当然，嘉、道间局部犹有可观。陈文述《西溪杂咏》及《颐道堂诗选》就有不少夸言其河渚别墅西溪渔庄梅花的诗歌。同时也看到，河渚更北的大雄山一带的梅花后来居上。陈文述《青鸾阁梅花仙人歌答李香谷》："移家有约西溪住，溪在梅花最深处。太仆山前树更多，春来一白花成路。"⑧

---

① 吴本泰语，《南漳子》卷下。
② 沈绎祖《南漳子》序，孙之騄《南漳子》卷首。据《南漳子》，沈绎祖住河渚蒋村。
③ 沈大成《西山观梅记》，《学福斋集》文集卷一一。
④ 沈大成《学福斋集》诗集卷九。
⑤ 钱维城《恭和御制邓尉香雪海歌叠旧作元韵》，《钱文敏公全集》鸣春小草卷三。
⑥ 章黼《西溪梅竹山庄图题咏》。
⑦ 张应昌《彝寿轩诗钞》卷二。
⑧ 陈文述《颐道堂诗选》卷二七。

但道光后也销声匿迹，整体上仍不能掩盖西溪梅花的衰落之势。

3. 衰落的原因

衰落原因何在？除了前面所说的自然水灾之外，当地种植结构的变化是一个根本原因。乾隆十九年（1754），沈大成诗中写当时西溪山庄的情景是"绕山十八里，桑竹围村烟"，他深感盛名之下其实难副，希望"安得尽拔桑，人以梅为田。岁岁一来游，永日香中眠"[①]，可见从乾隆初年以来当地已开始弃梅种桑。这种情况一直发展着，嘉庆十年（1805）久寓杭州的阮亨（阮元之弟）题《西溪看芦图》诗题中称："西溪本以梅花得名，近梅树已稍稍变为桑田矣。"[②] 清末仁和人陈豪（1839—1910）《与秦散之、胡锦帆、徐梦渔、许铭伯游西溪》诗中也有类似说法："几湾芦雪犹飞絮（秋雪庵仅余数椽，已非老屋），十里梅花改种桑。"[③] 这与苏州邓尉"香雪海"的情形颇为相似，都是由于当地蚕桑业的发展，挤压了梅树的种植面积。从全国范围来说，受棉花种植面积不断扩大的影响，明清时期的蚕桑业日见萎缩，但江、浙两省，尤其是苏、湖、杭等地未受影响，反而相对集中，蒸蒸日上，成了全国蚕桑、丝绸业的核心地区。在这样的区域经济格局下，杭州西溪与苏州邓尉一起，传统的艺梅生产成了蚕桑业发展的牺牲品。

不仅是种植结构的调整，乾隆以来人口的剧增，嘉、道以来封建社会经济状况的整体衰落更是潜在的社会压力，大大限制了寺院、地主庄园的数量与规模，也改变了广大自耕农的经济状态。根据前引河渚魏家兜老农的经验，就一家一户的生活而言，种梅的实际效益也远不如桑竹，一般只用于隙地闲植。随着户口增加，土地紧张，种植数量自然就会不断减少。道光年间，诗人描写西溪是"村落差小居人稠，五里十里如堠邮……但见牛羊卧陇鸡啄畴，耳间机声比屋相答酬"[④]。在这样的情况下，梅树一类非衣食必需品的种植就会首先被放弃。加以河渚一带水陆错杂，地形不固，兴废无常，地气低湿，居住环境欠佳，也在一定程度上影响了各类风景名胜的持久发展。正是这诸多因素，使嘉、道以来西溪、河渚一带的寺院、别业逐渐凋敝湮废。这一整体的衰势进一步加速了西溪梅花景观的悲剧命运。我们注意到，乾隆以后的州县志并无新的梅景信息提供，文人诗文也多重复前人老调。

---

① 沈大成《二月三日，鲁秋塍太史招同傅玉匙、金江声两先生、舒云亭明府、吴瓯亭、施竹田……集西溪山庄看梅，以朱子"绕树百千回，香在无言处"为韵，分得千字》，《学福斋集》诗集卷一〇。
② 周庆云《秋雪庵志》卷四。
③ 周庆云《秋雪庵志》卷一。
④ 吴清鹏《西溪》，《笏庵集》诗集卷二。

（六）民国以来的情况

至少从乾隆年间以来，西溪梅花就处于不断衰落的下行线上，近代杭州都市的发展更以南北厢和东城为主，而杭城赏梅也以新兴的超山赏梅、"灵峰探梅"为主。到了清末民初以后，西溪风物名胜只剩秋雪观芦为胜场矣。民国以来留下镇一线企业兴起，人居激增，拆庵建厂，围荡垦田，大大改变了传统山水的面目，无论春梅秋芦，都只剩星点遗留。尤其是梅花衰势更甚，整个西溪境内几无梅可言。1923 年瞿梅英《西溪游记》一路所记唯丁氏别墅风木庵有梅竹之景①，民国初年至抗战前出版的杭州或西湖导游手册，有关西溪四十多个推介景点中，也仅柏家园梅花泉和风木庵两处提及梅花。前者以泉水喷涌若梅瓣得名，所谓梅花只是点缀而已，后者也只"友梅轩"之小规模种植②。这些应该是此时西溪境内最可靠的梅景了。而这些导游书在"西湖二十四景"之类名目中多专列"西溪探梅"一景，另如民国二十四年（1935）商务印书馆编《西湖游览指南》介绍物产"梅，西湖山中多有之，以产于孤山及西溪者最佳"③，不难看出都只是循名说故而已。1944 年复人有《西溪梅》一文，作者自称留下镇人，但文中所述西溪梅均为古事，而所记永兴寺也只蜡梅和一两株绿梅而已④。到了抗战胜利后，1947 年发行的《西湖手册》一书，也有"西溪探梅"一景的介绍："在法华山阴，梅林十余里，春初花开，暗香袭人。石人岭下有老梅数株，高密且大，尤为美观。"⑤ 称梅林十多里，也是抄袭旧说，所举石人岭下一景或者属实。另民国《杭县志稿》记花坞溪饮庵"门前有溪有梅有茶地"⑥。综观此间发行的杭州导游类书籍⑦，所称杭州赏梅集中在孤山、超山和灵峰，而于西溪多盛称秋雪庵深秋观芦花，可见所谓西溪梅花，只是一个空头名目而已。1995 年出版的新编《西湖志》称："今西溪部分地区已成为工厂、居民稠密之地，部分地段规划为高新技术开发区。古荡镇以西及蒋村一带尚可见田园水乡景色，而梅树已鲜见，'西溪探梅'已成为历史景目。"⑧

值得高兴的是，近几年杭州西溪湿地公园的建设，为"西溪探梅"迎来了复活

---

① 瞿梅英女士《西溪游记》，《心声》1923 年（第 2 卷）第 7 期。
② 佚名《西湖名胜快览》。另民国初年徐珂《增订西湖游览指南》、1937 年陆费执等《实地步行西湖游览指南》、1937 年赵君豪《杭州导游》均如此。
③ 商务印书馆《西湖游览指南》第 137 页。
④ 《古今》1944 年第 42 期。
⑤ 西湖指南社编《西湖手册》第 51 页。
⑥ 汪坚青、姚修慈《杭县志稿》卷四。
⑦ 杭州指南社 1948 年《杭州指南》、杭州新医书局 1948 年版《杭州西湖导游》。
⑧ 杭州市园林文物管理局（姚奠东主编）《西湖志》第 171 页。

的生机（图51）。2002年，杭州市着眼于开发杭州西部地区，认识到了西溪湿地即明清时所说河渚一带的水网湖荡地貌在建设生态城市，拓展旅游市场方面的资源作用，2003年9月正式启动西溪湿地综合保护工程，规划总面积10平方公里，另设外围保护区和景观控制区，总面积50平方公里，覆盖西湖区古荡镇、蒋村乡、留下镇与余杭区五常乡、闲林镇等传统西溪区范围。一期工程以杭州市西湖区蒋村乡即河渚为核心，占地面积3.46平方公里，对湿地地貌、生物物种、民俗风情和文化遗迹进行全面的整理与保护，2005年"五一"正式对公众开放。梅花作为植物资源和传统风景，成了公园重点营建和发展的项目，在公园周家村入口处的东侧，整个一期工程南部即靠近沿山河、天目山路一线营造了梅竹山庄和西溪梅墅两大植梅景区，累计植梅3000多株，占地300多亩，据说两期工程累计植梅已逾15000株[1]。梅花

图51 西溪湿地公园大门（旺友提供）。

---

[1] 这一数据来自湿地公园开放之初的网络报道，应该比较可信。最近所见杭州西湖区政协编《西湖寻梅》第191页称："据西溪工程部的濮隽介绍，西溪一期工程植梅7570株，其中果梅4800株，朱砂红600株，宫粉500株，玉蝶800株，垂枝梅50株，骨里红500株，美人梅300株，绿萼20株。二期工程植梅8390株，其中丛生美人梅3000株，玉蝶、绿篱等750株，朱砂红800株，果梅600株，宫粉1000株，骨里红1200株，朱砂梅800株，美人梅200株，绿萼30株，垂枝梅10株。"数据如此具体且计算准确，应该是出于相关负责机构或个人。两处数据不一，可能前者所说为最初植梅数量，后来整个一期工程期内或一期工程规划区内仍在不断增植，所谓7570株，应该包括这一部分。二期植梅数量也应如此理解，实际存活或成景数量应有折扣。笔者2005年9月13日随全国宋代文学研究会同仁一起赴西溪参观，2008年3月28日随同事一行春游来此，虽都非花期，但每次都留心察看植梅情况。2009年2月，笔者曾向该园奉赠拙著《梅文化论丛》，两次去信请求提供园中植梅的具体情况，并十多次投书其电子信箱，同时向杭州市园林文物局、旅游局、古都研究会等单位投书求助，均未获回应。笔者拟值花期带几个学生前往一一清点，但一时机缘难凑，此处姑取二手资料，殊为遗憾。

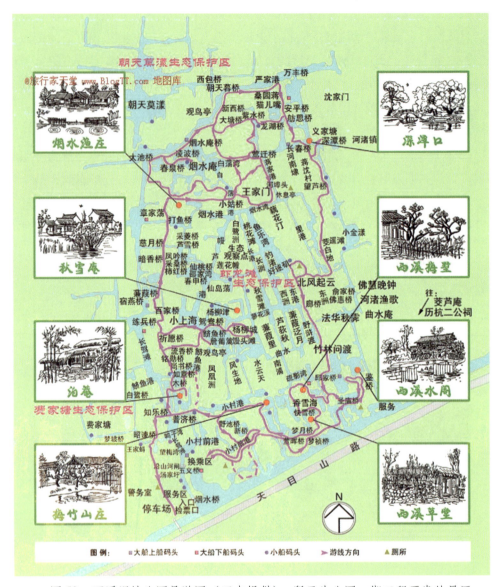

图 52   西溪湿地公园导游图（旺友提供），所示为公园一期工程开发的景区。

主要与一些村舍和别墅类景观建筑组合片植，构成一种幽隐野逸的田园风光。同时弯环曲折的河道沿岸多植古梅老桩，花开时节疏枝窥水，香影摇曳，舟行其间，清芬扑面，颇能再现西溪探梅的古风雅韵（图52、图53、图54、图55）。

（七）西溪梅花的特色

植物风景特色，主要包含两方面的因素，一是地形、地貌及相关景物、人文历史的综合优势；二是植物本身规模、品种与形姿等方面的特色。西溪梅花亦然，具体说来，有以下四点。

1. 坞谷深林，梅竹幽清

与苏州"香雪海"所在邓尉山是统一的半岛山丘地形不同，西溪地区至少分为南山坡麓与溪北湖荡洲渚两种地貌，因此相关景观也分两类。首先是灵岩山阴、沿山河以南的山坡麓坞，这里南面是山岭弯环，北面是溪水逶迤，长溪幽谷，茂林修竹，气象极其幽深。西溪山地植被以松、竹、梅为主，山上多松，而中低则以梅竹为主，所谓"十里梅花，千林竹实"①，"有屋尽从梅里出，无泉不自竹边来"②。明万历间茅元仪《西湖看花记》也说"西溪梅称于天下者，以松竹独茂，斜衬远插，衷清剔碧"③。河渚水网密布地区也是"半植梅半种竹"④。土人种植，极注意分布搭配，"土人爱惜本业，花下不容一凡草，松下映竹，竹下映梅，深静幽彻"⑤。早春季节高处苍山翠竹，横岭连绵，低坡坞麓梅花一望弥白，似云若雾，煞是奇特。厉鹗《春阴望西溪人家，云山梅竹互为掩映》："皓皓远梅林，映山青晻暧。下有渔樵廛，竹树互襟带。炊烟化山云，云起半明晦。"⑥ 而穿行山间，感觉更是别致。钱朝彦《〈西溪梵隐志〉序》："三十年前初走西溪，见老竹参天，长松蔽日，于时梅正披香，苍雪弥望，从容步香雾中，觉毛骨为清，心脾俱冷。"⑦ 徐甲《法华坞总纪》："由东岳度甘洞泉，古法华坞在焉。坞居诸峰之腹，负郭背湖，横峦拖翠，老虬送声，茂林深壑，竹影梅香，此中佳气殆不减鹫山、竺土诸洞天也。"⑧ 这是典型的江南山谷茂林中的梅花景观，置身山间，一副清芬幽馨，彻骨沁凉的感觉。

2. 梅溪相映，景象空灵

"西溪梅发白茫茫，半在山旁半水旁。"⑨ 西溪既以水名，溪流横贯其中，水南山涧纵横，水北陂塘相联，正如李卫《西湖志》卷四所说，"西溪之胜，独在于水"。因之梅花分布其间，必多横斜临流、花枝照影之韵味。释大绮《西溪梅墅》："花开十万家，一半傍流水。"⑩ 陈文述《连日探梅孤山西溪……》："西溪梅花三十

---

① 慕天颜《〈西溪梵隐志〉序》，吴本泰《西溪梵隐志》卷首。
② 胡介《西溪竹枝词四首》其一，《旅堂诗文集》诗集卷一。
③ 茅元仪《石民四十集》卷二三。
④ 张永铨《竹径》序，《闲存堂集》诗集卷八。
⑤ 杨师孔《法华山看梅记》，吴本泰《西溪梵隐志》卷四。
⑥ 厉鹗《樊榭山房集》卷六。
⑦ 吴本泰《西溪梵隐志》卷首。
⑧ 吴本泰《西溪梵隐志》卷四。
⑨ 查礼《施竹田上舍远寄耿机绢一匹……》，《铜鼓书堂遗稿》卷一一。
⑩ 吴本泰《西溪梵隐志》卷三。

图 53　西溪湿地公园梅竹山庄景区浮亭（叶鑫摄）。

里，一半花枝卧溪水。"① 梅花与水、竹最宜，清溪翠竹的掩映衬托，加强了西溪梅景幽清空灵的效果。沈龄《西溪看梅同何春渚、吴桂岩、蒋山堂作》"清影上下接，皓彩珠玑兼。妙有水竹衬，到处胸襟恢"② 写的即是。而春日篷舟载酒，缘溪寻幽，疏影横前，花枝拂面，流水潺潺，落花傍舟，可以说是西溪探梅的一大特色（图54）。李卫《西湖志》卷四：梅"多临水，早春花时，舟从梅树下入，弥漫如雪"。郑江《西溪草堂图》："吾乡山水窟，莫如西溪幽。延缘一径通，落落清瑶流。夹岸无杂树，鹿角枝相樛。霏微岚翠间，香雪千林浮。有时略彴横，野竹寒修修。寻幽窈窕入，落英满扁舟。花阴路疑尽，豁然见平畴。四山围清绿，峰影映锄耰。"③ 说的就是这种情景。加以西溪两岸自古以来朴素的田园风光，给人一种"桃花流水窅然去，别有天地非人间"的美感，因此诗人吟咏多以武陵桃源相比拟。如秦武域《西溪探梅》："梅花万树自成村，钓水耕山长子孙。竹树桑麻鸡犬乐，西溪欲认是桃源。"④。

图54　行舟探梅（胡丹摄）。西溪湿地公园内河网密布，河道弯环如肠，西溪梅墅、梅竹山庄景区多大片植梅，早春行舟探梅，俨然武陵渔人之乐。

---

① 陈文述《颐道堂集》诗选卷二二。
② 吴颢、吴振棫《国朝杭郡诗续辑》卷一五。
③ 吴颢、吴振棫《国朝杭郡诗辑》卷九。
④ 秦武域《西湖杂咏》。

3. 绿萼品种，格韵高雅

许多材料表明，西溪地区梅花以绿萼梅为主。马如龙《（康熙）杭州府志》卷六："西溪十八里夹道种梅，巷曲数十万树，惟绿萼者结实尤佳，他处莫及。"绿萼梅是梅中优良品种，花果皆佳。尤其是花白萼绿，姿韵清雅，更是观赏梅中上品。宋范成大《梅谱》："绿萼梅，凡梅花跗蒂皆绛紫色，惟此纯绿，枝梗亦青，特为清高，好事者比之九疑仙人。"永兴寺冯梦祯手植绿萼两株，号称"二雪"，可以说最具代表性。咏西溪梅花者多称"绿雪"，是对其品种特色的形象概括。

4. 地多古梅，富于韵致

梅是长寿树种，杭州地区艺梅传统悠久，记叙西溪梅花者，多称为古梅，从万历间开始即是如此。如王在晋《西溪探梅记》："古梅成丛，斜枝劲干，为百年老种。"[1] 可见当地种植历史较长，此后盛况绵延，尤其是山坞林麓之地，宜乎多古干老树。释明开《流香一览》："古梅庵：……庵多古梅故，以为名。"李卫《西湖志》卷一八：荐福寺"万玉轩，北近西溪，最多古梅。"另河渚秋雪庵一带记载也多称古梅。但究其年龄也不可拘实。释真一《梅谱》："梅列为三等，为老梅、中梅、嫩梅，至今日法华之成林可观者皆已接之梅也。自十年、二十年已上者，断其中腰，取已接梅树上嫩枝接其本间，掩以土，裹以竹箨，不一月而嫩枝生。"[2] 这提供了一个信息，一、二十年树为中龄，三、四十年已接树便应堪称"老梅"了。上引李卫《西湖志》卷四："勤加修护，本极大而有致。"说的也应是此类。由于多经嫁接，树体必呈疏影横斜、老干屈曲之态，富于观赏价值。西溪更有一种宜于制作盆景的古梅品种。张岱《西湖梦寻》卷五：西溪"地甚幽僻，多古梅，梅格短小，屈曲槎丫，大似黄山松，好事者至其地，买得极小者列之盆池，以作小景。"都属树枝形态丰富的品性。如果比较一下邓尉梅花，西溪这一特点更为鲜明。邓尉多为经济梅林，一般三五十年树势衰弱便得更换新树，加之部分地区专门种植小梅称梅桩，用于制作盆景，因而老硕之树不多，所谓"邓尉窈窕多小梅，渊源不记旧族谱"[3]，西溪由于多深坞古寺，私人别业，天长年久古树会相对多一些。

上述四方面，无论坞谷长溪之地形与环境，还是清雅古峭之种质与姿韵，都体现着一种幽雅的内在神韵，这些因素相互烘托渲染，便有一种综合效应，无形中进一步强化了西溪梅花的特色与魅力。

---

① 王在晋《越镌》卷一〇。又见聂心汤《（万历）钱塘县志》"纪文"。
② 李卫《西湖志》卷二四。
③ 孔尚任《法螺寺老梅歌》，《湖海集》卷五。

（八）西溪梅花的历史文化地位

作为一道声名显赫的风景名胜，无论在地域经济、文化史上，还是在整个中国文化史上都有显著影响，留下了深刻的印迹，究其历史文化价值主要有这样几个方面：

1. 西溪风景名胜的灵魂

西溪梅花的地位首先是与整个西溪风景联系在一起的。西溪是杭州所属一个较特殊的区域。西溪虽去城不远，但由于僻处西湖北山之阴，诸山连绵弯环阻隔，四境群山环绕。西部余杭诸山溪水下注潴蓄，中心地带便以湖荡洲渚为主，在古代生产条件下，开发利用相对困难。因而在宋元以来杭州城市规模不断扩大，南、北厢及城东地区市井城坊不断发展的形势下，西溪长期处于相对落后的状态中。但正是这相对滞后，使其保有了自然山景和农耕风光的"天生丽质"。南宋以来，尤其是明代中叶以来的社会发展，也以小规模的草庙禅隐、简陋的文人别业和分散的渔农庄户为主。明中叶以来，在西湖风景越来越被人居喧阗侵凌、市井风尘污染的情形下，西溪以其屏处西偏，越来越显示其山水幽胜、人文古朴的价值，逐步为意趣闲雅、崇尚自然之士所推重，成了钱塘一道新兴的湖山名胜之地。张岱《西湖梦寻》卷五："余谓西湖真江南锦绣之地，入其中者目厌绮丽，耳厌笙歌，欲寻深溪盘谷可以避世如桃源菊水者，当以西溪为最。"① 清中叶以来，由于人口的猛增，尤其是现代民生产业的发展，传统西溪自然风光和人文景观逐步受到深入的侵蚀与破坏，但世事无常，山川依旧，南山坡麓林景宛然在目，中部湖沼陂塘之景依稀犹见。如今杭州市政府兴废继绝，着力对西溪风景进行保护与建设，创建国家级湿地公园，为这份自然与历史遗产的开发利用掀开新的篇章。

在传统西溪风景中，山水地貌与植物景观是最主要的内容。而在丰富茂密的植物景观中，最富特色而名播遐迩的是弥望的梅花与芦花，古人所谓"所宜者只深秋与春景耳"②。而在这两者中，芦苇主要分布在河渚秋雪庵为中心的湖荡地带，而梅花则随处多有，且历时久远。从明代万历以来人们盛称西溪者，总以"十八里香雪"为主题。雍正朝新增"西湖十八景"中，西溪得以名列其中的也是梅花。清嘉、道以来，虽然梅花名声逐步让位给河渚一带的芦苇，但故老言谈、诗家题咏、

---

① 郑祖球《题西溪探梅图（图为魏春松观察作，同游者六人，代作）》："西湖如美女，西溪若高士。"《红叶山房集》卷六。说的也是这个意思。
② 孙之骒《南漳子》卷上。

图55　西溪梅墅风光（叶鑫摄）。

墨客图写中梅花总是最常见的题材与话头。如果要问西溪传统风景中何物最胜，那梅花无疑首屈一指。

2. 特色丰富、影响深广的梅花名胜

在宋以来观赏梅花的不断发展中，杭州地区的梅花栽培占有突出的地位。而在整个杭州地区梅花风景的发展中，西溪梅花又以其溪山十八里的盛大景象和漫长历史成了最为重要的环节。不仅是在杭州地区，即便放在宋元以来所有古代梅花名胜中，西溪梅花也是极其突出的，无论分布之规模，还是持续之时间，都差可与苏州邓尉"香雪海"媲美。明清时期，文人夸谈梅花名胜，总以邓尉与西溪相提并论。两大梅花名胜同起于明代中叶，在明万历至清康乾盛世的两百多年间，形成了封建时代梅花规模种植的盛大景观，代表了古代梅花风景名胜发展的最高境界。

与邓尉"香雪海"相比，西溪梅花规模稍有不及，盛况持续时间也略短，但由于所在山水曲折幽胜、地貌形态多样，加以寺院禅隐、文人园墅栽培观赏目的鲜明，因而梅花风景及姿韵更为丰富多彩。同时由于西溪地处杭城近郊，不必"越鲸波跻鸟道，聚粮三月而后至"，所谓"宵然尘埃之表，宛在樊圃之间"①，市人游赏出入方便，其地域影响也更为直接和丰富。明代中叶以来，杭州乃至整个浙江地区经济富庶、人物荟萃，钱塘湖山聚隐闲游之风雅炽甚，西溪风景幽胜广受青睐，而春游探梅更是其中重要内容。"春深一路红尘起，尽说看花车马回"②，这种情景至少在西溪梅花的鼎盛期比较明显，即便是在乾隆以来的衰落中，"西溪探梅"仍是人们湖墅宴游的重要项目。相应的诗吟图绘作品也不胜繁多，这同样构成了当地乃至于整个江南地区文化生活的一道风景，并形成了丰厚的文化遗产。如厉鹗《樊榭山房集》1695 首诗词作品中，关于西溪的达 90 多首，占 5.3％，而这其中涉及西溪梅花的有 40 多首。清康乾盛世金农等杭州籍画家少有不描绘过西溪梅景。西溪梅景及其相应的游赏、艺文活动不仅是中国梅文化发展史上的辉煌篇章，放在旅游文化史上乃至于在整个文化史上也都可谓是浓墨重彩、不可忽视的一页③。

①　吴本泰《西溪梵隐志》卷一。
②　释大善《莘路》，释大善《西溪百咏》卷上。
③　本章最初以《杭州西溪梅花研究——中国古代梅花名胜丛考之二》为题，发表于《浙江社会科学》2006年第 6 期，此处略有增订。原文两万多字，主编王立嘉先生慨允全载，盛情厚谊，至今感念。本章风景图片由杭州植物园胡中先生、浙江大学研究生叶鑫女士提供，另有个别从网上引用，注明"旺友提供"，"旺友"谐音网友，借以向作者致敬和祝福，并志谢忱。

内编二　古代其他梅花名胜

一、建康芳林苑

　　梅花"以花闻天下"① 是从魏晋开始的，在此之前，有关梅花的记载，只有刘向《说苑》所载春秋越国使者以梅花为国礼奉赠梁王之事，而魏晋，尤其是东晋、南朝以来，梅花开始受到人们的注意与喜爱。建康（今江苏南京）地处长江下游的南岸，作为东晋、南朝的首都，所谓"江南佳丽地，金陵帝王州"，得天时地利人和，在当时梅花观赏或梅文化的兴起中真可谓是首善之区，处于主导地位。

　　主要是皇室与豪门贵族的喜爱。有两个梅花典故集中反映了梅花在当时宫庭与都城贵族生活中的地位。一是雕梁画梅。东晋太元中（约387年），谢安主持修缮宫室，"造太极殿欠一梁，忽有梅木流至石头城下，因取为梁。殿成，乃画梅花于其上，以表嘉瑞"②。所说梅木显然不是今天所说的梅树，而是樟科楠木，但画梅表瑞，却应是今天我们所说的梅花，这不仅标志着绘画领域梅花题材的出现，而且也充分说明了人们对梅花的爱重。二是梅花妆。《宋书》记载，宋武帝寿阳公主每日卧于含章殿檐下，梅花落公主额上，成五出之花，拂之不去，皇后留之，遂称梅花妆，后人效仿之③。故事有些神奇，但曲折地反映出当时宫廷妇女对梅花的喜爱，说明梅花成了当时女子面靥的一个时尚图案。与此相联系，梁陈时期的咏梅诗赋中经常写到宫庭佳丽摘梅插鬓、对镜梳妆的情景。鲍泉《咏梅花诗》"度帘拂罗幌，萦窗落梳台。乍随纤手去，还因插鬓来"④，萧绎《龟兆名诗》"折梅还插鬓"⑤，也写到妇女人日或立春等早春节日剪彩作梅花的风俗。萧纲《雪里觅梅花诗》"定须还剪彩，学作两三枝"⑥，宗懔《早春诗》"剪彩作新梅"⑦，梅花的清丽花色和时令

---

① 杨万里《洮湖和梅诗序》，《诚斋集》卷七九。
② 张敦颐《六朝事迹编类》卷一。南朝陈沈迥《太极殿铭》："昔晋朝缮造，文杳有阙，梅梁瑞至，画以标花。"严可均《全上古三代秦汉三国六朝文》全陈文卷一四。
③ 《太平御览》卷九七〇引《宋书》。
④ 鲍泉《咏梅花诗》，逯钦立《先秦汉魏晋南北朝诗》下册第2027页。
⑤ 萧绎《龟兆名诗》，逯钦立《先秦汉魏晋南北朝诗》下册第2043页。
⑥ 萧纲《雪里觅梅花诗》，逯钦立《先秦汉魏晋南北朝诗》下册第1954—1955页。
⑦ 宗懔《早春诗》，逯钦立《先秦汉魏晋南北朝诗》下册第2326页。

特色得到宫廷女子乃至广大妇女的青睐，成为日常装饰的重要题材。

这些花艺活动和节令风俗应有当时宫庭园林种植梅花的背景。在建康，六朝皇家苑囿华林园（东晋）、乐游苑、上林苑（宋）、新林苑、芳乐苑（齐）、建兴苑、王游苑、芳林苑（梁）等，私家园林如王导西园、谢安园、司马道子园等都盛极一时。江南优越的自然条件，便于花草果木的种植营景。而梅花已成了最重要的品种之一，至少我们可以确认，到梁陈时期，京城园林的梅花种植已极其普遍而繁盛，这可从当时的文学作品中感受到。萧纲《梅花赋》："层城之宫，灵苑之中，奇木万品，庶草千丛。……梅花特早，偏能识春。……乍开花而傍嶕，或含影而临池。向玉阶而结采，拂网户而低枝。"① 萧悫《春庭晚望》："春庭聊纵望，楼台自相隐。窗梅落晚花，池竹开初笋。"② 陈叔宝《梅花落二首》："春砌落芳梅，飘零上凤台。"③ 三人所写有傍嶕、临池、阶畔、窗下梅花，足见当时皇家、贵族园林梅花种植之普遍、方式之多样、景观之丰富。不仅是皇家园囿，即士人宅园别业也多植梅花。如位于芳林苑东面的江总宅即是，其《岁暮还宅》诗"悒然想泉石，驱驾出城台。玩竹春前笋，惊花雪后梅"④，可见也富于梅竹之景。

在南朝诸多园林中，萧梁时芳林苑的梅花最值得关注。芳林苑，一名桃花园⑤，本齐高帝旧宅，后建为青溪宫，梁武帝改称芳林苑，故址大约在今南京市白下路与龙蟠中路交界处一带。梁武帝"天监初，赐（萧）伟为第。伟又加穿筑，增植嘉树珍果，穷极雕丽。""每与宾客游其中，命从事中郎萧子范为之记，梁藩邸之盛无过焉。"⑥ 萧伟，南朝梁武帝萧衍弟，齐末为雍州刺史，梁天监元年（502）封建安王，因有恶疾，久居建业（今江苏南京）不出，天监六年都督扬、南徐二州军事并扬州刺史。大通四年（532）为中书令、大司马。诗人何逊任萧伟府参军、记室，有《咏早梅诗》："兔园标物序，惊时最是梅。衔霜当路发，映雪拟寒开。枝横却月观，花绕凌风台。"⑦ 所谓兔园即指芳林苑，却月观、凌风台是其中新增的两座建筑，从何逊诗中可见，建筑周围环植梅树⑧。两建筑制名既佳，梅花丰富，早春季节玉枝环绕，花气袭人，一派飘飘欲仙的境界。

何逊这首诗是咏梅诗兴起之初最为重要的作品，杜甫《和裴迪登蜀州东亭送客

---

① 张溥《汉魏六朝百三家集》卷八二上。

② 逯钦立《先秦汉魏晋南北朝诗》下册第 2279 页。

③ 逯钦立《先秦汉魏晋南北朝诗》下册第 2507 页。

④ 江总《岁暮还宅》，逯钦立《先秦汉魏晋南北朝诗》下册第 2590 页。

⑤ 蓝应袭《（乾隆）上元县志》卷一三："在古湘宫寺前。"

⑥ 姚思廉《梁书》卷二二《太祖五王列传》。

⑦ 《先秦汉魏晋南北朝诗》中册第 1699 页。

⑧ 请参见程章灿《何逊〈咏早梅〉诗考论》，《文学遗产》1995 年第 5 期。

逢早梅相忆见寄》："东阁官梅动诗兴，还如何逊在扬州。"后世注杜者误认此扬州
为广陵扬州，人们遂以何逊所咏为维扬官廨梅花，成为一段维扬佳话。所谓"东阁
官梅"及其凌风、却月二景成了诗家咏梅最为习用的典故，广为人知。但南朝时，
扬州刺史治丹阳郡，郡治在建康（今江苏南京），与隋唐以来的扬州（今江苏扬州）
并非一地，东阁官梅暨凌风、却月之梅属于金陵风景而非维扬故事。

二、黄岩方山"十里梅花"

　　浙江黄岩县东旧传有十里梅花，在方山瑞相院一带。方山又名永宁山，南宋陈耆卿《赤城志》卷二〇："永宁山在县东五里，旧志云因古县而名，岩壁峻崎，四望皆方正，故俗号方山……山下有亭，夹岸梅花相续十余里不绝。"所记为宋宁宗、理宗时情景，但这里的梅花应该出现更早。北宋中罗适（1029—1101）有《题瑞相院》："招提临古道，窣堵压孤山。十里梅花树，都来一望间。"①《赤城志》卷二八："瑞相院在县东南七里方山上，唐大中六年建，国朝治平三年赐额。"从光绪《黄岩县志》卷首《赤城志》县境图可知瑞相院在方山西南麓，如今这里有方山下的村名②。可见早在北宋中期，这里便已有十里梅花连绵不绝之景。南宋开禧元年（1205）王十朋《过黄岩》："三日离家客，悠然觉路长。梅花十里眼，竹叶一杯肠。"③所说也应是方山瑞相院一带梅景④。据万历《黄岩县志》记载，山之西麓有无量塔院，"在县东南三里假山之上，有小石塔高丈余，南有天长寺。宋令朱日新、蔡范尝登焉，为祈祷迎春，所以观十里梅花"⑤。元泰定时（1324—1327），知州白凯有诗"无量塔边打一跌，十里春风送香雪"⑥。万历县志又载："梅花亭，在县东方山下，宋宣和间令王然建，庆元五年（引者按：1199）令常潾孙重建。循山麓西南十里皆梅花，故名。元潘士骥《十里早春》诗：'短亭月落长亭晚，清如梦入罗浮道。山边水际淡生涯，竹篱掩映梅关杳。''……霜痕滑处驴失脚，一笑踏破东风

① 林表民《天台集续集》别编卷二；《全宋诗》第 11 册第 7738 页。
② 黄岩县地名委员会办公室《黄岩县地名志》第 277 页。
③ 王十朋《梅溪先生文集》卷三。
④ 陈宝善、陈钟英等《（光绪）黄岩县志》卷三三即于永宁山（方山）梅花亭下录此诗。
⑤ 袁应祺等《（万历）黄岩县志》卷七。光绪《黄岩县志》卷三七："天长寺，在县南四里，旧有塔寺，名无量寿塔院，地去梅关不远，宋大中祥符元年赐额天长。"是以天长寺与无量塔院为一寺，又引宋罗适《无量塔院》"招提临古道，窣堵压孤山。十里梅花树，都来一望间"为证，此诗实咏瑞相院。光绪志卷首《赤城志》县境图标天长寺在县南委羽山东麓，与方山隔水相望。而万历县志卷七无量塔院条下引白凯诗中多写方山景物，是无量塔院在方山无疑。
⑥ 袁应祺等《（万历）黄岩县志》卷七。

香。'"① 所说梅花亭，当即《赤城志》所说山下梅亭。潘士骥所说十里早春，白凯称十里春风，或者此时已入县中八景之目。潘士骥《十里早春》诗或即其《黄岩八景》诗中一首②。清光绪县志进一步明确说："宋时山下有亭，自南郊至十里铺夹岸梅花相续不绝，所谓'十里早春'也。"③ 所说方位已明确为南郊至十里铺，十里铺为一街市，在黄岩县治东南十里④。县志编纂者确认，古所言十里梅林是从城东南向南即方山西麓一线。这一说法是比较可靠的，从前引宋元人诗可知，十里梅林正在城南到十里铺的官路沿线。从北宋熙丰年间到元泰定有两个半世纪，盛况一直相沿不绝。元以后未见有人提及，明万历县志、清光绪县志均只引宋元人题咏，未见有本朝新作，可见此时梅景早已衰落不名。光绪县志则直称"今则皆为民田矣"⑤。

---

① 袁应祺等《（万历）黄岩县志》卷二。
② 袁应祺等《（万历）黄岩县志》卷六。《御选宋金元明四朝诗·元诗》卷三一收有邑人潘士骥《黄山八景·东浦暮帆》，"黄山"当为"黄岩"之误。万历《黄岩县志》卷一"东浦陡门"条下即引此诗。
③ 陈宝善、陈钟英等《（光绪）黄岩县志》卷三三。
④ 黄岩县地名委员会办公室《黄岩县地名志》第 277 页。
⑤ 陈宝善、陈钟英等《（光绪）黄岩县志》卷三三。

三、宜兴石亭古梅

江苏省宜兴市，汉时称阳羡，六朝至隋称义兴，属毗陵郡，宋改名宜兴，清雍正时析为宜兴、荆溪二县，民国间又合为宜兴县。宜兴地处江苏省南部，南与浙江长兴、安徽广德，北与江苏武进、溧阳接壤。唐以来宜兴属常州府（治今江苏常州市），近年改属无锡市。境内是典型的江南丘陵地形，东濒太湖，溪流湖泊纵横，气候属亚热带季风区，水量充沛，比较适宜梅树的生长，在古代梅花的种植上占有一席之地，产生了一些观赏栽培的名胜风景，其中最为著名的莫过于唐末陆希声颐山梅花坞与石亭古梅，而以石亭最为重要。

（一）陆希声颐山梅花坞

陆希声，吴县人，为当地著姓。五世祖陆元方，唐武后朝宰相。四世祖陆景融官至工部尚书、东京留守。希声博学，通《易》、《春秋》、《老子》，论著甚多，兼善书法。僖宗朝尝为右拾遗，数上书言事。昭宗闻其名，召为给事中，拜户部侍郎、同中书门下平章事，不久以太子少师罢。早在僖宗朝后期，陆希声深感社会危机四伏，遂筑室隐居义兴君山之阳，号君阳遁叟，著《君阳遁叟山居记》。所说君山，即荆南山，俗称铜官山。而陆氏当时实际隐居湖㳇，今宜兴市湖㳇镇，在君山即铜官山东南，即所谓"君山之阳"。陆氏隐居地，自为其名，"名其山曰颐山，溪曰蒙溪，将以颐养蒙昧也"①。陆氏所名之颐山，古称在县东南（实际在县南）三十五里，即今宜兴湖㳇镇附近金沙寺所在地②。据宋叶梦得《避暑录话》记载，"自著《君阳山记》一卷，叙其景物、亭馆略有二十余处如辋川，即为兵火所焚毁矣。后为相，既罢，迫凤翔李茂贞兵，避难死道上，盖不能终有其居也"③。史能之《咸淳

---

① 陆希声《君阳遁叟山居记》，姚铉《唐文粹》卷七五。
② 叶梦得《避暑录话》卷上："陆希声所隐君山，或曰颐山，在宜兴湖㳇，今金沙寺其故宅也。"所谓"君阳山"非山名，陆希声《君阳遁叟山居记》称"君山之阳"。
③ 叶梦得《避暑录话》卷上。

毗陵志》也称陆氏于湖㳇一带山水细节，"穷幽极深，间得其胜，辄命以名，如鸿盘、云磴、伏龟台、腾螭石、讲易座、观妙庵之类，凡二十有七，皆以绝句纪之"①。今存《阳羡杂咏十九首》，所咏另有桃花谷、松岭、李径、茗坡等名目，其中有"梅花坞"一景："冻蕊凝香色艳新，小山深坞伴幽人。知君有意凌寒色，羞共千花一样春。"②可见是一处山坞地形，内植梅花。此诗值得注意，通常都认为北宋孤山隐士林逋的咏梅开创了梅花与隐士之间的紧密联系，开始赋予梅花以高雅幽逸的品格意蕴。但在林逋之前，身处唐末乱世的陆希声已明确把梅花作为自己山居隐逸生活的点缀，通过梅花凌寒独放，超越群芳的品格寄托自己山林隐逸的志趣。虽然只是单篇短章，不像林逋"孤山八咏"连篇累牍，但其中隐逸品格象征之意却极其明确，有过之而无不及，这在咏梅史上，在梅花的审美文化史上是值得书写的一笔。

遗憾的是，陆希声的梅花坞乃至于整个颐山园亭好景不长。从前引叶梦得的叙述可知，陆氏所居不久即毁于兵火。北宋中期宜兴人蒋之奇（1031—1104）《题希声宅》"二十四亭芜没尽，溪边犹有故时桥"③，可见此时仍有少量遗迹残存。南宋以来文人凭吊题咏之作虽代不乏人，但实际已无迹可寻，历代府县地方志也只在"颐山"、"陆相山房"等条目下转录故籍记载，聊存其名而已。

（二）两宋石亭古梅

石亭何在，宋元时有关记载便有分歧。史能之《咸淳毗陵志》卷一三："石亭薜梅最奇古。"卷二七："西石亭在县东南十五里，地产薜梅，枝干奇古，即苏文忠所谓'幽香（引者按：香应为人）收艾纳'是也。陈克有'石亭梅花落如积'之句。"元初周密《癸辛杂识》续集卷下："宜兴县之西，地名石庭，其地十余里皆古梅，苔藓苍翠，宛如虬龙，皆数百年物也。有小梅仅半寸许，丛生苔间，然着花极晚。询之土人，云梅之早者皆嫩树，故得春最早，树老则得春渐迟，亦犹人之气血衰旺，老少之异也，此说前所未闻。梅间有小溪流水，横贯交午。桥下多小石，圆净可爱，时有产花鸟及人物者，近世以来则有骑而笠者，盖天地之气亦随时而赋形，尤可异也。"首先是地名，有西石亭与石亭、石庭之不同，而此前宋人诗文咏记之作中多称石亭，后人言及也多称石亭，可见所谓石庭或为音近而异书。其次是方位，

①　史能之《咸淳毗陵志》卷二七，《续修四库全书》本。
②　《全唐诗》卷六八九。
③　史能之《咸淳毗陵志》卷一八。此诗《全宋诗》失收。

前者称在东南，后者称县之西。宋人提及石亭方位最为明确的是周必大《泛舟录》。周氏乾道三年（1167）游宜兴城南诸山，由香山西行访静乐寺，上铜棺山，登山之顶峰使岭，"俯视县郭，仅成聚落，隔湖及众濠，一一可指，眼界廓然。雨后下岭尤险，几不能容足。过西石亭，梅树满林，邑人游赏处也。至山门始出大路，暮夜抵郭内。"① 周氏此行由香山西行，登铜棺山，傍晚返归县城。铜棺山，后作铜官山，据《咸淳毗陵志》卷一五记载，"君山在县西南三十里，旧名荆南山，高三百三十仞，麓周八十五里……俗号铜棺山"，"香山在县南三十五里"。日色向暮，由铜棺山返城之路不会再折向东南，而石亭正在由铜棺山到县城的沿路。因此，《咸淳毗陵志》所说"东南十五里"当为"西南十五里"之误，而周密所说在县之西，也只是大概言之。从周必大的记载可知，西石亭的名称应更为正式，所谓石亭乃简称而已。是否当时县东南或县南有对应之东石亭的地名，也未可知，所谓"东南十五里"或因此混淆而误传。

石亭梅花之盛由来已久。北宋苏庠（1065—1147）《菩萨蛮·宜兴作》："北风振野云平屋，寒溪淅淅流冰谷。……何必苦言归，石亭春满枝。"② 此词虽未明言梅花，但从所写寒溪冰谷之氛围，可知所说"春满枝"，当指春色第一的梅花。时代稍晚些的陈克（1081—？）《阳羡春歌》则明确写及石亭梅花，诗中罗列了一系列阳羡春日风物名胜，开篇第一项即是："石亭梅花落如积。"③ 其《好事近》词"寻遍石亭春，黯黯暮山明灭。竹外小溪深处，倚一枝寒月。"④ 大观三年（1109）程俱《和傅冲益冬夜独酌……》诗注："顷与冲益游义兴诸山间，甚适，石亭有梅数百株，胜绝。"⑤ 由此可见早在北宋后期，石亭梅花已小有规模。

南宋时石亭梅花盛况当有所发展，前引周必大《泛舟录》称石亭为邑人赏梅之地，蔡戡《荆溪即事》"顾渚茶甘风袂爽，石亭梅老月轮孤"⑥，同时宜兴邻县溧阳人李处全（1131—1189）《水调歌头·前篇既出……》有"犹记石亭攀折，浑似扬州观赏"⑦ 之句，人们闻名纷纷前来游赏，可见石亭已成了远近知名的赏梅胜地。到宋末元初周密笔下，更是成了十里古梅的盛大规模。

---

① 周必大《文忠集》卷一六八。
② 唐圭璋《全宋词》第 658 页。
③ 《全宋诗》第 25 册第 16899 页。此诗《全唐诗》作李郢诗，不足信。
④ 《全宋词》第 829 页。沈敕《荆溪外纪》卷一二载该词题作《石亭探梅》。
⑤ 程俱《北山小集》卷二。
⑥ 蔡戡《定斋集》卷一九。
⑦ 《全宋词》第 1730 页。

（三）元明清石亭梅景

元代以来，石亭梅花依然盛名不衰。元末王冕题画《梅先生传》一文中把石亭与"清江、成都（按：上二景见范成大《梅谱》所述，见本书有关临江盘园古梅、成都蜀王故苑"梅龙"章节）、罗浮、庾岭、孤山"相提并称①，视为赏梅的代表名胜。同时马治《元日试墨》诗："空余腊月酒，拟访石亭梅。"② 《石亭梅》："步出南郭门，缭绕石亭路。世难寒梅花，虽新亦异故。连云二十亩，照野数百树。萧条荆棘映，惨淡苔莓护。"③ 明初高启《题倪云林所画义兴山水图》："石庭梅欲发，须放酒船行。"④ 王晏《雪中怀石亭》："石亭梅花旧时雪，醉赏欢吟两清绝。"⑤ 浦源《石亭梅花赠荆溪李公实》："石亭闻道梅花发，夜黑花繁似明月……已共三百青铜钱，挐舟便拟载酒去。"⑥ 可见延至元、明之际，宜兴石亭古梅仍是一方风景名胜，虽然规模有所萎缩，但风景犹有可观。

明代中叶以来，随着当地社会人口和经济、文化的发展，石亭一带的山水风景和人居状况较之宋元有了不少变化。明嘉靖间邑人吴仕退休归乡，于石亭构置田产，筑室营居。吴仕，字克学，号颐山，正德二年（1507）南京举人第一，正德九年（1515）进士，曾任四川布政司参政，也属当地贤达。他在此择幽营景，死后葬在石亭，而子孙续为经营，使石亭山水幽胜再次引起人们的注意。唐顺之《吴氏石亭埠新阡记》："石亭埠在郭南五里，盖阳羡一小山耳，而发其奇者，自颐山吴公始。阳羡诸山多峭拔，而是山独蹲伏蜿蜒，以其伏也，而峭拔者乃若环而揖焉。诸山皆竞秀，而是山独若不见其秀者，然登是山，则诸山之秀可尽揽而有之，如人之谦而尊，又如人之深藏不自炫露，而萃众文以文其身也。公游焉以为奇，于是出之灌莽豺狐之窟，而筑之室以居，因其泉瓮而曲之以为池，闲则与客即而觞焉。自是石亭之胜，闻于邑中，而地理家亦以是为吉也。"⑦ 王世贞《石亭山居记》："益置厅宇，治丙舍，为凉榭暖舍、庖庙浴室之属。杂莳名卉，翼以松柏篁竹，相土之宜以滋果蔬。旁庙益拓，粳秫参之，潴流以为鱼防，辟场以为鸡豚栖，曰吾宫于是，饮食于是，其羡犹可以沃宾客也。暇则扶藜杖，蹑蜡屐，而登所谓石亭者，则铜官、离墨，

① 王冕《竹斋集》续集。
② 周砥、马治《荆南唱和诗集》。《佩文韵府》卷十之一"石亭梅"下作顾德辉诗。
③ 沈敕《荆溪外纪》卷四。
④ 高启《高青丘集》卷四、第157页。
⑤ 沈敕《荆溪外纪》卷七。
⑥ 沈敕《荆溪外纪》卷八。
⑦ 唐顺之《荆川集》卷一二。

　　图56　光绪《宜兴荆溪县新志》卷首山亭乡图，图上南下北，左东右西，
上部（南）有石亭埠、梅园等地名。

荆汉、二氿，上下之胜一望而既之。"① 这两段文字，详细地展示了吴氏经营石亭别
墅的情形。

值得注意的有两点，一是唐顺之与王世贞都强调石亭风景得吴氏经营开发才为
外人所知，他们都没有提到宋元闻名的石亭梅花，一种可能是到吴仕经营时，石亭
一带的梅花已衰废无迹。吴仕现存诗歌作品有《次金湖君侯石亭歌》、《石亭流觞》，
但都没有提到梅花，所写风景突出的是"长松亭亭十万树，石骨累累太瘦生"②。另
一是关于石亭的地址，与宋元时不同，这时已完全明确在城南。前引元人马治《石
亭梅》称"步出南郭门，缭绕石亭路"，显然所说在城南，且去城不太远。唐顺之、
王世贞都称石亭是一小山名，在城南五里，《（嘉庆）重刊宜兴县旧志》称："西石
亭在县南八里"，亭久不存，吴仕"复植梅构亭，以存旧迹，故名石亭埠。"并辨证
说："史、朱二《志》（引者按：指宋史能之《咸淳毗陵志》、明成化朱昱《重修毗
陵志》）皆误作县南十五里"，今城南吴氏石亭山居之地与周密所说"风景犹不殊
也"③，正是古人所说石亭所在。笔者以为，周密所说石亭，"其地十余里皆古梅"，
显然所指范围较大。想必那时地旷人稀，村落间隔疏远，所谓石亭应包括今城南梅
园村东西数里之地。而宋周必大、史能之又明确指名"西石亭"，或者在此范围内
有东、西两个名为石亭的山峰或村落，而吴仕别墅属偏东北一侧的地段，这里在县
城正南而稍偏西的方位。至于宋人所说去城十五里，明人说五里、八里，有计量标
准的差异。如宋史能之《咸淳毗陵志》即称铜棺山"在县西南三十里"④，说石亭
离县十五里，正居其半。而明清人所指石亭去县城和铜官山两地的距离也大致对等，
《（嘉庆）重刊宜兴县旧志》称铜官山"县西南二十里"⑤，而石亭则在县南八里。
加之县城规模总在不断扩大，明清时石亭去县的里程较之宋元时必定缩短。因此我
们可以完全肯定地说，宋人所说的石亭，正是明清时吴氏别墅所在的石亭埠，只是
所指范围有大小之异，地点约在今宜兴宜城镇梅园村一带。《（光绪）宜兴荆溪县新
志》卷首山亭乡地图（图56），在今梅园村一带从东北向西南依次标有山门、石亭
埠、梅园、六堡等地名⑥，可见石亭埠大约在今梅园村的东北。

清代石亭梅花的生长情况进一步有所变化。明末吴仕曾孙、南明东阁大学士吴
炳殉难广西，入清后吴家处境不安，吴氏别墅大都改为寺院，《（嘉庆）重刊宜兴县

---

① 王世贞《弇州四部稿》续稿卷六〇。
② 吴仕《次金湖君侯石亭歌》，《颐山私稿》卷三。
③ 阮升基、宁楷《（嘉庆）重刊宜兴县旧志》卷九。
④ 史能之《咸淳毗陵志》卷一五。
⑤ 阮升基、宁楷《（嘉庆）重刊宜兴县旧志》卷一。
⑥ 施惠、钱志澄、吴景墙等《（光绪）宜兴荆溪县新志》卷首。

旧志》即记载两处："水月庵，在县南六里，石亭埠东，俗名北庵，本参政吴仕别业，名石亭山房。沈启南、文征仲、王元美、唐荆川每过荆溪，辄寓于此。仕曾孙炳殉难粤西后，改为僧舍。""古香庵，近水月庵，即吴忠节炳古香亭址，后为庵。"① 而所谓吴氏重建之石亭，入清后也废。顺治十七年（1660）邑人丁良聘"倡建茶亭，以为行人憩息之所"，乾隆五十九年（1794）被焚，良聘玄孙重建，名曰复古亭②。

尽管经历这些世事沧桑，当地梅花却仍多遗存。康熙十二年（1673）前后，宜兴陈维崧、徐喈凤、史唯圆、万树、曹亮武结社唱和，石亭赏梅是重要的活动。从他们唱和词作中，可见当时石亭仍有不少古梅："几株老树参差古。暗园村霜皮铁干，寒香无数。"③ 寺院僧人称是宋梅之遗："问花谁是主，僧是还非，僧说梅花自宋遗。"④ 而其姿态也如宋时古梅"苔枝铁干"⑤。至迟在乾隆、嘉庆年间，石亭梅花仍存不少。邑人朱受（乾隆四十五年进士）有《雪后石亭探梅》诗："雪压山径深，天寒翠微暝。言寻众香国，遂造清凉境。连蜷三百树，一一妙香领。参差见苍松，高低秀孤岭。"⑥ 苍松与寒梅相映衬，这是吴仕经营石亭山房以来的基本特色。而道光以后的宜兴、荆溪县志，如《（道光）重刊续纂宜荆县志)、《（光绪）宜兴荆溪县新志》、《（光绪宣统）宜荆续志》有关石亭，都作为古迹记载，除转录旧志外，没有再提供新的内容，所载艺文作品中也未见有题咏描写，想必此时石亭梅花已经衰落不名。《（光绪）宜兴荆溪县新志》卷首地图在这一带除石亭埠外，在石亭埠西南方向标有梅园这一新地名。宜兴市建设局所编《阳羡古城揽胜续集》"地名传说"中有"梅园"一题，将起源追溯至晚唐陆希声梅花坞，大谬不然。又称明中叶吴仕在此建石亭，取名"石亭山房"，大种梅花，因而该地命名为梅园⑦，这也未见可靠的史料根据。比读历代宜兴方志，梅园地名出现较晚，与吴仕所居之石亭埠也非一地。2008 年 9 月，笔者特请宜兴的两位友人帮助，宜兴市交通局陆健同志代为征询宜兴市史志办，答复说梅园村因为吴氏种梅得名，与建设局《阳羡古城揽胜续集》一书如出一辙。而阳羡高级中学徐光明老师到梅园实地了解，所得信息有所不同。当地村人告知，村民多为浙江平阳人，平常说话也都是浙江平阳话，最初移

① 阮升基、宁楷《（嘉庆）重刊宜兴县旧志》卷末。
② 阮升基、宁楷《（嘉庆）重刊宜兴县旧志》卷九。
③ 史唯圆《贺新郎·积雨乍晴，同竹逸、其年郊外访万红友不遇，因探古梅于石亭，和其年韵》，《全清词（顺康卷）》第 7 册第 3864 页。
④ 徐喈凤《看花回·石亭探梅》，《全清词（顺康卷）》第 5 册第 3060 页。
⑤ 徐喈凤《贺新郎·同云臣、其年访红友不遇，因过石亭看古梅》，《全清词（顺康卷）》第 5 册第 3084 页。
⑥ 唐仲冕、宁楷《（嘉庆）重刊荆溪县志》卷四。
⑦ 宜兴市建设局编《阳羡古城揽胜续集》第 211 页。

民来此，见群山环抱，于是起名围园村，宜兴人听成梅园村，相沿至今。尽管有关说法不同，但梅园、石亭埠一带历史上盛产梅花则是不争的事实。

（四）石亭梅景的特点

石亭的梅花风景有这样几个特点值得注意：

1. 规模大

赵蕃称"石亭千树梅"①，周密称"其地十余里皆古梅"，可见规模不小。明代中叶以来规模有所减小，主要集中在吴氏石亭山房即清朝县志所说的石亭埠、今天的宜兴县城南梅园村一带。尽管梅林不再连绵成片，但整个梅园周围乃至于整个宜兴城南，梅花的分布都是较为普遍的。康熙六年（1667）陈维岱《游枫隐寺记》："出城南十余里，入山夹路皆松涛竹翳。又闻涧响潺潺不绝，山愈深径愈曲。依山而转，梅花杂发，每当春日邑之人莫不挈酒携榼，过而访之，盖数十年于兹矣。"②这里说的枫隐寺在梅园南。陈维崧《贺新郎·登南岳寺大悲阁》："倒灌寺门香雪海，又岩梅，万树参差发。"③南岳寺在铜官山北麓，梅园的西北方向。这些地方都曾有大片梅林的分布，所以宋人说的连绵十余里是完全可能的。

2. 绵延时间长

石亭梅花从北宋后期到清代乾隆、嘉庆时期，前后历时有七个多世纪，盛况基本绵延不绝，至少今梅园村附近石亭埠一带的梅景是如此，这在古代梅花风景名胜中是比较罕见的。

3. 古梅多

由于绵延年代悠久，古梅数量也就较为突出。虽然很难肯定，明清时期所见古树即是宋人所遗，但至少有两个阶段的梅树生长应该是未经中断的。一是两宋至元末，即便是从北宋后期开始，到南宋末年也有近两百年的历史。南宋中期蔡戡《荆溪即事》诗中已开始称"石亭梅老"④，宋末周密称所见当地皆古梅，"宛如虬龙，皆数百年物"，可见至少传自北宋。明中叶吴氏经营石亭山房，有可能种植了大量梅树。康熙间陈维崧等人唱和之石亭古梅，僧人称传自宋代，但保守地说，也应是吴氏所植，从吴氏经营到乾嘉之世也有两三百年的时间，树龄也就可想而知。

---

① 赵蕃《既别晦庵，复成二诗呈之，近欲同游善权不果，临行录其湖北道中诗一轴》其一，《淳熙稿》卷七。
② 卢文弨《常郡八邑艺文志》卷四下。
③ 《全清词（顺康卷）》第7册第4243页。
④ 《全宋诗》第48册第30067页。

4. 苔梅多

宜兴东濒太湖，南为天目山脉，地气卑湿，林麓幽深，适宜苔藓生长发育。宋高宗赵构曾说："苔梅有二种，一种宜兴张公洞者苔藓甚厚，花极香。一种出越上，苔如绿丝，长尺余。"① 周密《浩然斋雅谈》也谈到这一点："苔亦多不同，阳羡石庭者如松花，越中项里者如绿发。"② 张公洞去石亭不远，两地所生苔梅应完全一样，以苔藓厚重为特色，与绍兴一带的苔丝飘垂不同，代表了当时苔梅的两种类型。这是当时宜兴梅花最为引人瞩目之处。而石亭梅花以古树虬干，加以浓苔积藓，更是非同一般。这一特色在康熙间陈维崧、徐喈凤等阳羡词人石亭梅花唱和词中仍有反映，如徐喈凤《潇湘逢故人慢·雨窗忆石亭古梅》："倚苔干，嗅琼蕊，摘花当茗，瓯泛香波。"③ 可见苔藓封枝是当地梅花一个稳定的特色。

尽管石亭梅花规模和特色都较显明，但纵观整个古代梅花风景名胜，除石亭古梅、苔梅用作古梅典故外，整个石亭梅花的影响却极为有限。宜兴境内湖渚纵横，山岭蜿蜒。西南为苏、浙、皖三省交界之天目山脉，山势环绕，虽然濒临太湖，却远非名都大邑、通衢要津所在，略显封闭与幽僻。唐宋时期宜兴西南山地，包括张公洞、善卷洞等地虎患不绝，直至明嘉靖年间，铜官山中虎患仍很严重④。尽管两宋以来石亭梅花久盛不衰，但总有几分"养在深闺人未识"，至少是知者少的感觉，人们前来游览的机会并不多。因此即便是在名声大噪的宋元时期，骚人雅士游赏题咏之作也是寥寥无几，古人所称也多只视为邑人春游之胜，有关文学作品多出于当地或附近人士，外方人士了解不多⑤。

----

① 周密《武林旧事》卷七。
② 周密《浩然斋雅谈》卷中。
③ 《全清词》第 5 册第 3092 页。
④ 吴仕《擒虎歌》，《颐山私稿》卷三。
⑤ 本章部分地名承宜兴阳羡高级中学徐光明老师、宜兴交通局陆健先生实地求证，谨志谢忱。

四、成都合江亭

所谓合江，在今四川成都市锦江区滨江东路合江桥西侧（图57）。唐宋时岷江主流俗称大江，流经成都南。支流郫江，俗称北江，上游称沱江，流经成都北转城东，两江合于城东南即今锦江南河与府河会合处，其地称合江①。中唐贞元年间，剑南西川节度使韦皋（745—805）在此建合江亭。符载《九日陪刘中丞贾常侍宴合江亭序》称：“是亭鸿盘如山，横架赤霄，广场在下，砥平云集，而东西南北夐然也”，为吏民宴游饯别之地，号称“一都之奇胜”②。五代时这里为蜀王别苑，入宋后渐见荒废。宋神宗元丰六年至八年间（1083—1085），成都知府吕大防（1027—1097）重葺之，其《合江亭记》称：“合江故亭，唐人晏饯之地，名士题诗往往在焉。久莁不治，余始命葺之，以为船官治事之所。俯而观水，沧波修阔，渺然数里之远，东山翠麓与烟林篁竹列峙于其前。鸣濑抑扬，鸥鸟上下，商舟渔艇，错落游衍。春朝秋夕，置酒其上，亦一府之佳观也。”③此地越发显示了舟楫云集，吏民乐游的重要地位。到南宋时又年久失修，“楼欹亭陊，花竹剪制，荒秽萧条”。孝宗淳熙二年（1175），巡检李唐（一作季唐）报请成都府路提点刑狱兼本路转运使李蘩，再次大举修缮，“址之墟者屋之宇之，仆者起之，楹桷牖户上覆旁障之，腐而缺者易而新之，弗废其旧而加壮焉，而又补艺花竹，丛条畅茂，咸复其故”④。这之后的二三十年，正是南宋社会最为稳定，经济相对发展的时期，史家号称“中兴”。两位著名文人陆游、范成大也正是这个时期来到了成都，留下了不少合江宴游唱和的诗文佳作。明朝这里设为锦官驿⑤，清时相沿为驿站⑥。而所谓合江亭，宋以后罕见言及，岁久湮废或者毁于兵火，明清以来渐渐被人们淡忘。

---

① 郭声波《成都平原的南北江》，《中国历史地理论丛》1995年第1期。
② 李昉等《文苑英华》卷七一一。
③ 袁说友、扈仲荣、程遇孙等《成都文类》卷四三。
④ 蔡迨《合江园记》，周复俊《全蜀艺文志》卷三九。
⑤ 曹学佺《蜀中广记》卷二。
⑥ 黄廷桂等《（雍正）四川通志》卷二二下。

图 57　成都合江亭卫星地图（旺友提供）。

宋时合江一线梅花颇多。据范成大《吴船录》记载："（合江）亭之上曰芳华楼，前后植梅甚多。故事，腊月赏梅于此，管界巡检在亭旁，每花开及三分，巡检司具申，一两日开燕，盐司预焉。"① 是说每年腊月，合江一带园林梅开，驻地官员每日向府衙通报花讯，待开及五分，知府率大小官员前来宴赏，游人也纷纷云集。此事北宋时即有先例，宋哲宗绍圣（1094—1098）初，知府王觌《望日与诸公会于大慈，闻海云山茶、合江梅花开，遂相邀同赏，虽无歌舞，实有清欢，因成拙诗奉呈》："野寺山茶昨夜开，江亭初报一枝梅。旋邀座上逍遥客，同醉花前潋滟杯。秀色霜浓方润泽，暗香风静更徘徊。仙姿莫遣常情妒，不带东山妓女来。"诗写合江亭守吏报告梅花信息，知州邀友同赏，同时吴师孟（1021—1110）、胡宗师、徐彦孚等有和诗②。南宋时更是养成惯例，陆游《梅花绝句》十首其五："蜀王小苑旧池台，江北江南万树梅。只怪朝来歌吹闹，园官已报五分开。"自注："成都合江园，盖故蜀别

① 范成大《吴船录》卷上。
② 袁说友、扈仲荣、程遇孙等《成都文类》卷一一。

苑，梅最盛。自初开，监官日报府，报至开五分，则府主来宴，游人亦竞集。"① 值得注意的是，此诗称合江园为蜀王旧苑，而与其《故蜀别苑在成都西南十五六里，梅至多，有两大树，夭矫若龙，相传谓之梅龙……》② 一诗所说不是一处。读者多不细辨，误把两处视为一地。民国《华阳县志》已辨合江园与西郊梅龙为两处，但认为陆游诗中均称蜀苑，是自误一处③。其实陆游一说"城南"，一称"西南"，并未混淆。钱仲联《剑南诗稿校注》称两处一为孟蜀故苑（合江园），一为王建故苑（梅龙），也值得参考④。

　　据陆游所言，不只是合江亭、芳华楼等官府所司之地，附近及整个城南多为蜀王废苑，古梅分布也盛。陆游《月上海棠》题："成都城南有蜀王旧苑，尤多梅，皆二百余年古木。"⑤ 联系前引"成都合江园，盖故蜀别苑"之语，可见其心目中所谓城南蜀苑与合江是为一地，至少地势相连。淳熙四年（1177）冬十二月，陆游《江上散步寻梅偶得》、《涟漪亭赏梅》、《芳华楼赏梅》、《蜀苑赏梅》、《大醉梅花下走笔赋此》、《城南王氏庄寻梅》诸诗均为这一带宴游之作。稍后《别后寄季长》诗中综述此间行踪："缭出锦城南，问讯江梅春。煎茶憩野店，唤船截烟津。凄凉吊废苑，萧散夸闲身。暮归度略彴，月出水鳞鳞。"⑥ 可见当时城东南合江园至整个城南地区，冬末、春初梅树连绵，风景成片。

　　不仅如此，合江北之城东地区及两江沿岸文人隐庐别墅星罗棋布，而其中也多植梅花。仅就陆游诗中所言，《平明出小东门观梅》："东风吹梅花，烂漫照城郭。晴日千堆雪，偏宜马上看。"小东门为成都外城（罗城）两东门的一座，地近城南隅，向南即合江亭⑦。《城东醉归，深夜呼酒，作此诗》："梅花满手不可负。"⑧ 是说小东门到合江亭一线多梅。前引淳熙四年（1177）《江上散步寻梅偶得》："小南门外野人家，短短疏篱缭白沙。红稻不须鹦鹉啄，清霜催放两三花。"小南门即万里桥门，地当今南门桥。《城南王氏庄寻梅》："涸池积槁叶，茅屋围疏篱。可怜庭中梅，开尽无人知。"又《游万里桥南刘氏小园》："佳园寂无人，满地梅花香。"⑨

---

① 陆游《梅花绝句》其五，《剑南诗稿》卷一〇。
② 陆游《剑南诗稿》卷九。
③ 陈法驾、叶大锵等《（民国）华阳县志》卷二八。
④ 钱仲联《剑南诗稿校注》卷九、第729页。此说一出曾敏行《独醒杂志》，一出冯时行《梅林分韵诗序》，前者将两地混为一谈，请参阅本书有关成都蜀王故苑"梅龙"部分。
⑤ 夏承焘、吴熊和《放翁词编年笺注》第67页。
⑥ 陆游《剑南诗稿》卷九。
⑦ 王文才《成都城坊考》（上），《四川师院学报》1981年第1期。
⑧ 陆游《剑南诗稿校注》卷八。
⑨ 陆游《剑南诗稿》卷九。

　　图 58　成都合江亭，在成都府河与南河交汇处，1989 年重建。在 1991 年蓉城新景评选中，名列八景之一，因位于唐代西川节度使韦皋所开解玉溪故道上，故取名"解玉双流"。

范成大有《合江亭隔江望瑶林庄梅盛开，过江访之，马上哦此》①。这些所写都是南河两岸园林。而当时整个东南锦江两岸，一路梅花连绵不绝，诗人白麟《合江探梅》也写道："艇子飘摇唤不回，半溪清影漾疏梅。有人隔岸频招手，和月和霜剪取来。"②人们乘船飘流江上，或横渡两岸观赏，花光水影相为辉映，风景清秀明媚。

这其中以"合江园芳华楼下梅最盛"③，晚年退休故乡的陆游回忆成都梅花，所言多在两处，一是城西蜀苑，另一即是合江园。嘉泰二年（1202）《梅花绝句》："几年不到合江园，说着当时已断魂。只有梅花知此恨，相逢月底却无言。"④不难感受到，合江梅景给他留下的美好印象。然而合江亭边的梅景与合江亭的命运休戚相关，宋以后甚至在南宋后期就已断了消息。

1989年，成都市政府于故地重建合江亭，亭基以高台衬托，亭取重檐荟亭形式，双顶八角十柱，平面以两个六方形组合（图58）。人坐亭中，俯瞰两河会合奔流，远眺河岸绿树成荫，水上白鹭点点，仿佛范成大所说"绿野平林，烟水清远"之意境⑤。亭旁有仿古式房廊听涛舫，下游不远处有安顺廊桥，北隔滨江路辟有休闲绿地（称"思蜀园"），诸景相互呼应，构成了一个市民游乐的开放式市政公园⑥。鉴于古代这里曾为赏梅胜地，重建合江亭时如能在附近配合植梅，或能重现当年江亭赏梅的古胜风流。

---

① 《全宋诗》第41册第25912页。
② 袁说友、扈仲荣、程遇孙等《成都文类》卷一一。
③ 陆游《樊江观梅》自注，《剑南诗稿》卷一七。
④ 陆游《剑南诗稿校注》卷五〇。
⑤ 范成大《吴船录》卷上。
⑥ 笔者2009年10月下旬参加四川大学举办的第六届宋代文学国际研讨会，20日下午与同事曹辛华君前往游览。亭下台基铭文称"解玉双流（合江亭）"，"成都解放四十周年之际，在《成都晚报》发起组织的评选蓉城新景活动中，被评为八景之一。""双流"指府、南二河。"解玉"指韦皋在大慈寺南开凿溪水，溪中流沙便于冶玉，故名。

五、武康烟霞坞

　　烟霞坞在今浙江省湖州市德清县武康镇（故武康县治）东。宋谈钥《吴兴志》："烟霞坞，在武康县东北，地名石胁，又谓之丁墓舻（原注：撞字，去声）山。山下多梅，绵亘十余里，故邑人有云：'碧玉潭中千尺水，烟霞坞里万株梅。'见《旧编》，又云：坞有大石如龟，号龟岩，有瀑布。《余英志》云：刘颖云别墅。龟岩上有亭曰藏天，瀑布有桥亭名挂云。宋孝宗淳熙（引者按：1174—1189）中知县程九万屡游，有留题。"① 该书寺院类中又载："定空院，在县东北七里，梁普通六年建，名永昌，宋治平二年改今额。寺前后皆梅，毛东堂有定空寺观梅乐府。寺后有白云亭，掌琳师有诗。院在烟霞坞。"② 毛东堂，为北宋词人毛滂（1060—?），宋哲宗绍圣四年（1097）知武康县，于县治改建东堂，遂号东堂居士，现存《东堂集》和《东堂词》。不少诗词作于武康任上，其中咏梅词尤为引人瞩目，有《踏莎行·正月五日定空寺观梅》、《玉楼春·定空寺赏梅》、《南歌子·正月二十八日定空寺赏梅》、《菩萨蛮·定空寺赏梅》等，有"月华冷处欲迎人，七里香风生满路"，"醉翁满眼玉玲珑，直到烟空云尽处"③，"珑璁十里更无尘"④，"如今千万树，零乱孤村雨"⑤ 等句。所谓"七里"是县治到定空寺的距离，而"十里"应是定空寺周围梅景的泛称，这都反映了定空寺所在的烟霞坞一线梅花的连绵与繁盛。谈钥《吴兴志》物产类中也说"今武康、德清绵亘山谷"皆是梅⑥。从毛滂任职武康到《吴兴志》成书的嘉泰元年（1201），这里的梅花盛况至少持续了一个世纪。范成大《骖鸾录》称乾道八年（1172）由德清往武康，"道间有梅花，村以千万计"，烟霞坞正处于这沿

---

① 谈钥《吴兴志·山》，台湾成文出版社《中国方志丛书》影印章氏读骚如斋抄本。"刘颖云"，云作简体，《永乐大典》本同，后世多作刘颖士。
② 谈钥《吴兴志·寺院》。
③ 毛滂《玉楼春·定空寺赏梅》，《全宋词》第671页。
④ 毛滂《南歌子·正月二十八日定空寺赏梅》，《全宋词》第671页。
⑤ 毛滂《菩萨蛮·定空赏梅》，《全宋词》第685页。
⑥ 谈钥《吴兴志·物产》，台湾成文出版社《中国方志丛书》影印章氏读骚如斋抄本。

路，也足见谈钥《吴兴志》所说不诬。

关于烟霞坞的地点，《吴兴志》称在"县东北七里"，永乐府志沿其说①。但武康县治东北方向十里内只见一些高不过百米的零星山丘，远不足形成深坞幽曲、瀑布横挂的景象，而其东南方向却有连绵高山。明成化《湖州府志》称："烟霞坞在县东七里，《余英志》云，林岩之胜号称洞天，中有龟岩，岩上有亭曰藏天，岩前瀑布下灌岩谷，声激如雷，有桥亭名挂云，最为绝胜。"②嘉靖《武康县志》："石胁山，县东七里，高八十五丈，围三里二百步，一名石井山。""烟霞坞，县东七里。"③万历《湖州府志》："石胁山：县东七里，下有石井。云岫山：县东十里，每多云，有烟霞坞，林麓之胜，号称洞天。"④称烟霞坞在石胁或在云岫，县东七里或十里，说法不一，但所说方位可靠。今武康镇东南塔山，别名云岫山，主峰267米⑤，方圆十多里，旧志所谓石胁、云岫等均是其支脉。烟霞坞地处山的阴面，即今百岫寺所在之山坞，正在县治之东。清光绪十九年（1893），浙江舆图局《武康县五里方图》即在此方位标名烟霞坞⑥，如今当地有村名疃下⑦，应即谈钥《吴兴志》所说丁墓疃（石胁山别名）山下之义。

嘉靖县志记载，烟霞坞号"烟霞洞天"，与"桂枝春水"（县南桂枝桥）、"前溪落花"（余英溪）、"东野古井"（孟郊故居）、"莫干剑池"（莫干山）等并称县中八景，但当时烟霞胜景已经"芜废"⑧。康熙间邑人骆仁埏、唐靖、徐廷献有题咏烟霞坞或刘颖士故居诗⑨，诗中都提到梅花，但未见夸耀其盛，可见只是一般怀古谈故而已。

今德清县城东南塔山即古代所说云岫山，烟霞坞在山阴，今有寺庙。山之阳有云岫寺，据称"寺内侧有宋梅"⑩。明末清初吴康侯《云岫山记略》："桂枝桥东行

---

① 《永乐大典》卷二二七九。
② 劳钺《（成化）湖州府志》卷六。
③ 程嗣功、骆文盛《（嘉靖）武康县志》卷三。
④ 栗祁、唐枢纂修《（万历）湖州府志》卷二。
⑤ 德清县志编纂委员会《德清县志》第42页。
⑥ 湖州市地名委员会办公室《湖州古旧地图集》第155页。
⑦ 浙江煤炭测绘院《德清县地图》。
⑧ 程嗣功、骆文盛《（嘉靖）武康县志》卷三。
⑨ 疏筤《（道光）武康县志》卷二："邑人骆仁埏烟霞坞诗：……岭梅傍有琪花种，间共瑶芝插满畚。邑人唐靖烟霞坞诗：……春山窈窕溪光静，夜月虚无梅影斜。"徐廷献《烟霞坞刘秀叔故居》："白云不出坞，太古到如今。梅发雪盈树，松多风在琴。野樵寒渡水，冻鸟暮归林。居近应怜我，千秋同此心。"陈焯《国朝湖州诗录》卷九。
⑩ 湖州市地方志编纂委员会编《湖州市志》上册第260页。2010年3月11日傍晚，笔者与侄滢到寺寻访，寺在半山深处，沿路竹林茂盛，溪水流溅，陡峭处作飞瀑，声震林壑。寺中正为俗家作水陆道场，山门紧闭。反复叩呼，僧人容进寺稍游。传宋梅一株，在大雄殿后、尊经阁前院中。

二里至鼓儿桥……入石溪坞，路出两山之间，数家烟火，篱外梅竹掩映。唐人云'一径入溪色，数家连竹阴，牛羊下山小，烟火陌云深'，景殆如是。……云岫山寺，寺坐甲向庚（引者按：坐东向西），众峰包络，其外踞水泉松竹之胜，堂前两梅花，正敷荣。"① 所说宋梅或即吴氏所记明梅。

---

① 疏笾《（道光）武康县志》卷二。

六、乌程菁山

菁山属湖州乌程县，在今浙江省湖州市吴兴区东林镇青山村北①，去湖州城南约五十里，以产黄菁、白术著称，宋高宗兄、元赵孟頫五世祖、秀安僖王赵子偁墓园在焉，两宋时果梅种植渐成规模。葛胜仲于宋徽宗宣和四年至六年（1122—1124），南宋高宗建炎四年至绍兴元年（1130—1131）两度任湖州知州，诗词作品就多次写到菁山梅花之盛："蔽谷连山万树多，吴天今日骤晴和。"②"东皇已有来归耗，十里青山道。冻桦万株梅，一夜妆成，似趁鸣鸡早。"③稍后李洪（1129？—？）寓居湖州，有《菁山观梅歌》④。南宋中期陈造（1133—1203）诗中写道："薄游他日为寻梅，烂赏菁村十里开。"⑤同时王质称赞："菁村江梅、竹山蜡梅，余虽不遍历天下，东南未见也。""吾尝菁村山中饱玩玉葳蕤，十里五里无他枝。"⑥谈钥《（嘉泰）吴兴志》物产志称："梅生江南，湖郡尤盛。……今武康、德清绵亘山谷……菁山等处亦多。"可见北宋末期以来，菁山一带梅林连绵十里不绝，蔚为壮观，至少到宋宁宗嘉泰年间（1201—1204）仍是如此。元明两朝未见有诗文作品提及，明清方志除引述宋人所说外，也很少再有新的记载，想必种植规模已有所萎缩。

入清后菁山梅花又开始复兴。明末清初，魏耕（1614—1662）《送友》诗中写道"不到菁山久，梅花几度思"⑦，可见此时已有梅景可观。大约雍正朝，归安沈树本（1671—1743）、沈炳震（1680—1738）叔侄一行"游菁山上濠村倡和"，有《沈氏探梅集》，厉鹗作序称，自古歌咏吴兴者多水事，少山景，言菁山者必称黄菁

① 这里的自然村原名菁山，1964年改称青山，见湖州市地名领导小组（湖州市地名办公室）《浙江省湖州市地名志》第286页。
② 葛胜仲《约特进河东相公、元枢河南相公游菁山观梅，用前韵重赋五绝》其三，《全宋诗》第24册第15697页。
③ 葛胜仲《醉花阴·次韵印师》，《全宋词》725页。
④ 《全宋诗》第43册第27142页。
⑤ 陈造《次韵郭帅梅三首》其二，《全宋诗》第45册第28232页。
⑥ 王质《题俞舜俞墨梅》，《全宋诗》第46册第28897页。
⑦ 魏耕《送友二首》其二，《雪翁诗集》卷一二。

（引者按：常写作黄精），而沈氏唱和梅花，是"仙菁荒，寒梅盛，水泛释，山行起，亦人代推移，境会变迁"①。显然厉氏未考《（嘉泰）吴兴志》诸书有关菁山产梅之记载，由此也可见元明两朝菁山梅花衰落已久，历史盛况罕为人知，而此时菁山北的上濠村一线梅花又趋兴盛②。同时乌程温焴《菁山冒雪访梅》："闻道前山梅似雪，谁知中道雪如梅。冲寒直向林中去，带湿疑从月下来。"③ 乾隆后期，归安陈芳也有《薄暮菁山探梅》诗④。这一轮盛况至少延续到嘉庆年间。嘉庆十一年（1806），乌程郑祖球（1782—1819）读书菁山妙峰寺，其《入菁山》诗"四围半僧寺，一径万梅花"⑤，此时菁山妙峰寺一路仍是一片梅花盛景。菁山梅花是湖州境内兴起最早的梅花名胜，在整个古代梅花风景名胜中也是出现较早的一处，而且异代复兴，值得重视⑥。

---

①　厉鹗《樊榭山房集》文集卷三。
②　湖州市地名领导小组（湖州市地名办公室）《浙江省湖州市地名志》第 287 页《青山公社图》、第 290 页逸山大队名下都有上濠村（自然村），附近有炮台、施家桥、肖家圩等村，在菁山北数里。
③　郑佶《国朝湖州诗录续录》卷三。
④　陈焯《国朝湖州诗录》卷二八。
⑤　郑祖球《入菁山》，《红叶山房集》卷三。
⑥　以上两节，原见笔者《湖州梅花名胜考》一文，载《北京林业大学学报（社会科学版）》2010 年第 4 期，何晓琦女士编辑。古代湖州境内其他梅花名胜，并可参阅此文。此文写作中，承湖州师范学院中文系颜翔林教授、赵红娟教授提供帮助，谨此并志谢忱！

七、汴京宋徽宗艮岳梅岭

　　艮岳是宋徽宗年间兴建的皇家园林，原名万寿山，因正门称阳华门，又称阳华宫。地点在当时汴京开封府（今属河南）的东北，周围十余里，占地约700多亩，由宋徽宗亲自设计，堆山叠石，穿池引流，"四方花竹奇石悉萃于斯，珍禽异兽无不毕集"①，冈峦林麓、池沼溪涧、亭台楼阁、农庄田舍、花木鸟兽等应有尽有，景象万千。该园是以纯粹以游观为目的的山水园林，设计如诗如画，营造技术精湛，在中国古代园林艺术史上有着特殊的地位。园中有梅景多处，其中最主要的有两处。

　　一是梅岭，在园之主峰之东。僧祖秀《阳华宫记》："筑冈阜高十余仞"，"高于雉堞，翻若长鲸，腰径百尺，植梅万本，曰梅岭"②。宋徽宗《艮岳记》："其东则高峰峙立，其下则植梅以万数，绿萼承跗，芬芳馥郁，结构山根，号萼绿华堂。"③所说冈阜十余仞，指艮岳主峰，一说高九十尺，东西亘连两岭，东岭植梅万本，称梅岭④。所植以绿萼梅为主，山脚建有殿堂，称萼绿华堂。这是整个艮岳最大的植梅景区。

　　二是梅渚，宋徽宗《艮岳记》："又西半山间，楼曰倚翠，青松蔽密，布于前后，号万松岭。上下设两关，出关下平地，有大方沼，中有两洲。东为芦渚，亭曰浮阳；西为梅渚，亭曰云浪。"整个艮岳左山右水，园之西半万松岭，南有大池，梅渚为池中一洲，顾名思义，洲上植有梅花。李质、曹组《艮岳百咏·梅渚》可证："只借晴波为晓鉴，不随花岛作江云。未须吹笛风中去，多得清香水际闻。"⑤

　　除此两景外，李质、曹组《艮岳百咏》还写到梅冈、梅池和蜡梅屏。李质《艮

①　袁褧《枫窗小牍》卷上。
②　李濂《汴京遗迹志》卷四。
③　王明清《挥麈录》后录卷二。
④　朱育帆《艮岳景象研究》第65页："（梅岭）肖江西大庾岭，位于艮岳东部，北与凤凰山左翼相衔，南与寿山相连。"
⑤　《全宋诗》第26册第17034页。

岳百咏·梅冈》："阔连峰岭玉崔嵬，春逐阳和动地来。不似前村深雪里，夜寒唯有
一枝开。"① 揣摩诗意，所谓梅冈或即梅岭延展之绵亘山冈或梅岭山腰起伏之岗峦②。
李质、曹组《艮岳百咏·梅池》："玉钿匀点鉴新磨，香逐风来水上多。应为横斜诗
句好，故教疏影泻平波。"③ 梅池具体方位不明，从诗意看当是一小型池塘，摹仿林
逋《山园小梅》"疏影横斜水清浅"诗意，周边植有梅花，疏影横斜倒映水面。或
者梅池即指梅渚所在湖面。李质、曹组《艮岳百咏·蜡梅屏》："冶叶倡条不受羁，
翠筠轻束最繁枝。未能隔绝蜂相见，一一花房似蜜脾。"④ 可见所谓蜡梅屏，是将蜡
梅密植，以竹竿束缚支撑作栅栏，形成一屏风状的造景，颇有特色。

　　艮岳始建于政和五年（1115），宣和四年（1122）建成⑤。靖康元年（1126）
金兵大举南侵，汴京被围，园中山石被守军砸为炮石，又诏许民众入园樵薪，园景
毁损殆尽，而所谓梅岭、梅渚林景也应在劫难逃。艮岳梅岭、梅渚是皇家园林中规
模最大的梅花景观，也是北方地区历史上最为盛大的观赏梅林，反映了宋代以来梅
花在整个园林植物造景中的重要地位。遗憾的是这一盛大梅花园景出现在一个盛世
浮华急遽落幕的悲剧时代，从兴建到被毁，只是弹指十年间事，令人感慨万千。

---

① 《全宋诗》第 26 册第 17030 页。
② 朱育帆《艮岳景象研究》第 65 页也称："梅岗可能从属梅岭而突兀成岗，与八仙馆相近。"
③ 《全宋诗》第 26 册第 17029 页。
④ 《全宋诗》第 26 册第 17035 页。
⑤ 有关情况考证，请参见朱育帆《关于北宋皇家苑囿艮岳研究中若干问题的探讨》，《中国园林》2007 年第
　 6 期。

八、临海山宫梅园

　　山宫梅园在浙江台州临海县城东北，宋代临海为台州府治所在地，因此也称台州山宫，地在今浙江临海市城关镇山宫里一带①。南宋陈耆卿《赤城志》卷二七："法安院：在县东北五里，晋天福元年，僧云晖建，俗号仙宫。一径阴森（引者按：森字原脱，此据嘉庆二十三年《台州丛书》本补）萧爽，游者爱焉。寺外有二古经幢，国朝大中祥符元年赐今额。旧有梅园，曾守宏父《简洪景伯探梅》诗有云'近城殊未发，君与探山宫'，又云'得（引者按：一本作待）得山宫千树白，与君骑马入青苔'。洪亦有简曾诗云：'天知风月主人贤，况是江梅望着鞭。已报兵厨招客醉，故教晴日作春妍。一年行乐能多少，十骑联飞相后先。好向山宫记名字，他时嘉话踵斜川。'今梅不复存，改为漏泽园矣。"曾宏父，名惇，曾布孙，因避光宗讳以字行，竭力吹捧秦桧和议，累得擢升，绍兴十四年（1144）由知黄州移知台州，十八年知镇江府②。洪适则因得罪秦桧，时出为台州通判。曾氏诗中所说山宫即仙宫，寺旁有一梅园，约千树（洪适数诗均称千树）。曾、洪等人赏梅唱和事在绍兴十七年，诗载《天台集续集》别编卷二，其中李益谦诗有"十里寒梅欲斗妍，东郊寻胜喜联翩"句，洪适诗"重忆东城路，盈盈十里梅"③，可见当时整个府城东北郊梅花之盛。大致同时，寓居临海的曹勋也有《和李提举（引者按：疑为提举江州太平观李擢）山宫梅》："客中乍喜暄风回，徐行东郭嘉惟梅。萧萧千竿缭秀色，粲粲

---

① 山宫本在旧县城东北，1986 年印行的《浙江省临海市地名志》中城关镇地图所标山宫在县城东北郊，并在城关镇后山行政村下记有山宫自然村，村 12 户 50 人，见该书第 52 页。山宫西为北固山，东为山峰岭之西南支脉蛤蟆岩，山宫地处两山之间的坳地，有溪流经过，北为水磨坑。今临海城向东北扩展，山宫已处城区之中。
② 李心传《建炎以来系年要录》卷一五一、卷一五八。
③ 洪适《忆梅呈曾宏父》，《盘洲集》卷三。

万玉明芳荄。"① 嘉定四年（1211），梅园一带被改造为漏泽园（官设丛葬地）②，梅即不存。但晚明陈次经有《问山宫梅》诗"为问山宫道，千梅吐腊前。行穿三里雪，坐弄一溪烟"，清人洪颐煊据此疑"山宫梅花明末犹有存者"③。揣摩陈氏语意，当是怀古，而非写实。不仅是梅园，并法安院佛寺也早已不存，明谢铎《赤城新志》、清康熙《临海县志》均不载，可见湮废已久。

　　附带提一下，宋时临海境内另有几处梅景。一是台州府署后院永庆寺，绍兴间有梅花，林宪、李擢、綦崇礼、陈公辅等有诗题咏唱和④。二是临海浮冈，"在县北十里松山嶴（引者按：在今县城西北松山镇），地多梅花"⑤。南宋孝宗朝高似孙有《浮冈》诗"千树梅花三尺雪，一帆风力半江潮"句⑥，同时楼钥、林宪也有诗⑦。三是县东七里普济院，"旧有秀野亭，地多梅花"⑧。

---

① 曹勋《松隐集》卷八。《建炎以来系年要录》卷一五三记载，绍兴十五年曹勋请祠禄，以提举洪州玉隆观居台州，卷一五八记载绍兴十八年十一月曹勋由台州发赴行在，是这三年曹勋寓居台州临海，诗当作于此时。曹勋作品中有回忆天台之言，后世遂以所居松隐园在天台县（《（雍正）浙江通志》卷四六）。其实所言天台即台州，绍兴初曹氏经营母、弟、妻墓于临海县真隐山，见其《显恩寺记》，《松隐集》卷三一。临海为台州府治，是松隐园在临海县无疑。

② 陈耆卿《赤城志》卷五。

③ 洪颐煊《台州古迹记》，《筠轩文钞》卷四。

④ 林表民《天台集续集》别编卷四、卷六。

⑤ 洪颐煊《台州札纪》卷五。

⑥ 《全宋诗》第 51 册第 32003 页。

⑦ 楼钥《次韵沈使君怀浮冈梅花》，《攻媿集》卷一；林宪《浮江探梅》，林表民《天台集续集》别编卷六。

⑧ 陈耆卿《赤城志》卷二七。

九、会稽昌源古梅

　　会稽，今浙江绍兴市，春秋古越国，秦属会稽郡，东汉时为会稽郡治，隋唐时改称越州。南宋以来称绍兴府（路），辖山阴、会稽、萧县、诸暨、上虞、余姚、嵊县、新昌八县。这里重点介绍府治所在山阴、会稽两县的梅花名胜。二县民国来合并为绍兴县，今分为越城区和绍兴县。

　　越梅自古闻名。汉刘向《说苑》卷一二《奉使》："越使诸发执一枝梅遗梁王，梁王之臣曰韩子，预谓左右曰：'恶有以一枝梅以遗列国之君者乎，请为二三子惭之。'出，谓诸发曰：'大王有命，客冠则以礼见，不冠则否。'诸发曰：'彼越亦天子之封也，不得冀、兖之州，乃处海垂之际，屏外蕃以为居，而蛟龙又与我争焉，是以剪发文身，烂然成章，以像龙子者，将避水神也。今大国其命，冠则见以礼，不冠则否。假令大国之使，时过弊邑，弊邑之君，亦有命矣，曰客必剪发文身，然后见之，于大国何如？意而安之，愿假冠以见。意如不安，愿无变国俗。'梁王闻之，被衣出，以见诸发，乃逐韩子。"① 故事所说的"一枝梅"所指应是梅花，而不是果实。这条材料告诉我们，春秋末期至战国中期的越国已经把盛开的梅枝作为外交礼物，在越人心目中，梅花一定是一种美好甚至令人崇敬的东西。这是历史上最早的梅花欣赏之事，在梅文化史上有着特殊的意义。但这一故事的可靠性值得怀疑，《韩诗外传》卷八有类似的一段越使善于应对、不辱使命的记载，故事中宾主双方对话与此基本相同，只是使者为廉稽，所使为荆（楚）而非梁（魏），出使任务是向荆王"献民"，其中没有以梅相赠的细节②。《说苑》为资料分类辑录之作，史实与传说相互参杂，不能全然据信。就生活常识而言，以当时的交通水平，何以将梅花保鲜，由千里迢迢的钱塘江南带到今河南境内，也不可想象。但这条材料至少可以用来说明，西汉刘向（前77—前6）时代的情形，当时越地产梅应有一定的知名

---

① 刘向撰，赵善诒疏证《说苑疏证》第335—336页。
② 《韩诗外传》卷八之一，刘向撰，赵善诒疏证《说苑疏证》第336页引。

度，当地人已注意到了梅花之美，并以盛开的梅枝作礼物①。

到了唐朝，有关越地梅花的文字信息逐渐增多。崔颢《舟行入剡》："山梅犹作雨，溪橘未知霜。"大约大历四年（769）鲍防、严维等诗人在越州唱和《忆长安》、《状江南》十二月风光，鲍防《状江南·孟春》："江南孟春天，荇叶大如钱。白云装梅树，青袍似葑田。"所写自然包括所在越州早春时节梅花盛开如云的景象。晚唐吴融，山阴人，其《旅馆梅花》："清香无以敌寒梅，可爱他乡独看来。为忆故溪千万树，几年辜负雪中开。"② 吴融自称"家近五云溪"③，五云溪即若耶溪，可见这时若耶溪一带梅花已显繁盛之象。

南宋时山阴、会稽的梅花更是盛极一时。尤其是所产古梅，姿态奇特，深得人们喜爱。范成大《梅谱》："古梅会稽最多……其枝樛曲万状，苍藓鳞皴，封满花身。又有苔须垂于枝间，或长数寸，风至绿丝飘飘可玩。初谓古木久历风日致然，详考会稽所产，虽小株亦有苔痕，盖别是一种，非必古木。余尝从会稽移植十本，一年后花虽盛发，苔皆剥落殆尽。"曾敏行《独醒杂志》卷六也说："余尝闻山阴有古梅，极低矮，一枝才三四花，枝干皆苔藓。每一窠至都下，贵家争取之。"此处所言古梅，非高龄老树，实是苔梅。越地近海，地气温溽，易生苔藓。陆游《梅花绝句》其七："吾州古梅旧得名，云蒸雨渍绿苔生。一枝只好僧窗看，莫售千金入凤城（山阴古梅，枝干皆苔藓，都下甚贵重之）。"④ 说的就是这种情况。而其中山阴西南的项里、离渚、容山等地出产颇盛。施宿《会稽志》卷一七："项里、容山、直步、石龟多出古梅，尤奇古可爱。绿藓封枝，苔须如绿缨，疏花点缀其上，夭矫如画。山谷间甚多，树或荫数十步。好事者移植庭槛，纵不槁，苔藓亦辄剥落，盖非凡物也。"项里山、容山、直步山在今绍兴漓渚、福全镇西北一带⑤。项里，世传楚霸王项籍流寓于此，因得名⑥。姜夔《项里》诗序："项里……地多杨梅、苔梅，皆妙天下。"⑦ 山阴、会稽之外，南宋绍兴府所属余姚、诸暨等县也产苔梅。

南宋时会稽梅花以昌源规模、名声最大。昌源，也作昌园、昌元、昌原，在会

---

① 笔者《中国梅花审美文化研究》第 19 页引东汉崔骃《七依》"醢以大夏之咸（一作盐），酢以越裳之梅"语，企图进一步佐证当时越地产梅之事。但"越裳"本古南海国名，此泛指越地，非仅指狭义之越国，借此纠正。

② 《全唐诗》卷六八五。

③ 吴融《岐下闻杜鹃》，《全唐诗》卷六八四。

④ 陆游《剑南诗稿》卷一〇。

⑤ 绍兴县革命委员会《浙江省绍兴县地名志》第 308 页"福全人民公社"下载有"容山大队"、"容山"自然村，但未见有山体名容山者。

⑥ 绍兴县革命委员会《浙江省绍兴县地名志》第 200 页"州山人民公社"下载有"项里大队"、"项里"自然村。

⑦ 姜夔《白石道人诗集》卷下。

稽县南，明刘基《出越城至平水记》："舟出越城东南，入镜湖四里许，为贺监宅，宅为今景福寺。又东南行二里许，为夏后陵，陵旁为南镇祠。又东可二里入樵风径，东汉郑巨君采薪之所也。径上有石帆山，状如张帆。又折而西南行二里，为阳明洞天，其中有峰状如伞，名曰石伞之峰。其东为石旗，秦皇酒瓮在焉。又南入若耶之溪，循宛委玉笥，泝流三里至昌源，有故宋废陵，盖理宗上皇（按：宋理宗父赵希瓐）之所葬也。其上有山，状如香炉，名曰香炉之峰。入南可四里曰铸浦（引者按：今铸铺乔），是为赤堇之山。"① 该文记载了从绍兴府城沿若耶溪（平水江）南行至会稽山南的路程，不难看出，从禹陵向东南，沿若耶上溯至香炉峰之东南，即为昌源所在地。如今这一带有昌源自然村②，今属绍兴县平水镇会稽村（图59）。施宿《会稽志》卷一八："昌园在会稽县南，园有梅万余株，花时雪色可爱，芬香闻数里，居民以梅为生业。"这种情况可能由来已久。曾几（1084—1166）《喻子才提举招昌源观梅，倦不克往，苏仁仲有诗，次韵》："问公何许看花回，剩说郊坰十里梅。树杂古今他处少，枝分南北一齐开。"③ 可见绍兴年间（1131—1162）这一带产梅已盛。至南宋后期葛绍体《昌园》："昌园梅树占山林，山浅村深烟日昏。薄暮东风几篱落，雪涛隐约万龙奔。"④ 盛况依然，时间几乎跨越了整个南宋⑤。

　　昌源梅属典型的经济性种植，所谓"以梅为生业"。所产青梅果大味美，享誉一时。施宿《会稽志》卷一七："越州昌原梅最盛，实大而美。"周密《武林旧事》卷三记载临安市售"蜜渍昌元梅"，《西湖老人繁胜录》"食店"条记茶果仁儿中也有"昌元梅"，可见昌源青梅因其"实大而美"，果饯制品在当时都城临安极为畅销。不仅青梅如此，用于观赏的昌源苔梅也名动遐迩。南宋虞俦《次韵古梅》："怪底昌园一种梅，老枝强项独迟开。伶俜鹤膝翻嫌瘦，皴皱龙鳞不受摧。羞把冰肌混桃李，故将粉面映莓苔。广平铁石心犹在，宁有诗情似玉台。"⑥ 姜夔《卜算子·吏部梅花八咏，夔次韵》："路出古昌源，石瘦冰霜洁。折得青须碧藓花，持向人间

---

① 刘基《诚意伯文集》卷八。吕化龙、董钦德《（康熙）会稽县志》卷五："昌园在县东南二十里。"
② 绍兴县革命委员会《浙江省绍兴县地名志》第 323 页"昌峰大队"下有"昌源"自然村，254 户、1052 人。2012 年 11 月 24 日上午，笔者由绍兴文理学院中文系渠晓云教授、杭州师大外文系刘小刚教授夫妇、同事曹辛华君驱车陪同至此。此为会稽山东南麓，遍地已为住宅社区，但就地形看，应为当时植梅之丘地。
③ 曾几《茶山集》卷五。
④ 葛绍体《东山诗选》卷下。
⑤ 陆游为山阴人，晚年居城西，平生爱梅，《放翁诗稿》作品近万，咏梅诗逾百首，于故乡梅花着笔尤多，然没有提到昌源，令人费解，或有关作品适巧散佚。陆游《雪》"若耶溪上梅千树"，《野饮》"酒瓮石边孤店晚，樵风溪畔早梅春"，还有《射的山观梅》，所及地名都去昌源不远，所写也可能包括昌源一带梅花。
⑥ 虞俦《尊白堂集》卷三。

图 59　会稽昌源位置图（程斯园绘）。图
中有昌峰行政村，昌源是该行政村所属自然
村，今俱合并入会稽行政村。

说。" 句下自注："越之昌源古梅妙天下。"① 苏泂《金陵杂兴》："内官折送御园梅，
历刺如薪苦不才。安得昌原带苔树，疏花分得几枝来。"② 可见昌源苔梅声名远扬，
行销各地。

　　昌源产梅盛况至少持续到元代。元陆德源有《送徽纸、昌园梅且索和》，从顾
瑛的答谢诗中可知所馈即蜜渍昌元青梅③。其后明清人诗咏歌赋罕见提及，而当地
方志著述也只是抄述宋嘉泰《会稽志》的内容，并未提供任何新的信息，想必种植
状况已发生变化，梅花盛景衰落不名。清康熙间山阴许尚质有《忆昌园梅花》诗：
"看花怅忆旧昌园，剩粉残香易断魂。有客到来迷屐齿，无人知处涨溪痕。平桥十
里天如水，僧磬三更月在门。惭愧半生多旅食，好餐冰雪度朝昏。"④ 可见梅花仍
有，但未夸诩其盛，或者循名营景，或者居人仍间存种梅为业的现象。

① 《全宋词》第 2186 页。
② 苏泂《金陵杂兴二百首》其三十四，《泠然斋诗集》卷六。
③ 陆德源《送徽纸、昌园梅且索和》附，顾瑛《草堂雅集》卷六。
④ 阮元《两浙輶轩录》卷一一。

一〇、范成大石湖玉雪坡 与范村梅圃

范成大（1126—1193），字致能，少年时号此山居士，后号石湖居士，苏州吴县（今江苏苏州）人，与范仲淹同乡但不同宗。绍兴二十四年（1154）进士，任徽州（今安徽歙县）司户参军、枢密院编修官、秘书省正字、吏部员外郎、国史院编修、起居舍人等职。乾道六年（1170）出使金国，要求收还巩洛祖宗陵寝地和变更宋帝收书礼。在杀机四伏的金廷，范成大一改以往宋使卑躬曲膝之态，不畏强暴，慷慨陈辞，其舍身忘死之气概为宋、金两朝一致称道，归国后迁中书舍人。乾道八年（1172）起任静江府（今广西桂林）、成都府（今属四川）等地知守。淳熙五年（1178）拜参知政事，不久因事被言者论罢，奉祠退居。其后又起知明州（今浙江宁波）、建康府（今江苏南京）等。淳熙十年（1183），辞职归居故乡。68岁卒于家，谥"文穆"（图60）。

范成大一生成就以文学为主，诗歌与陆游、杨万里、尤袤（一作萧德藻）齐名，号称"中兴四大诗人"。在"四大诗人"中，范成大宦迹最称显达，外官至方伯连帅，内官登侍二府。范成大自小身体羸弱多病，一生宦意较为淡泊，退居闲养之心较重，以积年优俸厚禄，着意私园经营，石湖与范村即其所营两处别墅。

石湖在苏州西南郊、太湖之滨，为太湖伸向陆地的一个较大水湾，著名的越来溪穿湖而过，春秋时为吴王夫差与西施宴游之地、吴越争霸的古战场。湖周山峦逶迤，湖光山色交相辉映，遗迹、古刹和田园村墟错落其

图 60　范成大像（《吴郡名贤图传赞》卷三）。

间，风景极其清雅秀丽，时人言"登临之胜，甲于东南"①，今为太湖风景区的十三景区之一。虽然石湖山水形胜冠于吴下，但真正闻名却起于范成大的石湖别墅。范成大自称"少长钓游其间，结茅种树，久已成趣"②，可见年轻时就在此买田结庐，种植花木，以为游憩之地。乾道二年（1166），范成大除尚书吏部员外郎，不久遭物议罢归故里，始经营石湖别业③。乾道三年建农圃堂④，乾道五年春有《次韵马少卿、郁舜举示同游石湖诗卷七首》，诗中回忆上一年携友宴游石湖之事，可见乾道三、四年间石湖别墅已初具规模。乾道七年（1171）罢西掖（中书）归故里，又进一步添置，次年周必大来游，崔敦礼为作《石湖赋》⑤，范成大始自称"石湖居士"⑥。淳熙八年（1181），宋孝宗赐书"石湖"二字，范成大为刻石立碑纪之。晚年退居故乡，淳熙十三年在石湖别墅写下了著名的《田园四时杂兴六十首》，融田园风光、农事风土与文人闲适于一炉，在陶渊明、王维、孟浩然之后开创了古代田园诗的新境界。正是范成大的开创经营，使石湖成了吴下广为人知的风景名区。

　　石湖集中植梅处名玉雪坡，范成大称"有梅数百本"⑦。宋末周密《齐东野语》记载："文穆范公成大晚岁卜筑于吴江盘门外十里，盖因阖闾所筑越来溪故城之基，随地势高下而为亭榭，所植多名花，而梅尤多，别筑农圃堂……又有北山堂、千岩观、天镜阁、寿乐堂，他亭宇尤多，一时名人胜士篇章赋咏，莫不极铺张之美。"⑧可见玉雪坡梅花是整个石湖别墅中比较重要的一个景观。玉雪坡植梅起于何时？范成大作品中并无直接交代，但从其诗文中的咏梅信息看，石湖梅花成景约始于淳熙

---

① 范成大《骖鸾录》。
② 范成大《御书"石湖"二大字跋》，孔凡礼《范成大佚著辑存》。
③ 今所见最早与范成大有关的"石湖"之称为吴儆《送范石湖序》，孔凡礼《范成大年谱》、于北山《范成大年谱》均系于绍兴三十年（1160），时范成大在徽州司户参军任上，冬月受代离任，吴儆著文送别。但笔者认为，这里的"范石湖"之称有可能是后来编集时重拟，此时范成大石湖未名，不足以引为室号。范成大早年丧父，无力买山隐居，"取唐人'只在此山中'之语，自号此山居士"（周必大《资政殿大学士赠银青光禄大夫范公成大神道碑》，《文忠集》卷六一）。此时初仕不久，且为幕僚之职，卑官微禄，谅不会有多少羡余购置别墅。范成大《西塞渔社图卷跋》称："始余筮仕歙掾，宦情便薄，日思故林。次山（引者按：李结）时主簿休宁，盖屡闻此语。后十年，自尚书郎归故郡，遂卜筑石湖。次山适为昆山之宰，极相健羡，且云亦将经营苕霅间。又二十年，始以《渔社图》来。"该文见方爱农《范成大〈西塞渔社图卷跋〉考》，《杭州师范学院学报》1999年第5期，署时淳熙十二年（1185）上元，连头连尾逆推二十年是乾道二年（1166）。孔凡礼《范成大年谱》有范成大为李结自画图题诗，即系于乾道二年，而经营石湖之事系于乾道三年，称"是岁，营农圃堂，种木开荒，躬亲其役，开始经营石湖"，见该书第156页。此是修农圃堂的时间，而经始石湖当在乾道二年。
④ 范成大《赠寿老》注："十八年前始作农圃堂，寿老自眉庵远来相与度地。"《范石湖集》诗集卷二六。诗作于淳熙十二年，上推十八年为乾道三年。
⑤ 均见于北山《范成大年谱》相关系年。
⑥ 范成大《骖鸾录》："石湖居士以乾道壬辰十二月七日发吴郡，帅广西。"
⑦ 范成大《范村梅谱》。
⑧ 周密《齐东野语》卷一〇《范公石湖》。

五年（1178）。淳熙三年在成都植梅作诗结尾有"扫净宣华藜藋径，他年谁记石湖滨"句①，隐约有怀念石湖梅花之意。淳熙五年由成都返乡闲居，此后作品中有关石湖梅花的诗歌渐多。淳熙六年《与游子明同过石湖》、《次韵同年杨廷秀使君寄题石湖》都提到梅花，其中后一首"书到石湖春亦到，平堤梅影縠纹生"，可见石湖堤上植有梅花。这年《除夜前二日夜雨》诗中又写及溪山探梅的安排："雪不成花夜雨来，垄头一洗定无埃。小童却怕溪桥滑，明日先生合探梅。"② 所说也当是石湖梅景。淳熙十年由建康任上奉祠返乡，淳熙十一年早春《案上梅花二首》诗"南坡玉雪万花团，旧约东风载酒看。冷落铜瓶一枝亚，今年天女亦酸寒"③，这是第一次明确写及玉雪坡梅景，揣度语意，坡上梅林当是去年返乡后种植，本拟来春前往探赏，不意天寒不耐，只得剪枝插瓶。综合上述信息，可见石湖梅景约经始于淳熙五年前后，淳熙十年又有所扩展，至迟到淳熙十三年前后写作《范村梅谱》时已有梅树数百。

范村为范氏另一别墅，在城内西河住宅的南面，隔河相望，以种植花木为主，建有重奎堂，供奉孝宗、光宗所赐翰墨，另有凌寒、花仙、方壶、山长等居室。范村别墅始营于淳熙十年（1183）由建康任上奉祠退居后，绍熙元年（1190）完成，植有海棠、酴醿等花卉④。淳熙十三年（1186），范成大曾收集吴下菊花品种种植于此，并著《范村菊谱》一一加以记录。大约同时或前后，又广集吴下梅品植于此，著《范村梅谱》，序言称："余于石湖玉雪坡既有梅数百本，比年又于舍南买王氏僦舍七十楹，尽拆除之，治为范村，以其地三分之一与梅。吴下栽梅特盛，其品不一，今始尽得之，随所得为之谱，以遗好事者。"梅花主要植于凌寒室外。范成大衰病体弱，到石湖赏梅每感天寒路远，而舍南范村就成了晚年赏梅的主要去处。绍熙二年（1191）《范村雪后》："习气犹余烬，钟情未湿灰。忍寒贪看雪，讳老强寻梅。"⑤ 又有诗写道："玉雪飘零贱似泥，惜花还记赏花时。赏花不许轻攀折，只许家人戴一枝。"⑥ "问人何处是花蹊，香玉匀铺不见泥。莫怪山翁行步涩，更无空处着枯藜。"⑦ 可见此时范村梅圃花开如团，花落如雪，花枝无隙，长势已极繁盛茂密。也正是这一年冬，词人姜夔应邀来此赏梅，留居一月，作《玉梅令》、《暗香》、《疏影》等曲。范成大极为欣赏，把玩不已，"使工妓肄习之，音节清婉"。姜夔归

---

① 范成大《新作官梅庄，移植大梅数十本绕之》，《范石湖集》诗集卷一七。
② 范成大《范石湖集》诗集卷二〇。
③ 范成大《范石湖集》诗集卷二三。
④ 范成大《范村记》，孔凡礼《范成大佚著辑存》。
⑤ 范成大《范石湖集》诗集卷三二。
⑥ 范成大《连夕大风，凌寒梅已零落殆尽，三绝》其二，范成大《范石湖集》诗集卷三三。
⑦ 范成大《唐懿仲诸公见过，小饮凌寒残梅之下，二绝》，范成大《范石湖集》诗集卷三三。

吴兴，范成大特以歌妓小红相赠，姜夔有"自琢新词韵最娇，小红低唱我吹箫。曲终过尽松陵路，回首烟波十里桥"诗①，为文坛一段佳话。

范成大石湖、范村植梅，都属私人别墅营景，实际规模总是有限，且其身后未见游踪记载，或者不久即告衰芜。但范氏植梅不仅造就了一片闲游、聚赏的美妙风景，同时留下了《范村梅谱》这一花卉园艺史上第一部专题梅花谱录。该书记载吴下江梅、早梅（又一种）、官城、消梅、古梅（苔梅、古梅）、重叶、绿萼（又一种）、百叶缃梅、红梅、鸳鸯、杏梅、蜡梅（狗蝇、磬口、檀香三种）共12种，叙其形态特征，辨证名实渊源，说明栽培方法，内容切实可靠，语言简明扼要。此后的元明清时期，虽然间有类似的谱著出现，但无论著录规模还是声名影响都望尘莫及。事实上，宋以来有关梅花品种方面的著述多以转抄范谱内容为主，后世各家间有新品登录，但一般也只三五种，一次性登录的数量远未及范谱之多。正是由于这一重大的贡献，范氏石湖与范村梅圃成了梅文化史上特别值得纪念的事迹与风景。

---

① 陆友仁《研北杂志》卷下。

一一、张镃南湖玉照堂

南湖在杭州古城东北隅，世称白洋湖，南宋后期水面剧减，遂称白洋池，为南宋中期文人张镃（1153—1234?）别墅所在地。张镃（1153—1235），宋临安（今浙江杭州）人，先世居成纪（今甘肃天水）。早年字时可，改字功父，号约斋，南渡名将张俊曾孙。累官承事郎、直秘阁、权临安通判，淳熙十四年（1187）以主管华州云台观退闲临安故园①。开禧三年（1207）为左司郎官，参与谋诛韩侂胄，事成后为卫泾等奏弹，贬居广德军（今安徽广德）②。嘉定四年（1211）又参与谋杀史弥远，事泄"除名，象州（按：今属广西）羁管"③，二十四年后即端平二年（1235）卒于象州④。

张俊当高宗朝颇受宠遇，优积财富。子孙承其遗泽，庄田广布，张镃父祖世代嫡长，承获既多，又善经营，加以性格豪奢，园池声色富甲天下，生活极其奢侈淫糜。南湖别墅占地百亩，依山面湖。湖水在宅南，因名南湖。别墅经始于淳熙十二年（1185）⑤，十四年初步落成，最初植桂较多，因而总名"桂隐"。同年因疾求获祠禄，归居养闲于此，于是大事经营，历时十四年，于庆元六年（1200）完成。全园分东寺、西宅、南湖、北园、众妙峰山几大部分⑥，其中东寺为淳熙十四年由新建住宅捐建⑦，绍熙元年（1190）请于朝，赐额广寿慧云禅寺⑧，后世俗称张家寺⑨。全园山水之胜、规模之大为当时京城私园翘楚。又以贵胄子弟，好为结交，杨万里、陆游、尤袤、周必大、姜夔等名公雅士，纷至游赏，题品揄扬，使这一偏

---

① 杨万里《张功父请祠甚力，得之，简以长句》，《诚斋集》卷二三。
② 卫泾《后乐集》卷一一。
③ 《宋史》卷三九。
④ 吴泳《张镃追复奉议郎致仕制》："一偾二纪，遂死瘴乡，士之不幸，亦可悯矣。"《鹤林集》卷九。二纪为二十四年，是说张镃被告除名流放二十四年后去世。
⑤ 张镃《玉照堂梅品》序，周密《齐东野语》卷一五。
⑥ 张镃《约斋桂隐百课》序，周密《武林旧事》卷一〇。
⑦ 张镃《誓愿文》，吴之鲸《武林梵志》卷一。
⑧ 史浩《广寿慧云禅寺记》，《两浙金石志》卷一〇。
⑨ 吴之鲸《武林梵志》卷一。

隅私园渐成名区胜迹。

玉照堂无疑是园中最为著名的一个景点。张镃称："淳熙岁乙巳，予得曹氏荒圃于南湖之滨，有古梅数十，散漫弗治，爰辍地十亩，移种成列。增取西湖北山别圃江梅，合三百余本，筑堂数间以临之。又挟以两室，东植千叶缃梅，西植红梅，各一二十章，前为轩楹如堂之数。花时居宿其中，莹洁辉映，夜如对月，因名曰玉照。复开涧环绕，小舟往来，未始半月舍去。自是客有游桂隐者，必求观焉。顷亚太保周益公秉钧，予尝造东阁，坐甫定，首顾予曰：''"一棹径穿花十里，满城无此好风光"，佳（引者按：本作人，后人述此多作佳）境可见矣。'盖予旧诗尾句，众客相与歆艳，于是游玉照者，又必求观焉。值春凝寒，又能留花，过孟月始盛。名人才士，题咏层委，亦可谓不负此花矣。"① 所说淳熙乙巳，即淳熙十二年，可见在建造南湖别墅之始，即着手玉照堂梅景的种植。原地本有古梅数十株②，又从西湖北山别墅移来不少江梅③，总计植梅三百株，占地十亩。在堂东、西分别植缃梅、红梅二十株。梅林外开涧引水环绕，水上修揽月、飞雪二桥④，可以乘舟往来游赏，成了当时文人造访的热点⑤。后来梅林又有所增植，嘉泰二年（1202）所著《桂隐百课》中即称："玉照堂，梅花四百株。"补种之梅可能以红梅为主，开禧元年（1205）张镃《祝英台近·邀李季章直院赏玉照堂梅》有"春到南湖，检校旧花径。手栽一色红梅，香笼十亩"句⑥。

南湖别墅盛况维持不久。张镃出身世家，处世并不守分，于朝廷、宫闱之争涉嫌颇深，加以生活奢侈淫靡，因而招致非议颇多，庆元元年（1195）即遭放罢，开禧三年（1207）参与诛杀韩侂胄，事后不久遭忌被劾，贬居广德军（治今安徽广德），嘉定四年（1211）更除名勒停，送象州羁管，最终沦死瘴乡。这一连串打击，不仅彻底葬送了张镃的政治生命，也从根本上动摇了张镃"门有珠履、坐有桃李"⑦

① 张镃《玉照堂梅品》，周密《齐东野语》卷一五。
② 最初所栽大约即此数十棵古树为主，另有少量新树。淳熙十五年早春张镃《玉照堂观梅二十首》（《南湖集》卷九）其二十"高窠依约百年余"，即咏这一批古树。其十三"霁光催赏百株梅"，可见除原有古梅外，另有添植，合约百株左右。
③ 张俊府第在当时杭城南清河坊，另在西湖南山、北山均有别墅。周密《武林旧事》卷五记北山路迎光楼，属张循王府。
④ 张镃《约斋桂隐百课》，周密《武林旧事》卷一〇。
⑤ 诗词作品可证者有：杨万里《走笔和张功父玉照堂十绝句》，《诚斋集》卷二一；史达祖《醉公子·咏梅寄南湖先生》，《全宋词》第2347页；张镃《走笔和曾无逸掌故约观玉照堂梅诗六首》、《玉照堂次韵（潘）茂洪古梅》、《祝英台近·邀李季章（引者按：李壁字季章）直院赏梅》、《满江红·小圃玉照堂赏梅，呈洪景庐（引者按：洪迈字景庐）内翰》，《南湖集》卷九、一〇。
⑥ 张镃《南湖集》卷一〇。此词系年据曾维刚《张镃年谱》，见该书第230—231页。
⑦ 杨万里《张功父画像赞》，《诚斋集》卷九七。

的生活基础。也许这一原因，从张镃被贬以来，南湖桂隐几乎是销声匿迹，很少有人提及①。绍定间（1228—1233），广寿慧云寺也遭火焚②，元至正间（1341—1368）被毁。入明后寺院虽一再重建，但附近园池逐渐湮废，并入民居③，有些陈年古梅为当时豪门所得④。入清后此地更是一片民居蔬圃，所谓白洋池逐渐淤为菱田。但无论是寺院，还是民田私宅仍有不少梅树可见。嘉庆间，仁和高光煦《玉照堂怀古》："至今六百载，浩劫余红羊。颜额未改易，屋宇非旧梁。旷地多种蔬，碧藓缘僧床。惟有古梅枝，破荸仍霏香。"⑤ 同时屠倬《南湖观梅歌同潘寿生明经作》、《次日复同马秋药太常南湖慧云寺观梅》⑥、曹懋坚（？—1854）《慧云寺看残梅》⑦、张应昌《二月十八日偕许玉年（乃谷）南湖玉照堂看梅（宋张功甫遗迹）》⑧ 等作品对这一带梅花分布情况都有一定反映。"光绪元年（引者按：1875），邑人丁丙重建水星阁及玉照堂，植梅百余本。"⑨ 光绪八年，丁丙有《人日集南湖玉照堂观梅，用张功甫韵（壬午）》诗⑩。此去张镃建园整整七个世纪，这应该是最后一次大规模植梅了，民国以来白洋池"四旁居民侵作菱田"⑪，并逐步演变为市井，无迹可寻了。

　　在整个杭城诸多梅花名胜中，张镃南湖别墅的梅花规模并不称盛，即便是在当时的私园中也未必突出，但在古代梅文化史上却有着特殊的地位。张镃以贵胄公子而雅好诗文、园林，跻身当时名流，影响颇大，杨万里、范成大、陆游等都交口称赞。就其园林建设而言，嘉泰元年（1201）张镃著《赏心乐事》，按月列单，排比

------

① 戴表元《剡源集》卷一〇《牡丹宴席诗序》、《八月十六日期张园玩月诗序》记张镃诸孙在园中雅集宾朋，诗酒唱和之事，园在杭州，但非南湖。
② 张柽《〈广寿慧云禅寺碑〉跋》，阮元《两浙金石志》卷一〇。
③ 沈朝宣《（嘉靖）仁和县志》卷一一："广寿慧云寺即张家寺，在白洋池北。宋张循王俊宠盛时，其别宅富丽，内有千步廊，今为民居，故老犹口谈之。旧有花园，废久，惟存假山石一二，今寺中有留云亭、白莲池，皆其所遗。其前白洋池号南湖，拟西湖为六桥，桥亦埒迹。宋淳熙十四年王之孙名镃者舍宅建寺，尚遗王像，寺僧至今崇奉，宋致仕魏国公史浩撰碑记。"
④ 袁宏道《西湖（二）》："石篑（引者按：陶望龄，绍兴人，号石篑，万历十七年会元）数为余言，傅金吾园中梅，张功甫家故物也。"《袁中郎全集》卷八。汪砢玉《西子湖拾翠余谈》卷上："西山雷院傅庄是张功甫玉照堂旧基，今香雪亭有梅千树。"王稚登《过傅家园》（《王百谷集十九种》越吟卷上）"幺么社鼠与城狐，一失冰山势便孤。松竹尽荒池馆废，行人犹说傅金吾。"傅金吾，名迹不详。王世贞《弇州四部稿》续稿卷一八〇有与"傅金吾养心"书，称傅氏为明初大将傅友德后裔，养心当为其字或号，所称金吾，意其为锦衣卫官。袁与王同时，两人所说当为一人。
⑤ 潘衍桐《两浙轩续录》卷四八。
⑥ 屠倬《是程堂二集》卷二。
⑦ 曹懋坚《昙云阁集》诗集卷二。
⑧ 张应昌《彝寿轩诗钞》卷一。
⑨ 李榕、吴庆坻等《（民国）杭州府志》卷三四。
⑩ 丁丙《松梦寮诗稿》卷五。
⑪ 李榕、吴庆坻等《（民国）杭州府志》卷二〇。

四时八节宴游享乐项目，除少量出游湖山外，多为园中宴游之事，内容极其丰富①。次年又著《桂隐百课》，详细罗述南湖别墅的园林景观。这些无论是对当时都城文人生活，还是园林建设来说，都是不可多得的文献。同时张镃还写下了《玉照堂梅品》一文，"疏花宜称、憎嫉、荣宠、屈辱四事，总五十八条，揭之堂上，使来者有所警省"②。所谓"梅品"，并非品种谱录之义，而是标准、品位、格调的意思，根据自己的艺梅、赏梅经验，通过正反两方面的条例，标举梅花欣赏的正确方式和方法，抵制各种庸俗的情形和倾向，以维护梅花观赏的高雅品位。南宋中期以来整个社会梅花圃艺种植和观赏风气日益高涨，梅花受到越来越多的推尊，正是在这梅文化发展的历史至高点上，范成大的《范村梅谱》和张镃的《玉照堂梅品》相继出现，一为谱录梅花品种之"品"，一为标举梅花观赏之"品"，两者相映生辉，代表了梅花圃艺、欣赏鼎盛时期的学术成就和审美风范，成了梅文化史上最为经典的专题文献③。从《玉照堂梅品》序言可知，该文正是针对当时玉照堂游者日众的情形有感而发，自然也包含了作者南湖别墅的园居生活，尤其是种梅赏梅的丰富经验，也正因此玉照堂梅花虽然规模有限，存世短暂，却成了梅文化史上一道脍炙人口的名胜、永不凋谢的风景。

---

① 周密《武林旧事》卷一〇。
② 张镃《玉照堂梅品》，周密《齐东野语》卷一五
③ 请参阅笔者《中国梅花审美文化研究》第251—258 页。该书文中"《桂隐百课》"误作"《桂隐百果》"，当改。

一二、真州梅园

　　真州，本唐扬子县属地，宋初升为建安军，宋真宗时因铸太祖、太宗像成，更名真州，治今江苏仪征市。北宋时真州为南北水陆要冲，掌管江、淮、浙、湖、荆六路漕运和茶盐钱政的发运司驻于此，经济地位盛极一时。南宋偏安江南，真州地处江淮防卫前线，丧失了南北漕运要冲的地位。南渡初年及开禧年间金兵南窥长江，真州皆首当其冲，破坏极其严重，终南宋之时，一直处于衰落之中。但在南宋宁宗嘉定年间（1208—1224），趁着开禧北伐失败后宋、金双方再次妥协带来的短暂安定岁月，淮南东路运判林拱辰、真州知州潘友文、丰有俊、方信孺、吴机等人积极经营，经济、文物略有振兴，其中梅园之兴起即是一个典型现象。明《（隆庆）仪真县志》卷二记载："梅园：在县西十五里，内有古意亭，嘉定间吴机建。"清《（道光）重修仪征县志》卷六"梅园"条下进而引方信孺诗："十里低平路，千株雪作堆。不须驱小队，只伴一筇来。"嘉定九年（1216），刘克庄曾任真州录事参军，晚年在文章中回忆说："余尝游于仪真之梅园，极目如瑶林琪树，照映十余里"，"极天下巨丽之观"①。一说"千株"，一说照映十里，相去悬殊，但联系同时其他信息，应该说梅花种植规模不小。

　　遗憾的是，这一胜景只是嘉定十数年间的昙花一现。时蒙古崛起北方，南下攻金，金朝精锐被歼殆尽，完整领域唯余河南一路，因而妄图南侵宋境取得补偿，宋也欲乘金之危北进。从理宗嘉定十年（1217）起，宋金连年用兵，山东两淮边境，战事更为频繁。当金衰弱之时，统治区内尤其是山东地区义军纷起，进一步加剧了两淮地区的乱局，而真州自不可免。刘克庄《忆真州梅园》诗："当年飞盖此追随，惨淡淮天月上时。树密径铺毡共饮，花寒常怕笛先吹。心怜玉树空成梦，尘暗关山阻寄诗。纵使京东兵暂过，可无一二斫残枝。"② 所说"京东兵"，指宋京东路（今鲁及苏、豫、皖的邻近地带）起义军，当时势力最大的是潍州（今山东潍坊）人李

---

① 刘克庄《（跋）林灏翁诗》，《后村先生大全集》卷一〇六。
② 刘克庄《后村先生大全集》卷三。诗中"一二"本作"一一"，此据《四库全书》本改。

全所部，宋曾授李全京东副总管，命其军号忠义军。宝庆三年（1227），李全投靠蒙古，绍定三年（1230）十一月，率兵围扬州，与宋西线援军混战于真州一线①。当此兵马折冲之地，真州梅园势必受到重创。理宗端平三年（1236）十一月（一说十二月），"蒙古将察罕攻真州"②，两军相持，兵火蹂躏，梅园更是毁灭殆尽。我们从蒙古遣宋议和使臣郝经所作《江梅行》一诗可以了解其大概："江城画角吹吴霜，破月著水天昏黄。波澄烟妥林影淡，双梅带雪横溪塘。此时承平风物盛，家家种玉栽琳琅。朝来伴使宴江馆，银瓶乱插吹银管。霏微香雾入红袖，零乱春云绕金碗。都将和气变荒寒，锦瑟愁生燕玉暖。为言仪真梅最多，苔花古树深烟萝。一年十月至二月，红红白白盈江沱。自从天马饮江水，草根啮尽梅无柯。扬子人家楚三户，今年幸有烧残树。忽闻星使议和来，尽贮筲笼待供具。从今江梅好颜色，烂醉长吟嚼佳句。"③ 郝经受蒙古派遣，前来议和，被宋军拘羁真州十五年。此诗约作于理宗景定二年（1261），诗中叙述南宋接待的官员介绍昔日真州梅花盛况，感慨两国交兵给真州江梅带来的厄运，藉此表达南北息兵安民的意愿。从"家家种玉栽琳琅"可知，所谓十里梅园并非仪真东园那样的园林建筑，而是当地乡民大规模经济种植所产生的梅花盛景。而此时盛况已逝，所剩只是零星劫火余柯。宋人目睹这一盛衰巨变者也莫不感慨系之，深为惋惜。李龙高梅花百咏中《真州》一诗写道："仪真谁种满林梅，兵后危枝半草莱。便使萧条君莫叹，也曾惯见太平来。"④ 建业（今江苏南京）人周端臣《真州梅》："欹倒几株梅，粘枝半是苔。相传前代种，曾历太平来。山冷雪犹在，春深花始开。乱离无酒买，嚼蕊当衔杯。"⑤ 这些诗进一步印证了真州梅园起于宁宗朝（"前代"），而遽然兵火劫灭的历史。从此真州梅花一蹶不振，以致入元后湮没无闻。

关于梅园的具体地点，有一条材料颇费思量。吴潜《暗香》词序："仪真去城三数里东园，梅花之盛甲天下。嘉定庚辰、辛巳之交，余犹及歌酒其下，今荒矣。园乃欧公记、君谟书，古今称二绝。"⑥ 根据这段记载，嘉定间真州东园梅花也颇繁盛。东园由北宋江淮发运使施昌言（字正臣）、两浙发运使许元（字子春）发起建造，地处当时城东，故名东园。仁宗皇祐元年（1049）建成，欧阳修曾为作著名的《真州东园记》。记称："得州之监军废营以作东园"，"园之广百亩，而流水横其前，

---

① 《宋史》卷四七七《李全传》。
② 陈邦瞻《宋史纪事本末》卷二五。
③ 郝经《陵川集》卷一二。
④ 《全宋诗》第 72 册第 45381 页。
⑤ 《全宋诗》第 53 页第 32961 页。
⑥ 《全宋词》第 2749 页。

清池浸其右"，园中建清虚阁、清燕堂、拂云台等，另多植花卉竹木，风景清远秀茂，为淮左一时名胜①。北宋后期渐见凋敝，建炎（1127—1130）间更遭兵火毁坏，南宋时已胜景不再。陆游《入蜀记》卷一："园在东门外里余，自建炎兵火后废坏涤地，漕司租与民，岁入钱数千。昔之闳壮巨丽，复为荆棘荒墟之地者四十余年，乃更葺为园。以记考之，惟清燕堂、拂云亭、澄虚阁粗复其旧，与右之清池、北之高台尚存。若所谓流水横其前者，湮塞仅如一带，而百亩之园，废为蔬畦者尚过半也，可为太息。"可见到了南宋中期，东园一线已多荒废，园地废为农田，所种也以蔬菜为主。《（隆庆）仪真县志》卷二："宋东园：……靖康兵火园废，嘉定初运判林拱辰、郡守潘友文再刻园记，复澄虚阁、清宴堂、共乐堂。……宝庆初，权漕上官涣酉（案：字元之）复于翼城上增土为台而鼎新之，置制使赵善湘题扁，今废。"嘉定以来，当地政府于东园大事修复，也只是几处台观楼堂而已，其中未见有梅花记载。显然，吴潜关于东园梅甲天下的说法，可能混杂了真州城西梅园的记忆。

真州梅园在城西十五里，应是无可怀疑的，根据有三：一、宋时真州城东近江，属江滩港汊地形，东园地近城廓，陆游所说去城"里余"较为恰切，缺乏艺梅十里的地理条件。二、周端臣《真州梅》诗中写赏梅兼及山雪，真州城东为河港江滩，而城西十里向外则多低山冈丘。清《（嘉庆）重修扬州府志》卷八山川下，于仪真县西、北、西北、东北方向均记载有山，唯东、东南无山。县西十里甘草山，十五里尖山，二十五里青山。今仪真县（市）城至扬州间也是一马平川。三、史书记载，蒙古察罕犯真州，兵力十倍于真州守军，驻扎城西，真州守军设机弩炮石以待，出战胥浦桥（向西通往六合）②，大败之。梅园之遭劫，或为蒙古军伐充薪火，或者兵马践踏所致，也以在真州城西为合理。综观这些因素，可以肯定地说，嘉定间兴起的真州梅园在城西，而非东园。明代方志所说"县西十五里"，正是低缓丘陵地带，结合元臣郝经诗中所说的"红红白白盈江沱"，应在今仪征县城以西至青山镇一线。宋人诗中所说"低平十里路"，当是州城至梅园沿线地势。

值得一提的是，清时仪真城东十里旧江口（今新城乡旧江村）准提庵有古梅，号称宋梅。王检心、刘文淇等《（道光）重修仪征县志》卷二〇："返魂梅，一本五干，高出檐屋，花时香闻数里。相传为刘宋时物，后萎，至北宋复苏。阮太傅元题为'宋返魂梅花观'，题咏者甚多。"这里所说的宋，包括刘宋和赵宋。以仪征东南江港冲积之地，不耐涝渍的梅树能否由南朝刘宋生长到赵宋，再到清朝，历时 13 世

---

① 欧阳修《真州东园记》，《欧阳文忠集》卷四〇。

② 陈邦瞻《宋史纪事本末》卷二五。

纪，很是值得怀疑（详见内编四）。至少这株古梅很难被视为南宋真州梅园的孑遗，因而不足以作为南宋真州梅园在东园或城东的证据。但这一传说似乎又提醒我们，元人郝经诗中所写"红红白白盈江沱"那样的盛况也许千载难遇，但仪征沿江一线的梅种植却是由来已久，相沿不绝的①。

① 此章内容本为笔者《扬州梅花名胜考》一文中的部分，承赵荣蔚先生延揽，发表于《盐城师范学院学报（人文社科版）》2008 年第 2 期，此处有稍许修订。2007 年 9 月，笔者曾以该文参加南京东南大学举办的中国花文化国际学术研讨会，后收入周武忠、邢定康主编的会议论文集《旅游学研究》第三辑。对赵荣蔚先生、周武忠先生的帮助，谨志谢忱。

一三、当涂"尼山梅月"

　　当涂县在江苏南京与安徽芜湖之间，今属安徽省马鞍山市。尼山，山名，在今当涂县太白镇。当涂地处长江南岸（此段方向实为长江东岸），气候温润，适宜梅花生长。早在北宋，王安石《次韵宋次道忆太平早梅》："大梁春费宝刀催，不似湖阴有早梅。今日盘中看剪彩，当时花下就传杯。纷纷自向江城落，杳杳难随驿使来。知忆旧游还想见，西南枝上月徘徊。"① 太平州，治所驻当涂。宋次道（1019—1079），名敏求，仁宗嘉祐三年（1058）曾任太平州知州。返京任职后作诗追忆群从诗酒探梅之乐，诗已失传，透过王安石这首和诗，不难感受到当时太平州治即当涂一带早春梅花盛开的情形。

　　所说尼山古梅，始载于南宋后期。理宗景定五年（1264），卢钺《尼山百花头上亭记》："当涂襟江带淮，表里多奇胜，青山、蛾眉、黄山、白纻，其著者也。尼山在城东五六里，前未之闻，山不在高，有景则名，其麓古梅数十株，乃他山之所无，亦江南之所罕有。询之野老，证之梅经，后望封植，几百余年。薜（引者按：原作蘇，误）干鳞皴，蟉枝翔鹭奇壮，益横发捷出……扬之月观、杭之孤山未必若是美且都也。然斯梅专美一丘，不求人知。鸿轩郑公以龙图直卿来兼麾节，咨访民风之暇，因及景物之盛。命二三子物色得之，亟白于公，公曰'俟盛开，吾将观焉'。至正月中浣，约钺同游，一见称奇……遂捐金买山筑亭，而临其上，幽名骤出，邦人争观……公谓作成斯景，非侈宦游一时之适，实开此邦千载之荣。爰采昔先诸公梅咏，以'百花头上'名亭。"② 所说郑公，指太平州知州郑羽，其手下发现尼山山麓有数十株古梅，于是捐资建亭山上，匾曰百花头上，从此尼山古梅成了当地一景。值得一提的是，同时江西文人刘辰翁在当涂也曾发现大片古梅，其《梅轩记》："吾尝观梅于当涂之野，老枝如龙，到地复起，高花照日者，每枝而如盖焉。

---

① 王安石《临川文集》卷一九。
② 《全宋文》卷八一二四、第 351 册第 263—264 页。

相传昔年蜀人载之雪山之下，泛瞿塘而东，望孤山近矣，而不能进，而留之此也。"① 咸淳四、五年间（1268—1269），刘辰翁应江东转运使江万里辟，入其转运司幕，治所驻今江苏南京，时江万里兼太平州知州，刘辰翁作为僚属，当随寓当涂②。所说古树情形与卢钺所记较为相似，至少说明当时当涂境内古梅分布较多，或者所说即是尼山古梅，而所记梅种来自西蜀的传说，更为当涂古梅平添了几分神奇色彩。

据清康熙《太平府志》记载，百花头上亭元朝即废，只存基址③，而尼山古梅却能经久。明初当涂文人祖隽有《姑孰八景赋》，铺陈风景之胜，其中"近接尼坡，缥缈原野，梅影清芬，月光晴射"即居其一④，后世名"尼山梅月"，与太白遗祠、元晖古井、白纻松风、牛渚春涛、龙山秋色、丹灶寒烟、凌歊夕照诸胜并称"姑孰八景"或"当涂八景"。明人李汶《尼坡梅月》诗："涓涓寒月浸梅花，照映冰肌绝点瑕。半夜清光增洁白，一株疏影自横斜。误疑天府嫦娥境，仿佛西湖处士家。对此奇观不成寐，吟诗佳兴浩无涯。"⑤ 李玉《浪淘沙·尼坡梅月》："坡上绝尘嚣，冬景萧条。老梅五出放琼瑶。寂寞黄昏谁是伴，镜挂花梢。　　何处显高标，梅月相邀，暗香疏影度清宵。古寺幽轩无限趣，足称逍遥。"⑥ 可见整个明代，尼山古梅风景较盛。入清后始见衰落，顺治四年（1647）进士杨世学《尼坡梅月》诗："梅根月影杳难寻，石壁空余苔梅侵。……笑指百花亭上路，虬松老我白云岑。"⑦ 所说已是今不如昔了。《（康熙）太平府志》卷三记载："尼山，亦名梅山，两山相接，在郡治东南三里上栅渡口。山巅旧有百花头上亭，其麓古梅数十本，仿佛罗浮元（玄）圃。坐坡前石壁下，青山、白纻诸胜掩映溪流中，夜月松阴，渔舠欸乃不绝，旧称'尼坡梅月'，此也。"显然，此时风景之胜已不再以梅花为主，而是泛指尼山山下姑溪横前，山水相映，夜月渔歌之田园风光。稍后康熙《当涂县志》记载："尼山，一名尼坡，俗名梅山，在溪南四里，旧有古梅数株，宋龙图学士郑羽建亭其上，名百花头上亭，卢钺有记，为姑孰八景之一。"⑧ "八景中'尼坡梅月'其一也，今废。"⑨ 梅景但称古传，未见实录，或者已不见存。到了咸丰、同治年间，尼山古梅已完全灭绝。民国《当涂县志》："洪杨之乱（引者按：指太平天国战争），

① 刘辰翁《须溪集》卷三。
② 吴企明《刘辰翁年谱》，《中国韵文学刊》1990 年第 2 期。
③ 黄桂、宋骧《（康熙）太平府志》卷二五。
④ 鲁式谷《（民国）当涂县志》"志余·文存"。
⑤ 鲁式谷《（民国）当涂县志》"志余·诗存"。
⑥ 鲁式谷《（民国）当涂县志》"志余·诗余"。
⑦ 朱肇基、陆纶《（乾隆）太平府志》卷四二。
⑧ 王斗枢、张毕宿《（康熙）当涂县志》山川。
⑨ 祝元敏、彭希周、成文运《（康熙）当涂县志》卷一八。

亭毁梅亦尽绝。民国十六年冬，忽于尼山庵中萌蘖一枝，邑令鲍庚亟命里人守护，今已花矣。"[①] 所谓尼山庵，指尼山脚下的福惠庵[②]，庵中这一新生的梅树是否即宋时古梅宿根，已无从考察。但尼山古梅从宋末被发现，到清朝初叶绵延了近四个多世纪，也是当地自然、人文风景中一个值得关注的现象。

图61　当涂县山川图（民国《当涂县志》卷一）。尼山在县治东南（右下）方向。

---

① 鲁式谷《（民国）当涂县志》"舆地志·胜迹"。
② 鲁式谷《（民国）当涂县志》"舆地志·山"。

一四、吴全节漱芳亭

图62　吴全节像（美国波斯顿博物馆藏元人绘画，华人德主编《历代人物图像集》第963页）。

齐化门，元大都（今北京）东城门，明朝改名朝阳门。吴全节（1269—1346），元饶州安仁（今江西余江）人，字成季，号闲闲。正一派道士，十三岁入龙虎山学道，至元二十四年（1287）随师张留孙入京晋见元世祖忽必烈。成宗大德十一年（1307），授玄教嗣师、江淮荆襄道教都提点。英宗至治二年（1322），授特进、上卿、玄教大宗师、总摄江淮荆襄等处道教、知集贤院事（图62）。吴全节生活于元代中期，颇受宠遇，久处京师，雅好与士大夫结交，能文善书，堪称儒雅。陶宗仪《辍耕录》卷九："初燕地未有梅花，吴闲闲宗师时为嗣师，新从江南移至，护以穹庐，扁曰漱芳亭。"吴全节为嗣师时，曾于至大三年（1310）赴江南祀茅山，并归省双亲①，移植梅花或即成于此行。所种梅花至少有红、白二种②。陶宗仪进一步记载："伯雨偶造其所，恍若与西湖故人遇，徘徊既久，不觉熟寝于中。真人终日不见伯雨，深以为忧，意其出外迷失街道也。梦觉，日已莫（暮）矣。"伯雨名张雨（1283—1350），杭州著名道士，元仁宗皇庆元年（1312）随从杭

① 刘大彬《茅山志》全薤编第十二编下；袁桷《吴公行述》，《清容居士集》卷三二。
② 范梈《次韵赋吴尊师漱芳亭白红梅花二首》，《范德机诗集》卷五。

州开元宫提点王寿衍（1270—1350）应征入京①，其游漱芳亭当在这年年底，或明年早春，并赋长诗，有"风沙不惮五千里，将身跳入仙人壶"之句②。据陶宗仪记载，同时袁桷、虞集、吴善、谢端、马祖常等都有诗歌唱和，今所见有范梈、程钜夫诗歌传世③。关于漱芳亭的地点，清人称在齐化门（即明清时的朝阳门）外，具体地点已不可考④。

　　吴全节是第一个"南梅北移"，将梅花移植到北京的人，此举开创了燕地艺梅的历史。元都（今北京）地处南暖温带的北部边缘⑤，冬季较为寒冷，梅花不能露地越冬。吴全节发明以蒙古包（穹庐）罩护，也属因俗制宜，很有创意。元代宫庭"绕罗亭植红梅百株"，"红梅初发，携尊对酌，名曰浇红之宴"⑥，当属吴全节引植后带来的变化。

---

① 关于王寿衍的生卒年，王祎《元故弘文辅道粹德真人王公碑》（王祎《王忠文集》卷一六）："至正十三年庚寅十月十六日，弘文辅道粹德真人公仙化于湖州德清县百寮山之开玄道院，春秋八十有一。"董斯张《吴兴艺文补》卷三〇所载此处文字全同。下文记其弥留事，也称"庚寅十月"，是王寿衍卒于庚寅年无疑，而庚寅年非至正十三年，是至正十年（1350），"三"为衍文，由至正十年上数八十一年，是宋度宗咸淳六年（1270）。王祎碑文中又记其至元二十一年（甲申）为陈义高赏识，度为道士，"年甫十有五"，从入京师，由咸淳六年下数十五年正是至元二十一年。关于张雨入京时间，此据王祎《元故弘文辅道粹德真人王公碑》和刘基《句曲外史张伯雨墓志铭》（朱存理《珊瑚木难》卷五）。董斯张《吴兴备志》卷一三："王寿衍字眉叟，号溪月，有学行，居德清，至治初征入京师，授弘文辅道粹德真人，一时名士若虞、杨、范、揭皆与友善，大振玄风。"所说至治初入京，误。至治元年（1321）杭州开元宫火灾焚毁，王寿衍主持修复，两年后即泰定元年最后一次进京，至治间一直在杭州。
② 陶宗仪《辍耕录》卷九。
③ 程钜夫《次韵吴闲闲梅花》："漱芳亭上一相逢，忽似江南花下语。"《雪楼集》卷二九。
④ 孙承泽《天府广记》卷三七："漱芳亭在齐化门外，道士吴闲闲全节所建。"英廉、于敏中等《日下旧闻考》卷八八："臣等谨案，漱芳亭今无可考。"
⑤ 此处是就北半球的温带而言，北京处于其中南部温带的北缘，见总参谋部测绘局《中华人民共和国地图集》第19页。
⑥ 陶宗仪《元氏掖庭记》，《说郛》卷一一〇上。

一五、王冕隐居地九里

有关王冕事迹，以宋濂《王冕传》影响最大，文章称王冕预感天下将乱，"乃携妻孥隐于九里山，种豆三亩，粟倍之，树梅花千，桃杏居其半，芋一区，薤、韭各百本。引水为池，种鱼千余头，结茅庐三间，自题为梅花屋"①。所说九里山何在，后世有绍兴、余姚、诸暨（今均属浙江）等不同说法，其中因王冕是诸暨人，有关王冕隐居诸暨九里山的呼声最高，影响最大。然而质诸王冕本人作品和同时文人记载，王冕晚年隐居地应在绍兴城南九里，余说均不能成立。

（一）王冕隐居在绍兴而非诸暨

宋濂传中称王冕"隐于九里山"，但究在何地，并未交代。早于宋濂的徐显、张辰也作有《王冕传》，两传文字基本相同，传中均称与王冕有过交往。张辰，诸暨人，曾为府学训导②，其《王冕传》见于后世诸暨县志。徐显亦诸暨人，所作载其《稗史集传》，该书自序署至正十年（可能作于全书完成前），传后有论赞，传中个别细节与张传稍异处，都显得具体切实，应为原创，张辰《王冕传》为节抄徐显传而成。徐显《稗史集传》王冕传称，王冕"至正戊子（引者按：至正八年，公元1348）南归，过吴中，谓予言：'黄河将北流，天下且大乱，吾亦南栖以遂志，子其勉之。'于是择会稽山九里，买山一顷许，筑草堂，读书其中。服古衣冠，或乘小扁舟，曰'浮萍轩'，自放于鉴湖之曲，好事者多载酒从之"③。所说与宋濂不同，已较明确指明在"会稽山九里"。

---

① 宋濂《王冕传》，《宋学士文集》卷六〇。
② 萧良干、张元忭、孙矿《（万历）绍兴府志》卷三〇；陈遹声、蒋鸿藻《（光绪）诸暨县志》卷二六。
③ 徐显《稗史集传》"王冕"。张辰《彦晖王元章传》："至正戊子南归，谓予曰，黄河将北流……于是入九里山，买地一区。"陈遹声、蒋鸿藻《（光绪）诸暨县志》卷五一。文字较徐传为简，显系由徐传节略而成。将徐传"会稽山九里"缩略为"九里山"，应是后世九里山说的始作俑者。

这也可在同时其他文人的诗文中得到佐证。王冕友人丁复《题王元章梅》诗说"闻道耶溪新买宅，想栽千树作比邻"①，是说王冕在若耶溪一带买宅植梅。同时顾瑛《草堂雅集》王冕小传说王冕"隐居若耶山中"②。耶溪即若耶溪，今干流名平水江，发源于会稽县南四十里若耶山，自平水镇而北，会三十六溪之水，流入鉴湖。丁复、顾瑛所说若耶溪、若耶山，都应是一个泛称，指绍兴城东南的会稽山一带。近见有学者著《王冕隐居地九里山析》，力主王冕隐地在诸暨境内，称古人所说会稽山应该理解成泛指整个会稽郡山脉③。此说欠妥，徐显、张辰均为诸暨人，对王冕事迹了解颇详，记其隐居地点不会如此笼统浮泛。退一步说，纵然会稽山可以概称会稽一郡之山，而王复所说"耶溪"（若耶溪）却决不能泛称一郡之溪。综观王

图 63　王冕像（顾沅《古圣贤像传略》卷一二）。

冕一生，早年在绍兴城以教授为业，并将母亲接来赡养，后来外出漫游，归来后仍居绍兴，其间除因母病偶归诸暨老家外，大都生活在绍兴④。徐显、张辰传所说隐居九里后，"自放于鉴湖之曲"，同时张宪称其"梅花艇子浮如萍，浮遍鉴湖八百里"⑤，也显系指绍兴而不是诸暨。现存王冕《竹斋集》中作品，尤其是晚年的作品，有地点可考者也以绍兴四郊居多，属于诸暨的作品寥寥无几。结合我们上面的论述，可以说王冕晚年隐居在绍兴城南会稽山一带是毫无疑问的。

（二）九里在绍兴城南

进一步的问题是，具体隐居在什么地方。查历代会稽、山阴县志山川志，均未

① 丁复，《桧亭集》卷八，《四库全书》本。
② 顾瑛《草堂雅集》卷一三。
③ 陈侃章《远去归来的昨天》第 152 页。
④ 徐显《稗史集传》王冕传所载事迹多在会稽市上。详情请参见稽若昕《王冕与墨梅画的发展》第 1—16 页"王冕的生平"。
⑤ 张宪《天香阁观王元章梅，次其所题诗韵》，《玉笥集》卷六。

见有九里山的条目。可见徐显所谓"会稽山九里",应该是指会稽山一个叫"九里"的地方,而不是一个山名。九里地名数见《嘉泰会稽志》,该志卷六:"贺知章墓在山阴县东南九里,其地因名九里,墓在山巅,乡人呼为贺墓。""宋修撰辉墓在九里。""王中书孝迪墓在九里。"所说九里是一个固定的地名,因在山阴县东南九里而得名,而不是山名。《嘉泰会稽志》卷九于府城四郊也记载有一九里山:"侯山在县西四里,旧经云,南湖侯山迥在湖中,俗名九里山,盖昔时去县之数也。"可见是侯山别名九里山,孤处鉴湖中,这与王冕作品所写九里地形迥异,显然不是其隐居所在。王冕作品中有"九里山中"之称①,其意应是说所居九里这一带的山地,而不是说有一座名叫九里的山,正如其诗中有"九里溪头晚雨晴"句子②,也不能就认为隐居地有一条名叫九里的溪流。

　　王冕自己的作品透露了不少隐居地的信息,也有助于我们判断"九里"的大概方位。王冕《山中杂兴》是描写自己九里隐居生活的组诗③,第一首"去城悬九里,夹地出双溪。傍水编茅屋,移花近药畦",是说其隐地去城大约九里,与《嘉泰会稽志》所说九里正合。如果象清朝诸暨县志所说在诸暨枫桥镇附近的九里,则无论是去绍兴郡城,还是去诸暨县城,都远不是九里。附近有两条溪流经过,在第四首中也称"雨寒云不起,沙乱水交流"。第十八首中描写更为详细:"卜宅近山阿,柴门障薜萝。风清闻鹤唳,日暖听樵歌。密树悬青岛,平田浸白波。村船乘暮景,来往急如梭。"是说居地靠近山脚,是山地与平畴河网之间的过渡地带。第五首说:"东邻吴季子,潇洒亦堪怜。"吴季子是余姚吴太素,字季璋,他长期寓居绍兴城南。王冕《寄太素高士》:"我昔扁舟上耶溪,寻君直过丹井西。长松月冷啼子规,春风满地芳草齐。……此时相见不作难,握手笑上松花坛。"④ 王冕与他为邻,两人都居耶溪沿岸。第十四首说:"沟塍通谢墅,禹穴近龙宫。两水沿平地,诸山在下风。"⑤ 这是写居处稍远的风景,比较一下陆游的《稽山道中》诗:"禹陵草木初沾露,谢墅人家已闭门。八十年间几来往,痴顽不料至今存。"⑥ 都以禹陵、禹穴与谢墅对言。禹陵属会稽县,在绍兴城南大约九里,禹穴在安委山南,谢墅则属山阴县,在城南承务乡⑦,今绍兴县会稽山西南有上、下谢墅村。据此,九里应在会稽、山

---

① 王冕《九里山中》,《竹斋集》卷上;《丁酉岁元日九里山中》,《竹斋集》卷中。

② 王冕《九里山中》其三,《竹斋集》卷上。

③ 王冕《竹斋集》卷中。

④ 王冕《竹斋集》卷下。参见笔者《元代画家吴太素应是浙江余姚人》,《梅文化论丛》第158—164 页。

⑤ 王冕《竹斋集》卷中。

⑥ 陆游《剑南诗稿》卷七八。

⑦ 陆游《朝奉大夫石公墓志铭》称石继曾"葬于山阴县谢墅之原",《渭南文集》卷三六。刘克庄《胡藤州墓志铭》,《后村集》卷一五四。

阴两县交界处。

综合上述王冕作品提供的信息，所谓九里应在会稽山西北麓，溪水流经之地，会稽、山阴两县交界，去城大约九里的地方。康熙《山阴县志》称，会稽山"香炉峰，其山之西为山阴，山之东为会稽，自九里、马家埠而上溪壑幽邃"①。可见九里这个地名，清朝仍在沿用。有趣的是，今绍兴越城区原城南乡这一带仍有九里这个地名②，向南即马家埠③，当年王冕隐居应该就在附近，具体方位请见附图（图64）。这里正是会稽山西北麓的山地与鉴湖河网平原的过渡地貌，今马家埠、九里村的西边即有两溪会流的地形，符合王冕诗中所写去城九里，与山为近，溪流众多的景象。今人张堃《王冕诗选》注释称，"九里山以距城九里而得名……今绍兴九里山之石屋寺，即王冕梅花屋故址"④。明确称此地有一九里山，或者另有所据。

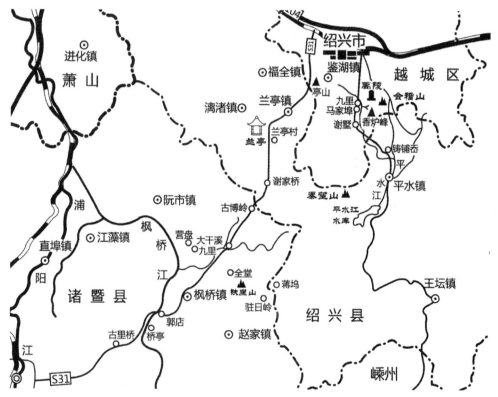

图 64　王冕隐居地九里位置图（程斯园绘）。

① 高登先、沈麟趾等《（康熙）山阴县志》卷四。
② 绍兴县革命委员会《浙江省绍兴县地名志》第264页"城南公社"中有"九里大队""九里"自然村，74户300人。
③ 绍兴县革命委员会《浙江省绍兴县地名志》第259页"南池公社""九一大队"有马家埠。
④ 张堃《王冕诗选》第82页。

石屋寺在会稽山香炉峰西麓，就大致方位而言，王冕隐居应该就在香炉峰西北麓九里村一带。明山阴吕升《故山樵王先生行状》记载，王冕儿子王周（山樵先生）侍父"移家九里山中"，入明后"占籍会稽"（引者按：此指会稽县），永乐五年（1407）去世，葬于本乡"香炉山之原"①。所说香炉山即今人所说香炉峰，香炉峰是会稽山的一个山峰。之所以入籍会稽，是因九里在山阴东南，与会稽为近，或者王冕所购山地虽号九里，而实际已入会稽县境。这离王冕去世不过半个世纪，可见此时王冕后裔仍居会稽、山阴两县交界的九里一带。

（三）后世有关误说

尽管如上所述，王冕隐居绍兴城南九里确凿无疑，但后世还是横生枝节。问题最初可能就出在宋濂的《王冕传》上，作为大明开国文臣，他的文章备受时人推重，传中关于"携妻孥隐于九里山"一段记载更是广为传诵，影响大大盖过徐显、张辰等人的记载。但文章记事较简，没有明确九里山的具体位置，为人们的读解留下了模糊空间。由于绍兴府城附近并无九里山名，人们最初想到的是余姚境内的九里山。早在《嘉泰会稽志》即记载余姚县东有一座九里山②，明弘治《绍兴府志》便出现这样的说法："冕，诸暨人，隐余姚九里山，种梅千树，自题为梅花屋。"③这显然是由地名附会而来。对此清乾隆府志与诸暨县志均提出异议。乾隆府志的根据是朱彝尊《王冕传》（该传出徐显传）④，而乾隆《诸暨县志》有了新的立场："太祖取婺州，遣胡大海攻绍兴，屯兵九里，则九里山盖在婺越之交，其为诸暨无疑。"⑤称胡大海屯兵九里，出于万历《绍兴府志》王冕传⑥，再从胡大海的进军路线推断，此九里应在诸暨境内。光绪《诸暨县志》进一步为此说张目。该志卷四十二："张辰《王冕传》：明师至九里，冕方卧病，重其名，舆至山阴天章寺。今东安乡营盘，去九里一里许，为明胡大海驻师处。由营盘至九里，由九里至天章寺为明师攻郡城顺道，若冕居郡城南之九里，则非顺道矣，前说多误。"所说东安乡，今并入诸暨枫桥镇，镇北有一九里村，附近又有营盘这个地名（在九里村西北，今属阮市镇），相传为胡大海驻军处。这里去王冕祖居郝山村都不太远，因此便被视为

---

① 王冕《竹斋集》附录。
② 施宿《嘉泰会稽志》卷九。
③ 嵇曾筠《（雍正）浙江通志》卷四五。
④ 李亨特、平恕等《（乾隆）绍兴府志》卷七一。
⑤ 沈椿龄、楼卜瀠等《（乾隆）诸暨县志》卷五。
⑥ 萧良干、张元忭、孙矿《（万历）绍兴府志》卷四三。

王冕的隐居之地。

这一说法虽然挖掘了一些当地疑似地名，但并未认真稽考史实，只是从当时明军由婺州（今浙江金华）至绍兴的大致行军方向上简单判断，结论极为草率。而事实却并非如此。元人徐勉之所作《保越录》，逐日记载了元至正十八年（1358）冬十一月到十九年明将胡大海攻打绍兴府城的经过。该书记载，当时胡大海的军队分三路进攻绍兴："一出枫桥、古博岭、天章、木栅（引者按：今兰亭镇里木栅村）至亭山；一出缸灶、黄阁、茅洋、离诸至戴于山；一出街亭、象路、驻日岭（引者按：诸暨与会稽两县交界处，在今绍兴城南约三十里）、平水（引者按：镇名，今属绍兴县）至九里。"枫桥、缸灶（今作江藻）、街亭三个出兵起点，都是诸暨境内的地名，今为三个乡镇。三个进攻目标中的亭山，在绍兴城南十里①。戴于山又作戴雨山，在"府城西南十里"②。而所说九里在平水镇与府城之间，方位是绍兴城南偏东，即今鉴湖镇九里村一带。王冕当时隐居这里，正是明军第三路进军的目标，《保越录》记载，王冕"负气偃蹇，居九里山中，大军至，民避兵入城，冕独不入"。此九里自应在绍兴府城附近，决不会远在诸暨境内。徐显《稗史集传》记载："岁己亥，君方昼卧，适外寇入，君大呼曰'我王元章也'。寇大惊，重其名，舆君至天章寺。其大帅置君上坐，再拜请事。……明日君疾遂不起，数日以卒，众为之具棺服敛之，葬山阴兰亭之侧。"是明军发现王冕后，将其带到天章寺，即兰亭附近，两地相去不远。天章是明军的中路，当时胡大海帅营驻此，嘉庆《山阴县志》记载，"胡大海攻城，尝驻兵亭山"③，亭山是中军进军的目标。不久王冕病卒，即葬于兰亭之侧，这无论是去明军大营，还是去王冕九里居所都不算太远，也是乱世之中就近安葬之意④。总之，诸暨境内的九里、营盘只能是胡大海此次行动的出发地，而不是目的地。乾隆、光绪两志并未细究这些史实，只是根据一般常识简单推想，妄断是非，其结论不能成立。

今诸暨学者《王冕隐居地九里山析》一文继续坚持诸暨九里之说，其理由大致不出光绪县志所说，文中其他证据也多罔顾事实，强词夺理，不值一驳。此举一例，窥斑见豹。据载，当时明军帅营驻兰亭天章寺，该文称"山阴天章寺在今绍兴兰亭，翻越诸暨九里山即至，两地近。天章寺距绍兴城还有30多里。九里山与营盘相距二里许，实则同处一地。正因为胡大海军驻此，明军才可以把王冕用轿抬去。由

① 徐元梅、朱文翰等《（嘉庆）山阴县志》卷三。
② 张元忭等《（万历）绍兴府志》卷四。
③ 徐元梅、朱文翰等《（嘉庆）山阴县志》卷三。
④ 徐渭《王元章墓》诗题下注"事见《山阴志》"，《徐文长文集》卷一一。

九里至营盘，再至山阴（兰亭）天章寺，是明师行军进攻绍兴城之顺道"①。其意是说，诸暨九里至山阴兰亭距离很近，而从绍兴城南九里到兰亭要远得多，因而不是王冕隐居地。如今信息发达，打开网上电子地图一看便知，无论直线距离还是实际路程，从绍兴到兰亭都要比诸暨枫桥到兰亭要近一些。况且绍兴九里还在绍兴城南，去兰亭也就更近。而且从绍兴九里到兰亭，虽然也是丘陵地貌，但都是浅丘小山，交通并无大碍。而从诸暨九里、营盘等地赴府城绍兴，古代须从枫桥（或由九里取山路近道），沿干溪上行二三十里，翻越古博岭才是兰亭。今31号省道即走此路，交通极为方便，但在古代，这一带山深林茂，溪谷幽邃，"旷寂稀人烟，往往虎豹栖止"②，古博岭即因有老虎出没而名虎博岭，行走比较艰难。王冕中年移居绍兴后很少再回诸暨，或即碍于路险。想必这些在绍兴、诸暨当地人士看来都属常识，我辈这里还得如许费舌。

该文有一处说法前人未及，有必要一提。该文认为王冕隐居"去城悬九里"，所说"城"既非绍兴府城，也非诸暨县城，而是诸暨历史名镇枫桥。该文称"南宋乾道八年（1172），以枫桥为中心从诸暨析出一个义安县，义安县治所就设在枫桥，九里属当时的义安县。至后来，义安县遂废除，重新并入诸暨县。……王冕生长年代距义安县废去不久，称枫桥为城是顺理成章的"③。枫桥镇由诸暨析出建县，只是昙花一现，两年后的淳熙元年（1174）即遭废除，复归诸暨，此事见于吕祖谦《入越录》、《嘉泰会稽志》及《宋会要辑稿》。短短两年时间远不足打造一个县城，而且此事距离王冕的时代至少过去一个半世纪，远不是相去"不久"。如今各地重视文化开发，名人遗迹是一个重要资源，显然这位学者想为诸暨留住这份遗产，挖空心思寻找证据，甚至不惜歪曲史实，用心可谓良苦，但态度极不科学，结论自不可取。

最后说说诸暨九里。也许王冕只是一介隐士、寄居画家，又处元明之交的干戈动乱之世，加之后世家道不振，王冕的居宅和坟墓在绍兴方面并未受到重视，山阴、会稽两县志均无明确记载④，也未见后世有凭吊之作。而在诸暨方面，人们对王冕的事迹却倍感珍惜。虽然王冕隐于绍兴城南九里之事确凿无疑，但诸暨乡里却不予

---

① 陈侃章《远去归来的昨天》第153页。
② 李亨特、平恕《（乾隆）绍兴府志》卷三。
③ 陈侃章《远去归来的昨天》第155页。
④ 大约嘉庆、道光间县人骆卫城《兰亭访王元章墓》："《保越录》言多子虚，参军拜职事何如。草庐家传今犹在，那有攻城上策书。小长芦传足名家，修史如何又舛差。欲证墓碑无觅处，山风吹落野梅花。"徐道政《诸暨诗英》卷八，民国二十五年刻本。有关王冕是否事明之事，各家传记分歧颇大。笔者综观诸家记录并同时文人诗文，应以《保越录》记载最为详实可信。该诗对《保越录》有关王冕屈事明军之事拒不认可，作者并就王冕葬山阴事实地寻访，并无所获。

认可，前述乾隆和光绪《诸暨县志》都力主王冕所居九里就在本县。有关说法可能由来已久，康熙间县人陈维埈《九里山访王元章先生隐居》“煮石风流不复存，数家茅屋尚成村，连山竹色寒侵面，入画梅花淡到门”①，所说九里山想必应即本县九里。光绪《诸暨县志》明确说，王冕所隐九里山，“一名煮石山，在县东五十里，属东安乡”②，指明在东安乡的营盘附近，并列举其地有梅花屋、竹斋、心远轩、耕读轩等③，这些都显然附会王冕集中所咏，不足取信。

图65　诸暨九里王冕梅花书屋。诸暨枫桥镇九里村北有一马鞍形山坳，当地传为王冕隐居地。今民间集资修建白云庵，庵旁建一草屋，题额“梅花书屋”。

今诸暨枫桥镇北有九里村，村后有一马鞍形山坳，即光绪县志所说王冕晚年隐居地（图65）。笔者曾前往实地勘察，从地形看与王冕诗中所说两水夹流的情况严重不符。民国时这里有一白云庵，据说即王冕梅屋，新中国成立初尚存矮屋三楹，竹园亩许，前有一水库，约有数亩，村人称为王冕大塘④。上世纪末庵屋全圮，最

---

① 潘衍桐《两浙𬨎轩续录》卷一三。
② 陈遹声、蒋鸿藻《（光绪）诸暨县志》卷一〇。
③ 陈遹声、蒋鸿藻《（光绪）诸暨县志》卷四二。
④ 陈炳荣《枫桥史志》第364页。

近当地人正在积极谋划重建①。这里的九里村，去枫桥镇约八九里，或者为村名的由来。王冕祖居在枫桥镇西南郝山村②，地处幽僻，窃以为如其返乡隐居，就当时惨淡拮据之生计，也应以祖居郝山村为首选，而不会南辕北辙地在枫桥镇北选一生僻的九里村。都是地名惹的祸！以此作为王冕隐居地，显然全由地名"九里"附会而来，但诸暨人这份珍惜传统，敬事先贤古德的乡邦情谊、道德风尚却值得赞赏。

（四）王冕居地植梅

关于王冕九里植梅，徐显、张辰传中均未言及，但称买山一顷，面积不算大。宋濂传中称种梅千树，又称"结茅庐三间，自题为梅花屋"，都不无附会传闻之嫌。但当时王冕肯定种有不少梅花，王冕作品中首先称"荒苔丛篠路萦回，绕涧新栽百树梅"③，这应该是初始经营时的种植数量。又曾在诗中自豪地告诉友人，"有怀若问草堂翁，门外梅花三百树"④，这应该是后来有所扩种的情况。至正十三年（1353）又有诗称，"草堂昨夜春风起，万树梅花月如水"⑤，这显然是一时兴会之语，不可认其实录，大概种了两三百树还是比较可信的。

王冕性格狂宕，一生未仕，是个十足的性情中人，于花卉嗜赏梅竹。早年故乡屋舍周围茂竹密蔽，环境幽美，遂以竹名斋⑥。而对梅花也极喜爱，自称"平生爱梅颇成癖"⑦。早在浪游四方时，王冕就酝酿了这份理想："便欲卜筑山之幽。断桥

---

① 2010 年 7 月 18 日上午笔者与江苏省邮政管理局陈玉冬先生（时在绍兴市邮政局挂职交流）、绍兴市邮政局驾驶员陈新木师傅一同前往寻访。见新盖两座屋舍，一四合院落，青瓦白墙，门上悬匾"白云庵"。另一简易农舍，门上额题"梅花屋"。四周阒无一人，杂草丛生，屋门均上锁，从门缝窥见庵中似有老君和王冕塑像。

② 陈遹声、蒋鸿藻《（光绪）诸暨县志》卷四二："郝山村，在栎桥江东岸，自潼川太守王文炳舍小溪山宅，子孙散处。山农先生曾祖迁居郝山下，山农先生长于斯，晚年始隐居九里山。今山下居民亦姓王，然非先生本支矣。"王冕《竹斋集》中多处提到水南村，当即其祖居地。今人骆焉名《王冕》一书称郝山下水南村"今属诸暨市枫桥镇桥亭村"，见该书第 1 页。诸暨县地名委员会编印《诸暨县地名志》第 152 页"桥亭大队"条下有桥亭自然村，称居民姓王，由东阳王坎头迁来。另有"霍山下"自然村，或即县志所载"郝山下"。

③ 王冕《九里山中》其一，《竹斋集》卷上。

④ 王冕《送林叔大架阁上京》，《竹斋集》卷下。

⑤ 王冕《癸巳春二月下浣，客有过余草堂，出示李太守之诗……》，《竹斋集》卷下。

⑥ 韩性《竹斋记》（误属刘将孙），刘将孙《养吾斋集》卷二一。《养吾斋集》误收此文，文中称"余家抵暨阳不百里"，应是诸暨邻邑人的作品，而刘将孙乃刘辰翁子，江西庐陵人。《养吾斋集》另有一篇《竹斋记》，题注"为闽县朱尹作"，是刘氏所作，因篇名相同而两记并收。我们这里所引《竹斋记》实为韩性作，《永乐大典》卷二五四〇引《竹斋记》，称出自韩性《五云漫稿》，又瞿镛《铁琴铜剑楼藏书目录》卷二三著录骆大年辑《竹斋诗集》钞本，称集前有韩性《五云漫稿》。《（光绪）诸暨县志》卷四二"竹斋"条下引作韩性《竹斋记》。

⑦ 王冕《题月下梅花》，《元诗选》二集卷一八。

流水无人处，添种梅花三百树。直待雪晴冰满路，骑驴相逐寻诗去。"① 九里种梅三百，也可说了却平生宿愿。梅花是他晚年隐居生活最为优雅的风景，"山居颇潇洒，梅树玉成团"②，"今日风光好，梅花满屋春"③，透过这些诗句不难感受到九里山园梅花给他带来多少美好的感受。

　　王冕与梅花的情缘最令人关注的还是他的画梅，王冕是继南宋扬补之之后最重要的墨梅画家，徐显《传》称："善写梅花、竹石，士大夫皆争走馆下，缣素山积"，"援笔立挥，千花万蕊成于俄顷，每画竟，则自题其上，每假图以见意。"今存世可靠的有十多幅墨梅，散藏中国、日本、美国等地，多为隐居九里后的作品④。其中较为著名的一幅《墨梅》题诗："吾家洗砚池头树，个个花开淡墨痕。不要人夸好颜色，只留清气满乾坤。"⑤ 可以想见画家面对九里山园梅树，临池作画，睥睨世俗，自得其乐的情景。这种隐居种梅写梅的生活，经过元末明初诸家传记，尤其是宋濂《王冕传》的描述，广为人知，成了古代文人爱梅情缘的一道经典掌故⑥。

① 王冕《秋山图》，《竹斋集》卷下。
② 王冕《立春八日》，《竹斋集》卷中。
③ 王冕《次韵答申屠子迪府推》，《竹斋集》卷中。
④ 嵇若昕《王冕与墨梅画的发展》第 28 页。
⑤ 王冕《竹斋集》续集。"吾"字本集作"我"，此从画作。
⑥ 本章的主要内容曾以《王冕隐居绍兴城南九里考》为题，承高利华教授垂青，延揽发表于《绍兴文理学院学报》2012 年第 1 期。实地考察中得到江苏省邮政管理局陈玉冬先生、绍兴市邮政局驾驶员陈新木师傅、绍兴文理学院渠晓云教授、杭州师大外文系刘小刚教授、同事曹辛华教授的帮助。书此一并志谢！

一六、安吉"北庄梅花"

　　明清时安吉名胜有"鄣南八景"之说，鄣南即安吉。安吉本汉故鄣县，东汉时分县南境另置安吉县，故称鄣南，辖地约当今浙江省安吉县。"八景"之说始于元末明初县人凌说《鄣南八咏》诗，八景为天目晴雪、渚溪夕照、梅溪春涨、石埭夜航、北庄梅花、樊坞梨园、浮玉晚娇、独松冬秀①。其《北庄梅花》诗写道："颠倒溪流险在兹，山中忽复见横枝。天生一白世无匹，花压万红春有私。疏影卧波宜入夜，暗香蒙雪幸同时。江南地暖开容易，马上逢人寄所思。"② 清顺治、康熙初期，浙江、湖州和安吉当地官员也多有《鄣南八景》之咏，如浙江总督范承谟《北庄梅花》诗："春深蜡屐探梅还，十里村庄静闭关。……坐对紫溪清浅处，广平铁石是同班。"③ 既然前往探梅，说明此时梅花仍有可观。北庄在今安吉递铺镇的南北庄村，乾隆《安吉州志》、同治《安吉县志》卷首县境图（图66）中与今南北庄大致对应的地点均标有北庄的地名④。乾隆《安吉州志》同时指出，北庄梅花"在州南二十里铜山乡，樊坞在州东二十里昆山乡，今俱荒废"⑤，"旧传其花六瓣，今未见有此"⑥，可见此时北庄梅景早已衰落。据当代方志记载，南北庄"村南有华严寺，寺北有宋梅，梅花六出，为鄣南八景之一"⑦。安吉东境地名有不少带有梅字，如梅园

---

① 江一麟《（嘉靖）安吉州志》卷一。
② 江一麟《（嘉靖）安吉州志》卷八。
③ 刘蓟植《（乾隆）安吉州志》卷一五。
④ 两志图中，北庄均在递铺东南，然今南北庄在递铺东北。递铺镇东南另有一名"北庄边"的自然村，但地处深山僻谷，山径偪仄，既不适宜大片植梅，游人踪迹难至，因而难以成为赏梅名胜。
⑤ 刘蓟植《（乾隆）安吉州志》卷六。
⑥ 刘蓟植《（乾隆）安吉州志》卷八。
⑦ 安吉县地名委员会《安吉县地名志》第150页。

图66　安吉县境图（部分），同治《安吉县志》卷首。
此图为左东右西，上南下北。图页正中为递铺镇，即今安吉
县城所在地。原县城（今安吉县安城镇）在图之右边，东门
外标有龙头山、灵芝塔等。图中北庄在递铺镇左（东）。

溪、梅坞等，想必当地梅之分布较多①。

---

① 2010年4月17日傍晚，笔者与侄程滢由安吉县城驱车向东北方向，寻访南北庄，不意走错道路，辗转来到昆铜乡梅坞村。这里属梅溪上游山坞，东西两面山岭逶迤夹峙，茂林修竹，蔚然森秀，虽称梅坞，但梅花在此生长不具优势，而南北庄一线则完全可能，惜乎天色向晚，匆匆取道安吉梅溪、长兴泗安返宁。1961—1964年间，先父程天龄带领木偶戏班演出于江、浙乡间。1964年7月，在安吉不幸遭雷击身亡，由当地友人黄桂芬先生帮助敛厝。秋天我家派船从长兴县泗安镇运回。因而从小我们就记住了长兴、泗安、黄桂芬三个名字，一直以为父亲死于浙江长兴。笔者此番研究梅花风景，数度出入长兴，也到过泗安镇，一路逢人即打听，想弄清先父具体死因。后将消息从互联网上发至长兴、安吉和安徽广德三县贴吧，终得安吉众多网友的热情回应，找到了安吉县高禹乡余石村黄桂芬先生的子女，知道先父当年遇难高禹乡庄山村。2010年4月17日，与兄程俊、堂弟程进、侄程滢四人备好薄礼，分别从南京和苏北泰兴老家，赶赴高禹余石、庄山，感谢黄家当年的恩德，告慰先父亡魂，祭奠黄桂芬先生。借此，对安吉的父老乡亲们在先生生前、死后提供的帮助，对黄桂芬先生全家，对所有帮助我寻找的网友们，谨志诚挚谢忱！

一七、南京灵谷寺梅花坞

　　明清时期南京附近最著名的梅花风景莫过于灵谷寺梅花坞。灵谷寺在今江苏南京市东郊中山陵风景区东侧（图 67）。该寺历史悠久，创始于晋，本名道林寺，梁改为开善寺，北宋时名太平兴国寺，后又称蒋山寺。故址在明孝陵一带，明初因建孝陵而移至今址重建，赐名灵谷禅寺，御题"第一禅林"。因处陵寝重地，备受重视，建筑、种植与收藏均极丰富，与凤山天界寺、聚宝山报恩寺并称"南京三大寺"①。明时东出朝阳门（即今中山门）至灵谷一带十里，石磴蜿蜒，苍松夹径，灵谷山门内松径犹有五里，森严苍寒，游者莫不印象深刻、交口称赞，天启三年（1623）朱之蕃编定"金陵四十景"，"灵谷深松"即为其中之一②。与这沿路大片松林相呼应，明代后期至清初，寺旁的梅花坞也声名渐起。天启四年熊明遇作《金陵四十景记》，所记灵谷之景不只称深松，而改名"灵谷松梅"，记称："由朝阳门东行过孝陵御路，复过长街可六七里而至灵谷，长松古柏匝二里许始至寺。寺有无梁殿、八功德水、志公塔，其琵琶街拍掌则应声而鸣。稍东为梅花坞，春初香雪万株，余与金比部携春盘往矣，且行且舆，尽半日之兴。"③ 同时葛寅亮《金陵梵刹志》灵谷寺下也记："梅花坞，寺前东南。""（灵谷）寺左为梅花坞，春来香雪万株，倍增幽胜。"④ 由此足见此时灵谷梅花坞的风景规模。综合明人有关记载，其地点约当今中山陵风景区东南之陵东路中段北侧⑤。

---

① 朱国祯《涌幢小品》卷二八。
② 朱之蕃《金陵四十景图考》。
③ 熊明遇《金陵四十景记·灵谷松梅》，《文直行书》文集卷一六。
④ 葛寅亮《金陵梵刹志》卷三。
⑤ 冯梦祯《灵谷寺探梅记》称"越灵谷而东二里许，北行百步，达梅花下"，见释德铠《灵谷禅林志》卷二。灵谷山门在今灵谷寺路与陵东路交接之十字路口，由此向东一公里，再向北"百步"，"百步"为五丈即 167 米，即梅花坞之南缘。晚清释德铠《灵谷禅林志》卷首《灵谷寺图》所标"古梅花坞"也在万工池东之山谷中，地点相当。度其方位约当今陵东路中段北侧。

（一）梅花坞盛于明代后期

灵谷寺的梅花种植可能始于灵谷寺移建时，洪武时刘三吾《御制赐僧清濬诗，钦和十二首》："曾得山中境趣幽，总缘此处日经由。梅英簇簇溪湾上，雁字悠悠天尽头。"[①] 成化五年（1469），童轩（1425—?）《忆金陵》诗中回忆几年前的南京宴游之乐："秦淮桥畔月，灵谷寺前花。"[②] 同时史鉴《游灵谷寺》记："缓辔吟行紫禁中，杂花千树映禅宫。"[③] 可见这时的灵谷寺一带种花颇多，虽然都未明言何种花卉，但梅花至少应居其一。正德、嘉靖间，严嵩《至日集灵谷寺》诗"林下幽香逢蕙草，水边春信见梅花"[④]，已明言灵谷寺沿路有梅花。

图 67　灵谷寺山门（真慈主编《灵谷寺》）。

许多材料表明，到万历年间灵谷寺东侧山坞坡麓植梅已颇具规模，声名骤起。我们发现，万历之前的诗人游览灵谷寺，诗文中常提的多只在松径、志公塔、琵琶街、八功德水，如正德二年（1507）二月都穆《游灵谷记》[⑤]、嘉靖二年（1523）前后柴奇《雪后游灵谷寺，和刘毅斋韵》[⑥]、嘉靖十八年（1539）罗洪先《冬游记》[⑦]、

① 刘三吾《御制赐僧清濬诗，钦和十三首》其五，《坦斋刘先生文集》卷下、释德铠《灵谷禅林志》卷一二。
② 童轩《忆金陵》其四，《清风亭稿》卷五。
③ 史鉴《游灵谷寺》，《西村集》卷三。
④ 曹学佺《石仓历代诗选》卷四八一。
⑤ 何镗《古今游名山记》卷二。
⑥ 柴奇《黼庵遗稿》卷四。
⑦ 罗洪先《念庵文集》卷五。

嘉靖间张舜臣《游灵谷寺》① 记灵谷游踪，都未提到梅花坞。万历五年（1577）《应天府志》、万历二十一年李登《上元县志》灵谷寺条下也均未记载。而也正是从万历中期始，梅花坞或梅花墅的名称开始见诸文人游记与吟赏。万历二十二年（1594）冯梦祯《灵谷寺东探梅记》："留都惟灵谷寺东有数里梅花……出朝阳门，群山如玉，清辉蔽野。越灵谷而东二里许，北行百步（引者按：秦以六尺为一步，旧时营造尺以五尺为一步），达梅花下。花放者已十三四，冲泥纵观，万树弥望。"② 万历三十一年（1603）于若瀛《金陵花品咏》："灵谷之左偏，曰梅花坞。约五十余株，万松在西，香雪满林，最为奇绝。第游人杂饮其下，芬仅敌秽，五年才一至耳。"③ 两处所说梅花数量悬殊过大，值得怀疑，说"万树"不免有些夸张，而"五十余株"又不免过少，远不当"香雪满林"的感觉，疑是五千余株，因形近而误④。大约万历四十五年，黄克缵（？—1628）《恭谒孝陵，循垣至灵谷寺，赋诗八首》其八注："寺南有梅花数千树，春深游客无数，皆被衣树上，藉落花而坐。"⑤ 所说数千，也合五千之数。比较可信的说法是千树左右，如焦竑《灵谷寺梅花坞六首》："山下几家茅屋，村中千树梅花。藉草持壶燕坐，隔林敲石煎茶。"⑥ 万历四十五、六年间钟惺诗中也说："秣陵梅最著，灵谷近千株。"⑦ 明遗民、上元（今南京）人张怡《金陵私乘》："梅花之盛无如灵谷坞中，尽一坞皆梅花，参差错落，不下千株。"⑧ 结合灵谷寺东南一线的实际地形考量，"千株"梅花应该是最为切实的数量。清康熙八年（1669）明遗民李焕章《己酉南游日记》称明时有"梅百亩，号梅花坞"⑨，就古梅硕株而言，每亩十株，百亩千株，也大致得实。

从焦竑诗中也不难看出，如此规模的梅林，当出于寺庙外东南一带村民的经济种植，而非寺庙所属的风景点缀。同时黄居中《春日同庄虞卿游梅花坞二首》"列树成村坞，南枝遍野塘"⑩，《正月二十七日，蔡总戎招同黎参府灵谷观梅，时儿龙

① 释德铠《灵谷禅林志》卷一二。
② 冯梦祯《快雪堂集》卷二八。
③ 于若瀛《金陵花品咏·梅》序，《弗告堂集》卷四。
④ 于若瀛集与王象晋《群芳谱》卷二所引均作"五十余株"，可见刊本无误，或者于氏原稿手误。钱士升《资善大夫南刑部尚书岱芝姚公墓志铭》："申酉间岱芝姚公为南大司寇，余为礼二，在公之暇过从其治。一日同游灵谷，时梅花盛开，樛枝疏影，横亘数亩。相与布席其下，寒琼艳雪，霏霏落酒杯中。"《赐余堂集》卷九。时崇祯五、六年间，钱士升在南京礼部右侍郎任，所说梅只数亩，与于若瀛或可参证。
⑤ 黄克缵《数马集》卷一八。
⑥ 焦竑《灵谷寺梅花坞六首》其一，《焦氏澹园集》卷四四。
⑦ 钟惺《吉祥寺有梅一株，次日往看》，《隐秀轩诗》宙集。
⑧ 释德铠《灵谷禅林志》卷二。
⑨ 李焕章《织水斋集》。钱士升说数亩，于若瀛说五十树，或者更为得实。所谓数亩是指坞中集中植梅处，这一规模与皇家祭礼果品的需求量也更加相称，而所谓千株、万株者，或就附近山间农户分布种植而言。
⑩ 黄居中《春日同庄虞卿游梅花坞二首》其二，《千顷斋初集》卷四。

情斗在坐》"连村篱落梅为坞，十里松涛谷亦灵"①，也强调的是山村田园之景。张怡《金陵私乘》还提供了这样的信息："梅花之盛无如灵谷坞中……而周氏园为最盛，当时结实输神乐宫监，备太庙时享，枝头悬上用牌，游人无敢侵及者。"② 可见灵谷寺梅坞所产部分果实进贡南京神乐观，用于太庙祭祀③，因而树木也受到特别保护。黄居中《春日梅花坞十六首》其十五："若到垂垂实，应登寝庙新。"句下自注："坞梅属奉常，实荐太庙。"④ 清屈大均《灵谷探梅》："往日园陵畔，千株间白云。芳馨灵谷寺，灌溉羽林军。""几树傍朝阳（门名），犹承日月光。白头宫监在，攀折荐高皇。"⑤ 也都提到这一情景。

　　山村梅树的实际种植可能由来已久。焦竑《灵谷寺梅花坞六首》："薔蔔林东短墙，曾开宝地齐梁。初春老树花发，深涧无人水香。"⑥ 所谓"老树"应该是有些年龄了。崇祯中王铎《梅花坞记》说得更为明确："梅俱老硬满尺余，无拱把者，大约数百年之龄，怪特虬折，铁屈支离，佝偻其形。"⑦ 根据现代园艺界对古梅树龄估算的一般标准和实践经验，这样干径一尺以上的大树大致都应生长了两三百年。对应明代的历史，大致应该就在明代初年，可能早在洪武年间迁建灵谷寺时，附近园户村民就开始植梅，果实供太庙祭祀之用。屈大均《灵谷寺》"往日山门外，萧森十里松。梅花因太祖，香水自神龙"⑧，所谓"梅花因太祖"，即指这一情形。经过一二百年持续经营与发展，到万历年间渐为外方所知，引起重视，成为南京东郊一道春游赏花名胜。

　　从万历中至明代灭亡的半个多世纪，是灵谷寺梅花坞梅花风景的鼎盛时期。每当花期，文人骚客携酒雅集，市井吏民歌呼聚饮，一时形成风气。前引于若瀛所说"游人杂饮其下，芬仅敌秽"，胡玉昆（字元润）《金陵名胜图册》称"花时游人如蚁"⑨，反映了当时游赏之盛。万历中期至崇祯间的文人多有这方面的作品，金陵本籍人士如焦竑有《梅花坞六首》，侨居如黄居中有《梅花坞十六首》，钟惺只三年短暂居此，集中即有《灵谷寺看梅》、《雨后灵谷看梅花》（二首）⑩、《二月三日重过

① 黄居中《正月二十七日蔡总戎招同黎参府灵谷观梅，时儿龙倩斗在坐》其一，《千顷斋初集》卷六。
② 释德铠《灵谷禅林志》卷二。
③ 顾起元《客座赘语》卷五"南京太庙祀典"："后长陵（引者按：明成祖朱棣）肇建太庙于京师，南京大内崇奉如故。"
④ 黄居中《春日梅花坞十六首》其十五，《千顷斋初集》卷八。
⑤ 屈大均《翁山诗外》卷五。
⑥ 焦竑《灵谷寺梅花坞六首》其二，《焦氏澹园集》卷四四。
⑦ 王铎《拟山园选集》卷四〇。
⑧ 屈大均《翁山诗外》卷八。
⑨ 胡祥翰《金陵胜迹志》卷三。
⑩ 钟惺《隐秀轩诗》黄集五言律三。

灵谷看梅》、《二月初五日重看灵谷梅花》① 等作品。金陵画家胡玉昆（字元润）将
其画入《金陵名胜图册》②，而明末清初的才子佳人小说《玉娇梨》也采用这一名
胜风景作为故事场景："这灵谷寺看梅是金陵第一盛景，近寺数里皆有梅花，或红
或白，一路冷香扑鼻。寺中几株绿萼更是茂盛，到春初开时，诗人游客无数。"③ 凡
此都可见这一风景名胜在当时文人心目中的地位和广泛的社会影响。

图 68　灵谷寺图（部分，释德铠《灵谷禅林志》卷首）。

　　梅花坞地处钟山南麓，依傍灵谷名刹，是其酿为名胜的重要原因（图 68）。
今日南京东郊中山陵风景区，明代这里是孝陵园区，钟山龙盘，林木葱郁。然而
由于属陵寝禁地，明人深感遗憾的是："白下山川之美，亡过于钟山与后湖，今
为皇陵、册库，游趾不得一错其间，但有延颈送目而已。"④ 正因此，孝陵东侧的
灵谷寺一带成了当时整个钟山林麓唯一可以自由进出游览的景点，因而倍受时人
重视。梅花坞，一旦成景，受其连带效应，极易形成社会影响。不仅如此，梅花
坞的风景也直接与灵谷寺景相互映衬，构成了苍松与雪梅，松涛与寒香相映生辉
的特殊风光。前引于若瀛"万松在西，香雪满林，最为奇绝"，所说即是。加以此
地山麓溪涧幽邃，村坞风景淳朴，正如诗人所说"涧边步步踏松湍"⑤，"一路人家

---

① 钟惺《隐秀轩诗》宇集七言律二。
② 胡祥翰《金陵胜迹志》卷三。
③ 荑秋散人《玉娇梨》第四回。
④ 顾起元《客座赘语》卷一。
⑤ 钟惺《二月三日重过灵谷看梅》，《隐秀轩诗》宇集。

静似僧"①，富有鲜明的游览价值，颇为文人雅士喜爱。

（二）清朝梅花坞景的衰落

灵谷寺毁于清顺治二、三年间（1645—1646）的战乱，唯无量殿、宝公塔尚存②，后虽经重建，但规模和地位与明远不能比。相应的孝陵与灵谷一带深松茂林也失之樵采，逐步荒芜，梅花坞自然也不例外，梅花盛况急剧衰落。顺治八年（1651），萧云从（1596—1669）《钟山梅下诗》序称："萧子性喜梅花，而梅花无如钟之麓之盛。少时从游其处，遇王孙筑草阁数椽，引余登之。仰望钟山，丹楹金瓦，鳞戢翚飞，曜云而丽日。俯瞰其下，则梅花万树，恣放纵横，一望十余里，如坐香航浮玉海也。辛卯初夏，复往访之，鞠为茂草矣。王孙亦不知所之，荒凉之中，因感成诗，他无所及。"③ 康熙三年（1664），王士禛《游钟山灵谷寺记》称"梅花坞在山门东，寒香数百树，尚横斜山翠中"④。同时冷士嵋《灵谷寺残梅》序称："传为高皇所植，凡千数百株，乱后仅存数本。"⑤ 可见梅树数量已明显减少。作为皇陵花草林树，其蕃芜荣悴与朝代之兴衰存亡密切相关。正因此，清初诗画中都出现了以钟山灵谷梅花为题材，缅怀故国盛衰，感慨天下兴亡的作品。如屈大均《灵谷探梅》⑥、《灵谷寺》⑦ 等诗便是，其《念奴娇·秣陵吊古》"任尔燕子无情，飞归旧国，又怎忘兴替。虎踞龙盘那得久，莫又苍苍王气。灵谷梅花，蒋山松树，未识何年岁。石人犹在，问君多少能记"⑧，说得更为明白。更为著名的是宜兴画家徐元珌（字渭文）作有《钟山梅花图》，同乡陈维崧、史唯圆、曹亮武、蒋景祁等题词唱和。曹亮武《望梅·题徐渭文〈钟山梅花图〉》："真龙曾降。记千门的烁，九重闶敞。种钟山、万树梅花，想旧日东风，一夜都放。宝马钿车，争先出、乌衣深巷。更宸游十里，缀雪含珠，香绕仙杖。如今有谁玩赏。料当初花坞，应偏榛莽。忽对君、几尺丹青，恍玉阙犹存，琼枝无恙。梦入秦淮，问孰把、兴亡低唱。只江天皓月，尚傍数峰辗上。"⑨ 词中怀念的"十里"御路、"万树梅花"，都人竞游的状况，

---

① 沈章《灵谷寺看梅》，张豫章等《御选宋金元明四朝诗》明诗卷八九。
② 王士禛《游钟山灵谷寺记》，《渔洋山人文略》卷四。
③ 萧云从、汤燕生《萧汤二老遗诗合编》萧云从七言律诗三十首。
④ 王士禛《游钟山灵谷寺记》，《渔洋山人文略》卷四。《带经堂集》卷四二、《带经堂诗话》卷一四"梅花坞"均作"梅花庵"，误。
⑤ 冷士嵋《江泠阁诗集》卷一一。
⑥ 屈大均《道援堂诗集》卷四、《翁山诗外》卷五。
⑦ 屈大均《翁山诗外》卷八。
⑧ 屈大均《翁山诗外》卷一六。
⑨ 南京大学中文系全清词编纂研究室《全清词（顺康卷）》第 12 册第 7173 页。

正是万历以来的情景。

　　诸多材料表明，虽然入清后灵谷寺一带风景大为衰落，但梅花坞的盛况仍维持了相当一段时间，或者随着社会局势的稳定，至康熙年间，这一带梅树有所恢复。康熙三年（1664），李焕章游记称灵谷寺"梅百亩，号梅花坞"①。康熙二十四年（1685）画家石涛《十五夜对花图卷》题款称其探梅之地有钟陵、灵谷②，今南京博物院藏石涛《灵谷探梅》图（图69），有"两升熟酒骚人醉，十里香芬野客闻"题句③，可见当时灵谷寺、明孝陵一带沿路梅花不少。同时先著《疏影·游灵谷寺，用姜白石韵》："赖得年年，雪片飞香，千树梅花村屋。"④《游梅花坞》："一堆山色几株松，功德池边别志公。下岭家家如雪白，林中惟有酒人红。"⑤康熙三十九年，王概、吴云等人诗中写道："乔松伐尽草芊绵"，"共悲麦秀连宫寝"。可见松林砍伐殆尽，但附近村中梅花却未受损失："千株香雪作干城，酸彻鹰窝老化生。"诗下自注："寺边即梅花坞，至时万树青实垂垂。"⑥王概另有《梅花坞四首》写道："纷纷香雪落晴空，老干新条白几重。五尺枳篱编石上，数间竹屋隐花中。居人好看农桑暇，男子兼通刺绣工（孝陵卫男子尽事女工）。更有羽林前宿卫，湾湾竹檐卖瓷筒。"⑦透露的信息更为明确，诗中连带说到孝陵卫，可见这时梅花的种植有从原来的寺东向寺南孝陵卫方向延伸的趋势⑧。康熙五十七年陈大章《灵谷废寺怀志公》："香林宛隔梅花坞，八水依然阿耨池。"⑨同时江宁上元（今江苏南京）人蔡望（康熙三十九年进士）《灵谷寺》诗"梅仍今日白，松忆旧时青"⑩，也是说灵谷寺的苍松不再，而梅花仍盛。这种情况有可能延续到乾隆初期。道光七年（1827），甘熙《访灵谷古迹，家大人命赋，和张古余（敦仁）韵》诗："东辟梅花坞，探春客萃止。老僧阅年久，尤能道亹亹。"⑪甘熙诗中所叙为嘉庆十七年（1812）以来游寺感受，若老僧七十岁，上溯六十年，当乾隆十五年（1750）左右，此时梅花坞风景犹有可观。

---

① 李焕章《己酉南游日记》，《织水斋集》。
② 石涛《石涛书画集》第 1 卷第 248—249 页。
③ 石涛《石涛书画全集》第 344 页。
④ 南京大学中文系全清词编纂研究室《全清词（顺康卷）》第 12 册第 7244 页。
⑤ 先著《之溪老生集》卷二。
⑥ 邓实《灵谷纪游稿（从风雨楼所藏墨迹录出）》。
⑦ 王概《梅花坞四首》其一，邓实《灵谷纪游稿》。
⑧ 余宾硕《金陵览古》"灵谷寺"："郊坛折而北，历梅花坞，遂游灵谷寺。"明郊坛在今光华门外东南，由此到灵谷寺，是由南向北，中间经过梅花坞，则梅花坞当在灵谷寺南面，显然比较起明人所说的灵谷寺东，已向孝陵卫方向南移。
⑨ 陈大章《玉照亭诗钞》卷一六。
⑩ 释德铠《灵谷禅林志》卷一二。
⑪ 释德铠《灵谷禅林志》卷一二。

图 69　石涛《灵谷探梅图》，今藏南京博物院。

但灵谷寺乃至于整个孝陵景区林景，入清后总在不断衰落。大约康熙二十多年，先著《永兴寺梅》"吉祥干老花放迟，灵谷村深树已残"①，康熙三十八年（1699）宋荦《灵谷寺》"此地富松梅，苍髯映寒玉。今来总如扫，晴岚但迎目"②，更多注意的便是林景衰相。至迟在乾隆中期，梅花坞风景声名晦没不彰。乾隆六下江南，数至孝陵、灵谷一线，历览题咏多载《南巡盛典》（四库本），其中卷一四所收乾隆三十年（1765）《游灵谷寺》："孝陵卜幽宫，灵谷迁古寺。迁复阅岁古，瓦兽荆榛坠。后人惜湮灭，稍稍事檀施。岂能复旧观，百什存一二。"所见极为萧散，未见提及梅花坞，可见此时坞中梅景衰落已甚，无足称胜。王友亮《金陵杂咏》诗"寺观类"中写及梅花的只有城南能仁寺古梅，于"杂物类"中有"灵谷深松"、"隐仙庵古桂"、"孝陵卫瓜"、"姚坊门枣"、乌龙潭荷、天界与报恩寺五谷树等③，其中梅花名胜为城北菩提场梅，而未提及灵谷梅花坞。从王友亮《金陵杂咏》自序及诗篇内容可知，这些诗歌（灵谷深松、菩提场探梅、隐仙庵古桂）作于乾隆四十四年（1779）④，可见此时灵谷梅坞的声名已经沉寂。另一些可资佐证的信息是，康熙后期出现的"灵谷八景"名目，寺前有沧池松影、空街应掌等，而梅花坞却不在其列⑤。道光元年（1821）周宝偀《金陵览胜诗考》卷九记植物有"孝陵卫瓜"、"姚坊门枣"、"隐仙双桂"、"普德四梅"、"莫愁湖秋荷"、"因是庵古藤"、"古柏庵柏"、"五里松林（灵谷寺山门内）"等，同样未列梅花坞，可见至迟嘉庆、道光间已废没不闻。到晚清释德铠《灵谷禅林志》中所述已是"其地皆为民田、坟冢，梅花无一存者"⑥，完全消逝在历史的烟尘之中，成了南京钟山风景的一段美好记忆。

梅花坞故址在今南京钟山暨中山陵风景区灵谷寺的东南侧。中山陵风景区的明孝陵前有著名的梅花山、梅花谷，是全国规模最大的观赏梅园。如今在古梅花坞一带正规划兴建体育运动公园，如能适当恢复梅坞风景，使上下数百年间芳华赓续不绝，游人登临送目之际感物华之美好，发思古之幽情，抚今追昔，陶冶情操，必能获得更多精神享受，从而进一步发挥这一古胜风景的历史价值⑦。

---

① 先著《之溪老生集》卷二。
② 宋荦《西陂类稿》卷一五。
③ 王友亮《金陵杂咏》"寺观类"、"杂物类"。
④ 王友亮《双佩斋诗集》卷六。
⑤ 释德铠《灵谷禅林志》卷一四收有释德玉、马逸姿、释觉明等人《灵谷八景》诗，这些人都主要活跃于康熙中后期，八景名目为：钟阜晴云、浮图秋月、古殿钟声、沧池松影（万工池与架山松）、银杏栖霞、清泉咽竹（八功德水）、空街击掌、曲水流觞。《灵谷禅林志》卷三载有释德玉《扫茸无量殿记》。释德玉，释寂曙（字晓苍）的弟子，记称时"忝主院事"，当为寺院主持，记文署时康熙五十七年。马逸姿，陕西武功人，康熙四十一年任苏松常镇四府粮道台，四十六年江苏按察使，四十八年升安徽布政使，诗或作于康熙四十六、七年间。
⑥ 释德铠《灵谷禅林志》卷二。
⑦ 本章曾以《钟山灵谷寺梅花坞考》为题，发表于《阅江学刊》2009年第1期，渠红岩女士执编，该刊为笔者发表梅花考证文多篇。2008年1月，吾中学同学肖云生先生驾车陪同实地考察，谨此并志谢忱。

一八、富阳包家墅

　　包家墅在浙江富阳县西三十五里，今作包家淇①。明宣德《富阳县志》记载："包家墅种梅约一里许，树皆数百年物，古干可爱，其实亦佳。"② 康熙县志："包家墅在县西南看潮二图，当冬春之交，旭日初晖，墅梅吐萼，约一里许。树皆数百年物，古干离披，殊惬幽赏。"③ "邑治外包家墅梅花称盛……文人间亦游赏成群，颇同省会风。"④ 光绪县志："包家墅一带最盛，有红梅、白梅、腊梅，又有绿萼梅，每逢春来香闻数里。"⑤ 三种县志一路记来，时间延续有四个多世纪，加之宣德志已称数百年物，可见包家墅种梅的历史极为悠久。今人记载当地种植水稻外，仍兼产水果⑥。乾隆十八年（1753），朱伦瀚回忆早年任职浙江时，曾数度往来富春江上，所见"富阳江干有三十里梅花，予数经过，最为大观"⑦。包家墅正是这沿江三十里梅花中的一节。这里的梅主要应该制作乌梅，据康熙县志记载，村落"善制乌梅，颇入药料，土人间藉此以资厥生"⑧。光绪府志所说则有所改变："乌梅为富阳专产，远市西北，云疗马疾。其就近货售者，染肆之用最钜，至以入药盖甚微也。"⑨ 康熙以前多为药用，晚清则远销西北，以治马疾，在当地则主要用作染料。这应该是包

---

① 汪文炳等《（光绪）富阳县志》卷二《村落表》中"西北区""看潮十二庄"中有"包家旂，距城三十五里"，附近另有新店埠、庙坞口、赵家山、田坞、陆家坞、吴家坞等村名。这些地名今大多仍沿用，可见包家墅与包家淇、包家旂，是一地之异名，变化原因不明。1982 年富阳县地名委员会《浙江省富阳县地名志》在新桐公社（即后来的乡镇）包家淇（大队名，同时也是自然村名）条下记载包家淇名称由来："元末包氏祖先包九珊见此地景色佳丽，山势峥嵘，清泉曲折，遂定居并命名为淇川。后包氏子孙繁衍，又称为包家淇至今。"见该书第 84 页。
② 李卫、嵇曾筠等《（雍正）浙江通志》卷一〇一。
③ 钱晋锡《（康熙）富阳县志》卷四。
④ 钱晋锡《（康熙）富阳县志》卷五。
⑤ 汪文炳等《（光绪）富阳县志》卷一五。
⑥ 富阳县地名委员会《浙江省富阳县地名志》第 84 页。
⑦ 朱伦瀚《新购盆梅，对之忆旧三首》其二自注，《闲青堂诗集》卷九。
⑧ 钱晋锡《（康熙）富阳县志》卷五。
⑨ 李榕、吴庆坻等《（民国）杭州府志》卷七九。

家墅一带梅花延续数百年不衰的主要原因，但由于僻处县之西陲江干，因而在当地影响有限，不入县境"富春八景"之目①。

---

① 八景有樟岩晓雾、吉祥晚钟、龟川秋月、花坞夕阳、鹤岭晴岚、中沙落雁等，见《（康熙）富阳县志》卷首。

一九、太湖洞庭东西山

　　洞庭西山，一名包山、林屋山、洞庭山，为太湖中最大岛屿，全岛呈低山丘陵和湖滨冲积地貌，面积80多平方公里，主峰海拔336米，今有长桥与陆相连。其东为洞庭东山，一名莫厘山、胥母山，原为岛屿，今东北面与陆地相连。两山统称洞庭山（图70、图71），在今江苏苏州市吴中区境①，东西对峙，襟带五湖，物产丰富，风景清秀。

　　明袁宏道曾以"山之胜"、"石之胜"、"居之胜"、"花果之胜"、"幽隐之胜"、"仙迹之胜"、"山水相得之胜"七项概括洞庭西山得天独厚的奇丽风光，称其为"天下之观止"、方内第一②。其实，这对东西两山都是符合的。植物之饶、"花果之胜"可以说是洞庭两山最显著的特色，早在唐宋时当地柑橘即已著称，宋明以来文人的各类专题赋咏对两山草木之茂、花果桑茶之饶无不极口称赞。"山之民，鲜植禾黍，惟果是利"③，明王鏊《洞庭两山赋》罗述道："卢橘夏熟，杨梅日殷。园收银杏，家种黄甘（引者按：柑）。梅多庾岭，梨美张谷。雨前芽茗，蚕余萌竹。"④这其中梅是一个大宗产品。杨循吉《（嘉靖）吴邑志》："梅子西山多种，其味仍在熟时，青黄饾饤，历时最久。人家收藏有霜梅、翠梅，及堪作酱和羹也。惟消梅实小松脆，多液无滓，不宜熟，惟堪生噉。"⑤这进一步说明了洞庭山产梅之盛。两山种梅的历史也较悠久。宋高宗绍兴间李弥大自撰《道隐园记》："岩观之前大梅十数

---

① 原苏州吴县，2001年析为吴中、相城两区，洞庭两山属吴中区。两山行政上分设东山、西山两个乡镇，今西山镇改名金庭镇。据说西山之名不祥，近年不少商贾、政要游湖，多好歇宿东山而不愿落脚西山，当地遂易名金庭，以避时忌。古籍载太湖洞庭西山有"金庭玉柱"之誉，镇之名当出于此。但人们口头仍习称西山，沿路许多交通指示牌仍称西山。东、西两山之名由来已久，未闻古人有忌，北京、太原等地也有西山，均成当地名胜。且就天地自然之道而言，坐地日行三万里，若无今宵日潜海底行，何来明朝旭日东山升。东西山之名，历史悠久，传统深厚，且形象贴切，语言通俗，值得当地人民珍惜，永久沿用。
② 袁宏道《西洞庭》，《袁中郎全集》卷八。
③ 陈继《橘林佳趣记》，翁澍《具区志》卷一六。
④ 王鏊《震泽集》卷一。
⑤ 杨循吉《吴邑志》卷一四。

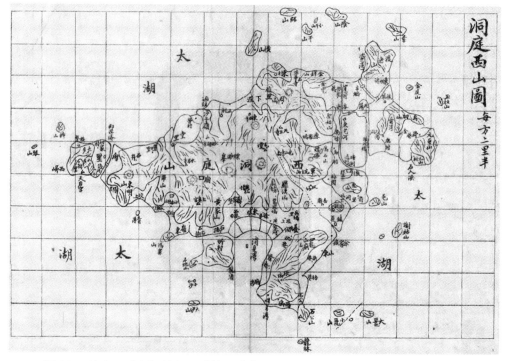

图70　洞庭西山图（民国《吴县志》卷一）。

本，中为亭曰驾浮，可以旷望，将驾浮云而凌虚也。"① 这是最早私人园亭的观赏栽培，园在西山林屋洞西麓，这里今天有万亩梅海，山顶重建驾浮阁、道隐园等景观（图72）。明成化十五年（1479）吴宽《兴福寺记》："主僧恩复出迓客，延登其后小阁，是时梅华方盛开，弥望如白云，崖谷莫辨。"② 兴福寺在东山俞坞，创建于南朝梁，明以来迭有兴修，山寺周围开始形成梅林，规模已是不小。

　　到明万历间，两山种梅更是有了明显的发展。万历三十年（1602）曹学佺《泛太湖游洞庭两山记》："（两山）多产果木，为梅为梨为桃杏之属，花开时盛；为橙为橘之属，垂实时胜。梨花西山甪村盛，桃杏东山盛，梅与橘两山俱有之，村落上下隐见无间也。"此行所经东山曹坞、长圻、河沙、兴福寺，而"兴福寺之梅为东山最胜"。在西山"由销夏湾而登缥缈峰，平地二里皆梅花，上山者五里皆可望梅花。初犹销夏湾之一村而已，次则其邻，次则其最远，又次则但见梅花而不见村，及顶则但见白色模糊无际，固不辨其为湖水也，白云也，而为梅花也"③，可见西山山麓梅花更为繁盛。

---

① 翁澍《具区志》卷一一。
② 吴宽《瓠翁家藏集》卷三三。
③ 曹学佺《石仓文稿》卷三。

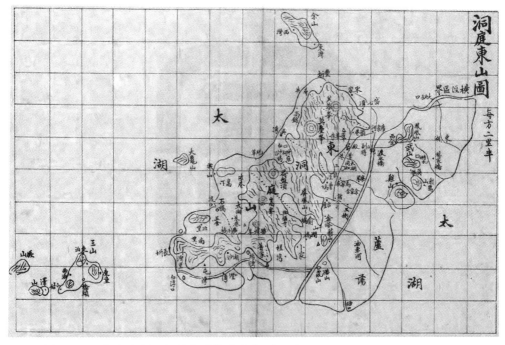

图 71 洞庭东山图（民国《吴县志》卷一）。

西山涵村梅花最为著名，万历初李维桢、万历中袁宏道、陶望龄的游记①，万历后期姚希孟《山中嘉树记》②，都提到"涵村梅"。涵村在西山北麓，是一个面积较大的坞谷村落，明万历、天启年间，这里的梅花之盛为西山之最。后堡也几与涵村媲美，姚希孟《山中嘉树记》称"老干苞香，纠错诸坞中，后堡、涵村为最"。姚希孟《宿包山寺记》还写到"毛公坛，行山坞诸坞，多植梅，间以它树，稠樾美荫相续也"③。上述这些大致反映出万历以来两山梅花的分布区域和繁盛状况。

入清后，两山梅花一仍其盛，影响也有所扩大。顺治十七年（1660）昆山（今属江苏）归庄（1613—1673）《洞庭山看梅花记》称："吴中梅花，玄墓、光福二山为最胜。入春则游人杂沓，舆马相望。洞庭梅花不减二山，而僻远在太湖之中，游屐罕至，故余年来多舍玄墓、光福而至洞庭。"④ 归庄此行只到东山，提及长圻、杨湾、周湾、翁巷、曹坞等地，所至无不有梅。同时宜兴陈维崧也曾与友人探梅西山⑤。康熙二十八年（1689）翁澍《具区志》的记载更为明确："梅出洞庭等山，

① 李维桢的洞庭两山游记，见翁澍《具区志》卷二。袁宏道《西洞庭》，《袁中郎全集》卷八；陶望龄《游洞庭山记》，《陶文简公集》卷六。
② 姚希孟《循沧集》卷一。
③ 姚希孟《循沧集》卷一。
④ 归庄《归庄集》下册第 375 页。
⑤ 陈维崧《忆邓尉探梅》："暗记当年才过收灯，有人约探林屋。"《迦陵词全集》卷二四。

其佳种有四"：吐花酸、消梅、脆梅、十月梅①。"梅花莫盛于洞庭山之后堡、镇下（引者按：今作镇夏），东山之长坼、丰坼，舟舆壶觞，累累不绝。"②到康熙后期，西山慈里梅花则名盛一时，名列"洞庭八景"之一③。早在万历中，袁宏道对当时两山虽富山水林木，但居民不雅，游客极少，寺院湫隘荒凉如鬼室之情形深感惋惜④。至归庄也说"游屐罕至"，而这里说康熙间已是舟舆壶觞，游人不绝，可见随着时光的推移，尤其是两山经济、人口的发展，其声名也广泛传播。

梅花的分布尤其是赏梅景点也发生了微妙的变化。明人交口称赞的西山北麓涵村梅，清人未见提及，可见有所衰落，而西山东麓的后堡、镇夏梅景则开始崛起。东山兴福寺梅花从明中叶来一直为山中之最，而此时已让位给山西湖滨之丰坼、长坼。

长坼在东山西南湖滨，这里的梅花早在万历间便具规模，曹学佺游记中即有描写，明末清初顾梦麟曾把它与光福梅花相提并论⑤，清初归庄称"长坼梅花一山之胜"，沿路经周湾、杨湾、李湾、西湾等处，都有梅花⑥。康熙《苏州府志》也称洞庭长坼梅花盛⑦。桐庐朱方蔼《自东洞庭屯湾看梅至揽胜口》"春晴随处吐芳苞，复洞回冈树欲交。人自山南转山北，路从花底上花梢"⑧，可见到乾隆早期长坼梅花仍然称盛。

丰坼在莫釐峰西北湖滨，与长坼一南、一北，并为东山岛伸向湖中之长嘴。丰坼之梅始见称于康熙朝，前引翁澍《具区志》所说即是。康熙间丰坼梅花已名列"洞庭十景"之一⑨。道光间陈文述有《丰坼》诗，题下注称"依山临湖，梅花最盛，一白数里，若香雪海"，诗中进而写道："此地梅花国，青山好结庐。四围香雪海，一角美人湖。"⑩可见丰坼梅花之盛至少延续到道光年间。

嘉庆、道光以来，方志和文人游记中有关两山梅花的记载极为罕见，显然已经衰落。民国初年朱琛《洞庭东山物产考》列有一《洞庭东山物产考输出表》，记1911年梅子输出150担，与桃子相当，而远不如杨梅、枇杷、枣、栗、橘、石榴、橘之多⑪。这应该是嘉道以来逐步衰落的结果。当时有游人称东山梅花无多，当地人虽自夸许，但所见也只千百树红梅而已⑫。

---

① 翁澍《具区志》卷六。
② 翁澍《具区志》卷七。
③ 王维德《林屋民风》卷七。
④ 袁宏道《东洞庭》，《袁中郎全集》卷八。
⑤ 顾梦麟《西山看梅四首》序，汪学金《娄东诗派》卷九。
⑥ 归庄《归庄集》下册第376页。
⑦ 冯桂芬《（同治）苏州府志》卷二〇。
⑧ 阮元《两浙辅轩录》卷三二。
⑨ 尤侗《洞庭十景诗跋》，《西堂杂组》杂组三集卷五。
⑩ 陈文述《颐道堂集》诗选卷二一。
⑪ 朱琛《洞庭东山物产考》卷一。
⑫ 心期《记忆里的新年》，《永安月刊》1942年第33期。

关于两山梅花的特色，古人也多有感发。古人乘舟前来，印象最深的首先是行舟湖上绕山赏梅，"花开则香气浮水上数里，与棹相拂"①。其次则是两山美妙的湖光山色与漫山梅花的相映生辉。沈大成《洞庭探梅》"花光并山色，倒景入太湖。扁舟破晓来，置身在玉壶。此境非人间，沧瀛定有无"②，说的就是这种湖中花海给人一种飘然出尘，空灵奇妙的特殊境界。如今置身西山林屋梅海，俯浴花海香涛，远眺湖光浩淼，庶几也是这番美好的感受。

新中国成立后，两山梅的栽培有所复兴。1991年出版的《洞庭东山志》称"东山栽梅已有500多年历史……时异景迁，今长坞、丰坞已不复昔时之盛。现主要分布在前山的星光、金湾、东山等行政村，武山的西泾、吴巷山、摆渡口等行政村，后山的杨湾及北望、屯湾和三山等行政村。1984年全山栽植面积1150多亩，产量500吨左右。……1981年从日本引进100株'南高'梅苗，植于龙头山。1985年幼树已结果……龙头山成片梅林，为东山旅游增添了赏梅景观。""现产量仅次于柑桔、杨梅、枇杷而居东山果品之第四位。"③ 这是东山的情况，西山梅林分布更为普遍④。1987年全镇有青梅近5000亩，年产1750吨。随着上世纪90年代市场效益的高涨，面积也不断扩大，鼎盛时达7200亩，几乎占全镇果树面积的四分之一，最高年产青梅5000吨⑤。

20世纪90年代末以来，当地政府开始注意梅花风景资源的开发利用。2004年将西山林屋洞周围200亩梅林，统一租赁，由林屋洞景区统一管理，作为当地梅花节的主要风景基地⑥。早在宋代，林屋洞一带士人隐居即已植梅，清代以来文人吟咏增多，如陈维崧《疏影·忆邓尉梅花》词中即有"有人约探林屋"句⑦。从1997年开始，当地政府连年在林屋洞梅海举办太湖梅花节，迄今已举办了14届，成了太湖流域影响最大的花卉旅游节庆，影响已超过邻近的光福邓尉"香雪海"。整个梅园分布于林屋洞西北麓及附近（前堡等村周围），盛花时节登临林屋山驾浮阁上，

---

① 曹学佺《泛太湖游洞庭两山记》，《石仓文稿》卷三。
② 沈大成《张看云行乐画册六首·洞庭探梅》，《学福斋集》诗集卷三五。
③ 洞庭东山志编纂委员会编、薛利华主编《洞庭东山志》第54—55页。
④ 2009年4月12日，笔者由无锡万钧、徐建清先生、周明妍女士驱车陪同，考察两山。沿西山金庭路、梅园路、环山公路绕山一周，沿路分散不少梅林。清雍正间李暾《大雄山看梅》所说"我闻包山梅，四十里围绕"（李暾《松梧阁诗集》二集），此行所见正符合古人这一说法。而在东山，笔者也乘车绕山一周，并丰坞、长坞等地重点访问，均罕见有梅。据尚锦村一位夏先生介绍，原丰坞一线种梅，近些年效益不好，遂改种其他园林苗木。在长坞，所见多为茶园和桑田，当地一位姜先生介绍，20年前这里还有几十亩梅园，现在都改为茶林了。
⑤ 张海如《苏州市吴中区西山镇青梅生产现状及发展前景》，《中国果业信息》2007年第3期。
⑥ 袁卫明、张海如《苏州青梅产业现状与发展策略》，《果农之友》2007年第2期。
⑦ 陈维崧《迦陵词全集》卷二四。

图72 林屋山驾浮阁。山底有号称天下第九洞天的林屋岩洞。

图73 林屋梅海。林屋山北麓原为农户梅田，现由林屋洞景区统一
管理，为环太湖沿岸梅花最盛处。

山下雪海无边，花光浮动，香气弥漫，与浩森的湖光山色浑然一气，景色极为壮观
（图73）。而脚下之林屋溶洞，有仙家第九洞天之说，给人以无穷遐想①。

---

① 2009年4月11日，笔者由无锡前洲镇万钧等先生陪同考察东西两山古梅花景点，曾来此。2012年2月20
日上午，笔者由无锡前洲镇暴师傅驱车陪同第二次来此，今春气温偏低，花尚未开。3月27日下午，由侄
程滢陪同从浙江长兴林城再至，则花期又届尾声，但余势犹烈，摄得花海照片数帧。

二〇、长兴川口

明代以来，湖州长兴县（今属浙江）梅的种植生产开始呈现出较为繁盛的情形，其中最为集中的地方在川口。清顺治《长兴县志》记载，明万历年间县人徐善长"癖耽山水……于邑喜画溪之曲，喜洞山之玲珑，喜川口十里梅花，花时必旬日往放舟"①，其《川口十里梅花雪中独探之作》称："峰影参差水暗回，疏花十里尽寒梅"，"参差万树通樵径，疏冷一树照客眠"②。同时县人朱尚宾，由靖江县令称病辞职，"既归，刺小舫往来罨画溪中，春时则游川口二十里梅花，岁以为常"③。这些材料都明确说川口这个地方有连绵一二十里的梅花。

川口何在？今存历代《长兴县志》川泽、市镇、村墟门下均未载川口地名，所载有南川山、北川山，"俱在顾渚山北，去县西北六十里"，同治《长兴县志》始在两山条下引清初李世宾《同邱亮臣川口看梅》诗④，是认为川口即指南、北两川山口⑤。然而此地与江苏宜兴交界，峰高林深，山路陡峭，村庄幽僻，村民种植以茶为主，应不是连绵一二十里梅花的川口所在地。今长兴县雉城镇有川步行政村，在县城北，由原川口与牛步墩两个行政村合并而成，而川口是原川口行政村（人民公社时期称川口大队）所属的一个主要自然村⑥。这里是一个西北、东南走向的深长山沟，沟的上游分两道，称南岕与北岕⑦。两岕在川口会合，故有此名。岕中有溪流，晚清民国间的地图中称北溪⑧，今称长桥涧，下游古通县城，今入合溪新港通

① 金镜《徐长公先生别传》，张慎为、金镜《（顺治）长兴县志》卷九。
② 张慎为、金镜《（顺治）长兴县志》卷九。
③ 张慎为、金镜《（顺治）长兴县志》卷八。
④ 赵定邦《（同治）长兴县志》卷一〇。
⑤ 顺治、乾隆、嘉庆三县志在南、北两川山条下均未引录此诗。
⑥ 浙江省长兴县地名委员会《长兴县地名志》第107页载川口大队，辖川口、古山庵、李家、长桥涧等七个自然村。所谓大队是人民公社化时期的行政建制，上世纪80年代中期统一改称村，即所说行政村，一般由一个或几个自然村组成。
⑦ 长兴地名多岕。张慎为、金镜《（顺治）长兴县志》卷一："吴人凡两山夹处皆以岕呼之"。岕，当地方言读作卡，也写作嶰（xiè）。
⑧ 浙江舆图局《长兴县五里方图》，《湖州古旧地图集》第148页。

太湖。笔者认为，明人所说的川口应指这个地方。

值得注意的是，清顺治《长兴县志》卷首的县境图中明确标注了一处"梅花二十余里"的地方，地点在合溪与寿圣寺之间的"方丈"庵附近。图中所示方丈庵和"梅花二十余里"的方位与今川口村正相对应（图74）。方丈庵是当地俗称，正式的名称是圆通讲庵。顺治县志记载："圆通讲庵，在县北二十里方石山，宋淳熙初建，后废，洪武五年重建，并紫金寺。自城至此，古梅数十万树、巨竹数十万竿，参差念（引者按：廿）里，春时霏香摇翠，漱玉鸣金。知县吴钟峦扁曰'净香天'，里人呼为方丈庵。"① 明万历长兴县训导郑圭也有文章写到"礧嵬有廿里茶，方丈有廿里梅花，黄荆窠有万亩竹，罨画有廿里朱藤灌篠"②。郑圭与徐善长、朱尚宾同时，所说方丈二十里梅花与川口二十里梅花应属同一个地方。如果今川口自然村的村名从古就有的话，这里去县城大约二十里，应该就是明人所说川口二十里梅花、清顺治县志地图上所标方丈庵"梅花二十余里"所在地③。而可能有类似地名的今县境西北煤山境内的东川、西川，东北夹浦境内的南川、北川均与江苏宜兴交界，去县城的距离远不止二十里，可以完全否定是川口或方丈庵所在地。

对于顺治县志这段记载，尤其是川口的地点，湖州地方学者多有误解。湖州市地方志编纂委员会《湖州市志》在介绍长兴青梅时有这样一段文字："据《长兴县

---

① 张慎为、金镜《（顺治）长兴县志》卷二。这段记载中的方石山，仅此一见，历代县志均未见该山条目。
② 张慎为、金镜《（顺治）长兴县志》卷一。
③ 关于川口、方丈庵的具体地点，还有其他信息值得考勘。《（顺治）长兴县志》卷一山川志："双阳礧，在县治西二十里合溪镇，达吉祥四都，内有方丈庵。"如果这里所说方丈庵与圆通讲庵（别名方丈庵）是同一寺庙，那么所谓川口二十里梅花应该在合溪东北一带。2010年3月，笔者曾在网上咨询，长兴网友告知，在合溪东北有一双阳岕的地方。3月12日笔者曾前往踏勘，村民也指点有双阳礧（岕）。这里与川口之间直线距离很近，但两者之间有长岭阻隔，往来要翻山越岭。笔者一度认为川口有可能在合溪东北一线，但反复权衡，最终放弃了这一推测。除了顺治县志与图上标志得极为明确外，主要是出于这样一些考虑：一、顺治县志讲明圆通庵即方丈庵在县北（其实是北偏西，古时应从县东向北，再转西）二十里，而合溪一带多称县西（其实是西北，因古时出县城先向西，再转北）二十里。二、合溪是古镇，在长邑地位显赫，如果说川口或方丈庵"二十里梅花"在合溪附近，作为风景名胜，称谓多从大不从小，人们一般会称"合溪二十里梅花"，而不会选一个名不见经传的小地名来代表。清中叶以来合溪一带青梅生产兴盛，产品称为"合梅"即是如此。三、明万历县训导郑圭罗列县中名胜"礧嵬有廿里茶，方丈有廿里梅花，黄荆窠有万亩竹，罨画有廿里朱藤灌篠"，罨画溪与合溪相连，所说二十里应该包括合溪镇以下部分，如再另称合溪附近方丈廿里梅花，所指地点不免重复，就不太合理，方丈二十里应在离合溪较远的地方。四、笔者实地考察，今川口村（土地庙）所在的山岕深长至少上下有二十多里，川口正处在整个山岕的中段。川口向上是峡长的山沟，为茂密的竹林，川口以下沟地较为开阔，两边山岭多长毛竹，而沟中平地正适宜果树生长。古人所说的"古梅数十万树、巨竹数十万竿"足以展开，而合溪镇东北方向任一山岕都无此规模。五、顺治县志称双阳礧（岕）"达吉祥八都"，吉祥乡区的中心在今水口乡的南部、雉城镇的北部地区，而今所说双阳岕一线向上走是高岗，也许古时有山路越岭可通川口，而误认为双阳岕与川口一岕相连，进而误认方丈庵在双阳岕内。综合这些因素，川口应该在县正北的今川口村一线。

　　图74　长兴县总图（部分，顺治《长兴县志》卷首）。页中
上方标有"梅花二十余里"字样，康熙县志对应的地方则改为
"菊花二十余里"。

志》，明洪武五年（1372），出长兴城北行 20 里至水口，一路左右有梅数十万株。"①
类似的介绍还见于长兴县农业区划办公室编的《长兴土特产品资源集》②，显然都是
对前引顺治《长兴县志》的转述。此说有两点错误：一是时间，顺治县志这段文字
中，洪武五年（1372）是圆通讲庵（方丈庵）重建的时间，不是"二十里梅花"
出现的时间。上文提到游览或作品涉及川口梅花的徐善长、朱尚宾、郑圭都主要生
活于万历年间（1573—1619），顺治县志中提到为梅景题匾的吴钟峦崇祯七年
（1634）任长兴知县，所谓"二十里梅花"说的是明朝末年的情况，上去洪武初年
有两个世纪。目前尚没有任何材料表明，明朝初年即有这样的梅花盛况。二是地点，
《湖州市志》和《长兴土特产品资源集》都把川口理解为今长兴县水口镇，显然是
望文生义，草率附会。水口是个古镇，地名早已见于唐人作品③，顺治县志明确记
载"水口镇在县治北三十里，顾渚诸山之水从此出，故名。旧属平望乡，宋为吉祥
乡，今仍之"④。顺治县志指明圆通讲庵（方丈庵）在县城北二十里，而水口在县城
北三十里，两地决非一地。也许正是发现水口镇去县城远非二十里这个漏洞，今周
巍、王小德等人《浙江长兴梅栽培历史研究》一文在抄录《湖州市志》这段描述
时，将"北行 20 里至水口"，改成"北行二十公里至水口"⑤，这样的引用方式姑且
不论，但这一举动本身进一步暴露了川口即水口这一说法的错误。

　　关于川口梅花的时间，没有材料证明始于明初，但起点也不晚到万历年间
（1573—1619）。这里的梅花最迟在明嘉靖年间（1522—1566）便已闻名，《（雍正）
浙江通志》引嘉靖《长兴县志》："县北二十里方石山，自城至此古梅、巨竹数十
万。"⑥ 嘉靖《长兴县志》两修，一在嘉靖十年至十九年间（1531—1540），另一在
嘉靖三十八年（1559），《通志》所引当是后一种，可见这时梅花胜景已成。但上推
也决不至明代初年，因为元末明初长兴文人沈贞（此人至少生活到洪武十四年之
后）隐居士林（今雉城士林头），士林正位于川口与县城二十里路之中点。其《士
林山水记》一文详细记载士林附近的风景佳胜，多林木巨植，并未提到梅花⑦。嘉
靖县志的记载应是清顺治《长兴县志》有关记载所本，而所谓二十里，综合各种材
料信息，所指可有两种理解，一是说县城至方石山或方丈庵的路程，另一是指川口
上下山沟内梅花绵延分布的范围。从前引嘉靖县志的语意看，可能以第一种理解更

---

①　湖州市地方志编纂委员会《湖州市志》第 875 页。
②　长兴县农业区划办公室《长兴土特产品资源集》第 23 页。
③　如李郢《自水口入茶山》，《全唐诗》卷五九〇。
④　张慎为、金镜《（顺治）长兴县志》卷二。
⑤　周巍、王小德等《浙江长兴梅栽培历史研究》，《浙江林学院学报》2009 年第 2 期。
⑥　李卫、嵇曾筠等《（雍正）浙江通志》卷四二。
⑦　张慎为、金镜《（顺治）长兴县志》卷九。

符实际。

方丈庵或川口的梅花至少延续到康熙早期，康熙十二年（1673）《长兴县志》在圆通讲庵条下记载："邑人朱升为作一联云：'长有清风吹不夏，未闻高士看无花。'"① 朱升参与了该志的编纂。从明嘉靖到清康熙间，这里的梅花盛况至少绵延了一个世纪②。乾隆以来，再未见有人提及川口梅花，并川口这个地名也很少见于载籍，可见梅景已衰落不名③。

---

① 韩应恒、金镜、朱升《（康熙）长兴县志》卷二。
② 2010 年 3 月 12 日下午，笔者与长兴县图书馆李玉富先生由侄程滢驾车深入山坼，南北两山松竹苍然，沟中谷地也以毛竹为主，沿南坼至杨家庄一路均是如此，只偶有一两株梅花可见。
③ 令笔者颇感困惑的是，从万历至清康熙初年极为昌盛的川口梅林，何以此后遽然消失，民国九年（1920）王修编辑《长兴诗存》四十卷，除清初李世宾《同邱亮臣川口看梅》一首外，再也未见有诗篇提到川口这个地名。而今川口上下村落仍然稀疏，据说祖上多清朝外省移民，上溯清初，此地何以有如此大面积的梅林？这些都颇为费解，希望长兴当地博学有识之士指点迷津。2010 年 3 月 12 日，笔者与长兴图书馆李玉富先生，由家侄程滢驾车考察川口上下。李玉富先生系安徽人，为人朴实，笔者数至长兴调查，均得其热情帮助。又，此章原为笔者《浙江长兴梅栽培历史考》之部分，载《浙江社会科学》2010 年第 10 期，承王立嘉主编引揽发表。一并谨志谢忱！

二一、福州藤山梅坞

藤山一名仓山，在今福州市闽江南岸仓山区。明万历四十一年（1613）喻政等《福州府志》卷四："自天宁山而东为藤山，地脉起伏如瓜引蔓，其地多梅，有梅花坞。"稍后何乔远《闽书》记载完全相同①。崇祯三年（1630）曹学佺《大明一统名胜志》福州名胜志卷一："藤山……如瓜引藤故名。山多梅树，由此而南，联湖山十余里，遍地皆梅。当花盛开时，一望如琼瑶世界，好事者多往游之。"而弘治二年（1489）完成的陈道、黄仲昭《八闽通志》卷二福州府形胜"藤山"条下未及梅花，可见当地大规模植梅，酿成名胜，应属万历年间的事。

质诸文人诗咏，也证明这一点。今所见最早的藤山探梅之作为徐熥《幔亭集》卷五《约汝大、汝翔、振狂、惟秦、在杭藤山看梅》，诗中"藤山梅万树，冬尽一齐开"，"十里花为市，千家玉作林"云云成了后世地志常引的材料。诗题中所说几位分别是陈椿字汝大（一作女大），陈鸣鹤字汝翔，陈宏已字振狂，陈仲溱字惟秦，谢肇淛字在杭，他们都是福建人，其中徐熥、陈椿、陈鸣鹤为闽县人、陈仲溱侯官人，都是福州属县。徐氏此行另有《同汝翔、在杭看梅，先宿芦中矶》二首，谢肇淛有诗《报惟和看梅帖二首》、《看梅宿陈七芦中》②，由谢氏作品排列顺序推测，时间在万历十八年（1590），谢氏后来参与万历《福州府志》的编纂。徐、谢二氏诗中都称藤山梅花十里③，可见当时梅景已盛。大约十年后，徐熥弟徐𤊹（1570—1642）与陈价夫（字伯孺）、曹学佺（字能始）、林古度（字茂之）、沈野（字从先）、林光宇（字子真）、吴兆（字非熊）等人又发起一场探梅唱和之游。徐𤊹集中有《同从先、汝翔、伯孺、能始藤山看梅，宿林氏别业》、《藤山看梅》等诗，时间在万历二十八年（1600），万历三十一年有《出藤山看梅，（吴）非熊、（曹）能始、（林）茂之先至两日》等诗④。这其中曹学佺存诗最多，所见《石仓诗稿》卷

① 何乔远《闽书》卷一。
② 谢肇淛《小草斋集》卷一二。
③ 谢肇淛《报惟和看梅帖二首》其一："闻道藤江路，青山十里梅。"《小草斋集》卷一二。
④ 徐𤊹《鳌峰集》卷一〇。

六、卷七为万历二十九年《藤山看梅诗》、《续游藤山诗》专辑，其中多为赏梅之作。曹氏崇祯三年（1630）尚有《明真庵看梅》①。

综观此间文人藤山探梅之作，透露了这样一些景观信息。首先由地名看，渡闽江五里即入梅林，徐𤊹《同汝翔、在杭看梅，先宿芦中矶》："白龙江上路，五里即梅林。"② 除藤山外，西南之高盖山、岫山梅花也盛③。藤山有明真庵，是文人赏梅常憩之地④。其次，这里的梅花闻名是万历新近几年的事。曹学佺《初度见落梅歌》："藤山梅花名始传，日见游人绕树边。"⑤《再到藤山看梅四首》其一："此山渐入游人耳，结伴看梅我辈曾。"⑥ 其三，这里的梅林中已有一些老树，徐𤊹《藤山看梅》"古树苔深新树浅，南枝香薄北枝繁"⑦，可见当地植梅历史已久。其四，就风景而言，山间多苍松，花期雪梅与青松相互辉映，诗人多乐于称道。曹学佺《再到藤山看梅四首》其三"何事山中称绝景，松梢平处见梅花"⑧，谢肇淛《藤山看梅六首》其五"半遮流水白，时杂数松青"⑨，赞美的就是这类景致。

入清后方舆地志中有关记载仍然盛称藤山梅景之胜。清康熙朝早期福州陈学夔《榕城景物录》（自序作于康熙三十七年）卷三："藤山梅坞，在天宁山迤东，烟火千族，植梅千万株。每逢冬月，骑马看花，寻香曳雪，道路相属，觞咏如云。"郝玉麟等《（雍正）福建通志》卷三："山多梅，有梅花坞，植梅万株，直抵程埔，可十里许，颜曰'罗浮春色'。明徐𤊹诗有'十里花为市，千家玉作林'之句，每逢冬月骑马看花，寻香曳雪，道路相属，觞咏如云。中有明真庵，'南台八景'，'藤山早梅'其一也。今居民混处，地多侵据。"与明人名胜志和徐、曹等人诗咏相比，这些记载包含了一些新的信息。所提南台即今仓山区所在之半岛区域，"藤山早梅"已列入当地"南台八景"之目。程埔在藤山南坡，今仓山区境仍存此地名，说明雍正年间由藤山至程埔一带梅花最盛。由此可见，梅花胜景仍在延续。

但令人生疑的是，文人题咏游赏的情况却极为稀少。就笔者搜索所见，约乾隆二十六年（1761），李景英《瓶梅四首》其三："却忆藤山山下路，年年腊尽兴先

① 曹学佺《石仓诗稿》卷三一。
② 徐𤊹《幔亭集》卷五。
③ 徐𤊹《登高盖山徐女峰》"此地仙坛古，寻梅到几峰。"《岫山看梅》："花胜前村密，林随曲路还。"《鳌峰集》卷一〇。
④ 徐𤊹《憩明真庵》，《鳌峰集》卷一〇；曹学佺《明真庵看梅》，《石仓诗稿》卷三一。
⑤ 曹学佺《曹大理集》卷八。
⑥ 曹学佺《石仓诗稿》卷七。
⑦ 徐𤊹《鳌峰集》卷一四。
⑧ 曹学佺《石仓诗稿》卷七。
⑨ 谢肇淛《小草斋集》卷一二。

阑。"句下自注："福州藤山梅花甚盛，每交春则花期过矣。"① 乾隆三十九年叶观国（约1720—?）《榕城杂咏一百首》其八二："藤山南北万株梅，十里浮香璧月来。付与诗人受清供，延曦阁上日衔杯。"句下也有注："藤山有梅花坞，十里皆梅，明陈元凯勋（引者按：陈勋，字元凯，闽县人）家于此，所居有延曦阁。"② 道光间林直《藤山梅花歌，用东坡松风堂韵，示子驹》："藤山十里梅花村，花开香气摇心魂。别来几年不相见，那得障眼开尘昏。太邱仙人好事者，折柬邀我窥山园。南枝浩荡满生意，万蕊迸出排春温。琼瑶世界现眼底，况值晴雪明晨暾。"③ 这些诗写景都不够具体，除泛称十里梅景外，所咏多属文人别业私园梅景。这说明当地梅景虽有可观，但所谓十里皆梅已属故迹常谈，不能代表当时的情况。何以有此变化，陈学夔说当地"烟火千族"，雍正《福建通志》说"居民混处，地多侵据"，可见入清后人口繁衍，居户日多，梅林逐步被挤占，无复向之十里一色。《（乾隆）福州府志》所载颇堪回味："藤山……旧多梅树，有梅花坞，南联湖山十里皆梅，颜曰'罗浮春色'。"④ 已写明旧多梅树，是今不如昔矣。

　　其后道光、咸丰间林枫（1798—1864）《榕城考古略》、光绪郭伯苍《闽产录异》、郑祖庚《闽县乡土志》、民国郭白阳《竹间续话》和蔡人奇《藤山志》，都记载十里梅坞，但也只是引徐熥等人诗句，谈古说故而已。郭伯苍："闽县南台之梅坞山，旧时植梅万株，冬日看花者道路相属，为南台八景之一。今其地悉架夷楼，游者绝迹。"⑤ 郭白阳："今梅不存一株，而梅坞美名宛在"⑥。这其中蔡人奇对藤山梅景衰落的原因有这样的解释："梅坞：在烟台山旁，'梅坞冬晴'为南台八景之一。明朝自梅坞至程埔头周围十里遍地皆梅，冬日赏梅者相望于道……崇祯甲申，明社为墟，南寇窃据是坞，掳掠奸淫，无恶不作。寇退，焚梅成为焦土，自是夷为民居而梅亡矣。"⑦ 这一说法不知所据。据各类史书记载，福州经受大的海盗和南寇侵袭都发生在顺治年间，其中顺治十三年秋，海盗袭福州，南台一带战斗激烈，周亮工诗称《南台万家无一存者，泫然有感》⑧，梅林之毁或在此间。从乾隆间诗人们的作品可见，梅景略有恢复，至少一些豪门私园有梅花可观。关于晚近以来的情况，今人李乡浏《梅坞古时冬梅香》一文略有介绍："梅坞在今烟台山东坡梅坞路、梅

① 李景英《畬经堂诗文集》诗集卷五。
② 叶观国《绿筠书屋诗钞》卷一〇。
③ 林直《壮怀堂诗初稿》卷九。
④ 鲁曾煜《（乾隆）福州府志》卷五。
⑤ 郭伯苍《闽产录异》第159页。
⑥ 郭白阳《竹间续话》卷二。
⑦ 蔡人奇《藤山志》卷二。
⑧ 周亮工《赖古堂集》卷五。

坞顶及梅峰里一带……近代附近民宅，常署'梅'名，如梅岭精舍、吟梅山馆等。可惜到了近代，外国人强占梅林宝地建领事馆，梅林又一次遭到破坏。如今梅林已毁，自辟成烟台山公园后，虽补植梅树百余株，兴建一座观梅亭，却因气候趋炎，难以成林。"① 道光以来，福州为通商口岸，仓山区成了外国侨民区，这固然增加了区内人居负担，但这是一个城市的整体发展，"南台万家市，烟火杂江昏"②，本来与会城隔江相望的郊坰之地，逐步演变成繁华弄市，而梅林的生存空间也就可想而知了。

　　这里种梅的性质不难推想，主要仍属农户的经济种植。福州下属侯官、闽县一带种梅由来已久。南宋梁克家《淳熙三山志》卷四一："怀安、侯官乡户园林种至千万株，盐者为白梅，焙干者为乌梅，行至江浙。"吕本中《简范信中铃辖三首》称怀安"夹路梅花三十里"③，喻良能《雪中赏横枝梅花》诗注："怀安道中梅林绵亘十里。"④ 福州怀安县，宋初由闽县析出，明万历间并入侯官县。清嘉庆间谢章铤《王文勤公祠补梅记》："窃思吾闽之梅，若会城之藤山、连江之青塘、永福之濑溪、崇安之上梅下梅，盛者不下千百树，然种者大都利其实耳。"⑤《（雍正）福建通志》卷一〇记福州物产："乌梅：盐晒者为白梅，焙干者为乌梅，诸县皆有之，闽县尤甚。"今仓山区明清时分属闽县、侯官两县。郑祖庚《闽县乡土志》、《侯官县乡土志》都记载乌梅为两县常产⑥。由此可见，藤山梅花之盛主要出于当地乡民的乌梅生产⑦。

---

① 福州掌故编写组《福州掌故》。
② 黄爵滋《舟至阳湖，复偕祁春浦前辈奉命入闽，途中得杂诗二十一首》其十八，《仙屏书屋初集》诗录卷一三。
③ 吕本中《东莱诗集》卷一四。
④ 喻良能《香山集》卷九。
⑤ 谢章铤《赌棋山庄集》文续一。
⑥ 郑祖庚《闽县乡土志·侯官县乡土志》第 254、476 页。
⑦ 本章引用陈学夔《榕城景物录》，由福建师大文学院汤江浩教授帮助复印，有关藤山一带地名、人名，曾请教福建师大陈庆元教授，谨志谢忱！

二二、乌程栖贤山

　　乌程栖贤山，因在县西，又名西崦。明成化《湖州府志》："栖贤山在（乌程）县西二十二里，山有石洞，旧传有仙居此，故名。"① 一说西崦为本名，以产笋著名，"称栖贤者，声相误耳"②。地在今浙江省湖州市吴兴区妙西镇楂树坞村、杨家埠芦山村之间（图75）③。崇祯《乌程县志》："梅花，《吴兴记》：'乌程有梅墟、梅林、梅亭。'今境内皆有，而西崦独盛，山村一望如雪，游人纷集。徐守纲诗：'闻说南枝偏向暖，看来西崦总先春。平林十里铺香雪，恍入罗浮觉更真。'"④ 徐守纲为该志的主纂，引自作为证，所述应为当时的实际情况。天启二年（1622）进士、归安（一作乌程）人吴振缨《栖贤看梅》："万树惟一色，半山堆白云。乌啼村不夜，香远客先闻。近寺松阴合，横枝涧影分。谁家修竹里，帘外亦纷纷。"⑤ 诗中"平林十里"、"半山""万树"云云，也可见当时山村人家大规模种植，春来花开一望如雪之盛况。

　　这里的梅花起于何时？《两宋名贤小集》载吕本中《纪栖贤山读书》诗有"迟日欣欣山景妍，携琴吟咏翠微前。行厨烧笋粉铺色，高阁看梅雪白天"句，如果此

---

① 劳钺《（成化）湖州府志》卷六。

② 刘沂春、徐守纲、潘士遴《（崇祯）乌程县志》卷二。

③ 关于栖贤山的实际地点，清光绪《乌程县五里方图》、民国四年《吴兴县五里方图》均将康山、他山、栖贤山、卧云山、西塞山自东向西依次标注，栖贤山处五山之中，见《湖州古旧地图集》第140页。1982年湖州市地名领导小组（地名办公室）《浙江省湖州市地名志》第92页《龙溪公社》地图中于芦山大队下括注"栖贤"二字，第96页芦山大队下列栖贤自然村，称"村以山名"，并引旧志有关栖贤山的记载，是认定栖贤山即在栖贤村境。第226页《南埠公社》地图中楂树坞大队附近村有栖贤寺。综合上述信息，笔者认为栖贤山应在今楂树坞与芦山村之间。康熙县志县境图中，与今芦山村大致对应的村名为西崦，应是当时梅花分布的中心地带。2010年3月11日上午，笔者与侄程滢曾驱车来此寻访，在渣树坞与王村之间的栖贤禅寺，住持昭光禅师称寺后即栖贤山，其实该寺所在山峰为罗山，见康熙《乌程县志》县境图，《湖州古旧地图集》第54页。

④ 刘沂春、徐守纲、潘士遴《（崇祯）乌程县志》卷四。

⑤ 朱彝尊《明诗综》卷七一。

诗确为宋人作品，则宋时这里梅景即有可观。但此诗是否出于吕本中颇堪怀疑①，而且成化、弘治、万历《湖州府志》等明代中前期地志文献于栖贤山及物产中均未提及西崦有梅，可见这一带的梅花盛况当起于万历年间。万历三十二年（1604）朱长春《载酒再入栖贤看梅花，集饮飞雪园二十韵》："野岚千树合，晴雪众山匀。皓色孤多韵，幽芬淡绝尘。参差带岩麓，半杂入松筠。"② 可见至迟在万历年间，栖贤山的梅花就颇具规模，开始引人注意。

图75　吴兴栖贤寺，寺后为罗山，图左侧远山为栖贤山。

入清后盛况持续不衰。清初著名文人吴绮，康熙五年（1666）至八年任湖州知府，其《武陵春》词序："栖贤山在郡西北二十余里，梅花不减邓尉之盛。余解组后偕江夏君游此数日，山香花气缥缈于流水声中，几不知为人世矣。"③ 在任时即多有题咏，如《栖贤山》："高天淡若阴，春风动林薮。我来问寒条，倚楫龙溪口。山路平可驰，梅花拂我首。蒙蒙雪色中，风香互先后。十里无停骖，马上劝行酒。我

---

① 陈思《两宋名贤小集》卷一〇四。吕本中未见有湖州行踪，此诗及前后十多首诗又不见吕本中本集，是否其作，值得怀疑。但与此诗前后相接有《秋日康山东归》等湖州附近及三湖流域风景诗，因此所写应即乌程栖贤山，或者后世作品滥入，待考。

② 朱长春《朱太复乙集》卷一五。

③ 潘玉璇等《（光绪）乌程县志》卷三。

闻管仲父，栖迟在兹久。古迹不复寻，飞英落金斗。"①《栖贤看梅次燕孙》："春初择胜过郊坰，十里栖贤树下行。香不藉吹无远近，雪因能淡有阴晴。"② 可见当时也是十里胜景。所说龙溪口，大约在今杨家埠雪水桥一带，当时出湖州城溯苕溪，由这里登岸向南到栖贤山（今芦山村），一路连绵十里都是梅花。雍正三年（1725），吴铭道《同张奕山舟入范庄看梅，遇大风雨，未到栖贤而返》："饱闻梅花三十里，雪晴无缝香无边。"③ 同时归安吴大受《栖贤山看梅饮施氏山庄》："峰回溪转棹初入，春风摇荡千花明。乍见数株繁蕊浥，素影曳空粉絮结。须臾晃耀银海摇，皭若三峰两峰雪……人家尽在青雾里，一带疏篱隔溪水。共爱寒香展齿穿，谁识逾山已十里。十里野梅气氤氲，出谷顿觉西日曛。回看花气半欲暝，欲度不度空天云。"④ 依然一派盛况。

乾隆二年（1737），长兴知县鲍鉁（1690—1748）《游龟山后记》："若乌程栖贤山，境幽景萃，以梅藉甚，州人知游与不知游者咸夸诩之，无歧说。"⑤ 自康熙四十六年（1707）至乾隆七年（1742），鲍氏三知长兴，除短暂因病去官，一直滞延在任⑥，对湖州情况了解颇深，所说正是康熙后期至乾隆初年的情况。乾隆《乌程县志》还提供了一个具体分布的情况："梅熟庵：在栖贤山梅家村，春时梅花最盛。"⑦ 嘉庆间茅润之《栖贤看梅》："我来吴兴春正寒，放棹暂入城西山。山环水曲人迹断，唯有修竹青漫漫。竹疏蓦见峦头白，疑是尧年陈雪积。融风吹送艾纳香，始识身游众香国。湖人种梅为卖钱，琼瑶千顷栽成田。花开花落人不问，无意而得宁非天。村行遥遥十余里，十里游蜂喧不已。缤纷飘落帽檐欹，不识花蹊何处止。"⑧ 诗歌写出了当地梅花出于经济种植，梅林多与修竹相间杂的风景特色。茅润之为嘉庆十三年（1808）进士，所写当是乾隆后期至嘉庆初年的情景。

岁月荏苒，大约到了道光年间，栖贤山的梅花已呈衰相。汤贻汾（1778—1853）《西崦探梅》诗写道："沿溪三里或五里，傍岭一家还两家。那得将身化明月，峭屏图出万梅花。"⑨ 同时端木国瑚《栖贤看梅花同蒋霞竹、奚虚白（引者按：名疑）、高已生、张莲民、戴铜士》："日湖波绿来吾俦，掉船唤作西溪游。栖贤梅

① 吴绮《林蕙堂全集》卷一三。
② 吴绮《林蕙堂全集》卷一七。
③ 吴铭道《古雪山民诗后》卷七。
④ 陈焯《国朝湖州诗录》卷一三。
⑤ 赵定邦等《（同治）长兴县志》卷一〇。
⑥ 全祖望《杭州海防草塘通判辛浦鲍君墓志铭》，《鲒埼亭集》卷一九。
⑦ 罗愫、杭世骏《（乾隆）乌程县志》卷九。
⑧ 徐世昌《晚晴簃诗汇》卷一一九。
⑨ 汤贻汾《（西崦探梅）又作》其三，《琴隐园诗集》卷一七。

花古窟宅，一溪吹雪林端浮。三里五里结心想，平峦偃蹇成阻修。"① 诗中都说"三里五里"，与明末清初及康乾之世所说"十里平林"已不能比。道光八年（1828），汤贻汾邀端木国瑚、戴铭金、钮重华、奚疑等人西崦探梅，赋诗作画②，戴铭金等人作品中也未见有夸诩梅景之辞，端木国瑚诗注称山中有"古梅一段，凡五六株，枝干皆横空倒地，浑身莓苔著满，青山带其上，白水环其下，花开极偃蹇之态。村人以梅老结子稀，屡欲薪之，见吾等每年辄置酒弹琴其下，称此为其村佳胜，于是始知爱惜"③。大概这小片古梅乃当时最值得流连之处，其他无足称胜。此后同治《湖州府志》、光绪《乌程县志》有关记载也只是转抄和复述旧志内容，并未提供新的信息，想必梅景已衰废不名。

　　栖贤或西崦梅景可以说是湖州境内规模和影响最大的一处梅花风景。鼎盛时郡人常与苏州邓尉、杭州孤山相提并论。如果仅计算明万历后期到道光年间，盛况前后绵延了两个多世纪④。

① 端木国瑚《太鹤山人集》卷一一。
② 戴铭金《疏影·正月十八日，雨生都督招同鹤田学博、奚榆楼、钮瑶圃……西崦探梅，倚此纪游，用石帚韵》注："时都督作《西崦探梅图》。"朱祖谋《国朝湖州词录》卷四。
③ 端木国瑚《西崦看梅，同汤雨生、寿民、奚虚白、戴铜士、钮瑶圃》自注，《太鹤山人集》卷一二。
④ 此节为笔者《湖州梅花名胜考》一文之部分，载《北京林业大学学报（社会科学版）》2010年第4期，此处有增订。何晓琦女士引揽编发，谨志谢忱。

二三、扬州梅花岭

扬州梅花岭在今江苏扬州市史公祠，起源于明万历年间。杨洵《（万历）扬州府志》："万历二十年（引者按：1592），秀水吴公守扬州，浚河积土筑而成也，旧名土山，树以梅，俗遂呼梅花岭。"① "偕乐园：在新城广储门外，万历二十年吴公秀守扬州，浚河积土为土山，山前环树以梅，俗呼为梅花岭。岭之前有楼有台有池，岭西列以公署，为诸州县期会所憩，太守统名之曰偕乐园。每佳晨韶景，士女游观者轮蹄摩击无虚日。当道命撤毁之，仅存堂与楼为诸生讲习之所，名曰崇雅书院。江都、兴化二署尚留，余悉鞠为蔬圃矣。"② 这两段记载不仅明确了梅花岭的起源与得名，而且交代了与当时都市商业娱乐文化兴起的深刻渊源。同时也透露了随之而来的剧烈变化，万历二十三年（1595）巡按御史牛应元改办为崇雅书院③。万历三十三年（1605），监政太监鲁保重修偕乐园④。这些土木设施为入清后这一带的馆舍、园墅经营奠定了基础。

历览今人李坦《扬州历代诗词》所收清人作品，可以明显地感受到，清初文人凭吊的梅花岭景况已是一派荒芜，只是明梅犹在。雍正十二年（1734），马曰琯（1688—1755）捐资在岭东重建书院，曰"梅花书院"，并于岭之上下增建祠宇亭榭，大大改变了这一带的面貌⑤，显示了这一胜国旧景的复兴。乾隆四十三年（1778），朱孝纯任两淮转运，扩新院舍，以穿塘之土累为山，"植梅五百株"，延聘好友姚鼐为主讲⑥，为郡中一时盛事。李斗《扬州画舫录》卷四："古梅花岭，旧址无考，今因重宁寺旁土阜增而成岭。皆土山间石，石骨暴露，任石之怪，不加斧凿，锋棱如削，飘然有云姿鹤态。栽梅花数百株，皆玉蝶种，花比十亩梅园迟开一月，极高处

---

① 杨洵《（万历）扬州府志》卷一。
② 杨洵《（万历）扬州府志》卷二一。
③ 李斗《扬州画舫录》卷三。并见杨洵《（万历）扬州府志》卷二"甘泉书院"。
④ 杨洵《（万历）扬州府志》卷一。
⑤ 李斗《扬州画舫录》卷三。
⑥ 陈康祺《郎潜纪闻》二笔卷三。

有山亭，六角，花时便不见亭。"这是乾隆后期梅花岭的基本情况。当时书院之扩
办以朱孝纯为主导，而在园林建筑上作出实际贡献的却是奉宸苑卿江春。乾隆四十
八年（1783），在天宁寺北修建重宁寺的同时，江春在重宁寺东构建别墅，称东园。
李斗《扬州画舫录》卷四载："江氏因修梅花书院，遂于重宁寺旁复梅花岭，高十
余丈，名曰东园。"是梅花岭界于史可法祠与东园之间，实为东园一偏。同时于岭
上"添得梅花三百树，不教陟岭误游人"[1]。此后人们探梅梅岭，所称或史祠或东
园，两名并见。乾、嘉间扬城探梅，东园与蜀冈并称二胜。嘉庆十一年（1806），
两淮盐政额勒布于梅花岭"补植五百株，以还旧观"[2]。麟庆《鸿雪因缘图记》第二

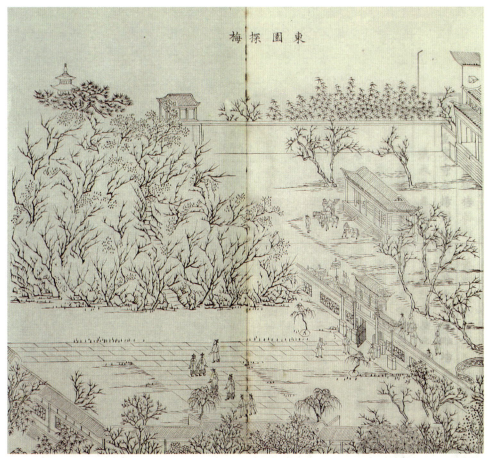

图76　东园探梅图（麟庆《鸿雪因缘图记》第二集下册），所绘为道光间
景象。

---

[1] 赵怀玉《东园》，作于乾隆五十年，句下有注："梅花岭久无梅树，今始补栽。"《亦有生斋集》诗卷九。
[2] 包世臣《额侍郎别传》，《艺舟双楫》卷七上。额氏于梅花书院种梅事又见《（嘉庆）扬州府志》卷一九。

集下册"东园探梅":"(重宁寺)东有园曰东园,歙人江春建以供宸游,蒙赐堂额曰熙春,室曰俯鉴,厅曰琅玕丛,遂擅诸园之胜,园门外即梅花岭。己亥(引者按:道光十九年)二月,麟庆奉命会陶云汀先生勘人字河,至扬相候,适梅花盛开,沈莲叔、伊芳圃、温东川治具相邀。至门见土阜夹石,石骨峭露,沿岭上下植梅数百株,种多玉蝶。岭上有亭六角,掩映花梢,寻径登亭,绿萼红英,繁香四绕,真所谓众香国也。"(图76)宣统元年(1909),陈重庆有《史祠看梅,非复曩时之盛……》一诗[1],写梅树之零落,宣统三年又有《(程)雨亭京卿补种史公祠梅花百本,赋此为赠》诗[2]。可见岁月流转,世事沧替,至宣统间岭上梅花无复旧观,知府程庆霖(雨亭)又有过一次补植。

就梅花岭梅景而言,盛名之下其实难副。清人记载多只称三、五百株。所谓岭者,也只是浚壕穿池之剩土堆积而成的小丘而已,加以周边祠宇馆舍不断增加,主权归属一再变化,艺梅空间极其逼仄,梅花风景实无足称胜。其为人们津津乐道、念念不忘者,多赖史可法事迹之关系。明末史可法领兵抗清,誓守城池,生前遗言,死后葬梅花岭。乱后遗骸无觅,家人以衣冠招魂葬此[3]。乾隆四十年(1775),史可法被谥"忠正",梅花岭修建史公祠。英烈忠魂葬清芬之岭,成就了一段名胜佳话。史可法祠享殿檐柱上楠木刻朱武章对联:"时局类残棋,杨柳城边悬落日;衣冠复

图77　梅花岭(马烨摄),在今扬州史可法纪念馆内。

① 陈重庆《默斋诗稿》卷六。
② 陈重庆《默斋诗稿》卷七。
③ 全祖望《梅花岭记》,《鲒埼亭集外编》卷二〇。

古处，梅花冷艳伴孤忠。"另黄文涵联："万点梅花，尽是孤臣血泪；一抔故土，还留胜国衣冠。"① 李周南《史公祠探梅》："冰心玉骨人比洁，忠臣合葬梅花傍。"② 这些精采诗联，表达了人们对英烈忠魂与清贞之花相互辉映、流芳百世的深情感怀。

　　民国年间有记载称"岭上下种梅数十株"③，"上面栽有若干株的梅花"④。如今所见也是如此，在扬州老城区东北侧的史公祠内一蕞尔小丘即古梅花岭，上植几株小梅（图77），丘之北有一蜡梅，株体硕大，丛枝茁发，树龄稍深⑤。

① 王振世《扬州览胜录》卷一"史阁部祠墓"。
② 李周南《洗桐轩诗集》卷一。
③ 王振世《扬州览胜录》卷一"史阁部祠墓"。
④ 陈邦贤《自勉斋随笔》第118页。
⑤ 本章为笔者《扬州梅花名胜考》一文之部分，载《盐城师范学院学报（人文社会科学版）》2008年第2期，赵荣蔚先生推荐，朱根先生编辑，此处有所增订。梅花岭照片由《扬州晚报》社袁益民总编代请马烨先生拍摄，谨此一并志谢。

二四、上海诸翟梅源

梅花源，故址在今上海市闵行区诸翟镇[1]。宋如林《（嘉庆）松江府志》卷七八：“梅花源，在诸翟镇，王圻别业，后国朝沈白居之。”赵宏恩等《（雍正）江南通志》卷二五：“梅源市，（上海）县西北三十六里，地名王庵，明提学副使王圻艺梅千株，著书其中。今其地方幅十余里，土人俱植梅，花开时香闻数里。”关于王圻（1530—1615），史书多称其嘉定或青浦人，字元翰，号洪洲。其先本姓陈，苏州嘉定（引者按：今属上海）人，元末迁上海诸翟，承祧王氏。《明史》卷二八六：王圻“嘉靖四十四年（引者按：1565）进士，除清江知县，调万安，擢御史。忤时相，出为福建按察佥事，谪邛州判官……迁开州知州，历官陕西布政参议。乞养归，筑室淞江之滨，种梅万树，目曰梅花源。以著书为事，年逾耄耋，犹篝灯帐中，丙夜不辍，所撰《续文献通考》诸书行世。”王圻乞养亲老，休官归里，大约在明万历十四年（1586）。居诸翟，地名王庵，或即因其族居而得名。王圻有文章追叙其祖父王槐“性嗜梅，尝栽数本于庭除，娱弄朝夕”，父亲王熠“复承先志，于居第后辟园数亩，栽可二三百本，不数年蔚然成林”[2]。可见王家梅园经始于明嘉靖（1522—1566）至隆庆（1567—1572）间。王圻自称“游宦东西，未暇抱瓮其间”，其子王思义对此则比较用心。王思义体弱不仕，优游乡间，“诵读之暇，稍加培护，骚人韵侣徜徉”其中，并广泛收集古今咏梅诗赋图谱，编成《香雪林集》二十六卷（图78）[3]。所谓“香雪林”，即王氏所营梅园，王思义自称“香雪林主人”。《香雪林集》中收录了一些王思义与友人园中宴集酬唱之作，其中何尔扬《咏香雪林》称“百亩芳园半种梅，春容潇洒足徘徊”[4]。可见由于王思义的着意经营，植梅面积已由原来的数亩，扩展到了数十亩。

---

① 同治《重修上海县志》卷首《今上海县全境图》中“古梅源市”在诸翟镇东北，吴淞江北岸，与嘉定交界。

② 王圻《香雪园集序》，《王侍御类稿》卷四。

③ 王圻《香雪园集序》，《王侍御类稿》卷四。

④ 王思义《香雪林集》卷一三。

王圻父子作品中未见有"梅花源"之称，王思义始称"香雪林"，王圻为《香雪林集》作序则称"香雪园"，这应该是万历中期王思义营植成形后最初的称号。顺治十五年（1658）吴伟业《过王庵看梅感兴》序："练川（引者按：嘉定）城南三十里为王庵，学宪王先生著书地也，有梅万株，不减邓尉。余以春日过其废圃，学宪所著数种，其版籍尚存。"诗称："地僻幽人赏，名高拙宦居。客来唯老树，花发为残书。斜日空林鸟，微风曲沼鱼。平生贪著述，零落意如何。"① 由诗中凭吊感慨之意，可见此时居地虽已荒凉，但尚未易主。而此地的梅花较之王思义当年已增益很多。想必附近村民受王氏影响，纷纷艺梅为业，因而规模不断扩大，遂有邓尉之比。吴伟业另有《独往王庵看梅，沈雨公携尊道值，余已遄返，赋此为笑》②，可见当地梅花之盛，已成游人聚游胜地。

值得注意的是，吴伟业但称王庵，并未提到梅花源之说，可见至少在明末清初，梅花源之称尚未出现，至少尚未定名。王庵梅林改称"梅花源"，当始于沈鸣求、

图78　王圻《香雪林集序》，《香雪林集》为其子王思义所编咏梅作品集。

---

① 程穆衡、杨学沆《吴梅村诗集笺注》卷八。
② 程穆衡、杨学沆《吴梅村诗集笺注》卷八。

沈白父子。沈鸣求（1593？—1670？）字与可，号贞居①，私谥贞悫，青浦人。沈白字涛思，号贲园，又号天庸子。张云章《梅花源沈隐君墓志铭》："去上海而西十余里，吴淞江之旁有地曰梅华源……贞悫为诸生于松江之上海，与同邑之士王玠右光承（引者按：王光承，字玠右，上海人）名相埒。遭乱，王先生既遁迹，先生亦避居至此。见其居人多树梅以绕庐舍，自吴淞江北出，溪流环带，绵连数十村，花时弥望一色，先生爱之曰，此吾之梅花源也，因命之名。伏而居之，终其身未尝一至城市。"② 张吴曼《集唐梅花诗自叙》也说："吴淞之阴有奥区焉，水曲而清泉流，地僻而嘉树列，居人咸植梅，又有绿槐高柳、碧梧修竹掩映其间。甲申以还，贞居沈先生自郡移家此乡，因名之曰梅华源，盖先生栖隐之地，媲美武陵也。"③ 是梅花源起名于沈鸣求无疑。沈氏所居是否即王玠旧宅，未见有直接史料记载。沈白秉承父志，隐居不仕，终老梅源，闭门著书，诗文自娱④。

顺康间沈氏父子两代隐居，艺梅托志，结交名流，声动遐迩，而整个王庵一带的梅花也盛极一时。友人张云章《梅花原纪游缄沈贲园》："落帆吴淞口，野岸通步屧。梅原如桃源，照耀光晔晔。村墟千万家，种梅专世业。环以竹琐碎，樊以援周叠。奴看橘千头，友胜松五鬣。延袤数里间，皑皑白相接。故人知我来，欢意已先浃。中园百亩余，留我连日涉。选地布鹿皮（贲园手持鹿皮，择一大树下布之），对花开竹叶。清吟划鸾啸（园有台名鸾啸），妙语惊月协。"⑤ 诗约作于康熙二十五年（1686）前后。毛奇龄《寄赠陈山人七十》也说："放舟过长溆，遥望梅花源。皑皑十余里，有如银涛翻。"⑥ 此时沈氏梅园有百余亩，而附近村落俱以植梅为业，绵延十里，一望如雪，"人比之小邓尉"⑦。乾隆朝邑人史槐，环居植梅数百株，人称"小梅源"⑧，意在比附王玠、沈鸣求故事，足见当时梅花源在上海地区的影响。

乾隆以来，王庵梅花逐渐衰落。范廷杰《（乾隆）上海县志》称："梅源市，树周数里，郡邑咸取实于是，近年亦少。"⑨ 至俞樾、方宗诚《（同治）上海县志》则进一步说："梅花源……王玠植梅数千，引水绕匝，花时香闻数里，游者有画船箫

---

① 徐枋《题沈贞居隐士遗墨后》，《居易堂集》卷一一。张吴曼《集唐梅花诗自叙》也称"贞居沈先生"，《集古梅花诗·集唐梅花诗》卷首。
② 张云章《朴村文集》卷一六。
③ 张吴曼《集唐梅花诗自叙》，《集古梅花诗·集唐梅花诗》卷首。
④ 张吴曼《集唐梅花诗自叙》，《集古梅花诗·集唐梅花诗》卷首。
⑤ 张云章《朴村诗集》卷一。
⑥ 毛奇龄《西河集》卷一八五。
⑦ 宋如林、孙星衍、莫晋《（嘉庆）松江府志》卷二。
⑧ 俞樾、方宗诚《（同治）重修上海县志》卷二八。
⑨ 俞樾、方宗诚《（同治）重修上海县志》卷八。

管之乐，人谓不减邓尉，今废。"① 可见至同治时梅园已消失殆尽。晚清王韬《瀛壖杂志》："邑西北向有梅源市，环植千百株，花时晴雪千村，暗香十里，游者谓不减苏台邓尉。夏首春余结实繁盛，邑人取以贩诸远方。今园林已废，梅实亦变，多属寻常风味。"② 同时何其超《诸翟访梅花源遗址》："何处春风千万枝，仙源曾许外人知。著书元翰（引者按：指王圻）心多苦，爱客天庸（引者按：指沈白）志更奇。流水淡成高隐迹，好花开到盛明时。荒榛日暮闻啼鸟，曳杖重来感鬓丝。"③ 梅花早已无迹可寻了④。

---

① 俞樾、方宗诚《（同治）重修上海县志》卷二八。

② 王锡祺《小方壶斋舆地丛钞》第九帙第 55 页。

③ 徐世昌《晚晴簃诗汇》卷一五九。

④ 上海县文化志编委会《上海县文化志》第 398 页："侣鸥池，王圻退官后著书处，在梅花源西。池上架桥如长虹，桥北有土阜，称小邓尉，阜上有翠微吟社。清初，名士沈白隐居于此。今无迹可寻。"

二五、鄞县宝岩

　　鄞县西南五十里有建嶴山、锡山，两山相连。宝岩寺在建嶴山下，地当今浙江省宁波市鄞州区鄞江镇建岙村一带，至迟在明朝后期绕寺有梅千株，当地文人多有流连吟赏。如邑人陆宝《同周斗文诸君宝岩寺观梅》（约作于天启七年）"匝寺花开斗早春"①，即说寺外梅花。同时徐申乾《送李封若同公诸上人宝岩探梅》："灵区几载共薪登，十里梅花怯路尘"②，大约康熙十五年（1878）邑人李邺嗣《约人宝岩看梅》"却梦扶藜出，岩花十里香"③，都表明宝岩寺附近有大片梅林，连绵十里。

　　明代遗民多于此地隐居，诗酒唱酬，逍遥岁月。全祖望说：鄞之锡山、建嶴"为四明东洞天门户，其地绝胜"，"有橘橙之园，不下吴中东西二洞庭，而其宝岩梅花千树，尤为绝胜"，"真避世之区也"，"是时遗老如林都御史蛰庵、周监军立之、王常博水功（引者按：王玉书，字水功）、周顺德囊云（引者按：周齐书，曾为顺德知县）、陆公子春明（引者按：陆宇燝）、宋征君正庵、董布衣晓山以及闻蕊泉、周蜗炉之徒无不采梅于此"④。这其中最为邑人叹重的是戴苍翁，明末归居鄞县故里，托迹奉化九里山院，顺治十三年（1656）祝发为僧，康熙七年（1668）入宝岩寺，人莫知其名，称炉雪和尚、寒香道人，其妻子、儿女也或僧或尼，绝弃世缘。戴氏有《宝岩梅花》五言律绝多首，寄托"彭泽深耽菊，吾今酷嗜梅"，"俯仰高枝下，相亲形影俱""相期崖壑里，莫与素心违"的心迹⑤。

　　这里的梅花至少延续到嘉庆、道光年间，全祖望有《宝岩看梅同靓渊》诗："大雄与河渚，梅花夙擅称。邓尉亦其亚，篮舆吾并经。东渡数云湖，累为魂梦萦。

---

① 陆宝《霜镜集》卷一一。
② 全祖望《续甬上耆旧诗》卷四。
③ 李邺嗣《杲堂诗文钞》诗钞卷五。
④ 全祖望《续甬上耆旧诗》卷四八。
⑤ 戴苍翁《宝岩梅花》其一、三、四，全祖望《续甬上耆旧诗》卷四八。

兹山尤密迩，洞天列户扃。其南富橙橘，不下双洞庭。秋晚倘再来，饱看黄云平。"① 道光、咸丰之际邑人徐时栋、徐时樑、徐元第等尚有《宝岩探梅》唱和②，可见仍有可观。

---

① 全祖望《宝岩看梅同靓渊》其六，《鲒埼亭诗集》卷四。
② 徐时栋《宝岩探梅同远香、子舟》，《烟屿楼诗集》卷一七。

二六、黄山"浮溪梅花"

在清人所说的"黄山三十六景"、"四十八景"中有一处梅花景观，这就是"浮溪梅花"或浮丘梅花①。浮溪闻名较早，宋人《黄山图经》中，浮丘列为第十三峰，下有浮丘庙，"又有浮丘溪，今俗呼为浮溪，水东南流入曹公溪"。而浮溪梅花，入清后即成黄山名胜。闵麟嗣《黄山志》卷一："浮丘溪在浮丘峰下，俗名浮溪，进溪山行，廖廓无际。涧穿两山之腹，老梅万树，纠结石罅间，约十里。每当春夏之交，梅始花，梅子大如巨桃。山民虽知之，无入林采之者，年年溪壑中听其溃烂而已。水东南流三十里，与曹溪合。"闵麟嗣，歙县人，该志完成于康熙十八年（1679）②。这段记载应该出于他顺治七年（1650）入山的亲身经历，三十年后在山志的附录中还交代了观赏浮丘梅花的路径："由巡司行十里，可看浮溪梅花。"③ 黄山巡司在今黄山南汤口镇西之寨西村。咸丰九年（1859），歙人黄肇敏《黄山纪游》称其从山口岭，往石磜岭、芳村、宝坑，到寨西村，"有草庵曰净土，又名浮溪庵，庵后有黄山巡司署旧址。按，司署原建于此，继迁于佛子岭，乾隆间又移于潜口之紫霞山麓"。由寨西村向东数里即汤口村（今汤口镇）。由寨西向西北方向为一深长山沟，即今黄山野生猴谷景区峡谷，其上游即浮丘溪，直通浮丘峰南麓，今有村名浮溪④。康熙后期，汪士鈜《送黄虞道士、方望子住浮丘园白云观记》中仍称"今则老梅万树，纠结溪旁，皆宋元明初旧物，春夏之交梅始华，结实如巨桃"⑤，同时

---

① 乾隆三十六年（1771）沈景运《黄山诗三十六首·浮邱峰》，《浮春阁诗集》卷三；乾隆四十七年吴俊《题黄山四十八景画册·浮邱溪十里梅花》，《荣性堂集》卷七。

② 谢延庚、刘寿曾《（光绪）江都县续志》拾补："黄山山志，向代已多不传，传者康熙十八年闵麟嗣《黄山志》。麟嗣，字宾连，新安人，寓居扬州，纂成是书。同纂则有吴氏绮、江氏梴、江氏闿，皆扬州人。绘图者萧氏晨，亦扬之江都人。"另闵氏《黄山志》凡例中称康熙十八年五月始撰，六月志成，七月付刊，助之者友人汪士鈜。又卷一："余自庚寅入山，今三十年不复记忆。"自顺治庚寅计三十年正是康熙十八年，卷首黄士埍、吴绮等序均署是年。

③ 闵麟嗣《黄山志》卷一。

④ 安徽省第一测绘院《黄山导游图》中即标有浮溪村。

⑤ 汪士鈜、吴菘等《黄山志续集》卷一。

图 79　浮丘溪十里梅花图（汪士鈜、吴菘《黄山志续集》卷首），
黄山僧传悟绘，吴菘跋署康熙三十七年，当绘于此前。

洪嘉植《问浮丘源梅花》诗称"雪消春涧洗春泥，万树梅花十里迷"①，雍正《江南通志》中也有"浮丘园在浮丘山下，古梅十里许"的记载②，可见这里的梅景至雍正间仍盛，但乾隆以来很少有人提及。北京林业大学园林学院博士研究生姜良宝报道，在今浮溪村发现有两株古梅，"都生于河溪湖边的石缝中"。其中一株乔木状，树径54厘米，"果实口感较好"，"据村中老人讲，在他们小时候就有这株大梅树"③，此树有可能即古人所说"浮溪十里梅花"的遗存（图80、图81）。

就整个黄山而言，同时见于记载的重要梅景还有桃花源。桃花源，也在这黄山西南山谷中，本以万树桃花著名，由浮丘峰西北行，穿过汤岭关，向上即是。明人余书升曾在此结庐，清初为丰南吴氏别业④。歙人汪济淳《黄山游记》："从余家至容溪，访容成台。……入桃花源，石径幽仄。侧身入石，或覆或露。有堂焉者，有奥焉者，有广焉者，有霤焉者，有夹若巷、长若廊焉者，明暗断续，敞隘赊促，不一态。寒梅老柯，参差布石隙，宜名梅花源，乃名桃花源者，从初名也。"⑤此记作

①　汪士鈜、吴菘等《黄山志续集》卷七。
②　赵宏恩等《（雍正）江南通志》卷三四。
③　姜良宝、陈俊愉《皖南、赣北地区梅野生资源调查》，《北京林业大学学报》2012年增刊第1期。
④　闵麟嗣《黄山志》卷二。
⑤　闵麟嗣《黄山志》卷五。

图80　浮溪古梅（姜良宝摄），位于黄山风景区汤口镇浮溪村附近。

图81　浮溪古梅枵根（姜良宝摄）。

于崇祯十六年（1643），可见此时桃花源一带梅花颇盛。同时潘之恒《莲花庵缘起》一文中也提到桃花源附近有梅花墩①。徐璈《黄山纪胜》卷一记桃花源有梅花坞，或即桃花墩。闵麟嗣《黄山志》卷二"山产"志中记黄山产梅两处，浮丘之外即桃花源，称此地梅景"疑图画，疑园林"。黄肇敏《黄山纪游》称所见"所谓桃花万树之处，今都为山民种山粮矣"，可见至咸丰间并桃花也不存矣。由桃花源向上过莲花庵即慈光寺，寺也有梅花②。另黄山僧人传悟，号雪庄，住黄山光明顶东麓，以杉皮为蓬户，时称皮篷（后题额云舫）。康熙三十二年（16393），应诏入京，次年即坚请还山，募梅种植黄山中，"好事者踊跃种花，自云谷至云舫几二十里"③，以白沙矼一带最盛，歙人汪士鈜等有诗称赞④。

黄山幅员广袤，千峰竞奇，游山者多以踏高蹑云为尚。浮溪梅花虽然规模不小，但地处之西南偏隅沟壑，很少有人问津。康熙、乾隆间有载咏，也多本于闵麟嗣此记，未见有新的内容补充⑤。闵氏称黄山"梅皆生石䃫中，干必古，枝必屈，花必大，至问为何代所生，则茫无可考"⑥，树皆虬曲古苍，一如黄山奇松，是一大特色。至如说实大如巨桃，不免神乎其事之嫌，但称花期晚至春夏之交，在浮丘溪这样人迹罕至的深壑长谷中是完全可能的，诗人至有"春欲尽时梅未放"之语⑦，这也是浮溪梅花得天独厚的又一特点⑧。

---

① 闵麟嗣《黄山志》卷三。
② 凌世韶《慈光寺梅花咏怀，兼忆家叔龙翰》，闵麟嗣《黄山志》卷七。
③ 吴启鹏《黄山云舫雪庄大师为募梅五偈山中……》，汪士鈜、吴菼等《黄山志续集》卷四。
④ 汪士鈜《后海云舫雪庄大师种梅山中，赋赠十首》，汪士鈜、吴菼等《黄山志续集》卷五。另程瑞祊《步云亭》注也称"自皮篷至云谷俱种梅花"，《槐江诗钞》卷二。
⑤ 就笔者所见，有歙县令张佩芳（乾隆三十二年至三十六在任）任上所编《黄山志》；唐孙华《题黄砚芝太史黄山采芝图》，见其《东江诗钞》卷一一；乾隆三十六年沈景运《黄山诗三十六首·浮邱峰》，《浮春阁诗集》卷三；乾隆四十七年吴俊《题黄山四十八景画册·浮邱溪十里梅花》，《荣性堂集》卷七。
⑥ 闵麟嗣《黄山志》卷二。
⑦ 汪允让《题云舫图画》，汪士鈜、吴菼等《黄山志续集》卷四。
⑧ 本篇浮溪古梅图片承北京林业大学博士生姜良宝先生提供，谨志谢忱。

二七、瑞金"深陇梅花"

瑞金"深陇梅花",道光二年(1822)县志始列入县中"八景"之目(图82),光绪县志承之。深陇在今江西瑞金县城东北绵江东岸桔林村,绵江在此作几字形转折,深陇正是这绵江三面萦绕、微微隆起之沙洲地形。当地梅花之盛,康熙间始见文人称述。康熙四十四年(1705)邑人杨以兼《深陇看梅记》:"邑北六七里为深陇,绵江绕之,中有古梅近万株,花放时雪艳浮空,芳香袭远近,虽罗浮、孤屿,未必有此烂漫也。"① 所说即绵江东岸乡村梅花。康熙五十六年(1717)张尚瑗《深陇梅花诗序》:"赣居岭北,气候稍后于广,每十一二月间梅事大盛,瑞金之深陇其盛尤绝。自城东櫂绵水十余里,中无杂树,土人艺梅为生,收其实,侔橘柚之利,有培壅而无斩刈,日以繁殖。山势自壬田寨(引者按:今壬田镇)而西,逶迤平衍,以结聚城郭。深陇地势内峭外夷,数千万梅承注趋赴,缟岫皓坡,参差邻比,诚绝观也。"② 是说今桔林村所属黄埠头、蓝陇丘、兴隆等自然村一带的沙洲农田尽是梅林。

这里的梅花起于何时?杨以兼记中称其童年曾侍父及从兄等来游,当时这里已是"香雪成海",时间在顺治初年,此时梅花已经繁盛。诗中又称"树植已年深,槎枒如老铁"③,进一步表明当地植梅由来已久。康熙中,游者渐多,康熙续修县志艺文志中收有不少游览题咏之作,遂成县中名胜。康熙二十二年(1683)杨以兼父亲等所修县志所列"八景"尚无深陇梅景,而康熙四十八年续修县志叙县中九处形胜,其一即"深陇梅坞",称"深陇梅坞,在城北五里,双清柳渡之上,每岁腊梅放,十里一望如雪,当不减罗浮山下,清芬之气入人心脾。诗人骚客往往冲冒风雪,载酒树下,列坐吟赏"④。乾隆县志正式列入"八景",实有九景,称"深陇梅花,

---

① 郭一豪、朱云映《(康熙)续修瑞金县志》卷八。
② 蒋方增《(道光)瑞金县志》卷一一。
③ 杨以兼《深陇看梅》,郭一豪、朱云映《(康熙)续修瑞金县志》卷九。
④ 郭一豪、朱云映《(康熙)续修瑞金县志》卷二。

在双清柳渡（引者按：八景之一，在县治东北绵江上）之上，十里皆梅"①，道光、光绪县志承之②。康熙五十九年夏，邑人杨季重嘱吴江周希孟作《深陇梅花图》，广征邑士和各方名流题咏，一时唱和者众，形成不小的声势③。乾隆时杭州文人邱永有《瑞金县东有古塍，植梅亘数里，惜其排比类菅麻，为赋长句》诗，称"如今陇上半农家，落实取材还种花"④。道光县志记载，"居人于麦陇间遍栽梅树，岁收其实，以供租课"⑤。县志卷首《深陇梅花图》所绘，绵江两岸均有梅林。可见至少从康熙至道光间，这里植梅一直都盛。光绪县志有关记载未见有新的内容增加，想必此时已经衰落。2013 年 9 月 23 日，笔者实地调查，桔林村所属兴隆自然村一位 50 多岁的村民组长黄先生告诉我们，这里的梅树一直延续到 20 世纪 50 年代，他曾听老一辈说，当时绵江沿岸尚多古梅，后来农田整修就逐步消失了。如今这一带村民以种植蔬菜为主，间亦经营花卉苗木生产，但基本不种梅树了。

图 82　深陇梅花图（道光《瑞金县志》卷首）。

深陇一带为绵江弯环滩地，中部缓缓隆起的低缓田陇，地势较为平缓衍展。

① 郭灿、黄天策、杨于位《（乾隆）瑞金县志》卷一。
② 蒋方增《（道光）瑞金县志》卷一；张国英、陈芳《（光绪）瑞金县志》卷一。
③ 邑人及雩都尹元贡作品并见蒋方增《（道光）瑞金县志》卷一三。查慎行有《中伏日题瑞金杨季重秀才〈深陇梅花图〉二首》，《敬业堂诗续集》卷一。
④ 吴振棫等《国朝杭郡诗续辑》卷一四。
⑤ 蒋方增《（道光）瑞金县志》卷二。

据道光县志所说，梅林与麦子套种，绵江绕行其外，是深陇梅林的两大特点①。文人歌咏多着意描写这一风景特色。如文峙《深陇看梅》："遥望平原十里白，盈盈一带清溪隔。""尤怜麦浪垅头青，衬出新妆分外明。"杨方迪《深陇看梅》："麦秀千畦绿似染，花开十里净如揩。"② 清江萦绕，青山环抱，绿油油的麦苗映衬，使深陇梅花显示了南国深冬一分特有的明媚和秀丽③。

---

① 这样的经济梅林，布排茂密，并不尽合文人幽淡疏雅的情趣。徐珂《清稗类钞》即记有一事："瑞金县东有古塍，植梅亘数里。乾隆时仁和邱云泾学正永尝过之，惜其排比类营麻，为赋长句云：'……如今陇上半农家，落实取材还种花。荒塍密植类营蒯，挨排何处窥疏斜。'"见中华书局版该书第 12 册第 5894 页。所说县东，又称陇上，正是深陇。
② 蒋方增《（道光）瑞金县志》卷一三。
③ 2013 年 9 月 23 日上午，笔者与广东外语外贸大学路成文教授、西藏民族学院任群教授、同事黄浩然君租车冒雨至此。我们踏着泥泞的田埂，从兴隆村行至绵江边，发现由县城至此沿绵江修了一条宽阔的水泥路。村民介绍说，当地拟将整个桔林行政村一带的农田菜地全部开发为住宅区，如此说来，清中叶以来作为县中"八景"之一的"深陇梅花"连同这美丽的江湾乡野风光都有可能走到了历史的尽头，听之不禁深为惋惜。

二八、长汀朝斗岩

古代长汀境内有两处梅景颇为闻名。一是东庄岭，曾入县八景之目，名"东庄梅雪"。康熙中汀州知府王廷抡《临汀八景·东庄梅雪》诗序："东庄岭在郡城东五里，下有民田百顷，尽种梅树，花开时望之如雪。此题与'西岭松涛'，旧志所载，故存之。"① 是说旧志所载，可见由来已久。既因旧志有载而存之，谅当时已不足称盛。光绪《长汀县志》称今"则弥望畇畇，非旧时风景矣"②，想必其衰也已年久，恢复无望。另一即城南朝斗岩。

朝斗岩在今福建长汀县城南之南屏山，踞山之半，"缘石扪萝而上，俯视城市，尽归目睫"，有崖勒石"朝斗"二字③。"朝斗烟霞"曾入旧志八景④。这里的梅花由来已久，顺治十八年（1661），邑人李长日《游朝斗岩记》："辛丑仲冬，余招同熊子于冈、陈子夔若、黄子子厚，出丽春门，渡桥二，过碧云洞，沿溪行，纡回一里许。万木攒峦，幽阴蔽日，池也亭馆也。园林疏密，古寺高下也。止止行行皆有致，复纡回一里许，南郊矣，千树梅花临溪玉立。再行再止，望崖岫林亭，累累然角列而下绝者，朝斗岩也。"⑤ 是县城南郊至朝斗岩间沿溪有梅林千树。

康熙间文人游赏渐多，知府傅燮（康熙三十三年在任）曾招潘耒、徐釚等同游，潘耒《长至后二日，汀州傅浣岚太守招同郭外看梅，为赋长句》："初出郊原见浮白，渐穿篱落披繁英。一夜天花缀林满，千堆香雪填村平。铺茵花下看逾好，问尔花开一何早。……我行梅岭不见梅，江乡正月花含胎。宁知汀南甫长至，千村万落参差开。……兴来更上最高峰，正看香海烟濛濛。"⑥ 从诗中所写，可见此时梅林远非千树，而是连村一路绵延之景。此后知州王廷抡、雍正知县丁潍、乾隆中邑人

---

① 王廷抡《临汀考言》卷四。
② 谢昌霖、刘国光等《（光绪）长汀县志》卷三。
③ 谢昌霖、刘国光等《（光绪）长汀县志》卷三。
④ 王全、杨澜等《（民国）长汀县志》卷八。
⑤ 陈朝羲等《（乾隆）长汀县志》卷二四。
⑥ 潘耒《遂初堂集》诗集卷一〇。徐釚有《长至后四日客汀州，傅浣岚太守招游朝斗岩，次韵二首》，《南州草堂集》卷一六。

图83　长汀"朝斗烟霞"。此为朝斗岩上俯视长汀县城风光，图中
流水为汀江，古时从县城沿江至山下，一路连绵梅林。

马在观、嘉庆间苏州丁尔准都有诗歌咏此景①。道光末年知州李佐贤《题临汀纪游
图·朝斗岩探梅图》称："郡南二里许为朝斗岩，汀人于山前艺梅为业，花时香雪
成海，余每邀客共赏，觉邓尉、孤山犹逊此大观也。"②又有《朝斗岩下看梅》诗：
"出城屏冠盖，直造意所便。清流带城郭，岚影周遭环。梅林花万树，香雪霏山
前。"③透露的花期盛景较之康熙间有过之而无不及。

　　从清初至此已有两个世纪，此后当逐步衰落。光绪五年（1879）《县志》称：
"昔朝斗岩下传有千树梅花临溪玉立，此景则数十年前犹及见之。"从道光末年至
此，约三十年，而此时朝斗岩下梅景已不复其盛。但自县城圣金墩至南津渡一线林
木茂盛，尤其是南津渡附近，梅花仍有可观，应属朝斗岩下梅林余绪④。所谓朝斗
岩下梅林，实介于县城与朝斗岩之间，南津渡也在沿路之中。以朝斗岩称之，全因

①　王廷抡《朝斗岩观梅二首》，《临汀考言》卷三。丁潍《朝斗岩题壁》："天风摇动石幢幡，吹下梅林破春
晓。"马在观《侍鹤峤师游朝斗岩即和元倡》其三："万树梅林一径幽，滩头归兴问扁舟。"均见乾隆《长
汀县志》卷二五。孙尔准《武平行馆寄丁孟韩》："山麓梅花一万株，恍逢邓尉支硎畔。"《泰云堂集》诗
集卷七。
②　李佐贤《石泉书屋类稿》卷七。
③　李佐贤《石泉书屋诗钞》卷三。
④　谢昌霖、刘国光等《（光绪）长汀县志》卷三"东庄岭"条。

朝斗岩地势高峻，登临其上，回望城南梅景，正如潘耒《朝斗岩和韵》诗所说，"俯视斗城青杳霭，平临香海雪弥漫"①，居高临下，能尽揽花海胜概②。

① 潘耒《遂初堂集》诗集卷一〇。
② 2013年9月23日下午，笔者与西藏民族学院任群教授、同事黄浩然君来此考察。

二九、诸暨干溪"十里梅园"

　　干溪在今浙江诸暨县枫桥镇东北，发源于梓坞山，与古博岭溪汇合后西北流，汇入枫桥江。施宿《会稽志》卷一〇："干溪在县东北六十二里，以吴干（引者按：干姓之干）吉故居于此，故名，俗呼干（引者按：干燥之干，繁体作乾）溪，非也。"清顺治末年，余缙（1617—1689）《春日忆干溪十里梅》："夹道疏香雪满林，寒溪十里贮云深。闲来道服翩然往，乐与幽人仔细寻。避世何尝期物外，会心应已在花阴。相怜末俗希清赏，独向苍崖作远吟。"① 又《冬日忆吾邑梅花》："行过枫川到铁崖，干溪十里尽梅花。先贤漫许山阴道，争似寒香竹屋家。"② 所说枫桥镇东北梅花绵延十里。到乾隆年间姚文瀚（？—1792）《夜游十里梅园歌》："梅园十里清且幽，冻云凝结横不流。枫桥才过数里远，衣袂暗觉香风浮。莺声啼破春初暖，冻解冰澌桥欲断。短笠横跨秃尾驴，一步一踬行缓缓。须臾突过紫阳宫，千树万树难为容。岭分南北气候别，半含半放开不同。琼枝碧树纷相纠，海藏倒翻珠千钟。清香一气通苍昊，尘垢涤尽生平胸。庞眉老叟向予说，夜来尤觉光玲珑。我闻此言心清越，凌空直自排天阙。金篦快括天目醫，顷刻擎出天心月。……"③ 可见此时梅园盛况依然一如既往。

　　乾隆三十二年（1767）冯至《十里梅园记》："岁之丁亥正月之十有二日，由山阴之兰亭，访外姻于枫桥，于是乃见梅园矣。初自枫桥取道，四里有奇，村居十数家，酒垆三五，亦止行装。直北白衣大士阁一区，阁下银杏一株，数百年树也，是村名银杏树下。阁左右梅花数本，点缀篱落，丰致固已留人矣。出阁少东，复里许为葛村。村居数十家，家在梅花之下，往往闻读书声，飘落花间。循村迤北，为马鞍山，山多竹，细弱可爱，山下一泓清浅，数干参差。余笑问外姻，柑溪梅瓣，此去何时得遇渔人问渡。语次已过溪桥，桥断决不可摹识，竟北直下为横描，邮亭烟

①　余缙《大观堂文集》卷九。
②　余缙《大观堂文集》卷一〇。
③　阮元《两浙輶轩录》卷三一。

火，鸡犬鸣吠，数百家聚也。家种梅花数十亩或百数十亩，亩得金数十，生涯其中，不别治产。夏五月初旬，悬青未谢，长者肩竹篮把竿入园，剥击之声遥林四应，则绿珠垂垂动盈钟釜，稚幼奔趋掇拾，以为欢笑，道左垂涎，津津欲沫。而此中人了不能下咽，荷归窗下，儿女喁喁，热炭燃煤薰烧竟夕，入晓则望之如墨矣。长者又为余言：'今岁花迟，凌春始发，客幸何来，盍往梅林深处？'余辈笑而从之。是时也斜阳一片，映入重阴，红霞零碎，绿萼停匀，一种奇艳，何许丹青尚未搁笔邪。已复鹊寒争集，花乱翻飞……是夜投宿法云庵外寺，老僧撷蔬佐饮，饮酣剪烛，则素娥妆就。……（引者按：以下叙次日）登楼纵眺，外姻指点昨游，溪山村聚，仿佛模糊，但见烟波万叠，云海千顷。想十里梅花，毕竟是何年结果，问十里梅花，毕竟是何年种起，对此茫茫，良用慨然。"[1] 所记干溪沿路植梅之盛、产量之丰较为具体。

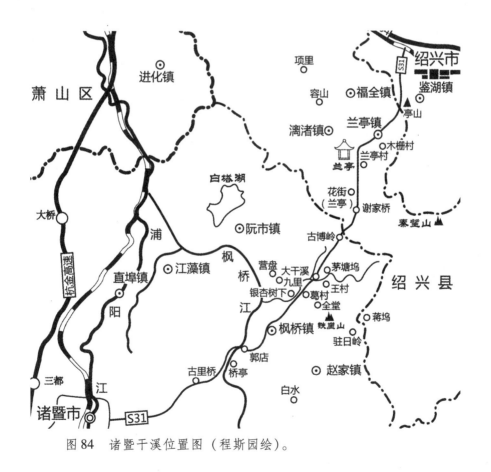

图84 诸暨干溪位置图（程斯园绘）。

① 冯至《森斋汇稿·森斋杂葅》卷一。

　　冯氏又在嘉庆间完成的《允都名教录》中对当地梅子的用途与加工方法等补充记载："梅，水边篱落居不择地，惟十里梅园族处最繁。自古博岭至枫桥三十里间，以梅树为生，率采青梅火薰之使黑，谓之乌梅，性极敛。其黑而不泽者以为药品，其泽者染坊市之，以染大红深紫。梅熟而黄者，以为梅酱，佐杯盘。青者以为梅卤，和井泉以为饮，止暑渴。青之大者去其核以为糖毬，青黄之半者以为梅干，杂之姜丝、苏叶，以治风寒之疾。"① 这里说的是乾隆中期至嘉庆年间的情况，可见从顺治到嘉庆间近两个世纪中，枫桥东北银杏村下、葛村、横描（今旺妙）等干溪沿线即今诸绍公路（31 号省道）大干溪沿线上下十里山农以植梅为生，鼎盛时从诸暨枫桥到与绍兴交界的古博岭三十里沿线连绵都是梅园（图 84）。所获果实主要用于制作乌梅，售给药房和染坊，花期风景极为可观。

　　十里梅园虽然规模盛大，沿路也属暨阳通往绍兴的要道，但山路幽深，如所谓古博岭多虎豹栖止，俗呼虎博岭，因而外方少有人知。上述记载此景的余缙、姚文翰、冯至都是诸暨人，只有他们接触了解的机会才多一些，此后提及此景的更为罕见。道光二十九年（1849）郭凤沼（道光二十年举人）《诸暨青梅词》："十里梅园浅水边，山农（引者按：指王冕，号煮石山农）日日期诗篇。行人策卫天章（引者按：指天章寺，在绍兴兰亭附近）去，一路疏花小雪天。"② 可见道光年间此景仍然可见。如今诸暨学者著录的当地儿歌中有这样一首："干溪大桥实在巧，下无清水也无草。上落人马实勿少，十里梅花没人拗。"③ 民歌中既然用作比兴，也可见十里梅园在当地的影响。如今这些早已成了历史，梅在当地远非主产，到上个世纪 80 年代，"仅东一乡茅塘村和王村等尚有少量种植"④，余皆不足称道。

① 冯至《允都名教录》卷二。
② 郭凤沼《诸暨青梅词一百首》其三十三。
③ 陈炳荣《枫桥史志》第 474 页。
④ 浙江省诸暨县农业区划委员会办公室《诸暨名优特产志》第 22 页；应银桥主编《诸暨农业志》第 250 页。

三○、桐庐九里洲

九里洲，又称梅洲，俗称洲上，今名梅蓉，属浙江桐庐县，由桐庐县城沿富春江北岸东去约 10 公里（图 85）。旧为富春江中游典型的洲渚地形，南面为江流主干，北面与江岸山峰之间有狭长夹江，称后港①，现已与北岸完全相连②。其名由来已久，南宋《（淳熙）严州图经》卷首《桐庐县境图》中即有洋洲、九里洲、桐洲等洲渚。《（万历）续修严州府志》卷二："九里洲：在县东二十五里，江分燕尾，绿荫桑麻，北有小港，其袤九里，居民擅鱼薪之利，号小杭州。"可见明万历以来这一带洲上物产丰富，渔业兴盛，人居繁兴。清康熙至民国年间的两个世纪中，洲上艺梅极盛，闻名遐迩。

（一）洲上梅花兴起于康熙年间

洲上梅花之闻名，大约始于康熙早期。康熙二十一年（1682）童炜《桐庐县志》于九里洲条下尚无梅花的记载。康熙四十四年（1705）桐庐知县陈衷《桐江竹枝词》，其中一首专咏九里洲："洲上梅花九里长，蹋灯过后探春忙。更扶残醉沿江去，直到桐洲不断香。"诗下自注："九里洲在县治东十五里，其上老梅数千株，元宵后即大放。更东十里为桐洲，亦多梅，然不及九里洲也。"③ 半个世纪后的乾隆二十年（1755），金嘉琰《桐庐县志》即记载："居人多植梅树，春日花开，疏影横江，清芬袭人，九里一色，觞咏极多，桐邑之胜境也。"并录康熙三十四年（1695）县学训导、仁和人吴祖谦诗："浅水横沙九里长，梅花如雪覆沧浪。未移艇子神先

---

① 顾祖禹《读史方舆纪要》卷九○。
② 据中共桐庐县桐君街道梅蓉村支部委员会、桐庐县桐君街道梅蓉村民委员会《九里洲的巨变——梅蓉村发展史》第 9 页"大事记"记载，1977—1978 年兴工将夹江改为地下隧道，全长 2500 米。该书桐庐县图书馆有藏。2011 年 7 月 17 日笔者至该馆阅览，承馆长程建宇先生、馆员顾慧女士和办公室俞小红女士热情接待，收获良多。
③ 陈衷《桐江竹枝词三十首》其五，《雪川诗稿》卷七。

图85　桐庐县境总图（部分，乾隆《桐庐县志》卷首）。由县治南沿富春江东下为洋洲、九里洲、桐州，今九里洲已与北岸相连。

往，转过村头看更忙。疏处似云停翠竹，密时凝露散清香。家山一别西溪路，对酒花前忆故乡。"乾隆初年汉阳张藥诗："凌风却月是梅花，冷蕊疏枝态自嘉。九里沙洲梅不断，残香犹在野人家。"① 该志艺文志中又辑乾隆四年（1739）知县周宣猷《春暮过九里洲，梅畦麦径，别有洞天》诗②。这些都是最早有关九里洲梅花的题咏之作。同时完成的《严州府志》也说："九里洲：在县东二十五里，洲上多植梅树，春日花开，九里一色。"③ 既称"梅花如雪"、"九里一色"，可见已是满洲尽然。透过这些文人诗歌，尤其是地方志前后记载的变化，可以明显地感受到从康熙中期以来洲上植梅急剧发展或者说逐步被人们发现的过程。

洲上梅花起何时？陈裒称"老梅数千株"，可见不仅数量多，而且由来已久。晚清县人袁昶（1864—1900）称洲有"唐梅"，并引唐代诗人方干《思桐庐旧居便送鉴上人》诗中"洲上春深九里花（桐庐有九里洲）"句④，认为洲上梅花"自唐时已然矣"⑤。这一说法是有一定道理的。宋代以来严州、桐庐府县志的地图中，九里洲就是一个明确而后世又不断延伸扩展的洲体，既然唐时已见满洲春花，想必自然植被和种植业已较繁盛，这其中自然也少不了梅树。嘉庆间阮元诗中曾写到洲上有树"十围合抱圆，数丈拔地起"⑥，虽然不免有些夸张，但类似的树势，总有数百年的树龄，很有可能即是袁昶所说的"唐梅"。只是清以前梅树数量并不突出，远不是后来那种满洲一色植梅的情景。万历府志称"绿荫桑麻"，邑人姚建和诗说"江分燕尾夹中洲，百顷桑麻绿荫稠。碧苇黄芦归塞雁，白蘋红蓼浴沙鸥"⑦，至少整个明代，这里仍是中洲绿野桑麻，江边沙滩一派黄芦红蓼的典型洲渚生态景象。

（二）清中叶洲上梅花的发展

到乾隆、嘉庆年间，洲上梅花进入极其鼎盛的时期。钱维城《九里洲梅花亭记》："辛酉岁，家大人自新城移宰桐庐。桐庐介建德、富阳间……其水自新安江而下，至县治左，天目之水会而东为桐江，行二十里为窄溪。溪之南有洲，亘九里无

① 金嘉琰《（乾隆）桐庐县志》卷二。吴祖谦，字鹿柴，其友人章藻功有《送吴鹿柴之任桐庐广文序》，该文作于康熙三十三、四的两年中，是吴氏始任桐庐县学训导的时间。而康熙三十四年章氏又为吴祖谦作《吴鹿柴桐江口号跋》，可见吴氏到任后即积极览咏风土，想必到县不久即有九里洲之游。章文均见其《思绮堂文集》卷三。
② 金嘉琰《（乾隆）桐庐县志》卷一三。
③ 吴士进、胡书源《（乾隆）严州府志》卷三。
④ 李昉《文苑英华》卷二二三。
⑤ 袁昶《忆山居吟》，《渐西村人初集》诗十三。
⑥ 阮元《桐庐九里洲面江背山，梅花三万余树，侍亲登岸遍游，奉命赋诗》，《揅经室集》四集诗卷三。
⑦ 童炜、吴文纬等《（康熙）桐庐县志》卷一。

杂树，老梅不下数万株，当华时雪月弥望，虽江南之蜀冈、邓尉无以过，而居民朴不知其胜。甲子之春，家大人游而乐之，拟建亭其上，以告邑士民，邑士民奔走恐后，有成议矣。"① 这里说的辛酉、甲子年是乾隆六年、九年，时钱维城之父钱人麟任桐庐知县，钱维城随从侍任。为方便游人，增饰风景，钱人麟拟在洲上建一赏梅亭，钱维城为制《募建九里洲占魁亭启》，有"数枝摇曳，恰临清浅之溪；一片分明，时堕往来之舫"句，为人称赏。称梅花"不下万株"②，这一数字是乾隆初年的情况。前面说的"不下数万株"，反映的是乾隆二十九年（1764）记文写作当时的情景，可见乾隆早期洲上梅花规模不断扩大的趋势。乾隆三十三年（1768），桐庐知县张图南来游，其《偶游梅花洲记》则称"洲之上居民三百余家，星罗棋置，环居毕树，无树不梅也"，"梅之树不下数十万树"，他建议村民将九里洲改名"梅花洲"，将村名改为"梅花村"③。乾隆三十五年李文藻（1730—1778）《九里洲看梅花》诗："我过九里洲，将至桐庐县。洲中梅万本，平生惊创见。"④ 这里说的"万本"、"数万株"，乃至"数十万株"，虽然数量不一，但与康熙年间陈耷所说"数千树"明显不同。而且所谓"九里无杂树"，同时府县志也说"九里一色"，相互佐证，都显示此时洲上梅树种植已占了绝对的优势。当地文人的游赏唱酬趋甚，民国《桐庐县志》中就收乾隆间县人孙瑞禾、瑞人、瑞泉、瑞谷兄弟《九里洲梅花吟》诗歌多首⑤，孙瑞泉《九里洲探梅诗序》⑥，还有一些其他时人和作。不仅如此，此时与九里洲隔江相望的江南柴埠一线，也是"堤梅纵横数十里"⑦。

　　到了嘉庆间的文人笔下，九里洲梅花数量已进一步称为"三万株"。嘉庆二年（1797），阮元（1764—1849）记载："过富春数十里，未至桐庐，有九里洲。丁巳春，余侍家大人至此，值梅花盛开，青山隐天，澄江东泻，居民种梅花为业，花满九里，约三万株，家大人云，余足迹半天下，从未见如此香海。"⑧ 嘉庆五年《桐庐九里洲看梅花》："九里江洲好画图，梅花曾见此间无。花农不记花开数，约略一洲

① 钱维城《九里洲梅花亭记》，《钱文敏公全集》茶山文钞卷六。
② 颜士晋、朱邦彦、臧承宣《（民国）桐庐县志》文征外编上。
③ 张图南《偶游梅花洲记》，颜士晋、朱邦彦、臧承宣《（民国）桐庐县志》文征外编上。
④ 李文藻《岭南诗集》恩平集。
⑤ 颜士晋、朱邦彦、臧承宣《（民国）桐庐县志》文征内编下。
⑥ 颜士晋、朱邦彦、臧承宣《（民国）桐庐县志》文征内编上。孙氏兄弟当为乾隆、嘉庆间人。民国《桐庐县志》卷一〇："孙瑞谷（原名瑞琰，避清仁宗讳，改名瑞谷），字湘帆，水滨（引者按：乡名）窄溪镇人，勤慎廉明，乾隆壬子（引者按：乾隆五十七年，公元1792）科举人，旋考取景山馆教习，期满以知县用，始选云南，改授山东莱州昌邑知县"，到任适大旱，捐俸济民，致仕归，身无分文。揣其与兄辈探梅唱和，当作于未仕前，在乾隆朝。
⑦ 汪梧凤《西湖纪游》，《松溪文集》。
⑧ 阮元《定香亭笔谈》卷三。

三万株。"① 陈文述（1771—1843）《吴兰雪中翰拟卜居桐江九里洲，以〈梅花村舍图〉索题，用东坡松风亭下梅花诗韵二首》："花三万株亘九里，宜晓宜昼宜黄昏。"② "三万株"是比较普遍也相对稳定的一个说法，应该是最接近当时实际的。夸张的说法则是"十万株"。陈文述《太仆山》："桐庐九里洲，洲在梅花里。约略十万株，花开满江水。"③ 更有甚者，认为计亩可种三十万树。吴嵩梁（1766—1834）《纪游图序·富春梅隐》："九里洲在富春山水佳处，计亩种梅，可得三十万树……余欲投老于此，因刻'梅隐中书'私印，题所居曰'九里梅花村舍'。"④ 吴氏僻好梅花，从龚自珍《桐君仙人招隐歌》可知，这位江西人曾计划携妻妾隐居九里洲梅花村，未能如愿，于是把京城居所命名为"九里梅花村舍"，"以自慰藉"⑤，也是文坛一段佳话。从中不难感受到当时九里梅花的盛况及其影响。嘉庆、道光间童槐、吴清鹏、吴荣光、张际亮、张应昌等人都有诗歌题咏九里洲梅景，而当地文人的游赏唱酬应是更甚。同治五年（1866），蒋敦复（字纯甫，1808—1867）等一行五人由富阳来游，"返舟行北岸，九里洲梅数万本，花时成海"⑥，虽然此行非当花期，但至少可见此时九里洲上梅林仍盛。

（三）九里洲梅景的特色

洲上梅花缘于洲民经济种植，无论方志还是文人吟咏都反映了这一点。洲上居民主要以出售果实为生。张图南《偶游梅花洲记》记载："梅之下种棉以为衣，莳豆菽以为食，梅之隙间植松、柏、桑、枣以为用。而洲民之财用大半皆出于梅，梅之树不下数万株。春夏之交黄绿交映，洲之民群然相庆曰梅子熟矣，采而售之。上以佐赋税之供，下以资俯仰之给，养与教胥藉于其中焉，非仅以娱心志、悦耳目也，梅之为利溥矣哉。"⑦ 这里的果实究为何用，销往何处，未见记载。但下游邻县富阳的梅子多制作乌梅出售，且远销西北，估计九里洲的青梅出路也应相近。另沿富春江下行过富阳即杭州，那里的市场需求较大，肯定也是重要的贩销地。

---

① 阮元《桐庐九里洲看梅花》其一，《研经室集》四集诗卷五。
② 陈文述《颐道堂诗选》卷二二。
③ 陈文述《西溪杂咏》。
④ 吴嵩梁《香苏山馆文集》卷一。
⑤ 龚自珍《定盦全集》定盦文集古今体诗上卷。
⑥ 周天放、叶浅予《富春江游览志》所附富春江游记，未署作者。中共桐庐县委宣传部编《潇洒桐庐游记》第284页将此文时间注为1926年，误。此文为蒋敦复同时人作，有可能是俞樾，时间在同治五年（1866），次年蒋敦复卒。民国滕固《蒋剑人先生年谱》（《图书馆学季刊》1935年（第9卷）第二期）、徐澄《俞曲园先生年谱》均未载此事。
⑦ 张图南《偶游梅花洲记》，颜士晋、朱邦彦、臧承宣《（民国）桐庐县志》文征外编上。

　　洲上种梅之所以如此之盛，这与洲上特殊的地理条件有关。作为洲渚之地，易于被江潮或上游洪水冲刷甚至全部淹没，而梅树等林果植物较之桑麻、稻麦一类庄稼更能抗击洪水，因而种植利益相对较有保障。嘉庆七年（1802），秦瀛《九里洲》诗中就记录了这样的情况："我爱看花兴未阑，忽有洲民向前诉。今年六月逢大水，秋田无收食无餔。梅花万本幸未死，明年聊可充公赋（洲民以种梅为业）。"① 因遇洪水，洲上庄稼颗粒无收，而梅树却能侥幸存活。

图 86　九里洲田园风光，如今洲上农田，以种植稻、麦、油菜为主。

　　当然整个桐庐、富阳一线，富春江沿岸山麓无论野梅还是居人种梅分布都较为普遍。早在宋代杨万里即有"官路桐江西复西，野梅千树压疏篱"② 的诗句，清康熙五十六年（1717）朱伦瀚（1680—1760）《梅花吟》诗序称："春日泛舟桐江，见山麓梅花盛开，登岸一望，略无间断，询之土人，云绵延三十里，真梅花海也，玩之不忍去。"③ 乾隆间朱钟《春过严滩》："一派桐江水，梅花十里开。"④ 嘉庆七

①　秦瀛《小岘山人集》诗集卷一三。
②　杨万里《甲申上元前，闻家君不快，西归见梅，有感二首》其一，《诚斋集》卷二。
③　朱伦瀚《闲青堂诗集》卷四。
④　王昶《湖海诗传》卷四五。

年秦瀛《九里洲》："昨日扬帆富春路，山下寒梅无数树。今日停桡九里洲，洲上梅花更无数。"[①] 九里洲下游之"桐洲亦多梅"[②]。九里洲梅花正是这富春江沿岸连绵梅林中规模最大的一处。

九里洲属富春江上典型的洲渚地貌，每值花期，洲上梅花平展连绵，远望如江上浮云，香芬满江飘溢，所谓"林影混帆外，花气如争渡"[③]。阮元的诗歌描写最为详细，其《桐庐九里洲面江背山，梅花三万余树，侍亲登岸遍游，奉命赋诗》写道："梅花三万树，春洲长九里。上接戴山松，下照桐江水。目力所不到，花势殊未已。雪光晴不落，香海浩无底。诗人夸邓尉，较此百一尔。卸帆登中洲，渐入深林里。十围合抱圆，数丈拔地起。拂帽更碍路，眩转聊徙倚。四顾无所见，惟见万花蕊。万花争向人，一笑亲颜喜。"[④] 诗中透露了这样的信息，洲上中心地区树龄较老，长势尤甚，深林茂密，如入云海。诗人又有诗说，"十万琼花路百盘，入花容易出花难"[⑤]，不难想见当时洲上梅花茂密之状。富春江两岸本以山水透迤幽澈潇洒著称，自古是渔樵仙隐的胜境，九里洲正处此中游，洲北山峦如屏，洲南桐江如练，九里洲平铺江上，一洲梅花镶嵌其间，景色的确是幽清奇丽（图86）。而生业单纯，民风淳朴，更是一副武陵桃源般的神奇天地。

九里洲在桐庐县城东二十里，古时寻舟沿江东下，或沿桐君山麓东行，再过洲北之夹江（也称港）都极为方便。洲上建有赏梅亭，最早是乾隆九年县令钱人麟倡议募建，但当年江上发洪水，全洲被淹，此议未行，到乾隆二十九年（1764）亭方建成[⑥]。乾隆三十三年张图南游览时，称"洲之中有亭曰梅花亭，亭之后有厅曰探花魁，第今亭圮于风，其厅尚存"[⑦]。可见原梅花亭建后不久即被风灾摧毁，后人重修，民国县志称"咸丰之末毁于燹，今故址犹存"[⑧]。今梅蓉村所编村志记载，民国间洲之东南有望梅亭，又名梅苑亭、接官亭，洲西青草头有赏梅亭，为游人赏梅之所[⑨]。

洲上赏梅有一事颇异，孙瑞谷《窄溪竹枝词十首》其五"何处游人轰爆竹，落花如雪扑春衫"，以爆竹声来震落花瓣，获取落英缤纷，香气扑面的感觉。孙瑞泉

---

① 秦瀛《小岘山人集》诗集卷一三。
② 陈裘《桐江竹枝词三十首》其五，《雪川诗稿》卷七。
③ 童槐《九里洲看梅》，《今白华堂诗录补》卷一。
④ 阮元《研经室集》四集诗卷三。
⑤ 阮元《桐庐九里洲看梅花》其四，阮元《研经室集》四集诗卷五。
⑥ 钱维城《九里洲梅花亭记》，《钱文敏公全集》茶山文钞卷六。
⑦ 张图南《偶游梅花洲记》，颜士晋、朱邦彦、臧承宣《（民国）桐庐县志》文征外编上。
⑧ 颜士晋、朱邦彦、臧承宣《（民国）桐庐县志》卷一四。
⑨ 中共桐庐县桐君街道梅蓉村支部委员会、桐庐县桐君街道梅蓉村民委员会《九里洲的巨变——梅蓉村发展史》第92、93页。

《九里洲梅花吟》诗中也写到，由于"沙平如砥草如茵"，"游人多以爆竹震花瓣为戏，大有徐熙拂草萦坡之趣"，花瓣应声而下，洒落沙滩草坪上，如徐熙落墨草草写意之画。这样的赏花方式，大概也只有在九里洲这样的沙洲之地、茂密梅林中才可以做到。

（四）民国以来的情况

九里洲的梅花到民国年间规模仍有可观。周天放、叶浅予《富春江游览志》有"九里洲"专节介绍："九里洲在桐庐县城东二十里，江行顺流而下，陆行沿桐君山麓皆可达。南临大江，北隔小港，严州府志称江分燕尾，绿荫桑麻，北有小港，其衷九里，居民擅鱼薪之利，号'小杭州'。居民多植梅树，古称千本（引者按：千字疑有误），今日计之，常不下五千本，故又名梅洲，当春日花开，疏影横江，清芬袭人，九里一色，桐庐之胜景也。"[1] 这是抗日战争前的情景，大约五千株左右，比较起乾嘉时期已大不如，但数量仍然不少。据 1932 年《中国实业志（浙江省）》中《浙江省各县梅子产销表》记载，当年桐庐县产销梅子（引者按：应指青梅）6 万担，居全省各县市之冠，主要销往杭、绍、沪等地[2]，而九里洲应是主要的产地。

但这一数据未必可信，我们的怀疑出于以下考虑：一是当时杭县和杭州市是产梅大区，尤其是杭县超山一带梅田庞大，产量很大，且品质优良，上海冠生园等都

图 87　梅蓉村全景（徐根六摄）。

---

① 周天放、叶浅予《富春江游览志》第 55 页。
② 《中国实业志（浙江省）》（丁）第 280 页。

以此作为生产基地。桐庐去杭州不远，应该不可能再有多少市场空间。上世纪二三十年代多有苏沪商家齐集杭县超山，就地采购制作的记载，但并未发现有沪杭企业到桐庐采办青梅的信息。二是如果桐庐有 6 万担的年产规模，保守地说梅田至少应有五六千亩，不仅花期风景壮观，而且产销季节会十分繁忙，社会影响很大。但在民国年间，除周天放、叶浅予的简淡记载外，其他有关桐庐艺梅的诗赋游记、新闻报道和调查报告几未有见。三、稍后 1934 年发表的冯世模《桐庐县之物产及农村状况》记载桐庐全县"果品以桃、梅、蜜枣为大宗，年产桃约二千担，产梅约五百担，产蜜枣约五十担，多运销杭绍"，"白桃年产约十万斤，茶叶约两万斤，干笋约万余斤，多运销杭绍各处"[①]。所说五百担更接近事实，桐庐青梅主要产于梅蓉（九里洲），这一产量与同时周天放等所说九里洲"五千树"的数量较为对应。综合这些因素，我们认为《中国实业志（浙江省）》关于桐庐年产青梅 6 万担、居浙省各县之首的说法并不可靠[②]。

当代新编《桐庐县志》称："主要产地梅蓉，遍地皆梅，素称'梅洲'，后经洪水、台风等自然灾害侵袭及抗战时期梅市久衰不振，梅树大多被砍伐，至解放前夕，梅园已衰败不堪。解放后，几经改滩造田，连片梅园已不复存在，仅田头地角零星可见。"[③] 这可以说简明概括了民国后期至新中国成立几十年的大致趋势和基本情况。有两个数据反映了上世纪五六十年代的情况。一是 1956 年县农业局《桐庐县水果生产初步总结》中记载该年全县产杨梅 3415 担，梨 2272 担，青枣 1466 担，桃

---

① 《浙江省建设月刊》1934 年（第 7 卷）第 12 期。

② 是否有一种可能，该志所载的 1932 年是历史上最高产的一年，而其他年份产量都少。但种梅不是种菜，一般梅林要经过二十年左右才进入盛产期，而整个民国年间，除周天放等人所说之外，未见有九里洲大规模梅景的报道，不可能一年之中骤然如此盛产。

③ 桐庐县志编纂委员会《桐庐县志》第 153 页。

1007 担，梅 250 担，其他 390 担①，梅居品种单列之末，产量有限，地位靠后。二是桐庐县梅蓉村所编《九里洲的巨变——梅蓉村发展史》特产部分记载"1961 年只产梅 450 担"②。自上世纪 50 年代后期至 80 年代，梅蓉一直是农业生产和农村建设的先进典型，受到了省内外乃至于海内外不同程度的关注。从 50 年代中期以来，随着集体化（互助组、合作社和人民公社）的步伐，将农民组织起来，依靠集体的力量，修建防洪和灌溉设备，将满洲滩土沙地逐步改造成旱涝保收的绿洲（图 87）。在"以粮为纲"的同时，梅蓉村坚持多种经营，发展水果种植，从公社化以来一直是桐庐县最主要的水果产地。但从 50 年代以来，梅蓉村乃至整个桐庐县的水果种植以梨、柑桔、杨梅、桃等品种为主，无论面积、品种和技术都不断发展，而梅的种植却越来越悄无声息，微不足道③。如今除少数农户零星种植外，整个洲地已无成片梅林了④。从康熙年间以来，洲上梅花盛况至少延续了三个世纪，随着社会现代化的进展，这一古代梅花胜景步履蹒跚走完了其辉煌的历程，终于消失在历史的沧桑云烟之中。如今正值盛世，富春江为旅游热线，不知当地政府可有意再造这一江上农耕胜景，不禁令人无限地感慨、遐想和期望⑤！

---

① 桐庐县档案馆档案第 16—1—4 卷。2011 年 7 月 18 日，笔者在桐庐县档案馆查阅资料，该馆查档室一位年轻男士（似姓王）接待极为热情周到。中午离馆打的回旅店，途中低血糖昏迷，出租车师傅立即报警，并送县医院抢救。至今尚欠师傅车资，又承桐庐警察和县医院及时营救，同事党银平教授和省教育研究院段承校君闻讯即驱车赴桐庐接应，时宁杭两地皆大雨滂沱，一路辛苦多多，书此一并志谢。

② 中共桐庐县桐君街道梅蓉村支部委员会、桐庐县桐君街道梅蓉村民委员会《九里洲的巨变——梅蓉村发展史》第 156 页。

③ 梅蓉村所编《九里洲巨变——梅蓉村发展史》介绍该村水果，只列举了西瓜、柑桔、梨、桃、杨梅，见该书第 54—56 页。桐庐县农村经济委员会、农业局所编《桐庐果树——名优特产品及资源调查》统计 1987 年梅蓉村青梅 2.5 亩，产果 750 公斤，1988 年全县青梅面积 60.23 亩，分别见该书第 19、16—17 页。桐庐县农业局农业志编写小组《桐庐县农业志》第三章"瓜果"中虽列有"青梅"一节，但所说只是民国年间《中国实业志》的数据，见该书第 313 页。另桐庐县农业委员会调查组（金辉、丁邦安等）《九里洲的巨变——梅蓉村农业合作经济史调查》一文有关情况亦然，见《当代中国农业合作化》编辑室编《中国农业合作史资料》1989 年第 6 期，该文更详细的原始文本见于桐庐县档案第 54—1—296 卷。

④ 2010 年 7 月 17 日上午，笔者租车由武陵师傅陪同前往梅蓉（九里洲）考察，沿 23 号省道东行，在濮家庄南转乡村公路，自西向东沿村走过。在村东南富春江边，巧遇一老农，能说普通话，就当地数十年梅、梨等水果种植情况为笔者娓娓道来。洲之南岸沿江有大堤围护，堤内为开阔农田，主种水稻。村庄东西连绵，居洲之中央高地，村北有些零星小片林木，但未见梅林。所见地气低湿，疑不宜种梅。进村打听，村民告诉说，以前的果树也多于田间起埂栽种，那时土质较好，产果品质上佳，由于多年种粮，施用化肥，土质变化，水果质量远不如前，于是种者极少，唯洲北山坡多植杨梅。

⑤ 本章九里洲风景图片，承桐庐桐君徐根六先生慷慨提供，谨此志谢。

三一、广州萝岗

萝岗，在今广州市萝岗区，广州府城东北六十里。古称逻冈洞，也写作萝冈洞，洞即山坞，原属番禺县，1958 年划归广州市。乾隆《番禺县志》："萝冈，故名逻冈，西距白云，南距波罗，后枕牛首峰，前对朝冠岭，环山四面，其取道出入，仅四五丈许，望之窈然以深，中横亘三十余里，钟氏世居其地，繁衍至四五千人。"①萝岗是一个四面环山的大山谷（图 88），位于今萝岗区萝岗镇东北一线，今广惠高速公路从境内横贯而过，将整个山坞分为南北两截。整个广东古有三大梅花名胜，一是粤北南雄的庾岭梅关，二是博罗的罗浮山梅花村，三即番禺的萝岗洞。

（一）萝岗梅花起于康熙中叶至乾隆早期

当地民间传说，萝岗梅花起源于南宋。这是相传当地钟姓始祖最初开发的时代，从清代《番禺县志》可知。根据钟氏家谱，南宋中叶钟氏始迁萝岗，有钟启初者，号玉岩，中进士②，民间传说都称萝岗梅花由钟启初最初引种③。钟启初不见于各类正史，除当地方志外，也不见于各类文人野史笔记，有关事迹是否可靠，有待进一步考证。但也有一些文献史料提供了萝岗梅花起源的可靠信息，如清初屈大均《广东新语》记载："番禺鹿步都，自小坑、火村（引者按：均在今萝岗区火村社区）至罗冈，三四十里，多以花果为业。其土色黄兼砂石，潮咸不入，故美。每田一亩，种柑桔四五十株，粪以肥土，沟水周之……熟时黄实离离，远近照映，如在洞庭包山之间矣。自黄村至朱村一带，则多梅与香蕉、梨、栗、橄榄之属，连冈接阜，弥望不穷，史所称番禺多果布之凑是也。吾粤自昔多梅，梅祖大庾而宗罗浮，罗浮之

---

① 任果、檀萃《（乾隆）番禺县志》卷四。
② 任果、檀萃《（乾隆）番禺县志》卷一五《钟启初传》；李福泰、史澄等《（同治）番禺县志》卷一〇。
③ 叶春生《萝岗香雪》，叶春生、刘克宽《广州的传说》第 53 页；梁中成《萝岗香雪的来历》，欧嘉年主编《广州白云区民间故事集成》第 129 页。另可参考彭村、李惠《广州萝岗香雪个案研究》，《文化遗产》2009 年第 2 期。

图 88 鹿步司图(同治《番禺县志》卷二)。鹿步司,清番禺县所属巡检司,主要负责番禺县东北境即今萝岗区和天河区、黄埔区北部治安,巡署驻今广州市天河区棠下一带。图中萝峰、萝冈洞、火村等均在今萝岗区,时以盛产水果著称。

村、大庾之岭，天下言梅者必归之。若荔支则以增城为贵族，柑橘、香橼以四会为大家。"① 这段记载特别值得注意。屈氏在罗述广东各地花果，此时梅只以庾岭和罗浮著称，其他不与。萝岗虽然以花果著称，但当时主产柑桔，而萝岗西南的黄村（今属广州市天河区）向北到朱村（今广州市天河区珠村）一线十里种梅较多。其诗中也有反映，《黄村》："黄村十里接朱村，尽种梅花作果园。花发纷纷来翠羽，啾嘈日与美人言。"② 乾隆《番禺县志》也记载，府城东四十里大灵山（在今广州市天河区），"山下梅林长十里，多属古桩，离奇拳曲，花时雪英匝道，芳菲袭人。里人王邦畿偕陈恭尹诸名士吟咏其多，恭尹诗所谓'黄村十里梅花路，花候谁能更掩关'是也"③，进一步证明了屈氏的记载。《广东新语》是屈氏晚年的重要著作，康熙二十六年（1687）刻成，可见至此萝岗种梅尚未出名。此后几十年中，萝岗种梅急剧发展，至迟到乾隆早期，萝岗就以梅花著称。乾隆《番禺县志》记载："（萝冈洞）其地田狭山多，居民种果为业，而梅、荔为独盛。夏时荔火流丹，全洞皆赤……至冬梅花盛开，则上村下村皆梅，其村南岭北岭尽梅。其岭游者谓层峦耸翠酷似罗浮，而烟村之密、果木之美过之。"④ 该志由任果、常德主修，檀萃等纂辑，序文作于乾隆三十九年（1774），反映的是该年之前的情况，说明至迟到这时，萝岗洞的梅林和荔枝已极其繁盛。可以肯定地说，萝岗梅花作为一道风景名胜是从康熙中叶以来数十年中逐步形成的。

（二）清后期的发展

到嘉庆间，萝岗梅花广为人知，文人的诗咏游记多有涉及。黄培芳（1778—1860）《香石诗话》卷四："钟铁桥明府狮，乾隆丁巳进士，丙辰与车蓼州同征鸿博者……祖居番禺之萝冈，其地夏荔冬梅，俱以万计，说者谓萝冈看梅之盛，甲于天下。李东田怀人句云'萝冈洞口梅千树，缟袂相逢尽美人。'"钟狮，字作韶，号铁桥，萝岗钟氏后裔，雍正元年（1723）举人，乾隆二年（1737）进士，官河南宝灵知县。其父钟瓒，字勺金，迁居府城南，负郭而居。李东田，名士桢，字广成，号东田，番禺人，有《青梅巢诗钞》。钟氏父子生活于康熙至乾隆朝早期，黄培芳所说萝岗梅盛之事并未指明时代，但至少到乾隆后期至嘉庆年间，萝岗梅花已引起外界注意。大约道光二十四五年间（1844—1845），萝岗钟逢庆邀张维屏、黄培芳、

① 屈大均《广东新语》卷二五。
② 屈大均《翁山诗外》卷一四。
③ 任果、檀萃《（乾隆）番禺县志》卷四。
④ 任果、檀萃《（乾隆）番禺县志》卷四。

黄玉阶前往探梅，张维屏有《腊月七日钟景云孝廉逢庆招同黄香石舍人培芳、蓉石比部玉阶萝冈探梅》诗："梅花三十里，老干铁纵横……人来香雪海，地似古瑶京"①。稍后谭莹（1800—1871）有《约同人萝冈洞探梅》诗②。光绪十六年（1890）张之洞（1837—1909）《螺冈梅》："涨海雪不到，腊花红如春。深崦闭香雪，别有桃源津。一白被层巘，杂树不乱群。种梅如种桑，衣食山中人。……罗浮穷道士，枯朽难比伦（罗浮山中今甚寂寞）。"③同时谭宗濬（1846—1888）为萝岗梅花作有《梅田赋》④。这些材料虽然比较零星，但都相继反映了当时萝岗梅花长盛不衰的情景。

　　萝岗梅花是古代岭南地区实际规模最大的梅花风景，出于当地的经济种植。从屈大均的记载可知，当地黄土与砂砾掺杂的土质特别宜于种植水果，加之整个萝岗的山坞地形，保证了山村种植传统的稳定与持久。据《（宣统）番禺县续志》载，"梅子熟时，乡人取以渍盐，久藏生霜名梅霜，治喉痛，或晒干为乌梅入药，或以糖渍为糖梅，或以浸酒曰青梅酒，销流甚广"⑤。其中糖梅制作在粤东地区有着深厚的民俗传统。屈大均《广东新语》："东粤故嗜梅，嫁女者无论贫富，必以糖梅为舅姑之贽，多者至数百罂。广召亲串，为糖梅宴会。其有不速者，皆曰打糖梅。"⑥"自后连夕亲友来索糖梅啖食者，名曰打糖梅，一皆歌唱，歌美者得糖梅益多矣。"⑦想必萝岗所产梅子有不少应属这种用途。这种青梅种植传统一直持续到民国，以至新中国成立后，其风景效应也一直延续下来。

（三）民国以来的起伏变化

　　民国年间，广州萝岗梅花颇具规模，为岭南赏梅胜地。1922年岭南农科大学《农事月刊》第3期载郭华秀《萝冈洞调查记》称："每当耶苏诞前后，梅花盛开，一望皆雪白如银，如白露浮空，又如浮云下降，花味清香，馥郁扑鼻，火车疾驰，香气迎面，尤为可爱。当此之时，中西女士联袂而来，或折梅枝，或攀花而摄影，甚为闹热。……数年来，梅价渐昂，因此逐渐扩充树植。……其洞人常将梅、榄腌渍，晒荔枝干，制乌梅等。"梅多种平原之地，品种有"茶叶梅、鹅树梅、大核青

---

① 张维屏《松心诗录》卷八。
② 谭莹《乐志堂诗集》卷一一。
③ 张之洞《张文襄公诗集》诗集三。
④ 谭宗濬《希古堂集》乙集卷一。
⑤ 梁鼎芬、丁仁长等《（宣统）番禺县续志》卷一二。
⑥ 屈大均《广东新语》卷一四。
⑦ 屈大均《广东新语》卷一二。

图 89　"萝岗香雪"旧照（《广州白云区文化志》第 284 页），反映的是 20 世纪 60 年代的景象。

梅、杏梅、红梅、白软头梅、横核梅、深眼鸥、杏梅枝、双托梅"等，用以制作腌梅（糖梅）和乌梅。1932 年邓植仪《番禺县土壤调查报告书》记载："梅以萝岗南岗一带出产较多……多用制青梅糖、紫苏糖罐头。"① 1936 年古直《萝岗洞观梅歌》"洞门径入三十里，迎笑万万缟衣姝"②，也可见其花季之盛况。1934 年 1 月发生的陈济棠"东圃事件"，就起于陈氏与陈塘名妓花云仙不约而同赴萝岗赏梅而引起的麻烦③，这从一个侧面反映了当时萝岗梅景在广州当地的影响。30 年代后期至 40 年代，虽然战乱纷纭，民生凋敝，但以钟氏仁和栈为代表的果饯业仍惨淡经营，维持生产，梅胚是其主要产品，延续了当地青梅种植的命脉④。

　　进入新中国，当地水果种植和加工业迅猛发展，青梅种植尤其兴旺。1856 年萝岗产梅"591 万斤，为历史最高水平，1957 年种植面积达 7000 多亩"，萝峰、火村、萝岗、暹岗、水西等村都以种植为主，每年冬至前后，梅花盛开，山野尽白，微风轻拂，如瑞雪缤纷，幽香四溢，一派田园仙境⑤。广州市民成群结队，来到萝岗踏"雪"寻梅，最多的一天达数万之众。不少中外游客及国家元首也曾慕名而来，无不叹为观止。1957 年广东省委书记陶铸来游，提议修建望梅亭，1962 年 10 月建成⑥。1959 年广州市长朱光《望江南·广州好》中赞美萝岗："踏翠上萝峰，公社桃梅红十里，文山诗翰有遗踪。"注称："遍植桃梅，为游览胜地。"⑦ 1962 年 1 月 6 日诗人郭沫若由广州市副市长罗培元等人陪同前来游山赏梅，与塘头村人钟踏梅（名东时，字踏梅，1878—1969）诗歌往来酬答。郭沫若诗曰："名洞原非洞，合村人姓钟。梅稠留萼绿，荔茂射枝红。果树收成好，菜蔬灌溉同。文风今更蔚，闻道有诗翁。""萝冈风物桃源似，遍地梅花颂有年。公社为家多俊杰，诗翁有笔一神仙。传声空谷田园乐，握手夷门翰墨缘。羡为人民持木铎，春风日日坐尧天。"⑧ 郭沫若另有题诗："岭南无雪何称雪，雪本无香也说香。十里梅花浑似雪，萝岗香雪映朝阳。"⑨ 1962 年 9 月《羊城晚报》发起新"羊城八景"评选活动，1963 年元

① 邓植仪《番禺县土壤调查报告书》第 91 页。
② 《国立中山大学日报》1936 年 2 月 24 日。
③ 梁伯彦《陈济棠与"东圃事件"》，广州地方志办公室《广州话旧：羊城今古精选（1987—2000）上》第 739—740 页。
④ 广州市白云区萝岗镇人民政府编《萝岗镇志》第 79 页。
⑤ 广州市白云区萝岗镇人民政府编《萝岗镇志》第 46 页。
⑥ 广州市白云区萝岗镇人民政府编《萝岗镇志》第 11、13 页。
⑦ 朱光《望江南·广州好》其三十二，朱光《广州好》第 32、54 页。
⑧ 王继权、姚国华、徐培均编《郭沫若旧体诗词系年注释》（下）第 501、503 页。又见梁中成《钟踏梅与郭沫若的诗缘》，广州市萝岗区政协学习和文史资料委员会编《萝岗文史（第一辑）》第 53—54 页。
⑨ 广州市白云区政协文史资料研究委员会《白云文史（第 4 辑）》第 71 页。

且公布评选结果，"萝岗香雪"名列"羊城八景"之一[①]，可见当时萝岗梅林规模和影响都盛极一时（图89）。1963年发表的陆国松《萝岗香雪为春来》对当时的情况有一段详细的描写："人民公社化后，萝岗洞十九条村都成为一个公社，零星分散的梅林已发展成片……每年都增加种梅树万株以上，梅子的年产量也不断增加，如今这里的梅林面积已超过万亩。""莫论是溪畔泉边，高山泽地，路旁村里，甚至是高达三十多米的电缆钢架下，到处都给梅花汇成了'雪'的海洋，香的世界。"[②]

图90　萝岗香雪公园大门（广州开发区环境和建设管理局环美中心提供）。

文化大革命以来，有关萝岗梅花的直接记载极为罕见，上世纪80年代初香港出版的导游类书籍中有些介绍，反映的应是上世纪六、七十年代的情况："到了萝岗洞之后，沿着田间小道，登上半山腰的'望梅亭'。此亭的建筑富有民族风格，专供人们欣赏'萝岗香雪'之用。站在这里，纵目远眺，远处群山种满了荔枝、龙眼、菠萝、橄榄、柚子、杨桃等果树，郁郁葱葱，玉岩书院和萝峰寺隐现在绿树丛中，显得格外清幽。过去萝岗仅剩下二百亩左右梅树，已经不成为梅乡了。二十多年来，萝岗群众开梯田，修水利，广种梅树，不仅恢复了昔日梅乡的面貌，还逐渐形成了'萝岗香雪'的胜景。如今萝岗洞里已有红梅、杏梅、双托、鹅絮、半边红等十多个品种，梅子的产量一年多于一年。而且还办了规模较大的果品加工厂，将

---

① 简柱华《羊城八景漫谈》，邵云平主编《广州好》第14页。
② 《羊城晚报》1963年1月10日。

梅子制成止渴生津的话梅、清甜爽脆的糖梅。罗岗的梅制品，畅销国内外。"①

图91　萝岗香雪公园主景区（广州开发区环境和建设管理局环美中心提供）。

　　改革开放后，萝岗的水果种植迅速兴起，而梅花风景也逐步恢复，20世纪80年代以来，元旦前后来萝岗赏梅又成了羊城的一道风景②。1983年1月，文艺界知名人士秦牧、关山月、陈残云等一行来此赏梅雅集③，1985年1月的短短前半个多月中有16万人次前来赏梅④。关于萝岗梅花的特点，香港出版物也介绍说："萝岗的梅花，在每年'冬至'前后就开放了，而这时候，北方的梅花还在含苞待放中。""它的花开时节，在一个枝条上，有花有叶有果。这在广州人看来，并没有什么新奇，要是北方人看来，就感觉诧异了。因为北方梅树的开花、长叶、结果，分属三个不同的季节，而萝岗梅树，却将三个季节缩为一个季节了。"⑤ 这都是由广州的南亚热带气候所决定的。

　　尽管声名大噪，但实际规模较之古代还是有些逊色。古称整个萝冈谷地横亘三十里尽梅，而20世纪五六十年代，所称只十里梅林，如朱光、郭沫若诗中即是。这时的梅林主要集中在洞之东北深处今萝岗、萝峰、火村一线。到80年代中、后期，

①　谭新之《两广名胜古迹》第11页。
②　李春晓《访梅花之乡——萝岗》，广州市郊区政协文史资料研究委员会《穗郊文史（第1辑）》。
③　广州市白云区萝岗镇人民政府《萝岗镇志》第20页。
④　广州市白云区萝岗镇人民政府《萝岗镇志》第21页。
⑤　徐续《广东名胜记》第102页。

图92 萝岗香雪公园湖畔梅景（广州开发区环境和建设管理局环美中心
提供）。

由于气候变暖，虫害频发，导致青梅的产量、品质和经济效益急剧下降。加之此时
已经分田到户，受经济利益驱使，果农纷纷砍掉青梅，改种收益更好的萝岗甜橙和
荔枝，至1990年种植面积仅余二三百亩，产量仅有万斤①，"萝岗香雪"景观也因
之丧失殆尽。

上世纪末，当地政府开始着手恢复"萝岗香雪"风景（时属白云区），在萝峰
村东、广惠公速高路南侧建设"萝岗香雪"公园②。2003年萝岗为广州开发区接
管，加快了建设步伐。2005年萝岗区政府正式成立，对该公园作了重新规划③。全
园规划总面积170公顷，分二期建设。首期工程主要扩建和完善"萝岗香雪"景
区，引流凿池，建有望梅亭、爱梅轩等景点。目前园内已种植梅花4000多株。其
中，青梅约3000株，花梅1000余株，主要品种有江梅、宫粉、朱砂、绿萼、美人
梅等，形成了一个以赏梅为主，四季花果飘香，山水与人文景观相互辉映的旅游胜

① 广州市白云区萝岗镇人民政府《萝岗镇志》第47页。该志第49页提供了《建国后若干年份水果产量表
（亩、市斤）》，罗列了橙、菠萝、荔枝、梅、白榄5种水果的情况。表中数据显示，20世纪七八十年代，
其他水果的种植面积多少都在不断增长，唯梅的面积、产量急剧减少。
② 具体规划见周琳洁《萝岗香雪公园总体规划》，《广东园林》2002年第2期。
③ 具体规划见宁绮珍《再现羊城八景之飘雪风韵——广州市萝岗香雪公园的景观规划设计》，《广东园林》
2010年第3期。

地（图 90、图 91、图 92）。2008 年起当地政府开始举办"萝岗香雪"文化艺术节，形成了一定的影响①。

---

① 广州外语外贸大学中文学院路成文教授帮助从萝岗当地收集了多种有关萝岗香雪公园的文字资料，本节内容多有采用。本章萝岗香雪公园照片由萝岗区戴超先生提供，谨此一并志谢。

三二、长兴合溪梅花弄

合溪既是河流名，也是市镇名。作为市镇的合溪，在今浙江长兴县小浦镇合溪村，长兴西北诸山溪在这里会合，山货土产也由此转运外销，是一个重要的商埠，近三十多年下游的小浦工业兴旺，逐步取代了合溪的地位。合溪梅花弄是长兴境内继川口之后兴起的又一大梅花景观。梅花弄在今小浦镇西北的小浦林场（场部），古时这里有空王教寺，唐时称天居寺，诗人皎然曾有"渚箬入里逢，野梅到村摘"的诗句①，说明当时附近梅已不少。入清后这一带艺梅渐起，康熙中期以来趋盛。知县鲍鉁《雨入空王寺道中看梅诗》："为访梅花弄，篮舆细雨中。寒香正飘忽，远影尽迷蒙。渺渺青山隔，泠泠碧涧通。横斜三百树，知近梵王宫。"② 康熙五十四年（1715）、雍正九年（1731）、乾隆八年（1743）鲍鉁三任知县，此诗反映的应是康熙至雍正间的情景。

乾隆十三年（1748）县志称："梅花弄在县西北二十里，地多老梅，袤延三十里。"③ 又说："合溪有梅弄，在空王寺前，远近三十里，袤延相接，苍藓鳞皴，虬曲万状。中有行径，花时可步屧其间，旁临山涧，水满可乘竹筏缆花下。"所谓"袤延三十里"当指今小浦镇及向西八都岕一线。知县谭肇基进而感慨道："予独怪花一也，偶经名人题咏，则景象一新，而游者亦不惜杂遝，否则不过问矣。夫栖贤之梅花果胜于合溪之梅花乎？美人迟暮，兀臬空山，月落参横，不以物色不来，辜负先春消息也。"④ 同时诗中也有同感："邓尉栖贤休例视，从前过访记谁曾！"⑤ 在他看来，梅花弄的梅花之盛其实是不让苏州邓尉和乌程栖贤山的，只是地处偏僻，知者不多而已。

嘉庆七年（1802）知县邢澍有诗写道："氤氲村路远，烂漫山蹊发。十里积香

① 释皎然《与崔子向泛舟，自招橘经箬里，宿天居寺……》，《全唐诗》卷七九四。
② 宗源瀚、周学濬、陆心源《（同治）长兴县志》卷一九。
③ 谭肇基、吴棻《（乾隆）长兴县志》卷五。
④ 谭肇基、吴棻《（乾隆）长兴县志》卷一〇。
⑤ 谭肇基、吴棻《（乾隆）长兴县志》卷五。

清，四围笼烟白。如过庾岭天，恍行罗浮月。"[1] 可见沿路梅花仍连绵不绝。嘉庆县志在"梅花弄"条下载当时乾隆末、嘉庆初县主簿陈全、训导柴季高等人诗多首，"四围山色翠屏开，万树千枝雪作堆"，"古庙门前曲涧流，冰姿倒影益清幽。前村尚有春如海，解事山僧请纵游"云云[2]，说的都是当时空王寺、梅花弄一带的梅花盛况。所说曲涧即小浦林场南的康（空）王寺涧[3]，而前村即指梅花弄（图93），乾隆县志引述谭肇基诗歌有注："弄在空王寺西"[4]，缘涧向西今称八都岕古银杏长廊，清中叶至民国年间沿线山村一直盛产青梅。

图93　康王寺涧。长兴小浦林场场部，旧称康王寺庙，在临路的小山顶上有一小亭，亭中俯瞰，有溪水蜿蜒，即康王寺涧，合溪梅花弄在上游稍许。

---

① 邢澍《壬戌正月，同柴竹坡学博、陈蔚华赞府、董红珊巡检游小溪口看花诗》，《守雅堂稿辑存》卷三。长兴境内另有小溪口，而县志将此诗附于梅花弄下，此从县志。
② 朱湄诗，邢澍、钱大昕、钱大昭《（嘉庆）长兴县志》卷二。
③ 浙江省长兴县地名委员会《长兴县地名志》第504页："康王寺涧……因涧北侧原有空王寺庙（现小浦林场），以庙得名。"2010年3月12日下午，笔者与长兴县图书馆李玉富先生一起来小浦林场寻访，公路北边的林场职工宿舍区内一位老妪告诉我们，这个宿舍区所在小山即空王寺址。临路的小山顶上有一小亭，登临其上，俯视涧溪潺潺东流，远望青岭蜿蜒如屏，想古人于此游山探梅，视野开阔，风景极为幽雅。
④ 谭肇基、吴棻《（乾隆）长兴县志》卷五。

　　这里艺梅主要是生产乌梅，乌梅是常用中药材，一般由未成熟的青梅或成熟的黄梅薰制而成。在湖州诸邑中，安吉向以乌梅著称，明嘉靖间徐献忠《吴兴掌故集》记载："安吉之梅溪以梅得名，而乌梅特为名产，他方所制取自残落，安吉特摘完好者为之，其得名非徒然也。"① 但入清后，安吉梅的种植逐步萎缩，如梅溪上游的铜山乡北庄（今属安吉递铺镇）梅花，元末至清初，当地梅花一直称盛，为县"八景"之一，而到了乾隆初年，始告"荒废"②，至同治县志概括当时全县植梅情况，"今则各乡俱绝少矣"③。而与此同时，长兴的梅种植却方兴未艾，乌梅产品也逐步取代安吉。乾隆《长兴县志》在物产梅条下作有按语："《吴兴掌故集》云安吉之梅溪以梅得名，而乌梅特为名产。讵知长邑篠浦所出乌梅亦不减梅溪，六月间贾船鳞接。或谓彼地之名特著者摘完好为之，篠浦则取自残落，说非。"④ 篠浦，今写作小浦，所说情况是涵盖合溪及附近山区情况的。民国间这一带的青梅种植长盛不衰，据今县志记载，1932 年在"浙江省举办的农产品展览会上，合溪制乌梅干，获乙等奖"，因而得名"合梅"⑤，可见合溪一带产梅仍具很大影响⑥。

---

① 徐献忠《吴兴掌故集》卷一三。
② 刘蓟植纂修《（乾隆）安吉州志》卷六。
③ 刘兰敏《（同治）安吉县志》卷八。
④ 谭肇基《（乾隆）长兴县志》卷一〇。
⑤ 谢文柏《长兴县志》第 197 页。
⑥ 此章原为笔者《浙江长兴梅栽培历史考》之部分，载《浙江社会科学》2010 年第 10 期。承王立嘉主编引揽发表，谨志谢忱！

三三、慈溪云湖

云湖,在浙江慈溪县治(今浙江宁波市江北区慈城镇)西北二十里①,本为湖水,唐刺史任侗修筑,宋时废为农田②。道光间尹人尹元炜《溪上遗闻集录》记载:"云湖梅花之盛甲于四明,东为东隩,西为西隩,北为金沙隩,延袤十余里,望之若白云出山麓,而带束其腰也。"③据光绪县志,东隩属九都外四图,县西北约十五里④。西隩,光绪县志所载有十八者一图中有西隩,西南五十五里⑤,在今余姚陆埠镇境内,显然去东隩太远。尹氏所说西隩有可能是指西川隩,在县西三十五里⑥,或者即光绪县志石门山条下所说"蓝溪西隩"⑦。金沙隩,一名金家隩,即今慈城镇金沙村金沙岙。尹氏的这段记载实出于尹人郑辰(字点衣)《句章摭逸》,此书大概成于乾隆后期至嘉庆间⑧。郑辰另有《句章土物志》称:"云湖梅花如香雪海,诚胜景也。"⑨同时徐兆昺《四明谈助》也记载:"自资西至浮上桥十余里,山无杂木,但植梅树,花时香雪如海,实为大观。"⑩所说资西,寺名,据光绪县志,在县西北二十里⑪。浮上桥,村名,在云湖南,今属慈城镇五湖村。两地均属时人所说云湖的范围,当时梅花都是一派连绵盛况(图94)。

这里的梅景可能起源于明朝。明末冯元仲《东隩梅花》诗称"寒横截隩与溪平,泼雪堆岚纵复横"⑫,隐约显示出盛况,而其大规模兴盛则应是康熙年间的事。

---

① 冯可镛《(光绪)慈溪县志》卷八。
② 罗濬《(宝庆)四明志》卷一六。
③ 尹元炜《溪上遗闻集录》别录卷一。
④ 冯可镛《(光绪)慈溪县志》卷三。
⑤ 冯可镛《(光绪)慈溪县志》卷三。
⑥ 冯可镛《(光绪)慈溪县志》卷七。
⑦ 冯可镛《(光绪)慈溪县志》卷七。
⑧ 冯可镛《(光绪)慈溪县志》卷三二记载,乾隆四十一年(1776),郑氏以拔贡生充四库全书馆誊录。
⑨ 冯可镛《(光绪)慈溪县志》卷五四。同书卷四八记载,郑辰著有《四明志征》(即《句章摭逸》)、《句章土物志》、《句章诗话》等。
⑩ 徐兆昺《四明谈助》卷四五。
⑪ 冯可镛《(光绪)慈溪县志》卷四二。
⑫ 冯可镛《(光绪)慈溪县志》卷七"东隩"条下引。

此前明天启县志中未提到云湖有梅，在物产志中也只简单地列了一个"梅"的名目。到清雍正县志，也尚未来得及对这新兴的风物盛景作出反应，没有关于云湖梅田的任何记载。但从康熙后期至雍正间，鄞人李暾、郑性等作品中出现了大量题咏、游赏之作，反映的梅花景象极为壮观。大约康熙五十七年（1718）李暾《云湖看梅歌》："我年忆五十，拉伴游云湖。幽香探消息，孔家岭（引者按：在县西六里）外无。梅源（引者按：寺院，在县西北二十里）聊憩足，玉蝶老干腴。自此十里行，身恍入画图。钱王（引者按：庙名）到资西，处处堪跏趺。于今已十载，蜡屐三来扶。今年春信早，僧俗三人徂。花开未十分，芬芳已堪娱。既入出复入，曲径穿故迂。玩之不一足，变态生须臾。远观色茫茫，非雪非烟铺。近视乃分明，疏疏密密殊。仰观杂松竹，层次不越逾。俯视交枝干，深厚仍扶苏。或者傍屋角，或者负山隅。多者不厌繁，少者不厌孤。花瓣何妨落，枝干何妨枯。总之趣味深，领略非皮肤。……生长岩谷中，谁足为其徒。"雍正九年（1731）《辛亥云湖看梅》其二："云湖梅海无分别，总在梅花万树中。"① 郑性与李暾有唱和，郑性的诗更多，描写更为具体，《云湖访梅次东门韵》其三："纵眼一观无别树，回身四顾尽繁枝。"其四："暮投云岫（引者按：寺名）晓资西，展转寻求路任迷。一带沿溪兼绕麓，三叉塞谷更充堤。"《云湖观梅》其三："东罋人家近百家，一家不见见梅花。春光似较西偏胜，不惹红尘车骑哗。"其四："钱王庙外花如旧。"《上元前三日偕晟公访梅马上口占》："纷纷雪浪云湖卷，漠漠檀馨水罐吹（云湖、水罐俱地名）。"《次日晟公返长溪，余入金砂，出东罋而归》所写一路资西、金砂、油车、峻路头（今属慈城镇）等地均有梅。《云湖访梅，同学训李蔗翁、婿范珍席、子大节》其三："信步得梅林，无烦远处寻。地名为灌口，花事好如心。隔岸千株密，沿山一带深。相携穿绕过，老足可能禁（灌口梅最盛）。"《吟后寻梅于峻路头，绕东罋而出》其二："东罋有人家，家家裹着花。琅玕排作衬，霜雪变成葩。"② 这些作品中提到的村庄、寺院、丘壑均在云湖范围内，无不梅花弥布，且林密花盛，宜乎郑辰喻为"香雪海"。

　　云湖梅花盛况至少维持到嘉庆、道光年间，如邑人戎金铭《金沙陬》诗称"别有一天地，溪边住几家。风来香不断，到处是梅花"③。嘉庆早期钱塘蒋炯诗称"云湖有梅深似海，云岫有竹长如舟"，自注称"云湖坞、云岫寺皆在慈溪西乡，多梅竹，不减吾乡太仆、西山"④。光绪县志中与云湖有关的条目下引录的邑人云湖咏梅

---

① 李暾《松梧阁诗集》三集。
② 郑性《南溪偶刊》。
③ 冯可镛《（光绪）慈溪县志》卷七。
④ 章黼《西溪梅竹山庄图题咏》。

图94　慈溪县境图（部分，雍正《慈溪县志》卷首），图中有孔家岭、浮上桥、长溪岭等地名，当时梅花均较繁盛。

诗，如陈承祖是乾隆时人，叶元峏道光六年（1826）前后在世①。光绪慈溪县志记载当时金沙陬"山多古梅，花开十余里，古人称为'香雪海'"②，所说实为云湖梅花，即称古梅，反映的应是当时情况，可见此时云湖梅林余势仍然不减。

与云湖盛况同时，县治西二、三十里间即云湖西北方向，由余姚相岙村为中心，向西北唐李村，向东北长溪水库方向相传有一梅花径。尹元炜《溪上遗闻集录》别录卷一："自相陬、谢家岭至九曲（引者按：山岭名）者必由三石门而达，有径二十里，曰梅花径，夹路梅林幽香苾萏。"这段记载也出于郑辰的《句章撷逸》，光绪县志也引邑中僧俗诗歌为证，"拙岩僧有句云，'眼中看得千枝秀，脚下行来廿里香'。韩淳甫诗云，'山上山下梅花身，溪边石边梅花影……眼前无不是梅花，廿里泉声花梦警'"③，可见梅花也极可观。拙岩，名期怀，顺治间为云湖附近五磊寺住持④，可见这里的梅花较之云湖种梅可能要稍早些⑤。不仅是相岙、唐李一线，进而向西至今余姚三七市镇干岙也多梅林。光绪县志记载："干陬，县西四十五里，山多野梅，花时如雪，仿佛云湖也。"⑥可见整个慈溪西部山区梅花分布，无论种植还是野生，都较繁盛。

上述这些地名见于光绪县志山川、乡里、寺观等门类中，有一些在今宁波市江北区、余姚、慈溪仍能找到，如金沙陬即今江北区慈城镇金沙村，油车、云湖寺在今慈城镇公有村，相陬即今余姚三七市镇相岙村，长溪即今慈溪与江北交界的长溪岭、长溪寺。而在云湖核心地区，新中国成立后的 1958 年冬开始修建水库，1973 年建成蓄水运行，总库容近千万方，称英雄水库⑦。清人所说云湖梅林范围，今多被水库淹没。有趣的是，早在唐宋时这里本就是人工湖区，沧海桑田，反复轮回。从上述清人有关记载与诗咏可知，在今江北区慈城镇金沙村、浮上桥，经英雄水库库区，至余姚三七市镇唐李、相岙、干岙、慈溪五磊山景区蜿蜒二、三十里的山谷沿线坡麓，包括库底谷地，清康乾盛世到处都是梅林，每当花期，雪白的梅花如云雾弥漫山谷，蒸腾缭绕青山之间，极其清幽秀丽。如今水库周边如能择地种梅，或能使这一梅海胜景仿佛一二，重现于世。

---

① 冯可镛《（光绪）慈溪县志》卷八。
② 冯可镛《（光绪）慈溪县志》卷七。
③ 冯可镛《（光绪）慈溪县志》卷四二。
④ 冯可镛《（光绪）慈溪县志》卷四二。
⑤ 道光二十六年，尹元炜《溪上遗闻集录》别录卷二在辑录这段材料后称"今其地故在，其名迹亦无有能确访者矣"，可见当时这些梅景多属传闻。
⑥ 冯可镛《（光绪）慈溪县志》卷七。
⑦ 宁波市地方志编委会编《宁波市志》中册第 1413 页。

三四、台湾淡水

古籍记载的台湾梅花以台湾府城（今台湾台南市）朱文公（熹）祠后所植梅最为著名①，该祠康熙五十一年（1712）由台厦道陈璸所建。而野生梅花资源则以台湾北部的淡水河上游山中最为繁盛。蒋毓英《（康熙）台湾府志》卷四："梅花……诸罗县淡水极多，当冬春之交山谷盛开，沿途十余里香气不歇。"清《嘉庆重修一统志》卷四三七："上淡水溪：在彰化县东北上淡城西。《旧志》：'源出东北界大山中，深十余寻，缘岸皆古梅，舟行数日不穷。'"这里说的上淡城，即有名的淡水城，曾经被荷兰人占领，又称红毛城，今台北县淡水镇。从上述资料可知，至少在清康熙时期，整个淡水河上游连今大汉溪、新店溪两岸梅花漫山遍野，盛极一时。

① 陈璸《手植（朱）文公祠梅花》："赏遍花丛爱老梅，贤祠左右手亲栽。写真旧有广平赋，入妙诗称和靖才。风送清香迷瀚海，月移孤影出澄台。应知雨露深无限，独步初春傲雪开。"刘良璧《重修福建台湾府志》卷二〇。

三五、江宁燕子矶江边梅

　　燕子矶在清江宁府城（今南京）北江边直浚山上，因石峰突兀江上，三面临江，势如燕子展翅欲飞而得名。矶下惊涛拍石，汹涌澎湃，是重要的长江渡口和军事重地，清初康熙、乾隆下江南时，均在此泊舟，有"万里长江第一矶"之誉，"燕矶陵风"（或"燕矶水石"）是"金陵四十景"之一。清朝顺康间，燕子矶和外郭观音门西之江边一线梅花颇盛。上元蔡望，康熙三十九年（1700）进士，有《江边》梅一诗，自序称："灵谷寺梅相传旧矣，绝不知江上梅花如此之盛也。余石农邀余跨驴出神策门，直桑泊而西，道幕府山之东，由阙口一路寻梅，止宿大衍上人茅庵。"① 所说为今南京城幕府山东麓至江边一线，沿路所见多梅。同时先著《听卢慧工弹琵琶歌》也说"江郊十里多梅花"②，此诗约作于康熙二十（1681）、二十一年间，康熙三十六年（1697）《闻江梅为土人斩伐殆尽，诗以惜之》也说"十里江郊隔水云，梅花开日满城闻"③，可见此时燕子矶以西梅花连绵十里，花时游人云集。

　　但好景不长，也就大约康熙三十六年，当地农户因不堪游人践踏，遂加砍伐。陈毅（字直方，号古渔）《金陵闻见录》："旧有十里江梅，在燕子矶之西，因一将军来游，蹂躏麦陇，农夫遂斩伐殆尽。"④ 先著诗中也有这方面的信息，前引《闻江梅为土人斩伐殆尽，诗以惜之》"月中吹笛山全响，雪后维舟路不分。车马一侵游客迹，条枚同尽野人斤"，也是说因游人太多，农人故意清除。但这一带的梅林并未因此绝迹。雍正知县姚日升《明日自瓜步晓渡抵金陵》诗中也写道："前头燕子矶，梅香堪策杖。"⑤ 姚日升于雍正十一年（1733）任上元（治今南京城东半）知县，诗当作于此后。乾隆八年（1743），唐建中《金陵移梅歌》："马家兄弟偏好奇，

---

① 朱绪曾《国朝金陵诗征》卷九。
② 先著《听卢慧工弹琵琶歌》，《之溪先生集》卷一。
③ 先著《闻江上梅为土人斩伐殆尽，诗以惜之》，《之溪先生集》卷四。
④ 朱黼《十里江梅诗为李寿翁赋》诗注引，《画亭诗草》卷一八。
⑤ 阮元《两浙輶轩录》卷二〇。

渡江屡泊燕子矶。十里江梅看不足，老树更访六朝移。"① 是说扬州马曰琯兄弟经常来燕子矶赏梅。乾隆五十一年（1786），画家朱鹤（1728-1821）《十里江梅诗为李寿翁赋》："狮子窟中大佛庵，普提场作梅花龛。吉祥安隐劳梦想，舣舟犹忆寻江潭。春江醉石飞燕子，观音门西跨十里。雪海香围放鹤林，霜眉人识盘根李。载酒看花百岁期，高风莫笑拜梅痴。他年更访矶边树，不作将军牧马儿。"② 是回忆早年江边十里探梅之游，同时设想他年再游，决不会像那位将军兴师动众，可见整个乾隆年间，燕子矶江边梅田仍有可观，但此后再未见有人提及。晚清庞元济《〈万横香雪〉跋》："梅之著名如罗浮、孤山、邓尉、燕子矶、西溪，所在而是，以天下数之，则其境界诚不可多得也。"③ 将燕子矶梅与邓尉、西溪相提并论，这一说法仅此一见，由此可证燕子矶的梅花有一定的影响。

---

① 全祖望等《韩江雅集》卷一。
② 朱鹤《十里江梅诗为李寿翁赋》诗注引，《画亭诗草》卷一八。
③ 庞元济《虚斋名画录》卷一四。

三六、余杭皋亭

　　皋亭山俗称半山①，在今杭州市拱墅区半山镇东北，古称在杭城东北二十里，绵延十数里，主峰高360多米。南宋时山间桃花坞颇为著名，明代皋亭山盛产杨梅，清朝则以桃花著称。康熙间陆次云《湖壖杂记》说杭州城外有三处植物胜景，西溪梅花是香雪，河渚的芦花是秋雪，而皋亭的桃花是红雪，合称"三雪"，流布人口。而清乾嘉年间，皋亭山的梅花也盛极一时。康熙末年以来，西溪梅花开始衰落，而皋亭梅花继而兴盛，一度超过西溪，甚至有游者称超过苏州邓尉"香雪海"，因而值得注意。

　　有关皋亭山的梅花，所见最早的信息当是明初刘基《友梅轩记》所载皋亭山隐士王昶，"以友梅字其轩，环其居皆梅"②。还有更早的源头，乾隆朝的吴锡麒（1746—1818）就记载，"皋亭种梅自显义庵始，居人谓之梅祖"③。南宋《咸淳临安志》称，宋高宗曾为该寺御书古诗及苏东坡墨竹赋④，正是这显赫的背景使当地士绅或梅农乐于附会渲染，推为当地艺梅之始。其实当地成规模的梅花风景是从康熙年间开始的。康熙四十二年（1703），查嗣瑮（1652—1733，查慎行弟）《半山道中看梅花》组诗写道："远离离间白茫茫，一顷花环一个庄。依约罗浮林下路，美人高士合同乡。"查氏在诗注中提到"半山桃李春游最盛"，他自称"白发吟筇三十里，懒随儿女看桃花"⑤。可见这时的梅景已颇为壮观，但尚未引起人们注意。

　　到乾隆年间，这里的梅田分布更广，梅景更盛。大约乾隆六年（1741），周天度《丁山湖游记》："出北关二十里至横泾桥，东望有山簀然，曰独山。""其南皋亭诸山如屏如障。山下村人以梅、李代谷穗，花时弥望如雪。"⑥ 而此时西溪梅花已经

① 翟灏《艮山杂志》卷二："皋亭闸在隽堰东三里地，因设急递铺显著。土人凡言皋亭悉指谓此，皋亭山但云半山耳。"
② 刘基《诚意伯文集》卷八。
③ 吴锡麒《悟空禅院小憩，遂抵伏虎院》自注，《有正味斋集》诗集卷三。
④ 潜说友《咸淳临安志》卷八一。
⑤ 查嗣瑮《查浦诗钞》卷八。
⑥ 周天度《十诵斋集》杂文。

衰落，文人早春探梅多求于皋亭一线。乾隆六年（1741），厉鹗应友人之邀赴皋亭赏梅，"饱闻皋亭幽，梅花若香海。弥年扁舟意，故人肯相待"①，作有《由金家堰入皋亭西麓，至崇先寺》等数诗。乾隆十二年早春，厉鹗、杭世骏、丁敬（字敬身，号龙泓，钱塘人）、周京（字西穆，号穆门，钱塘人）、梁启心（字蔎林，仁和人）、吴城（字敦复，号瓯亭，钱塘人）、汪启淑（字慎仪，号秀峰，歙县人，寓钱塘）一行七人探梅皋亭，舟出东新关，晚由金家堰（在今半山镇西南）至崇先寺（旁有桃花坞），夜宿田家，次日游山上中塔、上塔（伏虎院）、下塔（月明庵）三院、桐坞、撒沙夫人庙（俗称娘娘庙）等，所经诸地梅花都较可观，各有唱和数诗传世，描写较为细致。从诗中反映的信息看，中塔、下塔、桐坞和撒沙夫人庙的梅景最盛。厉鹗《下塔院》诗中写道："门前万梅龙，玉鳞待飞举。或蜿然若盘，或凝然若仁。俛或若将攫，翘或若将语。"② 可见多是老树虬干，姿态奇异。

　　其实就梅花而言，皋亭一带引人注意的其实还不是这些山寺风景，而是山下乡村的大片种植。在厉鹗等人的诗中也有不少反映。梁启心说"遥见皋亭麓，平林白于茧"，"人家依水住，大半花作堰"③，这是从舟中或山下远眺之感觉。厉鹗说"下视花海铺，上荫松障密"④，这是在山上俯视之景。这些诗句不仅让我们感受到皋亭周围梅花分布的广泛，而且也反映出梅花风景的观赏特色。

　　从乾隆中期到整个嘉庆年间，皋亭梅花可谓进入鼎盛时期。文人的题咏游赏较为频繁，反映出的盛况持续不衰。乾隆十九年（1754）沈大成（1696—1777）《瓯亭招同玉笟、江声两先生冒雨至皋亭山看梅，得诗五首》："半日行花中，竟体沾奇芬。""回顾亿万梅，高下茫无分。"⑤ 稍后朱珪（乾隆十三年进士）《游半山观梅花》："半山山后神道路，廿里梅花香泼雾。交林夹径行愈深，万队霓裳拥灵娉。……佣儿生长依冰玉，斛量梅子收梅田。"⑥ 神道路在皋亭山西北麓，相传为宋高宗母韦后之墓道⑦，一说为晋刺史陈顼埋葬处，这里一路梅花更盛⑧。嘉庆中期屠倬《泛舟入金家堰，循皋亭山观梅，憩崇光显孝寺，口占十绝句》："有松有竹有人

---

① 厉鹗《樊榭山房集》续集卷一。
② 厉鹗《樊榭山房集》续集卷六。
③ 梁启心《泛舟出东新关，至皋亭山看梅，同穆门、江声、龙泓、堇蒲、瓯亭作》，徐世昌《晚晴簃诗汇》卷七五。
④ 厉鹗《撒沙夫人庙》，《樊榭山房集》续集卷六。
⑤ 沈大成《学福斋集》诗集卷一〇。
⑥ 王昶《湖海诗传》卷一三。
⑦ 郎瑛《七修类稿》卷四七"宋后道服"。
⑧ 清沈鹏《吴聚华（士龙）邀同杨丈子超（成典）、徐丈寄岩（崧）……甘墩村看桃花八首》其七："神道路边香雪尽，白田阪后露桃开。"自注："神道路在皋亭北，瘗晋刺史陈公顼左臂于此，因名。地多梅。白田阪，在甘墩南。"见其《桐溪诗草》。

家，总被花光一片遮。香雪濛濛浑一白，玲珑画出短篱笆。""乡人种梅如种田，手扶花影抱花眠。树树交枝成女字，层层湿翠积苔钱。"① 王昙（1760—1817）《聘梅除夕示内子》诗及序："皋亭十里梅花瘴"，"湖墅梅花以皋亭为最盛"②。这些诗句都反映了当地乡间种梅，春来花光如海，汪洋一片的盛大景观。与同期衰落已甚的西溪梅花相比，皋亭后来居上，大有夺席之势。

　　皋亭梅花的盛况从康熙中年至嘉庆年间绵延有一个多世纪，有关诗歌多称十里、廿里或三十里。梅花主要分布在今半山镇东北、西北和皋亭山北麓，今绕城公路内侧的部分，或者文人游赏吟咏的主要是整个皋亭山脉的这一部分③。其成因也很明显，是当地乡村的生产性种植，前引朱珪"斛量梅子收梅田"，吴锡麒《约同人皋亭探梅启》"居民以艺梅为生，人家多与云同住"④，说的就是这种情景。乾隆朝以来，西溪梅花逐步衰落，再也未见有如此盛大的成片梅景，而皋亭一带梅景适时兴起，成了湖上文人、杭城市民春日赏梅的热门新去处。不仅是在整个杭城，即在全国，当时苏州"香雪海"梅景见衰，皋亭梅花几乎胜甲天下，王昙即有"十倍香海"的评价⑤，可见在当时湖墅名胜中的地位。

　　但皋亭梅花无论鼎盛时的规模、持续的时间，还是社会影响都远不足以与西溪、邓尉相颉颃。而且即便是梅花鼎盛时期，其声名也未能压过桃花。嘉庆以来，与之毗连的超山一带梅田兴起，成了当地梅花分布的中心，越来越引起人们的注意，清末至民国年间更是成了全国首屈一指的产梅和赏梅胜地。其实从皋亭至独山、超山一线，鼎盛时整个梅产区逶迤相连。一个可以想象的情景是，超山与皋亭相去不远，两地艺梅相继兴起，皋亭处上塘河畔，出东新关沿河东去不远便到，因而梅景被世人知赏也就早于超山。

　　皋亭一带的梅花一直维持到清末至民国年间。《清稗类钞》记载，从事青梅加工的苏州商人，"设作坊于杭州艮山门外之半山镇，以其地为出产之中心点也"，

---

① 屠倬《是程堂二集》卷二。

② 王昙《烟霞万古楼诗选》卷二。

③ 值得注意的是清乾隆《杭州府志》卷首《仁和县境图》、光绪十九年的《仁和县五里方图》、民国四年的《杭县五里方图》都将"皋亭山"或"半山"标在最靠近艮山门的一端，而把中部以东的标为"黄鹤山"等，分别见杭州市档案馆《杭州古旧地图集》第46、62、104页。这表明古人所说的皋亭山实际是指这一带连绵山岭西南端的部分，主要在今半山镇境内。今杭州人仍沿袭这些称呼，2010年7月17日笔者由刘阮师傅陪同来此，由半山镇中的半山公园上山，园内有撒沙夫人庙（俗称娘娘庙）遗址，仰望山势颇为陡峭，上峰不易登临，而山麓坡峦连绵起伏，应正是古代艺梅之地。山北又有神道路，想必当时沿山周围坡麓均为梅田。而今这里市井喧嚣，高楼鳞次栉比，公园两侧山腰多辟为公墓，齐刷刷碑林小松，远观若头上癞疤生毛，有煞风景。

④ 吴锡麒《有正味斋集》骈体文卷一八。

⑤ 王昙《鹤市诗，于虎邱之盈盈一水楼》其八注："曾泊舟皋亭之半山看梅数日，十倍香海。"《烟霞万古楼诗选》卷二。

"极盛时代，常年营业价银五百万元"，到宣统时销量减少，这种情况才中止①。这里说的半山梅田主要应分布在半山即皋亭山北麓，与超山周围梅田相连，而其半山南麓由于人居繁衍，梅田无多。民国年间，尤其是 20 世纪 20 年代至 30 年代初期，这里的腌梅作坊（俗称梅作）一度再兴，《工商半月刊》1930 年发表的调查报告《杭州半山之腌梅业》称："杭州附近出产梅子尤丰，故腌梅之业独盛。腌梅之铺，俗称'梅作'，多散布于山乡产梅之区，而以半山一带为最著。""半山在杭州之东北，距省会约二十里，山不甚高，秀色可餐，周围数十里，多植梅，每届春夏之交，水果商之采办梅子者，络绎于途，而梅作亦相率开始营业也。"据估计青梅产量"半山附近约万担以上"，"半山一带之梅作，大小共有十五家，计在半山刘家桥者，有李源、泰同、裕丰等三家"②。无论青梅产量还是梅作数量都仅次于超山西南的泰山街市，可见当时皋亭西北麓一带青梅种植仍很兴盛。此时整个皋亭山西北麓的乡村梅田已与超山一带完全融为一体，成了超山梅花盛景的有机组成部分。

---

① 徐珂《清稗类钞》第 5 册第 2367 页。
② 无名氏《杭州半山之腌梅业》，《工商半月刊》1930 年（第 2 卷）第 18 期。

三七、余杭大雄山

　　大雄山也名太仆山，今主峰名五郎山，山有大雄寺①，山因寺名，在今杭州市余杭区良渚镇崇福村（图95）。古人多把这里视为西溪的范围，但从水系上说属于苕溪支流的安溪，应该单列一景。这里的梅花至迟雍正间已闻名。雍正三年（1725）至五年间，鄞县人李暾（1662—1736）曾三次到大雄山赏梅，写下不少诗歌。《大雄山看梅》组诗其一："大雄访梅花，鼓棹三十里。曾无一树梅，中心疑不已。撑过太平桥，花作云烟起。……直望深无穷，横视阔无比。气味既尔厚，风韵自然美。径不喧车马，地无牧羊豕。"其二："况皆百年物，虬龙形各变。老根下虽分，上结香一片。"《题大雄山访梅图》："梅大岂易逢，入林都不小。大而多益难，廿里如云绕。"②《赠定海总镇李馥郁三章》其一："看梅数大雄，万树老干妍。所以获畅游，一月花下眠。"③诗人极力描写山之东南遭逢大片平林，如入五里雾中的惊喜之情。乾隆初年慈溪郑性（1665—1743）《入崇福寺》："西浙林梅数大雄，三分花信涩春风。"④全祖望《宝岩看梅同靓渊》："大雄与河渚，梅花夙擅称。邓尉亦其亚，篮舆吾并经。"⑤乾隆十一至十三年间，全氏曾数往杭州游访，所说当是此间经历。嘉庆十一年（1806）钱塘屠倬（1780—1828）《杂题画梅八绝句》其二："曾从太仆山头见，满地梅花种作田。"⑥嘉庆十七年（1812）《舟夜怀人十六首》

---

①　一说太仆山为大雄山旁别峰。民国《杭县志稿》卷四："太仆山，在大雄山、茅山之旁，有白塔漾，其东为太仆山，下有刘伶圩、银子岭、杜甫桥。四面临水，旧有梅花三十里。"另大雄寺，各类地志记载均不详，而大雄山崇福寺比较著名，宋景德间建，为杭县境"第一丛林"，并见民国《杭县志稿》卷四。另浙江省图书馆地方文献室藏叶天法《大陆的曙光——大陆史志》第38—41页记载，大雄寺在良渚镇崇福村，1958年被拆除，上世纪80年代僧俗民众谋划重建，1995年正式动工，至2007年天王殿、大雄殿、三圣殿、观音殿、方丈院、斋堂、僧房、客房等主体建筑均已建成，但佛像塑造、地面铺设、庭院绿化等迄今仍未完成。2013年5月6日笔者至此，寺院正在大举整修装饰，尚未完工。
②　李暾《松梧阁诗集》二集。
③　李暾《松梧阁诗集》二集。
④　郑性《南溪偶刊》。
⑤　全祖望《鲒埼亭诗集》卷四。
⑥　屠倬《是程堂集》卷六。

其一："东城笕桥胡氏，北郭杉墩蒋家。春事两番料理，梅花过了桃花。"诗句下自注说友人蒋炯家在杉墩（今西湖区三墩镇），"近太仆山，梅花可数百亩"①。大约道光十一年（1831）陈文述《仿瓯香馆寒溪雪霁》："太仆山前三十里，西溪今有小罗浮。"诗句自注："太仆山，一名大雄山，在西溪西。绵亘三十里，四面临水，弥望皆梅林，花开莫穷涯涘，颇胜邓尉香雪海，杭人呼为小罗浮也。"②《青鸾阁梅花仙人歌，答李香谷》："移家有约西溪住，溪在梅花最深处。太仆山前树更多，春来一白花成路。"③ 从雍正三年到道光十一年有一百多年，加之雍正三年李暾所见多虬曲"百年物"，可见大雄山梅花历史持续之久，而其规模或称"数百亩"，或"廿里如云绕"④，甚而"梅花三十里"⑤，一度被认为超过邓尉和西溪。

图95　余杭大雄山，山之东坡正在兴建大雄寺，图之右侧即为寺之尼舍。旁有一山潭，山光云影徘徊，极为澄澈幽静。

①　屠倬《是程堂集》卷一二。
②　陈文述《颐道堂集》诗选卷二七。
③　陈文述《颐道堂集》诗选卷二七。
④　李暾《题大雄山访梅图》，《松梧阁诗集》二集。
⑤　陈文述《西溪杂咏》。

　　这里的梅花主要应属大雄山周围村民所种。蒋炯《首春偕何丈春渚及黄太然……泛舟太仆山观梅，坐饮花下，酒酣作歌》："七贤桥外春风来，太仆山下梅花开。槎枒半是百年植，古干渍雨生莓苔。……结束芒鞋试徐步，十里濛濛入香雾。桥回溪断不逢人，但认梅林即知路。连畦接圃若无隙，佳处时逢修竹隔。"① 七贤桥，即今良渚镇七贤桥村，这里是游山者停泊地。另李暾《大雄山看梅》诗中提到太平桥（在今良渚镇良港村②），郑性《入崇福寺》诗中提到顾埠（今良渚镇顾家埠）、千秋庵、刘伶圩（一作刘林圩，今属良渚镇七贤桥村）等地名，大都在今大雄山东南一线，其中"最是七贤桥上好"，可见梅花的分布中心在七贤桥至大雄山一带的平原地带，而非大雄山间。人们赏梅多乘舟而行，乡村连畦接圃，"万树梅花平铺香浪同海水"③。这里僻处杭城西北，去城稍远，因而游踪不多。陈文述称大雄山（或太仆山）"四面临水"，明万历间杭州人胡胤嘉也说"山围水中"④，可见大雄一带外围为溪水弯环汇潴之地，七贤桥一线更是河网地貌。道光后大雄山一带梅花再未见有人称述，可能因地势低洼，遭遇洪水而淹废⑤，或者因属平原河荡，种植桑稻收益更高而转产。

---

① 丁申、丁丙等《国朝杭郡诗三辑》卷二九。
② 余杭县地名委员会《余杭县地名志》第 203 页良渚镇太平桥行政村条下："（太平桥）以境内太平桥得名。"
③ 李暾《和华秋岳见赠韵》，《松梧阁诗集》三集。
④ 胡胤嘉《皋亭仪和泉记》，佚名《名山胜概记》卷一五。
⑤ 据明人田艺蘅《白鹤诸山记》记载，这一带"周回皆山，而小溪四绕。山之中阡陌纵横，村舍稠密，其外垣堞壕堑，故曰城隍山"，而附近平地，洪水之余，易成"泽国"。民国《杭县志稿》卷二四。

三八、余杭超山

　　超山在今杭州余杭区塘栖镇南，古称高三十七丈，周二十里，因超然独立于附近的皋亭、黄鹤诸山之外而得名，有乾元观、海云洞等名胜（图96）。乾元观相传本宋报慈圆满院，该寺在超山诸胜中历史较久，《咸淳临安志》卷八一称南宋绍兴初建，但后来在整个杭州梵林中一直默默无闻，香火曾一度中断。清顺治末年这里曾发生严重的虎患，所谓"山不深而穴虎"①，可见地势幽僻，风景开发较迟。清中叶以来，这里的梅花风景逐渐兴起，其声势不仅盖过杭郊西溪、皋亭、大雄等梅花名胜，晚清以来种植规模不断扩大，民国间臻于极盛，成了全国最大的梅产地暨赏梅胜地，名振遐迩，影响甚大。

（一）清中叶以来超山梅花兴起

　　对于超山梅花的起源，人们注意到南宋咸淳间何安熹《宋咸淳重修福臻寺，并增建钟鼓二楼记》所记该寺"左有玉梅交径，不减林氏孤屿；右有银杏参天，犹抱晋时老干"②。寺在超山北之皇姑山东麓青林村③，五代后晋天福五年（940）建，后改额吉祥禅院④，人们据此多把超山植梅追溯到五代。然天福五年是该寺开山之年，而何氏所记是南宋咸淳年间（1265—1274）情景。清嘉庆、道光以来，文人题

---

① 陆次云《湖壖杂记》记超山僧人驱虎，反为所噬。张之鼎《栖里景物略》卷一："虎，超山最多，成群结队，村民颇遭其害，往往栖上每多印迹。康熙初年来一老者，善能阱之，连捉四虎，稍庆宁谧，近日间或有之。"又录沈士矿《庚子夏日，栖水东偏地遗虎迹，里人怪之，余乃作市虎行》诗。卷六释源润《超山十二景诗·藏虎穴》、沈亚炳《天门远眺诗》、叶之芳《同诸君登超山……》诗中都写超山虎警森严，叶氏诗中有"神仙不可即，屡愁猛虎遇"的诗句。
② 张之鼎《栖里景物略》卷一〇。
③ 青林村在今塘栖朱家角行政村，今名东家桥。余杭县地名委员会《余杭县地名志》第132页："皇姑山东麓旧有一村，曰青林村。村东有东街桥，村北有北街桥。后青林村废，分成北、东2个小村，北曰北家桥，东曰东家桥。"
④ 张之鼎《栖里景物略》卷一〇；王同《唐栖志》卷七。

咏多称超山北麓大明堂有古梅，相传南宋所植，也有称吴越时物①。综合这两方面的信息，将超山梅花之始确定在南宋，是比较可靠的。当然这里说的依然是有文字可考的时间，至于象超山这样的传统梅产区，无论是山间野生，还是土人种植源远流长，实际起点无从确认。

严格地说，超山梅花的兴起发展是清朝以来的事。清朝最早的文献信息是康熙二十三年（1684）张之鼎《栖里景物略》所载清初释源润《超山十二景诗》，其中《梅花坞》"深坞梅初放，枝枝耐晚霜"，是一明确的梅花景观。梅花坞在超山北面的龟山西麓，南与超山相连。又张氏友人朱麟《超峰雪霁》"疏梅临涧晓寒清"，也说山间有梅②。但此时超山本身尚未出现大面积的梅林，乾隆早期的吴世昌《游超山记》记春月游山，所见"环山陇亩交错"，"菜黄麦绿"，又追忆乾隆十四年（1749）秋天沿路所见都是枫林和秋菊③，并未提到有梅树。最早明确记载超山有梅的是何琪《唐栖志略稿》："报福寺在超山之麓，寺门幽邃，游者绕梅以入，后殿有石刻吴道子观音像，寺僧饰以金粉，失古画之色矣。"④ 所说报福寺，康熙、乾隆间则称大明堂寺，嘉庆、道光间张应昌称报慈寺，清末、民国间则报慈寺、大明堂二名并行⑤，在超山之阴（图97）。该寺起始不明，历代杭郡府县志和武林梵志均未见著录，诸家称名前后不一，也间接反映其来源复杂，地位不显。这时寺前有一片梅林，游人要绕过梅林才能入寺。《唐栖志略稿》初成于乾隆三十四年（1769），嘉庆七年（1802）又有所增补，反映的应是此间情况。光绪间王同《唐栖志》卷七"报慈寺"条下载吴世昌《大明堂看梅诗》，写作时间也应在乾隆中期。

嘉庆、道光以来，有关超山梅花的记载和题咏渐多。宋咸熙《耐冷续谭》记载："塘西超山多梅花，中无杂树，尚有南宋古梅数十本，花时游人极盛。上有青莲庵，内供吴道子画大士像，刻于端溪石上，长三尺有奇，广半之，亦奇物也。"嘉庆九年（1804）正月，他曾随父宋大樽（1745—1804）上山，"小憩青莲庵"，宋

---

① 宋咸熙《耐冷续谭》："塘西超山多梅花，中无杂树，有南宋古梅数十本。"张应昌《超山古梅歌》："此树阅历几沧桑，直从炎绍溯吴越。"《彝寿轩诗钞》卷二。秦湘业《梅边送客图序》："超山有梅数十本，尤奇古，相传是吴越时物，乱后犹在。"汪坚青等《（民国）杭县志稿》卷二四。

② 张之鼎《栖里景物略》卷六。

③ 王同《唐栖志》卷二。

④ 何琪《唐栖志略稿》卷上。

⑤ 光绪十一年（1885），俞樾有《舟过唐西，观梅于超山，饭于报福寺，留题香雪楼》，是此时尚称报福寺，《春在堂诗编》乙丙编。康熙时张之鼎《栖里景物略》卷六记超山大明堂观音碑："超山大明堂庵内有唐吴道子观音像石碑，相传此碑横卧涧道傍，值郡使在下乡看荒，马过沟边，惊跪不敢行。启此而视，乃吴道子观音像也。遂命地方竖之，丁松坡闻而供之于超山享堂屋后。享堂坍颓，丁季渊公移在大明堂庵内，为僧供养，至今在照壁后（上有细书题跋，未经抄入）。"是该寺早在明代后期即已出现，至迟康熙初年即有大明堂之名。嘉庆间何琪《唐栖志略稿》卷上载有"大明寺井"，所指应即是超山大明堂。我们下文所引宋咸熙、张应昌二人作品中，分别称青莲庵、报慈寺。

图96　超山图（《唐栖志》卷一）。所绘为超山南面之景，今超山梅花主景在山之北麓。

大樽有诗留示寺僧云："不见青莲只见梅，问渠端的为谁开。如何到老犹多事，偏惹游人得得来。"宋父所说青莲庵或在超山西麓，而宋咸熙所说青莲庵当为大明堂①。这段记载写于道光十一年（1831），由此可见嘉道间超山梅花已颇有规模，其中有数十株南宋古梅，而且游人已盛。宋咸熙《耐冷谭》还记载其父执、海宁陆素生（字太白）"曾至超山赏梅"，寄宿他家，十年后有长诗缅怀其事："十年不到超

---

① 宋咸熙《耐冷续谭》卷二。宋氏称青莲寺"内供吴道子画大士像，刻于端溪石上"，显然指大明堂，王同《唐栖志》卷二"报慈寺"条下即引宋氏此段记载。或者所谓吴道子画在青莲庵也有摹刻。超山确有一青莲庵。王同《唐栖志》卷七"青莲庵，在超山北麓章隈坞，门径幽寂，春时桃花，夏熟杨梅，门内池沼水味清冽，有桂花一株、山茶一株，皆前朝物也。"下录宋大樽《小憩青莲庵示元贞上人诗》即宋咸熙所记父作。《（民国）杭县志稿》卷四："青莲庵在超山西麓章隈坞。"与王同所说为一寺，称在西麓更为准确。今超山西麓有青莲禅寺，该寺所赠《杭州超山青莲禅寺》印帖："始建于明末清初，清朝乾隆年间国子监宋大樽等游览青莲禅寺均留下诗篇。该寺曾在民国己未（1919）年进行修缮过，'文革'时大部分房屋被毁"，1992年恢复对信徒开放，并修建了西方殿、大雄殿、药师殿等。2010年7月17日下午笔者由刘阮师傅陪同到此探访，由山麓蜿蜒上行约二百米，寺横贴山之西坡，山门面西南，天王殿、大雄殿、西方殿均称雄伟。车道直抵寺腰即天王殿后，此处设客房、斋堂等，另有泉水一泓，即《唐栖志》所说"门内池沼"。盛暑临池一掬，洗面、濯足，一袭凉意沁人肌骨。寺僧指点，药师殿东有一小路为登超峰捷径，自度体力不济，远眺山巅，深为遗憾。

山中，超山古梅横我胸。孤如道人丑如翁，藤纠石压苔衣蒙。春山花开皓如雪，晓风残雨香濛濛。"① 这也应该是乾隆末年至嘉庆初年的事，诗中已透露出梅花之盛、梅树之古的信息。道光十六年（1836）正月十六日，归安（今浙江湖州）张应昌（1790—1874）与友人陆子乘来游，作有《超山古梅歌》："超山山下万重雪，雪径幽寻到山窟。四山盘纡抱一寺，寺前老梅尤奇绝。沟塍棱棱花童童，土气千年厚蟠结。其中古树数十株，兀傲空山忘岁月。旋天踞地恣查牙，根如车轮干如铁。老苔裂作虬鳞飞，迸露肤肌赤于血。穿林越涧观不足，各各意态雄且杰。随花携酒坐花间，人意花情共蓬勃。一株古松拳龙钟，一株怪石立突兀。一株老龙蟠空霄，一株巨灵劈双阙。其余纵横尽奇妙，万玉飞腾暗香发。此树阅历几沧桑，直从炎绍溯吴越。山河南渡久销沉，冷月黄昏芳不歇。千岁松鹤千岁仙，自古得天在岩穴。我来花下醉歌狂，遐举欲与尘块别。归舟一梦醒罗浮，已觉此身有仙骨。"② 同时又有《暗香》词，称"报慈寺侧有古梅数十株，七八百年物"③。提供的信息与宋咸熙所说正相印证，其中对寺前古梅的描写可谓尽态极奇，较为具体，而所说山下梅田万重，表明此时种植规模已颇为可观，较乾嘉时有了进一步的发展。

图97 大明堂，又称报福寺、报慈寺，在超山北麓，原寺久废，现为供游客游览小憩之院落，内设茶社等。

---

① 宋咸熙《耐冷谭》卷五。
② 张应昌《彝寿轩诗钞》卷二。
③ 张应昌《暗香·丙申正月十七日，超山观梅，报慈寺侧有古梅数十株，七八百年物也，坐酌花下，暮归宿湖墅》，《烟波渔唱》卷一。

　　稍后仁和韩应潮《超山二十四咏》中有《梅花坞》①，所写为超山东北龟山梅景。钱塘孙人凤《二月八日，朱芸甫招余父子暨武康卓雪斋、德清徐六庄超山报慈寺观梅，留赠四章》写道："非烟非雾花万树。""半枯古树傍云隈，岁岁春风长绿苔。知是老僧勤护惜，山中无恙阅人来。"② 进一步印证了超山梅花的繁盛与古老。

（二）清末民初声名大振

　　超山梅花之引起世人广泛关注是清末以来的事。对此民国《杭县志稿》有一概括性介绍："山多梅花，为栖里名胜。民国初年建筑一新，海内耆宿发为诗古文辞，于是超山宋梅哄传遐迩，并知沿山二十里皆梅花，在邓尉香雪之上。杭塘公路乃就超山设站，更筑环山马路，直达山门，春日花时尤门庭若市焉。"③ 这其中包含三批文人的吟赏宣扬。

　　第一是林纾的游记。光绪二十五年（1899）春，林纾与仁和知县陈希贤同访塘栖隐士夏同声，相约至超山寻梅，有《超山梅花记》："由溪上易小舟，循浅濑至超山之北，沿岸已见梅花里许。遵陆至香海楼，观宋梅，梅身半枯，侧立水次，古干诘屈，苔蟠其身，齿齿作鳞甲，年久苔色幻为铜青。旁列十余树，容伯（引者按：夏同声字容伯）言皆明产也。景物凄黯，无可纪，余索然将返，容伯导余过唐玉潜祠下，花乃大盛，纵横交纠，玉雪一色。步武高下，沿梅得径，远馥林麓，近偃陂陁，丛芬积缟，弥满山谷，几四里始出梅窝。……明复以小舟绕出山南，花益多于山北。野水古木，渺湁滞翳，小径歧出，为八九道，抵梅而尽。……生平所见梅花，咸不如此之多且盛也。容伯言冬雪霁后花益奇丽，过于西溪。"④ 该文不仅记叙了报慈寺香海楼前十几株古梅，而且记叙了唐玉潜祠（祀宋末元初义士、绍兴人唐珏）下即马鞍山、龟山一线，尤其是超山南坡乡人所种大片梅林。前人诗歌多着眼于大明堂前所谓宋梅、明梅者，于山下梅海多只泛言其盛，林纾文详细描写所见盛况，推为平生之最。事后林氏将这篇记文在友朋间传阅，超山梅花遂声名大噪。

　　第二是当地僧俗两界人士大力治理，积极宣传，对超山梅花的迅速走红也发挥了不小的作用。民国九年（1920）以来，悟觉、正法两僧相继住持此山，惨淡经

---

① 丁申、丁丙《国朝杭郡诗三辑》卷五〇。
② 丁申、丁丙《国朝杭郡诗三辑》卷六六。
③ 汪坚青等《（民国）杭县志稿》卷四。
④ 林纾《林琴南文集·畏庐文集》第63页。

营，整修殿舍①。民国十年香海楼修葺一新，
塘栖张绶章等人设法索得林纾的记文真迹刻石
壁间，张绶章与钱庚、吴煂等十位文人发起
"征题超山梅花"活动，此后的几年中反复征
集诗歌。今可见其编印的《征题超山梅花小
启》、《征题超山梅花诗集》两本小册子（图
98），除征题启事、林纾游记外，内收周庆云、
胡寄凡、陶镛、严昌埥等人游记，还有大量本
乡、杭城和外地名流如朱孝臧、潘飞声，当地
戴振声、朱克昌、大休、姚济人、吴树德等人
陆续应征之作，"超山宋梅遂益著名"②。

第三是周庆云等人捐资修建宋梅亭（图
101）。据姚景瀛记载，由于他在沪上与陈三立
（号散原）、汪诒书（号颂年）、王体仁（字绶
珊）、周庆云（号梦坡）、吴昌硕等名流反复
推荐超山梅花③，民国十二年（1923）正月，
周庆云与陈散原、王绶珊、姚景瀛、汪惕予等联袂往游④。也是沿着林纾当年的水

图98 《征题超山梅花小启》（封面），今藏浙江省图书馆。

---

① 钱庚、张绶章等《征题超山梅花小启》。按此时报慈寺住持是悟觉，《征题超山梅花小启》第1页："庚申春月，悟觉和尚卓锡是山，葺而新之，稍复旧观。"第14页："今悟觉上人来主此山，经营惨淡，修饰一新。"所称住持均为悟觉。继任为正法，周庆云《超山报慈寺劫后凭吊》诗注："师名正法，年四十二，云南人，廿二出家于鸡足山。曾在上海留云寺十余稔，后至四明之天童寺、杭州之灵隐寺，皆有执事。后至此山，寺僧悟觉知其贤，让与主持，十年之中殿宇修葺一新，寺产亦多收回，且能爱护宋梅，游人皆乐就焉。"见《梦坡诗存》卷一四。两人交钵当在民国十四年。《征题超山梅花诗集》所载诸文中隐有这方面的信息。胡寄凡《超山观梅记》记载，民国十三年早春胡寄凡、汪惕予、大休、周庆云、姚景瀛、吴迈等来游，接待者仍为悟觉。知县陶镛《超山纪游》称，民国十四年二月十四日与属下来游，见"老僧悟觉言讷有行"。康有为稍后来游，《题超山梅花》诗跋："乙丑二月廿二日吾来游，则寺僧已重修（香海楼）……赋长歌付寺僧悟觉、正法，刻宋梅下，以记因缘。"始将两僧并提。
② 汪坚青等《（民国）杭县志稿》卷四。
③ 姚景瀛《予屡绳超山梅花之盛，陈散原、汪颂年、俞绶丞、周梦坡、王绶珊诸公闻而向往，遂约同入山访宋梅，且议建宋梅亭以张之，山僧出纸索画并题一绝》，《珍帚斋诗画稿》。
④ 此行陈三立（号散原）也应同行。前引姚景瀛《予屡绳（引者按：称赞）超山梅花之盛，陈散原、汪颂年、俞绶丞、周梦坡、王绶珊诸公而向往……》是指明陈三立同往。周庆云《陆亦梅自塘西来书，招往超山赏梅，为沪上兵事所阻，用东坡游寒溪西山韵寄意》："忆昔曾同数逸老，棹向超山访宋梅。"自注："与陈散原、汪闲止、俞绶臣、姚虞琴诸人。"（周庆云《梦坡诗存》卷一四）也指明有陈三立，而周氏在《宋梅亭记》中未提陈氏，或者陈氏未参与捐资建亭，故省却不提。散原文集中也未见此行有诗，但稍后约民国十四年（1924）《题陈叔通百梅书屋图》诗中记述："超山有梅十万株，大庾邓尉显晦殊。春浓结客恣探取，村村花烛天模糊。寒香醉骨荡魂气，蜂蝶不到晴鸠呼。编户贱花涎摘实，渍以盐酱输江湖。独号宋梅历千祀，盘踞殿脚神祇扶。好事筑亭收怪丑，暂与摩抚终难摹。陈侯裹足未预赏，自蓄百本夸吾徒。"（《散原精舍诗文集》第642页）可见他此行到过超山，对当地梅农生产情形颇了解，也提到周氏建亭之事。

路进山，称"山南山北二十里弥望皆梅，恍置身众香国中"，较林纾所言，盛况有增。事后周庆云与汪惕予、王绶珊合资构筑宋梅亭，并请吴昌硕绘宋梅小影并附时流题咏，一并勒石纪念①，进一步扩大了影响（图99）。民国十四年二月二十二日，康有为来游，夜宿寺中，作有《题超山梅花》诗："超山山下报慈寺，卅里梅花百万树。漫野夹溪似飞雪，疏影横枝曲碍路。身入群玉山中行，梦入众香国土住。白龙百亿战败飞，败鳞残甲散云雾。邓尉称海应大惭，螺冈有洞不足数。"称赞超山梅花之盛过于苏州邓尉、广州萝冈，康有为特别感慨，"历睹兴亡心已苦，阅尽风霜气愈坚"②。康有为还为寺僧撰联"游群玉山边，住众香国土"。

图99   吴昌硕《宋梅图》及题诗石刻（虞铭提供）。

也正是超山梅花的繁盛和宋梅的古老，使一生嗜梅不辍，自称"苦铁道人梅知己"的吴昌硕（1844—1927）选择超山作为长眠之地（图110），1932年安葬于宋梅亭后小山东麓③。吴昌硕墓门前石柱沈卫撰联曰："其人为金石名家，沈酣到三代

---

① 周庆云《超山宋梅亭记》（癸亥十二月），汪坚青等《（民国）杭县志稿》卷二二。
② 张绶章等《征题超山梅花诗集》第12—13页。
③ 吴长邺《酷爱梅花的吴昌硕》、丁寿正《吴昌硕先生葬礼侧记》，杭州市政协文史委编《杭州文史丛编》130、133页。

鼎彝，两京碑碣；此地傍玉潜故宅，环抱有几重山色，十里梅花。"这些沪、杭、闽名流雅士的造访和矜赏，形成了很大的影响，从此超山梅花名播遐迩，花期游人云集，成了杭城郊游、春日赏梅的热门景点。

（三）大明堂"宋梅"、"唐梅"

超山梅花最初引入瞩目的是报慈寺前的古梅。前引道光间宋咸熙、张应昌所说有宋梅数十株。从诗中形容如古松、怪石、蟠龙、双阙形态看，称为数百年物，是完全符合的，以超山这样人迹罕至的山地也是完全可能的。光绪五年（1879），彭玉麟来游，其《超山看梅花》题注称："沿溪十余里，夹岸皆梅花，已幽绝，山内有宋朝古梅数株尤奇。"①光绪十一年，俞樾《舟过唐西，观梅于超山，饭于报福寺，留题香雪楼》注文也说："寺前有古梅数株，云宋物也。"②两人均称"数株"，可见古梅数量已明显减少。光绪十六年（1890），王同《唐栖志》记载"超山看梅韵事也，予尝游焉，晴雪霏空，团香作海，不意人世间有此妙境"，但提到张应昌等人所说报慈寺古梅"距今五十四年，今则古梅为俗僧作薪，无复存矣，惜哉"③，是说寺前古梅已荡然无存。此说未必可靠，或者同光以来，僧人不知爱惜，砍伐日稀，王同得之传闻，载之于志，不胜感慨，而出此言。光绪二十五年（1899）林纾文中所记比较具体，称有宋梅一株，旁立明梅十余树。同时塘栖人许韵堂（濂溪）《笔记》记载古梅"尚有四五株"④，可见数量不断减少。

到民国年间，所谓宋梅真如王同所说，"无复存矣"。后来号称宋梅的一株古树，据余杭人士介绍，是大明堂正法禅师由别处移来，正法"通过塘栖名医吴镜如（引者按：1885—1952），在丁河唐家桥（引者按：在超山北）寻到一枝已有几百年树龄的老梅树，树身高大，枝蓬奇特，当即决定把该树移植到大明堂前右侧，树四周砌起高一公尺多的围墙，严加保护（图100）。经过精心培育，生长情况良好。此即宋梅之由来"⑤。

---

① 彭玉麟《彭刚直公诗稿》卷八。
② 俞樾《春在堂诗编》乙丙编。
③ 王同《唐栖志》卷二〇。
④ 汪坚青等《（民国）杭县志稿》卷四。
⑤ 王廉耿《吴昌硕在塘栖二三事》，余杭县政协文史资料委员会《余杭文史资料》第一辑（吴昌硕先生专辑）第27—28页。今塘栖镇新编《塘栖镇志》也称所谓"宋梅""系他处迁至"，由大明堂主持正法禅师"通过名医吴镜如在丁河唐家桥觅得一本有百年树龄之古梅，移植于大明堂前右侧"，见该书第173页。关于吴镜如事迹，可参阅吴织孙《先父塘栖吴镜如》，余杭政协文史委员会、余杭县卫生局《余杭近代医林人物集萃》第95—96页。

图 100   宋梅（虞铭提供），此为民国老照片。20 世纪 30 年代，冠生园
出售盒装陈皮梅，多附赠这样一帧宋梅照片。

此株宋梅不仅年代古老，而且品种奇特。一般梅花五朵花瓣，而此花六出。最早记载这一现象的是民国十二年周庆云的《宋梅亭记》，此前诸家诗文题咏均未提及。由此也可推知，该梅由唐家桥移来，当在悟觉、正法两僧卓锡经营之初，或即周庆云作记之民国十一、二年冬春间①。1933 年寺院遭歹徒围攻焚烧，古梅遭到重创，但僧人倍加爱护。两年后郁达夫描写所见："大明寺前的所谓宋梅，是一棵曲屈苍老，根脚边只剩了两条树皮围拱，中间空心，上面枝干四叉的梅树。因为怕有人折，树外面全部是用一铁丝网罩住的。"② 1947 年游客所见此梅"树高二丈"，"挺枝特秀"③，生机仍旺，是否经过移换，不得而知。1954 年，徐映璞所见则是"石栏围之，偃蹇侧卧，支以苍石。树老无花，但余枯干。僧人谓去年三月三日，为俗子斫毁"④。此应仍是民国间所见"宋梅"，似乎已经死亡。但 1962 年，陈俊愉调查所见，树干已空心，干径 53.5 厘米，虽然生势较弱，但仍能开花结果，品种为当地大叶猪肝⑤。或是徐氏所见之树起死回生，苟延残喘，1982 年，王其超调查，

图 101　宋梅亭老照片（虞铭提供）。

① 林纾记中记载宋梅一株，但未提及花瓣六出，是此时品种一般，不值一提。迄民国十一年秋间，尚未见有人言及此花六出。
② 郁达夫《超山的梅花》，浙江文艺出版社编《郁达夫散文全编》第 518 页。
③ 任经伯《超山探梅记游》，《兴业邮乘》1947 年第 130 期。
④ 徐映璞《杭州山水寺院名胜志》卷一（《西湖文献集成》第 10 册第 301 页）。
⑤ 陈俊愉主编《中国梅花品种图志》（1989 年版）第 32 页。

图 102　宋梅，此为 2009 年新植古桩（喻华摄）。

图103　唐梅，此为2009年新栽古桩（虞铭提供）。

此梅"干已腐烂穿孔",生势极衰[①],此梅1988年完全枯死[②]。

另寺前又有所谓"唐梅",当时报载:"有唐梅,今植于宋梅之左,防人攀折,护以雕栏。此梅为吴家桥(引者按:在超山东北)乡耆庞玉鍼之物",称唐代古物,世代培护,已有千年。庞年逾古稀,1934年病逝,临终遗命移植超山,"以供世赏",次年春其子遵命植于大明堂前[③]。1937年第3期《浙江青年》发表易德尧所摄唐梅,花枝灿烂茂盛,题注称在"宋梅亭之西"[④]。50年代初徐映璞记载,大明堂"后壁有唐梅……树经千余岁,易地而蕃茂如是"[⑤]。可见后来又移换地方,而长势不减。笔者2005年所见超山香海楼前"宋梅"枝干稍具苍虬之意,但干径较小,想必阅岁不多,当是1988年旧梅枯死后新栽,而"唐梅"更是蕞尔横卧小树,新植不久。2010年再至,"宋梅"已换成一中枯包青的硕大立姿古桩(图102),"唐梅"也换成一虬卧老梅(图103),俨然都有了名副其实的模样,应是2009年前后超山风景区建设的新成就[⑥]。

民国以来当地僧俗对宋梅、唐梅的移植与精心培护,延续了超山古梅的命脉,同时也传承了超山梅花中最为重要的资源。从民国大量的游记诗歌看,超山宋梅是超山风景一大亮点,总是游者最为系心、记忆最为深刻之处。

(四) 晚清超山周围的乡村梅海

超山梅花的引人瞩目尚不止这些传为唐梅、宋梅或明梅的古树,更值得注意的是超山周围乡村大规模经济种植形成的香海雪域一般的壮观景象,张应昌所说"超山山下万重雪"即指这种情景。其实还不只是超山山麓和附近地区,在超山周围方圆几十里乃至上百里的范围里,梅的种植都较普遍。

这种情况由来已久,而且最初可能是从皋亭(半山)一线逐步向超山一带蔓延过来的。康熙后期至乾隆时期,皋亭山一线种梅颇盛,当时文人甚至有"半山山后

① 王其超《中国古梅的调查》,《中国园林》1986年第1期。

② 陈俊愉主编《中国梅花品种图志》(2010年版)第35页。

③ 无名氏《沿线琐闻》,《京沪、沪杭甬铁路日刊》1935年第1203期(2月14日)。今塘栖镇朱家角行政村墙门头、吴家桥等自然村多庞姓。《余杭县地名志》第132页墙门头村:"相传,很久以前,此地住有一户庞姓,家巨富,住宅四周围墙,中开一墙门,后庞姓渐多,发展成村。"

④ 易德尧《超山梅讯》,《浙江青年》1937年第3期。

⑤ 徐映璞《杭州山水寺院名胜志》卷一(《西湖文献集成》第10册第301页)。

⑥ 2005年9月16日上午,笔者与同事曹辛华君,由浙江省委统战部卢师傅驱车陪同,前往觅访。此地为一公园,山间梅树繁布,但株体多小,一般二三十年树龄,所谓唐梅、宋梅株体与姿态均较一般。2010年7月17日下午,笔者由刘阮师傅驾车陪同第二次来此,两株古梅均夭矫称奇。

神道路，廿里梅花香泼雾。……佣儿生长依冰玉，斛量梅子收梅田”的诗句①。神道路相传为宋高宗母韦后之墓道②，在皋亭山西北麓。乾隆六年（1741）周天度《丁山湖旧游记》："出北关二十里至横泾桥，东望有山簀然，曰独山。""其南皋亭诸山如屏如障。山下村人以梅、李代谷种，花时弥望如雪。"③ 乾隆十四年（1749）周天度《北郭联吟》组诗："梅花胜日数西溪，永福山门路总迷。试上独山山顶望，村村香雪压檐齐。"自注："西溪梅事最著，近日横里、独山村人以种梅为业，花开弥覆十余里。"④ 是说皋亭山北至独山、横里一线逐步有梅林分布。周天度这组诗中还写到"塘南出梅"⑤，可见此时塘栖镇向南到超山之间的乡村也多种梅。周天度《丁山湖旧游记》还记叙超山西北之丁山湖沿岸多艺果，"橘柚、枇杷、菱芡之属，岁入不赀"。而界于这之间的泰山、超山一线，田畴寥寥，山林幽深，"沿流多柳"，农人淳朴悠闲，未见果树圃艺之业⑥，自然也没有大片梅林。可见超山附近乡民种梅起步较晚，应该是从乾隆中期以后兴起的。周天度仁和人，年轻时住塘栖⑦，对这一带土风民生极为熟谙，所说较为可信。

　　超山地处半山、临平、塘栖三角地带的中间，地势比较偏僻，当梅田蔓延到超山脚下，则整个这一地区的种梅就极其普遍和繁盛了。而且嘉庆、道光以来，整个分布区域仍在继续扩大。文人笔下多有涉及。同治年间秦缃业《梅边送客图序》："自北新关至塘西镇两岸皆种梅，二三十里不绝，殆视西溪为胜"⑧。其《王家庄道中看梅绝句》诗称"溪水无波作镜平，万梅花里一舟行。请看两岸白如雪，时有暗香篷（引者按：原作蓬）底生"⑨。北新关是武林门外的运河关口，这里是出杭城沿运河通往塘栖的起点。王家庄今属崇贤镇鸭兰行政村，在运河边上，由北新关至此，再沿运河至塘栖，一路都是梅林密布。同治十年（1871）李慈铭有诗《自临平至塘栖，夹岸梅林花开甚盛，作四绝句》⑩。临平镇（今余杭区政府所在地）在超山东南。他们说的是两个不同方向通向超山的道路，沿途都是梅花。从前引张应昌等人

---

① 朱珪《游半山观梅花》，王昶《湖海诗传》卷一三。
② 郎瑛《七修类稿》卷四七。
③ 周天度《十诵斋集》杂文。
④ 周天度《北郭联吟》其十，《十诵斋集》诗三。
⑤ 周天度《北郭联吟》其八："得似塘南梅醉好，红玫瑰糁水晶盐。"注："塘南出梅，土人醉以供客，色香迥绝。"《十诵斋集》诗三。
⑥ 周天度《十诵斋集》杂文。
⑦ 阮元《两浙輶轩录》卷二三。何琪《唐栖志略稿》卷下："周天度号让谷，起家进士，知许州，卒于官。幼随父理斋家唐西，后仍还会城。"揣其语意，是周氏本居府城，而少时偶寓塘栖。张燨《十诵斋诗序》称周天度"家塘西"，见周天度《十诵斋集》卷首。
⑧ 汪坚青等《（民国）杭县志稿》卷二四。
⑨ 汪坚青、姚寿慈、管伟等《（民国）杭县志稿》卷二四。
⑩ 李慈铭《白华绛柎阁诗集》卷壬。

的作品可知，这时超山四周的梅田也已兴盛。只是如秦缃业《梅边送客图序》所说，"超山多梅，志乘不载，亦罕有前人题咏，盖其地既僻且远，游屐不至，虽有好事如余四人者，亦中道而旋"。超山地处塘栖与黄鹤山、皋亭山之间，南来北往的船只一般取道上下塘河，很少到达这两水之间的丘陵地带，因而梅花胜景难为外人所知。

（五）民国间梅林的分布

民国以来，超山周围的种梅进一步扩展。前引清末民初林纾、周庆云记中所说从塘栖镇向南溪行至超山北麓，近山所见尽梅花。1935 年早春，郁达夫从杭城经临平向北乘车陆行，接近超山沿路十多里范围，尤其是超山四周乡村所见多是梅花①。随着近代新闻出版业的发展，对超山一带艺梅盛况，报刊多有专题新闻报道和调查报告，提供了一些具体的信息。国民政府工商部工商访问局《工商半月刊》1929 年完成、1930 年刊发的《塘栖水果之调查》称："杭州青梅，远近驰名，但考其实际，则原料皆大半来自塘栖。梅树多栽植于镇之东南，超山更为著名。"② 更为专题的报告是 1929 年 5 月成汝基的《超山梅调查报告》，称超山"植梅区域，东至陈港木桥，南至超山巅，西至三仙桥，北至登山桥，周围三十余里，家家皆植梅。以面积论，实占当地之三分之一以上"，以当地三十方里计，则有 2080 亩，产量大年45760 担，小年 10400 担③。他的调查仅据"当地农人所言"，并未认真踏勘，所说只是塘栖镇至超山即超山以北的情况，其实超山南面的梅田更为广大。《工商半月刊》1930 年刊发的《杭州半山之腌梅业》，实际讨论的是半山（皋亭）至超山一线的梅产业，文中称"泰山一带，年产生梅四万担左右，半山附近约万担以上"④，泰山在超山西南。1934 年叶风虎《杭县之物产及农村状况》："本县第一区之泰山、屯里、东家桥、吴家桥、南山、超山一带，栽植梅树，遐迩闻名，每年产额约在二十万担。"⑤ 所说泰山、屯里、南山都在超山南面。1936 年曾勉之《杭州塘栖之梅》是一篇专题研究塘栖青梅产业的文章："梅栽培最盛处，不在镇之本区，而在镇之东南及附近。一为超山，以（此）最著称，每届仲春，游客来此观梅者，大有山阴道上之势，尤以汽车路边，梅花最盛。……一为屯里，所有农户，均以种梅为业，

① 郁达夫《超山的梅花》，浙江文艺出版社编《郁达夫散文全编》第 516—520 页。
② 无名氏《塘栖水果之调查》，《工商半月刊》1930 年（第 2 卷）第 10 期。
③ 成汝基《超山梅调查报告》，《自然界》1930 年（第 5 卷）第 6 期。
④ 《工商半月刊》1930 年（第 2 卷）第 18 期。
⑤ 《浙江省建设月刊》1934 年（第 7 卷）第 12 期。

连阡累陌，蔚然称盛，有谓'十里梅林'，非虚语也。一为太（或为泰）山，栽培次之，年产四万担左右，其他（引者按：地）以腌梅业为最盛。……一为半山，山不甚高，秀色可餐，其附近颇多植梅，约产万担以上。"① 所说四地，后两地的数据出于《杭州半山之腌梅业》一文。1946 至 1948 年间的《（民国）杭县志稿》记载："梅子产区以超山为中心，东南接泰山、屯里、白马坑，西南至独山、横里、前村，北达龟山东、西两村、马鞍、王姑、白栗诸山，沿东稼桥、泉漳、而跨交溪，环绕三十余里，梅树约数百万，花时游人最盛。"② 这一记述是对《工商半月刊》之《塘栖水果之调查》一文的摘录与补充，所说应是抗战前的情况，所列分布地点最为具体。这些材料大致揭示了 20 世纪二三十年代超山地区梅林的分布范围和主要林景，此就上述所涉主要景点及同时文人游记涉及地点一并罗述如下。

（1）屯里。一作亭里，村名，在超山东南，今余杭区星桥街道屯里社区。民国《杭县志稿》卷四："屯里梅林：在超山东南三里（引者按：一说五里），偏植梅花，中无杂树。康南海云'卅里梅花百万树'即以此也。"这里是民国年间超山地区规模最大的梅林。1931 年蒋维乔《超山探梅记》："出乾元观南行，五里至亭里村，是村周围十里之内，均是梅花。行于香海之中，至此方得尽寻梅之兴。""不至亭里，不足展梅花之大观。"③ 1933 年朗庵《冒雨寻梅蒞超山》："经邓里，其地梅花最盛。"④ 1937 年刘复中《超山探梅记》："出乾元观，南行五里至亭里村，梅花尤盛。"⑤ 这里说的是 20 世纪二三十年代的情景。

（2）泰山。在今余杭区塘栖镇泰山村。民国《杭县志稿》卷四："泰山：在超山西南，下有泰山村，多梅林。"从前引曾勉之文可知，梅林规模仅次于屯里。民国初刘锦藻《游超山杂诗》其十："泰山村外绕清溪，万树梅花压水低。日暮暗香浮欲动，好风吹送到塘栖。"⑥ 此时山前泰山街市多梅作（腌梅作坊），产销盛极一时。

（3）南山。《（嘉靖）仁和县志》："太旗山在黄鹤山北"，"南山在太旗山北，高约十余丈，东南与佛日山夹境"⑦。地在屯里西、泰山南。1950 年这一带从崇贤乡

---

① 中央大学农学院《园艺》1936 年（第 2 卷）第 11 期。
② 汪坚青等《（民国）杭县志稿》卷一四。
③ 《旅行杂志》1931 年（第 5 卷）第 5 号。此刊本期又载金天翮《超山观宋梅》诗，题注："超山左近五十里，居民皆种梅，屯里尤盛，唯单瓣，无一佳种。"
④ 《友声旅行团月刊》1933 年第 4 期。
⑤ 刘复中《超山探梅记》："出乾元观南行五里至亭里村，梅花尤盛。"《旅行杂志》1937 年（第 11 卷）第 4 号。
⑥ 刘锦藻《坚匏庵集》。
⑦ 沈朝宣《（嘉靖）仁和县志》卷二。

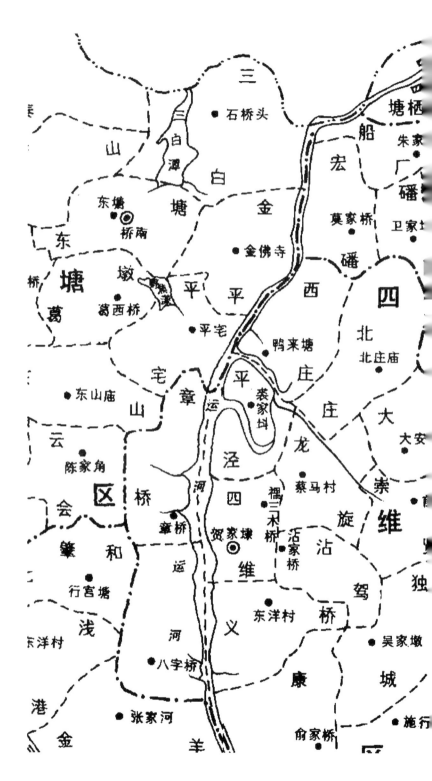

图 104　杭县县境图（部分，民国《杭县志稿》卷首）。该图左上角有红色政权的标志——红星，当为 1949 年后所绘。此截取部分，反映的是 20 世纪 50 年代超山附近的临平、乔司、塘栖、四维、东塘四区乡村、山川位置。

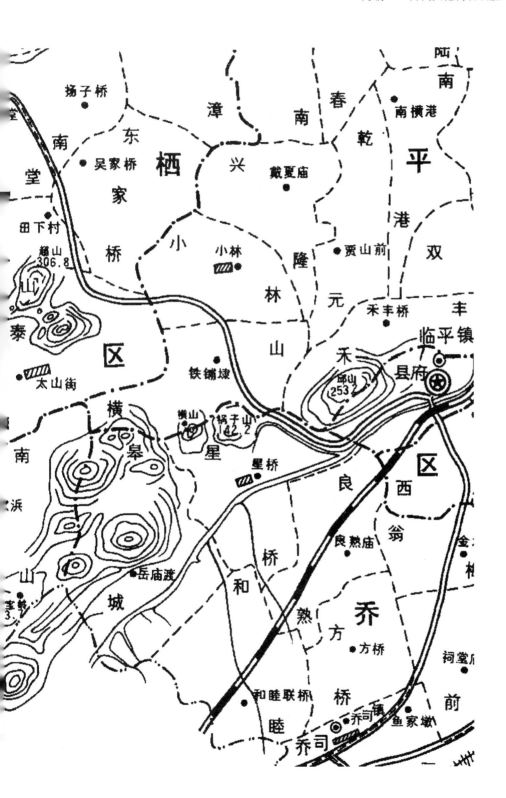

析出设立南山乡，1956 年又并入崇贤乡，有南山桥村，因在南山附近而得名①。今属余杭区崇贤镇沿山行政村。就塘栖而言，超山在镇南，也常称南山②。前引叶凤虎《杭县之物产及农村状况》文中南山与超山并存，所说当为崇贤南山一带梅林。

（4）前村。村名，民国时有街市，今崇贤镇政府所在地有前村社区。

（5）独山。在超山西南，一名金鳌山③，在今余杭区崇贤镇龙旋村北。《（嘉靖）仁和县志》："高出一方，旁无别山，故名。"④ 这里至迟在元代即有种梅之迹，明张辂《万玉轩记》记载，陆谷荣晚年构屋于独山之阳，元末兵毁后"独老梅数十百本在"，子陆秉中"遂筑室其中"，号万玉轩⑤。前引周天度诗注可知，早在乾隆初期"横里、独山村人以种梅为业，花开弥覆十余里"。

（6）横里。村名，一名横溪，位于独山之西，一说独山之北⑥，居民数十家。独山南村名山前，山阴村名山后。前引周天度语，又王同《唐栖志》："独山之北有村曰横里，村人以梅畦为田，花时一望如雪。"可见从乾隆至光绪间，这里梅林长盛不衰，民国一仍其盛。

（7）北庄庙。村名，在独山东北，今崇贤镇北庄村。民国《杭县志稿》卷四："自北庄庙至前村一带，两岸全是梅花，花时荡舟行，如入众香国。"⑦

（8）日晖山。在超山东南。民国《杭县志稿》卷四："日晖山：在（超山）潜云洞东南，山上多梅花。"

（9）白马坑。自然村名，在超山东南麓，南与屯里相望，今属塘栖镇超山行政村。

（10）陈港木桥。成汝基《超山梅调查报告》称其为超山梅田的东端。本名陈家木桥，因音近而误。在超山东麓，白马坑东北。

（11）龟山。山名，在今塘栖超山村。王同《唐栖志》卷二："超山北半里为龟山，高二十丈，周回里许。"有龟山东、西两村。龟山西村又称梅花坞，早在清初即名列"超山十二景"之一，嘉庆以来的"超山二十四景"中也有此目。民国《杭县志稿》卷四："梅花坞：今称龟山西，纡回山坞，两岸梅花，上海冠生园梅林也，

———————————

① 余杭县地名委员会《余杭县地名志》第 158 页。
② 如徐士俊《西里八景·南山翠微》："超然山色翠重重，赛得南峰与北峰。湖水流来溪上合，漫将松柏傲芙蓉。"所说南山即指超山。张之鼎《栖里景物略》卷一。
③ 张之鼎《栖里景物略》卷五。
④ 沈朝宣《（嘉靖）仁和县志》卷二。
⑤ 刘伯缙、陈善《（万历）杭州府志》卷九二。
⑥ 张之鼎《栖里景物略》卷五："去镇二十里，独山之北，傍有藕池菱荡，居人住洲渚之上，榆柳阴森，水势弥漫，莲荷菱芡，红白相间，翠碧相紫。人家隐约于回洲合浦之间，桑麻禾蔬，畎亩相映，舟船出没，烟波渺荡，俨如画境。"是康熙间此地以菱荷著名，尚未大事种梅。
⑦ 汪坚青等《（民国）杭县志稿》卷四。

杭塘汽车站即设于此。"

（12）滴马桥。今写作跌马桥，在超山北麓，龟山东。民国《工商半月刊》刊发的《杭州半山之腌梅业》称这里多梅作（腌梅作坊）。

（13）马鞍山。在龟山北，《唐栖志》称"高四十丈，周回四里"。林壑幽邃，晚清文人有"马鞍山十二景"之目，颇多题咏。民国《杭县志稿》卷四："马鞍山梅林：在超山东北，林畏庐记云'过唐玉潜祠下，花乃大盛'，'丛芳积缟，弥满山谷，几四里始出梅窝'，其盛可想。当杭塘公路孔道制高点，时与将军殿、冬青义士祠、六观庵、大圆庵、春咏山庄等或毁或圮，存者亦非旧观，惟梅林如故。"可见从清末至民国时，四周梅林一直繁盛，即便是经过八年日侵的战火摧残，这里的梅林仍然如此。

（14）黄姑山。也作皇姑山，在马鞍山东南。

（15）白栗山。在马鞍山西北，以马鞍为中心，黄姑、马鞍、白栗三山相连。白栗山南腰旧有泗水庵，本为尼姑庙，明弘治后为僧居，里人丁养浩《次韵泗水庵倡和诗》中即写到"野梅无语自开花"①。清初张淦《泗水庵看梅诗》："曲水横桥路几叉，寒花千树绕僧家。香浮雪海苔岑失，影动风篁铁杆斜。"②晚清咸丰前后韩应潮《续栖溪二十四景》诗，"泗水庵梅讯"即为其一，称此地"有天然泉、十里梅花"③。山南又有六观庵，崇祯时僧恒光建，太平天国时毁，光绪时道士沈澄即址建福清宫，"其地遍植梅花，间有绿萼，花时香雪成海，访梅者均有题咏"④，"说者谓看超山梅不看六观梅，非真知梅者也"⑤。可见是超山梅区历史悠久、梅林较盛且富特色的一个景点。

（16）东家桥。自然村名，也作东稼桥，在马鞍山东北，今属塘栖镇朱家角行政村，旧名青林村。早在宋代，该村福臻寺即有梅花。民国《杭县志稿》卷四："东家桥皆多梅林。"

（17）吴家桥。自然村名，与东家桥毗邻，今属塘栖镇朱家角行政村。

（18）登山桥。成汝基《超山梅调查报告》称为超山梅区的北缘，应作丁山桥，《唐栖志》卷三称"在淇家漾"，泗水庵西。在今塘栖丁山河村一带，因音近而讹⑥。

---

① 张之鼎《栖里景物略》卷五。
② 王同《唐栖志》卷六。
③ 王同《唐栖志》卷二〇。庵之南隅石罅天生一井，俗称天然泉。所谓"十里梅花"当概指超山北麓及龟山、马鞍、白栗、黄姑诸山周围梅林，由塘栖至超山将近十里，故有此说。
④ 张绶章等《征题超山梅花诗集》第54页。
⑤ 陶镛《超山纪游》，张绶章等《征题超山梅花诗集》第21页。
⑥ 成汝基文中所涉地名陈港木桥、登山桥，当据方言读音记录，承杭州余杭文史专家虞铭先生帮助一一查实对应的正确写法。

（19）泉漳。村名，在东家桥东北，今塘栖镇泉漳行政村。

（20）蟠杨。村名，旧作繁杨[1]，在塘栖镇南丁山湖畔。王同《唐栖志》卷二〇："盘杨村距唐栖之南四五里，或作蟠杨，又作蟠羊。"也作盘洋，今作磻阳，属塘栖镇河西埭行政村。《唐栖志》卷一八："梅李则独山、超山、蟠杨、横里为盛。"[2] 所说为光绪年间的情况，虽然民国年间未见类似报道，但想必当地梅田应有所延续。

（21）三仙桥。地点不详，成汝基《超山梅调查报告》定其为超山梅田的西界，当在蟠杨附近，或更西。

（22）黄泥坝。在临平山西南麓，今属临平街道丁山社区。1937 年俞友青《临平超山探梅记》记其先至安隐寺（在临平山南麓）探访唐梅，"出寺后，旋赴黄泥坝，渐渐地深入梅花幽境了，一眼望去，前面远处数十里内尽是如雪如雾的梅花林，疏疏密密的村庄，在梅林中隐现着"[3]。所说当为黄泥坝通往屯里、小林、陈家木桥方向的梅林，可见此时从临平镇至超山沿线梅林颇盛。

（23）半山。半山即皋亭山，俗称半山，山之南麓为半山镇，依山傍河，为当地一大集市。前引曾勉《杭州塘栖之梅》一文将半山与超山、泰山、屯里并举，称四地产梅最盛，半山"约产万担以上"。所说半山情况都出于 1930 年《工商半月刊》的调查报告《杭州半山之腌梅业》[4]，该报告以半山为题，将泰山、超山都纳入介绍，后来曾勉的文章以塘栖为题，又将半山视作塘栖范围。可见此时皋亭一带的种梅与超山梅田已完全连绵一片，超山梅花的鼎盛实际包括了皋亭山一带即今杭州市拱墅区半山镇一线的梅田。当然这个时候，半山镇一线人居日趋繁庶，所谓半山梅田应主要指皋亭山西北麓一线乡村。

上述地名所涉范围，南起黄鹤、皋亭山北麓和半山镇附近一线，北讫下塘河即塘栖段运河，南北长约 30 里；东起临平山南麓，西讫运河，东西长约 20 多里[5]。这中间除超山西北丁山湖等湖荡河网低湿之地不宜种梅外，西起今余杭区崇贤镇全境，东至临平街道黄泥坝，北至塘栖镇泉漳的整个三角地带均应有梅林分布，超山

---

① 张之鼎《栖里景物略》卷四。
② 王同《唐栖志》卷一八。
③ 俞友青《临平超山探梅记》，《浙江青年》1937 年（第 3 卷）第 5 期。
④ 无名氏《杭州半山之腌梅业》，《工商半月刊》1930 年（第 2 卷）第 18 期。
⑤ 运河西岸的东塘也有大量梅田。余杭区档案馆档案第 26—1—152 卷《杭县供销合作社梅子订购方案（一九五五年二月）》预估当年塘栖、四维（今崇贤镇境）、东塘三区的梅产量分别为 34542、35010、14076 担，是全县三大产区。东塘与四维以运河为界，东西毗邻，东塘在运河西侧。梅田栽种，一般 5 年开始结果，20 年进入盛产期。东塘的梅田最迟也应起源于民国年间，有可能也是 20 世纪 20 年代后期至 30 年代初期栽种的，否则以解放后短短五六年的时间，不可能形成如此大的产量。

正居中间（图104）。据前引1931年蒋维乔《超山探梅记》记载，超山报慈寺正法禅师曾对他说："超山百里之内，皆种梅树。"① 从上述见载的分布地点看，此言决非夸张。同时金天翮《超山观宋梅》诗题注也称"超山左近五十里，居民皆种梅"②。民国《杭县志稿》称"环绕三十余里"，应是一个比较保守的说法。今人谈及超山梅景多称民国时有"十里梅海"、"十里香雪海"之说③，都应是受吴昌硕墓柱联"此地傍玉潜故宅，环抱有几重山色，十里梅花"一语的影响而形成的习惯性说法。从前引曾勉之《杭州塘栖之梅》可知，当时人们所说"十里梅林"主要指超山东南屯里一地的盛况，同样白栗山泗水庵也有"十里梅花"之说，这都是就一山或一村周围连绵梅林而言。或者是取道杭塘公路，由临平至超山一带，"比将近山，已见沿途梅花盛放，蔚然成林，约十里许"的感觉④。人们所说的"十里"、"十数里"、"二三十里"是一地或一路所见，或指超山核心地区的景象，而鼎盛时期的整个分布范围远非连绵十里，而应是方圆百里⑤。

（六）超山地区的梅作业

所谓梅作业指青梅加工作坊。一般经济常识告诉我们，如此大规模的种植应该有着完全对应的消费市场。在各种水果中，梅子由于制作方便，适宜贮存和运输，因而较易形成大规模种植的情景，关键是要有相应的消费市场。古代梅子主要有两种制品：一是烟熏乌梅，这是常用中药材，社会需求较大，同时乌梅还用作布帛染色的增色剂（媒染剂）、金银器具的表面清洁剂；二是腌晒梅干，作为原料进一步制作蜜饯、茶色、酸梅汤、青梅酒等食品。古代著名的梅产地中，浙江安吉、长兴，福建闽县、侯官等县以生产乌梅为主，而宋元时期绍兴城南的昌源梅子则主要以糖盐腌制，用于市售。超山梅产区未见有制作乌梅的信息，因而所产梅子主要出售鲜果或腌制梅干。鲜果和腌制蜜饯并非生活必需品，因此依赖杭州、苏州、绍兴这样的大中城市密集的消费人群和市场需求。宋以来杭州周边相继出现了许多产梅胜地，

---

① 蒋维乔《超山探梅记》，《旅行杂志》1931年（第5卷）第5号。
② 《旅行杂志》1931年（第5卷）第5号。
③ 余杭县志编纂委员会《余杭县志》第729页。
④ 邵力更《超山观梅记》，《旅行杂志》1936年（第10卷）第3号。
⑤ 关于"方圆"一词的定义，此从商务印书馆1996年版《现代汉语词典》（修订本）第354页的解释："指周围的长度：方圆几十里见不到一个人影。"追溯古人所说，也多取此义。如郦道元《水经注》卷二九称震泽（即太湖）"方圆五百里"，唐《元和郡县志》卷二四"锡义山，一名天心山，在县东北六十五里，山方圆百里"，"武夷山在建州北二百里、崇安县南三十里，方圆二百二十里"，宋《太平寰宇记》卷一三〇记天长军天长县（今属安徽）"万岁湖在城西二里，方圆三十里"，《水浒传》第十一回"梁山泊方圆八百余里"，这些都指所说对象占地的大致周长。超山梅区东西约20多里、南北约30里，正合方圆百里。

与杭州城市规模不断扩大、消费需求不断增加密切相关。超山属江南丘陵，适宜梅树生长，当地艺梅一定源远流长，但大规模兴起却是乾隆中叶以来，尤其是嘉庆、道光以后的事。此前西溪、大雄、皋亭等地艺梅较盛，而超山一带地僻境幽，人烟稀少，开发迟缓。随着西溪、大雄等地艺梅的衰落，超山周围地僻人稀的丘陵、水网地带成为产业转移的新区，青梅种植逐步兴起，并最终取而代之，成了杭郊最大的梅产地。

如果历史的脚步仅仅停留在古代，超山也许会与西溪、大雄、皋亭等产梅名胜一样，作为杭郊梅林兴衰轮番链节中的一环，其规模大致也只需西溪十八里那样的范围，在经过一段辉煌发展之后被其他新兴产地所取代。但是 18 世纪末至 20 世纪前半叶，中国社会进入了一个剧烈动荡、深刻变化的时代。现代工商业的兴起和都市社会的发展给超山梅产业的发展带来了新的机遇，梅子作为休闲食品，经过现代工商企业的投资经营、产品开发和市场营销，成为极为畅销的商品，促进了超山周围种植规模的急剧扩大和相关产业的迅猛发展。

至迟从光绪年间开始，超山一带就集中了许多外地商户，前来收购梅子，就地加工。王同《唐栖志》记载："梅、李则独山、超山、蟠杨、横里为盛。梅有青、红二种，青者蜜饯，红者入药，苏商收买，每就其地大开园场。姚宝田《栖水土物》咏青梅曰：'绿叶已成阴，枝头孕梅子。浸以昔昔盐，余酸溅人齿。妙技缫成丝，相思亦如此。'"① 《唐栖志》完成于光绪十五年，所说情景当属此时或之前。而姚宝田（1764—1831），嘉庆、道光间人，名湘，字宝田，祖籍余姚，后徙塘栖，世代行医，有义行，祖传奇方治瘴疠霍乱有异效，所制痧药行销苏浙。由此诗可知，超山一线的青梅制作业由来已久，主要生产盐梅干和糖渍梅丝。民国徐珂《清稗类钞》记载："两浙所属引地岁销，向以梅、盐为大宗。盖全国通行之糖梅必先经过盐制而成，专门制造者均至自苏州，设作坊于杭州艮山门外之半山镇，以其地为出产之中心点也。极盛时代，常年营业价银五百万元，宣统时销数减，遂停制矣。"② 有材料表明，晚清同治、光绪年间江浙一带的蜜饯生产迅速兴起，苏、杭等地商号如苏州观前街稻香村尤为兴盛③。苏帮蜜饯和糖果中，糖青梅、青梅干是其中最常见的产品④，晚清超山一带梅林规模的持续发展应该与苏帮蜜饯行业的兴盛密切

---

① 王同《唐栖志》卷一八。
② 徐珂《清稗类钞》第 5 册第 2367 页。
③ 徐珂《清稗类钞》饮食类·密煎："俗称蜜浸果品为蜜煎……后改为蜜饯。顺康间滇西"盛产，"降及同光，江浙大盛，然以苏州稻香村所制者为佳"。见该书第 13 册第 6523 页。
④ 冼冠生《糖果研究（上）》，《食品界》1933 年第 6 期；冼冠生《糖果研究（四）》，《食品界》1934 年第 9 期。

相关。

　　宣统以来，受辛亥革命前后政局动荡的影响，果品蜜饯市场萎靡，销量骤减。产品滞销，价格必降，果贱伤农，整个梅产业面临强烈的危机。"浙江杭州超山之梅，成熟后无人问津，价格暴落，即倩人代采，而以所采之果之全部为酬，人皆摇首勿为。"[①] 这里所说的正是民国初年的低迷情景。可资佐证的是，1931 年蒋维乔《超山探梅记》中提到十多年前即民国十一年所见苏州邓尉梅林极其凋敝，"农人以种梅利薄，改种桑树，致使山容丑陋异常，令人扫兴"[②]。显然这是全国梅产业的一个明显的低谷。

　　随着社会形势的逐步稳定、都市社会的兴起发展，尤其是作为远东第一大都市——上海的迅速崛起、畸形繁荣，上世纪 20 年代至 30 年代早期，梅产业迎来了又一个迅猛发展的黄金时期。"欧化东来，人民咸知食果之益，且都市膨兴，需要骤增，故果实之贩路日广"[③]，此间整个水果种植业都呈现一派良好的发展生机。青梅市场形势尤为看好，其中上海冠生园开发的陈皮梅是一个决定性的因素。传统梅子制品有盐腌、糖渍、雕梅（以梅肉刻镂花色进行腌制）、梅酱等。1915 年，广东人冼冠生在上海大型娱乐场所摆摊销售自制陈皮梅、果汁牛肉干等广式蜜饯，大受欢迎，声名鹊起。1918 年，集资创办冠生园股份公司，以陈皮梅为主打产品。该产品以梅胚、红糖为主料，加以陈皮、甘草、生姜粉末等调料（冠生园另添加砂仁、豆蔻、肉桂、柠檬等）腌制而成，制作简单而风味独特[④]。上世纪二三十年代，"冠生园药制陈皮梅，生津止渴"的广告遍布上海浦江两岸和大小公共场所[⑤]，产品热销上海滩（图 105）。1928 年起大力拓展市场，产品风行全国，远销海外，一时间成了食品行业的一个龙头企业。其他蜜饯茶色企业纷纷起而效之，大大促进了超山一带梅作即腌梅作坊的兴起。"自创制陈皮梅后，每年届成熟期各地商人就地设厂制造，收买者踵相接，鲜梅之价大增，依大年与小年（即丰产之年与不丰产之年）每担价自五元乃至十元，纵横十数里产梅区，每年得增富力一百数十万元，与昔日之仅制糖梅、盐梅供过于求，致不值一文者，相去何可以道里计"[⑥]。类似的记载在民国《杭县志稿》和 30 年代文人考察报告、游记中不难见到，人们一致盛赞陈皮

---

① 吴耕民《果树园艺学》第 16 页。
② 蒋维乔《光复游记》中记载了此事，《旅行杂志》1935 年（第 9 卷）第 12 号。此文作于 1922 年。
③ 吴耕民《果树园艺学》第 5—6 页。
④ 冼冠生《陈皮梅研究》，《食品界》1933 年第 3 期；黄汝霖《陈皮梅的制法》，《小工艺》1939 年第 1 期。
⑤ 丁怡《上海冠生园奠基人冼冠生》，《中国经贸导刊》2001 年第 15 期。
⑥ 吴耕民《果树园艺学》第 17 页。

梅的开发给超山梅区带来的巨大生机①。

超山青梅何以独受其益？冠生园创始人冼冠生《陈皮梅研究》称："梅子可分两种，家梅与红梅，家梅产于苏州广复（引者按：光福）、宁波柴桥，以及其他地点，但核大肉小，滋味亦欠鲜灵。正因为它有形式和美观的特点，对于青盐作场，还有它立足地位。红梅以超山出产者最佳，结核小，肉结实，为冠生园陈皮梅的主要取给处。"我们"多方探问，才发现超山梅子，实为最合理想的原料"，"距离沪杭路临平车站的数十里外，农民植梅几成一种主要副业，我们就在此地，建屋数间，空地数亩，采办原料，并制造梅胚"②。这里提出了超山梅的两个优势，一是运输方便，二是果品适宜。超山当地品种主要分为两类：一是所谓青梅（又称绿梅、家梅、白梅、鲜梅等），花色白洁，果小核大；另一是红梅，花色微红，而果实向阳面青中泛红若猪肝色，果大核小，成熟后果味较香③。晚清苏商驻地主要收购青梅，以制作蜜梅，成熟之红梅即常言之黄梅用以制作乌梅入药④。而冠生园则主要收购超山成熟的红梅，用以制作陈皮梅。超山梅子以地处沪杭铁路沿线，品质优良，成了冠生园陈皮梅最理想的原料供应地⑤。

当时经营梅子蜜饯的企业远不止冠生园，产品也不只是陈皮梅，塘栖汇昌公司的糖水青梅（有翠雕梅、桂白梅等品种⑥）、苏帮商家的话梅、风雨梅等也较畅销。当时"上海及苏州诸客帮，纷纷到地采办，先在当地腌胚，再行销上海、苏州一带，作为糖果"⑦。前引 1930 年《工商半月刊》所载《杭州半山之腌梅业》较为详细地介绍了超山一带梅产地腌梅作坊林立的情景。当时梅作主要分布在半山、泰山和超山北麓跌马桥等地，"大小共有十五家，计在半山刘家桥者，有李源、泰同、裕丰等三家，在泰山及滴马桥者，有祥丰、泰昌、长丰、悦来盛等十二家。就中以

---

① 蒋维乔《超山探梅记》，《旅行杂志》1931 年第 5 号；叶风虎《杭县之物产及农村状况》，《浙江省建设月刊》1934 年第 12 期；蒋锡瓒《超山探梅记》，《旅行杂志》1936 年第 2 号；曾勉之《杭州塘栖之梅》，《园艺》1936 年（第 2 卷）第 11 期。

② 《食品界》1933 年第 3 期。

③ 成汝基《超山梅调查报告》，《自然界》1930 年（第 5 卷）第 6 期；曾勉之《杭州塘栖之梅》，《园艺》1936 年（第 2 卷）第 11 期。

④ 王同《唐栖志》卷一八："梅有青、红二种，青者蜜饯，红者入药，苏商收买，每就其地大开园场。"

⑤ 由于冠生园等企业的影响，到二三十年代，种植品种逐步转以红梅为主。《塘栖水果之调查》："梅之种类虽多，普通可分二种，即红梅、绿梅是也，大概塘栖所植之梅，以红梅为多，绿梅只占一小部分。"载《工商半月刊》1930（第 2 卷）第 10 期。曾勉《杭州塘栖之梅》："大概所植之梅，以花梅（红梅）最占多数，绿梅只占一部分，至于白梅，非农民所好，故只少量而已。厂商收买梅子，常以成熟度为标准。有所谓青梅者，即半熟之梅，取其清脆；有所谓干梅者，乃已熟之梅，因其味香。价值青梅比干梅贵，故农民均纷纷于梅未熟时采下。各梅作大率以干梅为主，青梅为辅，约为七与三之比。前者多销往上海，后者则运往苏州。"《园艺》1936 年第 11 期。青梅运往苏州制蜜梅，红梅运往上海制陈皮梅。

⑥ 娄子匡《超山访梅》，《读者文摘》1947 年第 4 期。

⑦ 叶风虎《杭县之物产及农村状况》，《浙江省建设月刊》1934 年第 12 期。

图 105　冠生园陈皮梅广告（陆凤石主编《食品界》1933 年第 4 期）。

祥丰、泰昌等八家为最大，每家大小缸千余只，工人三五十人，皆在苏、沪有总号，资本在数万元以上，营业亦颇称发达，并在各埠派有营业员，以招揽生意"。"每届春夏之交，水果商之采办梅子者，络绎于途，而梅作亦相率营业也"。未成熟梅子以糖腌制曰青梅，成熟梅子以盐腌制曰干梅。"销路因梅而异，青梅多销苏州，干梅则销上海。市价青梅每担二十三元，干梅每担十元。凡冠生园、泰康公司等所出之陈皮梅、蜜饯梅其原料皆取给于干梅，每年冠生园向杭州采办之干梅，约在三四千担以上。至于青梅，除糖食店寄售外，茶食铺批购亦多，杭州本地及宁、绍、嘉、湖之销路亦广，尤以香汛（引者按：指江浙一带民众集中赶庙会朝山进香的时节）为最"①。这里说的都是上个世纪 20 年代后期至 30 年代早期产销最景气时的情景。

　　如此多的梅子经营企业集中于超山，这是从清嘉庆、道光以来超山地区青梅种植不断发展所带来的结果，同时也有力促进了种植规模的急剧扩张。据民国时期的资料显示，由于市场的旺销，最景气时一担鲜梅的售价按质量高低由四、五元至七、八元不等，种植利润较高②，大大激发了广大农户的积极性。"土人多将桑田改为梅田者"③，"村人多化稻田为梅园，以斯地梅实大而产丰，利在种稻之上"④。正是在这样的情况下，整个超山、屯里、南山、半山、独山一带形成了连绵数十里连林不绝，方圆百里梅田广布的空前盛况。

　　关于这一时期超山一带种梅面积和产量，缺乏可靠的数据，当时便说法不一。

---

① 《工商半月刊》1930 年（第 2 卷）第 18 期。今人鲁东《梅干清香溢超山》即主要抄述此文，见余杭县县志编纂委员会办公室《余杭县志通讯》1986 年第 2 期。关于"香汛"，笔者将超山这段文字在《阅江学刊》2012 年第 1 期节要发表时曾注释为"疑为香港之误"，后承余杭虞铭先生指正，此为确解，"香汛"也称"香市"，在清至民国有关江浙一带民风民俗记载中比较常见，当时未及注意，特此订正，亦以志谢。
② 曾勉之《杭州塘栖之梅》，《园艺》1936 年第 11 期。
③ 蒋维乔《超山探梅记》，《旅行杂志》1931 年第 5 号。
④ 邵祖平《临平超山访唐宋梅记》，《旅行杂志》1934 年第 1 号。

《工商半月刊》1930 年刊发的《塘栖水果之调查》称"塘栖出产之梅约值银二十万元，市价每担自六元至八元"，按此单价计算，则鲜梅产量应在三万担左右。前引《杭州半山之腌梅业》一文称泰山一带产梅四万担左右，半山附近万担以上，青梅每担三元，黄梅每担二元，"全年营业，当在四十万元以上"。1931 年蒋维乔《超山探梅记》也称"每岁出产有四五十万金"。1934 年叶凤虎《杭县之物产及农村状况》称"每年产额约在二十万担"[①]，这一数字应该比较贴近实际。1936 年曾勉之《杭州塘栖之梅》大多杂抄上述数据，因而产量与价格比例失调，不足为据[②]。上述材料显示，30 年代早期，整个超山地区的梅产量仍在不断增长。鼎盛时年产鲜梅达20 万担，若以每亩产梅 10—15 担计算[③]，则每年正常投产面积至少应有 13000—20000 亩，而实际亩产量不会如此之高，因而种植面积要远大于此，估计应在 2 万亩以上。当代余杭史志工作者称，"三十年代初期，超山一带共有梅林一万二千余亩，年产梅子四万担左右"[④]，这一估算显然是保守的。至于说鼎盛时整个分布区方圆数十里，甚至上百里，如此庞大的种植规模，在我国历史上真可谓是首屈一指。

（七）超山梅花的旅游业

超山梅田作为一个经济种植区，除了青梅的生产、加工和销售形成规模产业外，梅花的风景资源也得到了很好的利用和开发，成了当时全国规模最大的赏梅胜地和春游寻胜的热门景点，产生了显著的经济和社会效益。

大致说来，超山梅花的旅游状况经历了三个发展阶段。首先是嘉、道至光绪中，随着超山一带种梅规模的扩大，花期逐步吸引了不少游人。前引宋咸熙《耐冷续谭》所说"塘西超山多梅花，中无杂树，尚有南宋古梅数十本，花时游人极盛"，可以说代表了这一时期的基本状况。此时游者以塘栖本地和杭州及周围人士为主。清末明初，经林纾、吴昌硕、周庆云、康有为等人游览题咏，超山梅花名声大噪，于是游人纷集，远道慕名来访者渐多，这可以说是第二个阶段。当时塘栖文人提供的游程指南如下："陆行由临平下火车至地，约二十里坐舟直达，费二小时。水行

---

① 《浙江省建设月刊》1934 年第 12 期。

② 曾氏称"总计塘栖植梅，约占地数千亩，每年出产之梅约值银二十万元"，所说种植面积出于成汝基《超山梅调查报告》，显然与文章前述超山、屯里等地梅田连绵十里的情景不合。金额则本《塘栖水果之调查》，故不对应。

③ 1955 年《杭县供销合作社梅子订购方案》（余杭区档案馆档案第 26—1—116 卷）中以"每亩梅地产拾伍担左右"的产量向农户预付定金，这是当地梅田亩产的一个基准数，在品种和种植技术没有明显变化的情况下，应是大致稳定的。

④ 鲁东《梅干清香溢超山》，余杭县县志编纂委员会办公室《余杭县志通讯》1986 年第 2 期。

由拱墅到塘栖镇，换小舟约一小时，计程五里，大舟遇水涨时亦能到埠。"超山中腰的妙喜寺（中圣殿）有一定的接待规模，僧人招待颇周，如三五人可寄宿大明堂香海楼①。

　　自1927年杭塘公路（杭州经临平至塘栖）全线开通后，超山的旅游状况进入了一个新阶段（图106）。杭塘公路在超山北麓龟山设有汽车站点，山下又建绕山公路，大大方便了游人。从杭州城乘汽车一个多小时便到，沪上游客乘火车至临平，再转汽车，一天即可来回，也极方便。我们在民国报刊上看到不少交通企业和旅行社揽客组团的广告②，浙江省公路部门就曾开通"观梅专车"③。上海的铁路部门最为积极，每届花期，都大势宣传，提供组团旅游服务④。铁路部门还专门编印了超山探梅导游手册广泛发行，吸引游客⑤。上海友声旅行团的探梅团队最为庞大。邵力更《超山观梅记》记其1930年早春在报慈寺，适遇"友声旅行团男女游客多至百余人，就食于寺，熙熙攘攘，座无余隙。僧人正法忙于招待，大有山阴道上，应接不暇之势"⑥，1933年的友声超山探梅团队120人⑦，1937年国势飘摇之际，也有52人⑧，足见当时超山探梅旅游之旺盛。当时沪上旅行团体的一日游行程为乘早班车赴临平，转乘汽车赴超山，在大明寺午餐。午后经中圣殿至山顶，从南坡下山至海云洞，再南行至屯里梅林，然后返大明堂登车，顺道至临平安隐寺观唐梅，乘晚车回沪。而杭州本地游客，时间较为从容，可兼游附近青莲寺、马鞍山等景点。抗战时期，百业萧条，有关信息较少。1947年任经伯《超山探梅记游》记超山"卡车骈列，游客踵至，盖团体游览众也"⑨，可见战后的状况恢复较快。这些由企业和社团组织的旅游活动已完全属于现代观光旅游的方式，带着大规模和产业化的特征，是古代文人雅士探梅之行不可比拟的。超山报慈寺（大明堂）也因此大获其益，每年花期香火鼎盛，游人接待收入丰厚。正是这八方来客、滚滚财源，令不法分子心生觊觎。民国二十二年（1933）春，报慈寺惨遭歹徒劫掠，香海楼、客房、大殿均

---

① 钱庚、张绶章等《征题超山梅花小启》第27页。
② 如杭州《试组超山探梅团记》，《旅行杂志》1930年（第4卷）第4号；上海《上北站俱乐部举办超山探梅旅行》，《京沪、沪杭甬铁路日刊》1936年第1523—1547期。
③ 《京沪、沪杭甬铁路日刊》1935年第1193期《沿线琐闻》。
④ 《京沪、沪杭甬铁路车务周报》1935年2月18日、第29期《函发杭州、临平、无锡各站至观梅地点之交通食宿等费用表……》。
⑤ 邵俊康《超山探梅记》，《京沪、沪杭甬铁路日刊》1936年第1498—1522期。
⑥ 《旅行杂志》1930年（第4卷）第3号。此文又作《超山探梅记》，署名若怀，载《广济医刊》1930年（第7卷）第3期。
⑦ 朗庵《冒雨寻梅莅超山》，《友声旅行团月刊》1933年（第4号）第31—34页。
⑧ 蒋蓉生《超山观梅记》，《友声》1937年第2期。
⑨ 《兴业邮乘》1947年第130期。

图106   超山探梅，民国老照片（虞铭提供）。

遭焚毁，住持正法禅师组织抵抗，与楼同归于尽①。事情本身颇有蹊跷，但超山梅花给寺院带来的财富却不难想见。

就旅游资源而言，超山地处杭州远郊，沪杭铁路在附近设有站点，交通较为方便，这是其作为旅游景点的优势所在。超山为独立于皋亭、临平诸山之外，虽然山上有岩洞、峭石、寺庙等景观，但四周除泰山、龟山、马鞍山等低矮山丘外，多为平原、河网地貌，山势较为孤浅，景观资源比较单一，这是其不足之处。超山周围梅花景观虽然面积庞大，但多属水网密布的平原田畴，缺少西溪、邓尉那样连绵起伏、曲折幽邃的山川依托，游人登上超山山巅，凭高俯视，一览无余，是现代都市

---

① 无名氏《超山莠民火焚报慈寺（杭州通讯）》，《海潮音》1933年（第14卷）第5期。报道如下："半月之前，乡民于午夜曾将宋梅之树皮，用刀刮去无数。后经公安局出赏格找寻凶手，迄今未获。而三月二十三日夜间，报慈寺之前，有莠民百余，手执刀枪铁棒，向报慈寺山门攻入。住持正法和尚闻惊，即登香海楼凭窗以石灰包射掷，被莠民包围。初则加以殴辱，继则掷诸殿前，即放火焚烧，将报慈寺大殿及客房、香海楼等尽付一炬。……经人飞报公安局，但闻警赶至，莠民已四散，报慈寺已化为瓦砾场矣。"洗冠生《超山复兴计划》一文说："该寺主持，在游客的布施，和轿夫的扣佣下，积集好多个钱，那知竟因此引起了歹人的觊觎。当时有无赖多人，连络客帮退伍丘八，向主持敲诈借钱。目的未达，继以动武，后来放一把火，把香梅（引者按：当为海）楼烧个干净，不幸主持也葬身火窟，与楼俱亡。"《食品界》1934年第12期。

居民"一日游"最理想的景点。来游者大多经塘栖乘舟，由临平乘车抵达，游览超山大明堂、山顶和山南海云洞后，不再涉足他处。山下梅田，一般只选取超山东南之屯里稍作逗留。而山之西、南，独山一带和整个皋亭山北麓等稍远之地，虽然梅田仍多，但河网纵横，"舟行苦水浅，陆行苦崎岖"①，路途不明，交通不便，罕见有人前往探游，外人知之甚少。这也许是超山周围方圆百里尽梅，而人们谈其胜概，一般只称沿途所见"十里梅花"，多者也只说二三十里梅田的原因。

就旅游资源开发而言，超山梅花的盛名远扬主要得力于三方面的力量。

一是当地乡绅文人的积极宣扬。余杭塘栖为杭郊湖墅古镇、运河名埠，入清后商贸繁兴，人文蔚然，名人纷出。清末、民初超山、马鞍山、丁山湖一线文人结庐隐居、聚游唱和之风颇盛，而超山梅花也就受到越来越多的关注。林纾、吴昌硕、周庆云等人先后来游，都得力于塘栖乡贤夏同声、姚景瀛等人的介绍与引导。张绶章等人发起征题超山活动，邀集名流来访，并为刻石纪念，编辑诗文专辑以广流传，大大促进了超山梅景的知名度。

二是报慈寺（大明堂）僧人的大力经营。报慈寺悟觉禅师，宁波人，先在超山妙喜寺（中圣殿）主持，在上海颇有影响，曾赴上海宣传超山梅花②。正法禅师，祖籍云南，二十多岁出家，曾在上海留云寺、四明天童寺、杭州灵隐寺执事③，一说其出身行伍，历任营长等职，善于社交，着力整顿寺产，移植和护育宋梅，为超山梅景增色不少。他与塘栖乡绅过从甚密，由此结交吴昌硕、王一亭、周庆云等沪上名家，盛情邀迎接待，多获书画题赠，不仅扩大了超山的影响，而且也为寺院积攒了不少书画藏品④。

三是梅子食品企业的潜心参与。这其中以冠生园最为典型。1934年冠生园为扩大商业宣传，在超山北麓的龟山购地数十亩，辟为梅林，树立牌坊，以为招揽⑤。当时塘杭公路的汽车站就设在附近，游山者无不在此经停驻足。冠生园在出售盒装陈皮梅时（图105），附赠超山宋梅照片⑥。这无论是对冠生园的梅子产品，还是超山风景旅游的推销，是一个双赢的举措。1933年报慈寺遭劫后，冼冠生、王一亭等

---

① 张绶章等《征题超山梅花诗集》第55页。
② 孙静夫、姚水荣《超山梅与俞曲园、康有为》，余杭县政协文史资料委员会《余杭文史资料》（第一辑）第36页。
③ 周庆云《超山报慈寺劫后凭吊》注，《梦坡诗存》卷一四。
④ 王廉耿《吴昌硕在塘栖二、三事》，《余杭文史资料》（第一辑）第27页。
⑤ 王长源《超山梅林参观记》，《食品界》1934年第11期；汪坚青等《（民国）杭县志稿》卷一四。并参贺贤稷《冠生园八十年》，《上海工业》2002年第3期。
⑥ 如《食品界》1933年第4期第3页广告、《食品界》1934年第9期第28页广告。

海上商界名流还捐资重建香海楼，开展复兴计划①。1935年香海楼建成，"美轮美奂，益壮厥观"②，寺僧惨淡经营，仍是杭郊春游的热门去处。

正是上述三方面的合力推毂，使超山梅花在上世纪二三十年代成了当时全国人气最旺的探梅旅游景点。超山的旅游客源以沪、杭两地为主。整个二三十年代超山的崛起，青梅产业得力于沪上工商界的投资，而山水风景则得力于吴昌硕、王一亭等海上书画名流的热情揄扬。加以交通方便，每届花期沪杭两地游客源源不断，形成了极为旺盛的旅游景象。

（八）抗战以来萎靡不振

抗战以来，由于战事频仍，社会混乱，民生维艰，梅子销路不畅，影响了种植生产的发展。"日军将沿超山一带公路两旁的梅树尽皆砍伐，使梅子生产遭到了严重破坏"③。其实，国势危乱、社会动荡对梅产业的影响早在战前即已显现。1933年，冼冠生《陈皮梅研究》一文感慨，东三省沦陷后，"失去一良好倾销市场，年来又政局不定，税收繁重，一切工业都觉难以立足"，直接影响陈皮梅的销售，"而今市面不景气，需要数量亦减少，梅子供过于求，此其农村破产的一角耳"。1936年曾勉《杭州塘栖之梅》一文中也写道，"近年以来社会不景气，益以东省被夺，腌梅业未免大受影响"。由于东三省被侵，热河、察哈尔等地沦陷，社会形势趋于紧张，用于制造梅干、糖梅的糖、盐等原料价格上涨，而陈皮梅等蜜饯产品的销路萎靡。在这样的情况下，经营商只能打压鲜梅收购价，从原来的每担六七元降至两三元，甚至三千文（约合一到两银元）④。农民无利可图，生产积极性骤减。到了沪、苏、杭等地完全沦陷后，冠生园等企业内迁，交通受堵，梅子生产情况更加恶化。1951年有材料显示，当地梅田已有十多年未施肥了⑤，这显然说的是抗日战争以来十多年的情况，整个生产情形可想而知。

抗战胜利后情况似应有所好转，当代《余杭县农业志》就将前引民国《杭县志稿》所述盛况视为1946年的情景⑥，应该说《志稿》所述包括整个三四十年代的情况，如说马鞍山梅林虽经战乱，古迹多圮，而"梅林如故"，就显系战后实况。虽然战前梅林多数仍在，但由于内战在即，时局不稳，梅子销路很不景气，农户也就

① 冼冠生《超山复兴计划》，《食品界》1934年第12期。
② 汪坚青等《（民国）杭县志稿》卷四。
③ 余杭县农业局农业志编写组编《余杭县农业志》第249页。
④ 曾勉之《杭州塘栖之梅》，《园艺》1936年（第2卷）第11期。
⑤ 杭县供销合作总社《一九五一年五月份工作综合报告》，余杭区档案馆档案第026—1—69卷。
⑥ 余杭县农业局农业志编写组编《余杭县农业志》第249页。

疏于管理，生产一片惨淡。余杭区档案馆所藏的 1947—1948 年杭县各乡镇经济调查表中，塘栖、泉塘（解放初分泉漳、塘南两乡）、丁河、超山、宏磻、四维、义桥、崇贤等乡镇的数据表明，整个区内水果种植规模较小，产量较低，其中甘蔗、枇杷、桃、栗、荸荠稍多些，仅在四维、义桥（均属今崇贤镇）两乡提到少量梅子产出①。同时浙江省通志馆杭县 14 种特产调查表中，列有甘蔗、枇杷、柿子、荸荠等，却没有梅子②，上海梅林食品罐头公司塘栖分厂产品中也主要是枇杷与杨梅，未提及青梅③。可见这一时期梅子的生产与销售都萎靡不振，至少其经济地位无足轻重。同时的文人游记也反映了类似的情况，娄子匡《超山访梅》一文记 1947 年 3 月组团往访，同样乘车取道临平往超山，战前郁达夫等人的游记多称沿路梅花连绵不绝，而此时只字未提。在超山大明堂赏梅后，向北取道塘栖，也未说沿路有梅④，可见此时超山南北乡间梅田已明显衰落。

（九）新中国超山地区梅景的兴衰

解放后，整个社会发生了根本的变化，政治稳定、经济复苏、物畅其流的大好形势为当地水果种植业的恢复、发展提供了良好的社会环境。从杭县供销合作总社 1950、1951 年工作报表提供的信息可知，解放后短短不到两年的时间里，梅子市场行情好转，私商与公营供销社竞相购销，推动当地梅产业迅速兴起。1951 年全县鲜梅产量估计 4 万担以上，每担价值相当于 2.5—3 斗粮，经济效益远过于种粮。农民生产积极性被迅速调动起来，原来"十年来不施肥的梅树，今年已在大量施肥了"⑤。据《余杭县农业志》记载，"以超峰（引者按：指超山）为中心，环绕四周的塘南、小林、星桥、崇贤、超山等 5 个乡、21 个村，约方圆 40 里内遍植梅树。1953 年全县有梅园 5300 余亩，年产梅果达 6.71 万多担。这是 1949 年以来余杭县有据可查的梅果产量最多的一年。1956 年崇贤乡南山村高志根户，一株 27 年生的梅树，产梅果 8 篰（约 560 市斤）"⑥。所说 27 年生梅树，推溯其年代，正是抗战前最景气时种植的梅树，现在进入了盛产期。所说面积和产量并未注明原始依据，但就笔者所见此间杭县供销合作总社的档案材料，1955、1956 两年的生产情况大致如

---

① 余杭区档案馆档案第 91—3—455、456、457 卷。
② 余杭区档案馆档案第 91—3—457 卷。调查员《调查附记》中罗列杭县土特产称翁梅乡甘蔗，塘栖、丁河枇杷，另有茶、笋、麻等，却未及梅子。
③ 《杭县塘栖梅林食品罐头公司上海分厂调查表》，余杭区档案馆档案第 91—3—457 卷。
④ 《读者文摘》1947 年第 4 期。
⑤ 杭县供销合作总社《一九五一年五月份工作综合报告》，余杭区档案馆档案第 026—1—69 卷。
⑥ 余杭县农业局农业志编写组编《余杭县农业志》第 249 页。

此，只是产梅的地区除上述所举乡村外，临平镇附近和运河西边的东塘一带青梅产量也较大①。从此间档案信息可见，这一时期的梅子是全县的大宗产品，产量仅次于枇杷，排第二位，远过于柿子、甘蔗、桃子等其他水果。"从1952年至1959年的八年中，供销社平均每年收购2.54万担"，这个数字仅占当地生产总量的57%②。

1958年后杭县、余杭两县行政隶属关系发生变化，有关档案资料较为缺乏。比较可靠的是十年后即1965年《余杭县一九六五年水果生产总结和今后规划》，这时的余杭县已兼有原杭县、余杭两县地域。该文件称1957年是解放以来水果收成最好的一年，而在三年自然灾害前后的几年中，水果生产大受影响，缺株严重，树势衰弱，新老不接，产量低迷。1965年水果取得大丰收，产量较上年翻了一番，其中枇杷28500担，梅子6690担，比上年增长了90%③。这是整个上世纪60年代最可靠的产量报道，与50年代相比已大幅减少④。该文件对全县水果生产提出"合理布局"，"成片集中"的要求，主张未来主要由超山、小林、崇贤三个公社"以梅为主"发展水果。这一思路至少也透露了这样一个信息，梅产地的面积已有所减少，分布区域开始缩小，此时已高度集中在超山附近的一些社队（乡村）。

图107　今超山北园梅景（虞铭提供）。

---

① 前引《杭县供销合作社梅子订购方案（一九五五年二月）》预估全县梅产量，以东塘与塘栖、四维（今崇贤镇境）并举。在同时的分区水果产值表中，塘栖、临乔（临平与乔司一线）、四维、东塘、三墩等区的梅产量较大，合计公营19666多担，私营26376担。显然这仍是一个很不完全的统计。见余杭区档案馆档案第26—1—116卷。1956年《杭县供销合作社对发展多种经济作物初步意见》称当年梅子面积是6329亩，产量是25673担，计划再发展3000—5000亩，产量提高到30000担。见余杭区档案馆档案第26—1—152卷。

② 塘栖镇志编纂办公室《塘栖镇志》第76、77、107页。

③ 余杭区档案馆档案第19—1—84卷。

④ 这时的余杭县包括了解放初的杭县、余杭两县绝大部分地域。原余杭县农业局《余杭县农副产品比较表》（余杭区档案馆档案第19-1-14卷）报道，1956—1957两年全县鲜梅产量分别为380、418担，梅干产量每年只两担，这一产量无法与原杭县相比，可以忽略不计。因此我们这里就新余杭县与原杭县梅产量直接对照。

此后十年"文革"，全国动乱，百业遭殃，梅产业自莫能外。有关档案中未能发现全县梅产业的有效统计数据。但超山公社一地的情况可见一斑。超山公社1966年有果树面积1972亩，总产3913担，其中梅子710亩，产梅700担①。1976年果树1747亩，梅子805亩②。这十年中基本没有什么变化。此后的十年中，超山公社（乡）的梅田面积逐年减少，到最后有统计数据的1987年减少到547亩③，而1988年以后则数据空缺，想必梅林已消失殆尽④。这时的全乡水果面积仍在逐年增长，增长的部分主要是杨梅、柑橘、葡萄等品种，而传统优势产品枇杷未见起色，梅子更是最终走到了绝路。

从整体上看，超山地区乃至整个杭县（和后来的余杭县）的水果生产在经过50年代初期短暂的繁荣之后，从50年代中期以来到80年代中期的30多年中一直逐步衰落，青梅的情况更为明显⑤。其间原因是多方面的，首先是随着社会人口的增加，粮食紧张状况日益加剧，农业生产"以粮为纲"的方针不断强化，经济作物的生产越来越遭到挤压。在土特产等经济作物内部，作为工业原料的麻、棉、丝、茶、油（油料作物）等越来越受到重视和发展，而非生活必需品的水果生产逐步减少。在水果种植

---

① 超山公社《果树面积水果生产总产量年报表》（1966），余杭区档案馆档案第137—1—39卷。

② 超山公社《牲畜年终存栏头数及水果生产情况年报》（1976年度），余杭区档案馆档案第137—1—39卷。

③ 超山乡政府《水果面积和水果产量年报表》（1987年度），余杭区档案馆档案第137—1—115卷。

④ 超山乡政府《水果面积和水果产量年报表》（1988年度），余杭区档案馆档案第137—1—127卷。

⑤ 请参阅《余杭县农业志》所载《余杭县1949年以来各时期年平均水果生产情况》、《余杭县建国以来各时期主要果品年平均生产情况》统计表，见该书第241—242页。

图 108　今超山东园临水梅轩（朱联忠摄）。

业内部，由于新社会新的生活风气和消费习惯，梅子的传统市场优势又在逐步丧失。

改革开放以来，社会形势深刻变化，种植业结构全面调整，经济作物越来越受重视，种植规模逐步扩大，但在这新一轮的大发展中，梅子生产却未从中受益。这其中有着青梅种植向一些偏远山区转移这一全国产业格局变化带来的影响，就超山地区而言则又遇到了一些特殊的情况。进入新时期以来，超山梅区遭遇到了一些毁灭性的打击，"其一是 1979 年超山梅区发生了毁灭性的虫害——梅球坚介壳虫。其二是梅树早期落叶。梅树正常落叶期一般在 10 月底至 11 月中旬，70 年代后半期起，超山梅树逐渐提前到 5 月份就开始落叶，本当是万木郁郁葱葱的 7 月，这里的梅叶却已基本落尽，造成树势衰败"，原因是"工业排放废气中的氟化氢和二氧化硫危害所致"。"所有这些给超山梅林以致命的摧残，梅果产量直线下降"①。这种工业化发展所带的问题，是超山这样一个地处杭州大城之郊的梅产区较难摆脱的困境。

也许作为传统水果产区的超山梅海盛景已经走到了它的历史尽头，但这样一个余烈未远的风景名胜，至今仍是一段不难触摸的往事。从上世纪 80 年代中期以来，当地政府就有意恢复超山梅花风景，1992 年超山被确定为浙江省风景名胜区，1994 年编制《超山风景名胜区总体规划》，着力保护与开发，梅花风景被作为主要的建设内容②。本世纪以来，引入社会投资，加快建设步伐。"2001 年浙江东阳

---

① 余杭县农业局农业志编写组编《余杭县农业志》第 249 页。

② 这份政府文件未见，此据杭州园林设计院有限公司《超山风景名胜区核心保护区控制性规划》（2006 年）。2011 年 6 月 14 日，笔者与研究生任群君赴余杭图书馆地方文献部查阅资料，该部卫芳女士热情接待，提供他们编辑的"超山文献资料汇编"目录与光盘，此处即据其光盘所载文献影像资料。在余杭期间，幸遇余杭百年汇昌食品有限公司总经理虞铭先生，有关余杭史地、文物，多承其指教，谨此一并志谢。

图 109　今超山东园梅林（喻华摄）。

横店集团投资 3000 万元，对超山景点进行开发，兴建中国第一印山，使超山的旅游资源得到了升华。"① 2008 年 10 月，余杭区政府启动超山风景区综合整治与保护利用工程，扩大梅树种植，修复自然生态②。2009 年又接着实施旅游综合体二期工程，分东园（图 108、图 109）、北园（图 107）、南园三大区块建设③。有材料表明整个

---

① 杭州市余杭区地方志编纂委员会办公室《杭州市余杭区镇乡街道简志》第 111 页。

② 杭州市余杭区地方志编纂委员会编《余杭年鉴（2009）》第 197 页。该套年鉴所署年号实为编辑时间，实际反映的是上一年度的统计数据。

③ 杭州市余杭区地方志编纂委员会编《余杭年鉴（2010）》第 207 页。该年底东、北二园的建设基本完成。2010 年 7 月 17 日下午，笔者由刘阮师傅陪同第二次来此，发现北园（大明堂一带）较五年前有很大变化。宋梅亭、香海楼附近经过重新布局整修，除新换了"宋梅"、"唐梅"外，入口处恢复了牌坊，通往大明堂的坡地新植了不少老梅，并添设了一些石刻名人梅花诗画。新开辟的东园地处超山北麓，为东西向坡麓地形，西边与大明堂一带连成一片，内设香雪海草坪、香雪坊、探梅亭、梅子洲等景点，多以植梅为主。据说地处超山东南面的南园也正在紧锣密鼓的建设之中，2007 年的规划中拟建"梅林深处"景区，此名出于姚景瀛，是超山传统的梅林密布区。晚清、民国时这里西至龙洞、泰山，南至白马坑、屯里，东北接吴家桥、泉漳一线俱为连绵梅田。登临俯观梅海，远眺青山，风景极其壮丽。这里属山之阳坡，也较适宜梅林生长，是整个超山重建大片梅海风景最理想的地点，若于此山下三面均布局大片梅林，与大明堂一线梅林南北呼应，凭高俯视，必呈花国香海之气势，对于整个风景名胜区的保护至关重要，希望风景区规划、建设者倍加珍惜。据浙江长兴东方梅园有限公司总经理吴晓红先生 2010 年 3 月 12 日向笔者介绍，整个超山梅园扩建工程是由他们设计与实施的，蒙其出示《杭州超山旅游综合体三大块区（东园、南园、北园）设计方案（2009，6，30）》彩印本。规划显示，南园似建为高档度假休闲会所，与梅景无补，殊为可惜。

东园植梅 4000 余株[①]，整个园区"总计新植各类梅树万余棵"[②]。从 2006 年以来，每年二月至三月余杭区政府举办超山梅花节，2009 年由市政府接办，升格为"中国杭州超山梅花节"，成了杭州地区早春时节重要的旅游节庆活动。经过近几年的集中开发建设，在传统超山梅区的核心地区，超山梅花以山水风景区的崭新姿态展现在世人面前。

（一〇）超山梅花的风景特色和历史地位

1. 风景特色

超山梅花首先以其浩大的规模称胜。前引晚清张应昌《超山古梅歌》诗称"超山山下万重雪"、孙人凤《超山报慈寺观梅》诗"非烟非雾花万树"，都以万树形容其盛。1923 年周庆云记文称"山南山北二十里弥望皆梅，恍置身众香国中"，《征题超山梅花小启》说"山之前后左右梅花几近三十里"[③]，到 1931 年报慈寺正法禅师说"超山百里之内皆种梅树"[④]，可见其不断扩大的趋势。置身这样广袤连绵的梅田中，真如入五里云雾、雪海香国之中。

超山赏梅的另一特点来自超山。正如郁达夫游记所说："超山的好处，是在山头一堆石，山下万梅花。"[⑤] 超山兀然独峙于杭城东北的江海平原上，山头奇石横陈，登高东瞻大海浩森，南观钱江一线、皋亭临平诸山逶迤如屏，视野极其旷荡。俯视田畴如井，阡陌纵横，河道如肠，蜿蜒流淌。春来梅花如云雾弥布山下，登山"俯视远梅，扑地一白，若西溪之芦花"[⑥]，茫茫花海香涛平铺荡漾于山下原野，一派清丽秀逸的山水胜境，给人飘然出尘的美妙感受。

此外，超山以奇石、岩洞著称，又多梵宇道宫（如乾元观、真武殿等），旧有十二、二十四景之目，自然和人文景观丰富[⑦]。山阴大明堂前旧有古梅数十株，后人续植号称"宋梅"、"唐梅"，据周庆云《超山宋梅亭记》记载，所谓宋梅"瓣或六出，非他卉所有"，又建有梅亭点缀风雅，一时传为佳话。后人概括超山梅花

---

① 曹云、葛树法《超山纪胜》第 148 页。

② 曹云、葛树法《超山纪胜》第 143 页。杭州市余杭区地方志编纂委员会编《余杭年鉴（2010）》则称至 2009 年，整个景区新植朱砂、骨红、美人、宫粉等品种约 2.5 万株，整个景区有梅 300 余种，梅树 5 万余棵，见该书第 205 页。

③ 钱庚、张绶章等编《征题超山梅花小启》第 27 页。

④ 蒋维乔《超山探梅记》，《旅行杂志》1931 年（第 5 卷）第 5 号。

⑤ 郁达夫《超山的梅花》，浙江文艺出版社编《郁达夫散文全编》第 519 页。

⑥ 严昌堉《超山冒雨探梅记》，张绶章等《征题超山梅花诗集》第 60 页。

⑦ 请参阅王同《唐栖志》，另余杭虞铭先生近著《超山志》（未定稿）所辑古近文献中有关超山名迹、史实颇为丰富，可以参阅。

"广、古、奇"三大特点，其中古、奇即因宋梅而获此美誉。正是这传闻中的"宋梅"，赋予超山梅花以古雅神奇的色彩，增添了超山赏梅的魅力。

2. 历史地位

超山梅花的历史地位首先在其庞大的规模。超山梅景是乡村农业种植所形成的盛大景观，鼎盛时的超山梅区，以超山为中心，西南由拱宸桥起，东南由临平镇起，皋亭、黄鹤山以北，塘栖镇以南，在这样一个方圆百里的广大范围里到处都有大片的梅田，有些连绵十里不绝，蔚为壮观。古代农业种植所形成的梅花风景名胜一般多称连绵十里、梅花万树，比较大的如明末清初浙江长兴川口二十里梅林、清中叶以来浙江长兴合溪"袤延三十里"、清康乾之时浙江诸暨干溪有连绵梅林二十里上下、明中叶至清康乾间西溪梅花沿山十八里，康熙中叶以来广州萝冈洞号称三十里，苏州邓尉（光福）梅花面积最大，几乎覆盖整个光福镇方圆五十里，而超山梅花覆盖今塘栖、临平、崇贤镇之间的三角地带，有方圆百里的规模。如此庞大的种植规模和花海风光，不仅在民国年间，整个中国历史上，都是首屈一指的。

超山梅花是一个跨时代的风景名胜，体现着农业风景由古代向现代转型的丰富历史内涵。超山梅花兴起于清中叶，晚清以来急剧发展，于民国中叶臻于极盛，而盛况绵延至新中国。它孕育于古代社会，晚清以来的不断兴起包含了近代糖果蜜饯业发展的动力，而民国以来的蓬勃发展，则得益于现代都市社会，尤其是上海这样

图 110　吴昌硕墓。

的现代大都会崛起所提供的社会需求、工商企业的资本运营和现代旅游业发展的巨大机遇，体现着现代农、工、商、旅游、交通各业相互作用、交融发展的生活场景和时代气息，包含着现代种植业、工商业和旅游观光业有机开发、共同发展的宝贵信息。这种由古代向现代逶迤转变所透现的丰富历史信息，是超山梅花在古往今来众多梅花名胜中最为独特的历史意义。

　　从清末林纾等人游赏以来，超山梅花成了全国最重要的赏梅胜地。人们通常认为，杭州超山、苏州邓尉与无锡梅园是民国年间的三大赏梅胜地，但此时邓尉梅花已衰落不堪，无锡梅园是纯粹的观赏园林，规模有限，而超山梅花是乡村种植形成的风景，不仅规模浩大，气势生动壮阔，而且交织着青山秀林和田园风光自然淳朴的气息，具有丰富而鲜明的旅游观赏价值。不仅其客观条件如此，由于晚清至民国间彭玉麟、俞樾、林纾、康有为、吴昌硕、蒋介石等众多文化名流和社会显要的游览与欣赏①，使超山梅花获得了广泛的社会影响，并产生了不少的文艺佳作，积累了丰富的文化遗产，因而也就成了我国梅文化史和风景名胜史上一道极为重要的自然和人文景观②。

---

① 冼冠生《复兴超山计划》一文提到光临超山赏梅的名人除康有为、吴昌硕外，还有当时上海商界名流和著名书画家王一亭，《申报》总经理史量才，段祺瑞政府财长、大中银行总经理李思浩，最后强调了蒋介石委员长夫妇今年"亲临此地"，载《食品界》1934年第12期。

② 本章主要部分曾以《论杭州超山梅花风景的繁荣状况、经济背景和历史地位》为题发表于《阅江学刊》2012年第1期。本章照片主要来源于两个方面，一是虞铭先生提供，另一是余杭区旅游局蒋伟琦局长指派手下孟女士提供。对他们的热情帮助，谨此志谢！

三九、袁枚随园"小香雪海"

　　随园故址在今南京市鼓楼区广州路中段随家仓一带，著名文人袁枚寓园，乾隆十二年（1747）始购置经营，后经三次修补拓展，亭台园池风景渐富，成了金陵城西一大名胜。就袁枚《小仓山房诗集》、《文集》所提供的信息，大约乾隆十九年（1754）或此前一两年始着力栽梅，是年有《买梅》、《种梅》诗①，同时《菩提场古梅歌，限"大"字，与兰坡学士作》也说"笑我随园二十弓，年年种梅如种菜"②。乾隆二十四年《随园二十四咏》中有《群玉山头》一题，是咏梅景："梅花杂玉兰，排列西南峰。素女三千人，乱笑含春风。"③ 其弟袁树和诗写道："冬雪梅花艳，春风辛夷娇。一亭俯群玉，白鹤时相招。"④ 可见所植以梅花、玉兰、辛夷等白素之花为主，因而称"群玉"。乾隆三十一年（1766）袁枚《随园四记》称"梅百枝，桂十余丛，月来影明，风来香闻，若是者与春秋宜"⑤，所说梅百株，应该就是指"群玉山头"所植。从袁枚孙袁起同治四年（1865）所作《随园图》可知，"群玉山头"一景在随园北山之阳坡，大致在全园居中的位置⑥，袁祖志《随园琐记》称在"南台之左"⑦，属随园早期

图111　袁枚八十寿像（王英志《袁枚的图像》，《中国社会科学报》2011 年 1 月 25 日）。

① 袁枚《袁枚全集》第 1 册第 178 页。
② 袁枚《袁枚全集》第 1 册第 180 页。
③ 袁枚《袁枚全集》第 1 册第 299 页。
④ 袁树和《随园二十四咏和家兄存斋·群玉山头》，《红豆村人诗稿》卷四。
⑤ 袁枚《袁枚全集》第 2 册第 207 页。
⑥ 袁起《随园图》。
⑦ 袁祖志《随园琐记》卷上。

集中植梅的地方，地点约当今古南都饭店后侧半山。袁起《随园图说》记载，这里后来是"玉兰、海榴环列于右，万石鳞缀，杂植牡丹、兰蕙、朱樱、红蕉拱抱于左，廊腰构亭曰群玉山头"，可见所植已不再以梅为主。乾隆三十一年之后的十多年间，随园梅花种植有了较大改观。乾隆四十五年袁枚《感瓶中梅》诗称："其时花千树，欣欣开春风。"[1] 稍后五十一年《题张熙河孝廉〈梅花诗话〉即送游峨嵋》："随园七百七枝梅，望见君来一齐舞。"[2] 五十八年《吴兰雪秀才拜梅图》："随园七百株，看君来行礼。"[3] 五十九年张问陶《题王香圃〈随园香雪海观梅图〉》："买园三十年，种梅七百树。"[4] 大概此时已有 700 株。显然这里所说的 700 株已不是"群玉山头"，而是"小香雪海"一景。

关于"小香雪海"的名称，袁枚集中未见提及，但同时钱泳《履园丛话》记乾隆五十六年（1791）与袁枚"同坐蔚蓝天，看小香雪海，梅花盛开"[5]，可见最迟这

图 112　袁起《随园图》（清同治四年刊本），此图共六页，此连为一体，左起第二部分上部为"香雪海"。

---

① 袁枚《袁枚全集》第 1 册第 575 页。
② 袁枚《袁枚全集》第 1 册第 762 页。
③ 袁枚《袁枚全集》第 1 册第 846 页。
④ 张问陶《船山诗草》卷一一。
⑤ 钱泳《履园丛话》卷二〇。

时已有"小香雪海"之名。从袁起《随园图》可知，小香雪海在随园中的最西北一侧（图112），大致在今南京师范大学随园校区的东南侧宁海路南口一带①。小香雪海再向东是所谓"诗城"，袁枚暮年在此建造长廊，用以张贴、悬挂友朋投赠之作，名"诗城"。"诗城"向东就是"蔚蓝天"。嘉庆二年（1797）袁枚有《诗城诗》："城下梅花千树栽，罗浮春到一齐开。"② 袁起《随园图说》："出小眠斋，西行长廊十丈，汇集同时名公巨卿、骚人女史、开士羽客诗翰于此，号曰'诗城'。去西数十弓，山椒构亭，曰'香雪海'。绕以梅花七百余株，疏影横坡，寒香成海，不啻罗浮、邓尉间也，殆此而北麓之胜已毕。"③ 所说七百余株，与袁枚所说七百七株完全一致，可见这是随园鼎盛时"小香雪海"植梅的实际数量，袁枚晚年偶尔也称有梅千棵，如去世的嘉庆二年《忆梅》诗即称"千树"④，当是取整而已。

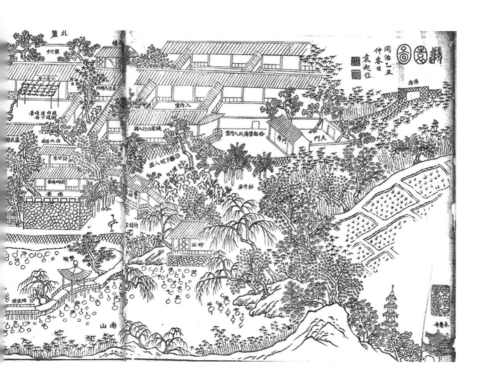

① 童寯《随园考》：随园"园门在今上海路、广州路口，街道牌仍名随园。……园西北角伸至今宁海路南口，是随园小香雪海边缘。"童寯《江南园林志》第50页。
② 袁枚《袁枚全集》第1册第922页。
③ 袁起《随园图说》，《随园图》附。
④ 袁枚《袁枚全集》第1册第911页。

　　袁枚去世后，随园急剧衰落①，梅花风景自然也不能免。袁枚孙袁祖志《随园琐记》称"小香雪海"："诗城之下种梅五百本，山巅筑亭，颜曰'小香雪海'。"②唐赞衮《金陵名胜》也说："诗城之下种梅五百本，曰小香雪海。"数量由七百减少到五百。道光九年（1829）汤贻汾《随园酒后踏月老梅下》："与子一年别，重随明月来。……玉山环珮寂，残梦几株梅。"③所谓群玉寂寥，几株残梦，可见这时随园梅花远非嘉庆初年的盛况。到了太平天国年间，由于清兵围城，粮饷告急，人们于此垦山造田，填池种粮，随园亭台林景庶几荡然无存④。袁起《随园图自跋》称，乱后"城中名园胜迹，皆成邱墟，随园亦寸甓无存焉"⑤，梅花当然也在劫难逃。袁祖志友人蒋节（1844—1880）也回忆说，"癸酉、乙亥间（引者按：同治十二年、光绪元年）一再至石头城下，迄清凉山而东，访所谓小仓山者，荒烟榛莽，犹存破屋三椽，野梅数本"⑥，可见此时随园梅花几近绝迹了。

---

① 舒某《批本随园诗话》第18页（卷九批语）称："比嘉庆己卯（引者按：二十四年，1819），三过随园，则荒为茶肆矣。"钱泳《履园丛话》卷二〇："至道光二年（引者按：1822）九月，偶以事赴金陵，则楼阁倾颓，秋风落叶，又是一番境界矣。"
② 袁祖志《随园琐记》卷上。
③ 汤贻汾《琴隐园诗集》卷二四。
④ 胡祥翰《金陵胜迹志》卷九。
⑤ 袁起《随园图自跋》，《随园图》附。
⑥ 蒋节《〈随园琐记〉序》，袁祖志《随园琐记》卷首。

四〇、扬州蜀冈"小香雪海"

　　扬州府城至蜀冈一线，清朝尤其是乾、嘉盛时多富家园墅、寺观林壑，而其中颇多梅花景观。梅景最胜的莫过于蜀冈"十亩梅园"，故址在大明寺东侧蜀冈中峰与东峰（今观音山）间山势低伏处，即今大明寺栖灵塔及东侧低伏地带。赵之璧《平山堂图志》卷二："小香雪，旧称十亩梅园，汪立德等所辟。乾隆三十年，我皇上临幸，赐今名，又赐'竹里寻幽径，梅间卜野居'一联。其地在蜀冈平衍处，由法净寺东楼石磴而下，北折有桥驾天然树为之。桥上甃以卵石，过桥穿深竹径，东转数十步，临池南向为草屋，参差数楹。绕池带以高柳，柳外种梅。梅间为石径，东接于万松亭，御书'小香雪'三字刻石亭内。"汪立德，安徽盐商汪应庚（？—1742）之孙，领按察使衔。雍正八年（1730）开始，汪应庚出资围山种松十万余株。乾隆元年建万松亭，大修平山堂。汪立德开辟十亩梅园，时间大约在乾隆十四、五年间（1749—1750）。乾隆十六年，程晋芳《平山堂》诗描写梅园开辟前后的变化："昔游平山堂，春早水初绿。老梅六七株，淡艳送微馥。爱兹野趣深，幽赏未云足。安知岁六更，种花遍岩谷。纷披月满枝，璀璨雪迷目。……大哉太平年，群芳表玉烛。遂令剩山川，一洗旧寒缩。……置身花海中，意外前踪续。"[1] 可见植梅数量不少，颇具面貌。

　　乾隆三十年（1765），为迎接皇帝南巡，在原十亩梅园的基础上进一步扩种。乾隆《咏平山堂梅花》注云："平山向无梅，兹因南巡，盐商捐资种万树，既资清赏，兼利贫民，故不禁也。"[2] 程崟记载："平山种梅万株，一时盛开"[3]，沈德潜诗中也称"几万丛"[4]，也就是说将近万株，可见规模之大。乾隆有一点说错了，平山堂一带艺梅由来已久，康熙二十八年（1689）孔尚任有《平山堂僧院看梅，简道弘

---

① 程晋芳《勉行堂诗集》卷四。
② 爱新觉罗弘历《御制诗集》二集卷二三。
③ 程崟《及我山房落成，时值梅放》自注，《二峰诗稿》。
④ 沈德潜《舟行至蜀冈，上平山堂，纪一路所见》其四，《归愚诗钞余集》卷九。

图113　小香雪海图（《南巡盛典》卷九七）。

上人》诗①。当年汪应庚出资修楼植松时，曾"种梅、柳、梧、桂各嘉卉千余本于堂内外前后"②，其中即有梅，更不待说十亩梅园了。但这也进一步说明此次扩种工程不小，较原十亩梅园改观较大，乾隆二十七年南巡时尚未提及此景。

　　令盐商颇感煞风景的是，天公并不作美，乾隆三十年驾临，正值春寒，梅信大大推迟，所见只是稀蕊三两，但乾隆仍御题"小香雪"三字称之，比作苏州邓尉"香雪海"，这不能不算是对盐商的莫大奖赏。从沈德潜诗中可知，与梅花岭一样，"小香雪"所种以玉蝶梅为主，占"十分之八"③，可谓一个特色。此地蜀冈东、中二峰夹峙，冈峦起伏，流水穿行，松风四围，修竹萧萧，石径蜿蜒，草屋数楹，"古梅绕屋，疏影寒花，洵为清凉香界"④。乾隆皇帝"竹里寻幽径，梅间卜野居"的诗句⑤，可以说概括了这十亩梅景的幽雅风韵。当时所种，可能不限于松风亭西"十亩"之地，整个蜀冈上下，包括平山堂周围，林间都见缝插针，广事种植。诗人查礼《花朝后二日，洪魏笏观察招游平山堂看梅》诗中写道："一自翠华南幸后，

①　孔尚任《湖海集》卷四。
②　陈浩恩、范用宾《（光绪）增修甘泉县志》卷一〇。
③　沈德潜《舟行至蜀冈，上平山堂，纪一路所见》其四诗注，《归愚诗钞余集》卷九。
④　清阿桂等编《钦定南巡盛典》卷八四。
⑤　爱新觉罗弘历《题小香雪居》，清阿桂等编《钦定南巡盛典》卷一二。

环山添种万树梅。""望中不见石嵯峨，山色何如花色多。堂前堂后浑似雪，暗香疏影散岩阿。"① 反映了春间满山花光弥漫，清香流溢的盛况。

但值得一提的是，万松亭一线，蜀冈东、中二峰夹峙，北为九曲池，南为保障湖北缘，"小香雪"梅园实际所指也只在"万松岭内，西界平楼，东至万松亭后坡下"②，空间其实并不开阔，最初称"十亩园"比较切实。所植且分散于修竹苍松间，中又占草屋、竹桥、池塘，号称万树，明显有媲附"万松"，虚张规模之嫌，其实应该大打折扣。稍后不久，扬州人栗溥《平山堂观梅》诗中所称不是万树，而是"千树"③，乾隆五十一年俞蛟（1752—?）《平山堂记》也称"植梅花千树，开时莹白如雪"④，而乾隆末年李斗《扬州画舫录》有关记载也极其平淡简括。维扬人于此赏梅，多只以蜀冈或平山称之。在维扬当地诸多风景名胜和文人诗酒宴游活动中，"小香雪海"的称号很少被提及，后来文人们有关蜀冈探梅一类的诗歌依然不少，但很少有"小香雪"、"十亩园"的专门品题，可见规模有限，后续不济，给人们的印象不深。

"小香雪海"的梅花盛况，从乾隆三十年到嘉庆中，大约维持了半个世纪。此间广陵赏梅，总以蜀冈与梅花岭为首选。嘉庆时期，扬州盐业紧缩、园林逐渐衰落。嘉庆十五年（1810）秋，万松岭一线又惨遭大火，"（万松）亭与树俱焚"⑤，想必梅花也在劫难逃。咸丰间太平天国军占领扬州，蜀冈平山堂、大明寺一带建筑多毁于兵火，四围松林燹灭殆尽。梅树的生命力远不如松，先前即或有存，经此荡涤，也所剩无几。晚清诗人所咏平山一线梅花，多只是"历乱梅花三五树"⑥，"几树影横清浅外"⑦ 之类零星孤株散植而已⑧。

---

① 查礼《铜鼓书堂遗稿》卷一一。
② 李斗《扬州画舫录》卷一六。
③ 阮元《淮海英灵集》丁集卷三。
④ 俞蛟《梦厂杂著》卷五。
⑤ 王甲曾《自题〈维扬忆旧游图〉》诗注，《不波山房诗草》。
⑥ 李豫曾《平山晚眺》，《北桥诗钞》卷四。
⑦ 阮充《平山堂探梅》，《云庄诗钞》卷二。
⑧ 本章为笔者《扬州梅花名胜考》一文之部分，载《盐城师范学院学报（人文社会科学版）》2008 年第 2 期，赵荣蔚先生推荐，朱根先生编辑，此处有所增订。

四一、湖州城南古梅花观

　　湖州城南金盖山与何山一山二名，后人有所分别，所谓金盖山侧重于指山峰的东南一支。金盖山南腰桐凤坞，又名云巢，中有纯阳宫，又名古梅花观，是全真教龙门派的重要道观。该观为嘉庆（1796—1820）初年闵苕敷创建，咸丰（1851—1861）末年毁于兵火，同治（1862—1874）初年重建，民国年间盛极一时①。闵苕敷《金盖志略》将该观历史上溯至南朝，称《道藏》载此山为"梅华岛"，该观始祖陆静修"来居是山，植梅三百本，颜曰'梅花馆'，傍联云'几根瘦骨撑天地，一点寒香透古今'"。由于这个渊源，入清后便称"古梅华观"，嘉庆四年（1799）

图 114　湖州城南古梅花观（纯阳宫），观前小圃植有十多株梅花。

---

①　李宗莲《金盖山志》卷二。

皇室有亲王为题额"古梅福地"①。闵苕敷所述该观古史多不可靠，比如"梅花岛"之说，检《正统道藏》、《万历续道藏》均未见，唯元道士张雨有此事②。又如称陆静修建馆撰联事，陆氏为南朝庐山著名道士，闵氏显属牵附高道以壮其名。

　　有关该观植梅只能从闵氏开始，当时有所谓"金盖二十八景"，其中"梅岛晴云"、"春谷探梅"（一作"春谷梅隐"）为梅景，闵苕敷诗称"深坞无人迹，凋残梅百株"，"梅花三百树，待我挂诗瓢"③，可见有梅花数百树。光绪九年（1883）

图 115　梅花观殿前古梅。

①　闵苕敷《金盖志略》，李宗莲《金盖山志》附。
②　袁桷《次韵张伯雨梅花岛》，《清容居士集》卷七。
③　李宗莲《金盖山志》卷四。

李宗莲《金盖山志》记载："山中昔多古梅，有围二三尺者，兵燹后（引者按：咸丰末年太平军兵火）多被斩伐，其残干剩根，削取一片能疗疾，肝患更效，人竞取之，近亦不可多得。"这里所说的古梅应该就是闵氏开辟经营之初所植，此时至少有七八十年的树龄。该志还记载，梅花观殿前有梅两种，一种味甜，一种味酢（酸）①。今观内殿前有梅一株号称千年古树（图 115），大概正是这两种梅树的子遗②。民国初年有游记称："观右为梅堰，老梅千本，枝干扶疏，花时香雪纷霏，灿若云锦，亦一胜景。"③ 可见此时观外仍有一片不小的梅林。

---

① 李宗莲《金盖山志》卷一。
② 王宗耀《湖州金盖山古梅花观志》卷首图片。2010 年 3 月 11 日笔者由侄程滢陪同，曾至观中寻访，所见古梅树龄似不足百年。观外有梅十数树，正当花期，红白间杂，在青瓦绀墙、苍松翠竹的映衬下颇有雅致。
③ 明霞《游古梅花观记》，《繁华杂志》1914 年第 1 期。

四二、"江宁之龙蟠"

　　龚自珍《病梅馆记》开篇即举当时产梅胜地："江宁之龙蟠、苏州之邓尉、杭州之西溪，皆产梅。"此说广为人知，谈古代梅花风景者，多引以相提并称。但在龚自珍生活的道光年间（1821—1850），甚至整个古代南京地区并没有象苏州邓尉、杭州西溪那样的盛大梅景，龚氏何以将其列为三地之首，有写作此文的具体背景和主题需要，笔者曾有专文对此进行过考证、分析①。此处就该文内容和后续发现的资料及思考一并檃括、补述如次。

（一）"江宁之龙蟠"

　　首先面对的问题是，龚氏所说"江宁之龙蟠"何指？众所周知，南京东郊钟山，又名蒋山，自古即为名胜之区，有"钟山龙蟠，石城虎踞"之说。明朝孝陵建此，更是进一步扩大了影响。民国以来修建中山陵园，如今明孝陵南有全国最大的观赏梅林梅花山。龚氏所说"龙蟠"是否即指钟山一带？

　　笔者认为这种可能性不大。明万历至康熙时，钟山南麓灵谷寺梅花坞为南都赏梅胜地，享誉一时。明末清初文人题咏较多，但言之者多称梅花坞、灵谷梅坞、灵谷梅花、钟山梅花者，未见呼为"龙蟠梅花"的。就梅景规模而言，灵谷梅花坞远不能与邓尉、西溪相提并论，而且乾隆以来，已为陈迹，逐步淡出人们的记忆。在这样的情况下，龚自珍应不会如此重点推出，笔者认为所说"龙蟠"应不是灵谷梅坞。

　　是否有这样一种可能，龚氏所说，是泛指钟山，或进而借指整个南京。但明代后期出现的"金陵四十景"、清乾隆间的"金陵四十八景"中都没有梅花名目，纵观整个明清时期，除了灵谷寺梅花坞外，整个南京地区并没有出现更大的梅花景观，更不用说像邓尉、西溪那样盛大的规模。因此笔者认为，这种可能也不存在。

_____

① 笔者《龚自珍〈病梅馆记〉写作时间与相关梅事考》，《江海学刊》2005 年第 6 期。

那么"龙蟠"具体何指？笔者认为，根据文理，既然与"苏州之邓尉、杭州之西溪"连举，所称"龙蟠"也应与邓尉、西溪性质一样，属正式地名。当时江宁即南京地区带"龙蟠"二字的地名是龙蟠里。今人注释《病梅馆记》，于"龙蟠"二字也多作南京清凉山下龙蟠里解，应该说是很合理的选择。据嘉庆以来江宁府及上元县地志，龙蟠是里巷名，"在盋山前，西直城垣，有甓门，榜曰古龙蟠里（桑根先生所建题）。"① 最早出现这一地名的是《嘉庆新修江宁府志》，该书"石头山"条下："石头山……有驻马坡，……按坡在今龙蟠里北。"② 可见这一地名在龚自珍的时代已经出现，但历史不久，声名未显。道光二十年（1840）秋九月，龚自珍专程游览金陵。先住城东南青溪一带，不久迁居城西北龙蟠里四松庵，在此游山访友，有《应天长》等词。《应天长》词序云："移寓城北之四松庵，溪山幽绝，人迹罕至。"四松庵在盋山前，故址即今南京图书馆龙蟠里分部，山门外即"龙蟠里"街道。从龚自珍此行有关作品，包括与友人离别赠答中多称秋天、西风可知，他大约在九月底离开这里。

（二）"龙蟠"之梅花

龙蟠里位于当时江宁府城内西北偏，这一带冈峦起伏，西南抵城墙，东为乌龙潭，西北为盋山、清凉山（又名石头山），东北为小仓山等。像龙蟠里这样的内城偏隔里巷，其梅景营植必定有限，远不能与邓尉、西溪相比。龙蟠里周边地区，入清以来常见称赏的梅花景观共有四处。一是隐仙庵古梅。隐仙庵在清凉山北，去龙蟠里约三里，有古梅一株，相传为六朝物，道光八年（1828）枯死，后来循名补栽③。二是小仓山袁枚随园"小香雪海"。三是清凉山，分布不少士人园墅，有一些梅花的零星种植。

第四处是盋山园。盋山在今南京清凉山公园南，占地约十数亩，因形似盋而得名，龙蟠里在其山前脚下。据《（道光）上元县志》记载，"山旧为朱氏园亭，后倾圮"，山之侧有明朝所建四松庵，"嘉庆年间里人胡钟、汪度倡于诸绅士鸠资购之，

---

① 顾云《盋山志》卷一。
② 吕燕昭、姚鼐《（嘉庆）新修江宁府志》卷六。
③ 汤贻汾《题钱石叶少尹画梅》题注："白门隐仙庵、能仁寺、陶谷三老梅皆相传六朝物而隐仙最先。嘉庆初予犹及见，不知何年枯死。庵主王朴山移他梅傍其旧干，宛然孙枝，不久复枯，今再补者槎丫成荫矣。少尹作图贻予，遂为题之。"《琴隐园诗集》卷三一。又甘熙《白下琐言》卷四："隐仙庵，相传陶宏景隐于此，故名。道士王朴山纵酒能诗，以棋琴自命，盖放荡之流也。庵有古梅，六朝故物。又，老桂二株，为宋时树。秋日，金粟盈庭，游人蚁集。戊子，梅忽凋萎，桂亦借枯。是秋，朴山病死，门庭阒寂，风景无存。"

归庵僧敏文及其孙弥朗主之。山故多梅花"①。嘉庆十八年（1813），江宁陶熙卿、陶定申（字子静，？—1853）叔侄"出财饬其敝坏，种卉木，治石磴，作室为陶氏读书之所"，于山顶建阁，极登览四望之美，姚鼐命名余霞阁②。此后一两年间，管同、梅曾亮、马沅、姚莹等人于此诗酒宴集③。道光初年，两江总督陶澍（1779—1839）爱此地幽静，继以经营，建印心石屋、陶侃祠等，改名博山园，并捐俸创办惜阴书院，延请山长，教习经书、举业④。园中艺植尤有特色，"其制倚山麓为石台，冠屋其上。台前横艺木芙蓉一行，芙蓉下蜡梅一行间之，梅下又横艺木芍药一行，磴道左右，层艺而下。每一花开，余为所掩，如冬时但见满山黄雪，寒香被远近"⑤。光绪中改为上元、江宁县学堂，后因山结楼，庋藏典籍，为江苏省立图书馆⑥，即今南京图书馆龙蟠里分部所在地，最近又改为江苏省文化厅办公场所。

盋山梅花由来已久，可能即为朱氏始居所植。嘉庆十八年陶氏叔侄经营时，马沅为作《盋山补种花树记》称："钵山小园，旧以梅著名，岁久荒圮。"可见此前即以梅花称胜。而陶氏整修时，"缭垣以竹，界道以栏，栏左老梅，映带丛桂，中间高柳夫疏"⑦。咸丰三年，梅曾亮有诗回忆嘉庆十八、九年游览四松庵，也称："四松庵里古梅多，石甫（引者按：姚莹）邀余每数过。"⑧ 所说古梅，或即朱氏小园原有之遗。嘉庆二十年，陶定申、马沅宴集四松庵，又于盋山上"种梅百树"⑨，这样无论园中，还是山上都植有梅花。这正是道光二十年（1840）龚自珍写作《病梅馆记》前的二十五年。道光二十一年汤贻汾有《月坡、雨村偕游盋山探梅，兼访潘少白不值》⑩，是龚氏写作《病梅馆记》之次年。清末民初陈诒绂《石城山志》记载仍称"园中江梅百株"，显然正是嘉庆二十年所种数量，此后并未增植，这也与盋山区区一二十亩的规模大致相称。

上述四处，隐仙庵古梅、随园香雪海各自独立，不在龙蟠里范围，很难与龙蟠里这一地名相联系，清凉山是声名更为响亮的山峰，更不可能归属到龙蟠里名下。盋山园梅花百株可以说是龙蟠里附近最为集中的艺梅之地，地缘上与龙蟠里最为密切，而且由来已久。龚氏所称"江宁之龙蟠"梅花非盋山一带园林梅花莫属。但遗

---

① 武念祖、陈杖《（道光）上元县志》卷一二。
② 姚鼐《余霞阁记》，陈作霖等《金陵琐志九种》下册第 740 页。
③ 姚莹《博山园图记》，《东溟文集》文外集卷二。
④ 甘熙《白下琐言》卷八。
⑤ 顾云《盋山志》卷三。
⑥ 陈诒绂《石城山志》，《金陵琐志九种》下册第 399 页。
⑦ 陈作霖《国朝金陵文钞》卷七。
⑧ 梅曾亮《孙伯声贻盆梅漫成》其五，《柏枧山房全集》诗续集卷二。
⑨ 陈作霖《国朝金陵文钞》卷七。
⑩ 汤贻汾《琴隐园诗集》卷二五。

憾的是以"百株"左右的规模，真不知何以与邓尉、西溪连绵十数里、数十里相比称，且被置于诸例之首。这不能不使我们进一步追寻其他的缘由。

（三）江宁之"病梅"

龚自珍说的"病梅"，就是盆景梅，古人多称盆梅、蟠梅、梅桩。南京作为历史古都，又是长江流域的中心城市，盆景蟠梅的商品生产和经营较为发达。这是南京地区古代梅艺事业的一个地方特色。对此笔者曾列举元初郝经《巧蟠梅行》所写当时在真州（今江苏仪真）所见金陵盆梅，晚明于若瀛所记城南华严寺僧束缚梅枝生产蟠梅，以及清厉鹗、全祖望等人歌咏扬州马曰琯兄弟从南京采购槎牙古梅的情形。这些联系起来，充分说明南宋以来金陵蟠梅生产技术和商品市场的发达。我们仍以郝经《巧蟠梅行》的描写来展示金陵盆梅的技术特色与市场状况："金陵槛梅曲且纤，松羔翠箸相倚扶。紫鳞强屈蟠桃枝，藤丝缴结费工夫。白蕊红萼玲珑层，玉钱乱贴青珊瑚。江石细嵌苍藓泥，百巧直要似西湖。盈盈矮矮密且疏，北客乍见忘羁孤。闻说江南富贵家，金漆洞房新画炉。锦帷深垂春自生，绕床罗列十数株。清香透骨满意浓，翠袖捧觞歌贯珠。开残不向前村寻，送新易旧常有余。"[1] 藤绳绑制虬枝曲干，贴覆苔藓，并衬以江石。笔者认为，龚自珍之所以把"江宁之龙蟠"与"苏州之邓尉"、"杭州之西溪"并称为三大梅产地，主要是道光二十年（1840）的金陵之行使他目睹了当时南京地区的梅花盆景生产和销售的兴旺景象，因而有感而发。

关于南京的蟠梅生产情况，笔者近来又发现一些新的证据。乾隆朝黄图珌记南京梅桩盆景："南京有扎缚盆梅，枝干下垂，俗呼为罗汉头者。"[2] 这应该是南京盆梅的一个重要产品。关于销售，嘉庆间冯云鹏《小酉书屋红绿梅开，赠姚册高（光典）四首》其一："去年亲向凤台门，买得双梅致此存。千里暗香生海角，望江矶上几销魂（凤台门在金陵道，经望江砠，盆梅失堕几损）。"[3] 冯氏为南通州（今江苏南通市）人，远从南京购红梅盆景。咸丰六年（1856），钱塘（今浙江杭州）张应昌作品中自称"花圃所植盆梅多自金陵移来"[4]。两人所说分别是龚自珍写作《病梅馆记》的前后一二十年间的事。同光间，扬州方濬颐《香雪亭看梅记》称"性喜

---

① 郝经《巧蟠梅行》，《陵川集》卷一二。
② 黄图珌《看山阁集》闲笔卷一三。
③ 冯云鹏《扫红亭吟稿》卷四。
④ 张应昌《北双调·折桂令·旧畜盆梅数枝久槁，庭中小梅二树昨岁又枯，丙辰新春补买盆花二枝供之斋中，聊破岑寂，谱此四折》其四注，《烟波渔唱》卷四。

花，记儿时读书于抚松草堂，金陵卖花人至，必市一二本植于盆中，以供清玩"①。是不仅外地人到金陵采购，而金陵也有行商贩卖外埠，这是一个较为发达的市场情形。

南京地区见诸记载的梅桩、盆景生产地主要有四处：

（1）华严寺。万历二十三年（1595），李登《（万历）江宁县志》卷四："华严寺在小安德门外临河，寺僧以树艺为业，城中花果所自出。"稍后葛寅亮《金陵梵刹志》卷三二："华严寺在负郭小安德门外南城地，北去聚宝门五里，所领能仁寺三里。寺系古迹，久废，永乐间释佛妙建塔院，奏赐如额。其殿宇多颓，寺僧俱以栽花植果而为佛事。"寺故址在今安德门外雨花镇小行里华严寺（江苏警官学院西侧围墙外，图116）②，明时属小寺，未见记载享有公田，因而除香火收入外，以圃艺种植补贴生计。这其中梅花盆景的生产占了大宗。于若瀛《华岩（引者按：当为

图116　华严寺龟趺，在今南京安德门外小行里华严寺。

---

① 方濬颐《二知轩文存》卷二〇。
② 南京市2007年、2008年《主城区交通旅游图》上均标有华严寺址，笔者2009年1月曾按图前往寻访，有街道名华严寺，当地居民指认华严寺址，为一土台，土台下有古井、龟趺等遗迹。据说四十年前寺仍存，有三五僧人，少量土地，文化大革命中僧人被遣散，寺渐废圮。

严）寺》诗写道："城南华岩（引者按：当为严）寺，寺僧皆种花。每当花开时，芬芳烂若霞。"① 其《金陵花品咏》进一步记载："长干之南七里许，曰华严寺。寺僧莳花为业，而梅尤富，白与红值相若，惟绿萼、玉蝶者值倍之。率以丝缚虬枝，盘曲可爱。桃本者三四年辄胶矣，不善缚则抽条蔓引，不如不缚为佳。以故收藏难，每岁开时，但取一二本，落后则归之。"② 这里涉及了品种、技术等具体方面，可见其盆梅制作的专业化水平，与郝经诗中所写一脉相承。华严寺的梅花艺植可能延续至嘉庆、道光间，周介福《华严寺》有"冻梅碍帽低，苦茗入喉爽"的诗句③。

（2）凤台门。凤台门为明南京外城十六门之一，在聚宝山（今通称雨花台）西南④，为城郊乡村，明《（正德）江宁县志》载其乡都为凤东、凤西二乡⑤。因地处城郊，村民主要经营圃艺种植，生产花果与蔬菜供应城市。《（正德）江宁县志》卷三"物产"中就记载"蟠松，出安德、凤台二乡，园丁蟠植有酷类马远画像者，可供庭院盆池之玩"，而蟠梅也应是重要产品之一。计成《园冶》卷三："苏州虎丘山、南京凤台门，贩花札架，处处皆然。"可见其生产规模较为可观。到清乾隆、嘉庆、道光年间，凤台门一带村户的圃艺经营已极具规模，尤其是古梅、盆梅制作更是声名远播。乾隆八年（1743），扬州马曰琯、马曰璐兄弟"从金陵移老梅十三本植于山馆，一时诗人皆有诗"⑥，厉鹗、全祖望、陆钟辉、方士庚、方士庶、唐建中等人均有诗题咏，其中方氏兄弟和唐建中等人诗中都明言梅树移自凤台门，所移都是"束茅带土连云斫"⑦，显然都应是积年地栽的老梅桩树，或者经过缚制的虬曲枝干。同时汪玉枢诗中写道："两株倔强如虬蟠，两株黝黑如铁铸。其间一株大合围，古干撑空半苔护。余者八株约略同，高格纵横影交午。"⑧ 可见花色种类比较丰富。对于凤台门外村户花木种植的情况，同时金陵文人作品中也有反映。如道光二十二年（1843）汤贻汾《嘉平月二十七日，泉水村为族嫂张安人展墓，道中杂记》其一："负郭寒梅一顷红，数家篱落水声中。凤台门外山层叠，黄发看多避世翁（居人种花为业，连畦接畛，如艺圃然）。"其四："为卖新桩（引者按：原作春）入市频，轮租昨又共比邻。"其五："老圃生涯但种梅，茅堂恰对小峰开。岁除有几

① 于若瀛《弗告堂集》卷三。
② 于若瀛《金陵花品咏·梅》序，《弗告堂集》卷四。
③ 周介福《华严寺》，朱绪曾《国朝金陵诗征》卷三九。
④ 据朱偰《金陵附郭古迹路线图》所标，凤台门故址在今南京市雨花台区雨花南路与花神大道交汇处。载其《金陵古迹图考》卷尾。
⑤ 王诰、刘雨《（正德）江宁县志》卷五。
⑥ 阮元《广陵诗事》卷八。
⑦ 方士庶《金陵移梅歌》，全祖望等《韩江雅集》卷一。
⑧ 汪玉枢《金陵移梅歌》，全祖望等《韩江雅集》卷一。

看山客，到此人疑避债来。"① 家家种梅，年前进城出售盆景梅桩。这去扬州马氏从凤台山移梅适好百年，至少这百年间，凤台门一带的花木种植较为活跃，而观赏梅花的栽培和销售尤其发达。方濬颐有诗道："探梅恨不到元墓，香雪海边同觅句。秣陵东偏号梅冈，虬枝蛟脊迎春阳。"② 所说梅冈在今雨花台一线，正是凤台门附近。邓尉是旅游赏梅胜地，而金陵则是古桩盆梅的名优产地，如此相提并论，足见当时整个金陵尤其是凤台门一线盆梅产品的影响③。

（3）摄山。摄山即栖霞山，山中古梅较多，也成了外方掘发贩运的资源。嘉庆初，扬州两淮转运使署题襟馆也曾从金陵移梅十本。运使曾燠《题襟馆种梅》："蜀冈小香雪，岁岁花千层。枝干苦不老，剪伐何频仍。隔江栖霞山，灵药气所蒸。群木故多寿，况无斧斤凌。老梅绝可爱，摩挲记吾曾。寂寞题襟馆，岁寒念高朋。径烦健步移，幸荷山灵应。入门貌古瘦，十个栖霞僧。葩瑶虽未发，丰骨已自矜。"④ 同时俞国鉴《题襟馆种梅，各以其姓为韵》："颇闻摄山有古干，凤台灵谷颜敷腴。"⑤ 摄山是与凤台、灵谷相提并论的梅花树桩出产地，而以古树老干著称。

（4）五台山。五台山，在今鼓楼区，即五台山体育馆所在地。《（道光）上元县志》曾记载此地有寺院以圃艺为业："地楼在永庆寺傍，庵僧朝宗艺圃为业，积资建之，前供佛像，后奉文昌张星，东则因地为楼，凡钟阜、孝陵及青龙诸山无不在目。楼前花卉错置，尤多牡丹，开时游人如蚁。"⑥ 大概正是这种兼营圃艺的小寺生计，带动了五台山一带的圃艺之风。同治年间，这一带始以艺梅著称。《（同治）上江两县志》卷七"食货"："城外凤台门民善艺花及金橘，城内五台山民善植梅，鸡笼山后人善艺菊，皆以名其业。"显然凤台门仍是花木盆景的生产中心，但五台山民的梅花种植后来居上，五台山地处城内，所谓植梅名业当指盆梅生产。光绪末年陈作霖《上元江宁乡土志》的记载与此大同小异，而把五台山民植梅移置"花竹果木"之首⑦，可见整个晚清时期五台山一带的梅花种植长盛不衰。

上述四处中，凤台门不仅历史悠久，而且规模也最大。明清以来当地花木生产一直是主导产业，这种情况一直持续到新中国改革开放之初。相对于凤台门，五台山则是新兴的艺梅之区。五台山在龙蟠里东，隔乌龙潭相望，相去不过二、三里。当地盆景生产的盛况在龚自珍的时代应该早已形成，连带附近龙蟠里一带都应有居

① 汤贻汾《琴隐园诗集》卷二七。
② 方濬颐《次玉溪平山堂探梅复过养志园韵》，《二知轩诗续钞》卷一五。
③ 凤台门一带的花木生产一直延续到上世纪80—90年代，请参本著外编南京花神庙梅园的有关论述。
④ 曾燠《赏雨茅屋诗集》卷四。
⑤ 俞国鉴《题襟馆种梅各以其姓为韵》，曾燠等《邗上题襟集》续集。
⑥ 武念祖、陈杕《（道光）上元县志》卷一二。
⑦ 陈作霖《上元江宁乡土志》卷六。

民、寺僧以此为业者。加之龙蟠里、乌龙潭一带名家园墅分布颇密①，园丁花工精于此道者当不在少数。这些都可能给龚自珍留下深刻印象，也可能使他顺便采购了一些。至少龚自珍离开金陵时得到了朋友的馈赠。龚自珍此行《清平乐》词序称："朱石梅以红梅四盆赠行。"词云："多谢画师慰我，红妆打桨同还。"② 龚自珍友人孙麟趾此次赠别《金缕曲》中写道："把酒留无计。渺烟波，西风一舸，载花归矣。"③ 这里所说龚自珍归舟所载，想必不只是画家朱氏所送的区区四盆红梅，一定是不少的花色和数量，盆梅当是其中最重要的一种。《病梅馆记》中称"购梅三百盆，皆病者"，回家后"毁其盆"，"解其棕缚"，江宁正是这些"夭梅病梅"的名优产地。龚氏文中所诋"文人画士孤癖之隐"影响"鬻梅者"，"鬻梅者"应其所需大势"夭梅病梅""以求重价"的情景，也正是盆梅市场生产与消费关系的生动写照，也只有江宁这样的盆梅生产和市场发达地区才给他造成如此强烈的感触。而龙蟠里作为此行的居住地，又是内城一个重要的花木盆景生产地，可以说是整个江宁地区盆梅生产场景的一个缩影，当时应该给龚自珍留下了深刻的印象。了解这些，我们就不难理解龚自珍《病梅馆记》中，"江宁之龙蟠"这个虽然产梅，但不足称盛的城内偏隅小山为什么会与"苏州之邓尉、杭州之西溪"相提并论，作为当时梅产地代表，并且居于首位。

---

① 顾云《盋山志》卷三。
② 龚自珍《龚自珍全集》第 587 页。
③ 龚自珍《龚自珍全集》第 582 页。

四三、杭州灵峰

　　灵峰为杭州武林山峰之一，在西湖西北、青芝坞西。山麓灵峰禅寺，旧名鹫峰禅院，西晋时建，一说为五代吴越王时建。因地处坞麓深曲，林竹葱郁，在西湖诸寺中最称幽胜。历代迭有兴废，明万历间中兴，清康熙间也盛，其后屡有修葺。道光二十三年（1843），长白人固庆以杭州副都统佐统浙军，其父二十多年前曾任职杭州，并大举修复灵峰寺佛殿，时固庆侍任，于此留下了深刻印象。此次"旧地重临，公余访胜"，"追述曩日，重兴盛举"，继踵前事，再葺寺院，"并于山园环植果木数百本，尤盛于梅，不数年蔚然成林，勒碑纪事"①。固庆有《重修西湖北山灵峰寺碑记》，碑刻于道光二十五年夏六月，想必植梅之事当在道光二十四五年冬春之交。

　　咸丰九年（1859）正月十七日，杭人陆孙鼎（小石）、何漆、吴春涛、高植，僧人诺庵、慧闻等一行17人，应灵峰寺僧达林之邀雅集寺中赏梅吟诗，杨振藩（蕉林逸史）绘《灵峰探梅图》（图117），陈春晓作题记②。光绪十七年（1891），丁丙有诗注语称："探梅在庚申二月五日，越二十余日城即陷，方外谦谷闰三月八日重题云，其中怀抱悲欢之感，不啻霄壤。"③ 大概咸丰九年雅集探梅初次起例，次年二月五日又有一次集会。二十多日后即咸丰十年（1860）三月十九日，太平天国军攻占杭州，此后的三四年中与清军拉锯进出杭城，干戈连年，灵峰梅花荡然无存，而好事诸老四散漂泊，生死流离。

　　短短15年间，灵峰梅花即经历了一番兴衰，风流胜事似乎只是昙花一现。然时际衰乱，人物易逝，而《灵峰探梅》一图却劫后余生，赓续了一段翰墨佳话。咸丰十一年（1861），陆小石之子陆有壬携图流落广东，30年后光绪十七年（1891）又携归故里，捐藏灵峰寺。湖上文人深为眷重，纷纷题诗吟赏，而寺僧更是积极保护，

---

① 周庆云《灵峰志》卷三。
② 陈春晓《灵峰探梅图记》，周庆云《灵峰志》卷四。
③ 丁丙《陆小石丈〈灵峰探梅图〉成于庚申春日，同游胜侣，凤多旧识，杭垣再陷，诸老半罹浩劫，此图可作忠义录观。今（陆）似珊将供养灵峰，属僧守护，谨题四章志感》，《松梦寮诗稿》卷五。

四出邀约名流品题，连为长卷。宣统元年（1909），吴兴著名儒商周庆云游寺，僧永胜（莲溪）出示《灵峰探梅图》，周氏有感前人题诗中有"补梅绘咏更何年，山灵日日望吾辈"之语，"于是兴补梅之思，就寺外灵峰亭以至半山来鹤亭，补栽三百本"①，"即山寺之西偏，起小屋三楹，额曰补梅庵"，增葺寺宇，建来鹤亭于山顶，"经始于宣统纪元之春，落成于二年冬"②。落成之时，择苏东坡生日即十二月十九日，宴集宾朋以为庆祝。事后邀吴澂、包公超、郑履徵、沈中、戴启文、徐子声、诸成昌等绘图题咏。民国三年（1914）将《灵峰探梅图》、《灵峰补梅图》并诸家题咏，并题合影成帙，由上海文明书局印刷所正式出版。此前宣统三年（1911），周氏还编纂《灵峰志》四卷，民国元年（1912）出版。两书俱在，汇集了灵峰寺梅花兴废继绝的相关资料③。

　　从所辑资料看，灵峰一带艺梅由来已久。所辑宋释永颐《过青芝村观晚梅》："梅花树下春风静，苔荒荇老围春井。山翁汲泉来点茶，触残花下玲珑影。"④ 明周诗《早春入灵峰》："杪秋经月杜门幽，献岁方为鹭岭游。梅萼已看迎腊吐，涧泉犹

图117　灵峰探梅图（杨振藩绘，周庆云编《灵峰探梅补梅图》影印）。

① 周庆云《灵峰志》卷二。
② 沈中《灵峰补梅记》，周庆云《灵峰志》卷四。
③ 周庆云《梦坡诗存》卷四、卷五诸诗可参考。
④ 《全宋诗》第57册第35999页。

自带冰流。"① 前一首所写是入口青芝坞一带，后一首则是深入山间，与西湖其他地区一样，这一带的梅花分布是比较普遍的。但只有到了固庆植梅以来，才成了一道名胜。

民国年间，灵峰探梅成了杭州湖上春游的一道风景。民国六年（1917）黄濬记杭州探梅，"诣灵峰寻梅，迎门三五株醋红，当称兹游之最"②。这去周庆云补植不久，可见周氏所补以红梅为主。民国十六年（1927）游者称，吴兴周梦坡"补种三百枝，构庵曰补梅，今屈指所存，不及百枝，白绿腊梅各具二三，而红梅为夥，补梅庵前猗狔尚盛，余者非枯即悴，无复向荣，岂地气使然欤，抑人工未治欤"③，可见已有所衰落。但同时也有游者称来鹤亭畔斜坡下栽种了不少小梅④，是当时仍有好事者不断补植。民国二十年，游者所见"老梅可二三十株"⑤，是数量进一步减少。民国二十五年（1936）许宝驹《西湖梅品》记载："梅皆植于院内，一亩之地，凡数十株，琼英绛萼，众芳暗妍。"⑥ 这正是抗日战争前的情况。据 1948 年的《杭州指南》，湖上孤山和灵峰赏梅是当时杭城春游风气⑦，可见此时灵峰寺景和梅花仍

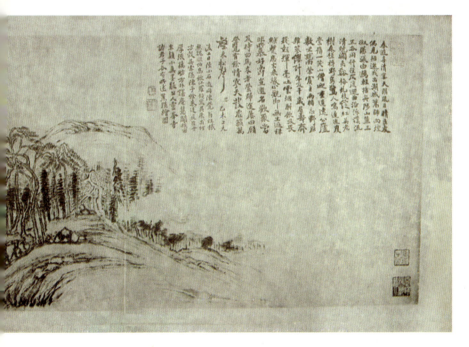

---

① 吴之鲸《武林梵志》卷五。
② 黄濬《花随人圣庵摭忆》第 30 页。
③ 华吟水《灵峰探梅记》，《紫罗兰》1927 年第 2 卷第 16 期。
④ 阮贻炳《灵峰探梅讯》，《贡献》1927 年（第 1 卷）第 8 期。
⑤ 王孟恕《灵峰探梅记》，《浙江省立杭州高级中学校刊》1933 年第 90 期。
⑥ 许宝驹《西湖梅品——月明人倚楼随笔之一》，《越风》（半月刊）1936 年第 6 期。
⑦ 杭州指南社编《杭州指南》第 2 页。

有可观。杭州市园林文物管理局《西湖志》称"民国时期，寺院毁圮"，又说"抗日战争杭州沦陷时，灵峰寺坍毁"①。但上世纪 50 年代后期，大约 1957 年徐映璞《灵峰游记》所记寺院山门、大殿、客堂、僧寮尚存，仅是"器皿经籍，百无一存"②，寺院的完全废弃当在其后。

　　1951 年杭州市建设局园林管理处曾"在寺周补植梅数百本，因地势较高，放蕊独早，花盛开时，清芬冷艳，柔香袭人，探梅不逊于孤山"③。徐映璞游记称所见"梅林绕屋，竹径盘空，犹兼擅孤屿、云栖之胜"④，这些梅景正是新中国成立后补植的结果。1956 年灵峰寺划归杭州植物园，这一带辟为果树区，改种金橘、蜜橘、苹果等果树⑤，加之寺院废毁，原来的植梅区域大受影响，而寺院宗教功能也让位给科研机构的科学研究功能，梅景自然也就逐步废弃。据说这里曾有所谓"唐梅"一株，或者就是固庆最初所植或周庆云所补之遗，但也被砍伐⑥。

图 118　灵峰品梅苑（胡中摄）。

①　杭州市园林文物管理局《西湖志》第 320、194 页。
②　徐映璞《杭州山水寺院名胜志》卷一（《西湖文献集成》第 10 册第 289 页）。
③　杭州市园林文物管理局《西湖志》第 194 页。
④　徐映璞《杭州山水寺院名胜志》卷一"灵峰游记"（《西湖文献集成》第 10 册第 288—291 页）。
⑤　杭州市园林文物管理局《西湖志》第 194 页。
⑥　胡中、杜建峰《灵峰梅花的兴衰与发展》，《北京林业大学学报》2010 年增刊（2）。

　　1986 年，杭州市园林文物管理局投资重建灵峰探梅景区，1988 年建成开放，面积 12 公顷。景区种植梅花 45 个品种，5000 余本。此录杭州园林文物管理局《西湖志》所载有关景区资料："灵峰探梅的设计，结合山峦幽谷、苍松翠竹、山溪清泉等自然环境与历史遗迹，突出赏梅的主题，以山林野趣及梅花的内在品种为创作意境，注重植物造景和植物群体效果，合理地安排游人休息、赏景、点景等园林建筑设施。按环境划为'春序入胜'、'梅林草地'、'香雪深处'、'灵峰餐秀'等四个园林空间。入口以树木小屋为标志，眼前是丛丛梅花，春色早到，诱人前往。循石径步入，便是疏枝横斜，暗香浮动，碧草如茵的'梅林草地'。半山腰设一亭台，居高临下，百亩梅林尽收眼底，如置身彩云之上，故名'瑶台'。由此沿山坡谷地弯转而下，路口有一芳亭，亭额'百亩罗浮山'。过路亭沿两边茂林修竹夹道的石径而上，便是灵峰探梅的主景地段'香雪深处'。这里山峦回抱，曲水环绕，修竹叠翠，风景宜人。此处有洗钵池、掬月泉等古迹，设置供游人赏梅品茗、写诗作画等建筑设施。主景建筑'笼月楼'，院内有'冷香铁骨冰肌室'，陈列灵峰的古碑、经幢和书画。每当香雪飘动，这里透出浓郁的春意。"[1] 1991 年，杭州植物园在入口处北侧、停车场西侧兴建占地 15 亩的蜡梅园，品种有素心、亮叶、柳叶等，还有

图 119　梅林香径（胡丹摄）。

① 杭州市园林文物管理局《西湖志》第 194 页。

法、美、德等国的洋品种，另有杭州植物园自己发现的稀有品种夏蜡梅，此外"香雪深处"掬月亭西坡有六丛百年以上的蜡梅老桩，这些都弥足珍贵①。2001年在灵峰探梅主景区建梅文化科普展馆，介绍有关科学、文化知识。如今整个灵峰景区面积250亩，植有梅花和蜡梅6000多株，160多个品种，形成以二梅为主，观赏期从十二月到来年三月近四个月的梅花园，成了西湖风景区最大的赏梅景区②。

图120　清潭幽影（胡丹摄）。

灵峰赏梅主要有这样几点特色：一是品种以红梅为主，至少周庆云所补应以红梅为主，因此民国间游记都称红梅，沈钧儒为补梅庵题联"漫空竹翠扶山住，数点红梅补屋疏"，可资佐证③。二是寺踞鹫岭半山向阳，花期稍早。三是灵峰为北高峰之支脉，背倚炮台山，面对青芝坞，"地僻境纡，游人罕至……石径盘旋，松篁夹道"④，是西湖沿岸林峦最幽处。正如许宝驹《西湖梅品》所说，灵峰"以看梅著

① 杭州市园林文物管理局《西湖志》第808页。

② 胡中、杜建峰《灵峰梅花的兴衰与发展》，《北京林业大学学报》2010年增刊（2）。另胡中、余金良、卢毅军《灵峰探梅的整合提升》对近几年"灵峰探梅"景区新的建设成就有详细介绍，载《北京林业大学学报》2012年增刊第1期。2009年3月，笔者曾向杭州植物园致函，征询灵峰探梅景区植梅情况，胡中先生热情回复，赐赠资料，为笔者填写了《梅花（蜡梅）风景名胜历史情况调查表》、《梅花风景名胜现状（2009年）调查表》（2009年4月20日），后来又多予关心帮助，此处所述多取其说。因其专文论述颇详，此处论述从简。

③ 佚名《西湖古今楹贴新集》"补梅庵"，载沈云龙主编《中国名山胜迹志丛刊》第六辑《西湖资料六种》。

④ 秦树敏《灵峰志序》，周庆云《灵峰志》卷首。

称，实则灵峰自有胜境，其胜不必在梅也"①。如今这里是杭州植物园的最深处，奇峰突兀，怪石崚赠，山峦回抱，林木苍森。早春梅林花开，梅花红红白白，随山坡苍岭逶迤起伏，清芬与山岚在茂林修竹间弥漫飘溢，境界极其幽雅②。

① 许宝驹《西湖梅品——月明人倚楼随笔之一》，《越风》（半月刊）1936 年第 6 期。
② 本章风景图片由杭州植物园胡中先生提供。2005 年 9 月，笔者由同事曹辛华君陪同，考察杭州孤山、灵峰、西溪、超山、绍兴等地，得到浙江省委统战部徐建华部长及该部工作人员卢师傅的帮助。时值酷热，卢师傅受徐部长委派，驾车陪同多日，至为辛苦。谨此一并书以志谢！

四四、江阴伞墩

　　伞墩，在今江苏江阴周庄镇伞湖村。伞古字作繖。墩高数丈，相传春秋吴王阖闾间第八子葬此，墩有石洞，疑为墓穴。墩四周有水名伞湖，又作珊瑚（图121）。此处梅花最早见于道光县志记载，该志物产志称："梅，青圆缩蒂者硝（引者按：消之误）梅，城东韩园及周庄伞墩者佳。"① 韩氏祖上以武显者，辟园数十亩，其中香雪阁植梅，"花时濛然竭然，若凝练积雪"。园中古梅传为宋时所植，明末清初侯方域曾为题咏②。咸丰末年兵乱，韩园梅林被毁③，而伞墩梅园却相沿不衰。

　　清同光间有关记载颇详。邑人金武祥《粟香随笔》卷二："江阴东乡有伞墩，吴王第八子葬此，墩半珊瑚洞，即墓穴也。墩前后皆水，名伞墩湖，四旁梅花数千株。登墩而望，一白无际，香闻数里，有奇古而偃蹇者，相传为明时所植。余于甲戌春往游，成七古诗云：'……上有古洞清复窈，下有湖水清且涟。不须吊古动感慨，揽景自足供流连。况有梅花万千树，环山一白何绵延。罗浮世界香雪海，神迷骨醉疑登仙。就中古梅作花祖，铁干蟠屈生何年。深林一人误向背，左把右拍空盘旋。……此花此境久阒寂，我来一笑非偶然。'"甲戌为同治十三年（1874）。这一年正月，常熟翁同龢也曾来游，在日记中写道："入周庄街，出街望见散墩矣。道田塍中里许，于墩之北，平畴修竹古梅丛生者以百许，隔以篱落。种者皆曹姓，以梅为业（曰萧梅，实绝大）。枝干如铁如虬龙，皆五六百年物。"④ 三十年后的光绪二十九年（1903），翁同龢再来探梅，情况有了变化，日记称："寻梅园，梅园者农家分界结篱植援，萧疏可爱。最后得曹姓园，多老树，坐其下良久，然前朝之树则无有矣，且桑多梅少，迥非三十年前光景。"⑤ 可见老梅已遭淘汰，而受经济利益驱使，乡人开始伐梅种桑。

---

① 张延恩、李兆洛《（道光）江阴县志》卷一〇。
② 陈思、缪荃孙《（民国）江阴县续志》卷二五。
③ 卢思诚、季念诒、夏炜如《（光绪）江阴县志》卷二二。
④ 翁同龢《翁文恭公日记》甲戌年（1874）正月十三日。
⑤ 翁同龢《翁文恭公日记》癸卯年（1903）二月初四日。同时翁氏有诗《散墩》、《乞花一枝置篷底》，见其《瓶庐诗稿》卷八。

图 121 伞墩（顾强摄，1995 年），在今江苏省江阴周庄镇伞湖村。

民国年间情况又有些好转。民国县志记载："墩素以梅子著名，近更繁盛，花开时真如香雪海"①，同光时翁同龢所见梅园只在墩之北户，而此时"墩之四周，广植梅树，约百数十亩"②，显然比光绪末有所扩展。物产志进而说，梅"今惟伞墩有之，其盛倍于昔，多为苏、锡蜜饯店定购"③。这透露了种植面积回转的原因，是适应苏州、无锡等城市蜜饯市场的需求。县志还提供了这样一个信息，翁同龢以光绪帝师，名满朝野，两次来访，"尝曰伞墩之梅胜于邓尉，一经品题，林木增色，居民每述之，以语游客，并赋诗载集中"④。翁同龢日记中并无"胜于邓尉"的评价，但无妨当地人的发挥和宣扬，由此大大增强了知名度，民国县志有关记载详细而富有热情，直称"洵吾邑胜境也"⑤，也可谓改变了金武祥所说的"阒寂"不闻的局面⑥。

---

① 陈思、缪荃孙《（民国）江阴县续志》卷二六。
② 《（民国）江阴县续志》卷四。
③ 《（民国）江阴县续志》卷一一。
④ 《（民国）江阴县续志》卷二六。
⑤ 《（民国）江阴县续志》卷四。
⑥ 本章照片由江阴市政协郁志刚先生联系提供，谨此志谢！

内编三　古代梅花规模
风景的历史总结

古代梅花规模风景兴衰变化、地理分布、经济环境、旅游状况的历史总结

前面我们分两部分对古代梅花名胜逐一进行了个案考述，这里我们由个别到全体，由特殊到一般，就上述古代梅花规模风景的整体情况进行全面观照和综合审视，总结这些梅花名胜兴衰变迁、地理分布、绵延时间、经济环境、旅游状况等方面的整体特征和基本规律，这不仅有助于进一步丰富和深化我们对古代名胜资源之历史风貌和发展规律的认识，同时对我们今天梅花风景的开发、建设与历史资源的继承、保护和利用都有着宝贵的借鉴意义。

（一）考察景点的选择

我们前面讨论的 49 个梅花名胜，是我国古代最重要的梅花风景。就其性质而言，大致可以分为两类：一类是野生或经济种植所形成的梅林，一般规模较大，持续时间也相对长久。我们前面的考述以这一类为主。另一类是公私园圃和寺院种植的梅花，以观赏为主，一般规模较小，持续时间也多短暂。后者见于各类古籍记载的数量众多，不胜枚举，我们只是从中严格挑选了几个作为代表。南朝萧梁芳林苑是最早的皇家园林观赏种植①，宋徽宗艮岳梅岭是皇家园林中梅景规模最大的一处，苏州范成大范村和石湖梅圃、杭州张镃南湖玉照堂都孕生了艺梅赏梅的经典著作，北京吴全节漱芳亭是宋以来北方梅花衰落后"南梅北移"最早的尝试，南京袁枚随园"香雪海"在士大夫别墅梅景中种植规模、延续时间和社会影响都较为突出。王冕九里山种梅广为人知，然九里山的地点多有疑点，龚自珍《病梅馆记》称"江宁之龙蟠、苏州之邓尉、杭州之西溪皆产梅"，其说影响甚大，而江宁龙蟠实仅私家园林少量种植，为免误导，我们特设两专题加以考辨。这 8 个景点较为特殊，入选的标准、讨论的目的并不统一，因此很难作为我们进一步综合分析的对象。但这一

---

① 《西京杂记》所记汉朝宫庭收集的多种梅品种，是着眼于果实还是花朵，无从确认。

类中也有一些如浙江杭州灵峰、湖州城南古梅花观、鄞县（今宁波市鄞州区）宝岩等，虽然有关记载指明为寺观景物，但其性质有些模糊，野生分布、园林经营还是经济种植混然难辨，经常是三种情景兼而有之。加之这些景点都明确属于公共游览的场所，资源性质与野生或乡村种植梅林比较接近，无论风景规模还是持续时间、社会影响也都较为明显，值得深入研究，因此我们也与前一类风景等量齐观，一并纳入综合分析的范围。

这样，我们确定以下41个景点作为我们这里综合分析的对象，统计时间一般以"辛亥革命"（1911）为下限，按华东、华南、西南的顺序排列，台湾省本属华东地区，附最后：

（1）上海诸翟梅源（今闵行区诸翟镇附近）、（2）江苏南京钟山灵谷寺梅花坞、（3）南京燕子矶江边梅、（4）江苏苏州邓尉山、（5）江苏苏州太湖东西山、（6）江苏宜兴石亭、（7）江苏江阴伞墩、（8）江苏扬州梅花岭、（9）江苏扬州蜀冈"小香雪海"、（10）江苏仪征古真州梅园、（11）浙江杭州西湖孤山、（12）浙江杭州西溪、（13）浙江杭州灵峰、（14）浙江杭州皋亭山、（15）浙江余杭超山、（16）浙江余杭大雄山、（17）浙江富阳包家墅、（18）浙江桐庐九里洲、（19）浙江鄞县（今宁波市鄞州区）宝岩、（20）浙江慈溪（今浙江宁波市江北区慈城镇）云湖、（21）浙江会稽（今浙江绍兴）昌源、（22）浙江诸暨干溪、（23）浙江黄岩方山、（24）浙江临海山宫、（25）浙江湖州城南梅花观、（26）浙江湖州乌程（今湖州市吴兴区）栖贤山、（27）浙江湖州乌程（今湖州市吴兴区）菁山、（28）浙江长兴川口、（29）浙江长兴合溪梅花弄、（30）浙江安吉北庄、（31）浙江武康（今浙江德清县武康镇）烟霞坞、（32）安徽当涂尼山、（33）安徽黄山浮溪、（34）福建福州藤山、（35）福建长汀朝斗岩、（36）江西大庾岭、（37）江西瑞金"深陇梅花"、（38）广东广州萝岗、（39）广东罗浮山梅花村、（40）四川成都合江亭、（41）台湾淡水。

（二）梅花名胜的性质和规模

1. 性质

上述41个景点中，按照梅花的生长性质可以分为三类，一是天然生长即野生梅花，二是种植梅林，三是由野生到种植的混合过渡形态。在人工种植的梅林中，又主要分为生产与观赏两种不同目的。具体列表如下：

梅花名胜的资源性质统计表

性 质		名 胜	数 量	比 例
天然野生		黄山浮溪、台湾淡水	2	5%
由野生到人工	生 产	宜兴石亭、罗浮山梅花村	2	4	10%
	观 赏	江西大庾岭、安徽当涂尼山	2	
人工种植	生 产	长汀朝斗岩、福州藤山、广州萝岗、南京灵谷寺梅花坞、南京燕子矶江边、苏州邓尉山"香雪海"、太湖洞庭东西山、江阴伞墩、仪征真州梅园；瑞金深陇、上海诸翟梅源、杭州西溪、皋亭山、余杭超山、余杭大雄山、富阳包家墅、桐庐九里洲、长兴川口、长兴合溪梅花弄、乌程菁山、乌程栖贤山、武康烟霞坞、安吉北庄、慈溪云湖、鄞县宝岩、会稽昌源、黄岩方山、诸暨干溪。	28	68%
	观赏 公共	扬州梅花岭、扬州蜀冈"小香雪海"、成都合江亭、杭州西湖孤山	4	7	17%
	观赏 寺观	灵峰、临海山宫、湖州梅花观	3	

　　表中数据表明，古代梅花名胜以人工经济梅林为主，其次是观赏园林，而真正纯粹天然野生的林景相对较少。时至20世纪，在云贵高原、青藏高原东南部、川陕交界的秦岭山区、川黔交界、湘鄂渝交界的山区，乃至在皖南、闽南、闽西北的山区仍有不少野生梅花的分布，有些甚至属于大片天然林区。这说明梅花的天然野生资源依然十分丰富，这种情况在古代应更为明显，在古代文人笔下，今浙江、福建、江西、广东、湖南等省的山区都有大片梅林的报道。但要成为风景名区，关键还在于人们的发现、游人的聚集和文人雅士的诗文歌咏。在古代地旷人稀、交通相对简陋的条件下，那些远离人寰的偏远山区、深谷林景很难为外界所知，进入人们视野有一个漫长的过程。这是古代梅花名胜中野生林景数量较少的一个主要原因。

　　7处观赏栽培主要分为两类。成都合江亭、扬州梅花岭、杭州孤山属于纯粹的市政营景或官办园林。扬州"小香雪海"本是私有园林，后来作为乾隆南下时的"迎驾工程"，也便具有公共的性质。上述4处都属于公共园林性质，其他3处都位居寺院、道观附近，甚至有一定的附属关系。"天下名山僧居多"，寺院、道观多在山水清雅、幽胜之地，所属梅景无论起于野生还是栽植，都易于形成规模，持久生息，酿为名胜。而且由于寺院的特定功能，所属林景也多对公众开放，具有公共资源性质。

2. 规模

对于梅花风景的大小规模、梅树数量，古人言之不够明确，大多只是个笼统说法，文学作品中的描写更是不乏虚饰与夸张。我们这里就古人记载和描写中大致的说法作一个排比和分类。41个梅花名胜中，大致可以"万树"作为一个界限，分为大小两类。"万树"以下有十数、数十、数百、千株、数千之不等，属于规模较小的景观，"万树"以上则是规模较大的景点，具体又分连林十里、廿里、三十里、五十里等几种说法，所说里程一般指景区主干道的大致路途（并非直线距离）或方圆的周长。成都合江亭、安吉北庄梅树数量不明，合江亭四周艺梅空间不大，但宋时整个成都东南梅花连绵不绝，安吉北庄地处县城远郊，规模太小即不成景，因此估计这两处至少都应有数千株的规模。大庾岭梅树数量向无明确记载，但最初为野生梅林，规模肯定不小，后来开辟驿道，未见有大片种植的记载。梅关南北一路有数十里，植梅虽然有限，但断断续续，给人印象深刻，因而也以十里规模计。西溪梅花古称十八里，所说只是古荡至留下镇的距离，实际规模远过于此，我们这里姑且也以二十里计。余杭超山梅花，鼎盛时称绕山百里皆梅，说的是民国年间的事，我们这里只及古代的情况，因此取保守的绕山三十里之说。具体列表统计如下：

梅花名胜景点规模统计表

（说明：1、名胜前的数字表示大小顺序；2、古人记载面积相同者，参照其他信息推测其可能之规模，排列顺序。）

规　模		名　　胜	数量	小计
万树以上	方圆五十里	（1）苏州邓尉	1	27
	连绵三十里	（2）长兴合溪梅花弄、（3）余杭超山、（4）广州萝岗	3	
	连绵二十里	（5）长兴川口、（6）杭州西溪、（7）余杭大雄山、（8）诸暨干溪（又称三十里）	4	
	连绵十里（万树）	（9）宜兴石亭、（10）慈溪云湖、（11）乌程栖贤山、（12）桐庐九里洲、（13）苏州洞庭两山、（14）杭州皋亭、（15）会稽昌源、（16）上海诸翟梅源、（17）福州藤山、（18）瑞金深陇、（19）黄山浮溪、（20）乌程菁山、（21）武康烟霞坞、（22）台湾淡水、（23）黄岩方山、（24）大庾岭（估）、（25）真州梅园、（26）南京燕子矶江边、（27）鄞县宝岩	19	

续表

规 模		名 胜	数量	小计
万数以下	千数以下 数千树	（28）扬州蜀冈"小香雪海"、（29）长汀朝斗岩、（30）灵谷寺梅花坞、（31）江阴伞墩、（32）富阳包家墅、（33）罗浮梅花村、（34）成都合江亭（估）、（35）安吉北庄（估）	8	14
	千树	（36）临海山宫	1	
	千数以下 数百株	（37）扬州梅花岭、（38）湖州梅花观、（39）杭州孤山、（40）杭州灵峰	4	
	百株以下	（41）安徽当涂	1	

根据我们前面个案考察所掌握的信息，41 景的规模由大到小的顺序见表中名胜景点前所附数字。称"万树"或"连绵十里"者占了名胜总数的近一半，号称绵延二十里以上的有长兴川口、余杭超山、大雄山、西溪、广州萝岗、长兴合溪梅花弄等，应属特大规模。古代梅景中，邓尉梅花规模最大，号称方圆五十里。不难看出，纯粹观赏性的梅林规模一般都较小。未列入统计的范成大石湖、范村、张镃玉照堂、袁枚随园也都是数百树。宋徽宗艮岳梅岭出于皇家气派，号称万树，就其所在山形体量看，远不足万树的种植面积，估计也就在一两千树上下。

（三）梅花名胜的分布区域与地形

1. 分布区域

关于风景名胜的空间分布，我们可以通过不同的区划方法来分别考察，以丰富我们的认识。

（1）古代区域分析

首先按照古代较为传统的区域概念来统计分析。唐贞观年间依山河形便分天下为关内、陇右、河南、河北、河东、剑南、山南、淮南、江南、岭南等十道，开元间又进一步有所调整。其中东部地区的河北、河南、淮南、江南、岭南等区域以东西走向的山川形势作标志，清晰地反映了这些地区由北向南逐步变化的地理面貌，在古代区划观念上影响很大，我们这里即主要按这一体系来分析。41 个梅花名胜中分布最多的是江南地区。唐代行政区划中的江南道主要指今长江中下游的江南地区，包括今上海、江苏、浙江、安徽、福建、江西、湖北、湖南等省市（跨长江的省份只指其长江以南部分）。41 个景点中有 35 个属于这个地区。属于淮南地区的有扬州梅花岭、蜀岗"小香雪海"、真州梅园等3个，属于山南、剑南和后来从江南道划出的黔中道即今整个西南地区四川、重庆、云南、贵州等省市的只有成都合江亭1个。属于岭南即今广东、广西、海南三省区的有广州萝岗、罗浮梅花村2个，其中大庾岭分属五岭南北两地，但主要部分在岭之北面，故归于江西。

这一统计数据充分反映了古代江南地区梅花繁盛密集分布的特点。也许这一说法并不全面，至少岭南和西南地区，无论野生还是经济种植都较普遍，但梅花名胜的形成多与人们的游览观赏活动有关。因此综合种植和旅游观赏两方面的情况，更准确的说法应该是，江南地区为我国梅之经济种植与文化活动的核心地区。元明以来，文人多感慨"今大江之北植梅渐寡，迤逦而无，惟江南丛生衍发，弥满林薄①。"梅花在江南，家家许饱看。"②"江南正月春花早，梅花柳花夹长道。"③"十月中原风景别，寒冰如地雪漫天。相逢尽说江南好，处处梅花夹酒船。"④ 唐以前气候比较温暖，梅花在我国北方即古人所说的河南、河北、河东（山西）、关中（陕西、甘肃）地区仍有广泛分布。但自宋以来尤其是南宋以来，随着历史气温的走低和生态状况的退化，梅花的自然分布收缩到了淮河、秦岭以南地区。反映在文化风俗上，"渺渺江南道路长，故乡回首勿情伤。梅花自是江南物，但看梅花即故乡"⑤，梅花被视为典型的江南风物，成了江南山川风景的一个典型意象和标志符号。上述梅花名胜的统计结果充分印证了这一点。

（2）现代气候区划分析

近数十年我国地理与气象工作者对我国气候区划已逐步形成了比较统一的标准和概念。我们这里依照中国人民解放军总参谋部测绘局编制的《中华人民共和国地图集》之《中国气候区划》图，对41个梅花名胜风景分布进行统计分析。41个景点都分布在亚热带地区，具体列表如下：

梅花名胜的气候区域分布表

气候区	名　　　　胜	数量	比例
南亚热带湿润区	广州萝岗、罗浮梅花村、台湾淡水	3	7%
中亚热带亚湿润区	大庾岭、瑞金深陇、福州藤山、长汀朝斗岩、成都合江亭、浙江黄岩方山、临海山宫、鄞县宝岩、慈溪云湖	9	22%

①　张宁《梅南序》，《方洲集》卷一六。
②　法式善《题张船山画梅送银槎回里》，《存素堂诗初集录存》卷一三。
③　许稷《江南春》，陈应行《陈学士吟窗杂录》卷二九。
④　王冕《素梅》，《竹斋集》续集。
⑤　杨士奇《送外甥周丹元》，《东里集》续集卷六一。

续表

气候区	名　　胜	数量	比例
北亚热带亚湿润区	浙江会稽昌源、诸暨干溪、杭州孤山、杭州西溪、余杭大雄山、余杭超山、余杭皋亭山、杭州灵峰、富阳包家墅、桐庐九里洲、武康烟霞坞、安吉北庄、乌程菁山、湖州梅花观、乌程栖贤山、长兴合溪梅花弄、长兴川口、上海诸翟梅源、苏州邓尉、苏州洞庭两山、宜兴石亭、江阴伞墩、扬州梅花岭、真州梅园、扬州蜀冈"小香雪海"、南京灵谷寺梅花坞、南京燕子矶江边、安徽黄山浮溪、当涂尼山	29	71%

梅花喜欢温暖和湿润的气候，在年平均温度16—23℃、年降水量1000毫米以上的地区生长最为良好，这正是我国秦岭、淮河以南、五岭以北地区即北亚热带和中亚热带最基本的地候条件。从这两个地区梅花名胜高度集中的事实，可以强烈地感受到气候条件对于梅花分布的深刻影响，这对我们今天的青梅产业规划和梅花园林建设来说，都是值得重视的现象。

图122　梅花名胜分布图，图中黑方块为梅花名胜景点所在地。

（3）当代政区分析

按今天省级行政区划来分析，41 个名胜景点分布在今 10 个省市，具体列表
如下：

梅花名胜的政区分布表

政　区	名　　　　　　　胜	数量	比例
上　海	上海诸翟梅源	1	2%
江　苏	钟山灵谷寺梅花坞、南京燕子矶江边、苏州邓尉山、东西洞庭山、江阴伞墩、宜兴石亭、扬州梅花岭、扬州蜀冈"小香雪海"、真州梅园	9	22%
浙　江	杭州孤山、西溪、灵峰、余杭皋亭、超山、大雄山、富阳包家墅、桐庐九里洲、湖州梅花观、乌程菁山、乌程栖贤山、武康烟霞坞、安吉北庄、长兴合溪梅花弄、长兴川口、慈溪云湖、鄞县宝岩、会稽昌源、诸暨干溪、临海山宫、黄岩方山	21	51%
安　徽	黄山浮溪、当涂尼山	2	5%
江　西	大庾岭、瑞金深陇	2	5%
福　建	福州藤山、长汀朝斗岩、	2	5%
广　东	广州萝岗、罗浮梅花村、	2	5%
四　川	成都合江亭	1	2%
台　湾	台湾淡水	1	2%

浙江省最多，江苏省其次，两省合计占总数 73%。所见 10 个省市中上海、浙
江、江苏、安徽、江西、福建和台湾属于华东地区，梅花名胜累计 38 个，占 93%，
是绝对多数。联系前面气候带的统计情况，不难发现这样一个特征，在亚热带的三
个平行气候带上，梅花名胜的分布是东部地区多于西部地区，沿海地区多于内陆
地区。

进一步细致观察就会发现，江浙两省的梅花名胜也并非均匀分布。浙江省的梅
花名胜主要集中在中北部的杭州、绍兴、宁波、台州、湖州等市，而南部的温州、
丽水、衢州、金华等地未见一处。江苏省的梅花名胜则方向相反，集中分布在苏州、
无锡、南京这些苏南地区，苏北的 3 个景点则集中在今扬州市的沿江地区（扬州与

仪征），与苏南地区仅一江之隔，传统上也多将其视为江南。苏、浙两省的这些地区南北毗连，构成了一个由今江苏省南京市、扬州市（或苏州市）、浙江省台州市、宁波市为顶点的四边形地带（图122）。从地缘关系上说，地处今上海闵行的诸翟梅源和安徽当涂的尼山古梅与此紧邻，也属于这个分布带。累计整个分布带的梅花名胜共有32个，占统计总数的78%，这无疑是我国古代梅花名胜密集分布的一个黄金地带，是我国梅文化最为核心的地区。梅花作为江南的代表性风物，作为江南的标志元素与象征符号，在这一地区表现得尤为突出。这一地区梅文化的深厚传统和积淀，值得这一地区广大人民的珍惜和重视。地处这一黄金地带中心位置的杭州、湖州，又是其中梅花名胜最密集的两个州府，各有7个梅花名胜，占统计总数的34%，可谓核心中的核心。

值得玩味的是，这一黄金地带也正是南宋以来尤其是明清以来"江南"的核心地区，经济发展一直处于全国的领先地位，备受历代王朝的倚重。宋代即有"上有天堂、下有苏杭"，"苏湖熟，天下足"的谚语，明丘濬说："韩愈谓赋出天下，而江南居十九。以今观之，浙东西又居江南十九，而苏、松、常、嘉、湖五府又居两浙十九也。"① 今天又有江浙沪"长三角"经济区、沪宁杭"金三角"城市圈的说法。古代梅花名胜在这一带的密集出现，显然并不只是出于"江南佳丽地"优越的地理条件，而应该与"东南财赋地，江左人文薮"即当地经济、社会、文化发展的全面优势密切相关。

2. 所属地形

梅花名胜风景所属地形也是一个值得关注的内容。具体列表如下：

梅花名胜的地形分布

地 形	名 胜	数量	比例
山 地	大庾岭、罗浮梅花村、黄山浮溪	3	7%
丘 陵	杭州孤山、西溪、灵峰、皋亭、超山，余杭大雄山、富阳包家垫、湖州梅花观、乌程菁山、乌程栖贤山、武康烟霞坞、安吉北庄、长兴合溪梅花弄、长兴川口、慈溪云湖、鄞县宝岩、会稽昌源、诸暨干溪、临海山宫、黄岩方山、钟山灵谷寺梅花坞、燕子矶江边、邓尉山、东西洞庭山、宜兴石亭、扬州蜀冈"小香雪海"、当涂尼山、瑞金深陇、福州藤山、长汀朝斗岩、广州萝岗、台湾淡水	32	78%

① 丘濬《大学衍义补》卷二四。

续表

地　形	名　　　胜	数量	比例
平　原	上海诸翟梅源、江阴伞墩、真州梅园（含少量低丘）	3	7%
洲渚、河口	桐庐九里洲、成都合江亭	2	5%
人工土丘	扬州梅花岭	1	2%

从表中数据可以看出，属于丘陵地形的名胜占了绝对多数，具体分布于江南丘陵、东南沿海和两广丘陵地区。桐庐九里洲是富春江上的一块沙洲，江之两岸也是典型的江南丘陵地貌。结合前面的规模分析，不难发现，规模较大的梅花名胜都属于丘陵地形，其他地形的梅花风景不仅数量少，而且规模都比较小。从后面的时间统计可知，丘陵地区的梅林一般持续年代都较长，而平原地区的梅田则生存维艰，变数较多，难于持久。

儒家经典《周礼》论五种不同地形的物产土宜，有"丘陵，其动物宜羽物，其植物宜核物"的说法。所谓"核物"指"李梅之属"[1]，即梅、杏、桃、李、枣、柿等核果类果树，上述统计数据充分证明了这一点。丘陵低山地区最适宜发展水果种植业，这几乎是古今中外农业经济学的基本常识。现代园艺研究表明，梅虽喜欢湿度较大的气候条件，但不耐涝渍，排水良好的土壤和地形对梅的生长比较有利。梅树也不耐大风和过于干旱、瘠薄的土壤和地形。以江南丘陵为代表的地形地貌，正符合这些条件，适宜梅树的生长。即便是在丘陵地区，也以浅山缓丘地区或高山边缘与河谷坡麓地形更适宜梅树的生长，较高的山峰、坡度较陡的地势对梅树的长势都不利，甚至相对高度在200米上下的低山，如苏州邓尉山地的邓尉、玄墓、西碛等山峰的上部，梅树分布也较少。总之，我国南方低山、丘陵地区更宜于经济梅林的发展，分布在丘陵地带的梅产区更具生机和活力。这也是我们今天进行青梅生产规划和梅花园林建设时值得注意的一个历史事实。

（四）梅花名胜的时代分布与延续时间

1. 时代分布

众多梅花名胜资源的先后出现、逶迤相接构成了一个逐步发展而又起伏变化的过程，包含了社会背景和梅花观赏文化历史演进的丰富信息，值得认真考察。具体列表如下：

---

[1]　郑玄、贾公彦《周礼注疏》卷一〇。

梅花名胜兴废绵延时代表

（说明：1、按名胜风景出现先后顺序排列。2、实线表示明确记载的连续兴盛期，虚线表示初起、衰落、不连续或传说存在的阶段。3、带＊号的名胜不在统计之列。）

年代次序	梅花名胜	晋	南朝	隋唐五代	北宋	南宋	元	明	清	民国
1	大庾岭			————	————	————	————	————	————	————
2	建康芳林苑＊		－							
3	杭州孤山			------	------	------	------	------	------	------
4	黄岩方山				————	————	----			
5	宜兴石亭				————	------	------	------		
6	成都合江亭				——					
7	武康烟霞坞				——					
8	乌程菁山				——				------	
9	开封艮岳＊				－					
10	临海山宫					－				
11	会稽昌源					————	----		----	
12	苏州石湖与范村＊					——				
13	杭州南湖玉照堂＊					——				
14	真州梅园					——				
15	罗浮梅花村					————	------	------	------	------
16	当涂尼山					————	------	------	------	------
17	北京漱芳亭＊						－			
18	苏州邓尉					---				
19	王冕九里＊						－			
20	安吉北庄						------	------	------	
21	南京灵谷寺梅花坞						------	------	------	
22	富阳包家墅							————	————	
23	洞庭东西山							————	————	-----
24	长兴川口							————	————	
25	杭州西溪							------	------	
26	福州藤山					---		————	————	
27	乌程栖贤山							————	————	---

续表

年代次序	梅花名胜	晋	南朝	隋唐五代	北宋	南宋	元	明	清	民国
28	扬州梅花岭								—-------	------
29	上海诸翟梅源								—----	
30	鄞县宝岩								—----	
31	黄山浮溪								-----…	
32	瑞金深陇								—---	
33	长汀朝斗岩								———----	
34	诸暨干溪								——-	
35	桐庐九里洲								———----	—
36	广州萝岗								————	
37	余杭超山								————	
38	长兴合溪梅花弄								————	
39	慈溪云湖								—-	
40	台湾淡水								—	
41	南京燕子矶								—	
42	余杭皋亭								—	
43	余杭大雄山								—	
44	南京随园*								—---	
45	扬州蜀冈小香雪海								—-	
46	湖州梅花观								—-	
47	江宁龙蟠*								—	
48	杭州灵峰								—------	
49	江阴伞墩									----—
合 计	新兴景点	1	0	1	5	6	2	11	16	0
	新旧合计	1	1	2	7	13	10	18	36	12
					13					

　　表中可见，梅花名胜的大量出现是从宋代开始的。新梅景的出现主要集中在三个时期，一是宋哲宗绍圣至宋孝宗淳熙年间，此间至少有 7 个景点开始闻名，这是北宋后期至南宋中期艺梅、赏梅之风急剧高涨的时期，也是宋朝经济乃至于政治中心由北方向南方转移的时期，梅花风景日益受到重视。二是明朝宣宗宣德至神宗万

历年间，这是江南地区社会经济持续发展，逐步走向繁荣兴盛的时期①，我们的统计中至少也有七八个属于这一时期新兴的景点。三是清朝顺治、康熙年间，这是清朝早期各方面兴旺发展的时期，江南地区尤其如此。正是在这样的社会形势下，梅花风景大量出现，至少有 11 个景点发源于这一时期。

梅花风景资源的发展状况与社会政治、经济形势的发展变化息息相关。从统计数量看，宋、明、清三朝无疑是梅花名胜资源最为丰盛的时期，而其中尤以清朝最为突出，顺治、康熙、乾隆年间，无论新兴梅景还是并时活跃的古老梅景都极丰富。这是封建社会后期的著名盛世，正是在这样的条件下，苏州邓尉、杭州西溪的梅花风景进入了最为鼎盛的状态，出现了古代历史上最为盛大的梅花景观，代表了我国古代梅花风景资源发展的最高境界。

如果将其他几个类型的梅景名胜一并纳入考察，从地区分布看，宋元时期梅花风景的分布是全方位的，今河南、四川、北京都有名胜分布，而明清时期新兴梅景高度集中于江南地区。随着明朝以来对东南和西南地区的行政拓展和社会开发，入清后广东（萝岗）、台湾（淡水）等边缘地区都有新的梅景被发现，广州萝岗更是形成了一道无论种植规模还是持续时间，与同期江南梅区相比都毫不逊色的壮丽景观。这里并未进入统计之列的昆明黑龙潭古梅也开始进入人们的视野，游赏盛况也不亚于江南。

2. 存续时间

风景名胜持续年代的长短排列如下：

梅花名胜的存续时间统计表

（说明：1、名胜起讫不能确定具体年代的，分别以起讫所在朝代帝王年号的起讫年份计算；2、以辛亥革命（1911）为统计下限，民国以后的情况不计；3、持续时间附于各景点名称后。）

年 份	名 胜	数量
1000 年以上	（1）大庾岭 1590、（2）杭州孤山 1089	2
500—999 年	（3）宜兴石亭 720、（4）罗浮梅花村 670、（5）当涂尼山 648、（6）苏州邓尉 550	4
400—499 年	（7）安吉北庄 435	1
300—399 年	（8）南京灵谷寺梅花坞 377、（9）上海诸翟梅源 352、（10）洞庭东西山 340、（11）杭州西溪 338、（12）扬州梅花岭 319	5

---

① 王士性《广志绎》卷一："世庙（引者按：嘉靖）以来，则江南彬彬乎盛矣。"

续表

年　份	名　　　　　胜	数量
200—299 年	（13）黄岩方山 298、（14）富阳包家墅 296、（15）瑞金深陇 267、（16）乌程菁山 250、（17）长汀朝斗岩 250、（18）广州萝岗 249、（19）桐庐九里洲 249、（20）长兴合溪梅花弄 249、（21）乌程栖贤山 246、（22）鄞县宝岩 241、（23）会稽昌源 237、（24）余杭超山 227、（25）福州藤山 222、（26）诸暨干溪 206、（27）长兴川口 201	15
100—199 年	（28）慈溪云湖 188、（29）黄山浮溪 151、（30）燕子矶江边 130、（31）余杭皋亭山 117、（32）湖州梅花观 115、（33）武康烟霞坞 107、（34）成都合江亭 106	7
100 年以下	（35）余杭大雄山 97、（36）江阴伞墩 90、（37）临海山宫 80、（38）杭州灵峰 68、（39）扬州蜀冈"小香雪海"61、（40）台湾淡水 60、（41）真州梅园 28	7

大庾岭是梅花风景的发祥地，六朝时即已出现。孤山梅花起于中唐，即使从林逋隐居算起，也有 900 多年的历史，位居第二。赵师雄在罗浮山下醉遇梅花仙子，据说是隋朝的事，但出于小说家言，并不可靠。我们这里从南宋中期最早立名造景起算，时间也相当可观。苏州邓尉梅花的 550 年是实打实的持续时间，其间没有任何中断，而且从民国至今仍延绵不绝，可以说是实际持续时间最久的梅花名胜，值得特别重视。宜兴石亭、当涂尼山两景起源于宋，虽然元以来方志多有记载，但没有提供任何具体的信息，应属一般的古迹名录而已，且都有一些明显的时间空白，虽排位在前，但实际意义要大打折扣。

历时不足百年的 7 处，除台湾淡水资料缺乏、情况不明外，大致有这样三种情况：一是出现较晚，如杭州灵峰、江阴伞墩，都是晚清新起的。二是临海山宫、杭州灵峰、扬州蜀冈"小香雪海"之类纯然观赏园林，规模较小，又缺乏杭州孤山、庾岭梅花那样的历史渊源、地缘优势、文化底蕴和社会影响，没有足够的生命力，其存在也就难以长久。三是真州梅园、余杭大雄山这样主要属于平原、水网地区的景点，地气卑湿，梅树长势和经济效益不够稳定，容易被粮食、桑棉等其他作物取代，一旦遭遇天灾人祸更是难于恢复，因而存在时间也就比较短暂。

历时 200—300 年的名胜最多，有 15 个，占总数的 37%。它们是清一色的经济梅林，规模都在十里至二三十里间，而且除桐庐九里洲外都属于丘陵地貌（九里洲是丘陵山区的一个江上沙渚）。在古代那样的生产条件下，以丘陵地形、连绵十里至三十里的种植规模，经历二三百年的兴衰历程，是统计名胜中最为普遍的现象。

这也许是古代青梅种植业规模发展的某种宿命或定数，体现了乡村规模种植的经济梅林盛衰兴亡的基本命运或规律。这其中包含着梅林新老盛衰、产业开发与市场营销等多方面变化周期的相互作用和因缘凑会。比如从古人和民国间的记载可知，百年左右的梅树仍多属盛产期，而两百年以上的老梅产量明显减少，因此一个梅区从开始种植，成林投产，形成规模，进入盛产，再到产量衰减，效益降低，最终被其他新兴梅区所替代，大约正是 300 年左右的时间，如果不幸遭遇天灾人祸和销售行情急剧变化等打击，就会加速衰亡，存续周期缩短。而相应销售市场与产业链的兴衰起伏也应有一个大致对应的过程，这些因素综合起来，就形成了具有一定普遍意义的规律和命运，包含着深厚的历史启示，值得我们认真思考。

（五）梅花名胜的经济因素

梅是花果兼利性植物，除了各类园林观赏种植外，最普遍的是乡村经济种植。"五月收取梅核，至来年二月间方种于庄前后岗阜高处，或水边桥下种一二棵，取影倒于水中，又可观。门前可种数百株，至冬雪间花开时，其香能袭人入骨，又能唤醒醉魔诗兴。到结实时取子，又好作蜜煎，造乌梅，都可卖钱养家。茅亭草舍之傍、书窗之下更置之，若月明其影于窗，横斜扶疏可爱，以助道兴。"① 这段话出于明人农书中的介绍，反映的是中小地主和自耕农家庭生产、生活面貌，这种情景在淮河、秦岭以南的梅产区可能遍地皆是。在诸种水果中，梅子适宜加工、贮藏和长途运输，与桃、梨等不宜加工又不耐保鲜和贮存的水果不同，适宜于大面积种植。一旦天时、地利、人和等条件具备，尤其是销路畅通，由乡村大户带领，就很容易形成大规模的种植情景，有些地方甚至商贾云集，产销两旺。在江南地区尤其如此，"闽、浙、二吴之间，梅花相望，有十余里不绝者"，"皆俗人种之以售其实耳"②。前面的统计显示，古代梅花名胜中这样的经济林景占了三分之二，而且一般都规模大，持续年代久。就我们前面考察的个案而言，至少有长汀朝斗岩、福州藤山、广州萝岗、苏州邓尉、江阴伞墩、瑞金深陇、上海诸翟梅源、杭州西溪、余杭超山、余杭皋亭、桐庐九里洲、长兴合溪梅花弄、会稽昌源、诸暨干溪等十几个景点，有关文献记载中有明确"艺梅为业"、"以梅为生"的描述。下面我们就这些经济林景的起因、生产目的、产品销路等进行分析。

1. 种植起因

名胜梅林风景最初多起于萍末，客观上很少有人注意，无论方志史籍，还是

① 胡古愚《树艺篇》果部卷二。
② 谢肇淛《五杂俎》卷一〇。

文人游记歌咏也都很少追本溯源,因此具体情况记载不多。在28个经济林景中,上海诸翟梅源的起源情况及发展过程相对明确一些。上海诸翟梅源所在的今上海闵行一线是江海冲积平原,成陆历史不长,加以河网密布,湖泊众多,地气低湿,并不具备野生梅花分布的条件。这里的梅花林景完全起源于人工引种,著名学者王圻家族梅园可能是个起点。祖父时种有数棵,父亲时有二三百棵,到他儿子手里已扩大到大约五十亩,如以每亩三四十棵计算,也应有1500—2000棵。顺治十五年(1658),吴伟业笔下称王庵有梅万株,说明在晚明天启、崇祯间当地种植面积有大幅度的扩展。这一规模显然已远非王圻一家所有,应该有众多乡邻的参与,清人称"居人咸植梅",可见此时已成了当地的主要作物。入清后又有沈氏的积极投入,影响所及面积进一步扩大,所谓"村墟千万家,种梅专世业","皑皑十余里,有如银涛翻",以至于有了"小邓尉"的称号,而当地村名也由原来的王庵,变为梅花源、梅源市。这是一个由乡村缙绅大户发起,逐步拉动农户参与,最终形成规模产业的典型成长过程,类似的情景在梅产区的形成中应该较为普遍。比如苏州邓尉种梅,其大规模的兴起与元末明初当地大姓徐氏家族的园林种植密切相关。如今我国农村种植、养殖业的规模发展也多由个体大户成功在先,拉动附近村民参与,最终形成产业规模,想来古代乡村青梅种植业的发展之路与此应该大致相通。

2. 产品用途

梅是重要的果树,在我国应用历史悠久。梅子在水果中较为独特,由于含酸量高,除个别品种如消梅之类外,极少用于鲜食,多经加工后应用。梅子的加工历史悠久,产品比较丰富,用途也较为广泛。经过加工后的成品和半成品,不仅增加了应用价值,而且也便于贮存和运输。有关梅产地的产品加工和应用情况,无论方志史籍还是文人诗文言之不多,所见记载最为详细的是诸暨干溪。冯至《允都名教录》记载当地:"采青梅,火薰之使黑,谓之乌梅,性极敛。其黑而不泽者以为药品,其泽者染坊市之,以染大红深紫。梅熟而黄者,以为梅酱,佐杯盘。青者以为梅卤,和井泉以为饮,止暑渴。青之大者去其核以为糖毬,青黄之半者以为梅干,杂之姜丝、苏叶,以治风寒之疾。"[①] 所说基本上涵盖了古代梅子应用的主要产品与用途。

首先是乌梅。采青、黄梅均可,以烟火薰干。主要入药,是常用的中药材,有敛肺涩肠、驱蛔止泻等功效,常用于治疗痢疾腹泻、风寒咳嗽、虚热烦渴等症。也

---

① 冯至《允都名教录》卷二。

用作兽药，治疗马驹奶泻①。染坊用作染料，是染红、紫等色的重要媒染剂，且用量较大②，随着近代染织业的发展，市场需求不断增大。金银铺和日常生活中也常用作去除金属饰品和器皿锈斑污垢的清洁剂（梅所含酸可以清除金属表面的氧化物），以增加表面光洁度。乌梅作为药材使用广泛，社会需求量较大且较稳定。不少梅产地就主要生产乌梅，如福州藤山梅坞所在的闽县、侯官、怀安等县就以出产乌梅著称，诸暨干溪也以生产乌梅为主。湖州安吉（北庄）、长兴（合溪）两县乌梅都以质量上乘驰名。杭州富阳（包家墅）、广州萝岗也生产乌梅。

白梅也称盐梅、梅干、梅霜。采青梅，以盐汁浸泡，反复浸晒即成。白梅是对青梅的简单粗加工，早在《齐民要术》中即有其法，主要用作进一步生产果脯蜜饯和饮料的原料，应该是梅产地的主要产品。晚清江苏商人"设作坊于杭州艮山门外之半山镇"，主要生产梅干，"以其地为出产之中心点也"，余杭超山与皋亭山梅田均在附近，"极盛时代，常年营业价银五百万元"③。

梅卤是盐腌青梅的卤汁④，和以井水、泉水乃至冰水，制作酸梅汤，是解渴消暑的流行饮料。也可用作调味品，制作其他果卤、果脯时适当添加，用以防腐。梅卤也是社会需求较多的产品之一，苏州邓尉山梅农有制作酸梅汤出售的营生。

糖梅，又名蜜梅、糖毬，各地名称不一，采青梅以糖腌制，一般选大颗梅果制作。南宋时"昌原梅最盛，实大而美"⑤，都城临安的茶肆、食店多出售蜜渍昌源梅。广东有新媳妇腌制糖梅作为初谒公婆见面礼的风俗⑥，江浙等地自制糖梅也较普遍。果粒大者雕剜脱核称雕梅、梅篮等，一些地方在梅肉上刻镂花鸟图案，以为美观。

梅酱，由成熟的黄梅加盐打烂而成，可用作调味品，也可用以腌泡其他花果如桂花（邓尉产区即是），用以防腐保鲜。

青梅酒⑦，据说广东罗浮梅花村一带村民以梅酿酒出售，称卖酒田，萝岗所产

---

① 佚名《司牧安骥集》卷八下。
② 明詹景凤《古今寓言》卷一二王梧《大庾公传》注："（黑梅、白梅二种）染绛、濯金多用之。"宋应星《天工开物》卷上"熟练"条下载染帛"用乌梅"，"诸色质料"条下载染大红色"红花饼一味，用乌梅水煎出，又用碱水澄数次……澄得多次，色则鲜甚"。清张宗法《三农纪》卷五"梅"条："收制焙干为乌梅，取汁可入染色者，金银器去垢。"明陈汝锜《甘露园短书》卷五《织造》记载明万历时陕西官署置办纺织贡品"于某县派染毡乌梅三千余斤"，可见用量之多。所谓"染毡乌梅"，指专门用于毛纺织品染色的上等乌梅。
③ 徐珂《清稗类钞》第5册第2367页。
④ 清顾仲《养小录》卷上"梅卤"："腌青梅卤汁至妙，凡糖制各果，入汁少许，则果不坏，而色鲜不退。代醋伴蔬，更佳。"
⑤ 施宿《会稽志》卷一七。
⑥ 屈大均《广东新语》卷一四。
⑦ 最迟在南宋即提到青梅酒。曹勋《花心动·芍药》："与持青梅酒，趁凝伫、晚妆相对。"《全宋词》第2册第1216页。

也有酿酒出售的现象。

梅的花朵也是一种商品，蒸晒晾干后可用作药品和花茶，苏州邓尉果农就采集制作出售。除了风景旅游资源外，苏州邓尉每当花期常有花市，游客赏玩之余多购花归去。会稽昌源、宜兴石亭除一般梅林可观外，还盛产苔梅，苔藓厚重，丝长袅袅，是当地的一种特色产品，南京凤台、龙蟠等地盆梅桩景也有特色，颇受外方人士欢迎，纷纷前往采购移植。入清后邓尉山农有不少专门种植红梅等观赏品种，缚制虬枝盆景，嫁接不同花色。清嘉庆以来，种植青梅收益不佳，果农纷纷伐梅种桑，而梅区花农的生产经营却一直景气不衰。

3. 销售市场

梅产品以梅果加工品为主，除少量自留家常日用外，绝大部分都属外销，销路就成了梅产区的命运所系。遗憾的是这方面的直接记载少之又少，但也有一些材料可以窥见一些端倪。比较明确的有这样一些记载：

（1）南宋时的会稽昌源，在今浙江绍兴县南，距离当时的都城临安（今杭州）不远，因此在临安市上食店销售的茶果零食中，"昌元梅"① 是重要的一种，这种情况一直持续到元朝②。

（2）南宋"怀安、侯官乡户园林种至千万株，盐者为白梅，焙干者为乌梅，行至江浙"③。后来晚明兴起的藤山梅坞与此属于同一地区，想必藤山所产也同样是远销外地。当然所谓"行至江浙"，是列举主要的或最远的销售地，想必相当部分仍属就近销售。

（3）浙江长兴县地处太湖之滨，其合溪梅花弄以西梅林规模较大，乾隆县志称"六月间贾船鳞接"④。虽然没有指明销售地，但该地介于苏州、杭州等城市之间，而且经运河下江出海都较方便，其销路应较畅达。与长兴毗邻的安吉以及湖州所属的乌程、武康、德清境内的产品都应属于这种情况。

（4）据番禺县志记载，萝岗"梅子熟时，乡人取以渍盐，久藏生霜名梅霜，治喉痛，或晒干为乌梅入药，或以糖渍为糖梅，或以浸酒曰青梅酒，销流甚广"⑤。萝岗在今广州市东北郊，以广州这样的岭南大埠，加以去海不远，自然销路广阔。

（5）浙江富阳毗邻杭州，富春江穿境而过。光绪、民初所编《杭州府志》称："乌梅为富阳专产，远市西北，云疗马疾。其就近货售者，染肆之用最钜，至以入

---

① 西湖老人《西湖繁胜录》。
② 陆德源有《送徽纸、昌园梅且索和》，顾瑛《草堂雅集》卷六。
③ 梁克家《淳熙三山志》卷四一。
④ 谭肇基《（乾隆）长兴县志》卷一〇。
⑤ 梁鼎芬、丁仁长等《（宣统）番禺县续志》卷一二。

药盖甚微也。"① 乌梅产品主要远销到西北地区，用于治疗马疾，就近则主要售给染坊。桐庐与富阳毗邻，桐庐九里洲去富阳包家墅不过百里，销售情况也应受其影响。另据郭柏苍《闽产录异》记载，"西北无梅"，闽地乌梅也大量远销西北②。

（6）上海诸翟梅源主要售往松江府城（今上海松江）。范廷杰《（乾隆）上海县志》："梅源市树周数里，郡邑咸取实于是。"③

（7）清末、民国年间的材料显示，苏沪商人在余杭超山、皋亭山一带梅产区直接设场采购、加工青梅④，售往苏州、上海等地。这已是近代商业资本的运作方式，有力地促进了当地梅产业的发展。

（8）江阴伞墩，在长江南岸，去苏州、无锡等城市不远，民国县志称该地种梅"盛倍于昔，多为苏、锡蜜饯店定购"⑤。

综观上述 8 处的情况，可以有这样的基本感觉：梅子应用广泛，社会需求量较大，销售也就较为平稳和顺畅。除了产地附近的基本需求外，外销主要运往人口相对密集的地区如江浙等省、大中城市，还有不产梅的西北地区。上述这些产地或处大中城市附近，或者水路交通比较畅通，都便于产品的外运和销售。

上述记载中没有提到邓尉、西溪两地的情况。两地种植规模庞大，市场依赖度更大，但相关记载却较为罕见。这似乎不太正常，但只要考虑到两大名胜分处苏州、杭州两市郊区，背靠这两个中心城市庞大的消费市场，问题就不难理解了。我们前面的个案论述中也包含了些许这样的信息。诗人咏邓尉："望衡千余家，种梅如种谷。梅熟子可沽，梅香开不鬻。"⑥ "土人不解看花趣，只望青青压担时。"⑦ "园丁种树岂因花，为卖酸浆冰齿牙。"⑧ 西溪农民"以隙地余闲种之……以入城市，富家大室喜食而争买之，以腊以醶，岁易钱无算，以充吾稻粱。暑雨梅黄，吾家祝有秋时也"⑨。这些说的都是梅子销往城市的情景。值得注意的是，乌梅这样的大宗商品在邓尉、西溪两地并没有发现任何大规模生产加工的迹象。前面所说的"酸浆"是酸梅汤之类饮品，"以腊以醶"是说制作梅干、梅卤，都是最简单的加工方式。这类产品主要用于进一步制作果脯、蜜饯、饮料，一般适宜于就近销售。邓尉、西溪

① 李榕、吴庆坻等《（民国）杭州府志》卷七九。
② 郭柏苍《闽产录异》卷一、第 29 页。
③ 俞樾、方宗诚《（同治）重修上海县志》卷八。
④ 汪坚青等《（民国）杭县志稿》卷一四；徐珂《清稗类钞》第 5 册第 2367 页。
⑤ 陈思、缪荃孙《（民国）江阴县续志》卷一一。
⑥ 张诚《光福里探梅》，《婴山小园诗集》卷六。
⑦ 张毛健《徐子柳次见示邓尉观梅诗十首，讽咏之余怅然有感，因述旧游凡十二绝句》其四，《鹤汀集》卷二。
⑧ 赵翼《芸浦中丞邀我邓尉看梅……》其六，《瓯北集》卷三八。
⑨ 王嗣槐《西溪看梅记》，《桂山堂诗文选》文选卷六。

两地的青梅主要依靠苏、杭两大城市的巨大消费市场，所谓"富家大室喜食而争买之"，这是地处大城之郊得天独厚的便宜条件。像苏州光福（即邓尉）西碛、潭西花农生产的梅桩盆景这样的高档商品更是主要依赖苏、杭这样的消费都市、文化古城。如果离开了这两个中心城市庞大而稳定的消费市场，邓尉、西溪的梅花种植是否形成现在我们所知的庞大规模和持久的生命力，真是不可思议。

　　大中城市的消费市场是梅产业生存、发展的生命线。我们发现，围绕杭州的梅花名胜最多，而且这些景点的此起彼伏中隐约有着轮番兴盛、前后接力的倾向。作为郡城的杭州兴起于唐代，当时孤山和整个西湖沿岸梅林较多，入宋后依然如此。南宋时成为都城，城市规模急剧扩大，附近一两百里内的会稽昌源、乌程菁山、武康烟霞坞一线梅林兴起，临安市上多卖昌源梅子，这种情况一直持续到元朝。明中叶以来，杭州进入新一轮城市大发展时期，西溪种梅开始兴盛。康熙末年以来西溪梅田衰落，而余杭皋亭山、大雄山两处同时兴起。嘉庆、道光以来，皋亭、大雄两处渐衰，而超山梅田蓬勃崛起，至民国年间臻于极盛。这些景点很大程度上都是围绕杭州这一中心城市的梅子消费而出现的。超山气势之盛不仅盖过所有湖墅梅花名胜，在嘉庆、道光以来邓尉梅田逐步衰落的背景下，不能不说是一个新的替代中心。这种情况在民国年间表现得尤其明显，苏、沪等地商人来超山、皋亭设厂收购，而同时苏州西郊的邓尉梅田已经衰落不堪，供不应求。正是现代商业资本的集中投入，尤其是适应上海这样的现代大都市的崛起，超山取代邓尉"香雪海"成了民国年间全国最大的梅产地和梅花风景胜地。

　　沿着这样一个思路，我们就不难发现，古代的梅花名胜中规模较大且持续时间较长的景点一般都地处苏州、杭州、福州、广州这样的中心城市附近，绝大多数梅花名胜都高度集中在今江苏南京、扬州、苏州、浙江湖州、杭州、绍兴、宁波等城市组成的黄金地带上。从南宋以来这里的社会人口、经济、文化发展迅速，大中城市高度密集，梅子的消费需求较大，加之地处江海之会，河网密布，交通发达，这些都是梅产业得以兴旺发达的必要条件。

　　全国类似苏、杭这样的大都市数量不在少数，其他地区也都有一定规模的中心城市，何以苏、杭一线会形成如此发达的青梅市场和产业传统，这还得联系当地的饮食习惯和经济状况去理解。众所周知，沪、苏、杭等地民众喜食酸甜，果杂零食等的消费也偏多。以今证古，口味酸甜的梅子制品在这一带有广大的消费群体、稳定的消费需求，这应是苏、杭一带青梅产地集中，梅子产销旺盛的根本原因。比较一下同样是地处梅花名胜黄金带的江苏南京，南京附近虽然属典型的江南丘陵地貌，自古梅花分布较多，也产生了一些风景名胜，如晚明清初的灵谷寺梅花坞，道光间龚自珍所说的江宁龙蟠。但灵谷寺梅花坞所产梅子仅供御用，规模有限，龙蟠一线属城内丘陵，以生产、销售花木盆景为主，燕子矶江边梅几乎昙花一现，整个南京周边从未出现过苏州邓尉、杭州西溪、超山、绍兴昌源、湖州栖贤那样持续、盛大的梅产地。究其原因，明以来这里的城市人口以两淮地区，尤其是今安徽省籍居多，虽地处江南，而饮食习惯与两淮更为接近，对酸梅之类果品的爱好与需求远不如两浙、三吴民众①，缺乏产业规模发展的市场潜力。这是我们考察古代梅花分布规律时不能忽视的一个因素。

4. 经济效益

关于种梅经济效益方面的文字记载尤少，笔者所见最直接的一条为乾隆三十二年（1767）冯至《十里梅园记》，文中记叙诸暨干溪山农种梅，烧制乌梅的收益情况："家种梅花数十亩或百数十亩，亩得金数十，生涯其中，不别治产。"② 是说每家种梅数十亩至百数十亩不等，每亩售果得银数十两。诸暨东北山区，地僻人稀，户占山田颇多，即以每亩得银三四十两计，收益也颇为可观。冯至所说可能是山中大户，而就一般小户来说大约一般也就只数亩或十数亩而已。明末王稚登《看梅过玄墓山中》"为园能十亩，何用石田耕"③，是说若得十亩梅园，便可支应一家生计。明中叶以来有一种说法，称宋代林逋当时隐居西湖孤山"植梅三百六十余树，花既可观，实亦可售，每售梅实一树，以供一日之需"④。这显然是一种文人佳话，反映的却是明清时期种梅之家的基本生计状况。清初太仓人陆世仪论区田之法，种芋"每亩约得金（引者按：指银）四十两"，"苟能躬耕四五亩，即可为一家数口之养"⑤。种梅的收获约与此相当，但种山田比水田省工，因此山地种梅的整体效益要比种粮好一些。清初张英《己巳春日入邓尉山九绝句》："虎山桥外柳溪斜，接屋连村学种花。自是山田收获少，梅园桂圃是生涯。"⑥ 花农的效益应该比果农更好，因为种花更多技术含量，投入的工本也相对多些，而产品属高档消费品，价格也更高些。嘉庆初詹肇堂《题襟馆种梅》："远从摄山致十本，一本酬直须一缣。"⑦ 沈起元《梅根（吴人谓之梅桩）》诗"土人施谬巧，曲折同拘挛。剪枝贴孤根，性命几不全。下以刀锯裁，上用棕丝穿。如妪簪娇花，如鹭擎寒拳。妖红既争艳，新绿亦

---

① 陈作霖《上元江宁乡土合志》卷六第四章"本境食物品"中详细列举"每日食品、酒品"、"令节食品"、"盐酱小菜、腐干面筋"、"茶品、酒糟"等，唯茶品小吃中有梅豆一种，"取黄豆以饴糖、红曲煮之，掺以梅子，其色味极鲜"，余皆未及梅。

② 冯至《允都名教录》卷二。

③ 王稚登《王百谷集十九种》梅花什元倡。

④ 王复礼《孤山志》。

⑤ 陆世仪《思辨录辑要》卷一一。

⑥ 张英《文端集》卷二七。

⑦ 曾燠等《邗上题襟集》续集。请参考本书内编二江宁龙蟠专题。

敷鲜。一本常五色，自谓顾盼妍。花工既矜诩，具陈心力专。见者遂惊赏，不惜抛金钱。豪门争致座，所费讵止千"①，洪亮吉《花田老人歌（俗名红梅绿萼处）》"种禾苦饥种花饱"②，说的就是这种情景。

清嘉庆以来，尤其是鸦片战争后，随着蚕丝出口的激增，蚕桑生产的经济效益日益高涨，分布地域和生产规模不断扩张，明中叶以来一直作为全国丝绸生产中心的江浙地区发展势头更旺③。在这样的大背景下，一些适宜种植桑树的梅产区受经济利益的驱使，纷纷伐梅栽桑，苏州邓尉山西麓、马家山前的"香雪海"是一片山间浅丘平谷，在当地首先被改为桑田。杭州西溪也复如此，还有乌程栖贤山、慈溪云湖、上海诸翟梅源、余杭大雄等，这些地方的梅田规模都不算小，大致都在乾隆后期至道光间同时走向衰落，虽然具体原因不明，但情况应与邓尉、西溪相仿，与当时江南地区蚕桑业急剧发展的整体形势密切相关。而象超山这样的新兴梅产区在清末民初以来急剧扩张，则完全得力于上海这样的新兴经济大都会的拉动，由苏沪商业资本的集中操作，与古相比已完全是另一番产销机制了。

（六）梅花名胜的旅游状况

在如今的社会生活中，旅游已成了一个重要的第三产业，越来越受到关注，相关的经济学和社会学研究也渐成体系。古代这方面的直接记载较少，因此我们这里的分析主要着眼于梅花名胜的资源特色和社会影响两方面的情况。

1. 资源特色

就风景旅游资源而言，一般包括两个主要方面，一是风景特色，另一是规模效应。梅花风景名胜的资源特色就主要体现在这两个方面。

（1）风景特色

梅花是一种植物风景，以观花为主。作为一种花卉，除了人们赋予的人文情趣和精神象征外，梅花花期最早，在赏梅风气最为盛行的江南地区，花期一般在立春至春分之间，比樱、桃、杏、海棠等都要早。这种领先群芳的季相是梅花的最大特色，更是作为风景资源特有的观赏价值。在经过寒冷而漫长的冬季之后，梅花的开放带来了春回大地的信息，从此万物复苏，欣欣向荣，人们的喜爱欣赏热情不言而喻。而在封建士大夫层面，赋予梅花许多高雅的精神意趣，因而推重备至，花期探

---

① 沈起元《敬亭诗文》诗草卷一。
② 洪亮吉《更生斋集》诗续集卷一〇。
③ 范金民、金文《江南丝绸史研究》第78—101页。

赏的积极性就更为突出。

（2）风景规模

梅花风景名胜的另一重要价值就是景点规模。梅子便于制作、贮存和运输，因而宜于大规模种植，形成产业规模。我们统计的 41 个景点中最少的也有十数至数十树，而大多数都是数千树、万树以上。连绵十里乃至数十里的梅景，是乡村经济种植所形成的大片景观，借用今天的说法是"观光农业"资源。其著称于世，流播入口关键在其盛大的规模。在梅花欣赏中，最常见的现象是小园幽径、篱边墙角与山间水滨、荒寒清绝之地一枝半树、三两横斜的情景，虽然其中有着人工与天然、家种与野生的不同，但大都追求一种疏淡清雅、幽静超逸的景致与情趣，而成千上万、十里二十里的连绵景观则是另一番景象与意境。正如清雍正间陶士偰所说，"凡物之类聚弗盛，则罔足以成今古钜观。故涧溪，水也，而观浩瀚奔腾者必归之溟渤；卷石，山也，而景嵯峨巉嵘者必极之岱衡；瓶蕊盆桩，梅也，而清芬幽馥必有若邓尉之千万亿株，而始见其如霜如霰，如白云瑶圃之迥绝乎尘寰"①。只有大规模连片种植形成的壮阔景观，尤其是农人种植单一品种，"万树惟一色，半山堆白云"的情景②，才能给人一种如云如雾、香雪似海的观赏效果，产生撼人心魄的气势和力量。这是别样的美感，古人对此也抱有强烈的兴趣和热情："看竹须千亩，看梅须万树"③，"散者不足观，聚者自然好"④，"十年不到香雪海，只当十年不见春。堪笑林逋太寒俭，无多几树老湖滨"⑤。人们从这样的景观中获得了与林逋那山园小梅疏影横斜完全不同的审美享受。

当然，从优雅的文人立场出发，对农民们的经济林景也不免有所诋议与不满。有诗人写瑞金深陇"如今陇上半农家，落实取材还种花。荒塍密植类菅蒯，挨排何处窥疏斜。纵有梅花标格损，斗雀喳喳蜂衮衮"⑥，是说同样是梅花，乡人种梅如种麻的情景，无与林逋那种疏影横斜的雅人高致。这是一副典型的雅人高士的眼光，也从反面进一步说明了乡村大田种植之风景的特殊价值。

在风景规模中还有另一种因素值得考虑，这就是景点的资源内涵。象江西大庾岭、苏州邓尉"香雪海"、南京灵谷寺梅花坞、扬州蜀冈"小香雪海"、太湖洞庭东西山、杭州西湖孤山、西溪、灵峰、余杭超山、皋亭山、桐庐九里洲、湖州梅花观、

---

① 陶士偰《朱辑五〈梅花千咏〉叙》，《运甓轩文集》卷二。
② 吴振缨《栖贤看梅》，张豫章《御选宋金元明四朝诗》明诗卷六四。
③ 童槐《九里洲看梅》，《今白华堂诗录补》卷一。
④ 李暾《大雄山看梅》其四，《松梧阁诗集》二集。
⑤ 吴焯《邓尉看梅》，查为仁《莲坡诗话》卷中。
⑥ 徐珂《清稗类钞》第 12 册第 5894 页。

乌程栖贤山、福州藤山、长汀朝斗岩等都处于风景名胜区中，自然与人文游览资源
丰富。而其他名胜也多居丘陵山地，自然山水与田园风光都多有可观，值得人们流
连吟赏。事实上像邓尉、西溪、洞庭两山、慈溪云湖这样大规模的景点，从古人的
游记作品看，一般游人多安排两三天的游程，显示了游览资源的丰富性。像邓尉、
西溪这样的景点，许多文人连年造访，一生三四次、五六次游览者不在少数，更是
体现了深厚的人文魅力。

2. 游览状况

这种大规模的名胜景观超出了文人山园小梅、孤芳自赏的境界，对社会公众有
更多的吸引力。但凡规模较大、往来方便的风景，多会出现游者"道路相属，觞咏
如云"的现象①，至少成都合江亭、南京灵谷寺梅花坞、苏州邓尉、洞庭两山、杭
州西溪、余杭超山、桐庐九里洲、富阳包家墅、福州藤山、长汀朝斗岩、瑞金深陇
等名胜出现过这样的盛况，而西湖孤山、大庾岭本就天下闻名，过者必游，这些都
具有广泛的社会影响，是古代梅花欣赏游览活动中值得特别关注的现象。

综合游人数量、来源（客源地）及其风景知名度等方面情况，我们可以将梅花
名胜风景的社会影响大致分为五个等级，列表如下：

古代梅花名胜社会影响等级表

等级	知名度	游人状况	名　　　胜	数量
1	全国闻名	来自四面八方，游人较多	杭州孤山、大庾岭、苏州邓尉山、杭州西溪、余杭超山、扬州梅花岭、南京灵谷寺梅花坞、罗浮山梅花村	8
2	远近闻名	以本州及附近州府为主，有不少外来游人	会稽昌源、桐庐九里洲、扬州蜀冈"小香雪海"、洞庭东西山、福州藤山、成都合江亭、乌程栖贤山、宜兴石亭、真州梅园、杭州灵峰、余杭皋亭山、广州萝岗、乌程菁山、燕子矶江边梅	14
3	主要闻名所在州县	以本州为主，兼有少量外来游宦流寓者	长汀朝斗岩、瑞金深陇、上海诸翟梅源、余杭大雄山、鄞县宝岩、黄岩方山、临海山宫、江阴伞墩	8
4	闻名所在县邑	以本邑为主，兼有少量邻县人士	慈溪云湖、诸暨干溪、长兴合溪梅花弄、长兴川口、武康烟霞坞、富阳包家墅、安吉北庄、湖州城南梅花观、安徽当涂尼山	9
5	记载较少	知者极少	安徽黄山浮溪、台湾淡水	2

---

① 陈学夔《榕城景物录》卷三。

综观古代梅花名胜，对其游众多少、名声大小、时间长短有决定性影响的主要有两种因素，一是地理位置，二是交通条件，而这两者又经常是表里交叉、紧密相联的。见于统计的 41 个景点中，杭州西湖孤山、杭州西溪、灵峰、皋亭山、余杭超山、余杭大雄山、富阳包家墅、会稽昌源、慈溪云湖、鄞县宝岩、湖州梅花观、乌程菁山、乌程栖贤山、南京灵谷寺梅花坞、燕子矶江边梅、苏州邓尉山、洞庭东西山、扬州梅花岭、扬州蜀冈"小香雪海"、真州梅园、上海诸翟梅源、福州藤山、长汀朝斗岩、广州萝岗、成都合江亭等 25 处都在州城周围或紧邻属县，也就是说去大中城市的距离普遍较近，交通较为方便，无论当地吏民，还是往来过客都乐于造访游览。尤其是邓尉、西溪、超山这样人气超旺的景点更是得力于苏州、杭州这样山水嘉胜、人口繁庶、物产富饶、民风宴乐的繁华都会。大庾岭扼赣粤交通要道，桐庐九里洲居富春江中游，罗浮山梅花村在岭南名山之麓，也都是过往人众、行旅聚集之地，因而知名度较大。而像长兴合溪、慈溪云湖、诸暨干溪虽然梅林面积都较大，但既非大城之郊，又远离交通干线，因而游者多只限于本邑。其中诸暨干溪的情况最为突出，就直线距离而言，去杭州、绍兴两地都不远，但由于地处诸暨与山阴交界的山区，林茂径幽，"旷寂稀人烟，往往虎豹栖止"①，人迹罕至，因而外方人士未见造访，几无所知。这些情况对我们今天赏梅景点的规划、建设和经营来说都值得借鉴。

（七）古代梅花名胜"排行榜"

完成上述考察、分析之后，我们可以综合各方面的因素，对 40 个古代梅花名胜的历史地位形成较为全面、准确的认识。我们模拟当今社会流行的"排行榜"这一方式，以景点规模、持续时间和社会影响三大因素作为统计内容，对古代梅花名胜的历史地位进行排序。我们的计算方法是，将各景点的规模大小、持续时间和影响等级的排位数三者相加，得出的数值从小到大，依次表示各景点的名次地位。在我们前面的统计中，社会影响只分五个等级，为了平衡三大因素所占比重，并适当增加社会影响的分量，将每个等级的数值以 10 分计算，第一等级中各景点计 10 分，第二等级中计 20 分，以下类推。列表如下：

———————

① 李亨特、平恕《（乾隆）绍兴府志》卷三。

古代梅花名胜历史地位排行榜

名　　胜	规模	时间	影响	合计	顺　序
苏州邓尉	1	6	10	17	1
杭州西溪	6	11	10	27	2
宜兴石亭	9	3	20	32	3
大庾岭	24	1	10	35	4
余杭超山	3	24	10	37	5
广州萝岗	4	18	20	42	6
洞庭东西山	13	10	20	43	7
罗浮山梅花村	33	4	10	47	8
南京灵谷寺梅花坞	30	8	10	48	9
杭州孤山	39	2	10	51	10
桐庐九里洲	12	19	20	51	10
乌程栖贤山	11	21	20	52	12
上海诸翟梅源	16	9	30	55	13
乌程菁山	20	16	20	56	14
会稽昌源	15	23	20	58	15
扬州梅花岭	37	12	10	59	16
长兴合溪梅花弄	2	20	40	62	17
福州藤山	17	25	20	62	17
瑞金深陇	18	15	30	63	19
余杭皋亭山	14	31	20	65	20
黄岩方山	23	13	30	66	21
余杭大雄山	7	35	30	72	22
长兴川口	5	27	40	72	22
诸暨干溪	8	26	40	74	24
长汀朝斗岩	29	17	30	76	25
南京燕子矶江边梅	26	30	20	76	25
慈溪云湖	10	28	40	78	27
鄞县宝岩	27	22	30	79	28
安吉北庄	35	7	40	82	29
当涂尼山	41	5	40	86	30

名　　胜	规模	时间	影响	合计	顺　序
富阳包家墅	32	14	40	86	30
真州梅园	25	41	20	86	30
扬州蜀冈"小香雪海"	28	39	20	87	33
成都合江亭	34	34	20	88	34
武康烟霞坞	21	33	40	94	35
江阴伞墩	31	36	30	97	36
杭州灵峰	40	38	20	98	37
黄山浮溪	19	29	50	98	37
临海山宫	36	37	30	103	39
湖州梅花观	38	32	40	110	40
台湾淡水	22	40	50	112	41

　　大庾岭、罗浮山、孤山、邓尉、西溪无疑是古代名胜中最重要的，尽管孤山和罗浮山的梅花规模较小，因而较邓尉、西溪等排名稍后，但仍跻身前十位，显示出不可动摇的地位。五大名胜中邓尉的地位尤其重要，综合数据显示，其地位遥遥领先其他名胜。当然，我们这里统计的"影响"，实际只是考虑了一般社会知名度，如果综合深层的文化意义和思想影响而言，大庾岭、孤山和罗浮三地，无疑是应该名列榜首的。

　　综合景点各方面的情况，结合本人研究的体会，排在前二十位的景点或规模盛大，或历史悠久，或影响广泛，或意蕴深厚，在古代梅花风景名胜中比较重要，值得特别重视。排在稍后的余杭大雄山、成都合江亭、杭州灵峰也都有不小的影响，值得关注。由于像袁枚随园这样具有一定规模，且持续时间不短的景点并未纳入统计范围，20以后的名次实际意义不大，可称为较有影响的一类。

内编四　梅花古树名木

引　言

　　本书上述内容主要是大规模的梅花风景，在梅花名胜中，古梅名株也是一个重要的方面。它们虽然多是单株零植，规模较小，然或出名人手植、名园孑遗，或者阅岁绵久，累世传承，大都虬屈夭矫，尽态极奇，有着特殊的观赏价值和丰富的人文积淀，备受人们重视和喜爱。古代各地方志对古梅、名梅多有记载，但数量较大，标准不一，难以一一介绍。我们这里选择古人关注较多、社会影响较大的32处古梅名木进行重点考述，对其前世今生、来龙去脉、奇姿异彩和文化意义等一一梳理与分析。近三十年科技工作者在南方各地，尤其是云贵高原、江南丘陵山地发现了不少数百年乃至上千年的古梅，这些古木大多地处幽深荒僻，古所未闻，因而在历史上没有留下任何印迹，不属于我们这里讨论的对象，在本书外编中另章著录。杭州超山"宋梅"、"唐梅"等在前面相关章节中已有论述，此不赘复。依前两编之例，本编按古梅闻名之先后，兼顾可考种植时间之先后为序。

一、成都西郊蜀王故苑 "梅龙"

　　蜀苑梅龙故址在今四川成都市西郊。唐宋时，成都青羊宫及西郊浣花溪一线梅花颇盛。杜甫《西郊》诗："时出碧鸡坊，西郊向草堂。市桥官柳细，江路野梅香。"① 陆游《梅花绝句》："当年走马锦城西，曾为梅花醉似泥。二十里中香不断，青羊宫到浣花溪。"② 这一路梅花中，杜甫草堂以西的王建故苑梅龙最为突出。王建，五代时前蜀主，公元907—918年在位。西郊梅龙相传是王蜀故苑遗物，巨干虬曲如卧龙，因称梅龙。

（一）南宋绍兴间的梅林景象

　　这一梅景最早见于南宋绍兴年间（1131—1162）冯时行等人的携酒唱和。冯时行《梅林分韵诗序》：

　　"绍兴庚辰十二月既望，缙云冯时行从诸朋旧凡十有五人，携酒具出西梅林。林本王建梅苑，树老，其大可庇一亩，中间风雨剥裂仆地上，屈盘如龙，孙枝丛生直上，尤怪古者凡三四。酒行，以'旧时爱酒陶彭泽，今作梅花树下僧'为韵，分题赋诗。客既占韵，立者倚树，行者环绕，仰者承荄，俯者拾英，吟态不一，皆可图画。是行也，余被命造朝，行事薄遽，重以大府衣冠谒报，主人馈劳，酬对奔驰，形神为之俱敝，诸公导以斯游。江流如碧玉，平野秀润，竹坞桑畴连延弥望。民家十十五五，篱落鸡犬，比间相亲，不愁不嗟。余散策其间，盖不知向之疲苶厌苦所在也。昔人谋于野则获，闲暇清旷，有爽于精神思虑，游不可废如此哉，又况所与游皆西州名俊喜事者耶。诗成次第，不以长少，以所得韵之后先，联成轴。客十有五，韵止十四，吕义父别以'诗'字为韵，又有首眩诗不成者，缺'树'字一韵，余过沉犀，樊允南监镇税，语允南补之。诸公又属时行为之序。十五人者，成都杨

---

① 《全唐诗》卷二二六。
② 陆游《剑南诗稿》卷五〇。

仲约、施子一、吕周辅、义父、智父、泽父、宇文德济、吕默夫、杜少讷、房仕成、杨舜举、绵竹李无变、潼川于伯永、正法宝印老、缙云冯当可。"①

　　冯时行（？—1163），字当可，壁山（今属重庆）人。宣和六年（1124）进士，任江原（治今四川崇州南）县丞、丹棱（今属四川）知县等。绍兴八年（1138），以政绩突出召对，因反对和议，出知万州（今属重庆）。绍兴十一年，因不附秦桧，被诬免官，居故乡缙云山中，授徒讲学，因以为号。秦桧死，二十七年（1157）起知蓬州（治在今四川营山县北），二十九年知黎州（治今四川汉源县北）。三十年冬，高宗"记其名，召赴行在"，行至建康，"以疾不进，上疏言敌决败盟，望移跸进幸建康，下罪己之诏，感动中外，愿与社稷俱为存亡。自古未有人主退，而能使天下进"②，疏奏上，命知彭州（今属四川）。大约在宋孝宗即位后擢成都府路提点刑狱，不久即卒③。冯时行是一个积极主战，反对与金人和议的正直之士，因而废居故乡十八年。也许正是这种性格和遭遇，冯时行对梅花很是欣赏，且有识见，今存为数不多的作品就有《出郊以"江路野梅香"为韵得路字》、《梅花》、《落梅》、《点绛唇》等六首专题咏梅之作。在《题墨梅花》一文中他提出："骚人以荃荪蕙茝比贤人，世或以梅花比贞妇烈女，是犹屈其高调也"，适宜用来比喻梅花品格的是兄弟让国，不食周粟，首阳隐居，采薇而死的"孤竹君之子"即伯夷、叔齐④。这一观点在梅花格韵正逐步得到推尊的南宋初期是颇有先发之明的。

　　冯时行的序言对这次活动的背景和参与人员交代十分清楚，时间是绍兴三十年腊月十六日（公元1161年1月14日），冯时行当黎州知州任上，受命赴京前在成都忙于公务交接和官场应酬，故旧好友邀请他作西郊探梅之游，一行十五人，取黄庭坚"旧时爱酒（按：黄诗本作菊）陶彭泽，今作梅花树下僧"诗句，各拈一字为韵，余一人以"诗"字为韵⑤。所作十五首，《成都文类》、《全蜀艺文志》、《蜀中

① 袁说友、扈仲荣、程遇孙等《成都文类》卷一一。
② 李心传《建炎以来系年要录》卷一九二。
③ 蹇驹《古城冯侯庙碑》，冯时行《缙云文集》附录。
④ 冯时行《缙云文集》卷四。
⑤ 除冯时行外，另十四人为：杨大光（字仲约）、施晋卿（字子一）、吕商隐（字周辅）、吕宜之（字义父）、吕及之（字智父）、吕凝之（字泽父）、宇文师献（字德济）、吕默夫（名不详）、杜谨言（字少讷）、房仕成（名不详）、杨凯（字舜举，同卷又写作杜舜举，误）、李流谦（字无变）、于格（字伯永）、释宝印（字坦叔，号别峰，俗姓李）。这十五人中，冯时行、李流谦二人，《四库全书》辑有别集。释宝印影响稍大，《五灯会元》有传，吕宜之、及之、凝之当为兄弟行。李流谦的籍贯记载有异，冯时行称其绵竹人，而《澹斋集》附录流谦兄李益谦所作《行状》称："其先汉州德阳县人"，因而有据以作德阳人。冯氏所说不诬，不仅德阳、绵竹两县相邻，陈骙《南宋馆阁录》卷七载流谦父李良臣为绵竹人。张栻《南轩集》卷四一《宇文史君墓表》记宇文师献在绵竹县丞任上与县故老李良臣、秀士李流谦、黄钧等游从，可见时人都以李良臣、李流谦为绵竹人，所谓德阳，当为祖籍。或者居处两县交界，辖境微调，而籍贯遂异。

广记》见载，但所署作者与冯时行所说十五人略有出入。冯说一人头晕未能作诗，由樊允南（字汉广）补作"树"字韵，实有吕默夫、房仕成两人未见存诗，另所缺"僧"字韵由未与会的张积翌日补作。

序言称所游梅林为"王建梅苑"，王建是否建有一专题梅苑，史无记载。令人遗憾的是，序言对梅林地点交代并不具体。稍后陆游有诗称："故蜀别苑在成都西南十五六里，梅至多，有两大树，夭矫若龙，相传谓之梅龙。"① 范成大《范村梅谱》则说："去成都二十里有卧梅，偃蹇十余丈，相传唐物也，谓之梅龙，好事者载酒游之。"同时曾敏行（1118—1175）《独醒杂志》卷六："李布梦祥言，成都合江园乃孟蜀故苑，在成都西南十五六里外，芳华楼前后植梅极多。故事腊月赏宴其中，管界巡检营其侧，花时日以报府，至开及五分，府坐领监司来燕游，人亦竞集。有两大树夭矫若龙，相传谓之梅龙。"所说显然已将合江园（芳华楼）梅林与西郊梅龙混为一谈②，实际前者在当时的成都东南，后者在杜甫草堂之西，相去较远。曾氏江西庐陵人，"年二十遇疾"③，不能仕进，居于故乡，有关成都梅花的消息都属耳闻，不免有误，但"在成都西南十五六里"云云，与陆游所说完全一致，显然是指蜀苑梅龙。曾敏行所说得自李布，李布生平不详。《江西通志》卷四九"绍圣三年丙子解试"名录中有"李布，分宁人"一条，或即曾氏所言之人。如果属实，梅龙的最初发现应可追溯到北宋后期。

还是回到冯氏一行唱和诗，由于十五首俱存，有关梅林的描写也就较为丰富：

首先是地点。吕及之、吕商隐等人诗中都称"去城十里"，吕及之称"南郊"，冯时行称"城西"，合而言之，也正是陆游所说"西南"之意。杨凯（字舜举）诗称"江之浔"，冯时行称"江之隈"，吕宜之称"江之湄"，都是说梅林地处锦江边，冯时行"梅花傍江高崔嵬"，说得最为明确。吕宜之"家家浣溪南，横斜映疏篱"，更是指明在锦江之南。揣其地点当在今杜甫草堂向西、清水河（锦江）靠西

① 陆游《故蜀别苑在成都西南十五六里，梅至多，有两大树，夭矫若龙，相传谓之梅龙。予初至蜀，尝为作诗，自此岁常访之，今复赋一首，丁酉十一月也》，《剑南诗稿》卷九。
② 曾氏卒于淳熙二年（1175），时间早于陆、范二氏所言，细察其文字与陆游《故蜀别苑在成都西南十五六里……》诗题及范成大《吴船录》有关合江亭的记载言词多有雷同，疑由两人有关文字缀合而成，故所言本属两地而不觉。观曾三聘《独醒杂志》跋："右《独醒杂志》，先君记事之书也。先君隐居不仕，凡所见闻皆笔于册。既没世，诸孤不肖，惧弗克绍，因并追记平日燕谈，编次为十卷。诚斋先生见之，辱赐之序，仍刻版于家塾。"是《独醒杂志》并非全然曾敏行原稿，而是包含了曾三聘兄弟后来的"追记"。有关"李布梦祥"所说成都梅花的景象，或即出于"追记"，或者曾敏行笔之不详，曾三聘补缀陆、范二氏记载而成。《独醒杂志》杨万里序、曾三聘跋分别在淳熙十二年至十三年初，可见书初刻于淳熙十三年，去曾敏行离世十多年，去陆游、范成大的诗歌和笔记写作的时间也已六七年，曾三聘参考陆、范著作就很有可能。
③ 樊仁远《浮云居士曾公行状》，曾敏行《独醒杂志》附录。

三环方向之水南一侧。

其次是梅树的数量。吕及之诗称"突兀老梅余十辈",是说古梅有十棵左右。从杨凯、施晋卿诗中可知,此行赏梅主要又分两个阶段。一是在谢氏庄园,所见有六棵老梅:"亭亭姑射仙,玉立何森森。谢氏六君子,对饮香满襟。"(杨凯)"庭荒六老树,气象自俨雅。"(施晋卿)冯氏一行在此呼酒对饮,赏花赋诗。二是更向西行"梅龙"处。宇文师献"向晚入深巷,苍根欹瓮牖。始知水西头,卧梅胜卧柳",施晋卿"最后看枯株,何意当大厦",杨凯"西陵访老龙,奇怪万可钦",说的都是号称梅龙的虬枯奇特之古树。冯氏所说"尤怪古者凡三四",则是就整个梅林而言的。

再次是古梅的风姿。其中以梅龙最具代表性,诸位所写多着笔于此。冯时行序中称:"树老,其大可庇一亩,中间风雨剥裂仆地上,屈盘如龙,孙枝丛生直上。"诗中又称"睡龙",宇文师献也称是"卧梅",稍后范成大也说是"卧梅偃蹇十余丈",可见树干仆地盘屈如龙,与一般所见古梅屈干逶迤向上有所不同。而立地主干发枝四展,冯时行所说"大可庇一亩",施晋卿称"当大厦",也极为壮观罕见。另冯时行所说"风皴雨皵封苍苔,孙枝迸出谁胚胎",则是说苔藓封满,孙枝丛生。成都气候温润多雨,田地膏腴,竹树翁蔚,以百年古树这种情形尤宜出现。

最后是周围环境。这是一个锦江边的村落,"家家浣溪南,横斜映疏篱"(吕宜之),"临水互葱蒨,傍篱忽横斜"(吕凝之),"香度竹篱短,影摇溪水碧"(释宝印),是说这一带梅花随处可见,花树、茅篱、清溪相互映衬,极其清旷幽野之致。而古梅则多分散在这个江边荒村土院边。

上述都是冯氏一行唱和所透露的梅林景象,其中尤以梅龙最为苍虬奇特。即如传言为王建所栽,至此也不过250年的树龄,竟能如此行地如龙,枝干如厦,这样的生长速度,大概也只有在成都平原这样温润翁蕴之地才能出现。

(二) 陆游等人的观赏题咏

此后不久即孝宗乾道、淳熙间,又有两位文人探访梅龙留下了作品。一是四川遂宁人杨甲,另一是大诗人陆游。杨甲,字嗣清[①],遂宁(今属四川)人,乾道二

---

① 同时有两杨甲,另一为昌州(治今重庆大足)人,字鼎卿。陈振孙《直斋书录解题》卷三:"《六经图》七卷,东嘉叶仲堪思文重编。案《馆阁书目》有六卷,昌州布衣杨甲鼎卿所撰,抚州教授毛邦翰复增补之。"此人活动于宣和、绍兴间,年长于嗣清,《六经图》成于绍兴中,乾道中毛邦翰增补。《两宋名贤小集》、《宋百家诗存》、《四库全书总目》均与字嗣清者混为一人。今《成都文类》所载杨甲诗文均应为嗣清作品。

年（1166）进士①，曾为邑令②，召对为太学录③，通判汉州（治今四川广汉）④。大约乾道五六年间，杨甲曾三次游览蜀苑梅龙。《成都文类》收其两首诗：《腊日游梅龙以"雪后园林才半树"为韵得"树"字》、《庚寅再游》。前诗当如冯氏之游也是携友来玩，分韵唱和，诗中即称"重来"，又说"年年看梅水西路"，显然远非首次。第二首作于乾道六年，应是一干朋友次年再游⑤，诗歌描写较为具体："舣舟登岸入梅处，竹树烟火茅茨低。百年死树虫薛暗，鳞甲漠漠僵横霓。老翁鼻祖头雪白，下见儿女方胜笄。数株无力已仆地，强起放春花满畦。瘦龙夭矫欲仙去，脊尾一半埋沙泥。雷公几时猎幽蛰，夜半刀斧来刳刲。野人往往多再拜，疑有鬼物凭其栖。问樵访牧不知岁，龆乱已见今髦倪。故人同游六七辈，或似醉阮林中秸。绕树觅花不识路，东边犬吠西号鸡。榼中但有酒清浊，寒具野檐勤携赍。引之各各坐香树，醉中采撷欲满提。谁言犹是蜀梅苑，破丘断垄山蒿藜。"⑥ 这里也称蜀之"梅苑"，由来已久。所见仆地卧树，盘屈苔封，孙枝丛生的景象一如冯氏一行所说。有关梅树曾遭雷击，当地村民疑为鬼物敬惧畏拜的描写则是一些新发生的情况。

乾道八年（1172）十月，陆游被任命为成都府安抚司参议官，十一月抵达成都，次年春即赴西郊探访梅龙，有《西郊寻梅》诗为证。也许是初次接触，印象比较浮泛。此后花期常来游赏，四年后的淳熙四年（1177）十一月写下了著名的专题诗《故蜀别苑在成都西南十五六里，梅至多，有两大树，夭矫若龙，相传谓之梅龙。予初至蜀，尝为作诗，自此岁常访之，今复赋一首，丁酉十一月也》："昔年曾赋西郊梅，茫茫去日如飞埃。即今衰病百事懒，陈迹未忘犹一来。蜀王故苑犁已遍，散落尚有千雪堆。珠楼玉殿一梦破，烟芜牧笛遗民哀。两龙卧稳不飞去，鳞甲脱落生莓苔。精神最遇雪月见，气力苦战冰霜开。羁臣放士耿独立，淑姬静女知谁媒。摧伤虽多意愈厉，直与天地争春回。苍然老气压桃杏，笑我白发心尚孩。微风故为

---

① 甘燨、王懋昭《（民国）遂宁县志》卷三："杨甲，字嗣清。清议推属，有声西州。孝宗乾道二年萧国梁榜（进士）。对策言……甲仕不显，弟辅，祀贤祠。"一说淳熙二年进士，刘时举《续宋编年资治通鉴》卷九："乙未淳熙二年春三月，亲试举人，以詹骙为首。有蜀人杨甲对策，言恢复之志不坚者二事：其一谓嫔妃满前，圣意几于感溺；其一谓策士之始，其及兵者不过一言，是以谈兵革为讳，论兵革为迂也。上览对不说，置之第五。"
② 岳珂《桯史》卷八。
③ 佚名《宋史全文》卷二七："（淳熙九年）是春召对，杨甲，寻除太学录。"
④ 李流谦《送杨嗣清国录出倅广汉》，《澹斋集》卷三。李流谦淳熙三年（1176）卒，乾道末曾在京任王宫小学教授，诗当作于此时，是杨嗣清在乾道时已经入仕。然淳熙三年杨嗣清为范成大作《成都縻枣堰亭记》仍称门下"诸生"，殊不可解。
⑤ 诗以"雪后园林才半树"为韵，同行当为七人左右，《庚寅再游》称"故人同游六七辈"，可见两次人数相近，或为一班人马例行前往。
⑥ 袁说友、扈仲荣、程遇孙等《成都文类》卷一一。

作妩媚，一片吹入黄金罍。"① 诗中不只描写梅龙皴皮苔封的形象，而是着力赞美其历经沧桑变迁，冰雪摧折而其意"愈厉"的"精神""气力"，字里行间折射着陆游慷慨豪迈的品格意志，这是陆游咏梅的一个基本特点②。对于成都两处赏梅名胜，陆游更喜欢的是西郊梅龙。其《城南寻梅得》诗中写道："青烟漠漠暗西村，问讯梅花置一尊。冷淡生涯元不恶，却嫌歌吹合江园。"③ 对合江园那样的官场游园应酬，陆游其实并不乐意，他更喜欢远郊梅龙的携酒独游。就所见梅龙景象而言，陆游特别指明的是"两大树夭娇若龙"，与冯时行等人所说的"老梅余十辈"（吕及之），"尤怪古者凡三四"（冯时行），其中梅龙"一树知独秀"（吕商隐）的情况已有所变化，联系杨甲诗中所说"数株无力已仆地"，似乎冯时行以来有些老木已熬到了生命的尽头，陆游所见只剩两株了。

（三）此前此后莫名的寂寥

令人费解的是，这一古林奇观只是在绍兴三十年至淳熙四年不到二十年间迎来了这三拨文人的游赏，此前整个北宋并未有人提及，而陆游之后到明代中叶的四百年间也未见有人实地探游。梅林西去杜甫草堂仅十多里，远非深山幽谷，又有陆游等人诗酒宴游在前，尤其是在成都这样物产富饶、社会稳定、人文荟萃、民风燕乐之地，是颇为费解的。到了明万历后期，曹学佺曾慕名寻访过，其《蜀中广记》卷六三："蜀王建梅苑有一老梅，其大可庇一亩，屈盘如龙。予访之，亦在草堂之西，四十年前此梅尚在，而今亡矣。宋冯时行梅林分韵诗，即此梅也。"曹学佺万历三十六年（1608）任四川右参政，次年三月抵成都，万历三十九年擢按察使，四十一年因奸佞小人谗毁，获罪削官而归。所说"四十年前"，约当万历元年（1573）前后。如果所说梅龙确如传言出于前蜀王建故苑，而明人所见又确是冯时行、陆游等人所咏，则这株梅树至少存活了六个多世纪。明姚旅《露书》卷一〇："成都城外十数里，梅花甚夥，独二株甚古，苍枝虬曲，偃蹇如龙，谓之梅龙。李本宁先生为监司时，每游咏其下。"万历二十六、七年间，李维桢（字本宁）曾为川西道督木参政，驻成都④，其晋按察使当在其后，年代不明。这一记载如果属实，至少万历中梅龙尚在。奇怪的是到了晚清，两位四川文人有诗涉及。一是咸丰、同光间广汉人张懋畿《西郊梅龙》诗："苍龙堕云中，伏地飞不得。化作老梅花，偃卧西郊雪。

---

① 陆游《剑南诗稿》卷九。
② 参阅笔者《宋代咏梅文学研究》第151—155页。
③ 陆游《剑南诗稿》卷九。
④ 据李化龙《二运大木劝惩疏》，《平播全书》卷二。

有客骑驴来，消尽心头热。"① 另一是光绪时崇庆人吴克让《故蜀别苑梅龙行》：
"锦水湛流飘劫灰，老梅两株自今古。梅花开遍西郊旁，夭矫如龙不可方。岂是冬
心坚铁石，只缘树色饱风霜。斧斤幸免樵苏虐，枝叶无从蝼蚁伤。力战寒空斗晴雪，
飞腾入海回春阳。……兴亡前后俱如梦，花蕊连翩归赵宋。览景曾为邓尉游，寻幽
早入罗浮洞。诃池杨柳怨东风，海棠谁访燕王宫。醉骑骏马看春色，输与新诗咏放
翁。"② 两诗都提到骑马（驴）观赏，似为写实，但题目近于拟古，两诗写景似乎都
与陆游等人诗意雷同，并未提供任何新的信息。尤其是吴克让一首，揣其语意显属
咏古而非写实，显然此时梅龙早已烟飞云散。嘉庆《成都县志》："梅苑：在县西南
十五里，相传故蜀王建，今废。"③ 这一说法应该更为可信，即或当地有梅，也应是
后来好事者补栽。同治《重修成都县志》："故蜀别苑，在成都西南十五六里……今
名其地为梅子巷。"④ 明确指明梅龙所在地名，值得进一步考证。

---

① 罗廷权、袁兴鉴等《（同治）重修成都县志》卷一〇。
② 谢汝霖、罗元黼《崇庆县志》附《江原文征·县人所咏之诗》。
③ 王泰云、袁以埙等《（嘉庆）成都县志》卷一。
④ 罗廷权、袁兴鉴等《（同治）重修成都县志》卷二。

二、崇安县署赵清献手植梅

　　赵清献即赵抃（1008—1084），字阅道，宋衢州西安（今浙江衢州）人（图123）。宋仁宗景祐元年（1034）进士，历任崇安（今福建武夷山市）、海陵（今江苏泰州）、江原（今四川大邑东南）等县知县，宜州（今属广西）、泗州（今江苏盱眙北）等地通判，睦州（治所在今浙江桐庐、建德间）、虔州（今江西赣州）、成都、杭州、青州（今属山东）等州府知事，梓州（治所驻今四川三台）、成都、河北等路转运使，治平四年（1067）任参知政事，元丰二年（1079）加太子少保致仕，卒谥清献，世称清献公。赵抃为人"长厚清修"，平生不治资产，不蓄声伎，为政严正清廉，宽简便民，立朝不事苟且，直言敢谏，宰相韩琦称其"真世人标表"①。其为殿中侍御史时，弹劾不避权贵，人称"铁面御史"，治平二年（1065）知成都时，"匹马入蜀，以一琴一龟自随"②，又传其为成都转运使时，巡察地方"唯携一琴一鹤"③。正是如此高风亮节，其遗迹多为人们敬事和纪念，崇安县署所植梅即是其一。

图123　赵抃像（华人德主编《中国历代人物图像集》第732页）。

　　赵抃于宋仁宗宝元元年（1038）知崇安县，庆历元年（1041）通判宜州，在任三年，多有建树，后世有传其所植松、梅等树。《（弘治）八闽通志》卷七三："清献梅亭：在县治后，宋赵抃为县令时手植梅于后圃，后人立石，刻'清献梅'三字，并为铭曰'召有棠，莱有柏，

① 脱脱等《宋史》卷三一六。
② 苏轼《赵清献公神道碑》，《苏轼文集》卷一七。
③ 沈括《梦溪笔谈》卷九。

赵公之梅，刻以石'。元县尹彭好古构亭其上。又县门外有清献松，亦抃所植也。"
《（崇祯）闽书》卷三四："县圃有宋赵清献手植梅，邑令王纯就梅傍建思献堂，詹
元辅复建浮香阁。"王纯、詹元辅、彭好古分别于宋高宗绍兴二十六年（1156）、理
宗淳祐元年（1241）、元泰定五年（1328）任知县①。据记载，南宋孝宗朝邑人彭岩
肖曾为县令补植梅花作诗"清献堂前树，无枝可着春。岂知三百载，复有种花
人"②。而清献梅碑为景定二年（1261）县令邱应申所刻③。这些都可见从南宋开
始，人们已就赵抃手植梅刻石建亭以为纪念，并不断加以维护和增添。

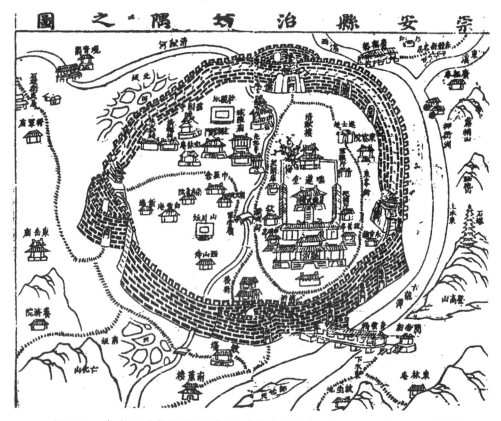

图124　崇安县治坊隅图（康熙《崇安县志》卷一）。图中县署院内赫然
一株古梅，即所谓清献手植梅。

---

① 管声骏《（康熙）崇安县志》卷四。
② 何乔远《（崇祯）闽书》卷一二八。
③ 冯登府《闽中金石志》卷一〇："赵清献梅碑（景定二年）：《名胜志》：清献公手植梅数本，在崇安县后
堂。景定二年邑令邱应申刻石，颂云'召有棠，莱有柏。献之梅，刻以石'。按，应申，福清人，景定三
年进士。"《（弘治）八闽通志》卷四八、《闽书》卷七九选举志中，邱应申均作景定三年方山京榜进士，
此处《名胜志》显然有误，待考。

　　明时县署"清献梅"续植不绝。除前引《八闽通志》、《闽书》外，《（嘉靖）建宁府志》①、《大明一统名胜志》也均有记载。后者称"赵清献梅碑，益清献公手植梅数本，在县后堂"②，较为具体。晚明孔贞时有《崇安署中梅为赵清献手植》诗③，都可见这一古迹一直受到重视与保护。清康乾间，相关记载也较为丰富。康熙九年（1670）县志称县治圃中"有清献手植梅，旁有思献堂（旧名景献）"，"又有浮香阁"④。康熙五十六年，县令陆廷灿《南村随笔》记载："古梅亭，赵清献令崇安，栽梅后圃，并建梅亭。后人怀其德，爱其树，为之碑以志之。余承乏斯邑，见梅已无存，亭亦久废，不禁感叹，因亟建亭植梅，以存旧观，岂敢步武前贤，聊以志景仰之意云。"⑤ 雍正十二年（1734），县令刘埥记载："崇署后圃有老梅二本，相传赵清献公作令时手植。"并记无锡杜诏赋清献梅七律诗"自古甘棠著颂声，老梅何以至今名。冰霜历尽如清献，铁石原来似广平（清献称铁面御史）。司牧有人称后起，焚香无愧继先生。一琴一鹤遗风在，满县花多手种成"，颇能形容清献梅与清献人品相互寓托辉映之趣⑥。乾隆五十一年（1786）秋，袁枚游崇安，作有《崇安署中观清献梅》诗⑦，也颇引人瞩目。

　　历代有关记载和诗咏极少强调"清献梅"之古老，数量也是"数本"或"二本"不一，而且品种有时称红梅，有时是白梅，可见并非一树持续相传，而是后人不断循名补植而已。清嘉道以来记载较少。1942 年民国《崇安县新志》虽然在赵抃传中提及植梅之事⑧，但并未说明当时状况，1931 年县署被焚毁，与清献梅有关设施自不能免。今人所编《武夷山市志》称 1931 年国民党军队围剿红色政权时，清献梅被毁，所说即此事⑨。

---

① 夏玉麟、汪佃等《（嘉靖）建宁府志》卷六："县圃有老梅，西门有古松，皆抃手植也。"
② 曹学佺《大明一统名胜志》福建八卷之八（建宁府志胜）。
③ 孔贞时《在鲁斋文集》卷一。
④ 管声骏《（康熙）崇安县志》卷三。并见图 124。
⑤ 陆廷灿《南村随笔》卷六。
⑥ 刘埥《片刻余闲集》卷一。
⑦ 袁枚《袁枚全集》第 1 册第 748 页。
⑧ 刘超然、郑丰稔等《崇安县新志》卷九。
⑨ 武夷山市志编纂委员会《武夷山市志》第 580、607 页。《（民国）崇安县新志》的说法则相反："民国二十年六月共党陷城，（引者按：县署）全部被焚。"见该志卷一三"废署"，是此时县署已成废墟。揣其情景，当是国共双方激战所致。

三、临江盘园古梅

　　盘园本南宋江西转运使任诏别墅，故址在今江西樟树市（原清江县，1988 年改县设市）临江镇西之富寿冈旁①。宋范成大《梅谱》："去成都二十里有卧梅，偃蹇十余丈，相传唐物也，谓之梅龙，好事者载酒游之。清江酒家有大梅，如数间屋，傍枝四垂，周遭可罗坐数十人。任子严运使买得，作凌风阁临之，因遂进筑大圃，谓之盘园。余生平所见梅之奇古者，惟此两处为冠。"后世蜀苑"梅龙"与"清江梅"或"临江梅"一起成了文人经常提及的古梅名迹。任诏（？—1193），字子严，蜀人，一说新淦人，曾任进贤、新喻等县知县、湖南转运判官，改知复州（治今湖北天门）②，绍兴二十一年（1151）知梧州③，大约二十四年任江西转运使④，累上书致仕⑤，退居清江，筑圃富寿冈旁，扁曰盘园。其激流勇退，退闲自乐之品节意趣颇受向子谌影响，而其盘园"广袤数里，高下因山川，甚有野兴"⑥，与向氏之临江芗林别墅齐名当时。园中凌风阁为观梅所建，同时王庭珪诗称"人在半天攀玉蕊，山如方丈接瀛洲"⑦，可见其登临风景之胜。任氏身后，此园并古梅很少有人提及，宋以后各类方志有关记载也多抄录范成大旧说，当是任氏后裔不保，遽然湮废。象清人钱时雍《江城古迹诗十二首·盘园》⑧、董沛《县斋述感》⑨诗中提及盘园古梅，了无写实之语，都只是怀古说故而已。

---

① 德馨、朱孙诒、陈锡麟《（同治）临江府志》卷四：任诏"退居清江，筑圃富寿冈之旁，扁曰盘园"。潘懿、胡湛修、朱孙诒等《（同治）清江县志》卷二："城西有富寿冈，盘绕郡治。"

② 洪迈《容斋随笔》四笔卷一五。

③ 吴九龄、史鸣皋等《（乾隆）梧州府志》卷一二。

④ 同时王庭珪有《送任子严江西运干》诗，《卢溪文集》卷一六。此诗编于《乙亥立春，夜雨，平旦大雪》前数首，姑系前一年。

⑤ 周必大《跋临江军任诏盘园高风堂记》，《文忠集》卷一八。

⑥ 周必大《泛舟游山录》，《文忠集》卷一七〇。

⑦ 王庭珪《任子严凌风阁》，《卢溪文集》卷一八。

⑧ 潘懿、胡湛修、朱孙诒等《（同治）清江县志》卷九。

⑨ 董沛《县斋述感》其四，《六一山房诗集》诗续集卷八。

四、滁州醉翁亭"欧梅"

（一）醉翁亭欧公手植梅的出现

安徽滁州醉翁亭欧梅，相传欧阳修手植（图129）。但遍检欧阳修全集未见有这方面的信息，欧阳修同时人乃至整个北宋时期的各类文献中均未见相关记载。宋仁宗庆历五年（1045）至八年间，欧阳修贬知滁州。在滁两年多，有山间种花之举，诗称"经年种花满幽谷，花开不暇把一枝"①，但所说是滁州城西丰山幽谷，而非城南琅琊山。欧阳修《游琅琊山》"南山一尺雪，雪尽山苍然。涧谷深自暖，梅花应已繁"②，可知当时琅琊山间野梅较多。欧阳修是否在醉翁亭植梅，无从考证。

就文献记载而言，有关醉翁亭畔欧阳修植梅之说，最早出现于南宋。赵公豫《同鲍祗登醉翁亭看欧阳公手植梅花》："欧亭犹在望，梅萼自芬芳。地以人为重，花为植者香。山峰皆拱列，石骨尽昂藏。文采风流事，参军独擅场。"③赵公豫（1135—1212）字仲谦，常熟（今属江苏）人，绍兴二十四年（1154）进士，历仕无为军无为县（今属安徽）尉、太平州（治今安徽当涂）参军、高邮军（治今江苏高邮）、真州（治今江苏仪征）、常州（今属江苏）、太平州等州知州、江东转运副

图125　欧阳修像，《四部丛刊》本景元本《欧阳文忠公集》卷首。

---

① 欧阳修《四月九日幽谷见绯桃盛开》，《欧阳文忠集》卷三。
② 欧阳修《欧阳文忠集》卷三。
③ 赵公豫《燕堂诗稿》。

使（驻今江苏南京）等职①。其游滁州，当在上述州县任上，尤其是绍熙三年（1192）知真州、嘉泰（1201—1204）初知太平州和嘉泰三年（1203）江东转运任上，这三处去滁州都不远。醉翁亭一线风景到北宋末年已极凋敝②，中经建炎兵火荡涤，更加荒凉。绍兴二十年（1150），知州魏安行重建醉翁亭，这是赵公豫来游之前不到半个世纪的事，当时魏氏大举"剔芜秽，治泉石，具木瓦，庀工徒，作而新之"③，想必曾在亭旁植梅，或就亭旁野梅留作点缀，因而有欧公手植之说。南宋后期，国势衰危飘摇，滁州地处江淮四战之地，文人游踪渐少。赵公豫之后，终宋之世，再也未见有人提及此梅，并整个琅琊山、醉翁亭都罕见有人提及，极为寂寥。宋元之交，醉翁亭毁于战乱，元至元二十六年（1289）曾经重建④。但到明洪武、永乐间，游客所见醉翁亭一线已是杂树蒙翳，唯见残存瓦砾，极其荒芜⑤。梅树不如松柏一类生命力顽强，想必宋人所植梅树不可能岿然独存。

（二）明人再造"欧梅"风景

赵公豫的诗歌是最早的欧公植梅信息，也是整个宋元时期唯一的记载。遗憾的是，赵公豫这首诗歌并未引起人们注意，后来滁州各类地方文献都未提及，有关欧公手植梅的游记和题咏也都没有追溯到这一作品。明清时的欧公手植梅则是一个新起的景点，明朝中叶开始出现。

滁州为江淮孔道，入明后，滁州邻近南京，北上为皇家祖陵所在的凤阳府，任职官员和南来北往的士绅经停、来游增多，尤其是南京太仆寺寄治滁州，署廨去醉翁亭只一里，主要官员对醉翁亭都极重视，迭加修葺拓建⑥。明朝前期重要的修建有这样几次：一、宣德元年（1426），太仆寺卿赵次进主持，杨士奇为作《滁州重建醉翁亭记》⑦，有关景观记载较简，估计此次只是重建了醉翁亭。二、成化五年（1469），太仆寺卿郑悠重建。从商辂《重修醉翁亭记》可知，此次工程较大，除重建醉翁亭外，疏凿酿泉，引水绕亭前，溪上增建亭，滨溪杂植松、竹、柳凡数千百

① 孙应时、鲍廉《琴川志》卷八《赵公豫传》。
② 宋徽宗政和八年（1118）周紫芝《游醉翁亭》："文物风流今扫地，乱泉空绕玉屏颜。"《太仓稊米集》卷五。
③ 孙觌《滁州重建醉翁亭记》，《鸿庆居士集》卷二二。
④ 胡祗遹《滁州重建醉翁亭记》，《紫山大全集》卷九。
⑤ 宋濂《游琅琊山记》，《文宪集》卷二；陈循《寻醉翁亭记》，《芳洲文集》卷六；杨士奇《滁州重建醉翁亭记》，《东里集》文集卷二。
⑥ 尹台《山间四时堂记》："南太仆署廨，故建于滁州城，西南距宋欧阳修醉翁亭不一里而近，后先诸卿丞以是往往数游集而加拓修焉。"《洞麓堂集》卷四。
⑦ 杨士奇《东里集》文集卷二。

株。又在亭西构屋数间，出资由僧人驻守管理①。上述两次都未见提及植梅之事，同时文人造访，也未见有人提到梅花。

图 126　醉翁亭。

　　对"欧梅"的重现至关重要的是醉翁亭西侧梅亭的创建。据万历州志记载，嘉靖十四年（1535），湖北罗田人张明道以都察院都事贬为滁州判官，时滁州知州空缺，张主持郡政，"筑梅亭于醉翁亭右，政暇辄造其下"②，并刻南宋绍兴十八年进士题名录碑（其中有朱熹题名）③。嘉靖十八年，湖北汉阳人戴金来任太仆寺少卿，有《（梅）亭在醉翁亭西畔，可十数步，有梅三干，丛生如盖，如幄然者。乡之罗田张子玉泉（引者按：张明道号玉泉），以宪秩谪倅于滁，乐有梅，行构亭于上，风致于醉亭，益增胜也……》一诗④，这一诗题交代比较具体。这是醉翁亭边第一座赏梅建筑，所说有梅三干，从后人的描写和方志名胜图可知⑤，是指一树三干，枝干硕大，一副盛壮气象，度其树龄，可能是成化五年（1469）郑悠重建时所植。那次杂植松竹颇多，在醉翁亭边种植松竹的同时，配植梅树也是很自然的事。如果我们的推测属实，至此已有六七十年的时间。

　　随着梅亭的建立，文人来游，也便添了赏梅咏梅之事。同是嘉靖十四年，苏祐、崔桐、方克等游山唱和中就写到醉翁亭边古梅⑥。嘉靖南太仆官员所编《南滁会景编》载有章焕《梅亭》三绝、《醉翁亭观梅》二首、《携琴至梅亭遣兴》、张舜臣（？—1566）《醉翁亭观梅》二首、包大魁《次韵（醉翁亭观梅）》二首、朱勋《梅亭会饮分题问梅一首》、卢茂《梅亭漫兴》、黄廷用《醉翁亭古梅席上口占》十首等诗歌，这些作品题目或内容中都指明琅琊山。这四人中，章焕、黄廷用在

①　商辂《重修醉翁亭记》，黄宗羲《明文海》卷三六〇。
②　戴瑞卿、李之茂《（万历）滁阳志》卷一二《张明道传》："张明道，字希程，湖广罗田人，进士，以都察院都事谪注判，会守阙，署事。……筑梅亭于醉翁亭右，政暇辄造其下。"
③　王同轨《耳谈类增》卷三三。
④　赵廷瑞《南滁会景编》卷六。
⑤　戴瑞卿、李之茂《（万历）滁阳志》卷二《酿泉秋月》图中所绘古梅即一丛三干。
⑥　方克《次韵（〈邀苏舜泽侍御山游〉）》注："醉翁亭古有老梅。"赵廷瑞《南滁会景编》卷六。

嘉靖三十年代（指嘉靖三十年到三十九年）任南太仆少卿，张舜臣嘉靖四十一年（1562）任南京都察右都史，四十三年升南京户部尚书，他们的诗歌应作于此间。同时崀永通、茅坤等人也有醉翁亭赏梅诗。值得注意的是，他们的诗歌中都没有将梅树与欧阳修相联系。张舜臣《醉翁亭观梅》写得较为具体："老梅原不占芳春，雪干冰花自有真。莫道江乡更妩媚，会看塞北傲霜频。""白梅翠竹傍亭栏，老干清阴耐岁寒。此去二贤祠不远，千年风节正同看。"是说梅树已老，在醉翁亭傍，与翠竹夹植。

也正是在同时，梅为欧公手植的传说开始萌芽。于鳌（1470—1548）是滁州人，正德三年进士，嘉靖三年（1524）五十五岁致仕乡居，其《梅亭胜集分韵得好字》写道："东风绿遍琅琊草，山下孤梅得春早。传是醉翁手自栽，年深事远谁探讨。"① 此诗写作时间应在嘉靖十四年梅亭建成至其去世的十多年中。这是明朝有关欧公手植梅的最早信息，显然于鳌本人对此并不确信。嘉靖三十七年（1558）黄廷用《醉翁亭古梅席上口占》："南谯（引者按：滁州别称）谁植罗浮树，一问山僧不记年。若使醉翁曾醉此，今人遮莫更留连。"② 是说他询问当地僧人，都不知这里的梅树种于何年，诗人为此设想，如果这些梅树与欧阳修有关的话，想必人们定会喜爱有加。显然此时梅为欧公手植的传说尚在酝酿之中，诗人故发此想。而到了嘉靖四十一年（1562），南太仆寺少卿刘秉仁《醉翁亭题匾记》透露，他为醉翁亭一系列建筑题匾定名，其中园门称"欧门"，醉翁楼后堂为"山间四时堂"，祠称"文忠祠"，而梅亭则题匾"醉翁手植"③，次年继任的盛汝谦《梅亭》即写道："旧苑荒台梅一丛，相传手植自文忠。"④ 可见至此有关欧公手植的说法才正式出现，并落实到梅亭的题匾上。

万历年间，梅花附近的景观又有所拓展和改进。万历五年（1577），江北道巡按御史邵陛（1535—1594）重修醉翁亭⑤，在欧公手植梅旁增建见梅亭。萧廪《见梅亭记》记载："（醉翁亭）西行数十武，有古梅一株，相传为文忠手植，其来远矣。枝既桠，干且中枵外皱，几不可辨，而生意苍然。梅之前，山麓就夷，流潦载道，故莽弗治。万历丁丑，柱史姚江邵公观风来滁，既庀祠缮亭，支梅而培之。则又除麓界潦，结亭于梅之南，维北向，环亭以水，环水以垣，中坐夷犹，老干参对，常若苍颜白发，照人眉睫间，真醉翁一胜也。万历己卯，余来滁……顾亭无名，以

① 赵廷瑞《南滁会景编》卷六。
② 黄廷用《醉翁亭古梅席上口占》其六，赵廷瑞《南滁会景编》卷六。
③ 赵廷瑞《南滁会景编》卷五。
④ 赵廷瑞《南滁会景编》卷六。
⑤ 秦致恭《重修醉翁亭记》，王浩远《琅琊山石刻》第164—166页。

其北向与梅参对也，题曰见梅。"① 邵陛，字世忠，浙江余姚人，隆庆二年（1568）进士，时任巡按御史，代巡南京江北道。他以梅墩自号，可见对梅花较为喜爱，因而在梅亭南面举工另建一亭，引水环绕。万历七年萧廪来任太仆寺卿，为题名"见梅"。从萧记可知，此时梅仍是"三干"，但更形苍老。万历三十二年（1604），滁州太守卢洪夏再事修葺，疏浚流水，为九曲流觞之形。叶向高记文称，"其梅之手植于文忠者，若增芳妍，其亭之为见梅者，则以旧墙之障碍而凿之甬之，门而楼之。其池之环亭者，疏泉注之，毋使虞涸，又周为石栏，可倚而临池且望梅也"②。可见在邵陛的基础上，进一步疏通了梅亭周围的通道，整治附近环境。天启元年（1621）至四年间，州判尹梦璧曾将欧阳修手植梅绘图刻石，表明"欧梅"的影响进一步增加③。

　　嘉靖、万历可以说是醉翁亭历史上的黄金时期，南太仆卿的官员和滁州知守大都对醉翁亭热情拓修，大大丰富了林亭景观。其中围绕亭右古梅的营景最为突出，经过几番拓建整修后，已形成上下两级平台，南北两亭夹侍古梅的格局。我们从万历四十二年（1614）编定的《滁阳志》卷二《酿泉秋月》图中也可以清晰地看到这一景象，这一景观格局一直延续至今（图127）。古梅也明确了"欧公手植"的身份，成了整个醉翁亭园景中一个较为重要的景观。也正是从此以后，造访醉翁亭的游客都不忘一观"欧梅"，借以涵咏历史，缅怀先贤。明代末年，嘉靖间所见三株古干只剩一根，开始由盛转衰。崇祯六年（1633）葛一龙《醉翁亭梅花》写道："年故年新人代变，半死枯枝发蓊葿。我见盛花开过时，风香蝶舞鱼鳞片。"④ 同时郭之奇《醉翁手植梅》："冰心独壮千秋雪，老干还滋万古春。"⑤ 可见此时古梅主干开始枯萎，但生机仍较旺盛。

① 赵廷瑞《南滁会景编》卷五。稍后萧崇业《游醉翁亭记》："又数武自为园，曰梅亭，匾'醉翁手植'四字，壁刻朱紫阳书太极图说一篇，古健不类书笔，亭前古梅槎牙臃肿，真数百稔以外物也。"赵廷瑞《南滁会景编》卷六。此碑文又见王浩远《琅琊山石刻》第173—176页。
② 叶向高《重修醉翁丰乐亭记》，《苍霞草》卷一一。此碑见王浩远《琅琊山石刻》第187—190页。
③ 余国楷、潘运皞《（康熙）滁州志》卷二一《尹梦璧传》："尹梦璧，号楚玉，浙江归安贡，有逸才，不屑屑簿书间。所至多题咏，常（引者按：当为尝）勒醉翁老梅于石，训子衡读书滁署，登进士。"稽璜、刘墉等《（钦定）续通志》卷一六九金石略记载："《欧阳公手植梅图》，元尹梦璧题刻，无年月。"梦璧作梦壁，称为元人，误。按一般常理，只有欧梅知者渐多，才会有绘图之举，而整个元代未见有"欧梅"的任何信息，尹梦璧任州判的明末，"欧梅"已成醉翁亭知名景点，绘图刻石之事就极自然，因而此图应即尹梦璧之为。王浩远《琅琊山石刻》第208—209页收载尹楚璧"寒流疏影"碑刻，是为欧梅所题，署时天启元年。其刻欧梅图，当是同时之事。
④ 葛一龙《癸酉春客河襄……因拈生平之所阅历而最关心者，作四忆赋之，情见乎词也·醉翁亭梅花》，《葛震甫诗集》客雪吟卷下。
⑤ 郭之奇《游滁山二十咏·醉翁手植梅》，《宛在堂文集》卷一八。

图 127　酿泉秋月图（万历《滁阳志》卷二）。图中梅树南（下）、北（上）分别有见梅亭、古梅亭，东侧有翼然亭。崇祯九年（1636）增刻本《南滁会所景编》卷首有太仆卿林烃万历三十四年所增"十景图"，其中《醉翁亭》一幅绘古梅，南北也有两梅亭，与此大同小异。

（三）清以来"欧梅"景观的演变

入清后，滁州的地位明显下降，明辅京太仆寺的寄治盛况已成往迹，因而游人渐稀，醉翁亭园景的维修也罕见记载。今所见清修滁州方志仅康熙、光绪两种，康熙志有关醉翁亭的记载大多过录万历志，光绪志中所述多宋、明两朝创建和修葺之事，于本朝只提到康熙二十三年（1684）江南学道赵仑、光绪七年（1881）薛时雨的两次重修①。虽然滁州当地官吏、乡绅和僧侣对醉翁亭这一名胜风景的维护不可能无所作为，但缺乏达人名流的参与，笔者遍检电子版《四库全书》、《中国基本古籍库》、《国学宝典》中的清人笔记和清朝州志，除赵仑、薛时雨两篇重修记外，未见有其他修葺记文，而且除清初和晚清有两三篇游记外，在清康熙中期至咸同间的二百年间，未见有多少醉翁亭游记，这与明代的游览和吟记之盛形成了鲜明的反差。我们只能从几篇游记、为数不多的游览诗和两部方志的有限资料中去爬梳搜罗相关信息，以勾勒有清三百年间醉翁亭"欧梅"及相关设施的变迁。

首先是欧梅的情况。明末欧梅已呈衰相，入清后更形老迈枯朽。王猷定《滁游记》记其顺治七年（1650）"至梅亭，古铁峥嵘，欲窜欲突，一株中枯，偃卧如飞虬之饮涧"②。顺治九年，江南学政李嵩阳为欧梅题"花中巢许"四字，此碑今仍存欧梅底坛内③。康熙初年知州颜育鹤曾对醉翁亭进行整修④。康熙十六年（1677）刘榛《醉翁亭》："翁所手植梅，权枒半已坏。陵谷凡几更，横斜尚保艾。疏蕊星宿光，老枝虬龙怪。"⑤ 大约同时孔贞瑄《醉翁亭》："老梅干欲枯，孙枝生复大。"⑥ 康熙二十年（1681）薛熙《观欧阳公手植梅记》记载最为详细："其本可合抱，多朽裂处，若决撒者，有箍二，铁为之。旁出古干三四株，亦大数围，有新条大于臂者，曲折遒劲，不甚修广，覆止半庭。正值花时，花比常特钜，疏疏可数，然亦数百朵不止，是日方盛开，尚有蕊一二分未放者，皆鲜肥而有神。"⑦ 上述这些顺治和康熙早期记载的情况都比较一致，嘉靖以来人们所说梅树至此告一段落，主干粗大，但基本枯朽，而旁干新枝已经长大，欧梅的生长从此进入了一个新阶段。康熙中

---

① 熊祖诒《重修丰乐、醉翁二亭……祭田记》载其光绪二十二年有一次修葺活动，见王浩远《琅琊山石刻》第285—288 页。
② 王猷定《四照堂诗文集》文集卷四。
③ 王浩远《琅琊山石刻》第 251 页。
④ 颜之阜《游醉翁亭》碑刻，王浩远《琅琊山石刻》第 254—255 页。
⑤ 刘榛《虚直堂文集》卷一八。
⑥ 孔贞瑄《聊园诗略》诗前集卷二。
⑦ 薛熙《秦楚之际游记》卷一。

叶，江南学政张鹏翮、张榕端等人《欧梅》诗所咏即属此间梅景①。

康熙中期以来"欧梅"的长势和影响都较为平淡，虽然人们也常称"欧梅"蟠干虬枝，但远不是顺治和康熙初年人们所见那样嶙峋虬硕的形象。大约乾隆晚期至嘉庆间，梅树又经过了一轮老干枯去，孙枝新生的转化过程。乾隆五十三年（1788）赵怀玉《欧梅》："旧株已老长新枝，想见欧阳手植时。"② 大致同时铁保《游醉翁亭》："枯梅挺异姿，云昔公手植。老干标千年，余蘖发新致。"③ 到道光（1821—1850）中，柏葰《滁州醉翁亭》注称"院前有欧梅，甃砖池护之，老干化去，孙枝犹存"④，标志着这一过程的完成。晚清所见，就是这时新生的梅树，株体形姿更为平常，因而人们的描写也就平淡无奇。

其次是梅边的建筑景点。这其中最主要的是梅瑞堂的出现。关于梅瑞堂的具体地点、修建人和修建时间，古人没有明确记载。今人多称梅瑞堂即嘉靖州判张明道所建古梅亭⑤，但万历《滁阳志》记载只称梅亭，图中也只标作"老梅亭"，未载有梅瑞堂之别称。清康熙《滁州志》由知州余国槽于康熙十二年（1673）编成，该志卷一九《古迹》记载："宋朱夫子题名碑，现嵌梅瑞堂后墙。"此碑即张明道所刻绍兴十八年进士题名碑。这是所见最早的梅瑞堂信息。康熙二十年薛熙《观欧阳公手植梅记》记载："（醉翁）亭右有堂三楹，当庭老梅一树，围以

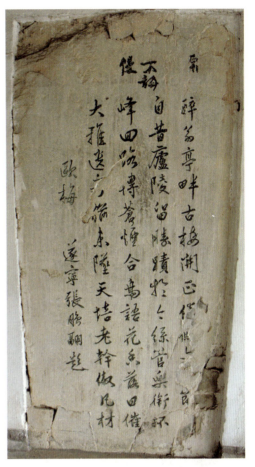

图 128　张鹏翮诗碑，在醉翁亭之古梅亭（梅瑞堂）内壁。康熙三十三（1694）至三十五年，张鹏翮（1649—1725）任江南学政，诗作于任上。

---

① 王浩远《琅琊山石刻》第 259—262 页。并见图 128。
② 赵怀玉《亦有生斋集》诗卷一〇。
③ 铁保《梅庵诗钞》卷二。
④ 柏葰《薛篴吟馆钞存》卷二。
⑤ 琅琊山志编纂委员会《琅琊山志》第 51 页。

石阑，相传为欧阳公手植。有图刻置于堂中间壁，左右皆名人题咏。"① 明人记载梅树北边是梅亭，而此处记载是三间殿堂，应即后来所谓梅瑞堂，可能出于康熙十二年前某次重建或修茸出新后的悬匾题额。明崇祯颖寿兵道李一鳌曾重建过梅亭②。康熙初年，知州颜育鹤修茸醉翁亭，其侄颜之阜《游醉翁亭诗》称"亭榭""新气象"③，有可能也包括欧梅。薛熙所说即这两次修建后的景象。所说壁间图画当是天启间尹梦璧所刻欧公手植梅图，两边并刻有许多名人题咏。同时又移来朱熹进士题名碑，也许因为进士题名这个彩头，而改额"梅瑞堂"。但对这一建筑，世人仍沿袭明人，多以欧梅亭或"古梅亭"称之。

晚清咸丰间太平军起，沿江诸省干戈动荡，滁州为金陵外围营垒，所受战祸尤甚。光绪七年（1881）薛时雨重建碑文称，咸丰兵乱后，"宇内名胜芜废十七八"，"而醉翁亭已鞠为茂草"。他经过十多年的不懈努力，广泛募求资助，得以重建一新④。据其甥袁昶记载，薛氏重建时曾"种梅满谷"，而仅短短十几年的时间，到光绪二十二年（1896）袁昶诗中称"醉翁亭抱三株雪，庶子泉今一片漫。犹忆吾师种梅处，樵人斫剩只东栏"，梅花"今只剩三株"矣⑤。同年编成的《（光绪）滁州志》记载："堂前石栏有梅三株，旧有欧公手植已萎，兹盖后人补种，犹冒其名云。"⑥ 光绪二十八年陈作霖《游滁记》也记载："（薛楼）楼下为欧梅亭，昔时手植久化劫灰，雪下水边，后人补种……相对者为影香亭，宛在中央，镜流回绕，逋仙好句，乃摄梅魂。"⑦ 这是清朝末年的情况。

今醉翁亭"欧梅"，最早也只能追溯到光绪年间薛时雨，也就是说，最早也只能是光绪七年薛时雨所植，其实这也并不可靠。薛氏所植梅大概只存活到上世纪20年代，1926年有游者称此时"与三贤堂并列者，为厨屋数间，过厨而西有梅树一株，传为欧阳修当年手植。梅后有亭曰古梅亭，梅前有亭曰影梅亭"⑧。几年后滁人杭海《滁州乡土志》记载："（梅瑞）堂上旧有梅三株，相传为欧公手植，今无复存。"可见光绪间人们所说梅瑞堂前台中三株梅树，也已消失。该志这段记载下还

① 薛熙《秦楚之际游记》卷一。
② 王赐魁《（康熙）滁州续志》卷一："梅亭，明崇祯间颖道（引者按：颖寿兵备道）李一鳌建，康熙甲子（引者按：二十三年）学使赵仑捐库重修，有记刻石，见艺文。"该志卷二艺文中未见《重修梅亭记》之类文章，但有赵仑所撰《重修醉翁亭记》，由此可见所谓梅亭即指醉翁亭欧梅旁边的梅亭。李一鳌任颖寿兵备道，在崇祯十二年至十五年间。既然李一鳌所建梅亭属于新创，则有可能即薛熙所说"三楹"堂舍，也即后世所说的梅瑞堂。
③ 王浩远《琅琊山石刻》第254—255页。
④ 薛时雨《重建醉翁亭碑》，熊祖诒《（光绪）滁州志》卷三之七。
⑤ 袁昶《赠熊滁州》其三，《于湖小集》诗五。
⑥ 熊祖诒《（光绪）滁州志》卷三之七。
⑦ 陈作霖《可园文存》卷九。
⑧ 米养明《游滁州醉翁亭》，《学生文艺丛刊》1929年（第5卷）第5期。

有小注:"距前数年,尚有一株,今枯死,惟根尚存。"① 该志大约编纂于 20 世纪 30 年代前期,是此时光绪三株梅树都已陆续死去②,不知仅存的那棵枯根是否会起死回生,萌发新枝。此后是抗日战争和解放战争,战乱纷纭,民生维艰,想必人们对这一偏州山景无暇顾及。今所见"欧梅"可能 20 世纪 30 年代后期至 40 年代所植,据说琅琊寺老僧超然曾回忆,他年轻时即大约 1943 年前后所见梅树即不小③,如果记忆属实,可见当时补植是株古树。发表于 1962 年的胡贯中《琅琊春色醉游人》一文已经写到古梅亭前"那株古梅枝叶茂密,象一把绿色的伞笼罩在亭前"④,既然认其为古梅,可见已有些年龄。但作者并未强调其硕大苍老,就其长势而言,正是新栽数年十载的光景,也就是说这株梅树也有可能是新中国成立之初的 50 年代种植的。如果此梅生长无恙,后来也未经人为移换,那就正是今日醉翁亭"欧梅"的实际源头。

图 129 欧梅,传为欧阳修手植而得名,品种为江梅。梅池上层高台上为古梅亭,也称梅瑞堂、欧梅亭。

① 杭海《滁县乡土志》卷下,线装书局《乡土志抄稿本选编》第 8 册第 354 页。

② 1936 年 4 月方令孺撰《琅琊山游记》,从文中可知她对植物尤其是古树古藤之类极感兴趣,但此行于醉翁亭草草带过,并未提及"欧梅",可见此时"欧梅"已经湮废无迹。文见琅琊山志编纂委员会《琅琊山志》第三章。

③ 王其超《中国古梅的调查》,《中国园林》1986 年第 1 期。

④ 琅琊山志编纂委员会《琅琊山志》第 209 页。

（四）"欧梅"的文化意义

在整个醉翁亭园林设施中，醉翁亭、《醉翁亭记》石刻、菱溪石与欧阳修有着最直接的关系，因而比较重要，而欧梅也属于此类。与后世陆续添修的建筑景观不同，它们出于欧阳修知滁当时或此后不久，有着这位名公遗迹固有的历史价值和人文意义。

欧阳修的时代去今已近千年，我们当然并不奢望宋人所植能够一气活到今天，甚至我们也很难肯定欧阳修当年一定在此种过梅树，但最迟在南宋中期，醉翁亭边已经出现了欧公手植梅一景，距今已有 850 年的岁月。而从明嘉靖年间指明"醉翁手植"，挂牌立景至今，这一植物名胜已有近 500 年的持续历史。虽然时有否泰，世有治乱，梅树也自有其生老荣悴的自然规律，但在这五个世纪中，由于人们的热心维护和反复补种，这一古树名胜基本没有中断，一直存续至今，构成了醉翁亭边最为重要的景观之一，给古往今来的游人留下了美好的印象和深刻的记忆，激发人们凭吊古迹、缅怀先贤的兴致，丰富了人们游山揽胜的情趣。为此，也留下了不少诗文佳作，积累了丰富的文化遗产。

图 130　影香亭，古称见梅亭，在"欧梅"南。

千百年来对这一景点的种植和维护，寄托着人们对欧阳修这位文学大家、文化巨星的崇敬和热爱。正如苏轼诗中所说，"醉翁行乐处，草木皆可敬"①，正是欧阳修道德、文章、政事方面的突出成就，赋予了这株梅树崇高的纪念意义，正如古人诗中所说，"盆安大石皴苔色，庭卧枯梅绕竹阴。不是文章兼政事，孰能遗爱到于今"②。也正是感其手泽，人们才赋予特别的关心和重视，"翁灵在天文烛地，翁象在滁老梅侍。山中万树岂无香，独爱此株翁手植"③。而古梅苍髯洁面的活生生形象，也给游览者一种面谒欧公，如坐春风的境界。前引明人萧㴑文中就说，置身见梅亭（影香亭）中，面对古梅，"常若苍颜白发，照人眉睫间"④，油然一种先贤当前，令人肃然起敬的感觉。这是"欧梅"带给观赏者最独特的感受。乾隆十二年（1747），"扬州八怪"中的李方膺来任滁州知州，"入城未见客，问欧公手植梅何在"，即往铺毯"再拜花下"⑤。透过这天真烂漫的行为，不难感受到人们对这株"欧梅"无比崇敬与热爱的深厚情愫。"地以人为重，花为植者香"（赵公豫），梅以欧公重，见梅如见公，这是欧梅这一古木名胜特有的文化意义⑥。

---

① 苏轼《次韵赵景贶春思，且怀吴越山水》，《东坡全集》卷二〇。
② 钱载《游醉翁亭》，《箨石斋诗集》卷二八。
③ 吴肅《醉翁亭访欧梅》，《吴学士诗文集》诗集卷二七。
④ 萧㴑《见梅亭记》，赵廷瑞《南滁会景编》卷五。
⑤ 袁枚《李晴江墓志铭》，《小仓山房集》文集卷五。
⑥ 本章曾以《滁州醉翁亭欧公手植梅花考》为题，刊载《滁州学院学报》2012 年第 1 期，此处有修订。2010 年 11 月 26 日由滁州学院卢晓辉君陪同，2012 年 3 月 29 日由南京三十九中学魏学老师陪同，笔者两次来此探访欧梅，谨书志谢。

五、崇庆州署红梅

崇庆州，治今四川崇州，唐宋时这里为蜀州。杜甫《和裴迪登蜀州东亭送客逢早梅见寄》诗有"东阁官梅动诗兴，还如何逊在扬州"句，为后世境内植梅营景提供了一个极佳名目。明清时州城西北隅州署内即建有东阁，阁旁植梅，时称"东阁红梅"，入"蜀州八景"之目（图131）。所谓"自少陵有何逊扬州之句，贤士大夫题咏甚夥"①，说的就是这种情景。然杜诗"东阁官梅动诗兴"云云并未言明红梅，这可能与宋代流行的蜀州梅仙传奇有关。故事称"蜀州有红梅数本，郡侯建阁扃钥，游人莫得见。一日有两妇人高髻大袖，凭栏语笑。郡侯启钥，阒不见人，惟东壁有诗曰：'南枝向暖北枝寒，一种春风有二般。凭仗高楼莫吹笛，大家留取倚阑干。'"② 杜甫所言东亭或东阁，也只是指蜀州之东一登眺之所，也许正是这一故事的影响，遂认阁在州署。康熙《崇庆州志》记载，康熙二十年（1681）知州吴昌荫修鼓楼，并"东阁三间，即杜少陵观梅处"③。嘉庆《崇庆州志》记载更为详细："崇庆州知州官署在城西北隅，明成化知州周尚文建。国朝康熙七年知州蔺开禧缮葺，十二年（引者按：当为二十年误）知州吴昌荫始建鼓楼、东阁……阁前有亭，亭左有红梅一株，护以朱栏，又左有古楠一株，倚树为古楠书屋。阁扁'东阁'，前州吴昌荫题榜柱曰：'东阁筵开，想当年对酒放歌，谁识千秋诗史；唐安迹改，到今日按图考古，只余一树梅花。'前檐扁'巡檐索笑'。东阁后为观梅书屋，左有小池，池心有小假山，傍植花木。"④ 可见东阁始建于康熙二十年（1681）。

然该志于东阁官梅下引杨高鹏、张象文《东阁红梅》诗，属于《蜀州八景》一题⑤。张象文为康熙三十年知州，嘉庆志卷六职官志中列杨高鹏为明朝知州，排在弘治十六年（1503）知州辛鉴之前，应为更早些在任。如果属实，则表明早在明朝

---

① 丁荣表、顾尧峰、卫道凝《（嘉庆）崇庆州志》卷二。
② 曾慥《类说》卷三四。
③ 王文才《蜀州名胜录》（下），《成都大学学报》（社科版）1987年第3期。
④ 丁荣表、顾尧峰、卫道凝《（嘉庆）崇庆州志》卷三。
⑤ 丁荣表、顾尧峰、卫道凝《（嘉庆）崇庆州志》卷二。

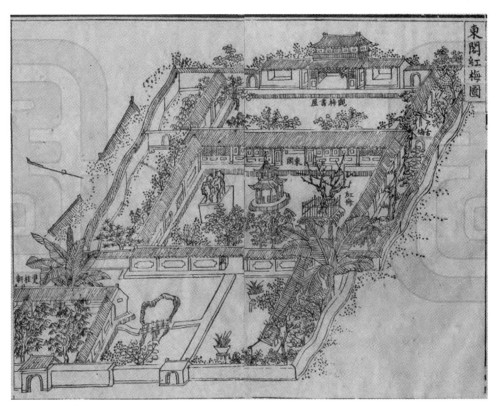

图 131　东阁红梅图（光绪《增修崇庆州志》卷首）。"东阁红梅"为
"蜀州八景"之一。

弘治前，州署或州城其他地方早有东阁出现。明成化间（1465—1487）浙江海盐人
张宁有《唐安八景为尹朴之赋》组诗，八景名目与光绪州志所载完全吻合，"高阁
红梅"即其一[1]，也证明了这一点。

　　民国《崇庆县志》："今则亭阁已非，梅枯楠朽。……民国改制，仍为县知事
署，无所增饰。十二年，知事樊恺以红梅古迹，续为补种故处。"[2] 除杨高鹏、张象
文等人外，后来题咏也不在少数[3]。清钱泳《履园丛话》记载所见古梅，也有"西
川崇庆州署之唐梅"[4]。可见此处东阁官梅由明至清，历时四五百年，官员好为风
雅，而州人乐而称之，游人览而传之，遂成川西官梅名胜。民国时尚见补植，唯不
知所终。

①　张宁《唐安八景为尹朴之赋·高阁红梅》，《方洲集》卷六。
②　谢汝霖、罗元黼《（民国）崇庆县志》建置第二。
③　丁荣表、顾尧峰、卫道凝《（嘉庆）崇庆州志》卷九。
④　钱泳《履园丛话》卷三。

六、杭州南关署"宋梅"

南关署，为明朝工部分司，故址在今杭州上城区佑圣观路梅石园一带，本宋高宗赵构德寿宫遗址。关于南关署，陈善《（万历）杭州府志》记载颇详："工部分司在巡盐察院之西，改市舶司为之，本宋德寿宫后圃址。国朝永乐中，命内臣掌海舶互市，景泰四年乃建为署，成化七年设关，抽分木税，建署于候潮门外，俗称南关。嘉靖三十六年，倭寇犯北关，抚按以其逼城拆毁，员外郎李方至具题命择地重建，因官帑绌乏，改今处。""署之制，中为正堂，堂前为露台，为甬路，为仪门，堂后为穿堂，西为梅花厅、活石亭，亭前芙蓉石在焉。石高丈许，窦穴玲珑，苍润可爱。"① 可见此署正式建于嘉靖三十六年（1557），西院内有梅花厅、活石亭，亭前有芙蓉石。既然称梅花厅，自然也应植有梅花。田汝成《西湖游览志》记南关署："市舶司，本宋德寿宫后圃也，永乐中命内臣掌海舶互市于此，内有芙蓉石，高丈许，窦穴玲珑，苍润可爱，嘉靖中改为南关公署。"② 此书成于嘉靖中叶，与南关署创建大致同时，万历府志成于万历七年（1579），去建署二十多年。两处都特别记载了芙蓉石的形态，但都未及梅树的长势和姿态，可见此时梅树尚未称奇，两书也都未将梅、石景物与德寿宫联系起来。笔者以为，宋高宗当年修建德寿宫，多仿灵鹫胜景，叠石为山，此芙蓉石很有可能即当时宫景之遗，而梅树自宋以来，未见有人提及，田汝成等尚未提及，有可能是明人所栽。

到了万历后期，人们已开始将梅视为南宋所传。钱塘闻启祥《南关署中古梅一株，南宋时物也，徐青璧使君邀看有赋》："苍颜鹤发足典型，纵使无花亦自好。"③ 仅称宋梅，尚未称宋宫之物。至天启、崇祯间，人们已开始称作德寿宫所传。天启间南关榷署主事张廷玉有咏德寿宫梅《梅花拾伍弄》，注称"南宋德寿宫梅至今在榷署，犹自扶疏可玩"，诗云"官梅十丈影扶疏，看遍江南艳不如。""一株新萼古孤根，曾

---

① 陈善等《（万历）杭州府志》卷三七。
② 田汝成《西湖游览志》卷一五。
③ 张豫章等《御选宋金远明四朝诗》明诗卷四八。

向筵歌悦至尊。春媚不随红紫尽，清癯骨相至今存。"① 崇祯中新安洪九畴《草窗梅花集句序》称，崇祯戊己间（崇祯元年、二年），他曾应南关榷使程君衡，客居署中，"署中有芙蓉石与官梅，皆宋德寿宫物"。程使君公余命酒赋诗，"饫赏其下"，另有吴巽之、汪伯鹏、程逸倩和主人儿子程伯敷等相与唱和，成一时盛事。洪九畴还记载，崇祯元年（1628）秋天"飓风大作，数百年官梅五干旋摧其四，君衡先生虑后来者不获觌其全，屡命绘之，终难形似"②。丁丙《武林坊巷志》在"南关厂"、"梅花碑"下收有《南关署中有南宋时古梅，盛放辰秋，为飓风摧伤。程太蒙使君迭石护之，索诗赋赠》一诗③，显然所说也正是风摧梅折之事。后世所谓梅花碑或即此时由程使君热情张罗而成，当时金陵胡玉昆（元润）作有《南新水部署宋梅图》④。

顺康之世，至少在康熙初年，此梅仍在。明末弘光元年即清顺治二年（1645）孙永祚《陈梅臣榷部署中》"怪石供为冬署友，老梅香阅宋宫人"，注称"署中有芙蓉石与古梅，相传为宋德寿宫遗物"⑤。大约顺治十五、六年间，萧山毛奇龄、单隆周有《和徐水部南关官署八咏》诗，题咏署中八景，德寿宫梅即居其一，从两人诗中可知，当时梅树尚存⑥。康熙二十五年（1686）府志称"芙蓉石、老梅具存"⑦。到康熙五十七年（1718），厉鹗词中写道："觅点额宫梅，已归天上。"注称"宋梅已枯。"⑧ 可见此时梅已枯死，但未见有人提到有碑。雍正《浙江通志》记载，芙蓉石"傍竖断碑，刻蓝瑛所绘古梅一本，枝干如生"⑨，是此时碑已存在，同时沈德潜、诸锦等人有德寿宫梅石诗，也都写及石碑⑩。就乾隆南巡所说碑文已严重漶漫而言，可能是明末程君衡（太蒙）等人所立。

乾隆十六年（1751），乾隆南巡，有《题德寿宫梅石碑》诗，注称"宋时苔梅

---

① 张廷玉《也足山房尤癯稿》卷二。
② 丁丙辑《善本书室藏书志》卷三六"《草窗梅花集句》五卷"。
③ 丁丙《武林坊巷志》第 3 册第 362 页。丁氏称此诗出《春星草堂诗稿》，但未署名，不知何人。丁氏所附书目有吴熙《春星草堂诗稿》，吴熙乾嘉间人，然此诗所说是明崇祯间事，显然有误。"春星草堂"四字本杜甫诗句，明清两代许多文人取为室斋别号，以此名集者也不在少数，具体作者待考。诗题所说程太蒙与洪九畴所说程君衡当为同一人。检《浙江通志》、《杭州府志》，均未见明末清初的工部分司中有程姓主管，同期杭州府志也未见有程姓知府，详情待考。
④ 王士稹《题胡玉昆〈南新水部署宋梅图〉，为程翼苍》，《带经堂集》诗集卷二〇。
⑤ 孙永祚《雪屋二集》卷五。
⑥ 毛奇龄《和徐水部南关署中八首》，《西河集》卷一七一；单隆周《和徐水部南关官署八咏》，《雪园诗赋》初集卷一〇。雍正《浙江通志》卷一二一罗列本朝南关榷署职主管姓名，仅徐致章一人姓徐，顺治十二年进士，十五、十六年在任，即毛奇龄等所说"徐水部"。
⑦ 马如龙、杨鼐等《（康熙）杭州府志》卷一七。
⑧ 厉鹗《霓裳中序第一·宋德寿宫芙蓉石在南榷署》，《秋林琴雅》卷一。
⑨ 嵇曾筠、赵宠恩等《（雍正）浙江通志》卷三〇。
⑩ 沈德潜《德寿宫梅石歌同诸襄七太史作》，《归愚诗钞》卷九；诸锦《宋故宫梅石歌》，徐世昌《晚晴簃诗汇》卷七一。

久萎，蓝瑛画梅镌于石"①。地方大员见乾隆喜爱芙蓉石，便以船载进贡，被安于圆明园中长春园之蒨园郎润斋②，乾隆命名"青莲朵"③，名列"蒨园八景"之一。乾隆三十年（1765）南巡，再次亲临德寿宫故址审视，认为碑上所刻梅石图，非蓝瑛（1581—?）一人所作，而是"二人合作"，梅出于孙杕（?—1651），石是蓝瑛笔意。回京后，因旧说之误，加以旧碑"剥落，漫漶几不可辨"④，也是对变相夺取宋宫遗产的一种赎补，命工重模刻石，辇致杭州，植于原处，与旧碑并存⑤。乾隆三十二年又命重摹梅石碑一通，植于蒨园芙蓉石（青莲朵）侧。虽经两个半世纪的风云变幻、岁月陶洗，两碑至今具存，这就是今见于杭州孔庙碑林和植于北京大学燕园的南北两道梅石碑。

关于杭州碑，本有新旧两个。原传蓝瑛所绘旧碑，并未因乾隆御题碑而立即消失，乾隆诗序记中也指明"旧者仍并存"⑥。据乾隆诗歌提供的信息，乾隆四十五年南巡前，当地官员特为乾隆碑建亭保护，而旁边的旧碑沾光，也得到庇覆⑦。稍后杭人罗以智（?—1858）《新门散记》记载："今旧碑断为三片，委弃蔓草间。旧所谓梅花厅者，亦久圮。"⑧ 时间大约在道光后期或咸丰初，此后未见再有提及，当完全湮弃。

今所见杭州孔庙梅石碑，当即乾隆三十年所赐新碑。据文物工作者报道，此碑材质为出产于北京地区的"燕石"，与北京碑属同一材料⑨，这是判定其为乾隆所赠碑的重要依据。该碑阳面刻梅石图，当为乾隆制碑原刻。图右刻乾隆四十九年《题梅石碑，再叠乙酉韵》诗⑩，碑上诗末实署"甲辰季春再叠乙酉韵，御笔"，应是原书字样。碑阴刻乾隆四十五年《题梅石碑，用乙酉仿孙杕、蓝瑛画韵》诗⑪，诗末除上述诗题外，另署"庚子暮春上浣御笔"，也应是原书字样。碑侧为乾隆四十九年御书联"名迹补孙蓝，还斯旧观；清风况梅石，寓以新题"⑫。上述两诗一联，均

---

① 乾隆《御制诗集》二集卷二五。
② 吴长元辑《宸垣识略》卷一一。
③ 乾隆《青莲朵》并序，《御制诗集》二集卷三一。今北京故宫博物院藏有《清高宗御笔青莲朵诗画合璧图卷》，上有御制青莲朵图、乾隆五十七《再题壬申所写青莲朵卷》诗、十六年《题德寿宫梅石碑》诗、十七年《青莲朵》七绝五首并序，文物图像见端木泓《圆明园新证——长春园蒨园考》，《故宫博物院院刊》2005年第5期。
④ 乾隆《模德寿宫梅石碑，因题句》并序，《御制诗集》三集卷五二。
⑤ 余敏中《日下旧闻考》卷八三。
⑥ 乾隆《模德寿宫梅石碑，因题句》并序，
⑦ 乾隆《题梅石碑用乙酉仿孙杕、蓝瑛画韵》并序，《御制诗集》四集卷七〇。
⑧ 罗以智《新门散记》"梅花碑"。罗晚年即住梅花碑附近，所记极为可靠。
⑨ 金平、陈进《关于〈梅石碑〉》，《东方博物》第四十辑第84页。
⑩ 乾隆《御制诗集》五集卷五。
⑪ 乾隆《题梅石碑用乙酉仿孙杕、蓝瑛画韵》并序，《御制诗集》四集卷七〇。
⑫ 《钦定南巡盛典》卷八六记载了这一御题对联。

图 132　杭州梅石园双清亭（叶鑫摄），亭中梅花碑为 1988 年镌立，碑阴刻陈文锦《梅花碑记》。园中"观梅古社"壁间另有据北京大学梅石碑拓片所刻碑。

为乾隆南巡驻杭时所题，应为当地官员事后陆续补刻①。

　　雍正后期以来，原南关官署闲置不用，改建土地祠，祀林逋木主，称观梅古社②。虽然乾隆南巡，梅石古迹备受重视，但官厅台阁因闲置而逐渐废圮，到嘉道时已极荒凉。加之咸丰末年的战乱，碑石有所磨损，"御碣曾经革草莱，而今损裂剧堪甚"③。清末人记载，"碑今犹存，而画有残缺处"④，民国府志记载当时"碑犹在"⑤。杭州学人徐映璞也记载，清末德寿宫即南关署一线改为育婴堂，新中国成立后，"梅石双清"碑（梅石碑）仍存⑥，立于今梅花碑一带路边。经过"文革"十

---

① 杜正贤《杭州孔庙》第 287—288 页；金平、陈进《关于〈梅石碑〉》，《东方博物》第 40 辑第 81 页。
② 关于南关署演变为观梅古社，可参阅《钦定南巡盛典》卷八六、罗以智《新门散记》和佚名《梅花碑行》（《武林坊巷志》第 3 册第 364 页）。
③ 张鈇《贼平后过观梅社，访梅石双清碑》，丁丙《武林坊巷志》第 3 册第 367 页。
④ 何兆瀛（1809—1890）《老学后庵忆语》，丁丙《武林坊巷志》第 3 册第 359 页。
⑤ 吴庆坻等《（民国）杭州府志》卷一八。
⑥ 关于杭州碑文，请参阅徐映璞《杭州山水寺院名胜志》卷三。

年动乱，人们一度以为碑已毁弃流失了①。1988 年杭州上城区政府着手在梅花碑附近重建这一旧景，取名"梅石园"，占地 1.07 亩。由于不知原碑下落，遂根据浙江博物馆所藏蓝瑛画，摹画《梅石图》，镌立"梅石双清"碑②，碑亭楹联"问帝宫何处，看梅石此间"，颇能概括这一遗迹深厚的历史渊源和人文底蕴（图 132）。2009 年又根据丁云川先生所得北京碑拓片，重新镌刻一碑，嵌置园中"观梅古社"壁间③。

图 133　杭州梅石碑（叶鑫摄），在今杭州孔庙碑林
"环璧琳琅"亭中，此为碑阴石刻乾隆御制诗，碑阳为梅石
图，但漶漫莫辨。

---

① 丁云川《我与杭州西湖历史文化保护》，曹兵武、刘玉清主编《人与遗产——2008 年度中国文化遗产保护杰出人物纪实》第 232—233 页。
② 见杭州梅石园《梅石园简介》碑记（一九八九年二月）。
③ 见杭州市上城区人民政府《重建梅石碑记》，梅石园石刻。

　　值得庆幸的是，也就是大致同时，文物工作者在孔庙收集的大批碑刻中，发现了一块梅石碑①。碑为四面刻，碑阴和碑侧之御制诗联俱较清晰，唯碑阳之梅石图和御制诗字迹漶漫难辨②。这与晚清人所说梅画已经残缺的状况可以印证，再结合该碑材质为北京地区所产燕石，可以肯定地说，这应该就是乾隆三十年由京城送来的，清至"文革"前人们所见的梅石碑，迄今已有250年。如今失而复得，立于孔庙碑林"环璧琳琅"亭中（图133）。

图 134　北京梅石碑（叶楚炎摄），在北京大学燕园。
左侧为仿"青莲朵"太湖石，1996年设置。

①　关于杭州碑的发现时间，未见有正式报道。当地政府于2008—2009年大事扩建和整理孔庙，2008年编辑《杭州孔庙》一书，该书首次著录了此碑。此前未见有人提及，可见当是2008年整理孔庙碑刻资料所得。
②　杜正贤《杭州孔庙》第287—288页。

图135 北京梅石碑拓片（旺友提供），今藏杭州西湖博物馆。

　　北京碑成于杭州碑两年之后，绘图和刻工都有改进，加以久处御苑禁地，因而保存状况较杭州碑为好。该碑为单面刻，正面刻有梅石图，图上方刻乾隆三十年《模德寿宫梅石碑因题句》并题记①，图右刻三十二年《重摹梅石碑，置青莲朵侧，而系之诗》②。与杭州碑几经增刻不同，此碑当为乾隆三十二年一次性刻成。此碑为圆明圆劫后余物，据说民国政府内务总长兼京都市政督办朱启钤主持清理圆明园时，发现了这块梅石碑和青莲朵，但都有程度不等的磨蚀与残损。大约在1915年前后，青莲朵（芙蓉石）残块被移至中央公园（今中山公园），今陈列于西坛门外的土山旁③。1916年燕京大学创办后，梅石碑也由圆明园移至燕园。原置于北阁（甘德阁）客厅，上世纪60年代移到室外，1992年移到临湖轩西侧草地现址，同时加置了石雕庑殿顶和须弥座，并安装了铁护栏（图134）。1996年，又在旁边仿"青莲朵"配置了太湖石小品④。有学者回忆，大约1991年前后，此碑曾被人为加工出新，碑上梅图的一些笔画被凿粗⑤。如今人们所见北京梅石碑拓片由杭州丁云川先生提供，1991年他托启功先生求得北京海淀区文物管理部门拓成⑥，今藏杭州西湖博物馆（图135）。如果椎拓时间在加工描凿之前，这一拓片就保留了北京碑的原貌⑦，弥足珍贵⑧。

---

① 诗见《御制诗集》三集卷五二。
② 诗见《御制诗集》三集卷六三。
③ 苏勇、樊竟《梅石碑考》，《燕园史话》第217—218页。
④ 杨虎《梅石碑》，肖东发主编《风物：燕园景观及人文底蕴》第230—233页。另见梅石碑旁《梅石碑记》碑。
⑤ 岳升阳《燕园史迹寻踪》，《北大讲座》第十八辑第100—101页。
⑥ 丁云川《我与杭州西湖历史文化保护》，曹兵武、刘玉清主编《人与遗产——2008年度中国文化遗产保护杰出人物纪实》第232—233页。
⑦ 但从拓片中的笔画线条粗细悬殊、明暗不一看，有可能所拓在人为"加工"后。
⑧ 本章杭州梅石园和孔庙碑林照片由浙江大学文学院研究生叶鑫女士提供，北京梅石碑图片由中央民族大学叶楚炎君提供，其余引用网络信息，注以"旺友提供"，"旺友"谐音网友，也借以表示敬意和祝福，谨书一并志谢。

七、太仓王锡爵南园"瘦鹤"

　　王锡爵（1534—1614），字元驭，号荆石，南直隶太仓（今属江苏）人，嘉靖四十一年（1562）会试第一，廷试第二。万历十二年（1584）拜礼部尚书、文渊阁大学士（副宰相），颇得神宗宠信，二十一年为首辅，万历三十五年加少保衔，卒赠太保，谥文肃（图136）。王氏自王锡爵以来，一门累世高第显宦，园池极盛，王锡爵时即有南园、东园之分。"南园在城中，东园在郭外，皆游观之胜区。"① 南园中古梅一株，夭矫苍虬，人称"瘦鹤"，相传为王锡爵手植，至清咸丰间（1851—1861）犹存，历时有两个半世纪。

图 136　王锡爵像（《吴郡名贤图传赞》卷一〇）。

　　关于南园的沧桑变化，民国《镇洋县志》记载较详："南园，太傅王锡爵种梅处，在城南潮音庵北。孙太常卿时敏拓而大之，有绣雪堂、潭影轩、香涛阁、水边林下、烟垂雾接诸胜。嗣斥绣雪堂为问梅禅院，后仍归王氏，延族父玠居之，玠传时敷，时敷传恭，世居于此。恭殁，东偏赁毕氏。嘉庆年，恭从子□即水边林下故址建鹤梅仙馆。道光初，邑人鸠资赎毕氏所赁屋，归鹤梅仙馆。后十余年，邑绅钱宝琛、徐元润等鸠资重葺，奉锡爵栗主，以王世贞、吴伟业附。咸丰季年毁于寇，同治初里人集款建台光阁于鹤梅仙馆旧址。九年署知州蒯德模复潭影轩，增建逊志堂、忆鹤堂、栽花小憩、寒碧舫等处，移安道书院于此。光绪年，王氏后裔奉锡爵

---

① 归庄《王氏西田诗序》，《归玄恭遗著》。

以下粟主于台光阁，以人日祀。"① 其中所说王时敏（1592—1680），为王锡爵孙，字逊之，号烟客，崇祯间以荫官太常寺少卿。入清后家居不仕，以丹青名世，师法董其昌，得其真传②，与同辈王鉴、王鉴的学生王翚及时敏孙王原祁并称娄东"四王"。王恭（1710—1782），字礼言，号竹娱，王锡爵裔孙，性格安闲恬淡，无意举业，喜爱作诗。居锡爵南园故地，偕友诗酒唱和其中，晚年长斋修行，沉迷自得③。毕氏指毕沅（1730—1797），镇洋（由太仓析出新县，治今太仓城厢镇）人，乾隆二十五年（1760）状元，累官河南巡抚、湖广总督等④。据洪亮吉诗中注语，毕沅购得南园以居其甥沈悫师⑤。乾隆后期至嘉庆间，园之半偏曾为毕沅所有⑥。从这些记载可知，明代以来的两三个世纪中，南园虽亦短暂易主，或部分转让，但绝大部分时间都为王氏家族所有。问梅禅院为王时敏斥施辟建，为绣雪堂旧地，正锡爵种梅处，乾嘉间人们都称梅在问梅禅院或绣雪僧舍。关于"瘦鹤"最后的下落，民国《镇洋县志》记载："咸丰年间犹存枯干，覆以亭，兵燹毁。"也就是说该梅至咸丰间已剩枯朽老桩，曾建亭保护，但最终毁于咸丰末年的兵火洗劫⑦。

　　南园植梅本出王锡爵亲为，王时敏《书问梅禅院题额后》："先文肃种梅数百株于此园，每值早春寒香竞发，萼绿红白花相错如绣，故有绣雪之称。"⑧ 顺治三年（1646），园中梅花盛开，吴伟业等来访，有诗《琵琶行》纪时事乱离，并言及园中梅景⑨。到乾隆年间，园中梅花所余不多，其中一株尤为夭矫苍虬，被称为"一只瘦鹤"。道光四年（1824），孙原湘（1760—1829）有《忆鹤行》诗详细回忆童年所见古梅："太仓南园古梅一株，王文肃手植也，余八九龄时居外家陆氏，花时舅氏润之先生携过花下，曰此所谓'一只瘦鹤'也。事阅五十余稔，儿时所见都不记忆，独瘦鹤之状轩轩心目前"，诗中写道："孤根偃蹇皮半枯，槎枒老干花全无。一枝别起势飞动，夭矫直欲离根株。旁枝四起左右翼，下覆错落千明珠。绝顶一枝忽返掉，有若振翩凌天衢。我时欲攀不得攀，遥望缥缈如云闲。春风一吹傥飞去，月明何日衔珠还。五十五年如一霎，昔日儿童今白发。先我看者已如化鹤之丁公，后

---

① 王祖畬《（民国）镇洋县志》卷一。

② 赵尔巽等《清史稿》列传第二九一。

③ 彭希涑《净土圣贤录》卷九。

④ 赵尔巽等《清史稿》列传卷一二〇。

⑤ 洪亮吉《消寒第四会，汪刺史廷昉座上赋南园古梅歌，梅为前明王文肃公手植，名一只瘦鹤》："园林之主先后殊，昔者太保今尚书。"注："南园近为毕秋帆尚书购得，以居甥沈悫师。"《更生斋集》诗卷四。

⑥ 王昶《（嘉庆）直隶太仓州志》卷五一："南园，太傅王锡爵种梅地，在潮音庵北，中有绣雪堂、潭影轩、香涛阁、水边林下、烟重雾接诸胜，曾斥为僧舍，后有族名圻者居之，今转赁毕氏，其半属问梅禅院。""南园古梅，名瘦鹤，明太傅王锡爵手植，今属绣雪僧舍。"

⑦ 王祖畬《（民国）镇洋县志》卷一。

⑧ 顾文彬《王烟客年谱》天启七年下，《过云楼书画记》卷六。

⑨ 顾文彬《王烟客年谱》顺治三年下，《过云楼书画记》卷六。

我看者孰为放鹤之逋翁。人来人往不可悉，花落花开干如铁。不知更寿几千春，枝头犹戴尧年雪。"① 所说是乾隆二十二、三年间（1757—1758）的事，可见之所以命名瘦鹤，是因为树之绝顶一枝如鹤振翅上翔而返，花时望之飘渺若仙人浮云驾鹤，观者无不称奇。从乾隆中期至嘉庆、道光者，游者众多，许多文人都吟诗作画题咏赞美。如张藻（毕沅母）②、钱荃③、汪学金④、钱泳⑤、洪亮吉⑥、彭兆荪⑦等都有诗文涉及，安徽六安霍山画家程式渊（字芳墅）为作《南园瘦鹤图》，广求当世名公题咏，"积数年题者几遍海内，卷大如牛腰"⑧，可见一时影响之大。

① 孙原湘《天真阁集》卷二七。
② 张藻《南园老梅（王文肃公手植，名只鹤，今园属僧舍）》，《培远堂诗集》卷二。
③ 钱荃《南园古梅名一只瘦鹤舞，相传文肃公手植》，汪学金《娄东诗派》卷二六。
④ 汪学金《和秋鹤谒王文肃公祠韵》，《静崖诗稿》后稿卷九。
⑤ 钱泳《履园丛话》卷二〇、第539页："太仓州城南有南园，前明王文肃公所筑，中有绣雪堂、潭影轩、香涛阁诸胜，皆种梅花，至今尚存老梅一株，曰瘦鹤，亦文肃手植也。余于乾隆庚戌早春，曾同毕涧飞员外过之，已荒芜不堪矣。……道光庚寅冬日，偶见程芳墅所画《南园瘦鹤图》，不胜今昔之感。"
⑥ 洪亮吉《消寒第四会……赋南园古梅歌，梅为前明王文肃公手植，名一只瘦鹤》，《更生斋集》诗卷四。
⑦ 彭兆荪《游南园》，《小谟觞馆诗文集》诗续集卷一。
⑧ 李兆洛《太仓王氏园称名胜，旧有梅三四百树，今已芜废，仅存一梅，或题之曰瘦鹤，六安程芳墅为之写图，以乞诗于当代名公，积数年题者几遍海内，卷大如牛腰，携以索诗，因题二绝句》（大约作于道光十五年），《养一斋集》诗集卷五。

八、沙市章华寺古梅

　　章华寺，在今湖北荆州市沙市区太师渊路，元泰定（1324—1327）时建。相传此为楚灵王章华台故址，俗称看花台，寺因台名，也称章台寺。清顺治间，孔自来《江陵志余》记载："寺有古梅，支离臃肿，莫知岁年，或以为看花之遗栬。甲申之乱，刊伐殆尽。庚寅转更蔚然，良宰慎其籓闌，名贤宠以觞咏。未几蝥蠈复来，桑折麦倒，孤山之魂仍沦爨木，呜呼伤哉！"① 从这段记载可知，寺中古梅极其苍老，相传为楚宫遗物，明末战乱，几乎被毁，而顺治七年（1650）又焕发生机，花枝茂盛，当地士绅倍加珍惜，设栏保护，品题唱酬。但好景不长，不久又遭兵马蹂躏，被武人伐为柴薪。同时当阳杨州彦也有诗感怀，注称："章台寺古梅不花不子，近忽抽柔条以艳游者，不数年为武夫薪去。"② 进一步印证了上述记载。

　　此梅起于何时，史无记载。里人胡在恪回忆，早在其父辈幼年时就有此古梅，他们就"闻之于父老云，不知何年所植"③。胡在恪是顺治十二年（1655）进士，康熙十二年（1673）任江西盐道监，不久即告养归里。以这样的时代上溯三代，也就是说，最迟在明嘉靖年间（1522—1566），这株古梅就已存在，而且已呈老态。但检明代文献，未见有人提起。清以前也未见文人题咏。孔氏《江陵志余》在"章台寺"条下录有明王世贞《饮沙头大梅树下》两诗，似乎以为是此地游览之作。王世贞集中有几篇作品描写沙头大梅④，时间在嘉靖、隆庆间，但所说沙头，不在沙市，而是其乡里太仓沙头里（今江苏太仓沙溪镇）⑤。孔氏同时录有袁宏道的几首章台寺诗，却没有提到古梅。显然至少在嘉靖、万历年间，这株梅树尚未引起人们注意。

---

① 孔自来《江陵志余》志精蓝。
② 杨州彦《悼梅诗》，魏宪《百名家诗选》卷七六。
③ 胡在恪《章台赋》序，蒯正昌等《（光绪）江陵县志》卷五三。
④ 王世贞《弇州四部稿》有《与舍弟及殷无美饮沙头大梅树下作》（卷三七）、《沙头大梅树下醉，仍赋近体一章》（卷三七）、《吴使君邀饮沙头梅花下得扬字》（卷三九）、《吴公宴沙头古梅下诗序》（卷六五）等作品。
⑤ 明陆世仪《〈沙头里志〉序》："沙头里者，吾州东北乡之镇名也……又名沙溪。"王昶《（嘉庆）直隶太仓州志》卷六四。

　　顺治至康熙初年，古梅历劫不灭，而又遽荣遽灭，令人们无比惊奇和惋惜，当时形成了一股游览和凭吊的热潮，多有世事盛衰、万物无常之感慨。今所见题咏之作，都出于明末大约崇祯年间至清康熙早期人士。光绪《江陵县志》艺文志所收魏士章《老梅赋》、严以立《章台古梅赋》、胡在恪（1621—1703）《章台赋》、魏士章、曹国朴、胡在恪、余宣、熊正笏、李葆元等人《章台古梅》诗①，另明末陶汝鼐《江陵朱朴庵投诗和韵》②、顺治间袁子令《念奴娇·章台怀古词》③、严守昇《箨庵为予言章台老梅，归时过而赋之》④，都出于这一时期。透过他们的作品，可以感受到，经过顺治年间第二次兵马劫伐后，此梅只剩根荄，或者不久即完全湮没。余宣《章台古梅》诗称，"何须凭吊古章台，三十年前见老梅"，可见梅树已成往迹。我们在乾隆、光绪县志中都没有看到乾隆以来的作品，有关记载也主要是抄录孔氏《江陵志余》的相关内容。显然至迟在康熙年间，古梅已完全消失了。民国《沙市志略》明确称"梅之根荄，终归乌有"⑤，是古梅早成云烟。

　　乾隆县志有一点信息值得注意。该志记载豫章台（即章华台或看花台），称"台前大道直接古堤，有老梅数十株，含香弄月，牧宰群英，多所游薄"⑥。嘉庆间刘献廷《广阳杂记》也说章华台北长堤里许，原先"夹堤梅桃弥郊野"，康熙十四年（1675）遭遇吴三桂驻军而被蹂躏践踏，"梅柳桃杏，无一株存"⑦。显然刘氏所说，有些夸张。民国《沙市志略》记载，"寺之前后几里许，皆以老梅园称"⑧，可见这时梅林仍盛。受旧志启发，今人仍将"章台古梅"传为佳话，有报道称，今章华寺大雄宝殿右前仍有"章台古梅"，并因章台之事，进而称作"楚梅"。然明清人所说古梅，"香凝白雪争千载，影瘦清江剩一株"⑨，显然是蔷薇科梅树，而如今寺中所谓"楚梅"是一株蜡梅⑩，与古人所说凿枘不合，当是今人所栽。

①　蒯正昌等《（光绪）江陵县志》卷五三至五八。
②　陶汝鼐《荣木堂合集》诗集卷八。
③　孔自来《江陵志余》志精蓝。
④　严守昇《濑园诗文集》诗集后集。
⑤　王百川《沙市志略》寺观第六。
⑥　黄义尊《（乾隆）江陵县志》卷二三。
⑦　刘献廷《广阳杂记》卷四。
⑧　王百川《沙市志略》寺观第六。
⑨　李葆元《章台古梅》，蒯正昌等《（光绪）江陵县志》卷五八。
⑩　赵楚辉、刘世松、贺仪和《荆州胜景章华寺》，《中国宗教》2004年第3期；陈礼荣《十方禅林楚梅香——古章华台与章华寺》，《决策与信息》2005年第3期。从沙市市建设志编纂委员会编《沙市市建设志》第149页图55《章华寺古腊梅》看，株体并不虬硕，可能树龄未老。

九、监利"南郭古梅"

　　同治《监利县志》卷首列县境八景，称"容城八景"，有章台晓霁、泮宫翠柏等名目，并配有诗画，为邑中名胜。湖北省监利县为春秋许容城地，汉置华容县，故名容城。据编者称，李、郭二志即有八景之图。李志指万历二年（1574）县令李纯朴所修志，郭志是康熙四十一年（1702）县令郭徽祚所修志，也就是说最迟在万历初年，县邑"八景"就已确立。"南郭古梅"是其中一景（图137）。县志所载明末清初罗朝伟《古梅行》诗，序中描写古梅形态较为详细："邑城南有古梅一株，

　　图137　南郭古梅图（同治《监利县志》卷首）。"南郭古梅"为县中"八景"之一。

相传为百余年物。使全体可规，定三四尺许，而仅存其半者，毁于火也。肌销腹朽，至不胜指甲，则存者又仅半之。皮虚薄而类枯箨者，干也；剥落而类折戟者，梢也。自踵至顶，略无完肤，亦可怜矣。忽于枯梢之侧，放一大枝，势本倒垂，而耸身上出，若游龙蜿蜒，任意冲突。繁香艳蕊，照满城隅，其荣发之气，若不自朽株出者，何物老妪，生宁馨儿，乃能挺拔若此？然迹其生理，仅仅粘带于皮膜之外，即使根底有灵，而相去悬绝，中间折者、曲者、腐者、破者，叠为隔越，不知脉络贯通，却从何路！语其奇，则如附枝，如赘疣，如白日飞仙，足不履地，如飞来峰，虽共处一山，而神情两无关涉。"① 古树不仅枝干虬折奇特，而且中腹枵朽，腠理断续莫辨，而能生机盎然，令人叹为观止。

罗朝伟称此梅为"百余年物"，由清初上推百年，是说嘉靖年间所种。清嘉道间邑人蔡以偁《南郭古梅铭》称古梅"二百七十年不蹶，有明正嘉间始植"②，也是说明正德、嘉靖间所植。但就罗氏所写生态看，显然远非百年树龄。既然万历初县志已入"八景"之目，树龄也应远向前推，有可能是明朝初年或更早所植。该树至清嘉庆、道光间仍在。蔡以偁称"吾邑城南有二百七十年古梅一株，僵仆于地，半死半苏，寒甚时著三两花"③，显然较之罗朝伟所说，枝干已经衰疏，而生机明显萎弱。此梅未见后续消息，不知所终。今当地方志称此梅"处工农堤（引者按：在县城）西北侧20米处"，也未说古梅见存④。

---

① 罗朝伟《古梅行》序，郭徽祚等《（康熙）监利县志》卷一〇。
② 林瑞枝、王柏心等《（同治）监利县志》卷一一。
③ 林瑞枝、王柏心等《（同治）监利县志》卷一一。
④ 监利县地名领导小组办公室编《湖北省监利县地名志》第24页。

一〇、金陵吉祥寺拜梅庵古梅

　　吉祥寺故址在今南京市清凉山北、定淮门内马鞍山东，本元朝天妃庙，以修竹、桃花称胜，明永乐初郑和"归自西洋，增置为寺"，万历十年（1582）重修，焦竑为作碑记①。此后寺中古梅始见称述，焦竑等人前来观赏，万历三十五年（1607）曹学佺有《焦弱侯、张以恒、喻叔虞同到吉祥寺看梅》诗②，稍后钟惺有《吉祥寺有梅一株，次日往看（同焦弱侯、黄贞父）》诗③，同时高出《焦先生招同贞父、载甫、绍卿吉祥寺探梅花》"招提古梅人少知，独树半亩横离披"④，可见已是一副独木成林的景象。崇祯十年（1637）戴澳《吉祥寺观梅短述》描写更为具体："吉祥寺之梅名甚噪……梅在寺后可半里，盘竹树间，以观梅来者武相接，因有列篱路左，布几竹间，卖浆及饼饵者。至梅所则围以朱栏，有一庵可坐而观。梅一本五枝，枝各扶疏纠矫，直者拂云，樛者拂地，然体势周圆，不以偏枯怪拙为奇。花已开到九分，着花亦匀，虽在春仲，不减雪中香……梅所去古林庵仅百余步。庵极庄严，而观梅者必从破寺纤径入，亦足以佐梅之幽贵。……公侯将相、醪客词人，以至里儿村叟，无不迹叠而目聚者。"⑤ 可见万历中期以来，此梅已成南都一大名胜。

　　新安鲍元泽见而拜之，建拜梅庵，更成寺中一段佳话。余宾硕《金陵览古》记载："寺后高原有古梅一株，虬枝铁干，扶疏十亩，歙人鲍元泽偶经其地，望梅迎拜，因建拜梅庵。"⑥ 所说鲍元泽，一作鲍元则。闵麟嗣《黄山志》多处记载其事迹，并有小传，称其名正元，新安人，性格高迈绝俗，不屑于世俗功名利禄，久居黄山西南麓，与友人结社参禅问道，曾流寓金陵，入清后削发为僧⑦。一说鲍元则

---

① 焦竑《敕赐吉祥寺重修碑》，《焦氏澹园集》卷一九。
② 曹学佺《石仓诗稿》卷二。
③ 钟惺《隐秀轩诗》宙集。
④ 高出《镜山庵集》卷一九。
⑤ 戴澳《杜曲集》卷九。
⑥ 余宾硕《金陵览古》"拜梅庵"。
⑦ 闵麟嗣《黄山志》卷二。余宾硕《金陵览古》"拜梅庵"、《（康熙）江宁府志》卷三一记拜梅事均作鲍元泽。

名山，号在斋，有《野菜博录》传世①。关于拜梅之事，宋起凤《拜梅庵记》记载颇详："新安鲍子元则，以母有梦梅之异，于吉祥寺后偶得野人家古梅一本，遂构数楹，奉佛主之僧，旦暮呗诵祈母寿。立春时为梅辰，陈果饵清酌，飨而拜之。中秋为浴期，锄苔薙草，贮水巨瓮，灌溉毕而复拜之，岁为尝。徐六岳公榜曰拜梅庵……梅之干凡五，可荫数亩，岁时游屐无虚日，春醑其花候，夏袭其繁阴，素月听其秋声，霁雪探其陇信……都人士无不艳庵之有梅久矣，或曰唐植也，或曰六季植也。"②鲍氏建庵的时间当在天启或前后数年间。《黄山志》称当时董其昌、陈继儒"有诗纪事"，二氏均为崇祯中去世，前引宋起凤记称徐弘基（六岳）题榜，徐氏崇祯十七年（1644）卒。前引戴澳《吉祥寺观梅短述》也已提到拜梅。因此拜梅建庵事应在此前。鲍元则这一孝行为梅花增添了一段异闻佳话，清中叶以来有关记载不断添油加醋，传说愈益虚诞离奇③。

　　清初此梅仍风光一时，屈大均曾说"清凉山海棠、吉祥寺古梅为金陵第一"④。入清后不久，此梅即见枯朽。康熙二十八年（1689）孔尚任《吉祥寺枯梅》："寺后崎岖看花路，横长萝蔓牵人步。拜梅庵前院不关，突尔惊出狐与兔。朱阑碧砌已雕残，中有欹斜一枯树。……今日花死干犹存，黄昏风雨伤怀抱。"⑤康熙五十五年，先著《访朱园梅花歌》："吉祥古干枯为薪，朱园梅花今有闻。"⑥是说此树已枯萎殆绝。乾隆以来吟赏之作几无所见，可能已完全朽废。晚清陈作霖《续金陵琐志二种》叙及吉祥寺时仍称"寺有古梅"，顾云《盋山志》也仍称"有老梅一树，铁干撑空，香雪缨络之，荫可十亩"，但同时指出，"拜梅庵在吉祥寺内，明鲍山筑祀其母者也，今圮"。可见所谓寺有古梅，应非记实而只是话故而已。2001年，南京园

① 《四库全书》收有鲍山《野菜博录》，馆臣提要称"《野菜博录》四卷，明鲍山撰。山字元则，号在斋，婺源人。"今《四部丛刊》影明天启刻本《野菜博录》有著者自序，署香林主人。尾有两篇跋文，所谓鲍山字元则，号在斋，即本于跋中自序。《野菜博录》卷二"蕻菜"（俗称空心菜）条下有"独南京人多种此菜"一语，所收数百种野菜，唯此一条有产地说明，可见著者曾到过南京，对当地圃蔬之事比较了解。居南京的时间当在万历末至天启间，也许延至崇祯间。

② 宋起凤《大茂山房合稿》卷五。

③ 莫祥芝、甘绍盘、汪士铎《（同治）上江两县志》卷五引《金陵诗汇》："新安鲍山母罗氏梦梅而生，金陵吉祥寺有古梅，山母生而莳之梅萎，追卒则梅擢五新干，樛曲覆地，犹盘龙偃然。山见梅下拜，谓母之魂归于梅，因建拜梅庵于寺中。焦澹园为之记，以立春为梅诞日，八月初一为梅浴日。"光绪间顾云《盋山志》卷四："鲍处士山，字元泽，婺源人，家上元吉祥寺侧。寺有梅甚古，其母于归时，梅忽萎，及母没，萎梅擢新干五，花盛于曩时。处士感念母氏，为之下拜，以为母魂来复，因建拜梅庵寺中，焦竑为之记。"

④ 屈大均《过蔡国子园亭作》诗注，《翁山诗外》卷九。

⑤ 孔尚任《湖海集》卷七。

⑥ 先著《之溪老生集》卷七。

图 138　拜梅亭，在今南京市鼓楼区古林公园山之西巅，2001 年根据鲍元泽拜梅之事建。

林部门根据鲍山（鲍元泽）拜梅之事，在定淮门内古林公园重建拜梅亭①。亭位于公园山巅西侧，为亭廊组成的一组江南古典风格建筑，顺山势高低布设，点缀山石，配植梅和松、竹等（图 138）。附近有梅花岭等景点，是南京城西重要的赏梅之地，环境幽静雅逸，颇为市民喜爱。

① 古人记载吉祥寺在清凉山北的马鞍山东麓，如焦竑《重修吉祥寺碑》："西则马鞍，低控江涛之所激荡"（《金陵梵刹志》卷二五）。今南京仍有马鞍山路，在省府、省委大院北面，马鞍山当为路北一片低山岗丘，而吉祥寺在山东麓，当今水佐岗一带。而古林庵当在寺之西北。

一一、金陵普光庵（菩提场）古梅

《（康熙）江宁府志》卷三一："菩提场在钟鼓楼西北隅，明永乐间常侍刘瑞建，名普光庵，万历释真洪易今名，澹园焦竑为之记。"袁枚《菩提场古梅歌限"大"字，与兰坡学士作》："从来庙古树必怪，竟有梅花塞庙大。南都两寺大者三，菩提一株毋乃太！有如人形共七尺，忽然丈六金身在。三寸之珠十围玉，此物岂合存尘界？……一白光摇大殿明，半开影压僧房隘。孤根入地花入天，身在寺中香在外。我生爱梅如爱色，得此倾国痒搔疥。……老僧古貌长眉青，问树疑年默不对。但说前朝焦状元，曾坐梅窗捫梅背。……笑我随园二十弓，年年种梅如种菜。不妨无事有其心，老衲大穷将汝卖。巨灵双手掘梅根，骆驼万匹拉梅载。移植千枝万枝中，诸峰忽压当头岱。逝将聘汝力不能，得且寻君一而再。"① 可见寺中古梅一株，颇为壮硕，传为焦竑手植。焦竑同时邹迪光即有《同觉甫诸兄菩提场观梅二首》②，可见万历间寺中梅花即有可观。袁枚此诗作于乾隆十九年（1754），去万历间已有一百多年，二十五年后王友亮也有《菩提场探梅》诗："菩提场中两株好，手植曾传此邦彦。高标岂肯堕尘界，交干偏宜覆禅院。"③ 所写已是两株，应是后来增植。此庵为城中小寺，名头不大，所属古梅未见方志记载，文人题咏也属罕见，可能后来真应了袁枚的话，寺败僧穷将树卖了。

---

① 袁枚《袁枚全集》第 1 册第 180 页。
② 邹迪光《始青阁稿》卷九。
③ 王友亮《双佩斋诗集》卷六。

一二、苏州寒山法螺庵古梅

　　寒山法螺庵本为明赵宧光别墅，其子无嗣，遂尽
为僧舍。庵中古梅相传为赵宧光所植。赵宧光
（1559—1625），字凡夫，太仓人，少入资为国子生，
筑先墓于支硎山，偕妻庐居墓旁。"墓前凿池开径，
盛植松竹，遂成胜地，山东西置二庵，延名僧居其
中，焚香诵经，萧然清远。"① 赵宧光所植梅，入清
后颇具姿态。孔尚任《法螺寺老梅歌》"法螺老梅梅
之祖，结茅看梅僧已古。梅皮直作老松鳞，梅梢能立
老鹤舞"②，康熙间宋荦《春日同叶公霖游支硎华
山》③、乾隆间毕沅（1730—1797）《寒山别墅遇王丈
日初（昱）赋赠》④、嘉庆间英廉《寒山僧舍旧是赵
凡夫隐居处》诗⑤、道光时王恪《游寒山记》都写到
此梅，只是毕沅称"老梅二株"，而英廉称"老梅一
株"，可见时光荏苒，梅树凋零。民国《吴县志》记
法螺庵中有玉蝶老梅，为"宋人所植"⑥，或者此时
古梅尚存。

图 139　赵宧光像
（顾沅《吴郡名贤图传赞》
卷一一）。

①　徐树丕《识小录》卷三。
②　孔尚任《湖海集》卷五。
③　宋荦《春日同叶公霖游支硎华山五首》其三，《西陂类稿》卷一三。
④　毕沅《灵岩山人诗集》卷一。
⑤　英廉《梦堂诗稿》卷五。
⑥　曹允源、李根源《（民国）吴县志》卷七九。

　　图140　寒山别墅图。《南巡盛典》卷九九图说："寒山别前墅，在支硎山西，明赵宦光隐此，筑小宛堂以居，后为僧舍。庭老梅相传宦光手植。"梅应在图中"座落"二字所示庭院中。

一三、德清蔡氏清远堂古梅

清远堂故址在今浙江省德清县古城（今德清县乾元镇）西北玉麈山麓①。徐珂《清稗类钞》载："道光时，清远堂蟠梅为德清胜景，梅为蔡正庵中丞手栽，阅百数年而萎，蔡二梅上舍寿昌续栽之，曰'为梅立嗣也'，同人皆有诗以张之。"② 清远堂为蔡氏居宅。蔡官治（？—1645），字羽明，号正庵，万历四十七年（1619）进士，曾任陕西巡抚。蔡寿昌，蔡正庵裔孙，字尔眉，号补梅，或因其排行而称二梅③，少有神童之称，嘉庆四年（1799）进士，年三十卒于京，有《蜕石文抄》传世。早在乾隆间，蔡氏清远堂古梅名声即著。乾隆六年（1741）钱载（1708—1793）《清远堂古梅》："吴兴会稽古梅夥，我往闻诸石湖仙。石湖亦买武康本，今我自泊余不船。一枝未见见峰碧，玉麈横斜胜梅格（玉麈，山名）。腊前记说蔡家花，溪友敲门导生客。墙阴半亩鹿角鼠尾梢，万花平视才及人身高。岂知寒光中间惨裂铁骨一倒卧，肆突十丈双瘦蛟。……主人为言百年事，大雪宵昏压垂地。"④ 古梅虬曲苍老，盘屈卧地，如范成大、陆游等所咏之成都西郊蜀苑梅龙，诗人至有"眼明小县无多恋，四面青山一本花"的感叹⑤。几年后张云璈（1747—1829？）《蔡氏清远堂古梅花歌》描写更为具体："城西大屋城不如，广庭十亩苍苔铺。老梅传说宋时植，查牙瘦格庭之隅。坚冰为骨铁为色，虬结蟠拏破墙壁。倒看卧地走蛟龙，百尺寒梢扶不得。霜欺雪压冻欲皴，一树中裂成两身。生枯相半各回抱，根傍露石

----

① 今其地有清远堂自然村，村以宅名，见德清县地名委员会《浙江省德清县地名志》第90页。
② 徐珂《清稗类钞》第12册第5895页。
③ 祁俊藻《荐士诗答徐廉峰编修（宝善）》："天寿其名，嗇其生。"注："浙士蔡寿昌二梅，学博文赡。"《䭮欱亭集》卷一六。翁心存《酬蔡二补梅寿昌》（嘉庆二十一年），《知止斋诗集》卷三。
④ 钱载《箨石斋诗集》卷四。周绍濂《德清县续志》卷九。
⑤ 钱载《出德清西门，看梅宜园池上，遂过麈麓斋，复至清远……坐蔡家墓松下，入开元宫得绝句七首》其五，《箨石斋诗集》卷七。

如露斫。当阶独立应无偶，东风岁岁吹常后（花开较迟）。"① 所说与钱载不同，钱氏说梅是百年前事，当为蔡官治时植，而此言为宋时所植，而且所说似非一棵树，古梅姿态也远非百年树龄。即就蔡官治所植而言，至嘉庆间也历时两百多年，蔡寿昌补植之梅后世如何，不得其详。

---

① 张云璈《简松草堂诗文集》诗集卷一。

一四、长兴万玉庵"元梅"

万玉庵在今浙江省长兴县城西北五峰山下，"元至正间建，初名华严庵，明初清凉寺僧处林葺为归老地。嘉靖间僧毁戒律，将并于邻，府尹姚一元捐资赎之，以居僧祖胤。庭前古梅荫可亩许，冬春之交枝萼缤纷。胤与兵部侍郎汪道昆善，目以'霏玉'，知县熊明遇颜以'枝轩'。五峰下梵宇如林，此最幽倩"①。同时无锡东林党人安希范、知县游士任、邑人姚光佑（引者按：崇祯十一年曾参与修《长兴县志》）等有诗题咏②。梅相传为宋时物，入清后渐没荒蔓中，湖州知府吴绮（1619—1694）"搜剔出之"③。邑人金镜有《万玉庵古梅记》，记述颇详："古梅不知为何代物也，在大士殿之右，大可十围，高不过二丈许，老干疏花，中空而外瘁。考庵建自元至正间，初曰华严。明世庙中，新安汪兵部道昆与庵僧祖胤游，称枝萼缤纷，荫犹亩许，遂以万玉颜庵。庵之名实以梅，则梅之生当先于庵。盖梅，宋元间物也。胤之孙始觉者，溺形家言，开前池，以为此殿亦宜移而前，而梅枝碍檐，竟截去大干者几半。悍者此髡，真削圆方竹手矣。从兹檐溜注梅，正当所截之干。数十年来，中肉溃尽，外肤剥渤，独存坚膜。内穴坎窖，如臼如杌，皮质皲瘃，从理若栉若刻丝，色如苔石，似镔铁，似汉玉。入土出土，形模古怪，若虬蛰蛇蜕，天禄辟邪，折股颠踬崩角。众干之不受截者，或横或竖，或欹而欲坠，或耸而忽缩。间抽新条，花细而子涩，无复昔时缤纷荫亩之景矣。……僧俱凡鸟，缭以土垣，旁置溷湢，梅与粪壤瓦砾侣，人无过而问焉，盖又几十年于兹矣。康熙丁未（引者按：六年，公元1667）吴兴守丰南园次吴使君，好奇士也，行部雉邑（引者按：指长兴），肩舆谒庵，首询古梅所在。令公（引者按：县令）为龙眠叶子羽（引者按：县令叶文凤），善承上意，立命役毁垣扫除，梅乃歘然特出。叶又割俸二金，属僧支倾辅眵，树木栅，涂丹垩，若行马遮迹，传播竞看，下至穷陬僻澨、村童里妪，岁无虑千万

---

① 张慎为、金镜《（顺治）长兴县志》卷二。
② 宗源瀚、周学濬、陆心源《（同治）长兴县志》卷一五。
③ 李堂《（乾隆）湖州府志》卷一〇。

数。……后使君罢官重访，赋诗镌石，多所感慨。北海子久韩侯（引者按：县令韩应恒，字子久）莅任，临视赓题，又捐资撤去木栅，瓷以石基阑楯，梅体愈安而势崇矣。"① 据载寺悬楹联"花开万点温香玉，果熟千丸渍味金"②。康熙至乾隆年间，施闰章、吴斯沼、吴焯、沈树本、钱兆沆、蒋志栋、魏世馨、王豫、鲍鉁、钦琏、丁承先等人相继有诗题咏，极一时之盛③，"万玉庵前看老梅"④ 也成了县人箬溪春游之风气。同治十年（1871），该寺毁于太平天国兵火⑤，古梅也当同时毁灭。

---

①　韩应恒、金镜、朱升《（康熙）长兴县志》卷一。
②　释元尹《博斋集》卷下。
③　赵定邦、陆心源等《（同治）长兴县志》卷一五。
④　陈肇芳《若溪竹枝词》，赵定邦、陆心源等《（同治）长兴县志》卷一一。
⑤　赵定邦、陆心源等《（同治）长兴县志》卷一五。

一五、和州丰山杜村古梅

安徽和县南义乡（今并入功桥镇）丰山杜村有一古梅，相传为宋人杜默所植。《（光绪）直隶和州志》称："丰山，州西南二十里，重冈叠阜，婉蜒纡复，周数十里。"① "宋杜默所居，子姓世宅于此。默手植梅犹存，每春深作花，游人如织。"② 此处所谓宋杜默所指何人，此梅又是否是杜默所植，相关情况较为复杂，误说较多，有必要细加考证。

（一）杜默师雄是濮州人

宋人记载本朝至少有三位杜默：一是京东濮州（治今山东鄄城北）人，字师雄，道学家石介的学生，石介将其与欧阳修、石延年并称"三豪"，当时较为著名。二是荆湖路汉川（今属湖北）人，宋刘斧《青琐高议》别集卷七收其《用城记》一文，仅此一见，生平不详，不是我们这里讨论的对象③。三是淮南和州（治今安徽和县）人，见于南宋洪迈《夷坚志》，后世被写入戏剧，也有一定影响。

一般都认为，安徽和县丰山杜村古梅的植者杜默为宋初"理学三先生"之一石介的门生杜默，字师雄。庆历二年（1042）杜默离京返乡，石介作《三豪诗送杜默师雄》，将杜默的歌篇与石延年的诗歌、欧阳永叔的文章相提并论，认为都"豪于一代"，称之"三豪"，一时名噪士林④。石介，兖州奉符（今山东泰安）人，与欧阳修等积极倡导古文运动和儒学复兴，庆历初曾任国子监直讲，竭力推行其思想主

---

① 朱大绅、高照《（光绪）直隶和州志》卷四。

② 朱大绅、高照《（光绪）直隶和州志》卷五。

③ 笔者始见《青琐高议》所载"汉川杜默"（漢川）字样，疑为"濮州杜默"（濮州）形似而误，但旋即否定。濮州杜默为石介门生，石介是激烈的反佛斗士，而《用城记》是为一位禅师所作行迹记，充满了对佛理的阐说与宣扬，决不会出于石介的门生杜默之手。此篇《全宋文》失收，待补。

④ 关于石介此诗与欧阳修同时《赠杜默》诗的写作时间，一般系于庆历元年（1041），然就两人诗中所涉欧阳修的仕历和河北点兵等时事，两诗均当作于庆历二年，对此笔者《宋代杜默生卒、籍贯考及其作品辑佚》有考证，载《文学遗产》2012 年第 4 期。

张，影响一代士风文风，当时山东、河北一带文人追随颇众。杜默即是其一，他是北宋京东路的濮州（治所在今山东鄄城北）人，而非当时淮南路的和州历阳（今安徽和县）人。对此宋人记载极为明确，不容置疑。王辟之《渑水燕谈录》卷八："濮人杜默师雄，少有逸才，长于歌篇，师事石守道，作《三豪诗》以遗之"。《王直方诗话》："杜默濮州人，师雄其字，谓豪于歌者。"① 李献民《云斋广录》卷三："嘉祐间，郓州太守王公春宴后圃，时濮州杜默亦预之，太守乃命默赋海棠诗……坐客皆称为奇句。"王辟之与杜默大致同时而稍后，所说应为可信。

　　这也可从同时欧阳修的作品得到证实。杜默返乡时，也曾与欧阳修辞别，欧阳修有《赠杜默》诗："杜默东土秀，能吟凤凰声。作诗几百篇，长歌仍短行。携之入京邑，欲使众耳惊。来时上师堂，再拜辞先生。先生颔首遣，教以勿骄矜。赠之《三豪篇》，而我滥一名。杜子来访我，欲求相和鸣……杜子卷舌去，归衫翩以轻。京东聚群盗，河北点新兵。饥荒与愁苦，道路日以盈。子盍引其吭，发声通下情。上闻天子聪，次使宰相听。"杜默离京，不知何因，欧阳修劝其返乡后写诗反映民生疾苦，也能起到通达民情，补裨时政的作用。诗中所说"东土"，指当时的京东路（包括今山东全部及河北南部、河南东部、江苏北部），因位于京城开封以东而得名。杜默是濮州人，濮州属京东路，且与河北路相邻。当时京东多盗，河北近边，契丹扬言南侵，边境形势紧张，朝廷大举征兵，社会剧烈动荡，欧阳修希望杜默回乡后多反映京东和河北当地的情况。如果杜默是历阳人，位于开封东南，与京东、河北等地是南辕北辙，欧阳修决不会以此言相劝。濮州杜默作诗豪放过甚，颇为时人所鄙，苏轼讥讽说"（杜）默豪气，正是京东学究饮私酒，食瘴死牛肉醉饱后所发也"②，也正看出他与当时整个京东士人怪异作风共同的区域背景③。据笔者疏理此杜默的生平经历，除晚年赴职江西外，一生足迹和交游都不出今山东与河南两省，而且多在今山东鄄城附近④。因此说，作为石介门生的杜默与石介一样都来自京东，是京东濮州人，而决非淮南历阳人。

（二）和州杜默与"杜默戏"

　　和州杜默见于南宋洪迈《夷坚志》。该书《支志》卷八收有《杜默谒项王》一

---

① 郭绍虞《宋诗话辑佚》上册第 38 页。
② 苏轼《东坡志林》卷一。
③ 参阅笔者《北宋京东文人群体及其诗文革新实践》，《文学遗产》1996 年第 3 期。
④ 参阅笔者《濮州杜默、和州杜默及其手植梅考》，《安徽大学学报》（哲学社会科学版）2013 年第 1 期。

事："和州士人杜默累举不成名，性英傀不羁，因过乌江，入谒项王庙。时正被酒沾醉，才炷香拜讫，径升（引者按：升，原作外，依别本改）偶坐，据神颈，拊其首而恸，大声语曰：'大王有相亏者，英雄如大王，而不能得天下，文章如杜默，而进取不得官，好亏我！'语毕又大恸，泪如迸泉。庙祝畏其必获罪，强扶以下，掖之而出，犹回首长叹，不能自释。祝秉烛检视神像，垂泪亦未已（和州人周盛之说）。"以洪迈之博学，不可能不知道石介门下有一位濮州杜默，这里指明杜默为和州举子，显然与濮州杜默字师雄者不是同一个人。洪迈《夷坚志》是一个志怪作品集，材料多取于传闻，这些传闻又多为亲朋好友讲述或书条提供。此条杜默哭庙事，注称得之"和州人周盛之说"。周盛之，生平不详，当为洪迈同时或有交往者。周氏所说是其和州乡里之事，人物、地点都应属实，是当时或稍早和州有一杜默，累举不第，到历阳乌江项羽庙痛哭一场，感动项羽神像为之流泪不已。

霸王神像流泪之事听来荒诞不经，但在当地也属事出有因。宋时和州领历阳、乌江、含山三县，乌江为州之东境①，即项羽兵败不肯过江东处。西楚霸王庙在县南二里，绍兴二十九年（1159）赐额英惠②。南宋费衮《梁溪漫志》卷九记载："和州乌江县英惠庙，其神盖项羽也，灵响昭著。绍兴辛巳，敌犯淮南，过庙下。驻军入致祷，掷珓数十皆不吉，怒甚，取火欲焚其庙。俄大虺见于神座，耸身张口，目光射人，敌骇怖而出。随闻大声发于庙后，若数百人同时喑呜叱咤者。举军震恐，即移屯东去，竟不敢宿其地云。郡上其事于朝，诏封神为灵佑王，邦人益严奉之。"所说为绍兴三十一年（1161）十月金主完颜亮发兵渡淮，攻掠庐州、和州，欲焚项羽庙，见巨蛇现于神座，惊恐而退。也许正是这一霸王显灵，吓走金兵的传说，使当地人对霸王庙崇信有加。而杜默哭庙、项王流泪之事正是这一背景下又一灵异传言，时间应在金兵来袭之后，即宋孝宗、光宗两朝，或即洪迈、周盛之同时。

《夷坚志》所载和州杜默之事，长期并未引起注意，今所见明正统、嘉靖、万历《和州志》均未载杜默之事。至于说他究属宋和州三县中哪一县，最终是否登第，与后来历阳即今安徽和县境内杜氏是何关系，均无从得知。但晚明以来此事被演为戏曲，成了抒写士人怀才不遇、科场失意情怀的一道经典题材。明末清初演绎这一故事的戏剧有明末沈自征（1591—1641）《杜秀才痛哭霸亭秋》、清初嵇永仁（1637—1676）、《杜秀才痛哭泥神庙》、张滔《杜秀才痛哭霸亭庙》三种杂剧③，另清初尤侗（1618—1704）《钧天乐》（载《西堂乐府》）第十五出《哭庙》、清中叶

---

① 宋和州乌江县辖今安徽和县东、江苏南京浦口区西境，县治在今和县、浦口分治之乌江镇。
② 徐松《宋会要辑稿》卷二〇。
③ 沈自征《杜秀才痛哭霸亭秋》，载沈泰《盛明杂剧》卷一二；嵇永仁《杜秀才痛哭泥神庙》、张韬《杜秀才痛哭霸亭庙》，载郑振铎《清人杂剧初集》。

唐英《虞兮梦》（载《灯月闲情十七种》）第二出《哭庙》，也显系化用这一情节。对此已有学者专题论述，此不赘言[①]。三种杂剧中的杜默都严格依据《夷坚志》所载，自报家门为和州人士，但未言和州某县，也未提及师雄之字，未称是石介学生。而剧情发生地点，前两种都言明是乌江项王庙，张韬剧中则称杜默“十举不第，流落长安”，而至灞亭驿。灞桥或霸陵是唐人离京送别的常见地，在唐都长安东郊，李白《忆秦娥》有所谓“年年柳色，霸陵伤别”，借用这一地名，更易唤起文人求进不遇，落寞还乡的共鸣，也只是渲染主题的需要。综而言之，三种杂剧所演人物、剧情都不出《夷坚志》所言和州杜默之事的范围，并未牵涉到濮州杜默。

三剧中沈自征《霸亭秋》出现稍早，影响最大，与其《鞭歌妓》、《簪花髻》合名《渔阳三弄》，盛得世人推重。明末祁彪佳《远山堂曲品》举为曲中“妙品”，清人多称与徐渭《四声猿》媲美[②]。正是这一系列戏曲作品的出现，尤其是沈自征《霸亭秋》的影响，使杜默哭庙之事广为人知，而杜默作为和州士人的身份、籍贯也就深入人心。

（三）两杜默被混为一谈

在被编入戏曲之前，不仅《夷坚志》所载和州杜默未经注意，并濮州杜默也很少有人提及[③]。今所见明嘉靖、万历、清康熙、乾隆、宣统《濮州志》乡贤志中均未为杜默师雄列传，揣度原因，当与明代以来黄河反复改道，明清濮州治所和辖地与宋时濮州有较大的偏离，文物故籍湮失较多有关[④]。而随着明末清初“杜默戏”的兴起与流传，和州杜默开始广受注意，并开始将濮州杜默的事迹吸附进来。不知不觉中，人们便疏忽了北宋有关濮州杜默的记载，而原本分属北宋与南宋两个不同时代，濮州与和州两个不同地方的杜默便混为一谈。

就我们所掌握的材料看，这种情况最早见于万历末年冯梦龙的《古今谭概》。该书两杜默之事均辑及（卷二、卷二二），其中卷二收载《夷坚志》和州杜默事后，

---

① 请参阅赵兴勤《项羽、杜默与明清文人剧的抒愤寄恨》，《艺术百家》2002 年第 4 期；裴洁《论杜默及明清“杜默戏”》，《现代语文》2006 年第 3 期。

② 请参阅清查继佐《罪惟录》列传卷一四《沈自征》、王士祯《古夫于亭杂录》卷五、冯金伯《词苑萃编》卷七、平步青《霞外捃屑》卷六。

③ 当然间亦见有人提到，如明李诩《戒庵老人漫笔》卷七：“杜默，濮州人，字师雄。”明蒋一葵《尧山堂外纪》卷四五：“默，濮州人，有送守道赴太学六字歌。”谢肇淛《文海披沙》卷七《杜撰》：“杜默，濮人，字师雄，少有逸才，长于歌诗，石介作三豪诗以遗之，称默为歌豪，石曼卿诗豪，欧阳永叔文豪。其后落魄不护名节，为时所薄。”

④ 叶天球《濮阳志后序》：“吾州积罹兵燹，荐受河患，州复徙于新治，旧志之亡久矣。”载邓韨《（嘉靖）濮州志》卷末。

注评道："以愤王遇歌豪，正如重歌'拔山'，那得不泪。"下文又引石介《三豪诗》作注，显然将两杜默视为一人，歌豪之事与和州杜默哭庙之事遂牵合到一人身上。冯氏此书较杜默戏出现时间稍早，在民间影响亦大，杜默戏的兴起或受其影响。

对两杜默的混淆，和州文人起了决定性的作用。

今所见明正统、嘉靖、万历《和州志》均未见杜默，不仅未见传记，并只言片语全无。康熙四年、十二年、二十三年，和州三次修志，也均未为杜默列传①。可资比较的是，在上述三种明代《和州志》和康熙《和州志》中，远不如杜默师雄有名的元末明初隐士杜浩，却在乡贤志中赫然有传，而偏偏没有杜默的传记，可见至少在整个元明时期，和州当地并没有想到有一个乡贤杜默。

今和县《历阳杜氏宗谱》（图141）酝酿于崇祯三年，最初编成于康熙三十年（1691）②，所见该谱世系图以杜浩为始祖，杜浩以上未列任何祖先③，可见该家谱所承载的家族记忆，最早只能追溯到元末明初的杜浩，今和县丰山杜村杜氏宗祠中所供祖宗牌位也仍以杜浩为始祖（图142）④。《杜氏宗谱》所载朱之蕃《祝杜翁松轩八十寿序》（作于万历三十八年）、六世孙杜惟学《隐士公传》（杜浩传）、马如融《香道人传》（八世孙杜如兰传）是谱中所存时间最早的文章⑤，出于明万历至清初，这些文章也均未提到杜默，是此时杜氏家族及其往来友好均未知杜氏有杜默（师雄）这样一个祖先。康熙三十三年（1694）至三十六年间，江南学政张鹏翮为杜氏九世作《祝杜翁握奇七十寿

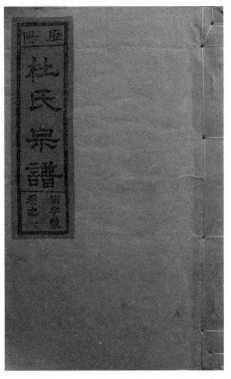

图141　安徽和县南义乡丰山杜村《历阳杜氏宗谱》封面。

① 今国家图书馆藏康熙十二年夏玮修、杨九思纂，康熙二十三年王瑄续修、陶梦阳续纂之《（康熙）和州志》未见杜默传，康熙四年志今不存，想必其中也无杜默传。
② 康熙谱序即杜诗《杜氏族谱序》署时"康熙十三年岁次辛未"，康熙辛未为康熙三十年，是"十三年"为"三十年"之误刻。
③ 从元末明初的杜浩上溯北宋杜默，整整有三个世纪，其间没有任何世系传承的信息，哪怕是断断续续的蛛丝马迹，也许连家谱编修者也感到很难直接把杜浩与三百年前的杜默连接起来，在杜浩上面再按上一个始祖。
④ 在杜氏宗祠中未见杜默牌位，只在杜浩牌位上方，张贴一幅纸本水彩勾勒的杜默图，当为新近所添。
⑤ 安徽和县杜氏《历阳杜氏宗谱》卷二。

图 142　和县丰山杜村杜氏祠堂始祖牌位。

序》，所述杜氏始祖仍是杜浩，而未及杜默①，是此时杜默为杜氏始祖的说法尚未获得外界认可。

　　正是从明末清初以来，随着《霸亭秋》等杂剧的影响，和州杜默在和州当地才开始引起注意。据刘长城所作《宋杜师雄先生传》，和州文人成性（顺治六年进士）曾在文章中感慨和州杜默科举失意、牢骚不平②，所说显然是杜默戏所演之事。今所见康熙二十三年《和州志》在古迹"项亭"的注文中直接引述戏曲《霸亭秋》："项亭，距乌江县治东南三里许……宋历阳杜默下第，夜归就庙宿，以其文质于神前，痛苦大呼曰：'千古如霸王，而不能得天下，有才如杜默，而见放于有司，岂非命哉？'神塑像泪出，泥界于面，先辈《霸亭秋》杂剧演其实也。"③。该志未为杜默列传，未收《渑水燕谈录》、《王直方诗话》等北宋人有关濮州杜默的记载和南宋洪迈《夷坚志》有关和州杜默材料，也未及辑录杜默的作品，只是在项王亭下引戏曲为证，可见正是《霸亭秋》等杜默戏的影响，和州当地文人才意识到有位乡贤

---

① 杜氏《历阳杜氏宗谱》卷一。
② 杜氏《历阳杜氏宗谱》卷二。
③ 夏玮修、王瑄续修《（康熙）和州志》卷二〇。

杜默。值得注意的是，与这一记载相联系，该志艺文志中收录了欧阳修《赠历阳杜默》、石介《三豪诗送杜默归历阳》两诗①——这两位文人及其作品知名度较大且相关文献材料易得，题目和序言中的"历阳"二字都是欧阳修、石介本集所无，欧、石文集均存宋本之旧，州志这里的"历阳"二字显然是编纂者受《霸亭秋》情节的影响而刻意添加的。这应该就是继冯梦龙之后，和州当地以濮州杜默师雄为和州人的始作俑者。

大概是受到康熙州志的启发，康熙三十年（1691）编成的《杜氏宗谱》中，杜氏十世孙杜诗所作序言开始称杜默师雄为其始迁和州之祖②。这其中还有明显的破绽，乾隆三十八年（1773），安徽学政朱筠称所见《杜氏宗谱》中有一篇杜默传，该传称杜默师雄"生于明道元年"，"年六十三卒"。对此朱筠《和州梅豪亭记》批评说，如果依此计算，杜默与石介、欧阳修辞别还乡时"仅九岁"③。该传写作年代不明，有可能即作于创谱之初。这样的错误是极其拙劣的，不难想见，由于当时州志尚无杜默传，在没有现成资料可以参考的情况下，家谱编纂者（或即族中文人）又未能对杜默（师雄）行迹深入稽考，只就一时风闻、一知半解或州志中所记载的欧阳修、石介两首诗草率杜撰，才出现这样极为低级的错误。今所见《历阳杜氏宗谱》在所收"名贤赠诗"中也收录了石介、欧阳修送别杜默的诗歌，相关位置也都添加了"历阳"二字，这些应该都是从康熙州志过录来的。朱筠《和州梅豪亭记》中称"石先生介集载《三豪诗》送杜默归历阳"云云，也当是受康熙州志或杜氏家谱的影响。上述这些变化都发生在《霸亭秋》等和州杜默戏盛传之后。

这其中乾隆三十八年（1773）安徽学政朱筠《和州梅豪亭记》一文影响最大。这年朱氏按试和州后，与知州刘长城到丰山杜村观赏古梅。当地传为宋杜默师雄手植，他要求刘长城建亭纪念，并仿杜默、欧阳修、石延年并称"三豪"之意制名"梅豪"，同时写下了这篇记文（图143）。记中梳理杜默与石介、欧阳修交往过程，考证其生年为天禧三年（1019），并据杜氏家谱所说年六十三卒而定其卒于元丰四年（1081）。记中高度评价杜默在石介身后为其奔走洗怨求葬，"死生不相背负"的义举。同时刘长城作《宋杜师雄先生传》，今见载之杜氏家谱，替下错误的旧传。他们这一系列撰述，进一步强化了杜默师雄为和州人的说法。乾隆三十九年刘长城主修、章学诚编纂的《和州志》开始为杜默列传，与刘长城《宋杜师雄先生传》一样，所载事迹均混合濮州杜默与《夷坚志》所载和州杜默事而言之，其后嘉庆《重

---

① 夏玮、王瑄《（康熙）和州志》卷三〇。
② 杜氏《历阳杜氏宗谱》卷一。
③ 朱筠《和州梅豪亭记》，《笥河文集》卷七。

修一统志》、光绪《和州志》、《安徽通志》均袭其说，影响贯穿至今。

（四）和州丰山杜村"杜默手植梅"

最后再来看今安徽和县南义乡丰山杜村所传杜默手植古梅，今当地政府已列为文物保护。

就常理而言，濮州杜默一般不会千里迢迢，莫名其妙地来到这和州江滨山村种一棵梅树。显然所谓杜默师雄手植梅的说法，是随着杜默师雄被认作和州人之后而出现的。《历阳杜氏宗谱》收有杜默三首《植梅》诗："半亩花阴半亩园，宽通一角始周全。培根急取他山石，设槛须添杖上钱。浅筑墙头防过酒，大开竹径为留贤。不妨酒力兼诗思，好具藤床待昼眠。""手植名花浪得名，名花于我是门生。幽香自足魁天下，清白由来效逸民。铁干四垂阴射日，瑶华万点雪飞晴。何当烂醉呼兄弟，异姓梅翁结杜邻。""何必寻梅向远方，阿家墙畔水之傍。日营月结香烽举，雪寨冰

图143　和县丰山杜村梅豪亭中朱筠《梅豪亭记》碑文

团蝶阵忙。前日雨肥尤可爱，近因风瘦不曾伤。游人为指幽奇处，不是罗浮是考塘。"① 陈廷桂《历阳典录》也应是据此辑录②。

图144　和县丰山杜村古梅（王其超摄，《中国梅花品种图志》2010年版第42页），约摄于20世纪80年代。

此诗当非北宋濮州杜默师雄所作，理由至少有三：一、濮州纬度较高，梅树并不耐寒，一般不能经受−15℃以下的低温，在濮州（今山东鄄城）一带很难露地自然生长，至少不能旺盛经久。二、诗中称梅花为"名花"，"魁天下"，有"逸民"品格，这都是梅花得到高度推崇后的说法，放在杜默师雄生活的北宋早期，未免过于超前了，当时人们对梅花的欣赏还没有达到如此的高度，梅花还称不上"名花"③。三、诗中用了"罗浮"典故，是赵师雄罗浮梦梅之事。此事虽出唐柳宗元《龙城录》，但实为北宋后期捏合苏轼"罗浮山下梅花村"诗意所成④。诗家咏梅引用此典，都在南宋以来，至少在苏轼之前未见一例，在杜默的时代更不可能如此习

① 杜氏《历阳杜氏宗谱》卷二。
② 陈廷桂《历阳典录》卷七。诗下标注出于《诗豪集》，然《历阳典录》卷首采摭书目中未列《诗豪集》，艺文志中也称《诗豪集》不传，显然所注不实。
③ 请参阅笔者《梅文化论丛》、《中国梅花审美文化研究》有关论述。
④ 请参阅笔者《苏轼与罗浮梅花仙事》，《南京师大学报》2009年第2期；《岭南罗浮梅花村考》，《学术研究》2009年第3期。

以为常、信手拈来地使用。因此，我们可以首先肯定，此三诗决不会出于与欧阳修同时的濮州杜默。

诗中"考塘"二字也值得推敲。考塘地名，宋元时未见，为丰山杜村西边考子山麓的人工蓄水塘。明正统《和州志》卷二杜浩传称其"居考子山南仪村"，考子塘当在考子山麓，简称考塘。清嘉庆间杜氏族人杜钰《重修考子塘闸记》称"宋开宝间，余远祖杜公讳翁者家资饶裕，相山麓之曲而洼者筑堤为塘，名曰考子。周环十里……计灌田六百余亩。明永乐间，余二世祖礼公纠众修闸，增广旧制，造田亩册及修闸……迄今数百年，印册蠹蚀残缺已久，仅存录本耳。"① 这一记载不可尽信，如果我们相信所述宋太祖开宝年间（968—975）杜姓已经修建考子塘的话，这比杜默师雄至少还要早五十年，那么历阳杜氏在所说远祖杜默师雄之前还有更早的始迁之祖，这明显是虚夸家族渊源，恐怕杜氏族人也知难以自圆其说。但记文中也透露了这样的信息，杜浩之子杜礼主持修建考子塘闸，杜氏世系图中二世杜礼名下也记载，杜礼于明永乐年间侍亲未仕，潜心治家，遗嘱子孙严守考子塘，"勿卖他姓"。笔者以为，这实际应是修塘引灌之始或建塘后不久。明正统州志记载："考子塘，在鸡笼乡二十都，周围五里，灌田二千亩。"② 这类大规模建塘垦田灌溉之事，元明以来由于人口蕃殖，沿江平原、沙滩、湖沼等地比较常见，而在杜默那样的北宋之初，就历阳西境这类丘陵山村、地僻人稀之地，一般不太可能，或没有必要③。也就是说"考塘"这一地名，应是元明以来人口增殖，平原、江滩等易垦之地开发殆尽，转向山地、丘陵地带拓耕后才会出现的新地名。

综合上述因素并前节所论和州杜默的显露轨迹，笔者认为，所谓杜默三首植梅诗与《杜氏宗谱》所载其他和州杜默的作品，除宋人明确记载为濮州杜默所作外，均应属清康熙三十年杜氏创谱以后杜氏所传族人旧作误系或杜氏族人的托名之作，事情很有可能就发生在乾隆三十四年那次修谱期间。乾隆三十八年朱筠为杜氏所作《梅豪亭记》称杜默遗诗"村中颇有存者"，即举此植梅诗句，所谓村中所传，并非见于传统载集，也多少透露了这方面的信息。

但历阳杜氏园圃种梅，至迟在元末明初始迁之祖杜浩时已有明确的迹象。杜浩《自严州归里见梅作》："我本西园旧主人，流离数载失相亲。石崖松际缘犹在，无数寒花待雨春。（《南荛村集》）"是说故园有许多梅花④。到明末清初，和州戴本孝

---

① 杜氏《历阳杜氏宗谱》卷二。
② 朱沇、陈钧《（正统）和州志》卷二。
③ 陈恩虎《明清时期巢湖流域圩田兴修》，《中国农史》2008 年第 1 期。
④ 陈廷桂《历阳典录》卷七。正统《和州志》卷二杜浩传称其"居考子山南仪村"，似非今古梅所在之丰山杜村。今丰山杜古梅，可能并非杜浩所说梅树，而是分居丰山杜村的后裔所植。

（1623—1693）《游杜村梅园赠德灵、德馨昆仲》诗中说得更为明确："十余年不到君家，宝树堂前草色遮。幽结三间小茅屋，香横十丈古梅花。每惭俗客游能数，偏是狂夫兴不赊。幸得孤芳同散木，斧斤曾不爱槎枒。"杜德灵（名如芝）、德馨（名如兰）是杜氏八世孙、历阳名士，明末清初人，德馨中崇祯元年（1628）恩选。戴氏称杜家有"十丈古梅"，是苍劲挺拔之大树，又称梅园，或者非仅一树。戴氏又有《楚芳家园看古梅限看字四首》，都是描写杜氏园中梅花的①。楚芳是杜氏九世孙，清顺康间人，名蘅，字楚芳。《历阳杜氏宗谱》收有唐进贤《学博杜公楚芳先生传》，称其以岁贡选授安徽灵璧县训导，因母年迈辞官，"家居修古梅亭以乐余年，花时显宦名流谋往观者不绝"②。可见最迟在明末清初，杜园古梅已引人注意，且建有梅亭，每值花季，雅人骚客多携酒往游。

值得注意的是，上述这些元末明初、明末清初杜氏及其友人的作品，虽然多属明确题咏杜氏梅花的，也写及古梅亭，但没有一首提到杜默。尤其是戴氏与杜氏兄弟交往密切，多次赏梅杜园，五首诗中既未提到杜默，也未称宋时所植。《历阳杜氏宗谱》收有八世杜德馨《修梅》、《禁梅》二诗，只笼统地称"先人手植傍岩阿，敢惮培根用力多"③，而未说出于宋人杜默。康熙十二年、二十三年《和州志》也无一丝一毫有关信息。可见直到清初，至少到康熙前期，人们尚未将杜园古梅与宋人杜默联系起来。杜默手植梅的说法应该出现在康熙三十年（1691）杜氏创谱之后。今《历阳杜氏宗谱》卷二所载和州盛尚斑（？—1773）《杜师雄先生小传》，为其补康熙州志无传之憾而撰，极为简略，只就《霸亭秋》事迹和所见一二濮州杜默的材料聊发感慨而已。传末称杜默"植梅今犹存焉"。盛氏是乾隆元年（1736）举人，乾隆三十一年任庐江县教谕，约三十八年卒于任上④。这是目前所见这一说法最早的材料，时间应不出乾隆年间。同时杜氏十一世孙杜质丰为乾隆三十四年（1769）新修杜氏宗谱所作序言也开始称古梅为杜默遗植⑤，这去康熙三十年杜氏创谱，即始认杜默为其祖先，又过去了大约八十年。

杜氏古梅的闻名得力于四年后即乾隆三十八年（1773）安徽学政朱筠等人的游赏和揄扬。朱氏作《和州梅豪亭记》和《考子塘观梅花，宋杜师雄先生所手植也》

① 陈廷桂《历阳典录》卷七。
② 杜氏《历阳杜氏宗谱》卷二。
③ 杜氏《历阳杜氏宗谱》卷二。
④ 朱大绅《（光绪）直隶和州志》卷二三盛尚斑传称其为"庐江训导，卒于官"。魏绍源《（嘉庆）庐江县志》卷五职官志教谕下记载盛尚斑乾隆三十一年始任，下一任为桐城王兆熊，乾隆三十八年始任。据此，盛氏当卒于三十八年或前一年。
⑤ 杜氏《历阳杜氏宗谱》卷一。

图 145   和县丰山杜村"半枝梅",摄于 2012 年 3 月。原古梅不存,树坛中两株梅树,白花,背景为梅豪亭。

诗①，刘长城为刻石树碑建亭，同时秀水郑虎文也作有《梅豪亭歌》三首②。从记文可知，杜氏园中梅树六棵，其中四棵已枯，"不枯者二本，本大五六围，径上四丈余"，品种是玉蝶③。这些梅树应即明末戴本孝所见杜氏园中之树，戴氏已称"十丈古梅"，有可能是元末明初杜氏始祖杜浩或其父辈所植。道光间杜氏族人杜钰征集四方名流题咏，编辑《梅豪亭诗集》，其子杜梯云（号石生）继踪其事，复征集题咏《续刻梅豪亭诗集》，也成一时风雅④。同治六年（1867），桐城萧穆来游，据其《丰山杜氏宋梅记》，所见"今存者仅一本，分十余干，或竦然高矗，或柯条相环，或撑拄欲攫人，或偃蹇欲拂地，坚劲如铁石，轮困如虬龙"⑤。这去朱筠等人所见又过了近一个世纪，梅树只剩一棵，也更加老态龙钟，分干如林，姿态横生。大概是受和州所传杜默手植梅的影响，相邻的滁州也出现了类似一景。光绪《滁州志》、《安徽通志》同时记载琅琊山有梅亭二，一为欧阳修所植，一为杜默所植⑥。此前滁州并安徽各志均未见记载，当是新建之景，是好事者以欧、杜"三豪"之事与和州所传植梅之事而附会所制。

　　民国年间人们所见丰山杜村古梅有可能是萧氏所见十余干中的一株。有诗人称"天风吹种出蓬莱（土人云，杜先生得自海外），特向丰山山上栽"，"枯干嵯峨老益坚，古香古色自鲜妍"⑦。有学者称"其树龄与宋梅（引者按：指杭州超山大明堂宋梅）不相上下，今尚屹存无恙"⑧，可见长势仍好。这一古梅有可能是同治间所见古梅的分本。1983年王其超实地调查，所见古梅"树干粗壮，坚实无损，枝条密集重叠，无一丝老态"，"十分年轻"，估计"可能是根际萌蘖更新长成的清末分本，约为百年物"，而当地村民介绍，"1960年前后曾见此梅根茎处留有朽木枯桩，后被群众视为'神药'锯去"⑨，可见民国间所见古梅已在上世纪50年代枯死，而后来所说"古梅"则为枯根萌发或就地补植的新树。

　　这株"古梅"被当地人称作"半枝梅"。据说每年花开半树，两边轮番开放。

---

① 朱筠《笥河诗集》卷一一。

② 郑虎文《吞松阁集》卷一六。

③ 朱筠《和州梅豪亭记》，《笥河文集》卷七。

④ 并请参阅陈廷桂《梅豪亭诗集序》、黄钺《续刻梅豪亭诗集序》，安徽和县丰山杜村《历阳杜氏宗谱》卷一；朱大绅、高照《（光绪）直隶和州志》卷一八《杜钰传》。黄钺序不见今本《壹斋集》，可据此补遗。

⑤ 萧穆《敬孚类稿》卷一五。

⑥ 清熊祖诒《（光绪）滁州志》卷三之七；清吴坤修《（光绪）重修安徽通志》卷五二。

⑦ 高思潜《杜村古梅》其一、其二，《三三医报》1924年第29期。高思潜，和县人，是当地颇有成就的中医师，同时也是一位文艺和哲学爱好者，与诗人朱湘有交往，请参考冒海燕《朱湘与中医师高思潜的通信》，《中医药文化》2007年第5期。

⑧ 陈嵘《造林学各论》第373页。

⑨ 王其超《中国古梅的调查》，（北京）《中国园林》1986年第1期。

对此现象，当地有不少传说①，但就笔者推测，当属树老势衰，当年花盛之枝，来年便气力不继，着花由盛转稀所致。1995 年安徽黄山书社出版的《和县志》、《巢湖地区简志》、2010 年版《中国梅花品种图志》都收录了这株古梅的照片，展示了上世纪 80 年代的实际景象（图 144）。不幸的是，这棵并不古老的梅树于上个世纪末又枯死了。2011 年 11 月 27 日、2012 年 3 月 29 日笔者两次前往探访，得村人杜昌义先生热情接待。1983 年冬修建的梅豪亭中朱筠撰书、王念孙撰额之《梅豪亭记》碑仍在，赭石所刻，字迹清晰，保护良好，而古梅不存。杜先生见告，十多年前也即上世纪末老梅已枯死挖去，亭前水泥围坛中两株根径 10 厘米左右的梅树，花色白洁，当属江梅品系，为近年新栽（图 145）。杜先生称其中较小的一株可能由老树宿根萌发，也可说是清梅的再分本②。总之，杜氏古梅最早只能追溯到元末明初的杜浩，明末清初引起注意，杜氏精心呵护，一直传至民国年间，后经分本再生或沿名补植，至今已有 650 多年的历史。所立梅豪碑至今也将近 250 年，虽然碑文有关杜默的内容多有疏失，但也出于当地官吏、乡绅一片好雅追古之意，遂成一段风流佳话。这些都值得当地政府和杜氏家族备加珍惜，精心保护，努力传承。

---

① 辛文武《杜村"宋时梅"》，安徽和县政协《和县文史资料》1987 年第 3 辑。另可参阅方克逸《杜默与半枝梅及其他》，见于《安徽文化网》"地方专栏"之"巢湖"，时间 2011—03—17，来源《巢湖晨刊》；张壮年、张颖震《中国市花的故事》第 38—39 页《丰山"半枝梅"的故事》。

② 2011 年 11 月 27 日，笔者与江苏省教育研究院段承校君驱车前往安徽和县南义镇东之丰山杜村，此前得安徽和县供电公司杜宏锁先生帮助，联系其父杜昌义先生、姐杜小红女士、姐夫朱寿发先生接待，陪同我们参观梅豪亭、"杜默手植梅"、杜氏宗祠，查阅《历阳杜氏宗谱》，乡村民风之淳朴、杜先生全家之热情，令我们深受感动。2012 年 3 月 29 日上午，笔者与南京第三十九中学魏学老师再次驱车前往，杜昌义先生陪同参观，时届花期尾声，树头仍缀不少花朵。花色纯然洁白，应非当地报纸所说玉蝶品种，可能是江梅系如单瓣早白之类。笔者对杜默的两篇考证文章，承《文学遗产》编辑张剑先生，《安徽大学学报》主编吴怀东先生、编辑刘云女士、张朝胜先生热情帮助，延揽发表，谨此并志谢忱！

一六、松江飞鸿堂梅

　　飞鸿堂故址在今上海松江古城金沙滩吉丽桥南①，本明初任勉之居所，入清后为里人姚宏启所得，植梅园中，因而闻名。乾隆初张景星购为别业，而梅已呈虬曲古苍之姿，名噪郡中。嘉庆《松江府志》记载较为详细："梅园：在吉丽桥南，即明参政任勉之光节堂址，后诗人姚药岩居之，陆应阳书'飞鸿堂'额。乾隆元年（引者按：据下引黄之隽记，或为三年之误），主事张景星辟为园池，姚氏所植老梅尚存，虬干扶疏，为邑中之胜，中允黄之隽有记。"并载黄之隽《飞鸿堂记》："我郡之飞鸿堂，遂因梅而大著，堂在吉丽桥南，明参政任勉近思居此，为光节堂。后属陈参议嗣元承一，易今额，万历间陆应阳伯生所书。至国朝则姚宏启药岩居之，始以梅著。姚没，堂屡易主，予尝一至，为赋诗。乾隆三年，张同卿之次君二铭购为别业。四年春二月朔，延客饮堂中，予在焉。堂前玉蝶梅一株中立，传自姚幼时手植，呼为梅弟，至今殆百年，日精月华之所聚也。如蟠虬游龙，雷奔电骇，一臂穿墉而出，其西则绿萼梅一株，年未老，亦如屈铁，若有意与老梅竞，又若相附者。"②记载所提几位华亭人士③，任勉之，字近思，洪武二十七年（1394）进士，历知江西鄱阳县、福建右参政、知徽州、睢州等。陈嗣元，万历二十六年（1598）进士，曾任南关榷税主事。姚宏启，号药岩，清初诗人。张景星，候选部主事，曾参与乾隆《娄县志》的编纂。

　　此梅为姚氏所植，殆无异议，但何时所植，却有不同说法。娄县张照《漱芳斋诗话》："姚宏启号药岩，所居学士里，堂名飞鸿，明陆应阳署额。庭有老梅一株，张大木（引者按：张梁，字大木，华亭人，康熙五十二年进士）诗注谓梅为药岩尊人所植，先药岩一岁而生，呼梅为兄。黄唐堂（引者按：黄之隽，字石牧，号唐堂，华亭人，康熙六十年进士）谓梅为药岩手植，呼梅为弟。李步仙谓梅生于崇祯

<hr>

① 松江文化志编写组编《松江文化志》第217页。
② 宋如林、孙星衍等《（嘉庆）松江府志》卷七七。
③ 华亭即松江，唐设华亭县，元升为府，不久改称松江府，民国废府，华亭、娄县合并为华亭县，不久改称松江县。

庚辰（引者按：十三年），黄唐堂谓生于顺治乙未（引者按：十二年），俱无从证实。要以堂阅二百年，梅亦百余岁，姚已耄耋，工吟咏，足为此梅主人。"① 李步仙，事迹不详，也应是华亭人士。除上述三人所说外，乾隆初沈大成也说"此花种自顺治之乙未"，"闻说诗翁亲为栽"②。虽然众说纷纭，但大致说来，此梅当为明末清初时物。

到张景星时即乾隆间，此梅已有百年左右。早在雍正十一年（1733），周京即有诗题称"飞鸿堂梅花高不盈丈，而古干繁条，塞满庭院，万花侈香，一雪破腊，屋舍在广寒宫殿矣，父老传谓此花已阅二百余年"③。稍后沈大成诗称"屈铁离奇宛若龙，槎枒夭矫苔纹封"④，可见已姿态奇崛，苍虬可观。张景星接手此园后，有所拓展，尤其添种了不少梅树。黄达《梅园记》："距郡城南之二里，吾友张西圃别业在焉，老树一株，愈愈如盖，姚隐君药岩手植，已近百年，所传飞鸿老梅是也。张君拓其地为园，不植他树，惟大小梅数百本，以与飞鸿之古干虬枝相映接，蚤春花开一望成雪，人皆称之以梅园云。"⑤ 县志也称园中飞鸿老梅"虬干扶疏"，为邑中之胜景⑥。

此树大约在嘉庆早期枯朽。乾隆五十七、五十九年祝德麟等人还有飞鸿堂梅下弹琴赏花之举⑦，而嘉庆十一年（1806）诗中已称"飞鸿堂前古梅树，少日见之今化去"⑧。从黄之隽、沈大成等人所说顺治中至此历时一个半世纪。

---

① 宋如林、孙星衍等《（嘉庆）松江府志》卷八三。
② 沈大成《张西圃飞鸿堂梅花迩年益盛，今春枉驾屡邀，而余在湖上，归始知之，因呈长歌》，《学福斋集》诗集卷三〇。
③ 周京《飞鸿堂梅花高不盈丈，而古干繁条塞满庭院……》，《无悔斋集》卷六。
④ 沈大成《张西圃飞鸿堂梅花迩年益盛，今春枉驾屡邀，而余在湖上，归始知之，因呈长歌》，《学福斋集》诗集卷三〇。
⑤ 黄达《一楼集》卷一六。
⑥ 谢庭薰、陆锡熊《（乾隆）娄县志》卷一四。
⑦ 祝德麟《二月望日鹤霄招集飞鸿堂赏古梅，同荆、陈两教谕》，《悦亲楼诗集》卷二五；《飞鸿堂古梅花下偕徐复园弹琴》，《悦亲楼诗集》卷二七。
⑧ 王芑孙《过西郊塔射园，悼其古藤，寄赵昧辛司马（怀玉）和之》，《渊雅堂全集》编年诗稿卷一八。

一七、金陵隐仙庵“六朝梅”

　　隐仙庵是一道观，地址在南京清凉山、虎踞关北，约当今南京市鼓楼区南京师范大学随园校区、汉口西路一带。清初罗德御有《隐仙庵看梅》诗①，可见至迟这时已有梅花。道光间甘熙《白下琐言》卷二："梅花以隐仙庵为最古，乃六朝遗迹。"又卷四："隐仙庵，相传陶宏景隐于此，故名。道士王朴山（名至淳）纵酒能诗，以棋琴自命，盖放荡之流也。庵有古梅，六朝故物，又老桂二株，为宋时树，秋日金粟盈庭，游人蚁集。戊子（引者按：道光八年）梅忽凋萎，桂亦偕枯，是秋朴山病死，门庭阒寂，风景无存。噫！朴山之死，树若为之先，或亦地气衰欤。"这里所说的古梅，如仅从清初计起，到道光间也已有近两百年的历史。如此高龄老树，颇足令人遐想，传说为六朝所遗，因而在嘉庆、道光间名声大噪。此前言者鲜见，如生活于雍正、乾隆间的袁枚，其所营随园在虎踞关东小仓山，与隐仙庵比邻，作品中有赏桂诗，但未见隐仙古梅的任何信息。乾隆四十四年（1779）正月初二，张逢年等在此聚会，时当梅花花期，然其诗中强调的是"老桂当窗交碧叶"而未及梅②，可见此时古梅尚未引人注意，其广为人知是嘉庆以来的事。道光元年（1821）陈文述有《隐仙庵古梅花下作》："香早先春到，花仍带雪开。"③ 周宝偀《金陵览胜诗考》卷九记"仙梅院梅"："隐仙庵内，干色如檀香，旁发一枝花甚茂。嘉庆甲子（引者案：九年）春，织造姚毅庵先生建仙梅馆，勒碑以纪其盛。"王朴山居此，大大吸引了人们的关注。然而好景不长，道光戊子即道光八年（1828）王朴山去世，这一古梅连同寺中桂树相继枯死④。事实上，所谓六朝古梅早在王朴山在世时便已枯死。道光二十六年（1846）汤贻汾《题钱石叶少尹画梅》诗注中说："白门

---

① 朱绪曾《国朝金陵诗征》卷三。
② 张逢年《己亥新正二日，同汪临川游隐仙庵，赠王阶野朴山羽士、胥髫夫孝廉》，朱绪曾《国朝金陵诗征》卷二五。
③ 陈文述《颐道堂集》诗选卷一八。
④ 一说为庵主砍去。郑光祖《一斑录》杂述三《梅花》："金陵隐仙庵，二十年前尚存六朝桂一本、梅一本，余于道光八年往游，已不可寻觅，私意住持怕应酬烦剧而损灭之也。"

隐仙庵、能仁寺、陶谷三老梅，皆相传六朝物，而隐仙最先。嘉庆初予犹及见，不知何年枯死，庵主王朴山移他梅傍其旧干，宛然孙枝，然不久复枯，今再补者槎枒成荫矣。"① 可见仅在嘉庆至道光间，王朴山生前、身后就有过两次补植。

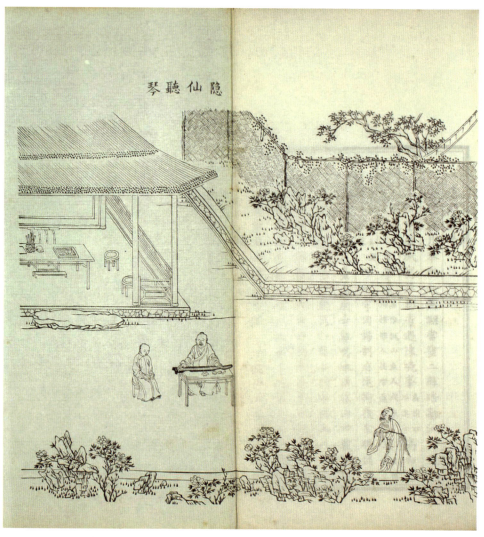

图146 隐仙听琴图（麟庆《鸿雪因缘图记》第一集下册）。道光三年（1823）三月，麟庆造访隐仙庵，道士王朴山吟诗，张雪堂（一伯燮堂）抚琴款待。麟庆记载："庵有六朝梅一株。"

---

① 汤贻汾《琴隐园诗集》卷三一。

一八、镇江焦山自然庵古梅

　　焦山在今江苏镇江市东北，屹立大江之中，巉岩耸峙，若中流砥柱，气势磅礴。满山林木苍郁，碑刻崖铭丰富，山寺楼阁隐约其中，风景壮丽而幽邃。焦山竹树葱茏，古树苍虬，为山景增色不少，其中梅花也是一道靓丽的风景。

　　焦山梅花入清后始见文人吟咏。如顺治间王士禄《别峰庵》："香风落巾帕，翘首见岩梅。"同时郑昂《上巳日李书城邑侯暨令子襄山招同余文舒过焦山，饮松寥阁梅花下，即席共用梅字》："槛前遥见海，屋角更看梅。"① 是别峰庵、松寥阁有梅。乾隆间祝德麟《宿焦山》："汉隐祠堂古洞边，梅花如雪草如烟。"② 是山半隐君洞一带梅较盛。嘉庆十二年（1807）洪亮吉《海云庵古梅歌》："海云庵中梅干奇，虬枝一东复一西……一枝北出尤倔强，离树公然及三丈。"③ 是海云庵古梅较为遒壮。而稍前刘权之《游焦山诗序》："戊午（引者按：嘉庆三年）正月二十六日，路出京江，梦楼同年偕栗园学士招游焦山，登绝顶望远，晚山周匝，到处梅花齐放，映竹映水映山，各具一态。相与酣饮东升楼，窗外冰姿绰约，影入杯中，恍如对饮。及江天已暮，海月未生，方讶乘鸾飞去，忽无数明灯低枝斜挂，望之不知是雪是花，于庵前玉蕊又添一奇观也。"④ 是可见不仅满山梅花分布之盛，而且与山水映发，景色极为奇丽。

　　这其中自然庵的梅花最为著名。自然庵为焦山诸小庵中规模最大的一个，创于北宋，旧在半山观音岩右，明弘治间移建于山下真武殿（北极阁、文殊阁）西边⑤，风景幽朴，颇具道家风味，"自然问道"是传统焦山十六景之一。自乾隆中叶至道光的近一百年间，自然庵的古梅倍受人们注意，一般认为是前朝所遗，即明朝所

---

① 吴云《焦山志》卷二〇。
② 吴云《焦山志》卷二二。
③ 洪亮吉《更生斋集》诗续集卷六。
④ 吴云《焦山志》卷一六。
⑤ 吴云《焦山志》卷一。

图 147　焦山南面图（吴云《焦山志》卷首）。

植①。镇江、扬州及南来北往造访焦山的文人留下了不少吟赏之作。其中以乾隆
五十三、四年间（1788—1789）丹徒王文治（1730—1802）的描写最为具体。其
《焦山自然庵看梅》："老梅才两树，屈干欲千寻。月魄共江满，雪花如海深。洞
门高士迹，山院古禅心。"《焦山自然庵看梅，信宿山中有作》："中流出楼阁，香
雪堆庭院。舟中隔墙看，银海迷欲眩。余柯压墙外，掠波影犹颤。登山造花前，
对花意忘倦。古根学蛟蟠，劲干恣龙战。瘦骨屈求伸，繁英缛逾倩。稜稜冰十丈，
朗朗玉一片。或翔如白凤，或踯如紫燕。或空濛若云，或闪烁如电。复沓恐互陵，
纠结乃交援。左枕江流清，右挟林峦绚。到来香雾合，坐久泠风善。纵横只两树，
姿制有千变。……海色与花光，一气浑莫辨。"② 是说自然庵有两株梅树，古根硕
干，依山枕江，繁英鲜明，江上远望和寺中近观，景象丰富。同时文人诗歌多揭
示这些特点。乾隆朝英廉说"焦之梅多而不林，岩边沙际，时见孤踪，清旷之
神，江天共远"③，吴嵩梁（1766—1834）"一坞寒云藏古寺，万枝晴雪卧春潮

① 伊秉绶《松寥阁是昔洪稚存宿处》注，《留春草堂诗钞》卷六。也有称是六朝物，齐彦槐《梅龙抱孙
　歌》："故老相传六朝物，虬枝压倒黄山松。"《晚晴簃诗汇》卷一二一。
② 王文治《梦楼诗集》卷一八。
③ 英廉《梅花四忆诗·焦山》序，《梦堂诗稿》卷六。

（山麓梅花最盛，倒影皆入江中）"①，"临水铁枝偏兀傲，万花倒影入春江"②，龚凝祚"花开太古雪，香入大江潮"③，陈文述"老梅照海水，香落春江潮"④，都恰切地展现了焦山梅花虽只孤株零植，但悬崖临江，香色漫江际天，极为孤洁清奇的特点。

自然庵两株梅，其中一株伊秉绶（1754—1815）诗注称，"自然庵前朝梅树，半卧入江者近年已死"⑤。诗约作于嘉庆十一年（1806）左右，梅死应在稍前。另一株大约又在嘉庆二十四年（1819）夏秋间为风雷所拔⑥。而枯死老梅，后来又旁出孙枝，而且生发茁壮，到道光间便枝干虬硕，俨然老梅再世，赢得了"返魂梅"的称呼，见者无不叹奇。道光初齐彦槐《梅龙抱孙歌》序："自然庵古梅二株，夭矫如龙，嘉庆年间为雷雨拔去其一株，枯桩尚存，旁苗孙枝，今栽拱把，而屈曲槎牙，殊有龙意。"⑦ 同时陈文述、张井等都有诗纪其事⑧。

此梅最终在同治间消失。齐彦槐之子齐学裘（1803—？），年十九从父游自然庵，曾作《自然庵返魂梅》："树岂苍龙化，孙枝尚蜿蜒。风雷前度劫，冰雪再生缘。苔点根如石，花开香到天。孤高谁得似，千古一焦仙。"⑨ 其中"花开"句为前辈激赏⑩。同治二年（1863）再游，有《同老筠记自然庵返魂梅不见感作》："自然庵内曾三宿，今日重来屋半分。借问老梅无恙否，僧雏笑答久无闻。"注称："庵为夷商僦居其半。"⑪ 光绪元年（1875）《自然庵吊返魂梅寄六净禅师》；"今来问梅龙，孙枝亦乌有。化龙腾九天，梅魂归来否。"⑫ 可见至光绪间，自然庵古梅早已不知所终。自然庵古梅应不只两株，庵内别处还植有一些，彭玉

---

① 吴嵩梁《镇江夜泊，王梦楼太守自焦山探梅归，过舟中话别》，《香苏山馆诗集》今体诗钞卷三。
② 吴嵩梁《忆梅诗》其八，《香苏山馆诗集》今体诗钞卷四。
③ 龚凝祚《焦山梅花》，潘衍桐《两浙𫐄轩续录》卷二〇。
④ 陈文述《借庵自焦山过访》，《颐道堂集》诗选卷二四。
⑤ 伊秉绶《松寥阁是昔洪稚存宿处》注，《留春草堂诗钞》卷六。洪亮吉《海云庵古梅歌》中也有"自然庵中梅已蜕"的诗句，《更生斋集》诗续集卷六。
⑥ 曾燠《重游焦山自然庵，不见老梅，闻为风雷所拔，感赋一首》，《赏雨茅屋诗集》卷一六。此诗作于嘉庆二十四年（1819），而前一年《答焦山僧清恒》诗中仍盛称"自然庵梅花余所最爱"，《赏雨茅屋诗集》卷一五。据此可知此梅嘉庆二十四年夏秋间遭殃。
⑦ 徐世昌《晚晴簃诗汇》卷一二一。齐彦槐，字梦树，号梅麓，婺源人，嘉庆十四年进士。
⑧ 陈文述《梅龙抱孙歌》（道光八年）："焦山古梅如卧龙，横枝倒影江流中。一朝风雨龙化去，曼香吹散青天空。何年新干破云出，也学老梅势奇崛。鳞鬣依然苍藓深，爪牙渐着冰霜密。"《颐道堂集》诗选卷二四。张井《自然庵返魂梅》："海上方难得，兹梅竟再生。孙枝犹横绝，老干想奇擎。佛国春长在，江天夜独明。想当开烂漫，香到润州城。"吴云《焦山志》卷二五。
⑨ 齐学裘《见闻续笔》卷一二。
⑩ 齐学裘《自然庵吊返魂梅寄六净禅师》（光绪元年）："花开香到天，五字得之偶。先子笑且言，好句本天授。张公（井）见此诗，赞叹不绝口。"《劫余诗选》卷一五。
⑪ 齐学裘《劫余诗选》卷三。
⑫ 齐学裘《劫余诗选》卷一五。

麟曾提到庵中古香精舍"多老梅"①，但随着富绅外商的聚居，而逐步被侵占废弃。

---

① 彭玉麟《洪羊浩劫，惟焦山之土不焦，余游此屡矣……》，陈任旸《焦山续志》卷七。

一九、江阴韩园古梅

韩园在江苏江阴古城东。《（道光）江阴县志》记载："韩园在东城外。宋韩魏公第五子嘉彦，尚神宗齐国公主，子镇扈高宗南渡。镇子元老字光祖，以嘉泰元年（引者按：公元1201）知江阴军，遂占籍。卜筑城东，辟园植梅，园始此。其中汇香堂、香雪阁，裔孙嗣芳所建。今桃李繁密，老梅尚百本，尤古者宋时所植也。"① 是说韩园为北宋宰相韩琦、南宋江阴知军韩元老后裔所营私圃，有汇香堂、香雪阁等景观，其中香雪阁为植梅之地，园中老梅百本，其中最古者称为"宋梅"。

韩氏梅园至少可以追溯到清初。道光县志中提到的韩嗣芳，县志记载："韩嗣芳，字茂实，鸿胪寺序班。"② 道光县志耆旧传中有韩腾芳传："韩腾芳，字茂远，孝友博闻，官中城指挥，有干略。崇祯间，因乡人诖误致珰怒，牵谪贵州。旋以擒苗功复官，授南阳同知。甲申后弃官，隐东郭之家园。园有古梅千株，皆三百年物。客至，诗酒为乐，登阁望北原荒冢，曰：'对此如何不饮？'性不谐时俗，遇才士辄下之。寿七十余，时称'梅仙'。著有《荷戟吟》。"③ 嗣芳、腾芳当为兄弟行，明末清初人，都属应例（捐资）获官。从清代文人有关作品看，韩园梅花正可追溯到这个时代。清初顺康间，侯方域、陈维崧、王士禛、吴绮、王士祯等著名文人都有燕赏、题咏之作。时间最早的是侯方域《澄江过韩氏园亭四首》、《老梅行赠韩翁》，前者有"岂知千万树，都向岁时开"的诗句④，可见梅园规模不小。后者则专咏园中老梅："蓉江雪苑三千里，皆闻此梅老无比。裹粮策杖愿来观，春花已雕秋早寒。主人谓客莫惆怅，喜君神气颇闲放。解看老梅何须花，须花不得梅槎枒。我种此梅忘其岁，怪石拱立如参帝。虬龙栖枝时一吟，娇鸟善啼无敢侵。护香犹是前朝窟，照影不关今夜月。十年曾起翻江风，百草零落江之东。惟有老梅干如铁，强项负气

① 张延恩、李兆洛等《（道光）江阴县志》卷二二。
② 张延恩、李兆洛等《（道光）江阴县志》卷一三。
③ 张延恩、李兆洛等《（道光）江阴县志》卷一八。
④ 侯方域《四忆堂诗集》卷五。

睨长虹。未几沾洒作微雨，润彻柔条与低丛。霜绣黛围亦不知，只是寻常付化工。风威雨泽两无用，艰难乃复保吾终。"① 诗歌作于顺治九年（1652），主要记述韩氏主人对梅园的介绍，主人称这棵老梅由自己所种，但已记不清具体年代了。揣其时间，应该在万历年间，也就是说韩氏梅园可以进一步上溯到明万历间。

侯方域所遇的这位"韩翁"，是否就是道光志中所说的"梅仙"韩腾芳、嗣芳兄弟，值得怀疑。我们注意到，清初文人游韩园，常提到的主人有两位，一是韩尔铉，陈维崧有诗《贺新郎·暮秋卧病澄江客舍，承刘震修、沛元、秦其天、贺天士、椒峰弟诸君枉顾，因感亡友邹程村、董文友，漫感一首，并示梅园主人韩尔铉》②，吴绮也有诗《重游韩园喜晤尔铉》③。陈维崧至少两至韩园，直称韩尔铉为"梅园主人"。另一位是名或号"旨三"，又称"爕公"的，太仓黄与坚为其作《韩园老梅记》，记叙颇详："江阴韩氏园，相传二百余亩，自宋仲十公迄南阳二守念源公，垂五百年，栽梅以几千计，其老梅至有二百余年者。甲午（引者按：顺治十一年）念源之子旨三爕公招余集于此，见其庭中二株尤奇绝，枝干皆铁色，上下盘曲寻丈许。相其形似，如岩石之纵横，一无常态；如虬龙之夭矫，牙爪鳞鬣，兀兀然一无所拘束，诚哉其可观也。时余始而骇，继而喜，徘徊树下不忍去。嗣此十余年，余经行南北，所见老梅亦伙矣，卒无奇若此园者。癸丑（引者按：康熙十二年）夏五月，复过而问之，前此旨三已卽世，其庭中老梅亦于是年死。"④ 所谓"宋仲十公"，当指江阴韩氏始居之祖韩元老，而所谓"念源公"，为南阳二守即南阳府同知，应指韩腾芳⑤。因此旨三应为韩腾芳之子。同时董以宁《过江阴韩氏园，适查东山携女乐寓居，同和原韵》诗注称旨三、尔铉为兄弟⑥，是旨三、尔铉同为腾芳之子。清顺康间人们所游韩园，主要由韩旨三、尔铉兄弟为东道，未见有与韩腾芳交往的迹象，或者腾芳早在顺治初年已经去世。旨三、尔铉兄弟承其家业，善待文士，乐为东道，韩园常是宾客络绎。

值得注意的是，清初王士稹、吴绮、陈维崧等人多只泛说有不少老梅，并没有指明何时所种。说得最远的也不过"二百余年"，由清初上溯二百余年仍不出明朝的范围。康熙、雍正年间的文人，也仍是这一口径，如雍正元年陈祖范《江阴韩园

① 侯方域《老梅行赠韩翁》，《四忆堂诗集》卷六。
② 陈维崧《迦陵词全集》卷二六。
③ 吴绮《林蕙堂全集》卷一九。
④ 卢文弨编《常郡八邑艺文志》卷四上。
⑤ 《南阳府志》、《河南通志》职官志南阳同知和通判中，未见有韩腾芳。
⑥ 董以宁《过江阴韩氏园，适查东山携女乐寓居，同和原韵》其一："宾朋共赋梁园雪，兄弟双夸秦氏珠（旨三、尔铉）。"《正谊堂诗文集》诗集七言律。

探梅》："步屧城东柳欲芽，荒园十亩枕江斜。就中铁干根株老，傲睨春风不肯花。"① 雍正五六年间张廷璐《正月十五日韩氏园探梅》："言涉荒园探花信，石径纤余入林樾。数家虎落编棘榛，一片寒梅布行列。周遭何止千百株，就中数株更奇拔。苍枝诘屈似凝霜，古干离奇疑铸铁。凌空挐攫蛟螭走，拂地斑斓罍鼎设。"② 都只是描写梅树之老，并未指明起于何朝。从这些描写看，韩园整体已呈衰相，但梅树的姿态较之顺康之时更形苍老古怪，也是岁月磨砺所致。

　　到乾隆年间，人们开始称这些古树出于宋代，尤其是其中最老的一株，被称作"宋梅"。乾隆中叶，王嘉曾有诗《江阴韩氏菜圃中有梅一株，高不及丈，而根皮似铁，纹如鱼鳞，土人传为宋代所植，号韩园宋梅云》③。梅园已成菜园，梅林所剩无多，是韩园进一步衰落，而梅树也更加老态龙钟。大约乾隆三十三年，朱黼《都门春日忆韩园宋梅》也写道："孤根如铁坚不颓，天水碧色粔莓苔。三花两花足太息，已阅五百余岁来。"④ 他们都明确称韩园宋梅。但此梅好景不长。大约乾隆三十七年，这棵称作"宋梅"的古树也枯死了。朱黼有《满江红》词感慨此事，序称"澄江韩园有宋梅一株，瘦削如屈铁，花时略缀数蕊，古意绝伦。曩在都门，曾作长歌寄怀。比来沭阳，闻其已槁，不胜怅快，为赋此词吊之"⑤。其实，人们所说韩园古梅并非一株，早在康熙初年，当时园中最老的一株即在旨三去世时一同陨逝。而后韩氏家业渐萎，梅林古树也不断减少。此时所谓"宋梅"也只是其中看起来最老的一棵。

　　道光县志所说"老梅尚百本，尤古者宋时所植也"，既记录了当时现实，也反映了一种古梅成林，老态突出者即视为宋梅的状况。光绪县志在过录道光志有关记载后，补充道："兵燹后仅存细本桃李数百株而已。"⑥ 所说兵燹，当为咸丰末年的太平天国战争，是此时园林受到重创，林景所剩无几，梅树荡然无存。民国《县续志》记载稍异："韩园，韩氏之祖有以武显者，辟园数十亩。汇香堂前辛夷一株，大合抱，玉蕊凌空。香雪阁一望皆梅，花时蒙然曷然，若凝练积雪。登鸥波小筑亭，则微云弄白，轻烟缭青。春秋佳日，油壁青骢，茜裙白帕，杂沓而至。"⑦ 可能此时园景略有复兴。

① 陈祖范《司业诗集》卷二。
② 张廷璐《咏花轩诗集》卷五。
③ 王嘉曾《闻音室诗集》卷二。
④ 朱黼《画亭诗草》卷七。
⑤ 朱黼《画亭词草》卷三。
⑥ 卢思诚《（光绪）江阴县志》卷二二。
⑦ 陈思等《（民国）江阴县续志》卷二五。

二〇、昆明黑龙潭"唐梅"

昆明黑龙潭，位于市北郊龙泉山五老峰脚下。这里远离市廛，群山环抱，古木参天，境界极为幽邃。有泉水源源不断涌出，积水成潭，潭水清黝，灌溉民田数万顷，故名。自明代以来，土木渐兴，祠宇建筑不断增多，为云南第一名胜古迹，向来以汉祠、唐梅、宋柏、明墓著称。

所谓汉祠，指潭上半山的龙泉观，始建于洪武二十七年（1394）。早在蒙段时，"水旱必祷"于此①。康熙二十九年（1690），按察使许宏勋重建，总督范承勋祷雨于此，甘霖大霈，时称灵异。道光间，总督阮元撰《黑水考》，认为这里是汉代黑水祠故址，是远古百姓祭祀求雨的地方。今下观称黑龙宫，在黑龙潭旁。过潭向上为上观龙泉观，分五进十三所院落，颇为雄壮。所谓明墓，指明末义士薛大观墓，当明清鼎革之时，薛氏耻居新朝，率妻、二子与侍女同沉潭水，世人将其全家合葬潭侧。

龙泉观向多古木，以唐梅、宋柏名声最著。观内祖师殿后大铜鼎旁旧有古柏两棵，其围盈抱，树干苍挺，高标入云，枝繁叶茂，世称"宋柏"。再往上为正殿，殿前墀下有山茶古树一棵，品种为一品红，树大花蕃，花红似火，色鲜如砾，相传为明中叶所植，世称"明茶"。再进一层为三清殿，殿前台广三十丈，旧为种梅处，所谓"唐梅"即植于此。左厢为逍遥楼，右厢为玉照堂，壁间有石刻唐梅和阮元等人咏唐梅诗。

（一）龙泉观"唐梅"闻名于乾隆中期

龙泉观"唐梅"自然不能就认作属实，究起何时，史无明载，很难确定。就《滇志》、《滇南诗略》、《滇诗嗣音集》、《重光集》、《拾遗》、《拾遗补》等地方总

---

① 佚名《龙泉山道院记》，刘文征《滇志》卷二一。

图 148　昆明黑龙潭公园大门（黑龙潭公园提供）。

集所载作品看，从明至清初，有关黑龙潭、龙泉观的诗歌都没有直接写到梅花的，经常提到的是这里桃花、杨柳颇盛①。彭而述《龙潭曲》序言称，"昆明城东北十五里，小山数四，古刹历落，老树苍藤亏蔽云日。潭出其麓，深绿无底，岸有杨柳，孤祠颓然"②，一派萧条景象。顺治十六年（1659）至康熙初年彭氏任云南布政使，反映的正是此间情况，强调的是潭边杨柳，却没有提到梅花。但这时观中是有梅花的，同时释本元（武陵人）《游龙泉观》诗："竹杖相携入乱峰，烟霞深处隐龙宫。古梅花作萧疏影，碧沼鱼分长幼丛。屋老数椽荒草外，鸦寒几点夕阳中。半酣山色人归远，触耳声声度晚钟。"③所写同样是一派荒烟颓寺的景象，但提到了古梅。这是笔者所见最早明确描写到龙泉古梅的作品，时间大约在康熙十年（1671）到三十年间。仅是这时梅花尚未引人注意。康熙三十三年（1694）刊行的《云南府志》对龙泉山、龙泉观、黑龙潭都有条目记载，也收有一些文人题咏，除了这首本元和尚的作品外，其他都未提到梅花。康熙五十年前后，贵池吴铭道（字复古）游昆明，其《黑龙潭曲》诗序叙潭上景物和明末薛大观沉潭事，却未言及梅，显然此时梅树尚未引起关注④。

---

① 如明嘉靖间孟富《游龙泉观》："桃花迎面笑，柳叶斗眉妆。"刘文征《滇志》卷二七。万历间卢仲佃《龙泉观》："草浮幽涧一堤绿，路上桃源十里红。"刘文征《滇志》卷二八。

② 谢俨《（康熙）云南府志》卷二二。

③ 谢俨《（康熙）云南府志》卷二三。

④ 袁文典、袁文揆辑《滇南诗略》卷四四。

　　龙泉古梅引起注意是乾隆年间的事，乾隆中期以来文人游赏题咏大量出现，蔚然成风。如杨有涵《冬日偕诸同人游龙泉观观梅花》："我非唐时人，安识唐时树。人言两谪仙，游戏堕烟雾。洪崖与浮邱，拍肩相与遇。化为瑶林姿，精英共比附。老干蟠虬龙，嫩蕊坼琼璐。奇香袭肺腑，远闻数百步。此为天地心，神物所呵护。丹颜驻灵药，千载若旦暮。扰扰尘寰中，孰得知其故。我时偕朋侪，各有沧洲趣。神骨为之清，徘徊不能去。"① 这可以说是所见最早的专题探赏之作，时间大约在乾隆三十三年（1768）②。诗歌提供了这样一些信息：一、有两棵大树，从下引李侍尧等人的记载看，花色呈红，花朵重瓣；二、树干硕大古苍；三、相传唐朝所植。乾隆四十二年（1777），云贵总督李侍尧（？—1788）《龙泉观古梅记》也说观中"植红梅二，根干纠结连蜷，殆难状喻。花复瓣如重台，视群梅小异，相传为李唐时物"③。稍后檀萃《云南守宣公晋山寿序》文中自注"龙泉院有古梅二株，虬蟠如龙，人呼唐梅，谓唐时物"，也都可佐证④。这正是此后七八十年间人们竞相探赏的风景。

　　至于古梅是否起源于唐，杨有涵的语气中有点怀疑，李侍尧《龙泉观古梅记》中也说"兹花为唐为宋，志乘不载"⑤，甚至到嘉庆十九年（1814）刘大绅的诗中还有"为唐为元未可知"的感叹⑥。也许云贵总督刘秉恬（1735—1800）的态度更能说明问题，他于乾隆四十五年（1780）担任云南巡抚，次年授云贵总督，五十一年被召还朝。在滇六年，几乎每年都到龙泉探梅，起初两三年诗中都只是感叹"潭上双梅大似困，不知经历几千春"⑦，并没有明确梅花的年代，只是在即将离滇时所作《和曹定轩学使〈游龙泉观六咏〉原韵》诗中才直呼为"唐梅"⑧。所谓"龙泉观六咏"是龙潭、珍珠泉、唐梅、石刻梅花亭、凤尾柏、森桂轩。想必除"龙潭"这一主景外，包括珍珠泉在内的这套名目，都是他在滇的这几年观中道人或好事游客逐步提出或开设的。其中森桂轩和对应的桂树罕见有人提及，凤尾柏应该就是后世所

① 杨有涵《远香亭诗钞》卷四。
② 钱载《题秦郡丞廷坤〈秋山读杜图〉三首》其二："读杜秋山意太憨，从军得得入滇南。锁江桥上嘶班马，却拗梅花向玉潭。"自注："昨见示晚过永昌锁江桥及龙潭寺梅诗。"《箨石斋诗集》卷三三。秦廷坤，字复山，号石公，汉军人，乾隆十七年举人，曾任绍兴、杭州等地知府。钱载此诗作于乾隆三十七年（1772），所说是乾隆三十年以来事。可见此间秦氏曾从军滇南，到黑龙潭赏梅，并作有赏梅诗，这与杨有涵所说时间大致相近。
③ 李荣高等《云南林业文化碑刻》第145页。
④ 檀萃《重镌草堂外集》卷六。"宣公"指云南知府宣世涛，字晋山，和州人，乾隆四十四年至四十六年在任，见《云南通志》卷一二八。
⑤ 李荣高等《云南林业文化碑刻》第147页。
⑥ 刘大绅《钟永清治亭，王澍滋、李成之同往龙泉观，赋梅花》，《寄庵诗文钞》诗钞续卷九。
⑦ 刘秉恬《黑龙潭梅花》，《公余集》卷一。
⑧ 刘秉恬《公余集》卷七。

说"宋柏"，此时尚未明确其年代，而唐梅和石刻梅图则是后世探梅的主要景物。可见"唐梅"、"宋柏"这两种古树景观都成名于这一时期，至少所谓"唐梅"是乾隆四十至五十年间明确起来的。乾隆五十二年（1787），云南巡抚谭尚忠《游龙泉观观梅记》记载，古梅在"三清殿前"，并明确称"此梅之生自唐，讫今经千百岁矣"①，也进一步佐证这一点。

图 149　黑龙潭公园唐梅碑（黑龙潭公园提供）。碑为大理石质，宽 205 厘米，高 112 厘米，厚 10 厘米。碑下部刻唐梅图，绘两树，一立一卧，为乾隆末年景象。右上刻云贵总督李侍尧《龙泉观古梅记》，左上刻云南巡抚裴宗锡《龙泉观古梅碑跋》，两文作于乾隆四十二年。

（二）乾隆后期以来名声大噪

从乾隆后期至道光年间龙泉古梅名声大噪，文人游客慕名探访，纷纷题咏宣扬，图绘传颂，播之人口。其中描写较为具体的有绍兴沈楳《黑龙潭唐梅歌》："蒙氏在昔分井疆，中朝来享亦不常。空余两树纪正朔，攀条使我增慨慷。一株偃卧起复僵，半枯老干森怒张。一株岳立忽远扬，低枝复尔罗四旁。莓苔纷如作鳞甲，攫拏各欲

---

① 赵椿《龙泉胜境》第 215 页。

凌空苍。胭脂着花仍淡漠，玉除点点悬寒光。"① 可见大约乾隆末期，两株梅树中已有一株仆地虬起。嘉庆间李于阳《龙泉观古梅记》也记载："两柯对峙，一老干纷披偃卧屈抑，一枝叶扶疏特立苍茫。卧者如龙之潜，立者如龙之飞焉。大各十围而树身腐烂，中若玲珑，旁发柔条，缀花如金钱大，百步外即寒香袭人。"② 罗觐恩《黑龙潭唐梅歌》："其一冻僵立不仆，攫拏势欲升天衢。其一屈蟠卧积雪，爪甲犹带蛟宫珠。游客遥望心魂肃，畴敢撄鳞捋其须。"③ 乾隆四十二年（1777），李侍尧即命人"绘图刻石"④。约嘉庆八年（1803）至十四年间，杭州仁和钱杜逃债避居滇南，也曾为唐梅绘图刻石⑤，回到内地后，嘉庆二十五年（1820）又为陈文述重画此梅⑥。嘉庆二十一年，云南督学顾莼（1765—1832）为云南巡抚陈若霖画唐梅⑦，又为朝官李宗瀚作画⑧。这些诗画图咏都大大增加了龙泉古梅的知名度。此间影响最大的是阮元。道光六年（1826），阮元调云贵总督，次年年底游黑龙潭，写下了《游黑龙潭看唐梅二律》，后世将此诗刻石，与众多梅画刻石一起成了龙泉观重要的古迹。

嘉庆后期，可能是建筑过度，游人剧增，观中梅花长势大受影响。嘉庆二十四年（1819），刘大绅（1747—1828）在文章中说，龙泉古梅"近日摧折太甚，十不存一矣"⑨。但至迟这时两树还健在，这年戴淳《九月二十四日，寄庵师招同诸君子龙泉观探梅二首》其二："古树双株在，今年两度过。"⑩ 大概此后不久，龙泉古梅主干便已枯死，而其他野梅和古梅孙枝渐次长成，观中梅花转入新一轮的景象。

咸丰二年（1852），云南巡抚吴振棫《龙泉观看梅花》诗注称："唐梅传为开元时物，今已枯折矣"⑪。咸丰四年《东风第一枝》词题称"黑龙潭唐梅，闻三十年前尚存，今枯根亦仆矣，甲寅上九（引者按：此上九或为上元传写之误，也可能指

① 邓显鹤《沅湘耆旧集》卷一五三。
② 李于阳《龙泉观古梅记》，云南丛书处辑《滇文丛录》卷九六。
③ 云南昆明市政公所总务课编纂《（民国）昆明市志》第354页。
④ 刘大绅《崇宝山正觉寺看梅花记》，《寄庵诗文钞》文钞续卷一。
⑤ 钱杜《滇中黑龙潭有古梅两株，唐时物也，未谷为设阑楯，索余图永之于石》，徐世昌《晚晴簃诗汇》卷一〇〇。
⑥ 陈文述《滇中黑龙潭有唐时古梅，松壶与余莲泾探梅归，为余写作障子，并录旧作于上，因和其韵》，《颐道堂集》诗选卷一七。
⑦ 郭尚先《题顾南雅学士所画黑龙潭唐梅（余丙子使滇，与望坡、吴羹二前辈同游近华浦，酒间谈黑龙潭唐梅之奇，以就道匆匆，未及往观也。展画读诗，追念旧游，如昨日事，而寒暑十二易矣，走笔赋此）》，《郭大理遗稿》卷一。
⑧ 曾燠《南雅复为李春湖画唐梅一帧索题》，《赏雨茅屋诗集》卷二〇。
⑨ 刘大绅《崇宝山正觉寺看梅花记》，《寄庵诗文钞》文钞续卷一。
⑩ 戴淳《晚翠轩诗钞》卷六。
⑪ 吴振棫《花宜馆诗钞》卷一五。

正月二十九）命侣往游，惟野梅数十枝，烂若晴雪而已"①。所谓野梅当是古观四下散生的梅树，从李于阳的记文可见当时古梅根部也曾有孙枝旁出，后世观中梅树，应出于这两种情况。稍后彭崧毓《云南风土纪事诗》注称"黑龙潭有梅十余树，相传云唐时物也"②，光绪八年（1882）沈寿榕《龙泉观探梅口占》诗"古梅卅六株，香浓势蟠郁"③，所说已非原有"唐梅"两株，都应是咸丰间所说"野梅"或古根"孙枝"长成。

（三）黑龙潭"唐梅"的历史意义

黑龙潭的古梅名胜，如果从开始引起注意的康熙中期起算，迄今已有三百多年的历史。就具体的梅树古干来说，至少经过两次补植或蘖生。尤其是枯根蘖生孙枝，猛长成大树，只有在"四时多似夏"④ 的云南才较为常见。阮元说："滇中常有唐宋之梅，枯查之下粤蘖代生，至数百年，不足为异，余多载于诗。"⑤ "梅花如屋竹如门。"⑥ 云南地区的梅树多古老硕壮、枝干纷蘖、干嵩如松，生理姿态与内地迥异。前引沈楳《黑龙潭唐梅歌》"一株偃卧起复僵，半枯老干森怒张。一株岳立忽远扬，低枝复尔罗四旁"，罗觐恩《黑龙潭唐梅歌》"其一冻僵立不仆，攫拏势欲升天衢。其一屈蟠卧积雪，爪甲犹带蛟宫珠"云云，都不难看出黑龙潭的古梅曾经也带着这些特点。

也许由于高原气候的影响，黑龙潭的古梅与岭南一样，也以红花为主，"年年花开灿红玉"⑦，带着一些地方品种特色。黑龙潭居五老山麓，山峦环抱，林木阴翳，盛夏亦寒气逼人，风景极为深邃幽静，梅花与潭水相映衬，显出清幽澄淡之韵味。嘉庆间硕庆所撰楹联"两树梅花一潭水，四时烟雨半山云"⑧，精辟地概括了这一名胜之地的幽雅气息。而古梅托身龙潭之傍和道观之中，古人题咏不乏神仙托迹下凡的想象，也赋予了龙泉古梅不少神奇灵异的色彩。

黑龙潭梅花不只是一道幽雅美妙的自然景观，其独特的地理位置、亦真亦幻的悠久历史也赋予和积淀了丰厚的文化意蕴，在众多梅花名胜中有着特殊的意义。

---

① 吴振棫《无腔村笛》卷下。
② 彭崧毓《云南风土纪事诗》。
③ 沈寿榕《龙泉观探梅口占三绝句》其二，《玉笙楼诗录》卷一二。
④ 鄂尔泰《（雍正）云南通志》卷二。
⑤ 阮元《乘二礼芦洲船宿真州旧江口宋梅花院，记苏公病、宋梅二事》，《研经室集》再续集卷六。
⑥ 阮元《宜园》，《研经室集》续集卷八。
⑦ 沙琛《黑龙潭值老梅盛开，感怀旧游，用壁间芷湾太守韵次之》，《点苍山人诗抄》卷七。另刘大绅《忆龙泉院红梅》，《寄庵诗文钞》诗钞卷三。
⑧ 梁章钜《楹联丛话》卷七。

1. 云贵高原影响最大的梅花名胜

云南是我国植物种类最多的省份，梅之分布极其普遍。嘉庆间刘大绅说"吾滇地宜梅，自仙宫佛刹、高门大宅，下至委巷穷檐、荒园闲地莫不有梅，园丁以此获重利者，往往而是"①。乾隆间罗元琦有诗称《入滇沿路梅开似雪，茶花斗艳其间，非复朔方景象矣》②，而在大理、丽江、腾冲等滇西地区更是"匏笙芦笛家家吹，白雪梅花处处飞"③。由于地多深山峻岭，森林资源丰富，许多梅树得以长久生存，成为古树名木。当代园艺工作者的考察研究发现，我国的古梅资源以云南省最为丰富，数量之多、树龄之高、品种之优、长势之旺，堪称中国和世界之最④。安宁县的曹溪古梅、晋宁县的盘龙古梅、永平县的普照古梅都有700年左右的树龄，只是古代并未引起注意而已。历史上云南境内也有一些古梅曾经闻名一时，其中最重要的当属腾越（今腾冲）鲁梅与大理灵会等寺院"唐梅"。大理"唐梅"见于记载的至少有三处，一是城西北灵会寺，二是崇圣寺（三塔寺），三是大理西村（见本著大理灵会寺专题）。这些古梅引起世人注意大多早于龙泉古梅，如明末清初滇僧担当（1593—1673）的存世作品中就有《唐梅》、《五赏唐梅》诗⑤，康熙间徐崇岳、张端亮也有《唐梅》诗⑥，所咏都应在大理。但是这些古梅都没有像黑龙潭古梅那样产生持久而显著的影响，更没有形成延续不绝的名胜风景。追溯其原因，与黑龙潭居省会昆明之郊，当名观、名潭之侧等因素有关。正是这些有利条件，使黑龙潭的古梅成了云贵高原最受瞩目、赓续不绝的梅花名迹，成了云贵高原梅花观赏文化的主要代表。

2. 国家兴盛、边疆稳定的象征

在人们心目中，黑龙潭古梅是国家兴亡、民族盛衰的一个历史见证，观赏之际人们都不禁感慨系之，寄托对王化一统、国家兴盛、民族团结的祈愿，因而成了富含深厚历史价值和思想意义的一个风物名胜。对此我们可以从"唐梅"这个特殊概念来体味。黑龙潭的梅花为什么称为"唐梅"，认为种之开元年间或天宝初年，同样大理等地的古梅为什么也多称之"唐梅"，这未必有生物学和历史学的根据，而是出于一种文化情结。唐朝是中国历史上最为强盛的时期，从唐太宗到唐玄宗开元年间，强大的汉民族中央政权与云南少数民族部落政权以一种羁縻关系实施有效统

---

① 刘大绅《崇宝山正觉寺看梅花记》，《寄庵诗文钞》文钞续卷一。
② 袁文典、袁文揆辑《滇南诗略》卷三一。
③ 牛焘《花马竹枝词》其一，赵联元《丽郡诗征》卷三。
④ 王其超、包满珠、张行言《梅花》第16页。
⑤ 担当《担当诗文全集》第177、306页。
⑥ 袁文典、袁文揆辑《滇南诗略》卷一七。

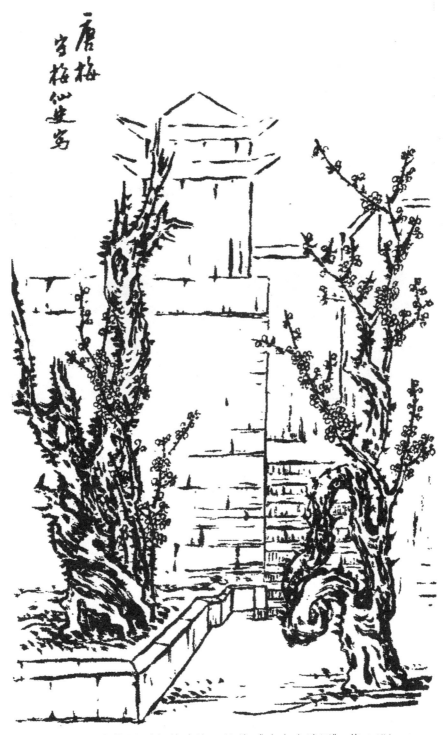

图 150 唐梅图（赵鹤清绘，见其《滇南名胜图》第三册）。

治，各民族和谐相处、共同发展，形成了国家政局与民族关系的一个历史典范。云南境内众多的古树名木多把起始定位于唐代，正是出于这样一种国家一统、民族和谐的历史记忆和美好理想。

图 151　唐梅（黑龙潭公园提供），品种为红怀抱子，树龄约 300 年。

正是基于这一点，诗人追溯古梅的来历，都从时际升平而瑞物呈祥的角度来感咏。何彤云《黑龙潭古梅歌》："寒潭黑虬老不死，偶向潭中攫云起。……天荒地老不知年，仿佛传闻自唐始。唐家铁柱支炎天，荆榛久没蛮中烟。玉斧划断梁益土，冷落又阅三百年。此时灵虬在何处，抱珠想复潭中眠。时平神物再出世，腾拏依旧蟠蜿蜒。从此花开有常岁，岁岁天地春先旋。"① 古梅种自盛唐，后来蒙段统治，梅花沉寂三百年，到了元明清一统天下，尤其是大清盛世，梅花才再次显形于世。这一想象很有代表性，罗靓恩《黑龙潭唐梅歌》说得更为明确："想当蒙段窃据日，优昙龙女花纷敷。独抱冰心卧榛莽，不受六诏烟城汙。曲涧空归语寒鹤，断桥罕渡踏雪驴。彩云既烂始出见，压倒孤山三百株。"② 黑龙潭的梅花被赋予了一种感应治乱、情分华夷的时世象征和道义寄托。道光七年云南总督阮元《游黑龙潭看唐梅二律》之所以备受人们重视，其中包含的这种历史感喟也是一个重要因素："千岁梅

① 徐世昌《晚晴簃诗汇》卷一四五。
② 云南昆明市政公所总务课编纂《（民国）昆明市志》第 355 页。

花千尺潭，春风先到彩云南。香吹蒙凤龟兹笛，影伴天龙石佛龛。玉斧曾遭图外划，骊珠常向水中探。只嗟李杜无题句，不与逋仙季迪谈。""铁石心肠宋开府，玉冰魂魄古梅花。边功自坏鲜于手，仙树遂归南诏家。今日太平多雨露，当年万里隔烟霞。老龙如见三沧海，试与香林较岁华。"① 前首主要写此南天古梅特殊的形象和身份，后首则从历史的角度赞美其迭经治乱沧桑而躬逢太平盛世的遭遇和命运，流露出对国家长治久安、边疆和平稳定的美好愿望。这些美好的思想情感正是黑龙潭古梅特殊的人文积淀，值得人们欣赏之时别具心眼，细加缅怀和寻味。

（四）民国以来黑龙潭的古梅景观

民国迄今，游客所见龙泉观中古梅大多应该就是咸丰、同治间吴振棫、彭崧毓所说梅树的遗存。民国四年（1915），云南姚安赵鹤清作《滇南名胜图》，于龙泉观唐梅一景称："龙泉观古梅甚多，孰为唐植，不可考矣，兹择其枝干奇古者二株图之，以存其说，并录阮文达公游黑龙潭看唐梅二律。"② 同时袁丕元《游金殿黑龙潭记》称"唐梅居（龙泉观）最高层，原本已亡，所见皆新培者，然干蛟背虬，世亦无匹也"③。可见除晚清所留外，也从他处移来古梅以补其缺。其中大概又有一株被推为唐梅。民国五年钱文选游记称在三清宫前"见梅根甚老，知系古树，由老根而生新枝，得山灵而花发奇艳，古梅似画，笔所难描也"④。这株被视为唐梅的古树，不久主干也逐步枯朽。民国十二年谢彬游记称"最后为三清殿，丹墀之中犹存唐梅之枯根，其形奇古，冠绝海内，今放花者则其枝之枝也"⑤。时光荏苒，老树成朽木，而枯根发新枝，延续着"唐梅"的传说。1948 年同生《黑龙潭记》称："转过大殿，拾级直上是弥罗宫，宫前梅花遍植，其中以唐梅一株最为称奇"，"树干矫健奇伟，斑烂苍劲，主干已枯萎，新枝则旁根遍生"⑥。同年赵德厚《昆明黑龙潭四胜》文中称，唐梅古干终于枵朽湮灭，而"山麓种植梅花甚多，每届冬末春初，寒梅怒放，黑龙潭俨然一片香雪海"⑦。所说枯木或仍是这株民初人所说唐梅，而此时黑龙潭四周有大片梅林。罗养儒记"三清殿，殿前墀内多古梅，枝干盘屈，大都为

① 阮元《研经室集》续集卷八。
② 赵鹤清《滇南名胜图》第三册。
③ 《尚志》1919 年（第 2 卷）第 10 号。
④ 钱文选《游滇纪事》。
⑤ 谢彬《云南游记》。
⑥ 《新语》1948 年第 13 卷第 19 期。
⑦ 赵德厚《昆明黑龙潭四胜》，《旅行杂志》1948 年（第 22 卷）第 1 号。

五六百年前之所植",所谓唐梅"今则根株俱没"①。

如今的黑龙潭公园依然有"唐梅",在祖师殿前,旁有立石揭名,1943年重修道观时由三清殿前移来,老干虬曲,颇有可观(图151)。整个观内现有树龄在200年以上的古梅20多株(图152),经园艺专家确认其中有明梅一株②。如这些古梅都是原兜生长,多应是咸丰年间吴振棫所见数十树的遗存③。

图152　龙泉观古梅(郑丽摄),在碑亭前庭,品种为淡晕宫粉和曹溪宫粉,树龄约300年。

---

① 罗养儒《云南掌故》第266—267页。

② 关于现存古梅情况,可参阅华珊《昆明黑龙潭古梅简记》,中国花协二梅分会《中华梅讯》总第24期(2002)。并参见本书外编所述今人著录古梅的情况。

③ 本章黑龙潭风景图片承黑龙潭公园吴建新主任、那冬梅女士、云南农业大学郑丽教授提供,谨书志谢。

二一、大理灵会寺"唐梅"

　　康熙《大理府志》："唐梅：喜州（程按：也写作喜洲，在大理西北）灵会寺右，相传植自唐时，其花千层，玉红色，铁干横撑。"① 雍正《云南通志》："唐梅，在城西北灵会寺右，相传植自唐时，其花千层，色如红玉，铁干横撑，千年物也。"② 此梅之闻名始于康熙朝，康熙二年（1663）之举人李崇阶有《灵会寺唐梅》诗："不意千年树，犹留古寺傍。植虽当六诏，名却系三唐。瘦格清而健，酡颜老益苍。焉知人代易，但放旧时香。"康熙三十年（1691），云贵总督范承勋巡视大理，前往灵会寺探访"唐梅"，山东张瑞孙为作《唐梅赋》。范氏本人有《灵会寺唐梅作》诗："乱云荒草泪幽奇，谁向花间一赋诗。洱海清波横瘦影，苍山古雪映芳姿。已除积石孤根稳，更剪繁枝老干宜。千载植来蒙诏树，至今犹说是唐时。"同时云南提督诺穆图、大理知府李斯佺都有和作，诗均存康熙《大理府志》③。诸诗均称树龄千年，不仅归属唐朝，而且归于唐之盛世，与昆明龙泉观所称"唐梅"一样，都寄托着人们对国家一统昌盛的美好愿望。大理另有两株"唐梅"，一在崇圣寺（三塔寺），"唐朝老梅状若古松，亭亭直上，枝干亦如松柏"④。另一在"大理之西村"，"有梅一株，大可合抱，半就槁，仿坡仙笔意，半葱翠而花，土人云唐时物也，花时游人甚夥"⑤。命名之意均与黑龙潭、灵会寺古梅同。

① 傅天祥、李斯佺、黄元治等《（康熙）大理府志》卷二三。
② 鄂尔泰《（雍正）云南通志》卷二六。
③ 傅天祥、李斯佺、黄元治等《（康熙）大理府志》卷二九。
④ 释同揆《洱海丛谈》。
⑤ 张泓《滇南新语》。

二二、郯城"红崖古梅"

　　"红崖古梅"名列"郯城八景"之一，在今山东郯城县西南。康熙五十一年（1712），郯城重修县志，蒲城文人屈复参与此事，同人以县中"八景"多已名不符实，希望重新拟定。屈复流寓此地二十年，对县中山川佳胜了如指掌，因而不负重望，重拟了全新一套。除保留望海楼、沂水等少数旧景外，大多为新添时景，"红崖古梅"即其一。屈复作有八景诗，并逐一加以序说，其解释"红崖古梅"是："城西南四十里红石崖，右邻沂水，高岭横岸。古梅一株十寻，及腹旁枝如椽。故老传，三百余载花开如雪。村亚（引者按：亚原作是，此据乾隆县志卷二改）罗浮，斜月黄昏，邑成香国。"是说古梅在县西南红崖（又作红石崖）上，相传已有三百年，树干高大，枝桠粗壮，花开如雪，香飘四野。诗中还称"每过清明始尽日"①，是说开花较迟，花期直抵清明时节才止。屈复另有《过红石崖见古梅而叹之》诗，盛赞花光之盛："叶落云开半河阴，花发香满郯城里"，并感叹村夫野老不知爱惜，"牧儿樵子作薪看"，"公然持斧来刊伐"②。可见此景有可能出于屈复游踪所见，时县人知赏不多，因而他趁机列入"八景"加以推荐。此后县中缙绅、文人多沿名题咏唱和，嘉庆间县令吴堦和手下陆继辂等人有八景唱和③，诗多存县志。县人许松龄"霞明海北三千里，梅冠江南十四州"的诗句④，下句概括了这一古雅胜景的气势。

---

① 屈复《郯城八景》诗及序，《弱水集》卷九。并参阅王植、张金城《（乾隆）郯城县志》卷二。
② 屈复《弱水集》卷一五。
③ 陆继辂《郯城八景，吴大令同赋》，《崇百乐斋文集》卷一○。
④ 许松龄《郯城游兴》，吴堦、陆继辂等《（嘉庆）续修郯城县志》卷一○。

二三、嘉兴秀水遯野"宋梅"

　　清雍正、乾隆间余姚文人陈梓（1683—1759）作品中反复写到遯野宋梅。遯野乃一地名，在今嘉兴市秀洲区陡门村一带。陈梓一生布衣，家境颇为拮据，以教授生徒为业，雍正中叶投靠岳父金与鲁（1661—1735），赁居秀水（今浙江嘉兴秀洲区）濮院、遯野一带。金与鲁家秀水陡门①，陈梓为鲁父金始桓（1636—1697）所作传中称："家有老梅树，自宋南渡迄今虬龙夭矫，枝干挺然。当时遗民如商隐、寅旭、力田、魄庵、南阳、静村诸先生，岁时往还，携杖逍遥，吟咏成帙，咸以孤山方遯野，和靖拟先生焉。"② 是清顺康之时金始桓与何汝霖（字商隐）、王锡阐（字寅旭）、潘柽章（字力田）、吴炎（号魄庵）、陈献廷（号静村）等秀水、桐乡、吴江一带文人多于此雅集赏梅。陈梓曾住遯野古梅边七年，后又多次重访，《访遯野老梅》诗写道："白朽龙蜕骨，黄凋蚁钻心。屹屹冰雪躯，南渡沿至今。"③ 从其所写气貌看，当是数百年物无疑。他又在附近发现了其他古梅，有诗题称"遯野老梅北得一古梅，腹空洞，皮骨崚嶒如石，皴透毕具，呼曰石梅"④，可见这一带古梅不少。尽管陈梓本人集中描写颇多，但整个清代，除陈梓外，另其女婿郑炎集中有一两首诗歌涉及⑤，余未见有人提及。

---

① 陈梓《外舅金晨村先生传》，《删后文集》卷九。
② 陈梓《金复庵太翁传》，《删后文集》卷九。
③ 陈梓《删后诗存》卷五。
④ 陈梓《遯野老梅北得一古梅，腹空洞，皮骨崚嶒如石，皴透毕具，呼曰石梅，赠以诗，次晨村先生韵》，《删后诗存》卷三。
⑤ 郑炎《即席和魏晋侯韵（时大雪）》："遯野今犹古，梅开五百年。"《雪杖山人诗集》卷一。《咏遯野老梅，次谢南铭韵》："黑龙残甲铁嶙峋，遯野埋藏不纪春。云洗朽株重结蕊，捧觞先庆望梅人。"《雪杖山人诗集》卷七。

二四、黄梅蔡山"晋梅"

　　湖北省黄梅县蔡山镇蔡山寺，古又名江心寺，今人说一名峰顶寺。这里原为长江的弥漫河道，上世纪50年代《黄梅县简志》水系图所示蔡山东西分别为长江和龙感湖[①]。寺内相传有一株支遁手植梅，号称"晋梅"（图153）。《（乾隆）黄梅县志》卷六："江心古寺在蔡山峰顶，今遗址尚存。唐李白夜宿于此，吟诗云'危楼高百尺，手可摘星辰，不敢高声语，恐惊天上人'。明胡笃生诗'旧识江心寺，金山与蔡山。山朝匡岳北，寺隐竹林间。白老诗碑古，支公骨塔残。故来寻胜迹，不畏北风寒。'"又载清人杨自发诗："横江孤屿绕平沙，丹鹜青螺僧作家。浪转山腰潮欲上，天低楼畔月偏赊。谪仙泼墨还留石，支遁栽梅尚著花。醉后不堪怀往事，新亭倚徙日西斜。"该志卷八又载康熙时县人黄利通《蔡山寺募田记》："蔡山，古江心寺，遗址在焉，支公之所驻锡，李太白、曾子固之所登临而吟啸，亦天地奥区也。"所说都以李白与支遁并举，是黄梅蔡山寺有李白登楼赋诗和支遁卓锡的传说。关于李白夜宿黄梅县峰顶寺作诗，寺有石刻之事，见于宋人的记载[②]。而支遁（314—366）是东晋高僧，早年隐居余杭，二十五岁出家，足迹多在浙东，未见有远足湖北，卓锡黄梅之事，不知县人所谓"支公骨塔"、"支公卓锡"云云有何根据。《（光绪）黄梅县志》卷四："蔡山，县南七十里，相传古大江经其下，石崖缆迹犹存，上有龙王庙、峰顶寺，今俱废。"卷一四："蔡山寺，在邑西南江畔，古名江心寺，山石镌有李白夜宿江心寺诗句，今江南徙寺名犹仍其旧。寺有龙王三尊，

① 《黄梅县山脉水系图》，湖北省方志纂修委员会《黄梅县简志》第14页附。
② 王得臣《麈史》卷二："南丰曾阜子山尝宰蕲之黄梅，数十里有乌牙山甚高，而上有僧舍，堂宇宏壮。梁间见小诗，曰李太白也：'夜宿乌牙寺，举手扪星辰。不敢高声语，恐惊天上人。'"赵令畤《侯鲭录》卷二："曾阜为蕲州黄梅令，县有峰顶寺，去城百余里，在乱山群峰间，人迹所不到。阜按田，偶至其上，梁间小榜，流尘昏晦，乃李白所题诗也，其字亦豪放可爱。诗云：'夜宿峰顶寺，举手扪星辰。不敢高声语，恐惊天上人。'"胡仔《苕溪渔隐丛话》前集卷五："《西清诗话》云，蕲州黄梅县峰顶寺在水中央，环伏万山，人迹所罕到。曾阜为令时，因事登其上，见梁间一粉版，尘暗粉落，拂涤视之，乃谪仙诗，云：'夜宿峰顶寺，举手扪星辰。不敢高声语，恐惊天上人。'世间传杨大年幼时诗，非也。"所载地点不同，一称乌牙寺，一称峰顶寺。而所谓峰顶寺在万山环绕中，与今之黄梅蔡山附近地形又不吻合。宋人另有记载称此诗为王禹偁或童年杨亿所作，待考。

一木为之。有支遁手植梅一株尚存，亦邑之名胜也。"此时峰顶寺已湮废，而蔡山寺仍存，寺中有支遁手植梅，为县中名胜。1958 年《黄梅县简志》"名胜古迹"中未提到蔡山诸寺，更无"晋梅"之目。1984 年所编《黄梅县志》"名胜古迹"中记蔡山寺"东晋支遁和尚手栽白梅树一株，至今尚存"①。1983—1984 年，王其超实地考察，所见古梅基部枯朽，直径 35 厘米，有两萌生的新枝干，品种定名为蔡山宫粉，经 C^{14} 测定，年龄在 240 年左右，属于清中前期的梅树②。后又报道，此梅 1995年已死③，今所见梅树当为分本新干或另行补植④。

图 153　蔡山古梅（旺友提供），传为晋人支遁手植，原梅已死，此为近年补植。

---

① 黄梅县人民政府编《黄梅县志》第 186 页。
② 王其超《中国古梅的调查》，《中国园林》1986 年第 1 期；陈俊愉主编《中国梅花品种图志》（1989 年版）第 14 页。
③ 陈俊愉主编《中国梅花品种图志》（2010 年版）第 35 页。
④ 曹祥本《湖北旅游精华》第 51 页。本章蔡山古梅图片为网络公共资源，未经实地核查。此处注以"旺友提供"，"旺友"谐音网友，借以对提供者致谢和祝福。

二五、仪征旧江口准提庵"返魂梅"

准提庵在江苏仪征县城东南旧江口（今仪征市新城镇旧江村）。清阮元《广陵诗事》卷八："仪邑城外数里准提庵有老梅，康熙末枯去，四十余年复活。花时古香异常，人目为'返魂梅'，题咏者甚多。薛蔼人和罗两峰诗云：'寂寞春江上，孤标孰与同。幽情何处著？清梦有时空。魂返仍依月，香浮不碍风。横斜常自在，老矣梵王宫。'"①罗两峰（1733—1799），著名画家，"扬州八怪"之一，名聘，号两峰。薛蔼人（1720—1795），名廷吉，字蔼人，号渔庄，仪征人，太学生，乾隆二十二年（1757）召试二等②。假设所说康熙末为康熙六十一年（1722），四十多年后，约乾隆三十多年。薛、罗都是乾隆朝人，他们已开始题咏此梅。阮元《淮海英灵集》还收载了戴贤（扬州布衣）《真州准提庵香返魂梅》，"冰魂久已属飞仙，又返人间十几年。花放高低香近月，枝横新旧碧浮烟。却教名士仍留韵，更与山僧续断缘"③，作于该梅复苏十多年后。可见至迟在乾隆朝后期，此梅即引起维扬文人的注意，多有观赏题咏。

嘉庆年间，此梅进一步受到阮元等人的关注，名动一时。嘉庆十一年（1806），阮元服丧居扬州，因在仪征购置祀田等事宜，数至仪征，舟宿旧江口准提院，有《乘二礼芦洲船，宿真州旧江口宋梅花院，记苏公病、宋梅二事》诗，注称"梅花院者本有宋时梅花，枯朽尽，粤条复生，今又成大树，乡人昔名返魂梅"，"余刻宋返魂梅花院石扁加准提庵上"④。是乡人传为宋梅，而得到阮元的认可，道光县志进称"相传为刘宋时物，后萎，至北宋复苏"⑤，显系对阮元命名的误解。嘉庆十七年（1812），仪征知县屠倬邀临川乐钧、高邮夏宝晋同游，屠氏有《准提庵古梅歌》、

① 王明发点校《广陵诗事·广陵览古》第 133 页。
② 阮元《淮海英灵集》丁集卷四、李斗《扬州画舫录》卷一〇。
③ 阮元《淮海英灵集》乙集卷四。
④ 阮元《乘二礼洲船，宿真州旧江口宋梅花院，记苏公病、宋梅二事》，《研经室集》再续集卷六。清张鉴《雷塘庵主弟子记》和今人王章涛《阮元年谱》此事均失载。
⑤ 王检心、刘文淇、张安保《（道光）重修仪征县志》卷二〇。

《同莲裳、慈仲准提庵观梅，还憩余氏园》诗，称该梅"根边枯槎一半枯，横斜八干同一株"①。乐钧有《真州准提庵古梅歌》，称"枝柯十丈尽屈铁，香雪海中无此材"②。同时前往吟赏的还有曾燠、吴锡琦，稍后有陈文述等人③，透过他们的诗句都不难感受到这株朽木蘖枝复生的形象。屠氏记载称一树新生八枝，道光间人都称一干五枝，可能后来有所损折或修剪。道光间人还绘入图画，以广流传④。

从道光间各类记载看，此树长势颇旺。梁绍壬《两般秋雨庵随笔》中《返魂梅》条："真州城东十余里准提庵有古梅一株，大可蔽牛，五干并出，相传为宋时物。康熙中树忽死，垂四十年复活，枝干益繁，花时光照一院。"⑤ 道光末年县志也称"一本五干，高出檐屋，花时香闻数里"⑥，是一副茁壮成长的典型气象。然而不知何故，道光以来沉晦不名，未见再有人提及⑦。想必是由于旧江口准提庵急剧衰落⑧，对古树维护不力，而莫知所终。

---

① 屠倬《同莲裳、慈仲准提庵观梅，还憩余氏园》，《是程堂集》卷一二。
② 乐钧《青芝山馆诗集》卷二一。
③ 曾燠《真州准提庵老梅行》，《赏雨茅屋诗集》卷二、王昶《湖海诗传》卷三七；吴锡琦《真州准提庵古梅歌》，《有正味斋集》诗集续集卷六；陈文述《真州准提庵宋返魂梅花歌》，《颐道堂集》诗选卷一九。
④ 谢元淮《题黄春澗（钟秀）〈真州返魂梅图〉卷》序："仪征旧港准提庵古梅一株五干，大皆合抱，相传为唐时植，至五代时忽自槁死，宋初复生，俗呼返魂梅。黄君于道光六年腊月往探，因图其状，作诗索和。"又有《题江古香（绍惟）真州唐时古梅图册（俗称返魂梅）》："真州古梅天下奇，一本五干生唐时。"注："道光庚寅冬，黄春澗曾以此梅图卷索题诗，存本集。"分别见《养默山房诗稿》卷二一、三一。
⑤ 梁绍壬《两般秋雨庵随笔》卷五。
⑥ 王检心、刘文淇、张安保《（道光）重修仪征县志》卷二〇。
⑦ 屠倬子屠秉曾作《真州准提庵宋梅歌》，年代不明，但也是回忆少年从父准提庵赏探之作，载丁申、丁丙《国朝杭郡诗三辑》卷四七。揣其原因，准提庵后世并不景气
⑧ 仪征市市志编纂委员会《仪征市志》中记载境内诸寺，东区乡含新城（旧江口）一线寺庙14座，未见到有准提庵，可见古准提庵早已湮废不名。见该书第665页。

二六、腾冲"鲁梅"

　　清乾隆间，云南腾冲鲁氏园中古梅颇为著名。乾隆《腾越州志》记载"鲁梅，鲁家之梅也，在城中西偏，其梅甚古，传为千余年物也，李节相曾图其形上之内府"[①]。所说节相指云贵总督李侍尧，乾隆四十二年（1777）春受命总督云贵，在任约四年左右。鲁氏古梅之闻名当即乾隆年间之事。稍早的乾隆三十五年（1770），上海赵文哲（1725—1773）《鲁梅》："主人久迁徙，池馆封蛛埃。老梅逃小劫，独荷天栽培。其本四五抱，盘盘如古槐。年深腹空尽，苍皮化为苔。"[②] 古干高大如槐，正是云南古梅常见的形态。咸丰间彭崧毓记载"腾越金松、鲁梅皆数百年物也，梅更古于松，根出地上如湖石，玲珑可爱。主人鲁姓，于明季得此园，其先更不知曾历几姓"[③]。揣度古梅之来历，有可能是购园之初所植，到乾隆间已有一个半世纪了。

　　关于鲁梅，有一条材料不得不辨明。陈荣昌《滇诗拾遗》卷六载易经《游鲁氏园咏老梅和杨升庵先生韵》："我闻鲁氏园，老梅发古香。乘舆偶来访，双扉闭斜阳。主人欢相迎，小立梅树旁。树高权枒密，垂垂倚曲廊。托根盘危石，苔藓色苍苍。种植经岁月，年年历冰霜。究竟年有几，私忖总渺茫。顾向主人问，主人语未详。卜宅将百载，此梅旧芬芳。数百年前物，传闻在瘴乡。我亦置不问，抚梅目试望。著梢花痈肿，干老犹未僵。枝条亦不丑，疏影横池塘。"易经，腾越（今云南腾冲）人，弘治十四年（1501）举人，赴会试，卒于途[④]。杨慎，弘治元年生，嘉靖三年（1524）始谪戍云南，到滇后又隐迹多年，年辈晚于易经，也不当与之有深交，今杨慎集中未见有鲁梅诗。诗中称腾越为"瘴乡"，不应是易经口吻。又易经年不及中寿，而诗中羡慕陆游八十身强而好梅，"我今虽健在，对之增感伤。行借

① 屠述濂《（乾隆）腾越州志》卷一一。
② 赵文哲《娵隅集》卷七。
③ 彭崧毓《云南风土纪事诗》"补遗"第六首注。
④ 鄂尔泰、尹继善、靖道谟等《（雍正）云南通志》卷二一。易经中举的时间，《滇诗拾遗》卷六作弘治二年，误。

扶筇力，未免嗟颓唐"，则显然是一副老迈心态。这些都表明此诗决非易经所作，显系误收他人之作。就彭崧毓所说鲁氏于明末购此宅，诗中"卜宅将百载"云云，可见应是乾隆中后期人的作品。屠述濂《（乾隆）腾越州志》卷一一记"鲁梅"，但未载易经此诗，或者时间更在乾隆以后。

二七、六合张果老"唐梅"

　　江苏六合县城，清朝有两处古梅，相传为仙人张果老所植，因称"唐梅"。其一在南门外。乾隆县志记载："六合县南门桃花坞，有铁牛墩突起地上，色如明铁，状似牛故名。……铁牛墩在县东南三里，当河形第一曲，有铁牛脊露地上，世传张果炼丹遗迹，一名果老滩，旁有古梅为数百年物。明知县米万钟建拜梅庵，土人名老梅庵。国朝知县常在修筑亭馆，为讲堂，后渐就倾圮。乾隆二十年住僧募化重修，添建文昌阁，并亭台花石，遂为近日游览之胜。"① 乾隆县志卷一"六合十二景"图中有《老梅庵》一图。所说知县米万忠，陕西安化人，万历二十三年（1595）进士，三十六年（1608）授六合县令。知县常在，山西高平县举人，康熙十年（1671）任六合知县。康熙十四年捐俸修建果老滩亭馆，"构讲堂于老梅庵，聚生徒会课之"②。县人员璐为撰《果老滩补造亭馆记》，称果老滩"旁有古梅三株，一株已化异物，二株尚存，而游人牧竖攀折莫禁，虽犹作虬屈龙干，而鳞鬣须髯尽秃，不复有拗铁观矣。璐心伤之，损资市得二梅，周置围垛"，为缭垣，建草亭等，县令常公游此，捐俸在庵旁修书院，遂为邑中胜境③。乾隆五十二年（1787），知县葛建楚记载："老梅在棠邑果老滩之旁，枝干屈曲，花时清香袭人，传为张果手植。岁丙午，余莅斯土，公余揽胜，诧为罕觏"，适金陵画家吴思忠来游，为古梅写影题诗。诗画并葛建楚跋文刻石庵中④。道光间陈文述有《六合访唐张果手植梅》诗："园客当年种，春风一树梅。花仍含绿萼，根已偃苍苔。……仙庄何处是，王屋暮云开。"⑤ 诗中园客云云，所说当为果老滩古梅，而非袁枚所访西门吴庄唐梅。光绪

① 廖抡升、戴祖启《（乾隆）六合县志》卷一之四。
② 廖抡升、戴祖启《（乾隆）六合县志》卷三之九。
③ 员璐《果老滩补造亭馆记》，郑耀烈、汪升远、王桂馨《（民国）六合县续志稿》卷一七。常在书院之事还见于清宣鼎《夜雨秋灯录》记载，该书卷七："棠邑有古梅书院，邻果老庵，乃唐人附会神仙古迹。邑宰长公名在，试书院日，少长咸集。中有八岁童子来观场，长公命对云'梅花果老矣'，即应声曰'棠阴长在哉'。长公大喜，呼为千里驹，奖赐极隆，旋亦夭亡，儒林伤悼。"
④ 吴思忠等《老梅庵梅花碑》，郑耀烈、汪升远、王桂馨《（民国）六合县续志稿》卷一七。
⑤ 陈文述《颐道堂集》诗选卷二一。

县志还附载另一传闻："果老滩古梅一株，倒垂横拂，若虬龙飞舞，盖数百年物也，花时远近展拜。崇正乙亥（引者按：崇祯八年）有朱叟者，梦一丽人泣求救，且过梅下，则一老人正斫枝，急询其故，盖厌游人之扰耳。叟力止之，且以五金为寿，得不伐。今树已不存，后人为写其状刻石，嵌于庵壁，以墨拓之，想见昔时胜概云。"① 所说刻石即乾隆吴思忠诗图。

图154 老梅庵图（光绪《六合县志》卷一）。

另一在西门外吴庄②。乾隆四十五年（1780），著名文人袁枚闻名前往探访，有《六合唐梅歌》，序称："六合西门外吴氏田庄有二古梅，相传为唐时仙人张果所种。语虽不经，然奇古轮囷，在滁州欧梅、孤山林梅之上，殆千余年物耶？惜其隐于村野，为歌惜之。"诗歌记载较为详细，全文如下："有花看梅人所同，无花看梅我所独。我来棠邑看古梅，九月中旬霜气肃。一株夭矫乖龙翔，一株湮郁瘦蛟伏。皮肉破碎筋骸存，跟蹒支离苔藓绿。想当花开正月天，香雪横陈千万斛。使生孤山邓尉间，一奏定邀天子目。或赐宸翰或写形，顷刻光辉满山谷。如何淹蹇野田中？此梅

---

① 谢延庚、贺廷寿《（光绪）六合县志》附录。
② 六合县地名委员会编《江苏省六合县地名录》所录该县多吴庄、吴营地名，其中城西公社有一"吴庄"，见该书第190页。

有寿真无福。香气常同牛矢争，繁枝苦被樵夫斫。世间万事总皆然，彼姝往往泥涂辱。我欲收此千年春，傍花特起三间屋。广招海内看花人，一杯一斝挥珠玉。伤哉吾齿已衰颓，心自有余力不足。急把隃糜（引者按：地名，以产墨著称，此代指墨）磨半升，洒向花间慰寂寞。纵教此树无人看，或者此诗有人读。"① 是说两树虬曲怪奇，苔驳封积，一树枝干昂扬，一树相对瘦峭。当地传闻，为唐代仙人张果老所植。袁枚感慨此树不幸沦处穷乡僻壤，因而不为人知，若生西湖孤山、苏州邓尉等探梅胜地，定被图报天聪，名动天下。也许是受到袁枚此诗的影响，钱塘处士何琪曾火急火燎地专程来访，"婆娑数日，作长歌纪事，人多传之"②。虽然有两位浙江人如此热情，但六合地处偏僻，两树终未引起多少注意。甚至在当地方志中也未见记载。

① 袁枚《袁枚全集》第 1 册第 578 页。
② 法式善《梧门诗话》卷六。

二八、芜湖圆照寺古梅

　　清乾隆以来尤其是嘉庆、道光间，安徽芜湖近郊有两处古梅比较著名。一在城西圆照寺，时人传为宋梅。《（嘉庆）芜湖县志》卷六："古梅在圆照寺，枝干扶疏，色香迥别，花时邑人携榼觞咏无虚日。"《（民国）芜湖县志》卷四一记载："圆照寺在县西范萝山，俗名铁佛寺，宋时建。明万历三十年，徽人汪廷讷重修，内供铜佛、铁佛各一座。清乾隆五十六年重修，咸丰间毁，光绪间尼僧重修，余基由襄垣学校执管。"所见最早题咏此梅的可能是当涂人，后来官至军机大臣、户部尚书的黄钺（1750—1841），乾隆四十五年（1780）《忆梅和梅农，效白石道人雪中六解体》组诗中有《圆照寺》一题，将其与镇江焦山、仪真准提庵、江宁隐仙庵、和县丰山杜默宅等地古梅联题并咏："除日闲寻山寺梅，一湖寒水对门开。老僧笑我成年例，又为花神别岁来。"① 他当时即连年往访，后来又曾多次重游，留诗多首。如乾隆五十四年《于湖竹枝词》注又专门写到："圆照寺俗呼铁佛寺，有梅甚古，花时游者不绝。"② 歙县徐宝善（嘉庆二十五年进士）道光初来游，作《圆照寺古梅歌》，序称："寺在芜湖西城外里许，白梅一树，花时如雪，孤根盘拗，古意盎然，根径可尺，中歧两干上，亭亭如盖，真数百年物也。舟过鸠江，特往观焉。"③ 所见古梅长势仍旺。但早在嘉庆二十一年（1816），黄钺《忆湖上再寄子卿徐州，并柬叶山淮上》诗注："铁佛寺梅顶已枯。"④ 道光十八年（1838）《圆照寺梅》注称，"树已半枯矣"⑤，此去他乾隆四十五年来游，已过去五十九年。是从嘉庆以来，此梅已呈衰相，并逐步枯朽。咸丰以来便罕见有人提及，或者咸丰寺庙被焚毁时，殃及古梅，后来重建规模非复昔比，而古梅也就逐渐湮沉不名了。

---

① 黄钺《壹斋集》卷二。
② 黄钺《于湖竹枝词》其十，《壹斋集》卷七。
③ 徐宝善《壶园诗外集》卷三。
④ 黄钺《壹斋集》卷二六。
⑤ 黄钺《壹斋集》卷三九。

二九、芜湖平山口"南唐古梅"

大约与圆照寺古梅同时，芜湖东南十里平山口有一古梅。《（民国）芜湖县志》卷三九："平山口有古梅，相传为南唐时物，乾嘉时著花颇盛，游人题咏极多。尚书黄钺为勒石记事。"所说乾嘉时不确，实际嘉道间始见称赏。道光七年（1827），黄钺《出芜湖南门，渡浮桥东南行十里，而近日平山口有古梅一株，高丈余，围八尺有奇，相传为南唐时树，百余年来，邑之贤士大夫未有能道者。歙许静夫（仁）物色得之，其子（文深），子卿孙婿也，道光七年二月五日招同子卿、兰泉往观焉，翼日命四儿（足民）为图，用东坡李公择梅花韵题之》："坐使铁佛惭，不敢相伯仲。""惟兹弃荒野，苔绣土深雍。""乡人争聚观，我与梅花共。"① 可见是由许仁最早发现的。许仁（1777—1834），字静夫，号耕余，安徽歙县人，主业商贾，捐资获布政司经历。雅好艺文，有《丛桂山房诗稿》。嘉庆、道光时在芜湖开发圩田，旱灾之年多有赈济善举，遂定居芜湖②。此梅当是在芜湖乡间经营圩田时发现，为之表举，其三子许文深（小琴）积极宣传，其四子许足民绘图《平山南唐古梅》，多得名家题诗③，一时名声大噪，广为人知。此梅同光以来罕见有人提及，想必失于维护，不知所终。

---

① 黄钺《壹斋集》卷三〇。
② 曾钊《耕余居士传》，张维屏辑《国朝诗人征略二编》卷五六。
③ 黄钺《小琴携南唐古梅画卷至广州，归来题诗殆遍，复书二绝于后》，《壹斋集》卷三五。

三〇、金陵陶谷"六朝梅"

　　陶谷在隐仙庵东，地当今南京师范大学随园校区附近，本汪氏酒肆，后废为圃①。甘熙《白下琐言》卷八："陶谷在隐仙庵后，为陶贞白隐居之所，山势盘旋，地最幽邃。有老梅一株，数百年物也。旧为钱氏居，道光庚子（引者按：二十年）张澄斋太守淳购为别墅，经营之妙，具见匠心。"梅曾亮为作《陶谷记》②。此梅也传为六朝物。道光元年（1821），陈文述有《陶谷古梅花下怀松壶子》诗③，张氏"就古梅，筑堂三楹"④，张淳父子广邀名流雅集观赏⑤。《（同治）上江两县志》卷五称陶谷"有古梅一株，齐梁物也，花开作旃檀味，今废"，顾云《盋山志》卷三"今余假山石一二，露立榛莽中"，可见同治以来陶谷庭园与古梅已经湮废不名。

---

① 郁长裕《梦帘吟八首》咏金陵酒肆，题注："皆金陵旧日酒肆。"其中《陶谷》一首题注："主人汪伯端善吹箫，谢世后废为圃。"诗曰："西城深巷谷真幽，果是真君旧隐处。不三十年箫绝响，似余清韵月中楼。"朱绪曾《国朝金陵诗征》卷二三。
② 梅曾亮《陶谷记》："陶谷当郡城之西北隅，山平地幽，林壑深美，传以为陶隐居之所居也。旧有陈氏宅，吾友张子澄得而营之。"《柏枧山房文集》卷一一。陶谷先后为汪氏、钱氏、陈氏等所有。
③ 陈文述《颐道堂集》诗选卷一八。
④ 袁起《买陂塘·张澄斋太守（淳）招任阶平山掌（泰）、蔡友石太仆（世松）……宴集陶谷，赏六朝梅》注，《画延年室诗稿》词稿卷二。
⑤ 袁起《买陂塘·张澄斋太守（淳）招任阶平山掌（泰）、蔡友石太仆（世松）、熊松樵（象阶）、汪孟棠（云任）两太守、汤雨生、侯青甫宴集陶谷，赏六朝梅》，《画延年室诗稿》词稿卷二。汤贻汾《仲冬廿二日张公子子和招集陶谷，举消寒一会，即赠会者七人，青甫、月坡、玉年、虎溪、祥甫》："六朝遗迹老梅孤（谷有老梅，相传六朝物）。"《琴隐园诗集》卷三三。

三一、苏州阊门外积善庵“宋梅”

　　叶廷琯（1792—1869）《鸥陂渔话》卷三：“阊门外白莲泾内积善庵西院有古梅一株，在深翠堂前（堂额为明季高士徐枋丕隶书），相传为北宋所植，一本三歧，虬枝蟠曲，高出檐际，花时繁英满空，妙香袭人。此梅与虎阜后山玉兰老寿相当匹，而志乘不载，昔人亦未见题咏，托根野寺，幽寂自甘，可与东园冠云峰称花石二隐也。余曩与友人频年过访，有探梅屡叠天字韵之作，诗多不录。嗣偕内子蓉仙放舟过院看花，复得一诗叠前韵纪游，蓉仙亦有和作，并存于此，以志一时雅兴。……近年树已萎其三歧之一，僧家衰替，院亦他属，无复向时看花之盛，而蓉仙亦已于前春长逝矣。旧游如梦，为之怆然，院僧素藏王伯谷手书诗卷，今更不知流落何处。”叶廷琯，字调生，吴县诸生，候选训导。钱塘陈文述称赏其才，以女妻之。淡于功名，潜心朴学[1]。咸丰末年，曾避乱流寓海上，有《楙花庵诗》等集。此所记当为道光至咸丰间的情况，今叶氏集中多有探梅题咏之作，如道光五年（1825）底或次年春《积善庵西院观古梅，同印印川（康祚）、朱条生（楠）作》：“树古尊于佛，花寒瘦若僧。”道光十七年（1837）《偕内子蓉仙放舟过积善西院探梅，叠去年韵赠之》，道光二十七年（1847）《次韵谷香同过积善西院访古梅有感作，时庵僧化去，深翠堂将圮，古梅亦半萎矣》[2]，咸丰末《浦西寓舍杂咏》诗注：“故乡积善西院宋梅，近日恐已摧为薪矣。”[3] 综合《渔话》所记与诗中所言，可知积善院古梅，蟠曲硕大，嘉道间渐为人知，不久寺院衰落，树也渐萎。据同治《苏州府志》记载，咸丰十年（1860）太平军占领苏州，“庵毁为平地，老梅化去矣”[4]。

　　此梅最值得一提的是，当时吴下文人诗酒优游，因此结问梅诗社，集会唱酬，风雅盛极一时。问梅诗社由黄丕烈倡始，首集于道光三年（1823）正月二十五日，相约每月一集，最初参加者有尤兴诗、石韫玉、彭希郑、张吉安、潘世璜、吴廷琛

---

[1]　李铭皖、冯桂芬《（同治）苏州府志》卷八四。
[2]　叶廷琯《楙花庵诗》卷上。
[3]　叶廷琯《楙花庵诗》附录。
[4]　李铭皖、冯桂芬《（同治）苏州府志》卷一四九。

等人，后来韩崶、董国华、朱琦、卓秉恬、彭蕴章等也相继加入。此后十年间，举集至少有一百二十多次①，社中编有《问梅诗社诗钞》，时人绘为《问梅诗社图册》。石韫玉《题问梅诗社图》序："城西积善院有古梅一株，数百年物也，道光癸未仲春之月黄子荛圃、偕九春樊舍人、彭苇间太守探梅至此，乘兴欲结问梅诗社，邀予入社，每月一会，会必作诗。其后士大夫归田者相继讲苔岑之契，则有张大令荶塘、朱赞善兰友、韩司寇桂崶、吴廉访棣华、潘农部理斋，而董琴涵太守、卓海帆京兆在吴门时皆来赴会。"② 可见诗社以问梅命名，即源于黄丕烈等人积善庵探梅之聚。从江标《黄荛圃先生年谱》系年可知，最初两次的集会都是积善院探梅，也可见此古梅与这一吴下文人唱和群体的因缘关系。

---

① 彭蕴章《四月望后一日，邀桂崶、竹堂、棣花、春帆诸先生集蓟溪网师园，为诗社百二十三集》（道光十二年），《松风阁诗钞》卷六。
② 石韫玉《独学庐稿》五稿卷三。

三二、余杭临平安隐寺"唐梅"

安隐寺故址在今杭州市余杭区临平山西南麓的林木深处，建国初该寺尚存。有林荫道从寺院直通上塘河，河岸渡口原有一石刻经幢，高两三丈，建于唐大中十四年（860）。安隐寺由吴越王钱元瓘建于后唐末帝清泰元年（934），始称安平院，宋英宗治平二年（1160）改额安隐院。寺前有安平泉，熙宁间苏轼过此，曾作《安平泉》诗赞美泉水清冽。民国间寺内古梅开始受到注意，称作"唐梅"。邵力更《超山观梅记》记其1930年早春，往超山赏梅，途中因友人推荐，复往安隐寺观唐梅，"见长可丈余，枯朽垂老之唐梅，巍然独存，树已洞穿衰落，而花枝茂旺，瓣亦凡六，较之宋梅益苍劲，正不愧老当益壮，抚之增慨"①。徐追美《邱山古梅》介绍更为详细："寺之园，有古梅一株，外围竹篱，半身已枯，老干已偃卧地上，满身皆苔。远望之，若鳞甲然，几难辨为木石，幸有残碑为之支持。此梅冬末交令，已现蓓蕾，稍透春气，豁然破萼，树虽老，而著花甚繁。""以状态观之，堪与超山之宋梅互称伯仲矣。所可异者，普通梅花，五瓣为多，而此古梅，独如瑞雪之六出，洵罕觌也。"②

此梅之称"唐梅"，自不可信。正如《邱山古梅》一文所说，"实系好事者之附会，不然，唐代至宋二百余年，何以不见记载，而东坡、东江（引者按：明末沈谦，号东江子，著《临平记》、《东江集钞》等）二先生又不见之于吟咏乎"？不仅宋、元、明人未见吟咏，即清朝也鲜有道及。如清初蒋薰（1610—1693）《重过安隐寺》诗"曲竹归云入，平泉落叶深。僧供香饭去，客爱翠屏寻（曲竹、安平泉为寺之胜，翠屏赵子昂题）"③，所举为安隐寺几个特色景致，未说有梅。清中叶金农《过安隐寺泉上》、《重游安隐寺……》也只提到松树与泉水④，是安隐寺并不以梅

---

① 《旅行杂志》1930年（第4卷）第3号。此文又作《超山探梅记》，署名若怀，载《广济医刊》1930年（第7卷）第3期。
② 《京沪沪杭甬铁路日刊》第1193号（1935年2月2日）。
③ 蒋薰《留素堂诗删》卷一。
④ 金农《过安隐寺泉上》，《冬心先生续集》上卷；《重游安隐寺……》，《冬心先生续集》下卷。

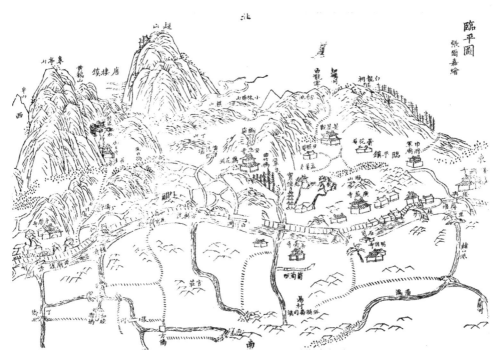

图 155　临平图（沈谦《临平记》卷首）。图中有安隐寺、宝幢渡等地名。

名。此梅起于何时，史无明载。但明清时安隐寺前宝幢渡一带梅林颇盛。明崇祯间
（1628—1644），沈谦《临平记》为里人徐忠振《安隐寺》诗所作题注称："（安隐
寺）在镇西二里临平山南……其东为一清、慧空、日炤、大慈等庵，西为圆教寺、
象光寺，南为扫花居，为段家浜植梅之所。"① 扫花居为安隐寺南一小刹②。姚景瀛
（名瀛，号景瀛，1867—1961）认为梅为南宋人所植③，而从沈谦诸诗注文看，所述
应为当时情景，是明末扫花居、段家浜一带有大片梅林。这一梅林到清中叶仍盛。
临平孙士毅（1720—1796），乾隆二十六年进士，历任文渊阁大学士、四川总督，
其《次莲上人安隐六咏原韵·梅渡》题下自注："段村古梅数千本，弥望如'香雪
海'，隔岸舣一小舟，花时竞渡，亦春游韵事也。"又有《至后一日同人段村探梅，
半庄师即席命赋藉以纪事，不校工拙也》、《探段村梅十绝》等诗④，同时镇人俞作
梅（字天羹）《临平竹枝词》："望郎日日步河干，数尽归航欲见难。梅信渡头频寄

① 沈谦《临平记》附录里人《临平三十咏·安隐寺》注。
② 俞作梅（天羹）《临平竹枝词》："临平山下永和堤，隔岸夭桃画不如。一夜春风半零落，惜花愁过扫花
　　居。"注："扫花居，系古刹。"陈棠、姚景瀛《临平记再续》卷三。
③ 姚景瀛《临平安隐寺观唐梅，寺为南唐清泰元年建，寺南段家浜，为南宋植梅之所，其花亦六出，与超山
　　宋梅同》，《珍帚斋诗画稿》。
④ 孙士毅《百一山房诗集》卷二、卷三。

信，安平泉上问平安。""梅影参差一径斜，段浜深处是侬家。游蜂浪蝶休来往，不比苏村桃李花。"① 都是说塘河宝幢渡口一带的梅花。可见当时段家浜一带梅花仍为临平胜景，游人较多。民国《杭县志稿》所载"临平东湖十景"中有"段滨观梅"、"许庄红叶"、"苏村桃李"、"宝幢叠华"、"安平晚钟"等名目，所谓"段滨"即前人所说段家浜或段村。此说出于《皋亭山志稿》，或即丁丙《皋亭山志》②，则晚清时段村梅花仍有可观。

安隐寺的古梅应该与附近段家浜、扫花居的梅林紧密相联，大致出于同一时期。也就是说，虽然从安隐寺开山说起，定其为"唐梅"，并不可靠，但如果说此梅是明末或清中叶所植，则是完全可信的。乾隆间邑人蒋仁便有"忆昨探梅安隐东"的诗句③，光绪十九年（1893），丁丙曾"游安隐寺，梅花正开，饮宝幢泉，流连久之"④，所见梅花或即后来所谓"唐梅"。

而最终这棵古梅之引人注意，完全得力于民国间姚景瀛等人的探赏与宣扬。同时许扬有诗题记载："临平安隐禅院庭中，有古梅一树，说者谓系唐宋间所植，志乘失载，无可考稽。因偕友人访之，见其霜皮铁骨，瘦干枯枝，非经数百年之久，殆无此婆娑之态，以视超山著名之宋梅，似有过之无不及者。第寺僧粗俗，不知护惜，四围黄杨、紫竹杂植周遮，久遭蔽弃，自来知者绝鲜。闻去年寺僧拟付斧斤，会被盗劫迁居而止。经此次老友姚公虞琴等相继往探，加以题咏，一时游人云集，声价顿增，真王右丞所谓'贱日岂殊众，贵来方悟稀'也。"⑤ 姚景瀛（字虞琴）集中有《临平安隐寺观唐梅……》诗，依其编排顺序，当作于民国十七年（1928）。诗称"雪后花开六出新，是唐是宋辨难真。此行不负巡檐兴，两树空山见古春。"⑥ 所说"两树"是指超山"宋梅"与此处古梅，显然此时"唐梅"之说已经出现。是姚氏等人的游览、欣赏，骤然改变了这一古树的命运，使其渐为人知，竞相探访，声名鹊起，成了当地赏梅的热门景点，尤其是到超山赏梅者多顺道过访，名声几与超山"宋梅"比侔。寺今不存，唯余遗址残迹，而所谓"唐梅"更不知所终⑦。

---

① 陈棠、姚景瀛《临平记再续》卷三。
② 吴庆坻等《（民国）杭州府志》卷八七。
③ 蒋仁《题徐孝子〈晨窗舐目图〉，为令子临皋先生作》，陈棠、姚景瀛《临平记再续》卷三。
④ 张大昌《临平记续》补遗。
⑤ 陈棠、姚景瀛《临平记再续》卷四。
⑥ 姚景瀛《临平安隐寺观唐梅，寺为南唐清泰元年建，寺南段家浜，为南宋植梅之所，其花亦六出，与超山宋梅同》，《珍帚斋诗画稿》。
⑦ 本章"唐梅"图片承余杭百年汇昌食品公司虞铭先生提供，谨书志谢！

图 156　安隐寺"唐梅"（虞铭提供），此为民国老照片。

三三、天台国清寺"隋梅"

　　国清寺位于浙江天台县治北七里、天台山南麓，五峰环抱，双涧萦流，古木参天，浓荫匝地，山川幽深，殿宇巍峨。该寺由佛教天台宗祖师智𫖮起始，正式创建于隋开皇十八年（598），始称天台寺，大业间敕赐"国清寺"额，是中国佛教天台宗的发祥地、浙东地区最重要的千年名刹。寺内大雄宝殿左有古梅一株，据今《天台县志》记载，树高 8 米，胸径 75 厘米，冠幅 12×8.5 米。树皮状如鱼鳞，主干中空，入土处仅存小半边，主干上倚墙头，盘结呈虬松状再分枝，斜出墙外。盘结干上生出两股根，悬空下垂入土，如榕树状，极为奇特。每到春日，繁花满树，暗香浮动，生机盎然①。当代名流如郭沫若、邓拓、赵朴初等游览题咏者颇多②。

　　此梅之称隋梅，传为智𫖮法嗣、天台宗五祖章安大师灌顶（561—632）手植③，应该是附会寺院的创建年代而言，都是不能当真的。不用说一千几百年间天灾人祸，寺院迭经兴衰存毁，地点也经改动，一株梅树是否能岿然独存，颇令人置疑④。更值得注意的是，笔者遍检宋陈耆卿《赤城志》40 卷、林表民《赤城集》18 卷、林表民等《天台集》13 卷、元无名氏《天台山志》1 卷、明陈相等《（弘治）赤城新志》23 卷、潘瑊《（嘉靖）天台胜迹录》4 卷、释传灯《天台山方外志》30 卷、许明远《天台诗选》4 卷、清张联元《天台山全志》18 卷、戚学标《台州外书》20 卷、洪颐煊《台州札纪》12 卷、《（康熙）天台县志》15 卷、民国四年《天台县志稿》40 卷、民国二十五年《台州府志》（该志在光绪府志未完稿基础上重修而成，时间以宣统三年为断限）140 卷等台州府和天台县地方文献，均未见有所谓国清寺

---

① 天台县地方志编纂委员会《天台县志（1989—2000）》第 255 页。另可参见谷昌瑾《天台古树名木》，天台县政协文史资料研究委员会编《天台山风景名胜》第 218—219 页。

② 请阅丁天魁主编《国清寺志》第 407—430 页。

③ 丁天魁主编《国清寺志》第 286—287 页。

④ 仅李卫等《（雍正）浙江通志》卷二三二"国清寺"条下所述即有：中唐会昌灭佛所毁，大中重建；北宋"毁于寇"，建炎二年重新之；明洪武间大风雨，殿宇摧毁，隆庆间重建；不久大雄殿又毁，万历重建。又，清齐召南《巧夕大风雨……》注："康熙年天台七夕大风雨，国清寺十里古松全拔。"《宝纶堂诗文钞》卷六。

图157　国清寺"隋梅"（丁必裕摄）。

"隋梅"的名目，其中写及国清寺，提到最多的只是寺前万松径，另有兰、桂、竹、桃、菩提树等植物，未见写到梅花的。如果历史上确有一陈、隋高僧植梅，想必题咏吟赏和秉笔记载者不知凡几，不可能在这么多的山志地乘中无一丝"隋梅"乃至于任何国清寺"古梅"的信息。笔者就《四库全书》、《中国基本古籍库》、《国学宝典》等古籍电子数据库广泛检索，也均未见有国清寺梅花的品题和记载。因此笔者认为，此梅不待说是传自隋朝，即是说为宋、元、明所植，也是值得怀疑的。

此梅之引起注意、见诸记载，是从上世纪 30 年代中叶开始的。前列民国《天台县志稿》、《台州府志》，规模都较大，前者成于民国四年，后者在光绪府志未完稿基础上重修而成，以宣统三年（1911）为断限，主要部分编纂于民国十四年（1925）前后，后陆续增补，迄民国二十五年方告完帙①。两志合计 180 卷，较为详备，但都未记载"隋梅"。民国六年（1917）商务印书馆版蒋维乔《天台山一集》、《天台山二集》是一部图文版导游书，其中有国清寺及附近名胜之介绍，也未言及"隋梅"。这些都表明，民国早期即 20 世纪一、二十年代，国清寺所谓"隋梅"尚未引人注意。

到 30 年代中叶，有关游记和旅游指南一类书中才开始提到此景。如商务印书馆 1934 年版徐玮《天台山指南》"国清寺"条下介绍："大殿之左有伽蓝殿，朝山者憩宿其处，往来不绝，香烛辉煌。前有古梅一本，大可容抱，骨干峻峭，近土处数尺已蚀去大半，仅留皮层四五寸，高据墙头，终以不折，而枝叶扶疏，殊古拙可爱，墙间有'洗尘'二字。"② 也是这年秋天，郁达夫来游，后来回忆称在伽蓝殿前，看到一株"隋梅"③。1935 年许钦明《天台山名胜导游》称"（伽蓝）殿前古梅一本"④。1936 年李书华游记称"伽蓝殿前古梅一株，干已枯而枝叶尚茂盛，寺僧谓为隋代所植"⑤。这些都是我们所见最早的文字信息。伽蓝殿一般设于大殿左，供奉伽蓝神像。据《国清寺志》记载，此殿原有三间，"为保护隋梅不受香火熏烤，一九七三年整修时改建成一座梅亭，供游人憩息赏梅"⑥。

就所述梅树形态看，此梅岁月不浅。揣其年代，有可能是雍正十一年（1733）奉敕重建国清寺后所植。此次重建中轴三大殿，历时两年多，奠定了今日所见国清寺殿宇的基本格局⑦。而梅树正在大雄宝殿旁不远，如此浩大的工程，占地一定不

---

① 屈映光《续修台州府志序》、喻长霖《续修台州府志跋》，分别见《（民国）台州府志》卷首、卷末。
② 徐玮《天台山指南》第 30 页。
③ 郁达夫《超山的梅花》，《郁达夫散文全编》第 519 页。
④ 许钦明《天台山名胜导游》下册第 10 页。
⑤ 李书华《天台山游记》，《禹贡》半月刊（第 6 卷第 1 期）单行本。
⑥ 丁天魁主编《国清寺志》第 287 页。
⑦ 丁天魁主编《国清寺志》第 18、465 页。

小，区区一棵梅树，一般不会是施工中特意留下的，应该是在整个工程完工后新植的。或者当时植有多棵，岁月销磨仅存一株。如果我们这一推测属实，到上世纪30年代中叶，该树移栽正好200年。或者当时所植即为粗干硕株，至今已近三个世纪，而成此倚伏龙钟之态（图158）。

图158　"老骥伏枥"（旺友提供）。

何以到民国年间才引起人们注意？自清末至民初，国清寺较为沉寂，民国二十年（1931）以来，国清寺主持可兴法师（1876—1942）在当地乡绅支持下修缮殿堂，扩建楼馆，大举兴教，严整寺规，遂为东南梵刹之冠，香客游人大盛，一时名噪海内①。当时大雄殿左的伽蓝殿香火最旺，朝山者不远千里赶来，夜宿殿中祈梦，四季不绝②。以这样超旺的香火人气，院中古梅自然会引起注意，而僧人也乐于以祖师所植作标榜，以扩大寺院影响，因而有了"隋梅"之说。其实早在民国当时，人们对"隋梅"之说比较谨慎，李书华在记载僧人所言后，特别强调"在植物家未

---

① 关于民国年间国清寺宗门大盛的情景，可参阅丁天魁主编《国清寺志》第11—12、18—19页。
② 陈林甲编《天台山游览志》第三编天台山名胜第11页；许钦明《天台山名胜导游》下册第10页。1964年郭沫若《题国清寺》"塔古钟声寂，山高月上迟。隋梅私自笑，寻梦复何痴"，所说"寻梦"也指此事，可见此风一直到建国后仍盛。见《国清寺志》第409页。

证明以前，亦惟姑妄听之而已"①。郁达夫是一介文人，于事比较热情，但对此也极为冷静，他说国清寺"隋梅"，杭州超山"宋梅"、临平安隐寺"唐梅"，"所谓隋，所谓唐，所谓宋等等，我想也不过'所谓'而已，究竟如何，还得去问问植物考古的专家才行"②。这样的态度是比较科学的。

　　如今科技发达，我们希望相关专业有一个可靠的结论。1983—1984 年间，王其超实地考察，根据树干姿态和长势推测，"树龄约在 200 年上下"③，这与我们从文献史料作出的推论相去不远，适可佐证，值得大家注意。目前一些对国清寺"隋梅"的介绍，都称"经植物学家实地考察，科学鉴定，确认为隋代真品"④。惟不知所说是否属实，而所谓考察和鉴定又是否出于严格的科学操作，是否有着严肃的研究报告。如果确如所言，即这株梅树系隋时所植，何以整个古代竟无一人提及，这是令人费解的。尽管如此，国清寺古梅的价值却不容忽视，即便是从清雍正间算起，至今已近三个世纪，也是十足的古树名木。它见证了近代以来国清寺这一浙东名刹的兴衰历程，凝聚了寺院一代代僧人们的精心培育与呵护，值得我们珍惜和爱护⑤。

　　本书付印在即，笔者发现南宋释居简《北磵诗集》卷三有《国清寺绝顶更好亭下古梅》七古长诗，所写梅树老苍奇崛，未及深究，书此备考。

2014 年 4 月 25 日。

---

① 李书华《天台山游记》，《禹贡》半月刊（第 6 卷第 1 期）单行本。
② 郁达夫《超山的梅花》，《郁达夫散文全编》第 519 页。
③ 王其超《中国古梅的调查》，《中国园林》1986 年第 1 期。
④ 丁天魁主编《国清寺志》第 286 页。持同样说法的还有陈瑛《天台山国清寺纪胜》："经专家鉴定，确认这株古梅已有千年以上的树龄。"见天台县政协文史资料研究委员会编《天台山风景名胜》第 140 页。华云《天台山寻胜》："经中国科学院的专家鉴定，肯定在千年之上。"见天台县政协文史资料研究委员会编《天台山风景名胜》第 143 页。另刘长春《隋塔·隋梅》："植物专家来到国清寺，挖了点树皮，做了分析，说是现在年年开花结果的隋梅是株再生梅。"见其《天台山笔记——与远年灵魂的对话》第 147—148 页。刘长春文末署时 1994 年 12 月，所说比较可信。
⑤ 本章图片均撷自网络，"旺友"谐音网友，谨向摄者致敬并感谢。

外编　现代梅花名胜

一、现代三大梅园

民国以来，观赏梅园的建设进入了现代化的新阶段，其中最显著的特征就是公共梅花专类园的出现和占据主导地位。这其中当数无锡荣氏梅园、南京中山陵梅花山和武汉东湖磨山梅园的历史、规模和影响最为显著。无锡梅园由我国现代民族资本家于民国元年（1912）创建，标志着我国现代梅园的出现。中山陵梅花山起源于中山陵园所属纪念性植物园，从其1929年开始，便具有典型的现代公共园林性质。东湖梅园萌芽于二十世纪五十年代初期，是新中国创办最早的梅花专类园。这三座梅园都地处江南地区、长江沿岸，分别以环太湖风景区、南京钟山风景区、武汉东湖风景区为依托，经过数十年乃至上百年的持续发展，规模不断扩大，景观不断丰富，环境不断提高，受到当地政府和人民越来越多的关怀和重视，也逐步得到全国广大人民的了解与喜爱。可以说，它们是我国现代历史最为长久（无锡梅园第一），规模最为盛大（南京梅花山第一），观赏品种最为丰富（武汉东湖梅园第一），建设水平最为突出，社会影响最为广泛的三座梅园，代表了我国现代梅园建设的辉煌历史和最高成就。

（一）无锡荣氏梅园

无锡荣氏梅园是中国历史上第一座现代梅园，本为民族资本家的别墅园林，自创辟之初即对公众开放，新中国成立后，更是捐献政府，完成了从私有园林向公共园林的彻底蜕变。其百年发展、变化历程，代表了我国现代梅园的发展方向，体现着世道治乱晦明、社会沧桑变迁的丰富历史气息，值得认真考察与体味。

1. 荣氏梅园的发展历程

无锡梅园位于无锡西郊东山、浒山、横山南坡，面临太湖，由无锡商界钜子荣宗敬、荣德生兄弟创建，经数十年来再三拓展，今统称梅园横山风景区，简称梅园，占地一千多亩，是现代以来太湖地区乃至全国最为著名的新兴园林。

图 159 荣德生像（《荣德生和他的事业史料图片集》卷首）。

荣宗敬（1873—1938）名宗锦，荣德生（1875—1952）名宗铨，号乐农（图159），无锡荣巷人。1896年兄弟二人在上海、无锡投资开设钱庄，1900年后在无锡、上海等地创建面粉、纺纱等工厂，经过十几年的努力，形成了茂新、福新、申新等几十个工厂的荣氏企业系统，成了中外驰名的"面粉大王"、"棉纱大王"。在实业发展的同时，荣氏兄弟积极捐资社会公益事业，架桥铺路，兴办学校、图书馆等，梅园正是其中比较特殊的一个项目。

对于梅园的创建与发展历程，有关史料记载比较丰富。关于1949年前的情况，荣德生先生《乐农自订行年纪事（一八七五年至一九三四年）》及其《续编（一九三五年至一九四九年）》中着笔颇多①。无锡学者沙无垢、陈文源、葛红所编《荣氏梅园史存》即据以辑录《荣德生先生记梅园》一编，颇便阅读。该书除辑有荣德生生平事迹、梅园豁然洞读书处史料外，还撰有《梅园景物赏析》，对梅园中主要景点逐一介绍品赏。全书附录两项，其一为梅园碑记、诗词、楹联辑录，其二为梅园归献人民政府公有后拓建新景的综述，都颇具史料价值。上海大学、江南大学《乐农史料》整理研究小组选编的《荣德生与社会公益事业》一书中，除收编上述陈文源等人所辑资料外，另辑有民国间当地杂志、报纸相关的新闻报道、导游专辑等资料，形成了一个综合性的资料汇编。另该书还新撰《荣氏梅园史话》一文，记述也颇精详。沙无垢、孙美萍《无锡梅园》是对无锡梅园专题评介的著作。上述资料和史述都可谓易觅易见，我们这里根据上述材料仅作简要勾勒。

大致说来，民国年间梅园经历了三个阶段。

一是民初至抗战前，这主要是梅园的创建期。民国元年即1912年，荣德生起意捐助社会公益事业，动议购地建园，请申新土木工程师朱梅春设计，贾茂清负责督造②。始在东山山麓购地150亩，次年二月植梅1300棵，以后陆续增植至3000株。

---

① 载荣德生《〈乐农史料选编〉荣德生文集》。

② 无锡市人民政府园林处编志组《园林专业志之四（初稿）》附录一《建园历史访问概述》，无锡市档案馆档案第 K242—581 卷。

1914 年建香雪海屋三间，浚砚泉，1915 年建天心台、荷轩、招鹤亭、诵豳堂，1916
年建留月村、揖蠡亭，凿洗心泉。至此梅园初具规模，荣德生亲书"梅园"二字，
镌于巨石，植于门内（图 160）。此后相继筑小罗浮、乐农别墅、宗敬别墅等。1922
年将梅园扩展至浒山，1926 年投资在园内建太湖饭店，方便来客居住，同时筑豁然
洞，设读书处，平整山顶，辟为网球场和高尔夫球场。1930 年，荣氏为纪念其母八
十冥寿，建念劬塔于浒山顶，这里是梅园转折处，塔八角三层，高 18 米，登塔俯瞰
全园，远眺湖山，无限风光尽收眼底（图 161）。至此梅园基本建成，占地 81 亩，
成了当时与杭州超山、苏州邓尉山香雪海并列的三大赏梅胜地。1933 年，荣德生将
浒山东麓二十多亩土地献出，修建开原寺，当年建成。

图 160　1916 年荣德生题写的"梅园"石刻（《荣德生和他的
事业史料图片集》第 120 页）。

二是日伪统治时期，荣德生避居武汉、上海等地，梅园托人代管，曾一度被土匪霸占，园林建筑毁损严重，亭台倾圮，门窗失窃，联额尽失，花木被砍。

三是抗战胜利后，荣氏派员前往管理，进行整修，并拟重新规划建设，后因荣氏在上海遭歹徒绑架，人、财均遭重创，加以时局动荡、通货膨胀等原因，整修计划未克实现。

图 161　念劬塔（董斌仁提供），1930 年荣宗敬、荣德生为纪念其母石氏八十冥寿而建。

1952 年荣德生逝世。1955 年 9 月，其子荣毅仁根据父亲生前遗愿，将梅园及横山土地共约 150 亩赠献无锡市政府（图 163）。无锡市人民委员会（人民政府）委托建设局派员接收，并派干部与原梅园职工一起管理，陆续对各景点加以修缮。从那以后，在当地政府领导下，梅园进行了四次大规模的拓展和建设。一是 1960 年梅园向东拓展至横山，建设"松鹤园"新景区，种植梅、桂、黑松等花木品种。二是 1988 年以来拓建横山南坡景区，进行园林布景，陆续建设吟风阁、知春亭、问梅坊、小金谷、中日梅观赏园等景点和景区。三是 1990 年以来在原松鹤园的基础上加以改建和扩展，形成溪水横贯，松鹤亭、碑廊、琅琅亭等随溪曲折布局的花溪景区，近十多年花溪景区的东面又新辟了园林博览园、植物博览园等时尚景区。四是 2011 年，在浒山北麓、横山西北麓，又新辟一景区，利用浒山北麓缓坡和原有水库等地形，建立梅品种国际登录园（图166）①，并配建梅文化中心、梅缘堂等建筑②。至此无锡梅园已成为集花卉山川自然风景、人文古迹、园林建筑、佛教寺院及休闲娱乐为一体的旅游胜地。其中梅树有七八千株，占地300多亩③。

2. 荣氏梅园的历史地位

荣氏梅园在古今梅园及梅花名胜史上有着特殊的地位。从人工观赏梅景而言，它是由民族资本家投资兴建的第一个现代大型梅花专类园，在它身上体现了很多由古典园林向现代园林转型的时代特征和文化意蕴。

（1）传统社会文化基因

作为民国元年（1912）动工修建的梅园，它处于古代与现代的时代交接点上，萌芽于古代江南地区或太湖流域辉煌灿烂的园林文化和梅花欣赏文化的沃土之中。无锡居太湖之滨，属江南腹地，正是中国古代梅花圃艺最为繁盛、梅花欣赏传统最为深厚的地区。唐朝李绅《过梅里七首·早梅桥》："早梅花，满枝发，东风报春春未彻。……不竞江南艳阳节，任落东风伴春雪。"④ 所写即无锡东郊梅里梅花，而且其景颇盛。就荣氏梅园所在的城之西南，明清时也出现过大规模的梅林。乾隆三十八年（1773）秦瀛《梁溪竹枝词》"太湖南畔雪纵横，十里寒光沁骨清。身在万梅庵里住，花时不用到铜坑。"诗下自注："庵在邑西南，面临震泽，梅时望若香雪，弥漫十里。"⑤ 光绪县志记载："万梅庵在县西南野山，前临震泽。"⑥ 野山地点不详，揣其方位，或即今梅园一带西五里湖滨。这里的梅花之盛至少从明代就已开始，明嘉靖间里人王立道就有《万梅庵诗（庵在震泽之滨群岫中）》咏其盛景⑦。无锡周围的苏州、常州及隔太湖相望的湖州都是古代梅花繁盛之区，尤其是邻邑光福"香雪海"去无锡只百多里路，影响最为直接。人们追溯荣氏建园最初的动因，都不忘提起两个细节，一是光绪三十二年（1906），荣氏与友人同游苏州留园，友人问他"最喜何处"，他答以"西园"，发愿"将来欲自建此一角"。二是次年正月，荣氏坐小轮到玄墓看梅，苏州邓尉"香雪海"梅花之盛给他留下了深刻印象⑧。这

---

① 2012年3月18日，无锡梅园百年庆典暨第十三届中国梅花蜡梅展览会在无锡梅园举行，同时举行梅品种登录园的揭幕仪式。笔者与河南扶沟王勇智先生、北京陈秀中先生乘隙去横山南坡诸景点一游。时北京元植（李林）先生在园中办画展，也前去一聚。

② 请参阅孙美萍《在传承中发展，在发展中传承，百年无锡梅园绽新枝》，《北京林业大学学报（社会科学版）》2012年增刊第1期。

③ 此数据是笔者2009年4月11日下午游园时所雇梅园导游提供。

④ 《全唐诗》卷四八一。

⑤ 秦瀛《梁溪竹枝词三十首》其十七，《小岘山人集》诗集卷三。

⑥ 裴大中、秦缃业等《（光绪）无锡金匮县志》卷一三。

⑦ 王立道《具茨集》诗集卷四。

⑧ 荣德生《（乐农史料选编）荣德生文集》第48、50页。

图162　1924年《无锡杂志》（薛明剑主编）梅园号封面（《荣德生和他的事业史料图片集》第135页）。

两件事一头连着古典园林，另一头连着梅花风景，是对荣氏创建梅园最直接的启迪。其最初的苗木，据回忆也是"从苏州买来"①，所说应即当时艺梅最盛的光福天井上、潭东一线。而梅园旧址也是晚清进士徐殿一的桃园，荣氏从分散的山民手中购得，改成梅园②。可以说正是太湖流域风流富庶的社会背景和悠久深厚的文化传统，构成了荣氏梅园的历史基因，孕育了其园林建设的胚胎。

（2）现代意识与风格

另一方面，作为民族资本家兴建的第一个现代梅园，加之又处于社会急剧变革时期，其造园意识、服务功能、园林风格和相关设施等方面都打着时代的烙印，体现着民族资本家的生活风貌和精神境界。

①从私园到公园

从使用功能上说，古代园林主要属于封建皇室、贵族和士人缙绅所有，一般与宅园相连或为其部分，更多体现封建士大夫优雅闲适的生活情趣。荣氏梅园虽也有别墅一类建筑，但却与荣巷住宅有间，在西乡山间。园建成后，除四时赏景外，荣氏在此主要接待军政要员、工商巨头、乡邦贤达、社会名流等，使其成了无锡著名的风景名胜和社交场所。特别可贵的是，荣氏梅园从一开始就对公众免费开放，供游人自由观赏③。这种造福乡邦、贡献社会的善举，在无锡地区新兴的工商业者和士绅中已有先例。1906年，裘廷良、俞仲还等无锡乡绅发起捐资在无锡城中兴建锡金公花园，免费为公众开放，被誉为华夏"第一公园"。而荣氏建园之举更在无锡工商界产生了巨大影响，兴建园林，造福社会成了当地许多工商界有识之士的共识。1955年随着新中国"社会主义改造"的不断深入，荣氏后人更是将整个梅园捐献政府，使其成了名副其实的人民公园。荣氏梅园这一从私园到公园的变化，成了我国园林由古典封建园林向现代公共园林转型发展的杰出代表。

②社会事业抱负

从建园理念上说，梅园初起即出于"计划社会事业"之"兴致"④，这是传统富而乐施、报效社会的高尚品德。但就荣氏理想中的社会事业而言，却有着近代资本家的开阔视野和远大抱负。就在梅园开始规划的1912年，荣德生在北京参加第一

① 无锡市人民政府园林处编志组《园林专业志之四（初稿）》附录一《建园历史访问概述》，无锡市档案馆档案第 K242—581 卷。
② 无锡市人民政府园林处编志组《园林专业志之四（初稿）》附录一《建园历史访问概述》，无锡市档案馆档案第 K242—581 卷。徐殿一，事迹不详，《荣氏梅园史话》称徐殿一为清初进士，见《荣德生与社会公益事业》第 320 页。
③ 无锡市人民政府园林处编志组《园林专业志之四（初稿）》附录一《建园历史访问概述》，无锡市档案馆档案第 K242—581 卷。
④ 荣德生《（乐农史料选编）荣德生文集》第 65—66 页。

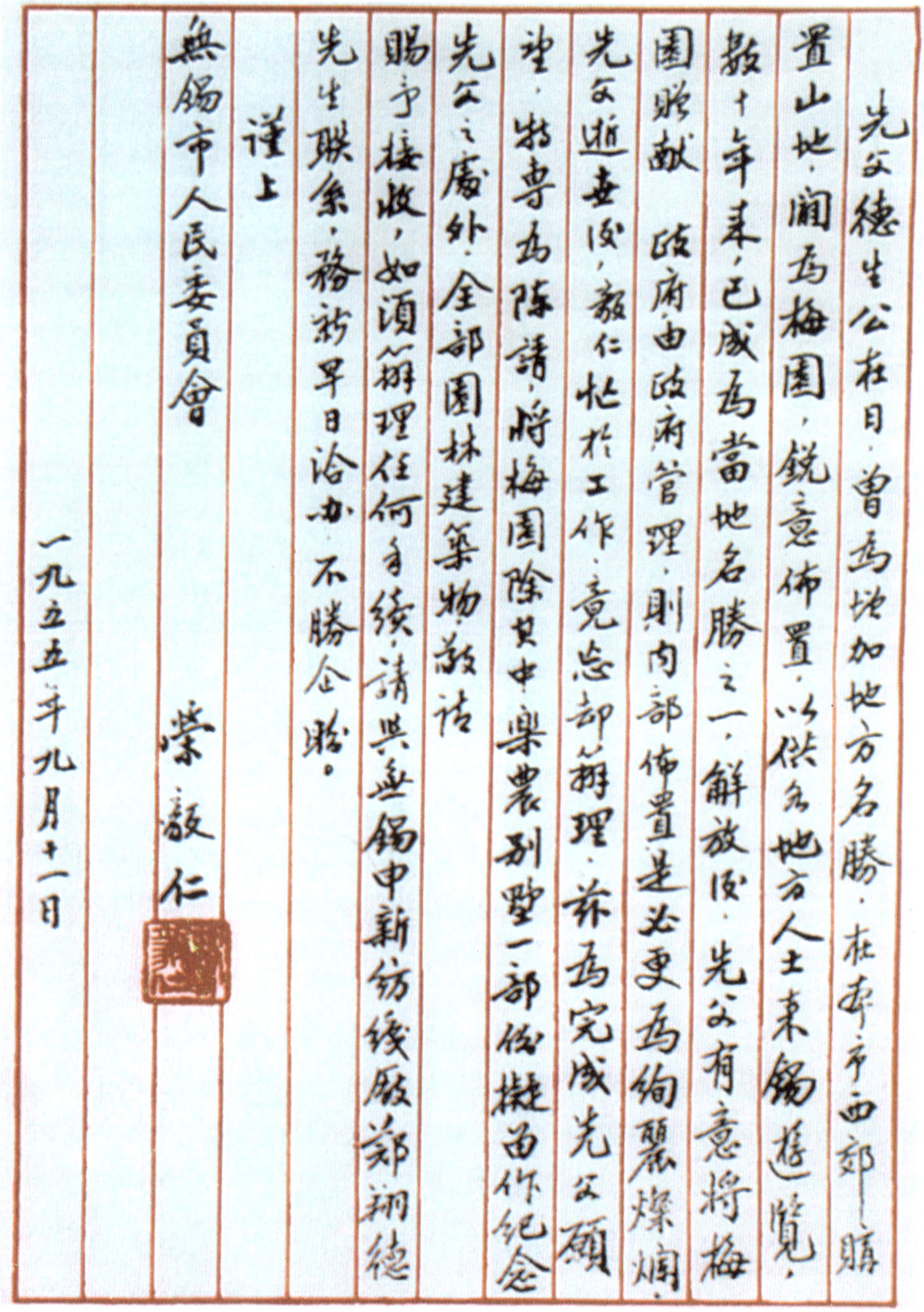
先父德生公在日，曾為增加地方名勝，在本市西郊購
置山地，闢為梅園，銳意佈置，以供各地方人士來錫遊覽。
數十年來，已成為當地名勝之一。解放後，先父有意將梅
園贈獻政府，由政府管理，則內部佈置，是必更為絢麗燦爛。
先父逝世後，毅仁忙於工作，竟忘卻辦理，亦為完成先父願
望，特專為陳請，將梅園除其中樂農別墅一部份擬留作紀念
先父之處外，全部園林建築物，敬請
賜予接收，如須辦理任何手續，請與無錫中新紡綫廠鄭翔德
先生聯系，務祈早日洽辦，不勝企盼。
謹上
無錫市人民委員會
榮毅仁
一九五五年九月十一日

图 163　荣毅仁为捐赠梅园致无锡市人民委员会函（《荣德生和他的事业史料图片集》第 137 页）。

次全国工商会议后，曾写了一本小册子《无锡之将来》，对无锡城市建设提出了全面构想。除交通和商场等基础建设外，他提出都市人居应该远离工厂和商场，"商场所在，工厂众多，喧阗烦杂，不适居处。惟山居则空气清新，高爽宜人。举凡工厂中人，市廛中人，工作则于厂于市，退息则在山林，为适宜之人生"。因此他设想在西郊龙山、锡山上修建居民区，通以水电、汽车，点缀些公园、娱乐场所等。而在五里湖、太湖之滨那样山水清远、环境幽静之地则建设别墅区。他认为"社会进化，生活程度增高，而生计则益困难，必竭其智虑，庶免于失败"，在这种情况下更需放松和调养，"时有以恢复之"，而远离城市的湖滨之居，"暇时临湖远眺，能使胸中万斛愁尘，一时化为乌有，而身心之疲劳，恢复于俄顷"，深得"养生之旨"①。在当时那样的半封建半殖民地的社会条件下，这样的理想不免过于超前，甚至有点富贵豪奢之嫌，但时至 21 世纪的今天，这些都正在逐步成为全社会努力建设，共同分享的现实生活。回溯百年前荣氏的理想，我们不难涵咏到一种与现代园林和城市规划中讲求城市绿化、人居环境、天地景观有机融洽、生态统一之思想理念息息相通的精神气息。当年荣氏创建梅园也许没有多少深刻的目的，但其中必定包含着上述改善城乡环境，创造"适宜人生"的美好理想。封建文人的园林建设也是为了美化人生，雅化生活，但全然出于一己之私，而荣氏却进而能从城市与社会之现代化建设与发展的立场构想，这是卓有成就的现代工商钜子特有的思想胸襟和责任抱负。

③旅游产业意识

在梅园的建设过程中，荣氏还逐步发现梅园的旅游经济效益。1946 至 1948 年，荣氏在《行年纪事》中连续三年记录梅园早春游人与商贩聚集的景象："九年不见梅园，倍觉心神怡畅，各地来游者甚多。回想三十年前辟园植梅，今日竟成为苏省名胜，初非意料所及。……游客之外，车夫、船妇及吃食摊贩，远道而来贸易者亦不少。楠木厅前，几类一小市集，虽觉不甚雅观，但附近贫民得藉以营生，亦可喜也。"②"近日来园游览者，日必数千人，颇多不惜远道而来者。前人不知利用风景园林，可以吸引游资，振兴商市，欧西如瑞士，即用此法，每年收入可观。"③"入春以来，游客如云，各地前来春游者过于以前，铁路特挂游览专车，地方商业受游人引起繁荣者不少。"④ 这是一个商界钜子的眼光，从梅园引起的变化看到了吸引游人，聚集商贩，拉动地方经济的连带效应，并联想到欧洲瑞士等国旅游业繁荣的景

---

① 荣德生《（乐农史料选编）荣德生文集》第 227—229 页。
② 荣德生《（乐农史料选编）荣德生文集》第 182 页。
③ 荣德生《（乐农史料选编）荣德生文集》第 195 页。
④ 荣德生《（乐农史料选编）荣德生文集》第 206 页。

图 164　无锡梅园地图（程斯园绘）。

象。这种旅游产业意识显然是古人无从体会的。事实上，梅园旅游拉动效应早就逐步显现。1920 年当地报纸即有报道："开原乡大徐巷商业本不甚发达，自荣君德生开辟梅园以来，商业日见起色。近来又由孙某等集资开设糟坊、肉店各一所，于商业一道大有蒸蒸日上。"[①] 1932 年报道："日来风和日丽，春色宜人，荣氏梅园正值万梅齐放之际。远近仕女游览者，开原路上车水马龙，络绎不绝。又值星期休假，

① 《新无锡》1920 年 9 月 1 日；上海大学等《荣德生与社会公益事业》第 240 页。

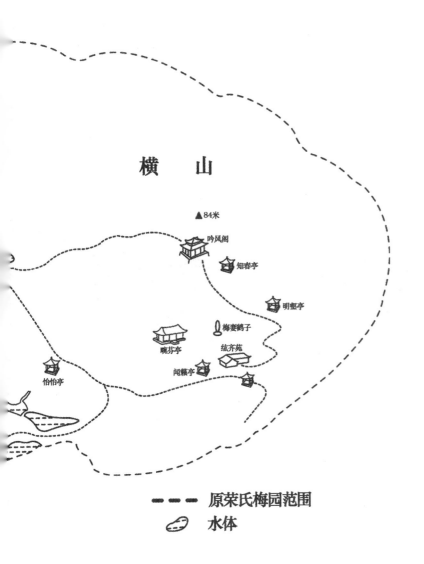

横 山

▲84米

吟风阁

知春亭

明瑟亭

梅妻鹤子

咦芬亭 绂齐苑

闻籁亭

怡怡亭

- - - - 原荣氏梅园范围
🥔 水体

以故游人更众。名伶梅兰芳亦远道戾止，于昨日前赴该园作探梅之举。"[1] 这些现象应该是有目共睹的，荣氏敏锐之处在于能从社会经济的角度来思考这一现象，看到其中产业开发的意义和前景。早在 20 年代末期，有感于无锡的山水之美，人们许其为"风景都会"，与南京之"政治都会"、上海之"经济都会"鼎足而三，而荣氏等无锡工商巨擘也引以为荣，积极投资兴建园林，开发风景，促进了无锡现代观光

————————————————

[1] 《新无锡》1933 年 3 月 21 日；上海大学等《荣德生与社会公益事业》第 253 页。

图 165　早春二月（宋青摄）。

旅游业的兴起与发展。

④中西合璧的风格

荣氏梅园的建筑与布局显然也是现代公园的格局，不仅规模大，风景繁富，而且其设施有着"参杂西式"①、中西合璧的色彩。园内亭、塔、石刻、石峰等均是典型的中国传统园林风格，而居墅类建筑如香海轩、乐农别墅、宗敬别墅等为起居舒适，顺应时尚，引入西洋的设施和用品。另园内还引进当时比较罕见的玻璃温室，使冬季也有鲜花可赏。就植物而言，如日本樱花是泊来品，也非一般私园可有。园内建有饭店、网球场等住宿和娱乐设施，有着更多接待服务的开放功能。荣氏还投资修筑了由城内通往梅园的公路，开设了公交汽车，方便游人前往游览。这些都与苏州园林为代表的古典园林风格迥异，体现了现代工商名流的生活方式和情趣理念②。

---

① 童寯《江南园林志》（第二版）第 35 页。

② 本节无锡梅园图片多承无锡梅园董斌仁主任、画家元植先生雇员宋青女士提供，江南大学庄若江女士惠赠不少史料，无锡前洲镇党委书记莫治中先生、无锡市社科联主席李祖坤先生也多予帮助，谨此并志谢忱！

图 166　无锡梅园新辟梅品种国际登录园（董斌仁提供）。

（二）南京中山陵园梅花山

1. 建陵初期的梅花种植

中山陵为孙中山先生陵寝。1925 年 3 月 12 日，孙中山逝世于北京，根据其生前遗愿，葬于南京紫金山，国民政府设立葬事筹备委员会、总理陵园管理委员会等机构为其修建和管理陵墓。整个陵墓建设工程极其浩大，从 1926 年 3 月 12 日奠基兴建，1929 年 6 月 1 日举行灵柩奉安大典，到 1932 年初验收，前后历时六年，分三期完成。与整个陵墓工程配套的是，将整个紫金山及周边地区逐步收归陵园，建立起占地 45800 余亩的庞大陵区。向社会各界征集花木，种植纪念林和纪念花木区，设立苗圃，全面封山育林。到 1937 年南京沦陷前，已基本形成了森林覆盖，设施全面的大型纪念性山林风景区。

在陵园建设初期的花木种植中，梅花的种植就显示了一定的优势。这一优势最初是由当时征集和各界捐赠花木的数量决定的。1931 年编成的《总理陵园管理委员会报告》称，1929 年"收到各方纪念花木六千二百三十八株，征集果树品种九十余种，月季品种百种，花梅品种三十种，其他观赏花木二十余种"①。这是 1929 年一

① 总理陵园管理委员会《总理陵园管理委员会报告》第 396 页。

年的情况，《报告》进一步总结三年中的情况："花木及观赏树木一百十余类，内重要品种有牡丹品种七十种，梅花品种六十种，月季品种一百五十种，紫藤品种十种。"① 梅花与月季、牡丹等列出专门数据，表明接受数量较多。获捐梅花当时主要分植这样四个地方：

（1）孙中山墓室祭堂外平台。这里主要植广玉兰、法国冬青等，"中间散植梅树"②。

（2）四方城。为明孝陵神功圣德碑亭，俗称四方城。1930 年上半年，在这里"整地铺草，栽植梅竹"③。

（3）陵墓东首二道沟北面山坡。1930 年下半年在此"栽植大小梅花一千九百五十二株，扁柏一千二百四十株，罗汉松一百八十五株，樱花二百二十一株，其他花木三百余株"④。

（4）紫霞洞。在陵墓西北，这里山势深窈，风景幽美，为道教"三十六洞天"之一（朱湖洞天）。中山陵建成后由新加坡华侨胡文虎捐资在此筑坝蓄水，今名紫霞湖。同样是 1930 年下半年，"紫霞洞栽梅二千株，桃五百株"⑤。

2. 二道沟梅岭

上述四处植梅，祭堂平台面积小，种植仅为点缀，四方城与紫霞洞两处未见后续增植，各类文献中也再未提及，可见不久即告废弃。唯有二道沟一处当时颇为重视，后来断断续续有所维持。

二道沟地处中山陵墓东首小茅山麓，两道山沟蜿蜒在此会结，陵墓东与灵谷寺西一带山坡之水由两道山沟汇流于此，故名二道沟。陵园建设初期，就在此着意规划经营，分级筑塘蓄水。上塘在今灵谷寺路北，水面 2 亩。下塘在路南，名流徽湖（上建水榭），面积 24 亩，上塘北有一片开阔地，面积达 35 亩⑥。"其地林木茂盛，风景幽静"，"塘中植荷，环岭植梅，间以青松"⑦，成了整个陵园一个重要的景区。由于北面山坡最初植树以梅为主，至少 1930 年下半年就记载种植 1952 株，在当时所植花木中数量最多，因此这一带被称为梅岭或梅林。1931 年，广东番禺叶恭绰（1881—1968）捐资在二道沟池塘北小山顶修建仰止亭，1932 年落成（图 167）。叶

---

①　总理陵园管理委员会《总理陵园管理委员会报告》第 463 页。

②　王焕镳《首都志》卷三。

③　总理陵园管理委员会《总理陵园管理委员会报告》第 397 页。

④　《总理陵园管理委员会报告》第 398 页。

⑤　《总理陵园管理委员会报告》第 398 页。

⑥　《总理陵园管理委员会报告》第 507 页。

⑦　傅焕光《陵园小志》，王焕镳《首都志》卷三。

氏所捐 5000 元，"计整地植梅费一千元，筑亭费四千元"[1]，可见在梅岭一带又增植了不少梅花。正是这两次连续的植梅，使二道沟梅岭成了中山陵园建设初期最重要的梅花景点。1935 年有杂志补白消息称："陵园风景区域，日见扩充，陵墓东之仰止亭一带，及明陵前之吴王山一带，辟为梅林，培植铁骨、绿萼、玉色各种名贵品种，各数千本。际此春光和煦，梅花盛开，游者如置身香雪海中，胜景不让苏州之邓尉。"[2] 陵区两处梅景，仰止亭排在前面，可见此时二道沟梅花之盛要超过吴王坟（即后来所说的梅花山）。1936 年有热心市民拟"陵园十景"之目，其中"梅亭春晓"一景，即指仰止亭一带梅林风光[3]。

　　一般认为，二道沟梅岭的梅树"在汪伪期间因管理不善，逐渐荒芜，新中国成立后梅树已不复存在"[4]，实际情况并非如此。在 1945 年日本投降、国民政府还都南京后的中山陵园恢复工作中，二道沟一带的园景仍是建设重点。陵园管委会园林

图 167　仰止亭（杨大志摄），在中山陵东南二道沟北梅岭，叶恭绰捐建。叶氏身后，骨灰葬于仰止亭西侧。

① 傅焕光《陵园小志》，王焕镳《首都志》卷三。
② 无名氏《陵园梅花盛开》，《外部周刊》第 51 期。
③ 时彦《都市风光·陵园十景》，《市政评论》1936 年（第 4 卷）第 3 期。
④ 刘维才、叶崇德《仰止亭与叶恭绰》，《南京史志》1996 年第 2 期。

处 1946 年 3 月份的工作月报表中，有二道沟开垦梅林 10 余亩①，修剪梅树 156 株的内容②，4 月份的工作统计表中也有修剪二道沟梅花 83 株的项目③。1947 年 2 月，园陵管委会主任委员孙科曾布置在二道沟"加种梅花"和樱花，手下拟植梅 80 余株，樱花 50 余株④。仅这年 2 月份的工作报表中，在二道沟及梅林整修梅树就有 213 株，补植 25 株⑤。这些都清楚表明，此时二道沟仍有不少战前梅树遗存，同时还在进行补植。

这里的梅树有不少存续到新中国成立后。《中山陵园管理处园林处一九四九年五月至十一月总结报告》称，仰止亭"已为密树围笼不易见，附近曾植梅花五百株，现已残缺"⑥。这是南京解放后、新中国成立前的情况，是说残缺，而非完全荒毁，可见仍存不少梅树。《中山陵园管理处 1957 年度工作总结》称该年对二道沟一带风景有所加强，栽植了不少观赏树，其中即有梅树⑦。1963 至 1964 年冬春间，中山陵风景区规划实施四季风景林工程⑧，二道沟一带被确定为以种植广玉兰为主的夏景区⑨。从当时二道沟地区工程规划图可见，1964 年春计划在二道沟、音乐台一线成片新植白玉兰、广玉兰、紫玉兰共计 827 株，而移植梅树只区区 5 株，且属就地移栽⑩。图中所示，在二道沟上塘东北有"原有梅林"一块，经此整顿，改以种植玉兰为主。以玉兰树的高大壮硕和周围山间日益葱郁、遮天闭日的茂林修竹，少量的梅树点缀其间，长势很难维持。应该说正是由于这一规划的实施，彻底改变了二道沟一带观赏树木的结构，这里的梅林从此被完全废弃。

3. 抗战前的吴王坟蔷薇科花木区

今所称中山陵园梅花山是明孝陵南面突起之独立山阜，海拔 55 米，相传三国吴大帝孙权及其皇后步夫人葬此，因称孙陵冈，抗战前的南京或中山陵地图多标作"吴王坟"或"吴王山"，当是俗称。南朝齐武帝曾在此建商飙馆，重阳日登高宴会

---

① 《总理陵园管理委员会园林处三月份工作报告》（1946），南京市档案馆档案第 1005—3—1124 卷。
② 《总理陵园管理委员会陵墓区三十五年三月份工作月报》，南京市档案馆档案第 1005—3—1124 卷。
③ 《总理陵园管理委员会园林处四月份工作统计表》，南京市档案馆档案第 1005—3—1124 卷。
④ 王承鼎《为水榭路补栽梅花所须樱花应如何办理乞核办的签呈》，南京市档案馆档案第 1005—3—1087 卷。
⑤ 《三十六年度二月份国父陵园管理委员会园林处陵墓区工作报表》，南京市档案馆档案第 1005—3—1187 卷。
⑥ 《中山陵园管理处园林处一九四九年五月至十一月总结报告》，南京市档案馆档案第 9079—1—10 卷。
⑦ 《中山陵园管理处 1957 年度工作总结》，南京市档案馆档案第 9079—1—33 卷。
⑧ 中山陵园管理处《一九六四年年度工作情况》，南京市档案馆档案第 9079—1—43 卷。梅花山为春景，主植梅、樱等；二道沟为夏景，主植玉兰等；灵谷寺为秋景，主植桂花等；明孝陵为冬景，主植蜡梅等。
⑨ 南京市城建局《关于同意二道沟至音乐台一带绿化工程设计的批复》，南京市档案馆档案第 9079—1—44 卷。
⑩ 《一九六四年春季中山陵音乐台—二道沟一带绿化调整提高工程》设计图，南京市档案馆档案第 9079—1—44 卷。

群臣，又称九日台①，可见这里自古便是风景名胜地。

图 168　梅花山南坡风景（中山陵园管理处提供）。

1929 年起，中山陵园区西南方向规划建设纪念植物园。整个植物园分设蔷薇科、分类植物（明孝陵围墙内）、树木、应用植物、松柏、竹林、药用植物、温室植物、灌木等区。根据规划，吴王坟适好地处植物园的中心地带，属蔷薇科花木区。1931 年的《总理陵园管理委员会报告》称，"蔷薇区，此种植物之美观久为人所称道，且国产亦多，故特设此区，且可以增加景色，以吸引游人"②，因而种植工作实施最为迅速，园景发展最为完善。到 1937 年南京沦陷前，蔷薇科、分类植物、松柏等区已基本完成。1937 年 4 月，总理陵管会十年来园林成绩简述报告中，有这样一段总结性描述："蔷薇科花木区布置于明陵前之吴王山，占地约二百亩，栽种梅花、桃花、樱花、珍珠梅、榆叶梅、海棠、木瓜、黄刺梅等属于蔷薇科之花木。每逢春季，百花齐放，蔚为大观。"③ 梅花和桃花名列前茅，可见种植数量应相对多一些，仅就 1931 年《总理陵园管理委员会报告》提供的数据，当时植物园地栽梅花有 1629 株④，品

①　张敦颐《六朝事迹编类》卷上。
②　总理陵园管理委员会《总理陵园管理委员会报告》第 461 页。
③　南京市档案馆、中山陵园管理处《中山陵档案史料选编》第 222 页。
④　总理陵园管理委员会《总理陵园管理委员会报告》第 406 页。

种花梅51个①，果梅9个②，合计60个，这一数量在整个蔷薇科植物中是比较突出的③。如此大规模的种植，使吴王坟蔷薇科花木区成了二道沟梅林之外最重要的植梅区。

4. 汪伪末期吴王坟改名梅花山

1937年南京沦陷后，中山陵的各项建设完全停止，园景损失惨重。汪伪政府虽也竭力保护和利用总理陵园这一政治资源，设立国父陵园管理委员会加以管理。但作为一个卖国傀儡政府，很难有力实施，原国民政府的各项园林计划无法延续，山林大量砍伐，花木景观逐步衰落。更为不幸的是陵区大量驻扎日军，修筑工事，开挖战壕，植物园一线破坏尤为惨重。但就梅花种植而言，这其中也有两件事因祸得福，对后来吴王坟即梅花山梅花风景的兴起具在决定性意义：

一是蔷薇科花木区植物的破坏。据战后总理陵园管理委员会复员调查，"植物园分科种植，各区植物除吴王坟蔷薇区尚有梅花、樱花、木瓜等树种外，余均遭摧毁"④。在蔷薇区内部不同品种所受破坏不一，"桃林、蔷薇被敌伪建筑防卫阵地破坏无余外，其余梅林、樱林尚具相当规模，仍不失为一优美风景区"⑤。战前规模较大的桃林已遭毁坏，而梅花与樱花则比较幸运，保存相对完整。这是战后吴王坟梅花风景得以迅速恢复并一枝独秀的客观基础。

二是汪精卫死葬吴王坟山顶，建墓室和祭堂，改称梅花山。1944年11月10日汪精卫病死日本，12日运抵南京，23日下葬于此。汪伪中央电讯社18日发布汪伪宣传部公报："以汪主席遗嘱，愿与已死之革命同志葬于广东，故已在广东白云山下择定葬地。""暂行安葬南京明孝陵前梅花山，俟全国和平统一后，再举行国葬。"⑥这是首次把吴王坟称为梅花山，抗战前有关中山陵园的各类地图于此都标名吴王坟或吴王山⑦，未见有称梅花山的。也许正是考虑到民众可能不知所云，发表这一文告的汪伪报纸《中报》编者按对梅花山特别加以说明："该地在国父陵墓之侧，明孝陵之前，有梅林，有桃林，有樱花林，有主席（引者按：汪精卫）生平所

① 总理陵园管理委员会《总理陵园管理委员会报告》第406、422页。
② 总理陵园管理委员会《总理陵园管理委员会报告》第444页。
③ 如果把梅花与桃花相比，这种数量优势更为显明。到1931年纪念植物园累计梅花有盆栽38株，地栽1629株，品种有51个，而桃花盆栽20株，地栽111株，有10种（实标只8种），《总理陵园管理委员会报告》第406、421页。
④ 《总理陵园园林处工作概要（卅四年九月至卅五年四月）》，南京档案馆档案1005—3—111卷。
⑤ 《园林组工作概要（自卅四年九月份起至卅五年元月份止）》（草稿），南京档案馆档案1005—3—1124卷。
⑥ 《中报》1944年11月19日第一版《兼顾汪故主席遗嘱及府令，决暂在梅花山安葬》。
⑦ 如总理陵园管理委员会《总理陵园管理委员会报告》所附《总理陵园地形总图》、《总理陵园纪念植物园设计图》；王焕镳《明孝陵志》所附《孝陵与孙陵》图、朱偰《金陵古迹图考》附《金陵附郭古迹路线图》。

爱之红叶，俯瞰京城民居。"① 《中报》为 23 日汪精卫葬礼编发的文章中也这样描写："散在这四周又有高洁的梅林，骄艳的桃花，妩媚的樱花。"② 这里所说的梅林、桃林、樱花林正是战前植物园蔷薇科花木区三个主要的种植品种，可见到汪氏下葬时，原蔷薇科花木尚较完整，而桃林的破坏应当是次年即 1945 年日军投降、汪伪政府覆亡前日军加筑防卫工事所致。1946 年胡开文《汉奸内幕》有这样一种说法：由于汪精卫是暴病而卒，葬事仓促。讨论汪精卫葬地时，汪妻陈璧君要求归葬广州黄花岗，而汪伪宣传部长林柏生认为时势不便，主张祔葬中山陵。一时难以找到合适的地点，"想来想去想出个京郊桃花山来，硬将他改名梅花山，以为足可与黄花岗媲美。但可惜一株梅花也没有，亏得林又想了个主意，姑且改名，俟清明再行补种"③。这段野史并不完全可信，如称梅花山无梅显然失实④，但也透露了梅花山是汪氏下葬时仓促改名的信息。而所谓桃花山，可能是汪伪时期吴王坟所植桃树渐多，有此俗称⑤，而此时桃树尚有大片存留。

青山不幸埋奸骨，当时汪墓是否补植梅花，未见记载，但这个名称却因此逐步确定下来。1945 年国民政府还都南京后，于次年 1 月炸毁汪墓，陵园管理处各类公文中对梅花山一带主要仍沿用战前称呼吴王坟或吴王山，但从 1946 开始也间见称梅花山的。最早的例子是该年《总理陵园管理委员会园林处六月份工作报告》有"修理梅花山办公室及宿舍"一项⑥，《国父陵园园林处工程科工作日报表（35 年 10 月份至 12 月份止）》也有"梅花山""修水沟"的记载⑦。复员后的园林处在梅花山南坡山腰原汪墓祭堂办公，如果再称吴王坟显然有口忌，因此，在此后园林处各类公文中，"梅花山"与"吴王坟"两名称常间杂使用，一般称"梅花山"者多指园林处办公楼（原汪墓祭堂）及整个山顶一带，而称"吴王坟"者多指山之东脚一带。1947 年 1 月社会部南京社会服务处编印的《南京游览手册之一：陵园》首页地图中仍标"吴王坟"，而正文中则称"梅花山"。这一名称被逐步认可，为抗战后这里以植梅为主进行恢复建设，提供了一个潜在的契机，同时客观上也反映了这里园景建设以梅花种植为主的新趋势。

① 《中报》1944 年 11 月 19 日第一版《兼顾汪故主席遗嘱及府令，决暂在梅花山安葬》按语。
② 《中报》1944 年 11 月 24 日第四版《一代伟人的安葬地梅花山》
③ 胡开文《汉奸内幕（第一辑）》第 1 页。
④ 司马讦《写"汪墓"》一文写到，1946 年冬他在梅花山是看到梅树的，当时汪墓还在，墓碑未及刻字，而墓道石级也未及完工，景象极其空疏。《论语半月刊》1946 年第 119 期。
⑤ 战前游记，多称山上桃花之盛，如《广播周报》所载《陵园风光》即大肆描写吴王坟山南桃林之景。《广播周报》1937 年第 135 期。
⑥ 南京档案馆档案 1005—3—1124 卷。
⑦ 南京档案馆档案 1005—3—1188 卷。

图 169　梅花山北坡风景。

5. 抗战后梅花山园景的恢复建设与梅花风景的增强

由于蔷薇科植物园在汪伪时破坏较轻，复员后的国民政府总理陵园管委会园林
处首先着手这一带的恢复。1946 年"春季，即先将吴王坟蔷薇区着手整理，如疏
移、补栽、修剪、翻土、开沟渠等工作，均已施行"①。该年 4 月份、5 月份的工作
统计表中，有植物园或吴王坟修理梅枝 699 株和 537 株的记载②，两者相加大概正
是当时梅花山梅树的存活数量。该年 12 月份，又于"吴王坟山顶及处长住宅后
栽植梅花二百七十棵"③。同时有游记称山上有"千百树的梅花"，预见来年可有
"香雪海"般的风景④。1947 年夏，记者黄裳也曾探访梅花山汪墓，看到的景象是
"梅花山就是茶馆对面的那座山，梅树的确是有的，小得很，好像刚刚弄起来的树

① 《总理陵园园林处工作概要（卅四年九月至卅五年四月）》，南京档案馆档案 1005—3—111 卷。
② 《总理陵园管理委员会园林处四月份工作统计表》、《五月份工作统计表》，南京档案馆档案 1005—3—1124
卷。
③ 《植物园三十五年十二月份工作报告》，南京档案馆档案 1005—3—111 卷。
④ 司马訏《写"汪墓"》，《论语半月刊》1946 年第 119 期。

圃"①，所见梅树当是 1946 年底新栽的苗株。也有游者称所见"老干横枝，丛簇成林"②。1948 年《国父陵园管理委员会园林处植物园一至四月份工作报告》称在吴王坟修剪樱花 860 株，木瓜 500 株，梅花 1384 株，三者累计 2744 株③，这应该正是当时梅花山三种主要蔷薇科植物的基本数量，梅花最多。1949 年南京解放后新成立的中山陵园管理处《一九四九年五月至十一月总结报告》统计蔷薇园当时现存植物是 120 亩 2700 株，其中梅花 1384 株，与 1948 年的报告完全吻合，或者即是直接过录原数。可见这组数据正是南京解放前后即 1948、1949 年梅花山植物品种与数量的基本情况。

对比一下 1931 年所说的 1600 多株，可见抗战胜利后经过近三年的努力，植梅数量已大致恢复到战前的水平。值得注意的是，植株数量虽然相当，但分布面积已有大幅度的扩大。日军投降前毁灭的桃林腾出大片空地，而战前栽种的梅树此时也株体壮大，"距离过密"，因此战后最初的恢复工作就是疏移"迁植"梅树④，使梅花逐步占据了梅花山的大部地区。1947 年 3 月编印的《南京游览手册之一：陵园》在明孝陵景区下这样介绍梅花山："梅花山在孝陵前，高阜遍植梅花，各色俱全，初春花开，游人如织。汪逆精卫曾葬此，胜利后不知所终，今石级已圮，墓亦破坏殆尽矣。"⑤ 这一导游词清晰地表明，梅花已成了梅花山风景的主角，同时也反映了当时园景整治和特色强化所带来的游览盛况。

为了方便游人观赏，也为了掩盖汪墓遗址，孙科曾面谕手下对梅花山多加布置，初拟建一长方形葡萄架，供游人休息，后考虑葡萄架既不经久，又欠美观，于是改为亭台式建筑，1947 年 11 月初建成，当时内部公文中称方亭、凉亭或"观景轩亭⑥。考虑到汪精卫曾葬此，现在山上建亭，恐滋误会，因而拟"在该亭南北二进口各制额联一副，以切梅花典故及吴王史迹，以增游人观感"。"亭北进口，额题'观梅'"，楹联："欣敌寇潜踪，景物依然，河山如故，此日花香鸟语，钟阜丽明，若同和靖重游，应媲六桥三竺；问吴王何处，坟坞已渺，史迹尚留，当年虎踞龙蟠，石城安稳，端赖武乡定策，永垂九鼎一言。""亭南进口，额题'放鹤'二字"，楹联：

① 黄裳《金陵五记》第 65 页。
② 周光霁《游梅花山》，《兴业邮乘》1947 年 130 期。
③ 《国父陵园管理委员会园林处植物园一至四月份工作报告》（1948），南京档案馆档案 1005—3—113 卷。
④ 《总理陵园管理委员会陵墓区三十五年三月份工作月报》，南京市档案馆档案第 1005—3—1124 卷。
⑤ 社会部南京社会服务处资料室编《南京游览手册之一：陵园》第 5 页。
⑥ 国父陵园管理委员会园林处《为谨将梅花山兴建方亭经过呈祈鉴核》、《为本会梅花山观景轩亭建筑情形签请鉴核》呈文，南京档案馆档案 1005—3—822 卷。

图170 钟山风景名胜区导游全景图（旺友提供），此为明孝陵景
区部分，梅花山、梅花谷均在明孝陵前。

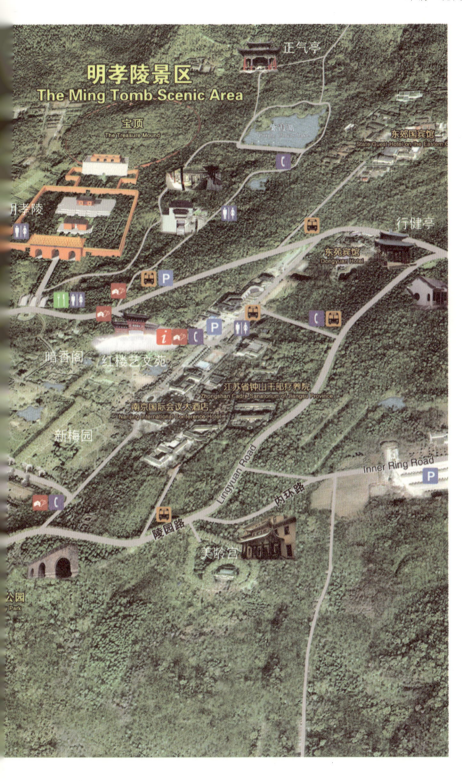

"天阙远瞻鸣鹤舞，孝陵回望伏龙眠。"① 据称匾额和楹联均由孙科书写②。这一梅亭的建造进一步明确了梅花山以赏梅为主的风景特色与功能，至此可以说梅花山已成了名副其实的梅花风景区（图171）。1949年南京解放，这二十多年钟山风雨滋养的满山梅花、秀丽风景连同整个中山陵园一起留给新社会，构成了新中国梅花山风景建设的基础。

6. 新中国六十年的梅花山梅景建设

新中国成立后，中山陵的历史翻开了新的一页，梅花山的梅花种植也进入了一个新的阶段。1949年以来的六十年，大致说来也可分为两个阶段。

（1）前三十年（1949—1978）

图171　观梅轩，在梅花山顶，本汪精卫墓址，1947年11月建亭，当时称方亭。今亭为三间长方形，因孙科曾题匾"观梅"而得名。

建国后，中山陵所在的紫金山开展了全面的植树造林绿化，逐步形成了一座郁郁葱葱的森林公园。梅花山的梅花也得到了很好的维护和发展。据《中山陵园管理处园林处一九四九年五月至十一月总结报告》统计，当时蔷薇区植物120亩2700株③，这正是1948年蔷薇区的树木数量，这其中梅花1380余株。到1952年的工作总结中，提到蔷薇科花木区的梅花有1800株④，可见解放初的两年中明显有所增植。据说"1958年以后又开垦荒地，大量栽植了猩猩红、骨里红、照水、宫粉、跳枝、千叶红、垂枝、胭脂、扣子玉蝶、粉妆玉蝶、七星梅、送春宫粉、绿萼等珍贵品种，还有全国仅有'蹩脚晚水'"⑤。1963、1964

---

① 南京市档案馆、中山陵园管理处《中山陵档案史料选编》第791—792页。
② 南京市政协文史资料委员会《中山陵园史录》第118页。当时园林处向孙科的呈文中有请求题写匾额、楹联的内容。
③ 《中山陵园管理处园林处一九四九年五月至十一月总结报告》，南京市档案馆档案第9079—1—10卷。
④ 《中山陵园管理处一九五二年度工作总结》，南京市档案馆档案第9079—1—22卷。
⑤ 南京市政协文史资料委员会《中山陵园史录》第157页。

图 172　博爱阁，在梅花山西北巅，由台湾商人张平沼捐资建造，1993 年
建成。

年冬春间，陵园规划建立四季景观林，梅花山列为春景建设点，据说由此开始着手
梅林的精心管理与品种搜集①，但上述这些在笔者所翻阅的陵园管理处历年工作总
结中都无反映。所谓四季风景点的建设重点在二道沟玉兰（夏景）、灵谷寺桂花
（秋景）、明孝陵蜡梅和天竺（冬景）的种植，投入较多，增植数量较为明显。到
1964 年 10 月份，园林管理处向上级要求拨款充实梅花山风景，在山之西南荒地种
植梅、桃、茶、山茶、海棠等②，其中植"春梅 1000 株"③，这应该是 1949 年以来
规模最大的一次梅花增植。1957 年梅花山的梅树曾发生膏药病，园林职工用石灰、
硫磺合剂反复涂抹树干，取得了较好的效果④。1958 年开始在梅花山套栽茶树，提
高土地利用率⑤，奠定了后来梅花山梅茶间作的基本格局。文化大革命期间受左倾

①　汪诗珊、张思平等《浅议南京梅花及其产业化》，《北京林业大学学报》增刊，2004 年 12 月。
②　中山陵园管理处《关于充实梅花山风景林的呈文》，南京市档案馆档案第 9079—1—44 卷。
③　《南京市城建局拨给梅花山风景区绿化充实费用的批复》，南京市档案馆档案第 9079—1—44 卷。
④　南京市政协文史资料委员会编《中山陵园史录》第 130 页；《中山陵园管理处 1957 年度工作总结》，南京
市档案馆档案第 9079—1—33 卷。
⑤　《中山陵园管理处 1958 年度工作总结》，南京市档案馆档案第 9079—1—34 卷。

思想影响，主张绿化结合生产，反对纯供观赏，陵区各部门片面追求生产指标，基本上疏忽了园林风景的建设。只是在运动的后期，由于政治形势的转变，陵区开始逐步留意风景的维护。1974 年"对梅花山的梅花进行了修剪"①，翻修了山上的观梅轩②。1976 年在梅花山栽植果梅 800 株，并将梅树修剪一过③。

（2）"新时期"三十年

1978 年以来，我国进入了改革、开放和社会主义全面建设的新时期。中山陵园也焕发了青春，进入了深入规划，全面发展的新阶段。1979 年，中山陵园"重点搞了梅花山的拓荒与补植工作，从外地引进五百多株，五个品种的梅树，还补

植了樱花、杏花等风景观赏树木，逐步把梅花山春景区恢复起来，提高到一个新的水平"④，此后几年每年都有补植，并修建了暗香阁茶社等服务设施。1982 年，国务院批准中山陵园为全国重点风景名胜区，随着南京城市经济、社会的发展，中山陵园各项建设事业都迅猛发展起来，梅花山的园林风景营造尤为突出。1982 年 4 月 19 日，南京市人民代表大会八届二次会议将梅花"定为市花"⑤，这给梅花山梅花风景的发展提供了莫大的契机。1985、1986 年，从日本引进黑云、五彩梅、花座论、八重海棠、五色梅、醉心梅等 116 个品种，在陵园科研所园圃培育繁殖⑥。到 20 世纪 80 年代末，梅花山的梅花总计已达到 200 余亩，40 多个品种（合科研园圃引进培植总计 150 多个品种），5000 余株的

图 173　惟秀亭，在中山陵园石象路南"梅花谷"景区，2005 年建成，名出明宋濂《游钟山记》"亭宜望远，惟秀永春"句意。

① 《中山陵园管理处第一季度工作小结》（1974），南京市档案馆档案第 9079—1—54 卷。
② 南京市政协文史资料委员会《中山陵园史录》第 135 页；中山陵园管理处革命委员会《一九七四年度总结》，南京市档案馆档案第 9079—1—54 卷。
③ 中山陵园管理处《全处第一季度工作小结》（1976），南京市档案馆档案第 9079—1—61 卷。
④ 中山陵园管理处《一九七九年工作总结》，南京市档案馆档案第 9079—1—77 卷。
⑤ 南京市地方志编纂委员会办公室《南京简志》第 261 页。
⑥ 《中山陵园史录》第 157—158 页。

规模①，每年的二三月间繁花满山，香飘数里，成了风景区内最为重要的花卉观赏景点、南京市民早春踏青郊游的最佳去处。1996 年开始举办梅花节，一至延续至今。

近 20 年，梅花山的风景建设更是突飞猛进，大的扩建主要有这样两次：一是1992 年，向梅花山东侧延伸，增植梅花 2500 余株，配植樱花、桃花、合欢等，并堆土开渠，营造山水景观，至此整个梅花山梅园面积 26.7 公顷，累计历年所植总数已达 10000 株②。此后不断增植，到 2004 年，梅园占地近 30 公顷，梅花 13000株，盆梅 8000 多盆，品种近 200 个③。二是 2004 年 3 月以来配合陵区环境综合整治，实施梅花山风景的南延工程，将石像路以南大片山谷（1020 亩）纳入梅花山景区，这里以低蜿丘陵为主，又浚湖蓄水，并增设了林逋、萧统等人文雕塑、名人诗书石刻，陆续修建了惟秀亭（图 173）等新的赏梅景点和中山陵园梅花研究中心、

图 174　中山陵园梅花研究中心。

---

① 《中山陵园史录》第 158 页。
② 南京地方志编纂委员会、南京园林志编纂委员会《南京园林志》第 544 页。乔鸣《南京梅花节》一文中称 1992 年梅花山东延"新植梅树 2500 余株"，见陈济民编著《南京掌故》第 350 页。
③ 汪诗珊、张思平等《浅议南京梅花及其产业化》，《北京林业大学学报》增刊，2004 年 12 月。

钟山梅花盆景园、中国梅花艺术馆、中国梅花艺术中心等相关科研、文化设施[1]，引植了许多古梅桩景，2006 年初建成开放，取名"梅花谷"。这样截至 2008 年，整个梅花山风景区总面积已达 1533 亩，地栽梅花 35000 余株，盆栽 6000 余盆[2]，品种 350 多个[3]，成了全国占地面积最大的观赏梅园，号称"天下第一梅山"[4]。

（三）武汉东湖磨山梅园

1. 东湖梅园的发展历程

武汉东湖梅园在今武昌东湖风景区磨山景区的西南麓，三面临水，自成一体。早在 1930 年，著名实业家周苍柏（1888—1970）在东湖沿岸主要是东湖西北岸购地创办海光农圃，"濒湖空地辟有一苗圃，培植一些观赏树木，如梅花、桂花、柳树、樟树等"[5]。他曾派人到全国各地采购树种、花籽进行培育，到 1948 年已有桃林、梅林、杏林、葡萄园等多种园圃[6]。如今东湖听涛景区的"小梅岭"，植梅数百株，即海光农圃当年的果树林圃所在地（图 175）。

1949 年武汉解放后，周氏将农圃捐献给中南军政委员会。在此基础上，人民政权积极组织规划建设，首先创办东湖公园，1950 年 12 月又规划建设东湖风景区。当时风景区管理处处长万流一（1901—1978）特别重视种植梅花，在他的领导下，首先在东湖华林区植梅，即为后来著名的"梅岭"。1956 年出版的《武汉的东湖》一书介绍："岭上植有梅花数百株，杂以修竹。报春亭建于岭的高处，亭外围绕着繁密的梅树，暗香疏影，增加了庭园的雅趣。岭旁有'雪松'，形状如塔，松针尖峭，产自祖国西南边陲的喜马拉雅山，为植物中稀有的珍品。岁寒三友——松、竹、梅，汇集在这一岭上，它们各具幽雅的风格，使游人们欣赏不尽。"[7] 早在 20 世纪

---

[1] 2012 年 3 月 19 日，台湾胡须梅园主李锦昌先生来宁，梅花艺术馆馆长戴中礼先生邀往梅花谷梅花艺术馆一见，常州刘穷女士、南京梅花艺术中心赵立伟女士在坐，互道幸会，相谈甚欢。戴先生带领参观该馆并梅花山东麓暗香阁。暗香阁现横匾为"萧晖荣梅花艺术馆"（王蒙题），专门展览萧氏捐赠画作，时布展以梅画为主。萧氏画梅以繁取胜，各色花朵充盈画面，色彩斑斓，个性鲜明，别具一格。中国梅花艺术中心于 2013 年初建成开放。

[2] 南京梅谱编委会《南京梅谱》（第二版）第 3 页。

[3] 南京梅谱编委会《南京梅谱》（第二版）卷首《再版前言》。

[4] 本节照片多承中山陵园管理局宫庆华女士、江苏省侨务办公室杨大志先生提供，本节部分内容承李程骅先生抬手，在《南京社会科学》2011 年第 2 期发表，题为《民国时期中山陵园梅花风景的建设与演变》，谨此并志谢忱！

[5] 武汉园林分志编纂委员会《武汉园林资料汇编（第一辑）》第 29 页。这段引文下编者说明称，根据海光农圃职工回忆整理而成。

[6] 涂文学主编《东湖史话》第 272 页。

[7] 东湖风景区管理处编《武汉的东湖》第 15 页。

图175　小梅岭（旺友提供）。在武汉东湖听涛景区大门内，本周苍柏海光
农圃所在地，占地50亩，植梅数百株，仿东湖毛泽东故居梅岭而称"小梅岭"。

三四十年代，武汉东湖边洪山一带的花农即以种梅切花和制作盆景为生，有粉红朱砂、粉皮宫粉、小绿萼、透骨红等品种，梅岭所植最初应主要是这些本地品种，或者也有一些从外地收集的品种①。磨山南面是一块广阔的平地，土壤肥沃，按照建设规划，1954年起辟为植物园，"搜集各地名贵品种，分区栽植，作为观赏和实验的场所"②，东湖梅园正是磨山植物园的一部分。1954年冬，万流一又指派赵守边（1914—2003）等园林科技人员赴重庆搜集梅花品种，购买金钱绿萼、大羽、桃红台阁、红粉台阁、白须朱砂等优良品种梅苗1000余株，成年大梅树500株，1956年运回武汉，种植于磨山和梅岭③。种植于磨山南面的数百株，号称梅花岗，占地7.2亩，是为东湖梅园之始。同时又先后从江苏、安徽及成都杜甫草堂等地引进不

①　东湖风景区最初主要从重庆搜寻品种，重庆方面地方志称："1951—1952年，武汉东湖风景区派人在重庆大量收购梅花。"见重庆市园林管理局修志领导小组编纂《重庆市园林绿化志》第264页。

②　东湖风景区管理处编《武汉的东湖》第22页。

③　赵守边《中国梅花研究中心的回顾与展望》，《中华梅讯》总第11期，1995年5月，收编于中国花协二梅分会《中华梅讯》第11—20期合订本。

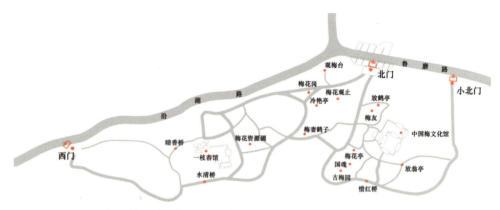

图 176   磨山梅园导游图（毛庆山提供）。

少品种。经过不懈的收集和培育，至 1962 年总计品种有 74 个。文化大革命中，梅园受到严重破坏，盆梅桩景丧失殆尽，所幸 300 余棵成年大树和金钱绿萼、凝馨、骨红垂枝等珍稀品种得以保存。

改革开放以来，东湖梅园恢复生机。梅园致力于梅花品种的搜集与培育。1981 至 1983 年的三年中分别从成都、昆明、贵阳、长沙、山东青岛、上海、江苏无锡、南京、安徽合肥、芜湖、歙县等地陆续引进品种，1983 年鉴定品种已达 109 个。1982 年起，东湖梅园积极参与陈俊愉教授主持的"中国梅花的品种研究"项目，把掌握的品种悉数引种磨山。1989 年，梅园开始实施"梅花品种资源圃"的建设项目，先后投资 500 多万元，广泛收集，科学分类，严密布局，规范定植，并配套品种资源档案（图 178）。该项目 1993 年通过专家验收，先后获得了武汉市、湖北省和国家林业局科技进步奖。鉴于东湖梅园在梅花科技研究方面的突出成绩，1989 年全国花卉协会和全国梅花、蜡梅协会联名向武汉市政府建议，以磨山梅园为基地成立中国梅花研究中心，武汉市城市建设委员会批复同意，1991 年 3 月中国梅花研究中心正式挂牌成立，为梅花研究开启了一个新平台。1993 年 2 月和 1994 年 2 月，赵守边应邀赴日本大阪、东京进行学术交流和品种交换，从日本引进红千鸟、吴服垂枝、柳川垂枝等品种。梅园不仅广泛搜集和引进品种，同时还积极培育新品种。自 1981 年以来，通过人工杂交育种和在自然杂交实生苗中精心选育等方法，培育出早凝馨、山桃白、华农玉蝶等 20 多个优良新品种。到 1996 年统计梅花品种共有 206 个，成了国内梅花品种最为集中的专类园圃。1998 年，我国取得梅品种国际登录权。1999 年起，陈俊愉院士陆续组织登录工作，最初三次都以东湖梅园品种资源圃的品种为主进行登录，足见东湖梅园在品种收集和培育上的巨大成就。近十年，梅园除积极培育新种、挖掘本地品种外，又不断从全国各地和日本、韩国、美国、朝鲜等国引进品种。目前共有品种 309 个，占全国已知观赏品种的 90% 以上，在全国

图 177　冷艳亭（毛庆山摄），位于梅岗中部最高处，为重檐攒尖五角亭，1984 年建。

各类梅园中独占鳌头①。

东湖梅园尤其是其梅花科技研究方面的突出成就，在武汉当地和全国都形成了较大影响。早在 20 世纪 50 年代，东湖风景区就多次举办梅花展览，其中 1954 年 1 月展览的一株名贵品种盆景，赢得了武汉各界名流的青睐，人们流连观赏，赞美不绝。辛亥革命老人张难先（1873—1968）邀请中南美专教授张肇铭（1897—1978）、华中师范学院副教授王霞宙、徐松安等画家濡墨写照，题名"梅花鹿"，形容梅花双角杈丫的独特形象颇为传神，张难先亲为题记，事后征得党政领导、文化界名家共 16 人题诗，其中有郭沫若、陈铭枢、王任重等，一时传为佳话②。改革开放后，从 1983 年起，每年早春磨山梅园都举办梅花展览。1984 年，武汉市人大常委会通过决议，确定梅花为武汉市市花。1993 年起，以磨山梅园为中心，每年都由市政府与中国梅花研究中心联合举办武汉国际赏梅节，2002 年起改称中国武汉梅花节，并

---

① 以上内容参考以下资料写成：赵守边、刘小祥《武汉梅花》；毛庆山《中国梅花研究中心 20 年》，《北京林业大学学报》2010 年增刊第 2 期；毛庆山先生为笔者填写的《梅花蜡梅风景区现状调查表》（2009 年 6 月 14 日收到）。

② 钟鸣天《鹿梅诗话忆当年》，《长江日报》1986 年 1 月 1 日，转引自赵守边、刘小祥《武汉梅花》第 65—66 页。

承办了两次全国梅花蜡梅展览，影响不断扩大。目前年接待游客已达 40 万人次，成了武汉地区春节旅游文化活动的盛事和特色旅游项目，在当地经济、社会、文化生活中发挥了重要作用①。

　　由此为契机，梅园规模不断扩大。1956 年创办时只是占地 7.2 亩的苗圃，此后 20 多年虽间有拓展，但规模有限，改革开放之初梅园面积大约 80 亩②。1991 年，中国梅花研究中心成立和中国梅花品种资源圃建立使梅园面积扩展到 150 亩，植梅 3000 株。1997 年，全国第五届梅花蜡梅展览在东湖梅园举办，梅园面积扩大到 320 亩，植梅 5000 株，品种 184 个。2002 年，首届中国武汉梅花节在东湖梅园举办，梅园面积扩大到 500 亩，植梅 10000 株，品种 206 个。2005 年，全国第九届梅花蜡梅展览在东湖梅园举办，梅园面积进一步扩大到 800 亩，植梅 15000 株，品种 309

　　图 178　中国梅花品种资源圃（毛庆山摄）。1993 年建成，广泛收集梅花品种，并根据陈俊愉创导的"中国观赏植物二元分类法"，按系、类、型进行科学布局，规范定植，集科学研究、科学普及与观赏园林于一体。

---

①　毛庆山《中国梅花研究中心 20 年》，《北京林业大学学报》2010 年增刊第 2 期。
②　赵守边、刘小祥《武汉梅花》第 10 页。1995 年，赵守边《中国梅花研究中心的回顾与展望》一文中曾提到东湖"老梅园 40 亩，1956 年开始共定植梅花 1500 株"，这一面积可能说的是上世纪六七十年代陆续扩展后的情况，文章见 1995 年 5 月《中华梅讯》（总第 11 期）第 7 页（收编于中国花协二梅分会《中华梅讯》第 11—20 期合订本）。

图 179 古梅园（旺友提供）。由企业家王健林捐款 600 万元兴建，2009
年建成，占地 150 亩，分古梅、古蜡梅两区，植百年以上古梅 150 多棵，其中
有 18 棵树龄超过三百年。

个，其中国际登录品种 153 个，占全部登录品种的 40%。

　　梅园的园林景观建设也得到发展。东湖梅园是一个山水型梅花专类园，位于磨
山西南自然起伏的湖岛山丘，现在主要分为梅花岗、梅花品种资源圃、菱角湖滨湖
区、西区休闲区、梅花盆景苗圃基地等区域。梅花岗位于梅园东北部，是梅园最早
的植梅区，有不少梅园创办之初从重庆、成都引进的梅树，树龄在 50 年以上。岗顶
有冷艳亭，建于 1984 年（图 177）。另东部入口处有"梅花观止"石碑（图 182），
此为梅园创始人万流一当年提倡的梅园建设理想。梅花品种资源圃位于梅园中部，
结合林间道路，将收集的梅花品种严格按照科学分类分区分片定植，具有资源保护、
科学研究、科学普及、游览观赏等多种功能。近 30 年，园内陆续修建了水清桥、暗
香桥、放鹤亭、一枝春馆、中国梅文化馆等景点、景区和建筑。2009 年进一步接受
社会捐资，从浙江台州、长兴、湖北保康等地引植梅花和蜡梅古桩大树，建设占地
150 亩的古梅观赏园区（图 179），大大丰富了梅园的风景资源和旅游价值①。

_____

① 毛庆山、杨艳芳、涂爱萍、张云珍《东湖"古梅园"的设计、建设与管理》，《北京林业大学学报》2012
　年增刊第 1 辑。

图180　"国魂"（旺友提供）。为东湖古梅园所植最古老的一株，来自浙江台州。树干坚毅苍劲，为野梅品种，据称树龄达八百年之久，高位嫁接美人梅，枝繁花茂，粉艳婉丽，给人"老树着花无丑枝"的美感。

东湖梅园所属的东湖风景区是1982年国务院首批公布的国家重点风景名胜区，总面积82平方公里，其中有33平方公里的浩瀚水域，是杭州西湖水面的六倍，大小12个湖泊，环湖34座山峰绵延起伏，有着丰富秀丽的山水景观。磨山景区居东湖风景区中心，为东、西、北三面环湖的半岛，植物资源极其丰富，中科院武汉植物园即设于此。梅园所在的磨山南麓，分布着荷花、樱花、桂花、杜鹃等13个观赏花卉专类园，梅园是其中最突出的一个。丰富的山水资源、优美的游览景观进一步增强了东湖梅园的吸引力。

2. 东湖梅园兴盛的原因

东湖梅园是新中国新建的第一个大型公共梅园，其产生和发展包含着当地自然、社会条件和梅园创办当事人诸多因素的机缘巧合，体现着当代社会事业发展的时代特征，其中有这样几点特别值得注意。

（1）梅园创办的传统文化渊源

梅园的创办，最初主要得力于东湖风景区的领导人万流一（图181）。他文史功底较好，特别爱好古典诗词。风景区最初的规划和许多景点的设置命名，如行吟阁、听涛轩、沧浪亭、长天楼等富有诗情画意的命名，都是由他广泛征求地方有识之士的意见确定的。1948年，他曾随中共上海地下党组织撤移到杭州工作，西湖风景给他留下了深刻印象，接受开发东湖的任务后即表示"要把东湖建设得和西湖一样美"①。也许正是杭州西湖孤山等地梅花给他的美好记忆，激发了他在东湖大种梅

图181 万流一（涂文学主编《东湖史话》第235页）。万流一（1901—1978），原名竹光，湖北汉阳人，1927年参加革命，1951年任武汉东湖景区管理处副处长，1959年任武汉市林业局副局长。

① 吴传健《东湖风景区的奠基人万流一》，《武汉文史资料》2004年第3期。

花，着力建设梅园的深厚情结。"他对梅花爱之深，望之切，搜集梅花良种不遗余力。"① 当时就发愿要建成一个囊括天下梅花品种的梅园，为此题写了"梅花观止"四字碑。透过他的作用，可以感受到我国人民崇尚梅花的传统对东湖梅园创办和发展的潜在影响。

图182　"梅花观止"太湖石碑（旺友提供），位于梅园北大门内，1996年建成。

（2）所属东湖风景区的环境依托

东湖梅园是一个山水型专类园，东湖特有的山水环境、旅游资源是梅园生存、发展的坚强基础。整个武昌东部湖山风景壮阔而秀丽，自然条件优越，近代以来一些缙绅别墅的修建，尤其是武汉大学的创办、周苍柏海光农圃的开发等，唤醒了这片沉寂的湖山。1935年，湖北省政府曾特设东湖建设委员会（李范一为主任委员），计划建设东湖②。武汉为华中地区政治、经济和文化的中心城市。新中国成立后，中南军政委员会驻武昌，1950年12月成立以陶铸为主任委员，张执一、郑绍文、周苍柏为副主任委员的东湖建设委员会，下设东湖风景区管理处直接领导和实施

① 陈俊愉《不经彻骨冰霜苦，哪得梅花分外香——中国梅花研究中心成立大会祝词》，赵守边、刘小祥《武汉梅花》第73页。从所收陈俊愉先生这篇文章的上下文语意看，这段话似乎说的是周苍柏或参与东湖风景区设计的程世抚，但经笔者电话采访陈老先生，所指实为万流一。

② 武汉园林局《武汉园林（1840—1985）》第63页。

"东湖风景区"的开发建设工作①。东湖风景区是我国最早使用"风景区"这一概念的公园，体现了当时规划设计者和中南当政领导们宏阔的视野。东湖风景区不仅得到当时华中、湖北和武汉市各级领导的重视，同时又得到了毛泽东主席等党和国家领导人的青睐乃至钟爱。东湖是毛泽东主席在新中国成立后除中南海之外居住最多的地方，1958 年中共中央曾在此召开过全会，这里曾接待过几十个国家的政要。东湖经常冠盖云集，随员景从，极一时风云际会之盛。这是一个极其难得的发展机遇，如果离开了这样的政治环境，离开了东湖风景区建设的特殊背景，在 20 世纪五六十年代那样的经济和社会条件下，东湖梅岭和磨山梅园是否会那样迅速兴起并盛极一时，是很难想象的。

　　1978 年以来，东湖风景区进入了新一轮的建设与发展时期。1982 年，风景区成为首批国家重点风景名胜区，此后武汉市政府陆续实施了几批建设规划。经过近 30 年大规模的开发建设，一个享誉海内外的东湖风景名胜区已经形成。如果离开了东湖风景区的整体开发，近 30 年梅园的迅速发展也是不可想象的。反之，磨山梅园也成了东湖风景区建设的一个重要成就，在整个东湖风景体系中占有突出的地位。在 1996 至 2010 年 5 区 24 景的总体规划中，"雪海香涛"景（磨山梅园）即居其一②。2003 年，当地新闻媒体举行"东湖十景"评选，"踏雪寻梅"（磨山梅园）与"梅岭竹风"（毛泽东故居所在的梅岭，最初因植梅得名）都名列其中③。东湖磨山梅园作为东湖风景区的组成部分，与整个景区命运攸系，获得了强大的生命力。

　　（3）科研成果的强大支撑

　　东湖梅园是一个科研型的梅花专类园，突出的科研成果是其生存、发展的一大动力。1953 年以来，东湖磨山一带逐步建立起大型植物园，东湖梅园是磨山植物园的重要组成部分，几十年来一直致力于梅花品种的收集与培育，取得了丰硕的成果。这其中有两个人物最为关键，一是曾任磨山植物园主任的赵守边先生。他自 50 年代初进入东湖风景区以来，一直主持、领导梅花品种的收集和培育工作，直到退休、去世。二是中国工程院院士陈俊愉先生，他曾参与梅园的创办，1957 年调离武汉后，与梅园一直保持着密切的科研合作，尤其是改革开放以来，大量梅花品种的收集、鉴定都离不开他的指导和帮助。两位老人为当代艺梅泰斗（图 183），正是他们以及一代代科技人员几十年的辛苦奉献，使磨山梅园成了梅花品种收集、资源保存、科学研究的重要基地，无论是 20 世纪五六十年代，还是改革开放后八九十年代，一

---

①　武汉园林局《武汉园林（1840—1985）》第 63 页。
②　涂文学主编《东湖史话》第 249 页。
③　涂文学主编《东湖史话》第 294 页。

图183 梅友——陈俊愉、赵守边铜像（毛庆山摄），为磨山梅园景点之一。陈俊愉（1917–2012），安徽安庆人，园林及花卉专家，曾任北京林业大学园林学院教授、中国工程院院士、中国花协梅花蜡梅分会会长、梅品种国际登录权威，编著《中国梅花品种图志》等。赵守边（1916–2003），河南兰考人。1936年毕业于河南商丘农林学校，曾任武汉市东湖磨山植物园主任、中国梅花研究中心高级工程师。

直位踞学科和同业前列①，成了全国收集和定植花梅品种最为丰富、齐全的观赏梅园。磨山是个湖中半岛，梅园的发展空间有限，正是其梅花品种收集、培育等科技研究上的领先水平和突出成就构成了鲜明的发展特色，奠定了在全国众多梅园中举足轻重的地位②。

---

① 以上梅园面积和植梅数量均根据毛庆山先生为笔者所填《梅花蜡梅风景区历史情况调查表》（2009年6月14日收到）。

② 本节东湖梅园图片多承东湖梅园毛庆山主任提供，部分则引自网络，注以"旺友提供"，"旺友"谐音网友，谨向作者致敬和祝福，并此志谢！

二、现代其他梅园

除了上述三大梅园之外，随着现代公私园林建设的开展，专题梅园和其他梅花景观的建设受到越来越多的关注，尤其是改革、开放以来，社会各方面广泛投入，各类梅园如雨后春笋般地涌现。本章按地区，就其重要的梅园和观赏梅景逐一进行叙述介绍。

（一）华东地区梅园

1. 上海青浦淀山湖梅园

淀山湖又称薛淀湖，位于上海青浦区西部，与江苏昆山接壤，面积63平方公里。淀山湖风景区是80年代新建的一处大型风景区，沿湖建有多处度假村，其中大观园景区规模最大。整个景区由金商公路（青浦金泽镇通往商塌镇）分为东西两部分，西区为大观园，是一座以《红楼梦》大观园为蓝本建造，占地约9公顷的仿古园林。东部是以自然风光和植物造景为主的园林，有"梅坞春浓"、"柳堤春晓"（人工长堤）、"金雪飘香"（桂园）、"群芳争艳"（百花园）和民族文化村等景点。"梅坞春浓"即所说淀山湖梅园（图184），始建于1979年，占地190亩，植梅2000余株，20个品种[①]。梅园东傍湖水，沿湖丘峦起伏，大小梅林断续分布其间。梅树栽植有年，树势树姿自然，林下青草如茵。园中央处有亭翼然，名曰"冷香"，亭前一泓池水，水中有一路汀步，供游人涉水探梅，颇有情趣。梅林深处有梅艺馆，为一仿古庭园，四周竹树掩映，院中疏影横斜，极其幽雅宁静。沿湖有长堤、土庵等，徜徉其间，左眺湖水浩淼，近揽花如雪海，极其疏雅旷朗之致[②]。该园一度为

[①] 此据梅园入口处标牌上的介绍文字。上海大观园王健《上海大观园主要梅花品种的花期观察及结果分析》称大观园梅园面积120亩，根据笔者实地观察，这一数据比较切实，文载中国花协二梅分会《中华梅讯》总第16期（1997年）。

[②] 2010年2月21日下午，笔者与北京画家元植（李林）、堂弟程进由上海莘庄梅园转道来此游览。本节淀山湖梅园照片由青浦大观园李祥生先生提供，谨此志谢！

图 184　"梅坞春浓"（李祥生提供），为青浦大观园的一个景区，即梅园。

上海地区规模最大的梅园，20 世纪八九十年代享誉颇盛，曾与武汉磨山梅园、南京梅花山、无锡梅园并称"江南四大梅园"。

2. 上海莘庄公园

莘庄公园位于上海闵行区莘庄镇南，占地 88 亩。园址原系沿河滩地，民国十九年（一说民国二十三年），松江泗泾镇杨昌言租赁种植果树，面积约 18 亩，因所植以梅为主，取名莘野梅园，俗称杨家花园。后被侵华日军和国民党特工部门占用。1951 年，人民政府接管，更名为莘庄公园，并加以改造，铺设草坪，种植花木，开凿河渠，筑堤设桥，对外开放。1958 年移种梅花和黑松。1984 年，公园向西扩建 40 亩，凿池叠山，增建亭榭。几经改造，公园以植梅为特色，尤以绿萼梅远近闻名（图 185）。又移来朋寿石、榨油石、元宝石等文物，充实景观，增添人文气息。1992 年秋冬之交，经沪上画家程十发先生引介，台湾胡须农园主人李锦昌来此合作植梅①，从苏州光福窑上、安徽歙县等地移植大量百年老树，名声为之大噪。

① 谷苇《梅花有缘系两岸，台湾"胡须"来种梅——莘庄胡须梅园先游记》，《解放日报》1992 年 12 月 12 日。

李锦昌满脸络腮美须，友人直以胡须、达摩称之，其在台湾农庄所种，人称胡须梅园，莘庄公园一时也被称作莘庄胡须梅园。2004 年公园又向西拓展 30 亩，仍以植梅为主，并陈列古梅桩景。全园现有梅树 400 余株，品种有 30 多个。园中河水潆洄，土丘起伏，东部梅花与松竹、龙柏、古樟、雪松等相间而植，西部新区新树秀拔，间有老梅一二点缀其间，布置得宜，颇具雅致，洵为沪上近郊赏梅首选之胜地①。

图 185　莘庄公园（刘穷摄）。

3. 上海浦东世纪公园梅园

上海世纪公园位于浦东新区世纪大道的东端，占地 140 多公顷，以宽阔的草坪、连绵的树林、浩淼的湖泊为主体，体现了东西方园林艺术的有机结合，洋溢着浓郁的现代气息和海派风格。公园划分为湖滨、乡土田园、疏林草坪、风景林、鸟类保护、国际花园和高尔夫球场等景区，规模宏大，景象优美。梅园位于公园七号大门内西侧，属于风景林区（图 186）。2000 年始建，最初设置迎春小景，大约种植 5 亩数百树，有小玉蝶、变绿萼等品种。2006 年春在此营建春夏秋冬四季园，梅花作为冬园的主景，开始大规模种植，当年种植 50 亩 5000 株，以东方朱砂、银红、鸳鸯

①　2010 年 2 月 21 日上午，笔者与北京画家元植（李林）、堂弟程进驱车来此探访，时值花期，游人如织。本节图片由常州市刘穷女士提供，谨此志谢！

等品种为主。2009 年为迎接第十二届全国梅花蜡梅展览，又扩种 20 亩约 3000 株①，以人面桃花、早桃等品种为主。梅花种植于公园西南部中心湖区与外围小河之间起伏冈丘地，湖滨称梅海区，高冈称梅艺区、探梅区。所植多为高位嫁接的树桩，品种以朱砂、粉红花色为主。沿湖滨丘陵小径和冈上栈道徜徉在茂密的梅林间，花光浓郁，馨香扑鼻，与湖滨与草坪等清雅、开阔风光相比，别有一番情趣②。

图 186　上海浦东世纪公园梅园。

4. 上海海湾国家森林公园梅园

上海海湾国家森林公园位于上海市奉贤区海湾镇原五四农场境内，南临杭州湾，是一片融人工林场、苗木生产、休闲观光、科学研究和科普教育为一体的大型人工城市生态森林，1999 年由光明食品集团与上海城投总公司共同出资创建。梅园位于该森林公园的东侧，占地 2000 亩，据称目前植梅 35000 株，品种达 126 种，构成了

---

① 以上数据根据上海世纪公园管理有限公司王震威先生为笔者填写的《梅花（蜡梅）风景名胜历史情况调查表》、《梅花风景名胜现状（2010 年）调查表》。2010 年 3 月，笔者致函该公司总经理王海山先生请求帮助，遂获王震威先生所填二表，谨此志谢！

② 2010 年 2 月 19 日，笔者参加第十二届全国梅花蜡梅展览和学术研讨会，在园中艺梅区往来数过，见所植多粗桩大干，大块地段树形整齐划一（据说多来自浙江长兴），缺少变化，且种植密如葱，树间几不留空隙，加之多朱砂和粉红品种，益见花气喧艳，殊乏幽致。或者经营者以此为苗圃，寄栽梅桩，来日可待价分挖而沽乎？

高处梅花、竹林，低处松、杉等混交林景观，颇具特色①。

5. 江苏南京玄武湖梅岭

　　玄武湖，在南京故城北，是南京历史悠久的风景名胜地。1927 年北伐成功，国民政府定都南京，着力对玄武湖整治美化，改名五洲公园，对民众开放。1928 年 10 月 5 日，南京特别市第十五次市政会议通过兰花为南京市市花，公园管理处到浙江、河南、山东等地采购兰花、牡丹、梅花等植于郭仙墩（今环州郭璞墩，俗称郭仙墩），郭仙墩改称梅岭②。同年 11 月，玄武湖举办首届菊花展，次年即 1929 年 11 月举办第二届菊花展，在梅岭再植梅花 1600 株，从此玄武湖之春梅、秋菊成为居全市首位的花卉特色景观。然而，到汪伪时期，1940 年伪南京市长从日本运来大批樱花，植于玄武湖环洲梅岭一带，铲去了不少梅树③。1941 年 3 月伪满洲国赠送丁香树苗，其中 120 株植于梅岭西侧④，这也势必进一步侵夺了梅花的空间，此后玄武湖再也未见有梅景报道⑤。据南京《现代快报》报道，2008 年底玄武湖公园又大量种植梅花，目前有地栽 700 株，分布在环洲、梁洲、翠洲、梁翠堤⑥。

6. 江苏南京花神庙梅园

　　花神庙在今雨花台区宁南小区东南部，古凤台门外东侧。这里明朝为御用花圃，专门生产宫庭用花。此后成了南京花农花匠聚居地，花木生产和销售旺盛，清乾隆间花农建庙供奉花神百余尊，因而得名“花神庙”。据说民国年间这里桃、梅种植很多，中山陵的梅树就有不少来源于花神庙⑦。1937 年，刘弘毅《南京花神庙的花业》称这里日占前花业很盛⑧。新中国成立后直到 20 世纪 90 年代，花神庙大队（村）及附近的花木园艺生产仍较兴旺⑨。1984 年评定的南京四十新景中，花神庙名列其一。《南京园林志》记载：“1980 年以后，花神庙开出 4 公顷多山地，广植梅树，形成了与中山门东郊梅花山相媲美的‘南郊梅花山’景观。”⑩雨花台乡原林业

---

① 无名氏《最大梅花园亮相上海海湾国家森林公园》，中国花协二梅分会《中华梅讯》第 45 期（2013 年 6 月）第 22 页。

② 南京地方志编纂委员会、南京园林志编纂委员会《南京园林志》第 182 页。

③ 南京地方志编纂委员会、南京园林志编纂委员会《南京园林志》第 177—178 页。

④ 汪伪南京特别市政府园林管理处《为满洲国新京市赠丁香树苗二百株，遵谕分配种植地点……呈文》，南京市档案馆档案第 1002—23—87 卷。

⑤ 本节有关玄武湖梅岭的内容多据《南京园林志》的记载。2009 年 4 月笔者曾请南京档案馆徐（音）女士帮助检索民国年间题目中包含市花、兰、梅等字眼的档案卷宗，以期有所印证，然而见告一无所获。不知《南京园林志》资料所本，尚待进一步求证。

⑥ 王鹤、孙兰兰《玄武湖百花生日推出“赏花地图”》，南京《现代快报》2009 年 3 月 5 日 B24 版。

⑦ 南京地方志编纂委员会、南京园林志编纂委员会《南京园林志》第 500 页。

⑧ 上海《中华日报》每周增刊《经济情报》，1937 年 8 月 9 日。

⑨ 周莉、孙溶《今日花神庙》，雨花台区委宣传部等《雨花古今谈》第 52—55 页。

⑩ 南京地方志编纂委员会、南京园林志编纂委员会《南京园林志》第 39 页。

办公室主任王子冰先生印证了这一点。他回忆说，20世纪80年代初期，花神庙村的领导曾规划种植梅花50亩，提出建成南郊梅花山的设想。后来实际在茶园套种了10亩，地点当今雨花台区体育中心西南面。但这一梅景好运不长，大约1985年起村办经济开始不景气，遂将梅树出售了，后来再也未能补种①。2002年出版的《雨花台区志》记载，1998、1999年花神庙村还配合雨花区和雨花台镇（今宁南街道）政府举办花卉节②，并开出4公顷多山地，设立花卉园。1998年建成盆景园、草花展示区、水生花卉园和梅园。梅园位于花卉园西南角小山上，"种植宫粉、龙游、绿梅、垂枝梅等各种梅花品种，形成南京市又一个梅花山"③。笔者反复咨询王子冰先生，他确认"南郊梅花山"之事应在二十几年前，笔者认为比较可信。《雨花台区志》所说时间有些模糊，或者当地十多年后又生此议，方志所载只是这新一轮的设想而已。近十多年来，随着城市规模的不断膨胀，整个花神庙一线传统的花木农圃景观被一片片新兴的住宅小区逐步淹没，殊为可惜，所谓"南郊梅花山"更是无从寻觅，也无从插足了。

7. 江苏南京古林公园梅岭

古林公园位于今南京城西草场门北，因古时附近有古林寺而得名，面积22公顷。1959年曾征用为园林科学公园④，1981年批准建立古林公园，1984年建成开放。根据规划，该园是以四季名花造景为主的花卉专类园，有牡丹园、杜鹃谷、月季园等景区，其中梅花岭位于公园东边山岭脊部，岭上集中植梅，并植有雪松、毛竹、蜡梅等（图187）。据2009年2月9日该公园管理处在互联网上发布的《古林公园梅花迎春》一文介绍，经过多年引种增植，现梅花占地面积27亩，植梅2500

---

① 2009年5月18日上午电话采访记录，由雨花区妇女联合会主席徐姝女士帮助联系。王子冰先生70多岁，住雨花台区能仁里，早年长期负责雨花台乡的林业生产，熟谙当地风土人情、文物古迹，退休后关心乡土文物，时有一些话旧谈故的随笔杂文见于《南京晨报》等。2009年5月27日，王先生又掷函详细介绍花神庙的花卉生产情况："1、花神庙因在南京古城近郊，历史以来以生产盆栽梅花为多，并利用花房的温度，使春节时能使花盛开，供应给官府门第、文人墨客、商贾庆贺新年。也包括大红桃花，梅花销售以盆栽为主，苗木为辅。2、花神庙种植的盆栽梅花，出售前要做型，龙、凤、福、喜、寿、或孔雀开屏等为多，为购买人图吉利。清末及民国时期嫁接及造型较有名的工艺人员有夏海燕、徐长锦、王长根、翟家兴、茆长旺，被称为'五把剪子、五把刀'。3、所生产的梅含桃花，冬天还包船运往广州，供过年出售，春天再用船装回白兰、茉莉、珠兰等南方花苗来，一供自己栽种，二供给花农购买种植，经营大户有芮高荣、徐子春、夏海燕。"第一次通话中，王先生提到的花木盆景大户还有徐怀音、徐君武、王金家几家。王先生所述大约是民国后期至建国初期的情况。据南京方志及有关文史回忆资料，抗美援朝战争时花神庙花农曾集资捐献一架战机，可见当时花卉产业之旺盛。改革开放"新时期"之初，花神庙生产大队及农户仍因花卉生产成了第一批多种经营、搞活经济、发家致富的榜样。透过这些信息，不难感受到南京雨花台南花神庙至凤台门一线花卉生产的古老传统。对王子冰先生的帮助，谨志谢忱！
② 南京市雨花台区地方志编纂委员会《雨花台区志》第288页。
③ 南京市雨花台区地方志编纂委员会《雨花台区志》第741页。
④ 南京市地方志编纂委员会办公室《南京简志》第257页。

多株，180 多个品种①，有骨里红、三轮玉蝶、银红朱砂、淡粉等品种②。长期以来，该公园与日本同行保持友好的合作关系，日本友人曾多次赠送、种植梅花，使公园内的日本梅花品种不断增加，有玉帘、春日野等精品，构成了古林公园梅景的一大特色③。2001 年，公园根据明人鲍山（鲍元泽）吉祥寺拜梅的故事（见本书内编四），于梅岭西巅建成拜梅亭（图 138）。亭属亭廊组成的一组江南古典风格建筑，顺山势高低布设，点缀山石，配植松、竹、梅等。2002 年又建成梅桩园，占地 4000平方米，有梅桩 100 余盆，品种有骨红垂枝、扬州墨梅、徽州檀香等精品④。1998年以来，古林公园成了南京国际梅花节的分会场。

图 187　南京古林公园梅岭。

8. 江苏南京珍珠泉风景区"梅海凝云"

珍珠泉风景名胜区是江苏省级旅游度假区，在南京市浦口区，地处定山南麓，西与老山森林公园相连。1983、1984 年分别由浦口区、南京市两级政府相继开发，占地15 平方公里，有镜山湖、珍珠泉、定山寺、龙王阁等山水与人文名胜。"梅海凝云"是风景区中主要的植梅区，位于镜山湖南岸，是一弯曲冈岭（图 188）。1987 年开始植

---

① 南京市古林公园管理处《古林公园梅花迎春》（载《南京园林》网），www. njyl. com/xinwenzx/xwxs. asp？newid＝11071。

② 汪诗珊等《浅议南京梅花及其产业化》，《北京林业大学学报》2004 年 12 月增刊。

③ 南京市古林公园管理处《古林公园梅花迎春》，www. njyl. com/xinwenzx/xwxs. asp？newid＝11071。

④ 南京市园林局《南京新园林》第 174—176 页。2012 年 3 月 19 日，笔者专程前往探梅，见拜梅亭西侧竖有梅花盆桩景园指示牌，但四下未见梅花桩景的迹象，问几位游园老者，也均茫然不知。

图 188　南京珍珠泉"梅海凝云"（梅村摄，《中国梅花品种图志》2010 年版第 31 页）。此照反映的是公园建立之初湖滨梅林景象，如今这里已改为他用，唯山岭南坡新植不少红梅小树。对面洲上小亭为春风亭，四周植梅。

梅，据说初植 11500 余株，1993 年增植至 2 万株，故又称万株梅海。主要品种有小绿萼、双碧垂枝、跳枝、残雪等①。梅林占地总面积 16.5 公顷，其中花梅 11.5 公顷，果梅 5 公顷（果梅品种主要由日本友人赠送），每值花期，漫山梅花一派香涛云海，蔚为壮观②。与之邻近还有"千亩桃园"、"翠堤春晓"、"梨花春雨"等花卉林木景观③。1997 年起，这里曾作为南京国际梅花节的分会场，近年这里的梅景逐步衰落④。

---

① 浦口区地方志编纂委员会办公室《浦口区志》第 114 页。

② 南京地方志编纂委员会、南京园林志编纂委员会《南京园林志》第 32 页。

③ 南京浦口区地方志编纂委员会办公室《浦口区志》第 114 页。

④ 2009 年 2 月笔者曾致信珍珠泉管理部门，请求提供植梅数量，未蒙回应。3 月 14 日笔者与学生任群、王三毛前往珍珠泉探访，在镜山湖东南岸有一片植梅区，即所谓"梅海凝云"处。因属花期尾声，只见零星盛开，点缀于苍松翠竹间。就所见梅树分布看，规模远不足 16 公顷。树分两种，一是白梅，主要分散在岗顶，株干较大，可能是公园创办之初所植。而南坡多大片红梅，株形较小，且大小不一，可能是后来陆续增植，有不少新植不久。另镜山湖洲湄春风亭四周有不少白梅、蜡梅与樱、桃杂植，与南岸所谓"梅海凝云"隔水相望。公园的说明书也颇耐人寻味，《南京园林志》、《浦口区志》等书有关珍珠泉风景区的介绍，"梅海凝云"总是一个重要景点，公园内树立多年的导游牌上也指示有"万株梅海"景点。但笔者从公园售票处所索新印的《珍珠泉旅游指南》图片上却未标"梅海"一景，可见此景在整个公园的地位在不断下降，就笔者所见，也不免有盛名之下其实难副的感觉。2012 年 3 月 21 日，笔者与侄程滢再次来游，正当花期，所见梅花寥寥无几。

9. 江苏南京雨花台风景区梅岗

雨花台在南京故城聚宝门外聚宝山上，相传梁武帝时有云光法师讲经于此，感动天雨赐花而得名。1950 年在此建立雨花台烈士陵园，1989 年大规模扩建，成为著名的纪念性风景名胜区，有烈士就义群雕、烈士纪念馆、江南第二泉、雨花阁、方孝孺墓、雨花石博物馆等景点。梅岗地名由来已久，因晋梅赜家于此而得名，古称在雨花台北。这一带古时多为墓葬，不以梅花著称，但明清时雨花台上下寺庙林立，寺中多植梅点缀。1999 年雨花台风景区在景区东北侧（烈士群雕东）山坡，以六朝"梅岗"旧名，修建赏梅景点，2001 年竣工。该景点建有知春亭、观梅廊、访梅亭、问梅阁（图 189）等建筑，周围种植成年梅树 180 株①，又点缀干径 30 厘米的古梅三五株②，有徽州骨红、龙游梅等珍品③，盛开的梅花与曲廊粉墙相辉映，极其古雅幽美，成了南京城南地区重要的赏梅景点。本世纪以来，这里作为南京国际梅花节的分会场，每当花期，雨花石博物馆珍藏的梅花图案雨花石精品多同时展出，木石梅景内外呼应，别有一番情趣。

图 189 南京雨花台风景区梅岗问梅阁。

10. 江苏常州红梅公园

常州红梅公园与天宁寺相邻，因园中有红梅阁而得名。

红梅阁的历史极为悠久，南宋史能之《咸淳毗陵志》："荐福禅院在州东南四里，杨行密时建元寺西地建，以歙州清协禅师居之。协尝住庐山香炉峰，俗号炉峰院。国朝咸平中改今额，有红梅阁，淳熙中毁不存。旧岁贡闱未建，尝寓试焉。"④

---

① 2012 年 3 月 19 日，笔者专程前往探梅，——清点梅岗景点亭廊周围梅花，得 180 株，有红、白、绿诸色，另杂有两三株蜡梅。

② 南京市园林局《南京新园林》第 104 页。

③ 于金库《东晋梅岗重建记》（《南京园林》网，2002 年），www. njyl. com/xinwenzx/xwxs. asp？newid ＝ 10364。此文原称梅岗景点植梅千余株，有可能是指整个陵园的植梅数，但累计梅岗景点及附近几处零星梅树，远不足此数。

④ 史能之《咸淳毗陵志》卷二五。

所说荐福寺在常州城东南，唐末杨行密天祐（904—907）间建，宋真宗咸平间
（998—1003）改名荐福。北宋后期，这里的红梅便已引人瞩目，词人贺铸有《和题毗
陵荐福寺红梅》："一种梅生禅老家，屋檐古干恣欹斜。诗人莫讶深红色，可胜寻常桃
杏花。"① 同时李之仪有文章称寺中老僧珙老为"红梅老子"②。度其红梅，当非新植，
贺铸称其"古干"，而李之仪也称"院有梅甚古"，想必有可能建寺之初即已种植。

图 190　常州红梅公园红梅阁（常州红梅公园管理处提供）。

　　寺中红梅阁起于何时，史志未见记载，当是宋徽宗朝。李之仪、贺铸诗中都未
提到有阁，而同时程俱即有《过红梅阁》诗，咏红梅"春风如醇酒，着物物不知。
能使死瓦色，化为明艳姿"，"春风日浩荡，醉色回冰肌。清妍有余态，众芳谢凡
卑"，描写新妙，颇为时人称赏③。程俱于徽宗大观间（1107—1110）监常州市易
务，诗作于任上，红梅阁当建于此时或稍前。由《咸淳毗陵志》可知，南宋淳熙时
阁已毁。元时寺渐废，建为玄妙观，阁址建飞霞楼。明初释竺渊（源）曾致力恢复
旧刹，重植梅花④，万历三十一年（1603）知县晏文辉等复建阁⑤。清康熙三十一年

---

① 《全宋诗》第 19 册第 12611 页。
② 李之仪《常州荐福珙老真赞（院有梅甚古）》，北京大学古文献研究所编《全宋诗》第 17 册第 11292 页。
③ 陈岩肖《庚溪诗话》。
④ 谢应芳《荐福寺红梅诗》，《龟巢集》卷八。
⑤ 刘广生、唐鹤徵《（万历）常州府志》卷二。

（1692）重修①，不久渐圮，嘉庆间道士徐浣梧复建，咸丰十年（1860）毁于兵火，光绪六年（1880）乡绅刘翊宸等捐资重建②。嘉庆以来，这里古阁瑰丽壮观，梅花盛开季节，红梅绽放如霞，颇受文人喜爱，纷纷游赏题咏。如嘉庆九年（1804）赵翼《红梅阁题壁》"出郭寻春羽客家，红梅一树灿如霞。樵阳未即游仙去，先向瑶坛扫落花"③，嘉庆十六年《红梅阁探梅》"满街箫管竞繁华，闰岁春迟柳未芽。趁得今朝风日好，红梅阁上探梅花"④，都可见当时红梅阁成了常州早春赏梅的重要去处。

今常州市红梅公园由人民政府在原天宁寺林园基础上扩建而成。1956 年起征用土地，进行整修，1957 年对红梅阁、文笔塔等古迹进行修缮，并陆续对公众开放。因红梅阁位于整个公园的中央，而定名为红梅公园。经过改革开放"新时期"30 多年的改造和建设，目前占地面积近 34 公顷，为常州市内面积最大的综合性公园。1990 年市政府拨款 30 万元重修红梅阁，改土台基为上下两层花岗岩基座，按照道教传统风格加以布置，四周广植红梅翠竹，是为"红梅春晓"一景（图190），即公园的八大景区之一⑤。

11. 浙江宁波九峰梅园

民国间，宁波北仑区柴桥一带即盛产青梅⑥。如今北仑区新开辟的九峰山旅游区内建有一梅园，在旅游区网岙景区入口内侧，占地约 60 亩，地栽梅树数千株，有朱砂、黄香、洒金、绿萼、宫粉、玉蝶等品种，其中还移植不少数十年、上百年，甚至传说数百年的古梅大树，有陆游塑像、梅亭、牌坊等景观（图191）。该园 2003 年建成开放，地处狭长山沟之中，环境清新幽美，早春花季，游人纷至沓来，当地政府举办梅花节，吸引游客，声誉渐起⑦。

12. 浙江诸暨三国梅园

三国梅园位于浙江省诸暨县东白湖镇斯宅行政村。这里位于诸暨县东南部，与东阳、嵊州三县交界，南面不远是会稽山脉的主峰、海拔 1194 米的东白山，地处偏僻，重峦叠嶂，沟壑深曲，植被茂盛，林木葱郁，保持着原始的生态地貌和淳朴的山乡风情。从陈蔡水库（东白湖生态旅游区）向东南深山行进，在黄坛溪上游有一个西施村，相传是西施母亲的故里，三国梅园就位于这些高山深沟里。严格地说，

---

① 于琨、陈玉璂《（康熙）常州府志》卷一八。
② 朱凤起《重建红梅阁记》，常州市天宁区志编纂委员会《常州市天宁区志》第 928 页。
③ 赵翼《瓯北集》卷四六。
④ 赵翼《瓯北集》卷五三。
⑤ 请参见常州市天宁区志编纂委员会《常州市天宁区志》第 767—769 页。本节红梅阁照片由常州红梅公园司洪庆主任和席先生提供，谨此志谢！
⑥ 冼冠生《陇皮梅研究》，《食品界》1933 年第 3 期。
⑦ 本节九峰梅园图片引自网络，未经实地核查，附注"旺友提供"，"旺友"谐音网友，借以对作者祝福和致谢。

图 191　宁波九峰梅园（旺友提供）。

三国梅园是一个生产性私营花木苗圃，以培育梅花、香榧等苗木为主，规模不大，且分布在三个不同的山沟，大概三国梅园即取名于此。园主陈树茂原为斯宅乡林业技术员，1989 年辞职从事个体苗木生产。最初主要嫁接、培育香榧苗木，1996 年承租 10 多亩山地，种植梅树，生产青梅，自酿梅酒，开办"农家乐"乡村旅游服务等①。1999 年，与陈俊愉等梅花权威学者取得联系，获得支持，梅圃也渐为业内所知。2003、2008 年经过两次扩种，目前三处梅圃总面积 60 多亩，有红怀抱子、美人梅、南京红、贵妃、人面桃花、舞朱砂、银红台阁、飞绿萼、长蕊变绿萼、曹溪宫粉等珍贵品种 40 多个②。三国梅圃均位于深谷幽壑之中，谷底溪水潺潺，两边山上松竹茂密，想其花开时节，有着浓郁的山野气息（图 192）。远望幽谷翠微之中红红白白的花枝尤为鲜艳俏丽，正如唐代钱起诗中所说"山花照坞复烧溪，树树枝枝尽可迷"③，而梅花幽韵冷香飘漫于山岚溪濑之中，也更为清新迷人。

---

① 孙胜利《陈树茂创建"三国梅园"》，原载《中国绿色时报》2006 年 4 月 5 日，此据 http：//www. hnhm. com. cn/news/yuanyi/200604/2195. html。
② 陈树茂先生为笔者所填《梅花（蜡梅）风景名胜历史情况调查表》、《梅花风景名胜现状（2009 年）调查表》（2009 年 3 月 20 日）。2010 年 7 月 18 日下午，笔者与江苏省邮政局陈玉冬君（时在绍兴市邮政局挂职交流），由绍兴邮政局陈新木师傅驾车一同前往三国梅园，陈树茂先生热情迎接并引导参观，结束后又呼小车将笔者送至诸暨汽车站，本节照片也由树茂先生提供，谨此志谢！
③ 钱起《山花》，《全唐诗》卷二三九。

图 192　诸暨三国梅园沙田苗圃（斯海平摄）。

13. 安徽合肥植物园梅园

　　安徽省合肥植物园 1987 年创办，地处合肥市城西蜀山湖风景区，占地 70 公顷，是一座三面环水的半岛园区，集植物资源保育、科研科普和旅游休闲于一体的综合性植物园，其中梅、桂、竹、木兰、石榴等植物专类园规模突出。梅园位于植物园的东北部（图 193），1993 年创办，该年 2 月全国二梅年会在合肥举行①，对梅园的创办促进多多。最初植梅 30 亩，约 2800 棵，有素白台阁、洪岭二红、虎丘晚粉、南京红等 36 个品种。次年又扩种 10 亩约 1000 株，有徽州台粉、三轮玉蝶、徽州檀香、六瓣淡等品种。2001、2002 年又进行扩种，新增送春、素白台阁、豆绿、千叶红宫粉、飞萼绿、骨红垂枝、徽州骨红、舞朱砂等品种。2008 年初春再次扩种 55 亩约 1800 棵，并修筑了徽派建筑风格的艺梅馆，内设陈俊愉陈列馆和生物标本室，以供梅文化、科普与科研交流之用。现梅园占地 103 亩，地栽梅 6280 多株，有徽州骨红、合肥送春等 45 个品种。梅园居半岛东北部水滨，花色与湖光交映生辉，颇有特色。该梅园是安徽省最大的专类园和梅花品种收集基地，自 2003 年来，每年 2 月中旬至 3 月中旬举办合肥梅花节，2008 年承办全国梅花蜡梅展览，大大增加了梅园在当地和全国的影响②。

---

① 二梅协会秘书处《中国花协二梅分会第一届三次年会暨全国第三届二梅展览会纪要》，中国花卉协会梅花蜡梅分会《中华梅讯》（第 1—10 期合订本）总第 6 期第 3 页，1996 年刊印本。

② 本节内容有关数据均据合肥植物园吉浩先生为笔者所填制的《梅花（蜡梅）风景名胜情况调查表》（2009 年 4 月 14 日收到）。照片由合肥植物园园长周耘峰先生关照，詹双侯先生提供，谨此志谢！

图 193　合肥植物园梅园（詹双侯提供）。

图 194　歙县多景园附近街景。图之左侧马路外即多景园故址，今已为一江滨开放式休闲绿地，附近有"多景园酒家"等商号，昔日梅园胜景，依稀可感。

14. 安徽歙县多景园

歙县多景园位于安徽省歙县县城太平桥东侧、徽州路南侧练江之滨，1980 年歙县城建局动工兴建，1983 年竣工落成，占地 6 亩多。整个公园是一座滨江带状绿化庭园，以梅花盆景陈设为主。盆景主要从歙县卖花渔村（洪岭）移植，大约有数百盆之多，梅桩大、中、小规格皆备，品种也比较齐全，铁干虬枝，盘根错节，千姿百态，体现了典型的徽派梅花盆景风格。梅桩盆景外，另有名为"梅溪"的露地植梅园景。该景北为假山，缓坡植梅数十株，绕以小溪，陡坡悬以人工瀑布。园中有报春堂、玉照亭等徽派风格建筑，制名都寓含梅花风韵。整个园林为滨江带状岸景，北与徽州古城一路之隔，南岸远山与寺塔隔水呼应，颇有一番幽雅古典的情趣①。20 世纪八九十年代，此园以徽派梅

① 具体景观设计请见程极悦《徽州新园林创作小试——多景园〈梅溪〉景区设计》，《建筑学报》1986 年第 1 期。

桩盆景享誉一时，大约 2006 年已改建为一开放式公众休闲公园。附近商店仍引用多景园的名号（图 194），但梅桩盆景等设施尽已移去，外围花墙全部拆除，亭台建筑面目全非，所植梅树也寥寥无几①。

（二）华南地区梅园

广东梅州城东梅园

梅州于五代十国建州，始称敬州，入宋后避讳改称梅州②，领程乡县，辖地当今梅县与梅江区境。清朝辖地扩大，领程乡、兴宁、长乐、平远、镇平五县。今梅州市辖梅县、梅江、兴宁、五华、大埔、丰顺、蕉岭、平远七县一区。梅州地处粤东山地，梅花分布自古较盛，早在南宋杨万里诗中就有涉及。杨万里《明发房溪》："山路婷婷小树梅，为谁零落为谁开。多情也恨无人赏，故遣低枝拂面来。"《自彭田铺至汤田，道旁梅花十余里》："一行谁栽十里梅，下临溪水恰齐开。此行便是无官事，只为梅花也合来。"③ 旁溪又作滂溪，在今梅县梅南镇，彭田铺在今丰顺县北，汤田即丰顺县旧治汤田（今丰良镇），可见当时从程乡县至揭阳县一路有连绵梅花④。今梅州境内多数百年、上千年的古梅资源，著名者如

---

① 2010 年 4 月 10 日，笔者与同事曹辛华君由黄山市租车来此寻访多景园，问询多人均茫然无知，市售《歙县导游图》背页有一偌大的《歙县城区图》，也未见标示，辗转半晌，在城西南练江太平桥畔遇一晨炼老者告诉笔者，眼前一片滨江市民休闲绿化公园，十年前即为梅园，其中陈列不少梅花桩树盆景和地栽梅树，后来分散移到大宅院等景点去了。

② 吴宗焯、温仲和等《（光绪）嘉应州志》卷二："疑当封时即称梅王（引者按：指南汉所封诸王之一），以其地有梅口镇，因梅溪水而得名。而开宝四年之改为梅州，实由此也。"

③ 杨万里《诚斋集》卷一七。

④ 关于杨万里《自彭田铺至汤田，道旁梅花十余里》所说地点，当代梅州人士多认为在梅县境，并称彭田铺即滂铺，在今梅县梅南镇，此说误。杨万里诗严格按时间排列，此行诗歌在梅州南境依次为《过水车铺》、《宿万安铺》、《过单竹洋径》、《自彭田铺至汤田，道旁梅花十余里》、《观汤田铺溪边汤泉》、《汤田早行见李花甚盛》、《过瘦牛岭》。水车铺，今梅县水车镇。万安铺在今梅县与丰顺县交界处，光绪《嘉应州志》卷一记载乡都："原都有九，今存其六……曰万安都，编户为图者三：万一、万二、万三，图各十里，今万三第五里粮归丰顺。"彭田铺在万安铺附近，已入或至少紧邻丰顺境。光绪《嘉应州志》卷一二引乾隆志："彭田铺在万安都，此与瘦牛岭，宋杨万里提刑过其地，俱有诗。"万安铺以下诸诗应入揭阳（今丰顺）境。丰顺县县志编纂委员会《丰顺县志》第 66—81 页所载自然村名较详，但未见彭田铺，梅县、丰顺两县卫星地图中也均未见有彭田铺地名。汤田即丰顺县旧城丰良镇。丰顺县由乾隆三年（1738）割海阳、揭阳、大埔、嘉应州（今梅县）四县地设立，乾隆《丰顺县志》卷一："邑治本海阳县属丰政都之汤田也。"卷八令葛曙《温泉记》："汤田之名由温泉得也，出丰城西北数十武可望即即。"汤田在宋代为揭阳县北境，杨万里《宿万安铺》"来朝送入鳄鱼乡，未到潮阳到揭阳"，鳄鱼乡是清嘉应与丰顺分界处，宋时属揭阳。光绪《嘉应州志》卷一罗衣堡下记载："东南至鳄鱼嶂，与潮阳丰顺分界。"是宋时万安属梅州，而鳄鱼嶂属揭阳。鳄鱼嶂既为界山，彭田铺更在其下，已属宋揭阳境，即今丰顺县境。瘦牛岭有二，一在今丰顺汤坑镇北，一在今潮州府城西，杨万里所指应仍在揭阳境即清丰顺境内瘦牛岭。

梅县城东潮塘古梅等，也属其来有自，源远流长。因州以梅名，人们不禁多了几分联想。出生于梅州的叶剑英元帅早年《咏梅》诗句"漫咏罗浮证仙迹，梅花端的种梅州"[1]，可以说道出了梅州人喜爱梅花的美好心愿和深厚情结。1993年，市人民代表大会常委会顺应民意，正式确定梅花为市花。这进一步激发了当地梅花种植的积极性，出现了一些以种植梅花为主的景观，其中最值得关注的是城东梅园。

城东梅园地处梅县城东镇梅州市警官培训学校校园内，由梅州市公安局投资，利用梅州市警官培训学校校园及其后山，于2001年前后建成。占地近500亩，园内外共栽种千株梅花大树，有"大道梅香"（图195）、"梅山胜境"、"两岸梅红"、"梅香古韵"等景点。每当花期，整个校园沐浴在一片香氛雪海之中。此外，梅州客天下旅游产业园和梅县雁洋镇雁鸣湖旅游度假村也于近年分别建成了数百上千亩的梅花园，进一步丰富了梅州的梅花风景[2]。

图195　梅州城东梅园（丘波提供），此为其中"大道梅香"一景。

---

① 谢崇德《梅花端的种梅州》第98页。
② 本节关于梅州梅园的内容，根据梅州市梅花协会秘书长丘波先生的初稿写成。2010年2月上海二梅会间与丘先生相识，此后联系不断，多获教益。丘先生长期从事梅花的园艺工作，在广东各地推广种植，贡献良多。为人热情厚道，与之交往，倍感温馨，本节照片也承丘先生提供，谨志谢忱！

（三）西南地区梅园

1. 四川成都杜甫草堂

（1）草堂概况

杜甫草堂位于成都市青羊区浣花溪畔，当年杜甫卜居营建草堂的地方，正是今天成都杜甫草堂博物馆所处的位置。在安史之乱爆发后那万方多难的岁月里，杜甫一家经过一番艰苦跋涉，离开动乱中心的关中地区，于唐肃宗乾元二年（759）岁末来到成都。先借居草堂寺，据考证此寺后称梵安寺，在今杜甫草堂东侧。第二年即上元元年（760）春天，在亲友的帮助下，在浣花溪畔苦心营建了一座草堂，结束了颠沛流离的生活。整个草堂到宝应元年（762）才完工，从乾元二年末到永泰元年（765）四月，杜甫在东西两川寓居近五年半时间，其中在成都草堂居住三年零九个月。杜甫在成都期间尤其是寓居草堂时期，是一生中除青年裘马清狂之外最为快乐的岁月。日子虽然过得清贫，却是安宁、闲适，留下了240多首吟咏草堂风光，描述郊居生活的诗歌。作为千古诗宗的故居，成都草堂被誉为"中国文学史上的一块圣地"[①]。

唐代宗永泰元年（765）杜甫离开成都南下后，草堂被西川节度使崔宁之妾任氏据为私宅，经过一番整修、扩建后不久，又赠与附近的草堂寺。唐昭宗天复元年（901），诗人韦庄应西川节度使王建之聘为西蜀奏记，翌年沿浣花溪寻得杜甫草堂旧址，"欲思其人而成其处"[②]，因其遗砥重建草堂。此后历宋、元、明、清各代，草堂屡废屡兴，逐渐演变为一座纪念性祠宇。新中国成立后，更是不断扩展，将草堂寺及附近一座私人花园整合一体，进一步加强对古建筑的修葺与扩建、对园林景观的培植与治理。经过数十年不断的努力，如今的杜甫草堂博物馆，形成了古建筑与园林交相辉映，人文景观与自然景观巧妙结合，四川园林之地方特色与诗人故居典雅质朴风格有机融合的文化风景名胜地。

（2）草堂梅花的现状

今天的杜甫草堂，林木葱茏，竹树掩映，花香浮动，一派幽雅繁盛的园林风光。这其中梅花的种植较为突出，"大片梅林已成为草堂园林的一大特色"[③]。草堂梅花主要分布在诗史堂前庭园和草堂西北隅梅园（一称梅苑）。诗史堂位于整个草堂园

---

① 冯至《杜甫传》第110页。
② 韦庄《浣花集序》，《浣花集》卷首。
③ 杜甫草堂博物馆《草堂览胜》第42页。

图 196   杜甫像（蒋兆和作，冯至《杜甫传》卷首）。

林的中心位置，由草堂正门进入，度石桥，穿大廨，在大廨与诗史堂之间的开阔庭园中植有 130 多株梅花，四周回廊曲抱，远处嘉木修竹、潺潺流水掩映，花开时节疏影横斜、浮香满径，廨堂内诗人塑像忧思苦吟，游人徜徉其间，巡觅胜迹，无不顿生思古之幽情，感佩诗圣之品格。

　　草堂梅园位于草堂西北角，属园中之园，可由草堂北门直通其中，占地约四五十亩，原是一处私家花园，后划归草堂管理。园中穿池引流，累土为山，沿流建水榭、曲桥、山亭。池东西以植梅为主，约 200 余株①，树龄在 10 年至 50 年不等，间植海棠、玉兰、绿柳、松竹、枫树等，水中植荷，景象极其幽致。在园之西偏，矗立一座四层高的砖木古塔，名曰"一览亭"，取杜甫"会当凌绝顶，一览众山小"诗意。登塔眺望，远处工部祠宇，近处亭台曲沼尽收眼底，别有一番情趣。

　　有关草堂梅花品种等方面的具体情况，可以周维扬、丁浩《杜甫草堂史话》所述为证："论数量，已达数百株；论品种，也有十数种。其中，最早绽发的是春信

① 2009 年 10 月 20 日上午笔者与同事曹辛华君一同游览草堂梅园，清点了诗史堂和梅园梅树的大致数量。

梅，一月下旬就露出了它粉红的脸庞。接着朱红色的早朱砂、冰清玉洁的二绿萼相继登场，逐渐形成繁盛的花事。且看，诗史堂前的古梅'散绮'，白中透红，青春焕然；婀娜多姿的'玉蝶'，色净似雪，形如粉蝶翻飞；花繁色艳的'大红梅'丰润凝重，妖娆无比；'金钱绿萼'，以花大瓣多取胜；'浸瓣朱砂台阁'，是濒于灭种的珍品，也在园中重展风采。原产于日本的杏梅开在最后，却给整个花事掀起了高潮，那满树繁密丰满的花朵，热烈而不失娇艳的色彩，如潮涌般的馥郁清香，都给人留下了极深的印象，也给花事画了一个圆满的句号。梅花开放期间，草堂庭园云蒸霞蔚，如火如荼，似锦似绮。赏梅，成了成都市民新春游草堂的主要节目。"① 而张建军、江波等《草堂梅花》一文对如今草堂梅花的情况有更具体的介绍，值得参考②。

（3）杜甫寓居时的情景

草堂梅花这一盛况主要是新中国成立后数十年草堂园林建设的成果，但抚今追往，回溯千百年来杜甫草堂的兴废变迁，不难感受到这一草堂风物深厚的历史渊源。

四川天府之国，物产富饶，成都西南都会，自古多梅。西汉扬雄《蜀都赋》铺陈成都所产水果："杜樼栗柰，棠梨离支，杂以梴橙，被以樱梅。"③ 西晋左思《蜀都赋》："其园则有林檎枇杷，橙柿梬楟。榴桃函列，梅李罗生；百果甲宅，异色同荣。"④ 梅都是其中主要的品种。当然，这时人们主要着意其果实生产，而非花色观赏。晋宋以来梅花渐受关注，到了唐代，有关诗赋作品中开始透露出蜀中尤其是成都一线梅花分布的信息。初唐咸亨二年（671）王勃《春思赋》："蜀川风候隔秦川，今年节物异常年。霜前柳叶衔霜翠，雪后梅花犯雪妍。霜前雪里知春早，看柳看梅觉春好。"⑤ 盛唐张说使蜀《正朝摘梅》："蜀地寒犹暖，正朝发早梅。"⑥ 这都是杜甫之前的情况。

杜甫草堂的梅花最直接的源头自然应该追溯到杜甫。根据杜诗的描述，草堂初始占地仅一亩，后来逐步有所扩展，四周有矮墙和竹篱，开有柴门。草堂面对浣花溪，浣花溪为大江（今名清水河）流经成都西郊的一段，江水西来绕草堂南面再转向东流。草堂附近正是江流弯环的空旷平川，环境幽旷，人烟稀少，四周农田阡陌，林木葱郁，花草茂盛，景色秀美宜人。草堂内挖有池塘、水井，筑有亭台、藤架，

① 周维扬、丁浩《杜甫草堂史话》第57页。杜甫草堂博物馆《草堂览胜》所收古元忠《梅花香飘诗史堂》、张宗荣《红梅先报草堂春》、张远信《不与百花争春的草堂梅》等文都有介绍，值得参阅。
② 张建军、江波、孙红玉《草堂梅花》，《杜甫研究学刊》2004年第1期。
③ 严可均《全上古三代秦汉三国六朝文》全汉文卷五一。
④ 萧统《文选》卷四。
⑤ 王勃《王子安集》卷一。
⑥ 《全唐诗》卷八九。

开辟了菜圃、药畦，另有"花径"、"竹径"等小道。草堂植物中有竹、桤木、杨柳、松柏、楠、棕、楸、桦等，其中花果有桃、李、菱、荷、枇杷、橘、橙、梨、桂、丁香、栀子等①，物色丰富，洋溢着郊野江村特有的蓬勃生机。

图 197　草堂春意（江波提供）。

杜甫草堂也植有梅树。早在草堂经营之初，杜甫接连以诗代简，向友人索要花竹苗木，其中《诣徐卿觅果栽》诗："草堂少花今欲栽，不问绿李与黄梅。"所说黄梅即蔷薇科梅树。四年后的广德二年（764）《绝句四首》咏园中夏景："堂西长笋别开门，堑北行椒却背村。梅熟许同朱老吃，松高拟对阮生论。"这时的梅树已经结实了。不仅是草堂园内，附近浣花溪畔也有野梅分布。其《西郊》诗写道："市桥官柳细，江路野梅香。"市桥在当时城内西南隅，南对笮桥门，而所说"江路"，则主要指浣花溪沿岸古道，多野梅分布。另在《王十七侍御抡许携酒至草堂，奉寄此诗，便请邀高三十五使君同到》诗中也写道："绣衣屡许携家醞，皂盖能忘折野梅。"是说客人应该记得，以往来访时曾经顺道折过梅花，可见草堂附近也多野梅。这种情况延续到宋代，南宋陆游《梅花绝句》："当年走马锦城西，曾为梅花醉似泥。二十里中香不断，青羊宫到浣花溪。"②可见当时城西浣花溪沿岸梅花十分繁盛。

① 请参阅周维扬、丁浩《杜甫草堂史话》。
② 陆游《梅花绝句》其二，《放翁诗稿》卷五〇。

　　不过就杜诗描写的草堂风景和生活情况看，当时种梅是极为有限的。草堂种植较多的是竹子、桤木，果树中则以桃树最多，这些都是实用价值较高，清贫之家生活必需的植物。竹子是常用的建筑、编织制作和薪火用材，竹笋又是家常食品。桤木为速生树种，三年长成，伐为薪柴①。桃树适应性强，结果早，产量高，营养品质好，因而日常种植较为普遍，正如杜甫《题桃树》所说，"高秋总馈贫人实，来岁还舒满眼花"②，杜甫一次就向友人"奉乞桃栽一百根"③。相对而言，梅树就不如这些植物必需，尤其是不必大量种植，以杜甫当时的经济状况，也不会专为观赏而营造梅园之类。因此杜甫草堂内的梅花不称繁盛，应只是零星的闲植。

　　尽管如此，作为"文学圣地"，草堂梅花还有其特别值得关注之处。首先，杜甫与梅花的情缘颇深，对梅花的神韵发明颇多。据学者统计，杜诗中除了泛称"花"之外，专称某花最多是梅花④。无论早岁在中原地区，还是后来南下寓居两川、峡江，漂流荆湘，诗歌中都不时写到梅花，可见其对梅花的关心与喜爱。南宋方回甚至说"老杜诗凡有梅字者皆可喜"，并举例说"'巡檐索共梅花笑，冷蕊疏枝半不禁'，'索笑'二字遂为千古诗人张本"⑤。不仅上句"巡檐索笑"为千古文人爱梅赏梅的风雅写照，下句"疏枝冷蕊"也可谓是描写梅花形象美的勾魂摄魄之言，尤其是以"疏"字状梅，早于林逋"疏影横斜"句250年，也是孤明先发⑥。其次，杜甫集中专题咏梅之作两首，《和裴迪登蜀州东亭送客逢早梅相忆见寄》七律一首即作于草堂。诗曰："东阁官梅动诗兴，还如何逊在扬州。此时对雪遥相忆，送客逢春可自由？幸不折来伤岁暮，若为看去乱乡愁。江边一树垂垂发，朝夕催人自白头。"此诗作于上元元年（760）冬末，友人裴迪在蜀州（今四川崇州）任刺史幕僚，于治所东亭送客，因逢早梅而忆及杜甫，寄诗表达怀念。杜甫诗中以梁朝诗人何逊扬州（今江苏南京）幕府咏梅伤春之事作比，因友人欲折梅相寄而感伤时光之迁迫、乡愁之煎熬。诗的后四句说，幸好你（友人）没有折梅送来，否则我会睹物伤怀，情何以堪。虽然没见到你的赠梅，但我浣花溪畔的垂垂绽放的梅花，又在不知不觉地催人头白向老呵！如此往复感怀，曲折委婉，表达出诗人飘泊无依、迟

---

① 杜甫《凭何十一少府邕觅桤木栽》："草堂堑西无树林，非子谁复见幽心。饱闻桤木三年大，与致溪边十亩阴。"后人注云："蜀人以桤为薪，则三年可烧。"《九家集注杜诗》卷二二。

② 《全唐诗》卷二二六。

③ 杜甫《萧八明府堤（一作实或宴）处觅桃栽》，《全唐诗》卷二二六。

④ 陈植锷《诗歌意象论》第215页。

⑤ 方回《瀛奎律髓》卷二〇。

⑥ 有关杜甫咏梅的历史贡献，请参阅笔者《中国梅花审美文化研究》第三章"隋唐五代：梅花审美欣赏的发展"第三节"杜甫的地位"及《宋代咏梅文学研究》下卷"梅花的典故"。

暮感伤的凄楚心境，被后人推为"古今咏梅第一"佳作①。诗中所说"江边一树"，应是草堂附近临江的一株野梅，枝干应较硕大，景色动人。第二年同期杜甫《徐九少君见过》："何当看花蕊，欲发照江梅"，《王十七侍御抢许携酒至草堂，奉寄此诗，便请邀高三十五使君同到》"绣衣屡许携家酝，皂盖能忘折野梅"，所说或即这棵梅树。正是杜甫的这些草堂咏梅作品，尤其是和答裴迪的这首千古佳作，为杜甫草堂这一诗人遗迹留下了一段风物佳话，也为后人在此植梅纪念提供了一个历史机缘和想象空间。

（4）唐以后的草堂梅景

遗憾的是，从五代以来一千多年的草堂遗址建设中，并无多少有关草堂植梅的直接记载。明成化间有"草堂八景"之说，"曰梵安兰若、工部草堂、百花潭水、万竹山房、石桥通济、泉井源深、官庄柳荫、古道柏森"②，有绿竹、杨柳、松柏，但没有梅花名目，可见种植数量并不突出。但成都平原物色富饶，草堂一带自然也不缺梅花，北宋益州知州宋祁《春日出浣花溪》："少陵宅畔吟声歇，柳碧梅青欲向谁。"③清乾隆间郑方城《新春赴成都，出游南郊志兴》"初开雾色烂如霞，处处梅妆柳眼遮"④，光绪间缪荃孙《游浣花草堂记》："冷梅数株，偃寒篱落，苞香乍胎，侧干横劲"⑤，都写到了梅花。而就草堂园林所植，有两处记载较为明确，值得注意。

一是明朝中期崇庆文人杜朝绅《存梅记》："锦江之滨有杜工部祠，祠后有亭，亭东西有梅。祠亭以工部故，古今重焉；梅以亭故，古今游者又争重焉。植莳或亦远矣，清姿奇气益溢阶槛，增胜乎亭者也。"⑥嘉靖十四年（1535）欲加修葺，成都知府邵经济以亭之东西有梅树在，不忍伤之，于是卜其东侧新建，号存梅亭。嘉靖二十二年，四川巡抚刘大谟就此进一步扩修，引流建桥，增修栏槛，诸亭也改匾新题，总称草堂别馆⑦。因其在邵氏新旧两亭间穿池，原有梅景不免受到影响。终明之世后来又有几番修缮增制，但明末张献忠兵入川，兵火殃及，诸景或有遗留，也孑然难存。

二是晚清傅崇矩（1875—1917）《成都通览》所载："草堂，在南门外西南七

---

① 明人王世贞语，仇兆鳌《杜诗详注》卷九。
② 何明礼《浣花草堂志》卷一"形胜"。
③ 宋祁《景文集》卷一八。
④ 郑方城《新春赴成都，出游南郊志兴》，何明礼《浣花草堂志》卷五。
⑤ 缪荃孙《艺风堂文集》卷七。
⑥ 杜朝绅《存梅记》，何明礼《浣花草堂志》卷三。
⑦ 刘大谟《草堂别馆记》，何明礼《浣花草堂志》卷三。

里，修竹千万，梅花亦多……每年正月初七日，游人纷至。"① 正月初七为人日，成都人好为草堂之游。杜甫本人没有写到人日赏梅，但友人高适有《人日寄杜二拾遗》："人日题诗寄草堂，遥怜故人思故乡。柳条弄色不忍见，梅花满枝堪断肠。"

图 198　诗史堂前梅花（江波提供）。

杜甫晚年再见此诗，感慨中起，情不能堪，有诗追和。据吴鼎南《工部浣花草堂考》考证，"人日游草堂之相习成风，当在清道、咸以后。盖自嘉庆重修，放翁配享，少陵旧迹愈为人所重，人日游草堂渐见于士大夫之题咏，而尤以咸丰中何绍基一联为著，曰：'锦水春风公占却，草堂人日我归来。'其时盖已成俗矣"②。而成都冬不甚寒③，人日已是梅花盛期，想必当时草堂经营者应市俗所好而植梅营景，吸引游人，《成都通览》所说"梅花亦多"，当缘于此。清末民初，文人多有作品咏及草堂梅景，如高文《人日游草堂寺》："人日残梅作雪飘，出城携酒碧溪遥。"刘咸荥《草堂怀古》："诗人有宅花潭北，千载梅花闲不得。翻江红雪日初晴，酒气春浓醉香国。"① 赵熙（1866—1948）《下里词送杨使君之蜀》："西向最将人日报，草堂花发最思君。"② 这些都可见当时人日草堂赏梅风气之确实。民国以来，军阀割据，战乱频仍，草堂长期为驻军占据，遭到严重破坏③，而人日之游也告终结。

（5）新中国成立后的草堂梅花

新中国成立后，杜甫草堂受到人民政府的高度重视，1952 年经全面整修后，一扫颓败凋敝之气，正式对外开放。为了更好地加以保护和管理，1954 年，成都市政府批准筹建杜甫纪念馆，次年正式建成开放。杜甫纪念馆的成立，标志着杜甫草堂的文物保护、园林管理、科学研究及社会宣传工作产生了质的飞跃，进入了一个稳定有序、不断发展的新阶段。1961 年，草堂纪念馆被国务院公布为首批重点文物保护单位，1985 年建馆 30 周年之际，正式更名为草堂博物馆。今日的草堂，已经发展为包括原草堂寺建筑群和梅园在内、占地 240 多亩的纪念性博物馆，它犹如一颗绿宝石镶嵌在成都西郊浣花溪畔，与附近的浣花溪公园、青羊宫、百花潭公园等相互烘托，成了历史文化名城成都的一个重要象征。

在新中国成立以来六十年的草堂园林建设中，梅花景观的营建与发展最为突出。据草堂园林工作人员回忆，由于 20 世纪三四十年代驻军的破坏，"寺内林木一片荒芜，仅剩少许高大古树"，"寺庙殿宇间的空坝也是光秃秃的。工部祠的中轴线区域仅保留一对大榕树，一棵青皮梧桐，两棵罗汉松、一棵大紫薇、一棵蜡梅和少许慈竹。到处是残垣破壁、池淤沟塞的凄凉景象"④。1950 年着手修复荒芜的杜甫草堂时，即"确定以梅花、楠木为主"⑤。"1955 年初夏，解放军移交军阀王始忠的别墅给杜甫草堂，总面积约 30 亩，建筑面积 800 平方米。园内植有垂丝海棠、玉兰、桂花、观音竹及上百株红梅（粗者在 15 公分以上），故名梅园。"⑥ 这年冬天，对草堂梅花进行了集中整理，"将梅园中的部分大梅花移植到大廨后诗史堂前的天井中，又从西门包包店花农家中收购部分大红梅花栽植其间。另取园内苗圃历年嫁接的部分梅花苗，补栽在东廊和东面空坝、西廊和西面的山上，以及柴门前、工部祠后"，

---

① 冯广宏、肖炬主编《成都诗览》第 176 页。

② 林孔翼辑《成都竹枝词（增订本）》第 147 页。

③ 曾延年《工部草堂被兵拆毁，寺僧以束草覆遗像权避风雨，其他亭榭水木不可寻旧迹矣》、陈衍《过工部草堂戏作》，《成都诗览》第 177 页。另可参阅周维扬、丁浩《杜甫草堂史话》第 34—35 页。

④ 成都市园林局修志室藏《回忆杜甫草堂的绿化工作》，转引自成都市园林局修志办公室《成都园林绿化志（资料长编）》（二）第 325 页。

⑤ 佚名《试谈历史文化名城》，转引自成都市园林局修志办公室《成都园林绿化志（资料长编）》（二）第 325 页。此文原载《四川园林》1984 年第 10 期，未见。这一说法未必可靠，参见后文注释。

⑥ 成都市园林局修志室藏《回忆杜甫草堂的绿化工作》，转引自成都市园林局修志办公室《成都园林绿化志（资料长编）》（二）第 327 页。

图 197　草堂梅园（江波提供），本军阀王始忠别墅，是草堂公园集中植梅处。

"这次共计栽植红梅 300 余株、20 多个品种"①。这是新中国成立后杜甫草堂因梅园划归而第一次大规模集中种植梅花②，并相应调整布局，奠定了草堂园林植物中梅花种植的基本优势和分布格局（图 197）。

此后草堂陆续又有所补种。如 1959 年春季在新腾出的空地植树中，有梅与桂、楠、樟、竹、玉兰等。"1960 年改造梅园，调整花木，重修围墙，广植新梅"，使梅园真正名实相符③。1962 年"草堂假山上新植马尾松 8 株，连同原有的梅花和竹子，构成岁寒三友的园景"，同年在杜甫诞生 1250 年纪念活动中，"整饰了梅园，新植了梅花、桂花、桃花……等约 200 株丛"④。1963 年"将原散植在墙边角落，姿态苍

① 成都市园林局藏《杜甫草堂 1952～1975 年园庭建设概况》，成都市园林局修志办公室《成都园林绿化志（资料长编）》（二）第 326 页。
② 前引佚名《试谈历史文化名城》一文中曾说，1950 年最初修复草堂时"确定以梅花、楠木为主"，曾"在当时仅有的老梅树数株和零散的楠木的基础上，增植梅花 20 余品种 300 余株和大量楠木"，与前引《杜甫草堂 1952～1975 年园庭建设概况》所说植梅数量完全一致，两处所说或为一事，而应以《概况》所说 1955 年更为可信。《草堂览胜》第 46—47 页介绍草堂梅花，"仅一九五八年一次就新栽大、小梅树三百八十多株，以后又陆续补栽百余株"，可能作者记忆有误，所说也应即 1955 年植梅之事。
③ 佚名《杜甫草堂 1952～1975 年园庭建设概况》，成都市园林局修志办公室《成都园林绿化志（资料长编）》（二）第 328 页。
④ 佚名《成都市杜甫草堂 1962 年工作总结》，成都市园林局修志办公室《成都园林绿化志（资料长编）》（二）第 329 页。

劲的老梅移入梅园",在园内各处分植蜡梅47株①。1965年在梅园开凿水池,所挖泥土堆积为山,种植杜鹃等②。文化大革命期间,园林建设与管理工作受到影响,改革开放后各项工作逐步恢复,截至1989年,园内梅树共有279株,数量仅次于桂、楠和樟③。近20年,又陆续有所增植。据草堂博物馆江波先生最新提供的数据,目前草堂梅园占地面积60亩,全园植梅800株,有宫粉、朱砂、杏梅等50多个品种④。1996年9月,在工部祠后动工重建故居茅屋,整个景区占地八亩,由茅屋、水槛、野桥、流水、南邻、北邻等组成,形成了一个与工部祠建筑群风格迥异的田舍农居景观(图197)。在茅屋周围散植一些梅树,半隐于树林,或斜倚于墙角⑤。

　　近六十年草堂梅花的发展,除了地方政府、社会各方的人力、物力支持外,主要应该归功于草堂工作人员的努力。从20世纪50年代中期以来,草堂园林、园艺工作人员一直致力于梅花品种的收集和培育,潜心钻研梅桩盆景的制作艺术,取得了丰硕的成绩,在成都乃至于整个西南地区首屈一指,大大丰富了杜甫草堂梅花风景的内涵。早在1958年,辜家坝草堂苗圃就搜集宫粉、扣瓣大红、宫春、朱砂台阁、散绮、大绿萼等梅花品种16个。1959年,草堂园圃负责人王明文又在西郊前进生产队(原万福寺、戴家坝)收集川西地区金钱绿萼、浸瓣白须朱砂等30多个品种,同年草堂苗圃建立了梅花品种基地,先后到杭州孤山、重庆南山、上海、广州等地花市收集品种,到1962年草堂园圃梅花品种已达80多个⑥,成了西南地区最重要的梅花品种基地。20世纪70年代以来,城市污染加重,草堂周围日益都市化,致使梅花生态环境渐趋恶化,梅花生长不良,品种有所减少。20世纪80年代拥有品种50多个⑦,如今仍有60多个品种,"囊括了川西地区大部分和全国较优良的品种,其中不乏珍稀品种"⑧。草堂盆景园的梅桩盆景也驰名遐迩,广受好评。自从1973年以来,每年春节都举办梅花桩头展览,"一盆盆盛开的梅桩,有立有卧,或倒或悬,千姿百态,美不胜收"⑨。草堂园圃梅花品种收集培育、梅花盆景制作方面

① 佚名《成都市杜甫草堂1963年工作总结》,成都市园林局修志办公室《成都园林绿化志(资料长编)》(二)第329—330页。
② 佚名《回忆杜甫草堂的绿化工作》,转引自成都市园林局修志办公室《成都园林绿化志(资料长编)》(二)第331页。
③ 佚名《成都杜甫草堂博物馆绿化概况》,成都市园林局修志办公室《成都园林绿化志(资料长编)》(二)第340页。
④ 此据草堂博物馆园林部江波先生为笔者填写的《梅花风景名胜现状调查表》,2009年3月25日收到。
⑤ 张建军、江波、孙红玉《草堂梅花》,《杜甫研究学刊》2004年第1期。
⑥ 1989年草堂花圃原副主任王明文口述,成都市园林局修志办公室《《成都园林绿化志(资料长编)》(三)第66—69页。
⑦ 杜甫草堂博物馆《草堂览胜》第47页。
⑧ 张建军、江波、孙红玉《草堂梅花》,《杜甫研究学刊》2004年第1期。
⑨ 杜甫草堂博物馆《草堂览胜》第49、62、63页。

的领先优势和丰富成就，不仅是草堂梅景的重要组成部分，同时也为园林植梅的持续发展提供了坚实的基础和源源不断的生机与活力①。

2. 四川成都华西坝广益学舍梅花

华西坝指今成都市武侯区人民南路三段中北部两侧的大学区，主体即今四川大学华西校区、华西口腔医院等。1910年，英国、美国、加拿大等国五个教会组织在此联合创办华西协合大学，陆续修建了近40幢办公、教学、宿舍、实验楼，如合德堂、怀德堂、万德堂、嘉德堂、钟楼等，这些建筑大多具有中西合璧的风格，成了中国建筑史上中西文化交融的典范，大部分建筑至今仍保存完好，整个建筑群蕴含着近代社会开放、西学东渐、现代教育初起的浓郁时代气息，与杜甫草堂、武侯祠、望江楼等一起成了历史文化名城成都的一个典型象征。

广益学舍是这些建筑群中的一座，又名雅德堂，由英国公谊会1925年捐建，位于现华西坝光明路宿舍区内。20世纪三四十年代，华西协合大学中文系曾设于此，楼外梅花颇盛。时任华西大学教授的林思进（1873—1953）有《华西广益院看梅作》："中园旧说梅林盛，今日梅花又作林。尚缓邀头送芳骑，早惊偷眼下霜禽。照天香雪真成海，满地草龙会自吟。寄语酒人勤买醉，放园已是五分深。"中园即华西坝，旧称中园。诗中所谓"照天香雪真成海"云云，或不免诗家夸张，但也不难感受到当时雅德堂前梅景之盛非同一般。1946年冬任职华西大学的缪钺教授也有《念奴娇》词咏广益学舍梅花②。笔者从网上搜得华西大学海外校友李国瑜1985年所作《华西大学母校既华西医科大学七十五周年校庆纪念》，回忆抗日战争时期在南台寺的读书经历："南台灯火惊烽火，广舍梅畦换旧畦。"③可见雅德堂前的梅林也给他留下了深刻而美好的印象。

3. 四川成都幸福梅林

成都郊区有着悠久的艺梅传统④，幸福梅林则是近年兴起的一处大规模梅花观赏景区（图200），地属锦江区三圣乡幸福村⑤。三圣乡地处成都东南郊，原属华阳

---

① 本节写作中，多承杜甫草堂博物馆江波先生提供资料与图片，谨此志谢！

② 两诗分别见冯广宠、肖炬主编《成都诗览》第358、359页。

③ 网易博客 jinkaitai《梦里华西》所载，见 http://jinkaitai.blog.163.com/blog/static/28657932008102675322887/。

④ 四川人民出版社1998年出版的《成都市园林志》记述成都市传统花卉种植时称：民国年间，成都是"中国西南部梅花品种的分布中心，当时栽植成风，盛极一时。城东郊的谢家店、铁门坎一带的花农，以培育'送春'梅花居多，成为早春'切花'市场供应的主要基地。城西郊的万福寺、赖家店一带有百余户花农，他们都能培育大片丰富的梅花品种，专供出售种植，当时品种总计约60余个。"见该书第248页。

⑤ 三圣乡今改称三圣街道。笔者以为，当地既然以乡村旅游和生态农业的开发建设为特色，如能继续沿用原来的乡村建制和名称，改"实"不改"名"，并注意放眼未来，控制开发，适度开发，将有利于继承传统，有效地保护乡土田园气息，增加文化吸引力，以适应现代社会的旅游休闲需求。

县，1959 年划入成都市郊区，1991 年划入锦江区。整个三圣乡一带属低浅丘陵。因处成都近郊，以种植花卉、蔬菜等为主，花卉种植尤为突出。三圣乡的花卉生产可以追溯到清乾隆年间，至今已有三百余年的历史。据说，1957 年这里曾建园艺场，主要种植红梅①。1992 年该乡被成都市政府确定为成都市鲜切花生产基地，花卉业迅速发展，日产鲜花占成都市日上市鲜花总量的 80% 以上，被人们称为"花乡"②。1994 年，三圣乡政府提出开发花卉"一村一品"活动，着力规划花卉业发展区域。到 1996 年，基本建成了曾家坡村 1000 亩月季园、幸福村 500 亩梅花园、粉坊堰等村 1200 亩鲜切花园、万福等村 100 亩名贵花卉种苗繁育园、大观等村的狮子山种植园等五大生产基地③。2000 年乡政府进一步整体规划、成片开发，形成了花卉生产的六大片区：曾家坡村月季园、华新村苗木盆景园、粉坊堰村菊花园、幸福村蜡梅园、万福村荷塘园、红砂村生态科技种植园④。

图 200　幸福梅林大门（何相达提供）。

① 成都市锦江区政协学习文史委员会、成都幸福梅林梅花研究所编《锦江文史资料（第九辑）》第 28 页。
② 成都锦江区地方志编纂委员会《锦江年鉴》（1991—1997）第 461 页。
③ 成都锦江区地方志编纂委员会《锦江年鉴》（1991—1997）第 464 页。
④ 锦江年鉴编辑部编《锦江年鉴》（1998—2002）第 317 页。

随着花卉产业规模的形成与发展，以花卉为特色的"农家乐"旅游观光业也相继蓬勃发展起来。1997 年乡政府引导推出"花乡一日游"旅游观光活动，逐步形成了一批体现花乡特色的农家乐旅游景点①。1998 年至 2001 年，集中进行了花卉生产区内路网建设，修建了花卉基地观光道②，通过政策和技术等扶持，广泛吸引投资，成立了一批集花卉生产、餐饮娱乐、旅游观光为一体的企业，大力进行花卉产业的综合开发③。2003 至 2006 年，随着全国"新农村建设"活动和当地城乡一体化的进程，当地政府进一步明确了利用三圣乡花卉种植的传统优势和城市近郊的地缘优势，大力发展花卉产业和乡村旅游业的方向。经过三年的努力，建成了五个各具特色的乡村风景园区：由红砂村为主的"花香农居"，以花卉种植销售为主；幸福村的"幸福梅林"，以梅花种植为主；以江家堰村为主的"江家菜地"，主要种植绿色蔬菜；驸马村的"东篱菊园"，主要种植春、夏、秋、冬四季菊花；万福村的"荷塘月色"，主要开发湖塘水面，种植莲荷。上述五个景区相互连接，当地形象地称作"五朵金花"，几乎涵盖了三圣乡石胜路以南的所有土地，合起来构成"三圣花乡"旅游区，总面积近 15000 亩④，是全国首个以乡村旅游为特色的 4A 级景区⑤。

在近 20 年三圣乡的花卉产业发展中，幸福村的梅花种植是最为集中和稳定的一块。早在 1994 年至 1996 年形成的"五大园"中，幸福村的 500 亩"梅花园"就居其一。2001 年，幸福梅园占地 23.33 公顷即 335 亩⑥，到 2006 年幸福梅林面积 2155 亩，栽种梅树达 20 余万株，品种达 200 多个⑦。在 2002 年前，幸福村的梅花种植主要为了生产切花和盆景，所种以蜡梅为多。2003 年以来着力开发乡村旅游，便注意大量引种蔷薇科梅花，营造梅花风景。2006 年 9 月，全国梅花蜡梅协会决定第十届梅花蜡梅展览会在幸福梅林举行，当地政府积极筹办，进一步丰富和提升幸福梅林景区的规划和建设。2007 年 1 月 25 日至 27 日，展览会在园区进行，分别举办了梅花蜡梅盆景、精品梅花（露地梅花景观）、梅产品（果梅加工、梅食品、文化装饰品等）、字画摄影作品、插花作品等展览和学术与产业化研讨会、我为国花投一票

① 成都锦江区地方志编纂委员会《锦江年鉴》（1991—1997）第 465 页。
② 锦江年鉴编辑部编《锦江年鉴》（1998—2002）第 316 页。
③ 锦江年鉴编辑部编《锦江年鉴》（1998—2002）第 317 页。
④ "三圣花乡"游客服务中心提供的锦江区宣传材料《大力推进传统农业向休闲旅游业转型，促进城乡统筹科学发展》（打印件）第 2—3 页。2009 年 10 月 20 日下午，笔者与同事曹辛华君来此游览，在游客服务中心索讨整个花乡景区说明或导游图未获，以 10 元钱从一女工作人员手中购得此材料，全稿共 11 页，未署作者，从内容看，属于锦江区工作经验介绍，应出于该区宣传机关。
⑤ 成都年鉴社《成都年鉴》（2006）第 230 页。
⑥ 锦江年鉴编辑部编《锦江年鉴》（1998—2002）第 317 页。
⑦ "三圣花乡"游客服务中心提供的锦江区宣传材料《大力推进传统农业向休闲旅游业转型，促进城乡统筹科学发展》（打印件）第 2 页。

万人签名等一系列活动，规模盛大，形式多样，内容丰富，游客众多，有力扩大了梅林的影响。

　　整个梅林景区由三圣乡幸福村的民居和耕地构成，总面积2100多亩，属于低浅丘陵地形，相对高差不过30米左右的起伏土丘小山，景区内有120多亩的湖水，另有零星的浅小水塘分布。环湖种植梅花1500余亩，以蜡梅为主，株体较大，错杂着不少散植和成片的蔷薇科梅花，其中有一些近年移植的老树。主要赏梅干道有探梅路、赏梅路、溢香路、醉香路等，主要景点有梅花知识长廊（图201）、毛泽东咏梅石屏、咏梅诗廊、赏梅博物馆、中国梅花精品园等。景区内的不少民居由农户出资、政府补贴的方式进行了景观化的改造，湖边和景区干道旁建有不少茶馆、饭铺、麻将等娱乐休闲设施。整个景区内林木葱茏，竹树掩映，青瓦白墙的川西民居点缀其间，显得古朴典雅、秀丽清朗，颇有特色①。

　　中国梅花精品园地处幸福梅林景区中心，为第十届梅花蜡梅展览会的展览项目，由武汉东湖梅园、南京中山陵梅花山、合肥植物园等著名梅园，青岛梅园、重庆梅园等产业化公司携带资金与珍贵品种共同建设。占地25亩，种植龙游、垂枝、粉红

图201　幸福梅林梅花知识长廊（何相达摄）。

---

①　笔者来此，非当花季。所见休闲娱乐设施较多，长此以往，于梅景之高洁幽雅必有妨碍，而蜡梅与梅花错杂种植，想必花期景色必然分散。

朱砂、雪梅宫粉、南京红、大绿萼等100多个品种1000多株珍贵苗木，建有金陵梅花、合肥园、楚香园（武汉）、赶花山（云南）、北京梅园、重庆梅园、青岛梅园、腾蛟梅园（山东淄博）、华西梅园（成都）、杭州梅园、无锡梅园、水都梅园（丹江口）、东方梅园（上海）等13个体现各地文化特色和建筑风格的梅园景观①。

4. 成都植物园梅园

成都市植物园位于成都北郊天回镇天回银杏园北侧的天回山上，这里曾是一片荒山，山顶有一四合院庙宇名皇恩寺，民国至20世纪50年代，曾为植树场所，60年代建为林场，1982年筹建植物园，1985年开始对外开放。园区为缓坡浅丘地形，总面积约800亩。园区西北部为观赏花木区，1985—1989年建成，有木兰、木犀、山茶、樱花、海棠等专类园。其中梅园栽宫粉、朱砂、绿萼、玉蝶等品种600余株，岁寒季节，花开香溢，是成都北郊一处重要的赏梅景点②。

5. 四川崇州罨画池

崇州市地处成都平原的西部，北面与都江堰、汶川交界，西南与大邑、新津接壤，东与温江、双流、新津相邻。崇州县级建制已有2000多年的历史，汉高祖时认为这一带是大江之源，置江原县，六朝时称晋原县。唐武则天垂拱二年（686）置蜀州，领晋原、唐隆（后改为唐安）、新津等县，治所即驻今县城崇阳镇。宋高宗赵构曾封为蜀国公，登基后升蜀州为崇庆军（府），元、明、清三代改称崇庆州，属县逐步撤省入州。民国二年（1913）废州改为崇庆县，1994年撤县设立崇州市，"崇州"即"崇庆州"的简称③。

崇州隔温江、双流与成都相望，县城去成都仅40公里，被视为成都这一西南大都市的后院。丰饶的川西沃壤，处处绿野秀水，而名胜古迹星罗棋布，包含着蜀地文明的深厚积淀，洋溢着幽清温婉的美妙风韵。地处崇州县城崇阳镇的罨画池就是崇州诸多名胜古迹中最重要的一个（图202），2002年被国务院命名为全国重点文物保护单位。整个景区由罨画池、陆游祠、州文庙三部分组成。

罨画池的名称最早见于北宋仁宗嘉祐年间知县赵抃《蜀倅杨瑜邀游罨画池》诗，诗中写道："占胜芳菲地，标名罨画池。水光菱在鉴，岸色锦舒帷。风碎花千动，烟团柳四垂。"④可见当时即成胜景。南宋陆游曾两度担任蜀州通判，寓居池边，留下不少歌咏"东湖"即罨画池的诗篇。清康熙、乾隆、道光、光绪年间都曾修葺，今所见多为光绪以来建筑。1916年辟为公园，1929年定名为中城公园，1955

---

① 本节照片承四川省花卉协会何相达先生提供，谨此向摄者致敬并志谢！
② 成都市园林志编纂委员会编纂《成都市园林志》第122—125页。
③ 丛萱主编《魅力崇州》第2页。
④ 赵抃《清献集》卷三。

年改称人民公园。1974 年后几次增修亭、榭、廊、轩，1981 年更名为罨画池公园。公园占地面积近 30 亩，中有琴鹤堂、问梅山馆、琴鹤桥等，均以曾在本境为官的赵抃、陆游事迹得名。池水 10 余亩，池心立罨画亭（1971 年重建），有曲拱长桥可达，绕池有"罨画池"古碑、五云溪、三曲桥、望月楼、尊经阁诸景点。诸景区之间，或云墙环护，花木掩映，或曲径相通，枝叶相接，有江南园林移步换景、幽静雅致的风韵。园中银杏、水杉、古楠、古柏，不少树龄百年以上。池畔玉兰、海棠、桂花等名花数十种。远望池中，树影、花影、亭影、桥影、舟影、人影倒映水中，恰似一幅五彩缤纷的彩画，取名罨画池，堪称传神①。

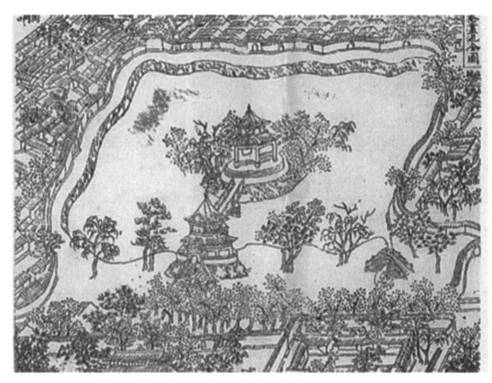

图 202　罨画池图（道光《崇庆州志》卷首）。

　　陆游祠在罨画池东南侧，明初始修，本名赵陆公祠，赵抃、陆游并祀。明末战乱祠毁，清代重修，后亦废。1982 年始在原址重建，易名陆游祠。祠坐东向西，大门设在罨画池公园内，主体建筑为川西民居四合院布局，仿明清风格。入门依次为"梅馨千代"过厅、"香如故"堂序馆、放翁堂（正殿，内塑陆游像），两厢陈列陆游作品，有关诗刻、书画等。后院有同心亭，纪念陆游与蜀州江源（县治驻今崇州市江源镇）文人张缜（字季长）的友谊而建，另有吊梅阁、驿楼等建筑。

---

①　四川省崇庆县志编纂委员会《崇庆县志》第 718 页。

图 203 陆游祠放翁堂前梅树。

州文庙在罨画池南畔，始建于明初，后毁于战乱，康熙间重建，光绪间大规模维修。其主要建筑由南向北依次为"万世师表"牌坊、"宫墙万仞"照壁、东西二仪门、棂星门、泮池、戟门、钟鼓楼、大成殿、启圣宫、尊经阁（属罨画池景区）。该庙规模宏大，保存完整，庙内数棵银杏干粗枝繁，亭亭如盖，又植不少桂花、蜡梅、玉兰、海棠等，古色古香的文庙由于花木的掩衬，壮丽中显示出幽雅的韵致①。

走进罨画池，与成都一带的公园一样，给人一派茂林修竹、花木葱茏的感觉。其中梅花的种植为数较多，令人瞩目。究其原因，与杜甫、陆游尤其是陆游有关咏梅诗密切相关。杜甫《和裴迪登蜀州东亭送客逢早梅相忆见寄》："东阁官梅动诗兴，还如何逊在扬州。此时对雪遥相忆，送客逢春可自由。幸不折来伤岁暮，若为看去乱乡愁。江边一树垂垂发，朝夕催人自白头。"杜甫此诗作于肃宗上元元年（760）冬，时在成都草堂，友人裴迪在蜀州，登蜀州东亭送客逢早梅，寄诗相忆，杜甫因此和作，裴诗今不存。杜甫此诗显然不是正面咏蜀州的，但透露

---

① 有关罨画池园林建筑群的起源、沿革、布局、园林特色和成就，廖嵘、侯维《唐代衙署园林——崇州罨画池》一文论述颇为精详，值得一读。文载《中国园林》2004 年第 10 期。

了这样的信息：蜀州东亭有梅花，官员们常在此迎来饯往。东亭地址不详，应在州治之东，宋时罨画池也称"东湖"①，两地应相去不远，或者亭就在湖畔。如今人们讨论罨画池公园的历史多追溯至杜诗所说"东亭"，而种植梅花也包含继踪东亭风雅之意。

陆游在蜀州作诗颇多，吟咏罨画池（诗中常称作东湖）风景尤为丰富，但未见一首正面写及梅花的，写得较多的是夏日湖中荷花和湖畔竹林②。陆游有《次韵张季长正字梅花》诗，张季长（名缜）是蜀州江源人，或认为此诗是咏蜀州梅花，但就陆游淳熙四年（1177）写作此诗前后二人的交游行踪看，有关的诗歌都作于广都（今双流东南）至成都一线两人携游时，非关蜀州风景。从陆游诗可知，当时东湖有百亩，较今日为大③。以这样大的湖面，四岸自然不可能没有梅花，陆游诗中就有一处提到"梅发东湖"④，仅此一处，显然此时湖边梅景尚不突出。然陆游特好梅花，甚至希望"何方可化身千亿，一树梅前一放翁"⑤，集中咏梅诗篇过百，不少佳作脍炙人口，影响甚大。正是由于有杜甫、陆游两位大诗人的咏梅事迹，后人营缉罨画池景观，便多加取意。如池南庭院主厅琴鹤堂耳房取名"问梅（梅）山馆"，

---

① 陆游《剑南诗稿》卷四《秋日怀东湖》其一："小阁东头罨画池，秋来长是忆幽期。"其二："罨画池边小钓矶，垂竿几度到斜晖。"《雨夜怀唐安》："归心日夜逆江流，官柳三千忆蜀州。小阁帘栊频梦蝶，平湖烟水已盟鸥。"三诗都是乾道九年摄知嘉州时思念蜀州之作，诗中已明言所说东湖即罨画池，罨画池在"小阁东头"，小阁当为通判厅建筑，陆游时居"小阁"一带，因称罨画池为东湖。而嘉庆、光绪《崇庆州志》、民国《崇庆县志》将东湖与罨画池强分两地，误。三志都称东湖"今废"，卷首《城廓图》于城东南也均标"东湖"名，嘉庆志标在今向荣街南面，光绪志、民国志于今正东街西端南面，湖面若蕞尔小塘，图中大小远非罨画池之比，或就某一无名小池附会而名，度其地点属当时城南。光绪志前有蜀州八景图，其中有"东湖夜月"一目，图中绘东湖在东门外，殊为可疑。八景图中无罨画池，宋以来罨画池便成胜景，元明清历有增建，却不入八景之目，也难以令人置信。上述都可见所谓东湖应属误解陆游诗语而生造，城东南一线除罨画池外并无规模相当之另一"东湖"，所谓东湖应即指罨画池无疑。蜀州城另有一西湖。范成大《吴船录》卷上："蜀州郡圃内西湖，极广袤，荷花正盛。湖船泛之，系缆古木修竹间，景物甚野，为西州胜处。湖中多小菱，可食，蜀无菱，至此始见之。"范氏又有《蜀州西湖》诗记此事。廖嵘、侯维《唐代衙署园林》一文认为，陆游两度通判蜀州，诗中只言东湖，未见西湖，而范成大只说蜀州西湖，未提东湖，两人所说应为同一处。此说不妥，陆游现存作品非其一生所有，即或未能咏及，也未必即无此景。更值得注意的是，嘉庆州志、光绪州志、民国县志的城廓图中于州署西侧都绘有西湖，光绪志、民国志图中西湖面积都远较所标东湖为大，面积甚至不让罨画池，可见是一个不小的水体。三志正文中也都记载西湖，称"在州治西百步"，并未湮废。度其方位在今崇阳镇常璩广场西侧，今有地名西湖巷，当是西湖之遗址，正位于州署（今市政府大院）之西，与记载相合。笔者又按，写完上述文字不数日，即发现王文才先生撰有《蜀州名胜录》，分上、下两部分连载于《成都大学学报》（社科版）1987年第2、3期，下部"东湖罨画池"一目引《元一统志》等证东湖、罨画池名异实一，而康熙州志始误解为二，较笔者上述更为全面、翔实。

② 陆游《日莫至湖上》："篮舆晚绕湖，乐此新凉。粉落竹方老，红澜荷更香。"《剑南诗稿》卷五。《忆唐安》："明朝解醒不用酒，起寻百亩东湖竹。"《剑南诗稿》卷一一。

③ 陆游《月下作》："东湖更奇绝，百亩银初镕。"《剑南诗稿》卷五。

④ 陆游《嘉州守宅旧无后圃，因农事之隙为种花筑亭观，甫成而归，戏作长句》，《剑南诗稿》卷四。

⑤ 陆游《梅花绝句》其三，《剑南诗稿》卷五〇。

公园招牌上即说明是纪念杜甫、陆游二人之事。除了杜甫、陆游之外，池上建筑也不乏颂美北宋赵抃的。赵曾任江源知县，后又知成都。知成都时，"匹马入蜀，以一琴一鹤自随"①，留下了为官清廉的千古佳话，池上所建琴鹤堂正是取意于此。据说明代在池畔建赵陆公祠，纪念赵抃、陆游二人的清廉高洁，题额为"琴鹤梅花"，对后来园林的发展影响很大②。

今罨画池植梅主要有两处：一是文庙启圣宫后、尊经阁前的一片绿地。绿地西侧建有暗香亭、比邻廊等，据1990年《崇庆县罨画池基本情况》介绍，这里"广植梅花、海棠数品，掩映'轩、廊、亭'和陆游祠正门"③。种植的时间可能即在陆游祠建成后不久。现有梅25株，蜡梅8株。另一是陆游祠正殿放翁堂前梅园（图203），植梅及蜡梅共有10多棵④，这里的梅花应为1985年建成后新植。两处梅树龄均在十多年至二三十年间⑤。整个陆游祠主体陈设都突出"梅花"主题。大门甬道尽头的入园过厅匾额即题"梅馨千代"，第二进为序馆"香如故堂"，堂中陈列陆游《卜算子·咏梅》屏风，堂名即取意于这首名作。再进为梅园，放翁堂后院吊梅阁、驿楼等建筑也显然由陆游《卜算子》词意得名。想其花时满园疏影横斜、暗香浮动，而室内诗人形象、书画文物相互映发，构成了浓郁的梅文化高洁幽雅的氛围，令人陶冶于诗情美景，心醉神怡。

不仅是罨画池内，崇州县城崇阳镇在蜀州北路与永安中路交会处还辟有"梅魂"主题广场，"占地面积约500平方米，广场中有陆游坐像，身旁有梅花，表明了陆游的高洁情操"⑥。在崇阳镇东北，2001年还建成一占地16.4万平方米的开放式绿化休闲公园——陆游公园，园内也植有不少梅花。崇州近几十年的园林和市政建设中如此重视陆游这一形象，固然出于陆游通判蜀州的历史情缘及其诗歌艺术的深刻影响，但毛泽东主席《卜算子》和陆游咏梅词，以强大的政治影响，使陆游咏梅广为人知，深入人心，不能不说是一个重要原因。透过陆游专祠、梅魂广场等一

① 《宋史》卷三一六。
② 成都市园林局修志办公室《成都市园林绿化志·资料长编》（一）第404页。崇庆县新县志编纂委员会《崇庆县志》第842页："'赵陆公祠'，大门悬'琴鹤梅花'匾额。'琴鹤'乃颂扬赵抃的清正廉洁，'梅花'乃赞誉陆游的高洁情操。"此说不知所本，王文才《蜀州名胜录·东湖罨画池》叙民国"建小祠于药局后湖东幽僻处，琴鹤梅花，遐思浩渺"云云，或者因其文横生臆想。
③ 成都市园林局修志办公室《成都市园林绿化志·资料长编》（一）第411页。
④ 庭心置一玻璃小方柜，陈列宋治平四年（1067）铸铁鼎（残）。
⑤ 2009年10月下旬，笔者赴成都及川西梅产区考察，承江苏省邮电设计院周晴院长及其西南院卢智军院长、季智红先生等热情安排行程，属下王宁、蔡中彩先生全程驱车陪同，谨书志谢！2009年10月21日上午，笔者与同事曹辛华君由王宁、蔡中彩先生陪同来此游览。罨画池的亭榭环池，曲径通幽，风格一如苏州园林，而南面的文庙古色古香中颇显壮丽，令人印象深刻。遗憾的是，棂星门一节正封闭维修，未能饱览全貌。园中有银杏、皂角、樟、楠、柏、水杉、枫杨、海棠、桂、紫薇、青桐等，隙地不多，因而植梅有限。
⑥ 崇州市地方志编纂委员会《崇州市志》第657页。

系列建筑设施，不难感受到这种古今辉映的文化脉络。

6. 四川崇州街子镇梅花寨

四川崇州市（原崇庆县）与大邑县相邻，两县县域都是西北、东南狭长走向，而且地势也由西北向东南依次为高山、丘陵到平坝，逐步走低，只是大邑居西，因而以高山和丘陵为主，境内最高海拔与平均海拔高度都要超过崇州，崇州在东，以平原为主，平坝和台地面积超过一半。

街子镇正是位于全县北面的山地与平坝交接地带，北面与都江堰市（原灌县）接壤。街子是个古镇，五代时名横渠镇，又升为永康县，元时撤县并入崇庆州，明代设街子场，民国时曾一度改为镇，新中国称乡，1992年又改称街子镇。

街子镇是崇州北陲重要的历史古镇，镇上古老的街道保留着低瓦檐、木门板、青石路构成的川西古镇风貌。味江从街西穿过，传说当年蜀王征伐西蕃，百姓前来敬酒，蜀王将酒倒入江中，让三军共饮，将士们陶然尽醉，遂因其味甘美而名之曰味江。江上御龙桥边有十余棵高大的银杏树，矗立在街口的大坝边上，古干苍劲，枝叶繁茂。在银杏树旁，有一座建于清代的红塔（又称"字库"），做工精细，每当山风吹过，塔上的小铜铃会发出悦耳的声音。街子人酷爱养兰，古街古巷处处可见，街子因有"兰花之乡"的美誉，每年正月十九举办兰花会，规模盛大，享誉西南。

街子的青山秀水还滋养了唐末著名隐逸诗人唐求。唐求为人"放旷疏逸，出处悠然"，据说王建帅蜀，欲聘他为参谋，拒不接受，隐于山中，"所行览不出二百里间"。每作诗成，便捻稿为丸，投大瓢中。后卧病，将诗瓢投入味江，感慨道："兹瓢倘不沦没，得之者始知吾苦心耳！"为识者接之，得诗数十篇，"气韵清新，每动

图 204　崇州街子镇导游图，为古镇至光严寺部分，根据光严寺山门前导游牌绘制（程斯园绘）。

奇趣，工而不僻，皆达者之辞"①，世称"一瓢诗人"。味江河畔、御龙桥头，建有唐公祠，内供唐求塑像，殿堂高悬县人罗元黼所题匾额："修到梅花骨亦香。"② 以梅花来比拟和颂扬这位诗人幽峭雅逸的性格。

唐求据说是街子镇北唐公村人，这里清代曾立有"唐诗人唐求故里"一碑③，但当年所隐应是古镇西八里的凤栖山中。凤栖山因山形似凤，山幽林秀，百鸟啾啾，如和凤鸣，故名。历史上此山曾属青城山一百零八景之一，向西则是以奇龙怪石、飞瀑流泉著称的九龙沟风景区。由街子镇向西即入凤栖山中，山道蜿蜒曲折，林木葱茏，密林深处，千百年的古柏、古楠、古杉、古银杏参天蔽日，树大合抱，树冠如盖，极其幽静深邃。

凤栖山中未必真有凤凰来仪，但密林深处却藏有声名显赫的光严古寺。唐求诗中有《题常乐寺》④，陆游诗中有《翠围院》⑤，一般认为所说即此寺。据嘉庆《崇庆州志》记载，寺由"唐善思和尚开创，洪武初悟空禅师焚修于斯"。据考证，悟空是明太祖朱元璋的叔父、蜀献王朱椿的叔祖，"永乐十四年，蜀献王椿请敕赐'光严禅院'，盖琉璃瓦，赐经文一大藏"⑥，即所谓《洪武南藏》⑦。入清后寺庙规模更加宏大，康熙为题写匾额，民国时国民政府主席林森、国民党元老于右任都曾慕名前来拜佛访经。禅院因年久寺古，当地人遂直称古寺，附近村庄也名古寺村⑧。

在通往古寺的盘山公路边，靠近古寺的地方，有一个号称"梅花寨"的景区（图204）。近些年四川省、崇州市的旅游地图和名胜介绍在有关凤栖山和光严古寺的说明中大都会提到这一景点。2003年版的《崇州市志》可谓代表：

"梅花寨背靠古寺，因满山满沟的梅花而得名，寨区梅林近千亩，花开时节，呈现'十里梅花香雪海，千树万树浮暗香'之美景。寨园内更是梅的世界，已达数十个品种，上万株。从品系上说，有真梅、杏梅、樱李梅等；从形态上说，有直枝

① 傅璇琮主编《唐才子传校笺》第4册第464—463页。
② 崇庆县新县志编纂委员会《崇庆县志》第836页。
③ 崇庆县新县志编纂委员会《崇庆县志》第836页。
④ 《全唐诗》卷七二四。
⑤ 陆游《剑南诗稿》卷五。
⑥ 丁荣表、卫道凝等《（嘉庆）崇庆州志》卷八。
⑦ 洪武年间校刻，共印两套，卷册浩繁，每部计684函，7000多卷，一部存当时秘阁，另一御赐该寺。永乐初存于秘阁者遭火灾被毁，光严古寺所藏遂为海内孤本。20世纪50年代初，因当时安全计，崇庆文物部门申请上级保管，遂移成都，现存四川省图书馆。王文才《蜀州名胜录·古寺》论述颇为详实，文载《成都大学学报》1987年第3期。
⑧ 2009年10月21日中午，笔者与同事曹辛华君、成都王宁、蔡中彩先生驱车来此，沿路路标均只称古寺，打听光严禅院，当地人均不知所云。寺在山阴半腰深坳中，规模较大，依稀透出庄严而深邃的气象，但年久失修，略显破败，时正兴工修缮。寺旁古楠合抱三五米，由山洞壑底起耸云天，苍劲挺拔，撼人心魄。本节所附《崇州市街子古镇旅游景区导游全景图》即为古寺山门停车场边的标牌截图。

梅、垂枝梅、龙游梅等；从色彩上说，有宫粉型、洒金型、红梅型、朱砂型等，真是应有尽有。从寒岁到春暖时节，腊梅、红梅、绿梅、乌梅相继开放，其他地方赏梅多在每年的1—2月，而梅花寨3月间依然梅香袭人。"①

就梅花知识而言，这段介绍似有笔误，"红梅型"应为"江梅型"，"乌梅"是梅子制品，而非指花梅品种。我国幅员辽阔，南北温差大，每年的12月到来年的4月间，由岭南、江南、淮南、黄淮至黄河以北，梅花渐次开放，长江以北地区花期一般都在3月份，因此3月梅花飘香并不称奇。但这一说法也包含了值得注意的信息。成都平原气候温暖，冬寒不甚，梅花开放一般早于江南，多在公历的1—2月间，而梅花寨地处高山密林中，海拔1100多米，气温较其他平坝地区要低些，因而花期也就相对延迟些，放在成都平原看也就显得有些特别。

这里的梅花最初应该属于经济种植。据新编《崇庆县志》记载，上世纪"50年代至70年代，街子、万家、公议等乡先后办有药场，引进过厚朴、黄柏……等种植。全县农村还利用沟边、路旁、房前屋后引种、试种和野生变家种，发展药材。西山乡盛产乌梅，仅晴霞村即年产七八万斤。"② 西山乡与大邑金星乡相邻，街子与西山、万家、公议都以山丘为主或有不少山丘地形，因而适宜发展药材生产。2003年出版的《崇庆市志》也称街子镇山区兼产中药材③。据崇州市白开林先生介绍，20世纪50年代以来，街子镇古寺村就生产中药材，而乌梅是主要产品之一，凤栖山古寺村一线连片都是梅林。50年代种植的梅树到了七八十年代，一棵棵干粗枝茂，花势繁盛，极为可观。

1994年，白开林、白建明、白云武兄弟三人投资在凤栖山古寺村西侧创办度假村④，寨内建有一些欧式寨楼和点式别墅，以供游人游憩食宿。因附近多梅林，而度假村内又大批引植了一些古梅和几十种梅花，于是取名为梅花寨。每到花期，满山满沟的梅花白如云，红如霞，蔚为壮观，一时成了远近闻名的游山赏梅胜地。1995年至2000年间盛极一时，每年接待的外地游客达10多万人。2000年以来，随着梅子销售的不景气，当地农民经营梅林的积极性丧失，开始逐步将梅树挖桩出售⑤，而旅游场馆的过度建设也损毁了部分梅林，致使昔日大片梅海逐步疏败衰落。2008年"5·

① 崇庆市志编纂委员会《崇庆市志》第654页。
② 崇庆县新县志编纂委员会《崇庆县志》第336页。
③ 崇庆市志编纂委员会《崇庆市志》第822页。
④ 2009年11月25日，笔者电话采访白开林先生。白先生向笔者具体介绍了古寺村一带种植乌梅和他们兄弟三人创办梅花寨的情况，由于白先生操井四川方言，笔者听来略感费力。本节有关梅花寨的内容多据电话记录整理而成。白先生现居崇州市崇阳镇文化西街，白氏兄弟三人中，老三白云武是个主角，梅花寨的创办和经营出力最多。
⑤ 据白开林先生说，这里的古梅大树不少卖到成都三圣乡幸福梅林。

12"汶川大地震后游客锐减，更是雪上加霜，经营十几年的梅花寨度假村也关门息业，园区内的梅树都陆续出售。2009 年 10 月，笔者曾专程前往考察，在从街子镇往古寺的公路沿线，几乎很少看到梅树。在《崇州市旅游交通图》上标明的梅花寨已是关门大吉，门前乱石一堆。寨区的梅树七零八落。笔者打听当地村民，都称村中梅树所剩无多，成片的也只有 10 多亩而已。据说当地政府正在开展凤栖山森林公园的新一轮规划建设，如果能注意保护原有的梅花资源，重新整合发展，可望挽救这曾在川西享誉一时的梅花风景。

7. 四川金堂县梅林公园

金堂县位于成都平原东北边缘，东邻中江，北接广汉，西连成都青白江区，南邻简阳、乐至。龙泉山脉和沱江贯穿县境，形成了不少优美的山川风景，梅林公园即是其一。梅林公园位于县城赵镇的毗河、中河（湔江）、北河（雒水）三江汇合处的鱼嘴形半岛上，当地人称凤凰嘴[1]。汉代名大渡，北宋神宗熙宁年间梓州路转运使韩璩疏浚金堂峡，留有遗迹，因名韩滩渡。清初湖广移民赵氏于此造船设渡，便利行人，于是改名赵家渡。这里自古为水陆交通要冲，每年春江水涨时，三江沿岸船只云集，往来竞渡于碧波烟柳之中，形成"金堂八景"之一的"韩滩春涨"，诗情画意，艳称一时。近代以来随着公路和铁路的开通，赵家渡逐步失去昔日水陆码头的地位。民国十七年，当地驻军大量提取神会库存财产扩充部队。为抵制驻军提取祠产，赵镇湖广会馆会首廖润之等，以该会资产在此修建横渚公园，以植梅繁多著称。新中国成立后更名人民公园[2]。朱德早年曾在此赏梅，1957 年来金堂视察，故地重游。据县文化馆工作人员回忆，朱德还谈及园中梅花，而当时"梅林，早春时节，远望凤凰嘴一片红霞，构成了公园的一大特色。现在不但并无发展，梅株还有所减少"，新植了些许牡丹、海棠之类，大片空坝"全靠有点香樟、柏树衬着"[3]。文化大革命时期，梅花、蜡梅等相继被毁，园内荒草丛生，一片寂寥。1976 年成立县建设局，始将公园重新规划，兴修园门，修筑花台，建立苗圃，植树营景。

1987 年更名为梅林公园，面积 2.82 公顷。主要梅景有：一、梅园，与大门相对，由大门、展厅、联廊组成，院内以盆栽梅花桩头为主。二、映梅池，1987 年建，位于公园中部，池为自然形，居中高处建二层重檐六角亭，名暗香亭，有曲桥相连。亭周遍植梅花、蜡梅，花开时疏影照水，暗香浮动。三、花木林，位于公园东南侧，1984 年建，有两片梅花林、一片蜡梅林，另有桂花、紫薇林，面积共 15

---

① 杨发明《回忆我在金堂县文化馆见到朱德同志》，徐德勋主编《金堂文史》第 343 页。

② 成都市园林志编纂委员会《成都市园林志》第 116 页。

③ 杨发明《回忆我在金堂县文化馆见到朱德同志》，徐德勋主编《金堂文史》第 346 页。

亩。映梅池与梅花林之间的园路旁有"朱德赏梅处"石碑，公园西面沿中河堤岸有古典长廊，名"咏梅长廊"。公园中河岸与中河湖心岛之间，1989年由青温铁路金堂段工程指挥部捐款35万元修建了一造型新颖，风格独特的"浮香桥"，以梅花枝干和五瓣花朵组成桥面图形，对岸桥台上建一六角攒尖式"芳渚亭"，亭柱楹联："已迷芳草寻幽径，又探梅花过小桥。"桥亭曲折相联，浑然一体，处处显示着梅花的优美风采，与梅林公园呼应配合①。

8. 四川成都新都区新繁东湖梅花

成都新都区新繁镇东湖，因地处原新繁县治所之东而得名，相传为唐李德裕任县令时开凿②，被认为是为数不多有遗迹可考的唐代园林之一。北宋时王安石父亲王益为县令时，常游憩于此，并爱东湖有瑞莲之胜，一茎双英，莲开并蒂，作《东湖瑞莲歌》颂之，邑人梅挚唱和。南宋时在湖上建三贤堂，绘李德裕、王益、梅挚三人像并祀。清乾隆五年（1740），知县高上桂茸新东湖，疏通湖水，建造亭榭，广植花木。同治三年（1864）当政又大事修整，奠定了今日所见园林格局，1985、1990年先后被列为成都市、四川省文物保护单位。园中有瑞莲池、万花湖、怀李堂（纪念李德裕）等景观。绕湖向里，湖园深处有伴梅亭，"沿伴梅亭附近的石梯，登上遍植梅花的古城墙。民国初年，驻军师长马德斋捐梅300株，遍植城隅，形成梅岑。解放后，几经扩栽，东湖的梅花约有2000余株，20多个品种"。梅岑南北均有水沟环绕，上有知稼亭、望雪楼等③。

9. 重庆南山植物园梅园

重庆地区艺梅传统深厚，今境内梅园以重庆市南山风景区最为著名。

南山风景区在重庆长江南岸，占地560多公顷，属低山、丘陵地貌，群山海拔多在170多米至680多米之间。这里远离闹市，山峦起伏，溪水纵横，林木葱郁，花草繁茂，环境幽静，气候宜人。民国年间多有富商来此买地购建别墅，抗日战争期间国民政府一些官邸和外国使馆驻此，不少政要、名流来此卜居建宅，人口骤增，繁荣一时。新中国成立后，统一规划为汪山风景林区，1959年汪山风景林区改办为南山公园，设立南山风景区管理委员会和南山公园管理所统一管理，这年10月1日正式对游人开放。20世纪60年代初，市领导主张将南山公园办成百花园，于是增加投入，大力种植花木，形成特色。1980年南山公园改称南山风景区，1999年进一步扩建为南山植物园，定位为一个以收集我国亚热带低山植物种质资源、以观赏植

---

① 本节梅林公园的内容参考了成都市园林志编纂委员会《成都市园林志》第116—118页"梅林公园"、薛玉树编著《金堂县名胜古迹与文物》第5—8页"韩滩古渡与花园水城"等。

② 祝穆等《古今事文类聚》前集卷三一《贬死朱崖》。

③ 成都市园林志编纂委员会《成都市园林志》第36—37页。

物专类园为中心进行物种保存、收集、栽培，集科普、科研和园林艺术布置为一体的低山观赏性植物园（图205）。园区森林植被丰富，全园绿化率89.5%，森林覆盖率91.5%。园区尤以观赏花木专类园建设为特色，目前已形成蔷薇园、梅园、兰园、山茶园、盆景园等主要景区。繁花似锦，花香袭人，樱花、山茶花、海棠、桃花、茶花、兰花、桂花、杜鹃、梅花等名花荟萃，各领风骚，四季花开不断，形成了"春观花、夏纳凉、秋赏桂、冬咏梅，夜观山城灯海"的旅游特色。"南山醉花"成了"新巴渝十二景"之一，赢得了"山城花冠"之地的美誉。

图205　重庆南山植物园大门（王功绢摄）。

今南山植物园（南山公园）的主体为民国间留法医生汪代玺营建的汪家花园和富商范崇实购建的范家花园故址，早在20世纪三四十年代，汪、范花园就以植梅著称，如范家花园，1945年黄炎培就有"万本梅花一范庄"的赞誉①。汪家花园广集花木种植，汪代玺"自南岸及静观场购数百株植于园中"，园中"尤以梅花最多，专辟梅岭，盛开之时倩影横斜，暗香浮动，沁人心脾"②，时人记载"那园中栽有很多的梅花"，"崖面上题了'梅岭'两个字"③。今南山公园的梅园就以汪家花园为基础，1960年南山公园创建之初，就将梅花种植作为特色之一，收集梅花品种50

---

① 重庆市园林管理局修志小组《重庆市园林绿化志》第152页。

② 重庆市园林管理局修志小组《重庆市园林绿化志》第264、752页。

③ 陈邦贤《自勉斋随笔》第90页。

余个近 3000 余株。1964 年，公园将所种梅花分为朱砂、大红、宫粉、绿萼、白梅五大类 28 种①。20 世纪 80 年代以来仍主要种植梅花和桂花，因称梅桂园，其中梅花最为突出，成林的梅树有 2400 多株②。今南山植物园梅园位于植物园的东南面，有梅林 100 多亩，植株 8000 棵，有红须朱砂、扣瓣大红等 170 多个品种③，是重庆市最重要的赏梅胜地。

图 206　南山植物园梅园"红梅赞"碣石（王功绢摄）。

10. 云南昆明"龙泉探梅"

自 1990 年起，昆明黑龙潭公园在丰富的古梅资源（见本书内编四）基础上，在公园北面扩地植梅，打造西南地区第一个大型梅花专类园。整个梅园建设工程分两期进行，1993 年底完成，共投资 450 万元，种植梅花 82 个品种，共 5700 棵，培植古桩盆景梅 2000 多棵，植有"台阁绿萼"、"绿粉"等 10 余株珍稀古梅及多个品种梅树，成为西南地区最大的梅园。1994 年元旦正式对外开放，同年举办"四省五市梅花展"。1995 年全国第四届梅花蜡梅展在此举行，梅园正式命名为"龙泉探

① 重庆市园林管理局修志小组《重庆市园林绿化志》第 264 页。
② 重庆市园林管理局修志小组《重庆市园林绿化志》第 153 页。
③ 此处数据由重庆南山植物园管理处提供。笔者得到重庆师范大学文学与新闻学院范松义教授帮助，他前往南山植物院调查，取得重庆植物园管理处填写的《梅花风景名胜现状（2010 年）调查表》（2010 年 1 月），此处即出于表中所填数据。但以 100 亩计算，植树很难达到 8000 株，也许包括了整个风景区其他地方的植梅数量。同时笔者又委派重庆籍研究生王功绢寒假前往实地调查，她认为梅园植梅大约 70 亩，经她大致数过，梅树约有 3000 株左右，以 10—20 年生小树为主。

梅"，被推举为"昆明新十六景"之一（图207）。此后陆续有所维护和改建，2003
年更是大规模向北扩建，改造了桩景园，增加地栽梅花的数量和品种，扩大了梅花
种植面积，并在梅园内增建了园林小品。扩建后的梅园，面积达到520亩，梅花数
量已达到1万余株，品种达到130多个。

图207　昆明黑龙潭"龙泉探梅"（黑龙潭公园提供）。

　　近年来继续扩大种植面积，收集梅花品种。现梅园共有梅花12000余株，3000
多盆梅桩，荟萃200多种梅花。整个梅园分为四个景区：梅花艺景区、梅花品种区、
果梅区和赏梅区。艺景区位于"龙泉探梅"入口处，以梅花古桩景、盆景梅艺为
主；品种区位于半山腰，上连红枫岭，汇集了台阁绿萼、粉台阁、红怀抱子、龙潭
粉、大宫粉、小朱砂等优良品种。果梅区建在梅园的最北面，汇集滇中、滇西、滇
南果梅，成片连种，花期雪海香涛，蔚为壮观。赏梅区位于艺景区的北面，紧接公
园后大门。在主景区前建有面积56平方米，用白瓷镶嵌的"梅"字，另有水榭和
亭廊等辅景，依山傍水，风景幽雅，映托出梅花的高标逸韵，令人不胜陶冶。这里
的梅花花期早，一般在春节前后开放，名山古观与花海茂林相互依托，千年古梅与
园林新景交相辉映，构成了春城之郊一道幽雅而靓丽的名胜风景①。

① 本节有关当代黑龙潭公园的数据均承黑龙潭公园办公室那冬梅女士2009年2月17日赐函提供，照片也承
　公园吴建新主任、那冬梅女士提供，谨此志谢！

图 208　梅园风光（黑龙潭公园提供）。

（四）鲁豫地区梅园

在当代行政区划上，山东省属华东地区。华东地区包括沪、苏、鲁、豫、闽、浙、赣六省一市，实际还应包括台湾省，这主要是从原新四军掌握的地区发展起来并沿袭下来的概念。但无论气候、物产等地理条件，还是语言、风俗等社会状况，山东都与河南、河北更为接近。梅花的种植情况更是如此，山东纬度较高，分布情况与江、浙、闽等江南地区迥异，因此我们从华东地区划出，与河南省一起论述。

1. 山东青岛梅园

青岛梅园在山东青岛市李沧区十梅庵。这里是青岛崂山西部的延续山地，当地人称老虎山，十梅庵就在老虎山的北麓。这里的梅园由农民企业家庄实传创办。庄实传（1942 年出生）系十梅庵村人，世代务农。大约 1979 年开始负责村办砖瓦厂，经过几年的打拼，到 1985 年已发展成一个颇具规模的私营建筑材料厂，积累了一定的资本。看着被挖得越来越荒芜的山坡，庄实传产生了还林绿化的想法。1989 年，庄氏投资承包村里的 800 亩荒山，就是今天的青岛梅园所在地，计划改造为山林。最初种植颇耐干寒的沙荆，但成活率较低，效果很差。庄氏从小就对花木比较感兴趣,同时购置了不少盆栽梅花,1992 年也地栽了几千株,但成活率很低,只余 1000 株。1993 年春节,庄氏从中央电视台的节目中看到了有关梅花权威陈俊愉院士的专题介绍,联想到村名十梅庵,萌生了大种梅花,使十梅庵村真正名副其实的念头。于是节后即赴京拜访陈俊愉院士,请求指导与帮助。并通过陈俊愉院士的推荐介绍,得到了武汉磨山梅花研究中心赵守边等许多专家的热心帮助,梅花种植开始步入轨道。最初完成的是"百梅坡"景点,在今青岛梅园的南部山坡,占地 30 亩,由北京林业大学杨乃琴教授规划设计,1994 年完成施工[①]。此后庄实传奔走湖北、湖南、河南、安徽等七省市各大梅园和梅桩产地,广泛引进品种,并与手下工作人员一道积极挑选、驯化和培育适宜当地生长的梅花品种。经过五年多的努力,到 1999 年建成了占地 700 亩[②],130 多个品种、10000 多株的大型梅园。1999 年 3 月 25 日,全国第六届梅花蜡梅展览和第三届国际梅与蜡梅学术研讨会在此举行,庄实传被推举为全国梅花蜡梅协会副会长,同年十梅庵被农业部命名为"中国梅花之乡"[③],这表明十梅庵梅园的建设成就得到了全国梅艺界的高度重视与好评。

特别值得肯定的是,庄实传创建的梅园是迄今我国北方地区(淮河、秦岭以北)规模最大的一个。青岛属北温带滨海大陆季风气候区,与河南安阳、山西临汾、宁夏固原、甘肃兰州处于大致相同的纬度上,年平均气温偏低,加之濒临黄海,风大雨多,不太适宜梅花的生长。在这样的自然条件下大规模种植梅花,面临许多严峻的挑战,十分不易。周初至春秋中叶的《诗经》时代,山东地区曾有梅生长,《诗经·曹风·鸤鸠》:"鸤鸠在桑,其子在梅。"但《诗经》时代是历史上气温较高的时期,而且曹国所在的今荷泽地区较之青岛纬度也要相对低些,也就是说更靠南方。历史上整个山东地区梅花的分布是极其罕见的。南宋绍定四年(1231),福建文人林兴宗不幸被叛军俘押北去,囚禁山东凡十年,未见到江南常见的梅花,诗中感叹道:"最是北来少诗料,地寒难得见梅花。"[④] 宋以来江南地区梅花观赏栽培风气高涨,各地名胜迭兴,而在淮河以北地区除河南开封等少数地方外,都未闻有大规模营景成名的例子,更不待说象青岛这样的高纬度海滨地区了。

但有些现象又透露了青岛艺梅的潜在传统。比如十梅庵这个地名,就有可能与梅花有关。十梅庵因庵得名,清同治十二年(1873)《即墨县志》的"七乡村

① 2009 年 8 月 10 日上午,庄实传先生陪同笔者与浙江师大林雁先生游览梅园,经庄先生指引,笔者见到了百梅坡奠基碑,上镌日期"一九九四年四月"。根据庄先生的介绍,此碑应植于该景大致完成时,而非实际奠基时。
② 庄实传、庄淑琴《青岛梅园的建设及梅花品种的搜集与选育》,《北京林业大学学报》1999 年第 2 期。
③ 贾培信《梅园庄主庄实传》,《百姓》2001 年第 4 期。
④ 韦居安《梅磵诗话》。

图 209　青岛梅园碑碣（青岛梅园提供）。

庄图"标这里为东庵，1899 年德国人海因里希·谋乐编著的《山东德邑村镇志》中记载为"十梅庵，十为数字，梅为梅花，庵即庙，有 475 人"，可见至迟此时十梅庵的村名已经出现。据说村内旧有一古庵，庵前坡上生长十株梅花①。又说庵里修行的尼姑也正好十位，个个兰心蕙质，她们的名字叫春梅、冬梅、腊梅、雪梅、桃梅、杏梅……，都有一个梅字，于是一个妙趣天成的庵名"十梅庵"就这样叫开了②。如果这些记载和传说属实，表明这里历史上曾有梅花生长，至少寄托着人们对梅花优美风景的一种向往。同治《即墨县志》"物产"志中在花、果中都提到了梅，在花中名列第一③。今日青岛市在清代为即墨县南境，主修县志的知县林溥是江苏扬州人，志中梅花与桂花排在前列，是否包含对故乡风物的依恋，很是值得玩味。但有一信息值得思考，志中所记果实中的具体梅品种有两个，一"杏梅"，二"李梅"，有一种可能是，这一带生长的梅是梅与杏、李杂交或嫁接而来的品种。这也可从民国以来的两部《崂山志》得到佐证。民国黄宗昌

---

① 青岛市李沧区政协文史委员会《李沧文史（第四辑）——记忆中的村庄》（下）第 44 页。
② 青岛市李沧区政协文史委员会《李沧文史（第四辑）——记忆中的村庄》（下）第 55 页。
③ 林溥《（同治）即墨县志》卷一。

《崂山志》记崂山物产"李"条下记："李梅，以李根接之，较李为大。"① 1960
年周至元《崂山志》卷五"物产"志中也记载："梅，山寒不殖，多栽盆中。"②
"李梅，以李结（接）之，较李为大。桃梅、杏梅，花皆鲜艳可爱。"③ 可见这里
所谓的梅，应该主要是以杏、李、桃等为桩本嫁接而得的果树品种，花朵也颇有
观赏价值。

也许冥冥之中感应着乡土的呼唤和历史的启发，在陈俊愉等专家的指导下，庄
实传及其梅园工作人员所着力从事的正是高纬度适生品种的选择、驯化和培育。目
前已培育出崂山宫粉、银边飞朱砂、桃干小宫粉、青岛杏红、单瓣淡丰后等新品
种④，同时经长期观察发现，丰后、淡丰后、南京红、昆明小跳枝、复瓣桃枝、残
雪、双碧垂枝等品种具有较强的耐寒和抗风力性，一般长势和花期状态都较好，适
宜在青岛地区种植。目前这些品种已成为青岛梅园的主植品种，盛花期在每年的3
月下旬到4月上旬⑤。为了克服滨海季风对梅花生长的不良影响，梅园还与整个十
梅庵园林建设相配套，外围山头大量种植松柏和常绿阔叶树作为防风林，同时作为
园林配景，也大大丰富了梅园的植物造景。

梅园地处十梅庵风景区，整个风景区属老虎山北麓，是一个东、西、南三面环
山，开口向北的马鞍形山坞。坞中有一较大水体，称颐梅湖。庄氏梅园居湖之西、
南坡地，占地800亩。西南山脊多为裸崖，崖下种松，迤下坡地多种梅，点缀山茶、
蜡梅、杏、柿等花果，临水地多植垂柳。园中除百梅坡外，有醉香壁、赏梅谷、揽
梅亭（图210）、香风阁等景点和少量休闲服务设施，另有梅花盆景温室两座。坞中
沟壑多蓄水成潭，或植莲荷，或养鹅鸭，颇有幽致。梅园西南山峰摩崖石刻行书
"梅"字，取自米芾手迹，字高约13米，宽约10米，阴刻涂红，深褐崖体及四周
苍松翠竹相为映衬，远看颇为壮观，也属梅园一大特色。

据梅园主人介绍，2001年他们又投资在胶州湾西南面的青岛胶南市杨家崮一
带承包7000亩山地，规划营建具有多种游览休闲功能的大型风景林区。从主人提
供的规划方案可知，整个园区以山地为主，西、南、北三面以高山环绕，东部有
杨家崮水库，沿湖地势较为平坦。设计整个园区以植物造景为主，分春、夏、秋、

① 黄宗昌《崂山志》卷六。
② 周至元《崂山志》第187页。该书1993年曾由齐鲁书社正式出版，未见，此为2007年周氏后人自费重
印本，由青岛十梅庵梅园庄淑琴女士提供。
③ 周至元《崂山志》第183页。
④ "银边飞朱砂"花瓣浅红，色泽如玉，瓣边镶一道皱纹银边，花瓣微翘如翅，陈俊愉先生为之定名。据说
本为崂山南麓著名的太清宫所植，有300多年历史，庄实传几番前往谋求接头，但观主不允。庄遂让手下
趁道士不备，剪得一枝袖回十梅庵接种。不久太清宫古本枯萎，而十梅庵独得续传。见贾培信《梅园庄主
庄实传》，《百姓》2001年第4期。
⑤ 庄淑琴、庄实传、庄纯海《梅花品种在青岛梅园的适应性》，《园林》2001年第2期。

图 210　青岛梅园揽梅亭（青岛梅园提供）。

冬六个景区（夏、秋两季各两处），其中梅花营景最为重要，由东南入口沿主路前行，除两边分植梅花外，分别有松梅杏暖、晴雪溢香、晴云映日、梅园品果、狮峰探梅等梅花专类区，自东至西几乎横穿整个风景区。想必建成之，必将成为青岛地区春日赏梅又一胜地，其规模之阔大、园景之丰富、境界之优美深邃都更值得期待①。

2. 山东沂水雪山梅园

雪山梅园，又名知春梅园，坐落在山东省沂水县雪山风景区，东去县城大约 3

---

① 2009 年 8 月 9 日下午，笔者与浙江师大林雁先生抵达青岛十梅庵梅园，承主人庄实传先生及其胞妹庄淑琴女士热情接待，安排园中食宿，大有宾至如归之感。庄先生操青岛方言，为人和蔼朴实，以古稀高龄，又当盛夏高温天气，陪同我们游览园景，由颐梅湖，上百梅坡、揽梅亭，一路详细指点介绍。时有书家岳石（称琅琊王氏）居园中，为人豪爽放达，10 日傍晚游园时，相值山径，接谈甚欢，次日行走匆匆，未及告辞，颇为遗憾。此行蒙庄淑琴女士提供了不少书面资料，本节内容除注明出处外，都是依据当时庄氏兄妹提供的文字材料和口头介绍，结合本人实地勘察的感受撰写。胶南杨家崮新开辟的风景区未及前往，具体情况不明，所幸主人出示 2002 年 7 月北京林业大学园林学院所制《青岛国华园——总体规划及局部景区设计方案》复印件，有关情况均根据此文本内容。主人介绍说，他们也在这里从事梅花的苗圃繁育，称这里目前已育有 3 万余株树苗。本节图片承青岛梅园庄淑琴女士、李奇先生提供。对上述诸位惠助，谨此一并志谢！

公里，占地面积50余亩，由王春亭、陈明芝夫妇创建。2000年3月15日选址，3月26日首次栽植梅花品种40多个，600多株。2003年春补植30多个品种，400多株。2006年春补植梅花品种3个，200多株。现露地栽培梅花品种70多个，1200多株。每年早春花开时节，红葩灼灼，翠英点点，玉洁冰清，暗香浮动，吸引着众多游客前来踏青赏梅。园内专设盆景园，有近千盆梅花盆景，其中附石盆景多奇妙之制，或附石而雅，或抱石而健，或穿石而劲，造型新颖独特，为雪山梅园一大特色，深受人们的欢迎。园主王春亭好梅复好石，颜其斋为"梅石居"，擅长石刻，故园中多石刻营景。如"百梅图"石刻长廊，全长130米，发花岗岩石材刻扬无咎、王冕、文征明、金农、吴昌硕等书画大家作品。咏梅诗词碑廊选历代名家咏梅佳作，由当地书家刘艺、聂成文等书迹刻石，他如咏梅对联影壁、咏梅印谱坡等，都体现了梅文化与石刻艺术的有机结合。园中另有五福亭、知春亭（图211）、掬月亭、踏雪桥、冷香桥、玉照堂等景点，供游人赏玩休憩，诸景制名典雅，富于人文韵味。主体建筑多白墙黛瓦，素洁淡雅，与梅花之幽韵冷香颇为协调，洋溢着朴素而清雅的气息①。

图211　山东沂水雪山梅园，此为园中知春亭（王春亭提供）。

① 本节内容概据王春亭先生寄赠《雪山梅园》印帖和《雪山梅园简介》打印件撰写，图片也由王春亭先生提供，谨此志谢！

3. 山东莱州宏顺梅园

莱州宏顺梅园地处莱州城南，占地180亩，以生产梅花苗木、古桩和盆景为主（图212）。园主朱志奇是莱州文峰街道南房家村村民，1996年筹资3万元，承包村里30亩地，开始种植梅花。莱州属高纬度地区，梅花自然生长极其困难。他四处拜师，学习梅花的嫁接与培育技术，积极筛选、培育适应北方生长的梅花品种，利用老杏等古树粗干嫁接梅枝，开发梅桩和盆景造型，拓宽了市场销路。在其带领下，莱州梅花种植面积已达1000余亩，种植户30多户，年销售各类苗木和盆景10—20万株。目前宏顺梅园正在扩大定植梅花数量，建造百梅图石刻画廊，争取将梅园打造成一个集生产、科研与旅游观赏为一体的永久园林①。

图212　莱州宏顺梅园（朱志奇提供）。

4. 河南洛阳隋唐城遗址植物园梅园

洛阳隋唐城遗址植物园位于洛河南岸的唐城里坊区西部，东起洛龙大道，西至王城大道，南临古城路，北接洛宜路，占地面积2865亩，是一座集文物保护与绿化、游览为一体的植物园，2005年兴工，2006年建成。该植物园在中原地区规模最

---

① 此节内容根据网络资料《花卉世界网》2009—12—15《莱州：书法绘画艺术融入造型，八千盆梅花订购一空》、《烟台日报》2010—10—14《莱州农民发明专利，令梅花成型期缩短80年以上，创造了可观的财富——移花接木，老树开金花》及朱志奇先生为笔者所填写的《梅花（蜡梅）风景名胜历史情况调查表》、《梅花风景名胜现状（2010年）调查表》。朱先生还提供照片，谨此志谢！

大，以展示我国中部地区和暖温带植物景观为主，有牡丹、桂花、海棠等20多个专类园区。梅园位于公园植物专类园区的最南端、古洛渠两侧，占地112.5亩。洛渠两岸为突起的丘陵，向外渐平，河水潺潺流过，地势起伏有致。利用这个条件，布置了梅溪、梅岭、梅海、梅坡、梅径、岁寒三友等景观，种植真梅系、杏梅系、樱李梅系的诸多品种，也配植了不少蜡梅小丛，并有梅亭（图213）、山石小品等点缀其间，景色清朗幽雅①。

图213 洛阳隋唐城遗址植物园梅园（旺友提供）。

（五）华北、西北、东北地区梅园

1. 北京中山公园

中山公园位于天安门城楼西面，公园植梅之地位于园内五色土社稷坛的西南侧，北邻蕙芳园，占地约3.7亩。这里背风向阳，为梅花的安全越冬提供了良好的环境。公园植梅始于20世纪80年代，是当代北京最早种植梅花的地方，由陈俊愉院士发

---

① 李仲周、全亚丽、姚孝祯、刘彩丹《试论梅园景观设计方法——以洛阳隋唐遗址植物园梅园为例》，《农业科技与信息（现代园林）》2009年第3期。本节照片撷自网络，附注"旺友提供"，"旺友"谐音网友，谨向摄者致敬！

起，作为其"南花北移"的科研试验内容，栽种了中山杏梅、燕杏梅、密花江梅、美人梅等9株梅花，占地约一亩（图214）。梅一般生长于江淮以南，在北京地区露地栽培非常困难。经过不懈努力，这些品种逐渐适应了北京的气候，生长良好，如今花繁叶茂，果实累累，成为园中标志性的植物景观，也标志着梅花"南花北移"在北京取得成功。2003年后，公园进一步扩大了梅花引种规模，以丰后、淡丰后为骨干树种，不断增加梅花品种和数量。目前梅景占地3.8亩，23个品种，120余株，每年3月下旬至4月上旬为最佳观赏期。通过连续几年因树因势造型，以及嫁接技术的应用，形成了自然型、屏扇形、垂枝型、盆景式等丰富多样的造型，颇受广大游客的喜爱。中山公园的梅花成为该园的一个特色花卉，也是北京地区难得的赏梅胜地①。

图214　北京中山公园梅花（中山公园提供）。

2. 北京植物园梅园

北京植物园梅园位于植物园西北部的樱桃沟，2003年始建，占地90多亩（图215）。该园利用樱桃沟三面环山、背风向阳的独特小气候，因地制宜，栽种抗寒梅

---

① 本节有关数据均出自中山公园管理处袁承红先生、张黎霞女士为笔者填写的《梅花（蜡梅）风景名胜历史情况调查表》、《梅花风景名胜现状（2009年）调查表》和提供的《中山公园梅园简介》一文，2009年3月26日收到。图片也由公园提供，谨此一并志谢！

花品种，有单杏、丰后、美人梅、垂瓣跳枝等 20 多个，约 3000 多株①。因地处京城西北郊，花期较城内中山公园等处要稍晚些，一般最佳赏花期在三月中旬至四月初。早在 1998 年，植物园曾从南方和日本等地引进若干梅花品种，进行露地栽培试验，其中从日本引进 39 个梅花品种，在苗圃进行驯化、选育，大部分品种 2001 年起陆续开花，以杏梅系的品种长势最好②。梅园附近卧佛寺内蜡梅较盛，花期较梅花早一个多月，是早春郊游赏花的美好去处③。

图 215　北京植物园梅园（李菁博提供）。"永平梅园"碑文为国民党主席连战所题。

---

① 此据北京植物园梅园入口处指示牌。2009、2010 年春，笔者曾通过多种渠道寻求北京植物园的帮助，请求提供有关梅园的情况资料，未蒙回应。受笔者委托，2010 年 4 月 24 日，中国艺术研究院叶楚炎前往帮助踏勘调查，拍回指示牌、梅林和附近道路、地形等照片若干。此处即根据所摄图片，并参照北京植物园官方网站有关信息和网友们拍发的照片与信息写成。其中关于梅园的建园时间与占地面积，梅园工作人员的论文与梅园公告牌有异。包峥焱《北京植物园梅花的露地栽培与养护》中称"北京植物园梅园于 2002 年建成"，"现有面积 40000 ㎡"，是 60 亩。文章见《北京园林》2007 年第 2 期。可能梅园创建过程兼跨 2002、2003 两个年度，最初面积 60 亩，现有面积 90 亩。
② 黄亦工、孙宜《北京植物园引种日本梅花品种初探》，《北京林业大学学报》2004 增刊。
③ 本节照片承北京植物园李菁博先生提供，谨此志谢！

3. 北京明城墙遗址公园

北京明城墙遗址公园位于北京市崇文门东，西起崇文门，东至东便门东南角楼，总面积约 15.5 公顷。公园于 2002 年正式开工建设，2003 年一期工程竣工，此后又分期进行扩建，2007 年绿化工程全部竣工。公园主体为断断续续绵延 1.5 公里的城墙残垣和东南角楼，配套以沿线带状公共绿地。漫步公园内，古树掩映，绿草茵茵，映衬着古朴凝重的古城残垣颓壁，显示出一种人文遗迹与自然环境交相辉映，历史沧桑与古城新貌有机交融的深厚韵味（图 216）。

公园城墙内侧多为封闭的葱郁林木，外侧为开放式的公共绿地，分散着许多高大古树和沿城根儿一溜青翠的草坪。东西走向的城墙是一道天然的屏障，形成了背风向阳的小气候。2004 年以来，崇文区园林局开展抗寒梅花品种的引种工作，结合遗址公园的绿化任务，利用遗址公园这一适合梅花生长的有利条件，陆续栽种了 50 多个品种近 800 株梅花，包括龙游、垂枝、朱砂、跳枝、绿萼、玉蝶、宫粉、杏梅、美人梅等种系，形成了北京城区范围内面积最大，品种最为丰富的赏梅景观[①]。2008 年 3 月 15 日，北京市第三届赏梅会暨首届明城墙遗址公园梅花节在此举行，受到了北京社会各界的广泛关注，扩大了这一都市花园新景的影响。

4. 北京鹫峰森林公园国际梅园

鹫峰森林公园位于海淀区西北小西山风景区，占地 775 公顷，是北京林业大学所属试验林场，南边是大觉寺，北边是阳台山风景区，西边是妙峰山风景区。远望鹫峰，两座山峰相对而立，宛如一只振翅欲飞的鹫鸟，栩栩如生，鹫峰因此而得名。公园山高林深，登临鹫峰绝顶，俯瞰京城，一望无际的大平原上阡陌纵横，高楼林立，朝夕变幻，气象万千。

梅园位于森林公园的中心景区、海淀区北安河乡境内（图 217），北京林业大学、国家林业局、北京市科协等单位拨款投资和社会爱梅人士捐资，由陈俊愉院士主持建设，意在集中定植和展览经过国际登录的梅花品种和北京露地栽培的抗寒品种，建成"集教学、科研、生产、旅游于一体的梅登录精品展示园"，"选址在北京"意在使其"成为世界梅品种之研究中心和重要交流窗口"，因此取名梅品种国际登录精品园，简称国际梅园[②]。2003 年初开始实施建设，规划面积 5.25 公顷，

① 许联瑛《抗寒梅花品种在北京城区园林绿地中的引种和示范应用试验》，《北京林业大学学报》2010 年增刊第 2 期。
② 李辛晨、陈俊愉、蒋侃迅《北京鹫峰国际梅园规划与建设简介》，《中国园林》2004 年 12 期。

图 216 北京明城墙遗址公园梅花（徐波摄）。

2005年春栽种了樱李梅系的美人梅120棵，另有真梅系、杏梅系的品种100多棵①，此后一两年内似乎又有所增植，但数量有限②。整个规划还包括建设梅博物馆、书画院等文化设施③，原定2008年北京奥运会前完成。由于后续建设资金严重短缺，又缺乏招商引资的吸引力，至今未见明显起色。

国际梅园的建设工程体现着陈俊愉院士为代表的广大梅艺工作者发展梅花事业的宏大抱负和良苦用心，但实施过程中困难重重。北京属暖温带半湿润大陆性季风气候区，冬春季干旱、寒冷、多风，尤其是愈益严重的沙尘暴的侵扰，对梅花的自然生长极为不利。就目前所知，只有美人梅系、杏梅系等少数品系的品种在北京地区能露天越冬，真梅系的品种大多不能忍耐北京地区秋冬季节长期严寒，而在全国目前已知的数百个梅花品种中，真梅系占了九成。因此要在北京地区进行大规模的品种资源收集，囊括华东、华中、华南、西南及国外栽培的优良品种，必得依靠温室。而建造温室，尤其是长期维持日常运转，费用比较昂贵，这应是鹫峰国际梅园建设面临的最大困境④。

5. 北京昌平"梅花谷"

"梅花谷"位于北京昌平区东北的兴寿镇下庄村，地处燕山山脉的军都山区，与大杨山风景区相毗邻，距京城约40多公里。大约20世纪末，退休老人赵玉贵、马玉平夫妇来此承包山地，种植果树，以当地的山桃树嫁接梅花，据称有20多个品种，形成上千亩的果林，每年4月中下旬，整个山谷梅花、山桃等花盛开，蔚为壮观，人称"梅花谷"，成了北京市民生态观光旅游的好去处⑤，属于乡村山野型天然梅园。2004年以来互联网上开始出现一些自驾游客前往游览的日记，夫妇俩以出售农家饭、自酿梅子酒等维持运转。

6. 陕西西安市兴庆宫公园梅花

兴庆宫公园位于西安古城东侧和平门外咸宁路北，为唐朝兴庆宫遗址。这里本是唐明皇李隆基作太子时的藩邸所在地，李隆基即位后改建为宫，开元中始移此理政，因而成了当时全国政治中枢，李隆基晚年退居太上皇也居此。经过唐末战乱，

---

① 中国森林公园网《鹫峰北京国际梅园引入首批梅花》（鹫峰国家森林公园，2005年4月28日），见 http://www.forestry.gov.cn/portal/slgy/s/2454/content-331031.html。
② 2010年4月30日北京网民有贴子称，所见只是路边的几排梅树，不成规模，深感失望。见 http://house.focus.cn/msgview/5347/189284610.html。
③ 刘炜《孤峰含韵，北国流香——北京鹫峰国际梅园建筑设计》，《华中建筑》2008年第2期。
④ 本节照片承北京园林学校陈秀中先生提供，谨此志谢！
⑤ 孙卫文《京郊梅花谷：生态观光旅游的新景点》，《今日中国论坛》2006年Z1期。张正为《昌平有个梅花谷》，见《北京青年周末报》http://www.yweekend.com/webnews/070405/B28。梅花谷园主夫妇姓名根据网友游记帖子http://club.xilu.com/bibiku/msgview-996213-41.html，未经核实。

图 217　北京鹫峰森林公园国际梅园（陈瑞丹摄）。

兴庆宫殿宇楼台几乎全部毁灭，到清初这里已是一片废墟。1957 年，西安市政府在此修建公园。现全园占地 50 公顷，园内中央湖水本唐宫龙池，约占全园五分之一，清风拂煦，碧波荡漾，四周树木葱郁，草坪如茵，百花似锦，风景优美宜人。园中沉香亭、南薰殿、长庆轩等均为仿唐建筑，沿用唐宫旧名称，大体在原址方位上修建，造型古朴秀丽。

公园植梅始于 1958 年，最初仅占地两亩，大约 40 多株。今公园梅林位于园西门内侧北面的土坡上，以蜡梅为主，另有美人梅等耐寒蔷薇科梅花，其中也有少量红梅品种（图 218）。蜡梅多在一月、二月放花，而梅花花期一般在三月中下旬。公园南面围墙和东面围墙内也有两块三五亩不等的植梅之地，全园总计植梅约 12 亩，是西安地区乃至于整个西北地区极为罕见的赏梅之地①。

① 本节有关数据均根据兴庆宫公园绿化科惠兴茂先生、刘丽娟女士为笔者填写的《梅花（蜡梅）风景名胜历史情况调查表》、《梅花风景名胜现状（2009 年）调查表》，2009 年 4 月收到。2010 年 1 月笔者委托学生黄浩然、熊燕娥前往实地走访，所报情景完全印证了惠、刘二君的数据。照片由熊燕娥夫妇提供。对上述帮助，谨书志谢！

图 218　西安兴庆宫公园梅花（熊艳娥摄）。

7. 吉林公主岭梅园

公主岭梅园位于吉林省公主岭市黑林子镇马上台前屯八岔沟村，由公主岭黑林子农业科技园区高级园艺师唐绂宸（1950 年生）创办与经营（图 219）。唐氏擅长农作物育种，有报道称其曾培育出绿色小米谷子新品种[1]。2001 年起，由陈俊愉院士指导，参与抗寒梅花"三北"区域试验项目，进行梅花抗寒品种的露地引种、驯化、选育工作[2]。经过十年的刻苦努力，成功筛选出送春、燕杏、丰后、淡丰后、花蝴蝶、公主木兰、单红公主等 7 个品种[3]，其中燕杏、花蝴蝶、单红公主等果实经济性状较好，是花果兼用的优良品种[4]。公主岭地处松辽平原腹地，属中温带、半湿润大陆性季风气候，冬季漫长，严寒干燥，年平均气温仅 5.6℃，绝对低温达 -30℃。在如此恶劣的气候条件下露地引种成功，是整个"南梅北移"工作的一大收获，在梅艺界引起了广泛的关注。唐氏梅园本为林业苗圃，占地不大，最初只两

---

① 佚名报道《新成果·吉林育出绿色小米》，《农民致富之友》2004 年第 7 期。
② 唐绂宸《白山黑水寒流急，南梅北移开花奇》，《农业科技与信息》2007 年第 12 期。
③ 姜良宝、陈俊愉《"南梅北移"简介——业绩与展望》，《中国园林》2011 年第 1 期。
④ 唐绂宸《寒地花果两用梅品种选育初报》，《北方果树》2009 年第 6 期。

三亩地，有"丸子园地"之称①。但也正
是这弹丸之地，将梅花引种到了白山黑
水之间，为东北地区梅花种植树立了榜
样，奠定了基础②。

8. 辽宁鞍山"中国北方梅园"

"中国北方梅园"位于鞍山市西南
千山区汤岗子镇靛池沟村。2002年7月
20日当地媒体报道："鞍山市将利用5
年时间，在千山区汤岗子镇靛池沟村建
成中国北方最大植物园'中国北方梅
园'。昨天，该工程已经开始施工。据
悉，此植物园包括以梅为主的万亩梅岭
旅游区和辽宁省珍稀濒危林木良种繁育
基地。""据有关人士介绍，占地640公
顷的中国北方梅园旅游区总投资1.2亿
元，梅园建成后，将分为梅园景观区、

图219　吉林公主岭梅园（唐维提供）。

---

① 于忠香《唐绂宸与"丸子梅园"》，《园林》2009年第1期。
② 2010年2月，笔者参加上海二梅年会，有幸与唐绂宸先生相识。清瘦的身材、黑红的脸庞写满了事业的艰
　辛和岁月的沧桑，给我留下深刻的印象。2012年同期在无锡二梅年会上，偶遇其女唐维小姐，希望她帮助
　提供梅园的资料与图片。笔者出生农家，中学毕业后务农三年，担任过生产队会计，深知以一介乡村农技
　人员，进行如此特殊的引种试验，将会面临怎样的困难，不禁为其梅园的境况担心。从互联网上检得唐维
　小姐的博文《父亲的坚持》，文笔清新优雅，情感真切动人，剪贴于此，对公主岭梅园聊寄敬意和祝愿：
　"2010年2月14日，在上海举行的第八届国际梅花腊梅学术研讨会上，刚刚步入花甲之年的父亲做了关于
　'南梅北移抗寒梅花区域驯化试验报告'。此项科研成果彻底打破了千百年来梅花不能过黄河的传统，引起
　业界强烈反响。更为重要的是父亲驯化成功的抗寒梅花不仅可以赏花，还可以鲜食梅果，这也是较之于南
　梅的另一个显著特点。此项学术报告被收录到权威论文集，相关信息也见诸于报端。令人感到惋惜的是，
　事情似乎就到此为止了。回到东北吉林省公主岭市老家的父亲并没有看到他的梅花可以名满塞北，一直都
　鲜有人问津，来梅园的客人都是相关的专家学者。抗寒梅花倾注了父亲11年的心血，像对待自己的孩子
　一样呵护着梅园里每株梅花树。又是一年春色好，春天的气息从南到北的一路走来，梅花也是从南到北的
　一路开来。二三月江南梅花开，三月北京一带陆续开放，四月末就是位处东北吉林省的父亲梅园的梅花盛
　情怒放。真心希望今年赏梅的人不再形单影只，而是有更多的人能感受到梅花带给我们的精神富足。父亲
　的梅园名为'吉林公主岭梅园'，由耄耋之年陈俊愉院士题名。三月末的最后一天，俄罗斯国家植物研究
　院远东实验站的站长巴维尔先生一行来到父亲的抗寒梅园进行考察，这是继去年八月的第二次到访。去年
　八月俄罗斯圣彼得堡国家植物研究院的季玛先生专程来我梅园实地考察。我很不明白，为什么国外的专家
　学者可以不远万里飞赴中国分享这一研究成果，而在中国，就在我们省那些专家学者却对此不屑一顾，甚
　至诋毁我父亲，让我感到痛心。巴维尔先生对我父亲说，他用了两年的时间才找到父亲。因为在现在这个
　社会，像父亲一样因为钟爱梅花，而对此无怨无悔地付出的人太少了。或许巴维尔先生的这句话可以化解
　我心里的疑问吧。这个社会的每个人似乎对名利的追求都过于现实，我也一样深陷其中。父亲的这份坚持
　让我敬佩，却也无力。真心希望看到这篇文章的人，希望你们可以为我父亲加油！也请您记住父亲的梅园
　'吉林公主岭梅园'。"本节照片由唐维女士提供，谨此志谢！

水景园景观区、花木园景观区、珍稀林木景观区、名优果木园景观区等。梅园内还将设梅文化广场、梅文化长廊、梅盆景园等多种景点，既抗寒又极具观赏价值的新品辽梅、陕梅将让人们尽享梅香。……目前，占地200公顷的北方梅园一期工程开始施工，3年将全部建成。今年，将栽植珍稀濒危植物5000余株，包括辽梅和陕梅的87个品种的观赏树和果树；完成梅花湖、游泳湖等前期建设。"① 从这一报道看，这项工程很是浩大。整个计划部分得到实施，至少种植了不少梅花。2003年有报道称梅园植梅万株，虽然不免夸张，但从网友张贴的照片看，也确实有新栽的梅林。品种以美人梅为主，称花期从四月下旬起，五月为最佳观赏期。2005年4月25日，当地政府还在景区大张旗鼓地举办过"中国北方梅园首届文化艺术节"。

曾几何时，到2007年春，已有网友张贴感慨，由于原规划区内修建高尔夫球场，该梅园已不复存在了。笔者在网上检索，未见有该园2007年以后的任何消息，取而代之的是鞍山梅园高尔夫俱乐部和球场的一些商业广告和报道。可见所谓"中国北方梅园"是一种政府规划，商业运作，见利便起，无利便息的短暂投资行为。当地宣传所谓梅花盛开，沁人心脾，香雪如海，北国江南之景象，只是昙花一现，前后不足三五年的时间。

（六）现代观赏梅园的发展历程

由于标准不一和信息有限等原因，要拿出一个我国现有多少梅园准确、可靠的数据是比较困难的。上两章论述的现代观赏梅园共计40个，只是就笔者根据梅花园艺工作者的报道和网络信息汇总而得，当然还得加上内编部分的古代名胜而今依然生机焕发的大庾岭、杭州西湖孤山、灵峰、西溪、超山、广东惠州罗浮山、广州萝岗、江苏苏州邓尉、太湖西山、扬州梅花岭等10处，合计50个，这是现当代较为知名的梅花景观。

从时间上说，大庾岭等10处古胜景点从古代到现代，穿越至今，在民国年间都是知名的。其中罗浮山梅花村一景，清朝时地点就较模糊，而梅花风景断断续续，至民国间除辞章典故，未见有任何实迹记载，但为了叙述的简单，我们这里也视为是古今一气相连的风景。无锡荣氏梅园、南京中山陵梅花山起源于民国年间。南京玄武湖、成都杜甫草堂、成都华西坝广益学舍、崇州罨画池、金堂县梅林公园、新都县东湖、重庆南山植物园都属于民国年间存在或已有梅花景观的公园。昆明"龙

---

① 王世海《鞍山将建中国北方最大植物园"中国北方梅园"》，《辽沈晚报》2002年7月9日。

泉探梅"是黑龙潭公园以龙泉观众多古梅为依托新辟的景区,民国间赏梅颇盛。这样,属于民国间已有的梅园或梅花景观共计 20 个,其他 30 个均为新中国成立后出现的。当然这 20 个风景中并非全部是观赏园林,比如苏州邓尉、杭州超山,当时都是乡村经济种植,此处我们按当今的情况而言。

梅花风景虽属芳菲微物,但其盛衰兴废也关乎国家盛衰、时世理乱。民国间梅花风景和人们的赏梅风气随时事变化,明显地分为两个阶段。抗日战争前,虽然政局不稳,军阀混战,但时势总体向好的方向发展,尤其是 1927 年国民政府定都南京后,全国进入了一个相对和平、统一的发展阶段。这时候的梅花风景受到关注,民众游赏之风也逐渐兴起。整个民国年间,声名最响的梅花名胜主要有三处,即杭州超山、苏州邓尉(光福)、无锡梅园,被时人并称江南三大梅园或三大赏梅胜地。同时,南京中山陵的梅园尚在草创之中,西湖孤山和灵峰名声大而实景小,地位都要远逊一筹。江浙一带是当时政治、经济、文化的中心地区,因而上述梅景的影响也就十分显著。上述三大梅景外,广州萝岗、昆明黑龙潭的梅花在当地也颇有影响,广为人知。抗日战争爆发后,国势飘摇,硝烟弥漫,青梅产业和各地园林均遭浩劫。只是在西南地区,陪都重庆南山别野区的梅景得到了一定程度的发展,而昆明黑龙潭的梅景也基本未受战争影响。

新中国 60 年,也大致可以 1978 年改革开放为界分为两个阶段。前 30 年,由于政治思想、经济体制和社会风气都带有严重的左倾色彩,游山玩水、吟花弄草被视为资产阶级生活方式和生活情调。即便有领袖毛泽东爱梅咏梅为圣典,但也只是在国人中陡增了不少咏梅、红梅、玉梅、雪梅、寒梅、小梅之类的名字,工业产品中出现了不少类似名称的商标和图案,而梅花园林的建设却了无起色。建国后出现的 30 个梅景中,只有武汉东湖、上海莘庄、西安兴庆宫等 3 处可溯源到这一阶段。1979 年以来的 30 年共新出梅园 27 个,其中又可以 1992 年邓小平"南巡"讲话为界分为两个阶段。1992 年前出现的有上海淀山湖、南京古林公园、南京珍珠泉、常州红梅公园、安徽歙县多景园、成都植物园梅园、北京中山公园等 7 处,其他 20 个均为 1992 年邓小平"南巡"讲话之后陆续创建的。不仅是新建 20 个梅园,已有的梅园也多在 1992 年以来的近 20 年中得到了大规模的拓展和提高,如南京中山陵、武汉东湖磨山、无锡梅园都是如此。一些古胜风景也在此间完成了"华丽转身",如杭州超山、广州萝岗、苏州太湖西山本属经济林景,如今已全面转为山水风景园林。而象杭州西溪,其实至少从民国以来,几乎已无规模梅景可言,而如今在原地建设国家湿地公园,"西溪探梅"成了重要的造景依据,获得了新生。

随着经济体制改革的深化,梅园建设的投资也打破了 1949 年以来清一色全民所有制的传统格局,开始呈现多元化的倾向。1992 年后出现的 18 个梅园中,山东青岛梅园、沂水雪山梅园、莱州宏顺梅园、浙江诸暨梅园、吉林公主岭梅园、四川崇庆梅花寨都是私人投资建设的，北京昌平"梅花谷"则是私人承包山地种植而形成的风景。这 7 个梅园中，青岛梅园、雪山梅园是纯粹的观赏园林，其他一些仍以苗木生产为主，但都贵在坚持，并努力发挥其观赏功能，积极服务社会，在当地经济、文化界产生了不小的影响。这些梅园的创办人是梅园建设的新生力量，他们的奉献和坚持，值得全社会的欢迎和尊重。

　　近二十年社会经济的飞速发展、人民生活水平不断提高，尤其是休闲娱乐和观光旅游需求急剧增长，无疑为梅花园林和风景建设提供了强大的动力。正是适应广大民众日益增长的旅游需求和旅游业的蓬勃发展，近 20 年，尤其是近 10 多年，各地梅园不断扩大规模，丰富景观，改善配套设施，加大宣传力度，取得了极为辉煌的成就。

三、当代果梅产地的梅花风景

梅是我国重要的果树，在我国南方有着广泛的栽培分布。根据孟褚嫄等《中国果树志（梅卷）》的论述，我国整个亚热带气候区内都有栽培，浙江、江苏、福建、安徽、江西、湖南、湖北、广东、广西、云南、贵州、四川、重庆、台湾都是我国重要的梅产地。其中有不少地方梅的种植成了当地的支柱产业，形成了数百公顷乃至于数千公顷的规模梅林，从梅花欣赏的角度来说，这些大面积同期开放所形成的花海香涛有着令人震撼的浩大气势，加之贴近自然的农耕风光、远离闹市的乡野气息，有着自然奇特的魅力，蕴藏着丰富的旅游资源。其中一些号称"青梅之乡"的著名产区，其实同时也肯定是"梅花之乡"、天然梅园，对于这种由农林种植而形成的风景资源和旅游价值，有些地方已渐有意识，开始着手开发，但大多仍"养在深闺人不识"，甚而也风流不自知。下面我们分省区对比较重要的青梅产地略作介绍[①]，以便观光爱好者留意探访，流连欣赏。

（一）华东地区青梅产地

1. 江苏省溧水县傅家边

江苏省的青梅分布在江南丘陵低山地区，主要有苏州吴中、无锡宜兴、常州溧阳、南京溧水等县区[②]。吴中旧为吴县，其光福镇"香雪海"是历史上最著名的梅花景观，洞庭东西山也一度辉煌过，如今两山仍有一定规模的梅林，尤其是西山，仍是江苏省规模较大的青梅产区。宜兴地处太湖西畔，与浙江长兴、安徽广德毗邻，1984 年从日本引进果梅品种大力种植，现有 950 公顷，主要分布在张渚、茗岭、湖

[①]　这里所说青梅即指果梅，并非仅指未成熟的青果，本章下文多取此义。江南地区多称梅子为青梅，古人也有这一偏向。本章图片有一些引用网络资源，署名依所见网页，作者未明者则注以"旺友"，谐音网友。无法一一询求同意，敬祈谅解，并志谢忱！

[②]　陆爱华《江苏果梅生产概况》，《江苏绿化》1995 年第 5 期。

滏、新街等乡镇①，近几年由于经济效益下滑，面积有所萎缩。溧水县1984年开始
种植青梅，1987年达5500亩，1989年缩减到1500亩②。如今溧水的青梅种植主要
集中在位于洪蓝镇傅家边村的傅家边农业科技园。

图 220　溧水傅家边梅花山。

早在1984年，傅家边就被政府确定为江苏省低山丘陵综合技术实验基地，1994
年进一步批准建立农业科技园，大力组织科技投入，2000年实行企业化经营。经过
20多年的探索与发展，目前已形成由民营集团公司为核心，集农业科技研发、农业
种植养殖、农产品加工、农业旅游服务等多功能于一体的现代农业园区。经济果林
的建设自始就是该园区的一个支柱产业，青梅的种植与加工又是最为突出的项目，
逐步形成规模庞大、号称万亩的青梅生产基地。

近十多年，该园区开始利用梅林资源开发观光旅游业，从2001年开始作为一个
分景点，参与举办南京国际梅花节。园区开辟了一处以梅花观赏为主的梅香园景区，
加种了一些观赏品种，并修建了赏梅亭、林间小道，便于游人观赏休憩。并配套建
设有餐饮、休闲游乐等服务设施，成了名闻遐迩的乡村旅游、农业观光景点。置身
景区的梅花山头，放眼远望都是连绵起伏的农田和山林，远离都市的喧嚣，洋溢着

---

① 谈新明《宜兴果梅产业的现状及发展策略》，《江苏林业科技》2004年第1期。
② 陆爱华《江苏果梅生产概况》，《江苏绿化》1995年第5期。

浓郁的乡野气息①。

2. 浙江省长兴县

（1）民国年间的情况

从内编所论可知，明朝中叶以来尤其是清朝，长兴县内艺梅颇盛，影响较大。民国年间，梅产业持续发展，青梅成了长兴果类中的大宗产品。1921 年郑逸逸《长兴物产调查记》："山阪岭坡之不利耕植者，悉栽果类，如栗、梅、桃、梨之属均为出产大宗。"② 合溪一带及附近低山丘陵地区都是主要的梅产区，篠浦今写作小浦，居合溪下游，是合溪沿线以及向西至八都岕等地乌梅的集散地。1939 年至 1941 年，当时国民县政府驻八都岕底柏家村，县长严北溟有诗句描写八都岕"二十里地香不断"③，可见梅栽种之盛况。县北水口一带也有梅子出产。据 1933 年《长兴县乡土志》，白阜埠、合溪、水口等镇的乌梅都是当地主要的输出品④。1932 年《中国实业志》中《浙江省各县梅子产销表》记载，当年长兴县产销梅子（当为青梅）12000 担，售价 36000 元，名列桐庐、杭县、奉化和杭州市之后，位居全省各县市第四，在湖州各县位居第一⑤。如果以每亩产梅 1000 斤计算，投产面积应有 1200 亩左右。也就是这一年在"浙江省举办的农产品展览会上，合溪制乌梅干，获乙等奖"，因而得名"合梅"，1933 年乌梅产销达 75 吨⑥。1935 年，"梅产量约一万八千担，平均每担价格三元。栽培法冬时修枝施肥，春夏刈草烘成乌梅干，用缸装运销售于上海、苏州，可作染料用"，在所记载的各类水果中产量仅次于桃，而远高于其他⑦。这一时期可以说是历史上空前鼎盛的阶段。

受日本侵华战争的影响，上世纪 40 年代，长兴青梅生产一度急剧下滑，当代新编《长兴县志》称，至 1948 年梅产量"下降至 17.5 吨"⑧。这一数据应该是指乌梅

---

① 2009 年初，笔者曾向傅家边园区寄赠梅花著作，多次请求提供梅园建设的数据，未蒙回应。2009 年 3 月 16 日，笔者与学生任群、王三毛、侄程滢来此探访，时值花期尾声，梅花多已零落，放眼望去，梅林范围仍可大致辨识，但数量似远不足园区宣传告示所称的万亩，所谓梅香园景区充其量千亩而已，或者园区另有更大梅林乎？惜未见。近见王玉娟（南京农业大学）、王保根（南京中山陵园管理局）、李百健（南京傅家边科技园集团有限公司）等《南京植梅历史及其主要赏梅景点介绍》（《江苏林业科技》2010 年第 4 期）一文称傅家边梅园有梅花 1665000 平方米（约 2500 亩）、120 个品种 112500 株。这一数据应该比较可靠。2012 年 3 月 21 日，笔者与侄程滢再次来此，花尚未盛。

② 《学生杂志》1921 年（第 8 卷）第 3 号。

③ 谢文柏《长兴县志》第 197 页。

④ 长兴县教育局《长兴县乡土志》上册第 20、22、23 页。

⑤ 《中国实业志（浙江省）》（丁）第 279 页。

⑥ 谢文柏《长兴县志》第 197 页。

⑦ 宋宜山、吴向辰（国民党中央政治学校行政系普通行政组学生）《浙江长兴县县政府实习总报告书》（1935 年）第三章"经济"第八节"特产"。另，施泽《浙江长兴县梅树栽培及梅干烘制法调查》也载长兴青梅产业之盛，《中华农林会报》第 7 集。

⑧ 谢文柏《长兴县志》第 197 页。

图 221　长兴林城镇周吴岕的成片梅林，梅花盛开洁白如棉。

的产量，浙江当地学者周巍、王小德等人论文理解为青梅，由此推算当时全县"仅约 350 株成年梅树能够产果，种植面积不足 1hm²，长兴梅的栽培退回到了宋元时期水平"①，这一说法极不合理，也不切实。笔者走访长兴乡民，人们的记忆中，20 世纪四五十年代，今小浦西八都岕、林城周吴岕（原太傅乡所属）、雉城白阜（原白阜乡所属）一线分布着大量梅树。1989 年长兴县农业区划办公室《长兴县土特产品资源集》也称："本县小浦镇（原合溪乡）的箬岕，白阜乡的八都岕，太傅乡的周吴岕，在历史上都是主要产梅区，迄今还留有 4 万棵老梅树，树势不衰，结果累累。"② 这些古树固然有新中国成立后陆续栽种的，但相当部分应该是民国年间延续下来的。新编《湖州市志》在介绍"长兴青梅"时有这样一段表述："抗日战争时，梅树屡遭破坏，面积、产量锐减。至 1949 年，梅树面积 1600 多亩，大部分分散在山岕各地或屋前屋后，50 年代逐步恢复和发展。"③ 这一数据虽然包括湖州诸县，但主要指的是长兴县的情况，是周氏等人推算的整整 100 倍，应该是比较合理的④。

---

① 周巍、王小德等《浙江长兴梅栽培历史研究》，《浙江林学院学报》2009 年第 2 期。
② 长兴县农业区划办公室《长兴土特产品资源集》第 24 页。
③ 湖州市地方志编纂委员会《湖州市志》第 875 页。
④ 关于古代与民国间长兴青梅产业的全面情况，请参阅笔者《浙江长兴梅栽培历史考》，《浙江社会科学》2010 年第 10 期。

（2）新中国前三十年

民国年间长兴梅种植的持续发展，青梅种植和乌梅生产形成了深厚的传统，同时也奠定了建国后青梅种植的坚实基础。新中国六十年，长兴的青梅发展大致可以划分为两个时期。一是 50 年代至 70 年代以集体经济为主的前三十年，另一是改革开放以来的后三十年。

图 222　长兴林城镇周吴岕，大片红梅为长兴东方梅园的苗圃。

对前三十年的情况，有关的直接记录和可靠数据较少，难以具体论证。就笔者所见，这样一些材料可以略窥一斑。一是《湖州市志》记载供销社系统收购乌梅的数量，"1951 年，供销社开始收购，当年收购乌梅干 42.3 吨"，"一般年份收购量 20—30 吨左右"①。这组数据可能包括湖州其他县邑的情况，但也应以长兴为主，不难看出与 1948 年的情况相比，已有明显的恢复与好转。二是县人陈锡山、吴太应《饮誉国际的特产——长兴"合梅"》称："五十年代，年均产乌梅 500—600 担，折合青梅近 2000 担。"② 三是《长兴土特产品资源集》介绍："解放后，梅树逐年发展，六十年代末至七十年代初，发展集体连片梅园 64 处，最大一片达 380 亩。"③ 四是 1983 年的《长兴县地名志》称"全县（梅）现已发展到七千多亩，青梅的年

① 湖州市地方志编纂委员会《湖州市志》第 1078 页。
② 长兴县人民政协文史委员会《长兴文史资料（第 2 辑）》，1987 年。
③ 长兴县农业区划办公室《长兴土特产品资源集》第 24 页。

产量达三千多担"①。该志所收数据以 1979 年为准，反映的正是 20 世纪六七十年代青梅种植发展的最终成果。

根据上述数据，不难看出，这三十年中又大致可以分为两个阶段，一是 50 年代至 60 年代中期，也就是"文化大革命"前，种植面积和产量大致与民国后期持平而稍有改观。二是 60 年代末期以来，社队集体植梅迅速发展，面积和产量明显增长。70 年代后期以来，育林面积急剧发展，从《长兴县地名志》提供的 1979 年面积和产量的比例不难看出，当时 7000 多亩中大部分都应是未投产的新育幼林，这为进入改革、开放"新时期"青梅产业的发展奠定了基础。

关于具体种植区域，《长兴县地名志》的地名介绍中包含了很多种植物产信息，从中略可大致勾勒出分布范围。具体列表如下：

公 社		大 队	自然村
名 称	今属乡镇		
（丁甲桥）	夹 浦	月 明	
（槐 坎）	槐 坎	抛溇岗	
合 溪	小 浦	箬 岕	箬 岕
		南 周	周家村
		塘 渚	毛场里
			塘 渚
			乔家村
太 傅	林 城	周 吴	周家头
			中潭里
		上 阳	上 阳
		平 阳	西姑庵
白 阜	小 浦	大岕口	
		许 家	
		方 一	杨岭村
		施 家	
		南俞村	
		潘家村	潘家村
		礼家村	礼家村

---

① 浙江省长兴县地名委员会《长兴县地名志》第 8 页。

公　社		大　队	自然村
名　称	今属乡镇		
（洪　桥）	洪　桥	王家坝	
（李家巷）	李家巷	沈湾村	
仙　山	泗　安		
泗　安	泗　安		

梅的分布主要见于9个公社、17个生产大队。9个公社中合溪、太傅、白阜3个公社种植较多，这几个地方也正是民国年间乌梅出产最为集中的地方，槐坎抛漤岗与合溪箬岕同属合溪上流，种植品种相近。泗安、仙山的青梅种植新起，其他四个公社是零星分布。当然这一梳理远不够全面，比如前面所说的林城镇泥坉行政村，当时为天平桥公社泥坉大队，这里宋代便多梅花分布，据1987年该村的经验介绍，他们早在1975年就"开垦乌焦山120亩地种植青梅"，建立集体林场，1980年开始出产①，而《地名志》上并无反映，想必类似的情况在二界岭、水口、和平等公社还有不少。

（3）"新时期"三十年

改革开放的三十年，随着全国粮食紧张状况的缓解和商品经济的兴起，加以社会体制的改革开放，各类经济种植迅猛发展。长兴青梅进入了一个崭新的大发展时期，逐步成为全县农林方面的支柱产业，大致说来又可分为两个阶段。

首先是20世纪八九十年代。这20年，乌梅和梅干产品在国际市场旺销，青梅种植经济效益高，成了当时壮大集体经济、农民发家致富的重要途径，因而出现了持续和跨越发展的可喜局面。这20年中，全县植梅面积、分布区域不断扩大，青梅产量和产值不断提高。据县统计局历年《长兴统计年鉴》提供的数据，1987年全县梅园面积8296亩，产青梅334吨；1988年12168亩，产青梅499吨；1989年12675亩，产青梅583吨。1994年突破千吨，1997年突破两千吨。1998年开始突破两万亩，2000年全县2380公顷，合35700亩，青梅产量3232吨②。这是迄今统计面积最多的一年。

而其分布地区，据1989年《长兴土特产品资源集》，当时"主要产区在小浦、白阜（引者按：今分属小浦、雉城）、太傅（引者按：今属林城）、水口、仙山（引

---

① 长兴县天平桥乡泥坉村梅场《发展生产要靠科学技术》，长兴县档案馆档案 J001—039—019 卷。
② 这些统计数据均见长兴县统计局历年《长兴县统计年鉴》，恕不一一具注。

图 223　长兴雉城镇川步村梅花坞（吴佳提供），现为东方梅园梅桩盆景生产基地。

者按：今属泗安）、二界岭、天平（今属林城）、吴山、和平、丁甲桥（今属夹浦）、管埭（今属泗安）等 11 个乡镇的 74 个村，以及泗安、红山、小浦三个国营林场”[1]。另外长潮（今属泗安）、槐坎、煤山等乡也有一些分布。1998 年全县 23000 多亩，“主要分布在太傅、二界岭、长潮、白阜等 23 个乡镇和小浦、泗安两个国有林场。其中超千亩的重点乡镇有：太傅 7148 亩，二界岭 5830 亩，长潮 1823 亩，白阜 1766 亩，水口 1179 亩，国有小浦林场 1425 亩”[2]。

　　长兴县的青梅产品主要以青梅鲜果或加工成乌梅和梅干销售。20 世纪 80 年代中期，县办工业开始投资青梅深加工，1984 年建立了长兴青梅饮料厂，生产青梅原汁、乌梅原汁、糖水青梅、陈皮梅、梅酱等产品，销往全国各地，同时长兴县食品厂、酿造厂也投资加工话梅和蜜饯，深受消费者欢迎[3]。1999 年，民营长兴梅源食品有限公司在林城镇成立，该公司拥有现代青梅加工设备，主要生产话梅、脆梅、糖梅等产品，是长兴境内从事青梅加工的主要企业，产品主要行销日本和东南亚等

①　长兴县农业区划办公室《长兴土特产品资源集》第 24 页。
②　长兴县政府办公室《我县“青梅产业链”具体抓了四项工作》，《长兴信息》（增刊）1998 年第 9 期，长兴县档案馆档案第 J028—052—041 卷。
③　长兴县农业区划办公室《长兴土特产品资源集》第 25—26 页。

市场。

再就是本世纪十年。2000年以来，青梅和乌梅、梅干的市场行情急剧下滑，尤其是长兴县青梅主销地日本对进口设限，前些年的盲目发展又导致青梅产量过剩，青梅价格一落千丈。果贱伤农，严重地影响生产积极性，梅农开始大批砍伐梅树，以薪柴低价销售，改种其他经济效益好的花木如香樟等。统计数据显示，2005年梅的种植面积已由鼎盛时期的35000亩缩减到30000亩。种植面积虽然明显减少，但由于20世纪90年代中后期以来加大了改良品种的力度，到这个时期效果逐步显现，平均每亩单产大幅增加，鲜果品质明显改善，2001年至2007年全县青梅产量不减反增，一直维持在4500—5000吨之间。

针对青梅销售市场不景气的状况，政府、企业和梅农都积极想方设法，不断探索产业新出路，目前两方面的努力颇见成效。一是以吴晓红、叶光明等为代表的企业家，从2002年开始投资收购农民准备砍伐废弃或更新淘汰的老梅树桩，高位嫁接名优花梅，尤以红梅为主，化腐朽为神奇，制作具有很高观赏价值的古梅树桩、盆景，同时发展花梅苗木繁育广泛销售，用于园林梅景建设。其中尤以长兴东方梅园有限公司的成绩最为突出，目前已成功地营销到上海、杭州、武汉、南京、合肥、东莞等地，占领了全国主要的市场份额，成了长兴农林支柱产业之一，2008年长兴被中国经济林协会评为"中国红梅之乡"[1]。二是发展梅花观光旅游业。随着越来越多的青梅果园改成红梅（花梅）培育园圃或生产基地，园艺生产的景观效益日益凸显，其中蕴含的观光旅游资源逐步引起注意。2006年2月，首届长兴梅花节在林城镇举行，此后每年同期举办。同年在长兴县十三届人大常委会第23次会议上，梅花被定为长兴县县花，这集中反映了人们对梅花观赏栽培产业的重视和期待，也取得了很好的宣传效果。2008年梅花节接待游客30万人次，观光收入达100万元以上，初步显示了这方面的发展潜力。从2000年起该县曾规划建设由县城至林城镇连心村沿路万亩青梅观光长廊[2]，2010年3月笔者曾沿规划线路走访，计划似乎并未完全实施。

就梅花风景观赏而言，今长兴县城及近郊多有小规模的成片园林种植，而最值得游览的仍主要是青梅产区的大规模梅林风景，主要有两处，一是由林城镇的连心、周吴岕等村上千亩乃至两三千亩传统的青梅树林（图221），花期弥望一白，香雪如海，保持着乡村农林自然风光的独特魅力，而梅海深处分散的几块东方梅园有限公司的红梅苗圃和桩梅嫁接培育基地，以红梅品种为主，花期稍晚，盛花时一片红霞

① 周巍、王小德等《浙江长兴梅栽培历史研究》，《浙江林学院学报》2009年第2期。
② 湖州市旅游局、长兴县旅游局、浙江大学《长兴县旅游资源普查报告》第160页。

如云（图222）。大面积的梅林景观，气象阔大，蔚为壮观。据说由林城向西的二界岭乡也有大规模的传统生产型梅林。二是县城向北雉城川步村境内的梅花坞。这个地名应该是新起的，东方梅园有限公司的总部设在这里，确切地说这里是东方梅园公司的一个红梅盆景和桩树培育园区，面积百亩左右，集中了该公司老梅桩树和红梅品种中的精品（图223）。这里与明清时所说的川口或方丈庵属于同一个行政村，想必当时"川口二十里梅花"（见本书内编二）也可能包括这个地方，如此古今相应，令人浮想联翩，情趣倍增。上述两方面的探索，集中体现了从传统的果梅生产为主向花梅生产为主的产业结构转型趋势。目前的长兴梅产业正在形成"青梅"与"红梅"综合开发，传统种植业与第三产业左右逢源，相互补充，相互促进的良性发展格局①。

3. 浙江省绍兴县王坛镇

王坛镇地处绍兴县南部山区，在宋代昌源梅田之南。早在20世纪70年代初，当地政府就发动村民大力种植青梅②，一说从1984年就开始种植③。2001年全镇有梅林5000多亩，连片面积有2000多亩，年产青梅200多万公斤④，这年被浙江省林业厅认定为"浙江省青梅之乡"。2005年达10000亩⑤，2008年称已发展青梅基地15000多亩，其中投产面积为12000多亩，青梅产量达到了3500吨，产值1200多万元，被中国经济林学会认定为"中国青梅之乡"⑥。

2000年以来该镇注意开发梅园旅游资源，2008年始规划开发境内东村风景旅游区。东村位于王坛镇东南，青梅种植和经营最为成功。东村一带为海拔150米以下的丘陵低山，人工栽植的青梅林已成为独特的景观资源。区域内目前有梅林6000亩，连绵数里，有"十里梅廊"之称。腊月寒冬，梅花凌霜傲雪，竞相怒放，形成茫茫花海⑦，当地号称"香雪梅海"风景，梅田内建有观梅亭、咏梅亭（图224）、

① 本自然节内容，除注明出处外，均根据《长兴新闻网》所载新闻报道写成。数度赴长兴考察，幸承长兴县图书馆李玉富先生、长兴县气象局徐先杰先生、长兴县林城镇梅农协会孙勤芳先生、东方梅园有限公司吴晓红先生、长兴县档案馆朱宏女士帮助，本节部分照片承长兴东方梅园有限公司吴佳总经理提供，谨此一并志谢！
② http：//www.shaoxing.com.cn/news/content/2007-05/12/content_42476.htm。
③ http：//press.idoican.com.cn/detail/articles/2008072955724/。2012年11月24日，笔者由绍兴文理学院中文系渠晓云教授夫妇、同事曹辛华教授陪同至此，在村边遇一老农，自称曾任村书记，也说种梅始于1984年，由当时的县林业局安排。
④ 周旭辉、俞益武、钱杭园、诸剑明、余阳军等《生态观光型果梅园的构建——以绍兴王坛青梅园为例》，《当代生态农业》2001年增刊第2期。
⑤ http：//www.shaoxing.com.cn/news/content/2007-05/12/content_42476.htm。
⑥ http：//press.idoican.com.cn/detail/articles/2008072955724/。
⑦ http：//zgkqw.zjol.com.cn/news/system/2008/05/28/010059924.shtml。

图 224　绍兴王坛镇东村"香雪梅海"（绍兴王坛镇政府提供），此为村头溪边咏梅亭。

问梅亭等景观和服务设施①。

4. 浙江省萧山县进化镇

萧山是全国著名的青梅产区，民国以来就陆续培育出不少优良品种，如萧山大青梅、青丰等②。进化镇地处萧山区南部，东临绍兴市，南接诸暨市，是萧山青梅的主产区。目前，萧山区青梅种植面积有 1.5 万亩，年产鲜果 2000 吨，进化镇种植面积占全区的 70%，产量占全区的 80%，2000 年曾被浙江省林业厅命名为首批特产之乡——青梅之乡③。境内诸坞村位居镇北，四山环绕，风景幽美，种梅历史尤其悠久，20 世纪 40 年代末，该村尚有树龄在三四百年间的老梅 800 余株④。80 年代有梅园千余亩，其中 400 多亩都是老梅树，有的树龄已有百年以上⑤，现仍是全区种植面积最大的一个村庄。

5. 浙江省上虞县丰惠镇

丰惠镇位于上虞东南部。大约 20 世纪 80 年代，丰惠镇东溪村（今三溪村）的

① 本节照片承绍兴王坛镇政府王芳先生提供，又得渠晓云、刘小刚夫妇帮助，谨此志谢！
② 夏起洲、丁长奎《浙江果梅种质资源调查初报》，《北京林业大学学报》1995 年增刊第 1 期。
③ http://tour.xsnet.cn/mytc/2010_4/1089815.shtml。
④ 萧山市农业局《萧山县农业志》第 140 页。
⑤ 王白坡、钱银才《浙江省青梅资源和实生梅的利用研究》，《浙江林业科技》1989 年第 6 期。

农户在昆山脚下的风化土壤里种植 350 多亩青梅，注意科学管理，迈上了致富路。附近梅岙、双溪等村受其影响，也纷纷垦荒种梅，不几年以东溪为中心，全镇种植面积超过万亩①。这里曾培育出东青等优良青梅品种。本世纪头几年，青梅销售不景气，严重影响梅农的积极性。2006 年以来市场行情转暖，当地企业家吴丽军投资兴办青梅加工企业，青梅酒等产品出口俄罗斯，拓宽了青梅的销售渠道，稳定了青梅种植的规模②。花开季节漫山遍野、房前屋后多是洁白的梅花，一副美妙的景象。2010 年 2 月 21 日，县农林局在这里举办"英台故里赏梅节"③。

6. 浙江省奉化市莼湖镇

奉化是传统青梅主产县，主要分布在县西北山区，1932 年《中国实业志》之《浙江省各县梅子产销表》记载，当年产量位居浙江诸县第三，仅次于桐庐、杭县（今余杭县大部）④。莼湖镇位于奉化东南，是新兴的产梅区⑤。该镇背枕九峰山，南面象山港，地貌多样，气候温和，日照充足，雨雾丰沛，土质肥沃，具有发展滨海农林生产的独特地理优势。20 世纪 90 年代青梅种植迅猛发展，面积从 1992 年的 580 亩迅速发展到 2000 年的 8200 多亩，成为当时国内栽培青梅面积最大的乡镇之一。2000 年青梅产量达 5000 多吨，创产值 2000 多万元，青梅生产成为农户致富的重要途径。1999 年，该镇被浙江省政府农村管理办公室命名为"浙江省青梅之乡"，2000 年被国务院特产评选中心命名为"中国青梅之乡"。由于前些年各地盲目扩大种植，供求关系发生变化，尤其是本世纪以来国际需求减少，青梅销路严重受挫，价格大幅跳水，梅农便开始弃置不管，甚至纷纷砍梅改种其他，青梅面积急剧萎缩⑥。近两三年青梅市场行情逐步转好，当地种植也开始复苏。

7. 浙江省其他地区

晚清以来余杭县、民国时的杭县一直是著名的青梅主产区，产量长期名列浙江诸县前列。现在该县除超山、崇贤一带传统产区外，西北部的鸬鸟镇雅城村也有上

---

① http：//www. shaoxing. com. cn/news/content/2007–05/07/content_40979. htm。

② http：//www. shangyuribao. cn/html/2009–05/12/content_225096. htm。

③ 丰惠镇西北有祝家庄，当地传说即祝英台的家乡。

④ 《中国实业志（浙江省）》（丁）第 279 页。

⑤ 胡元福主编《奉化市志》第 172 页："清代西北山区栖霞坑'村边无树不梅花'，品种有早白梅、迟红梅等。1940 年 1300 亩，产 975 吨。1948 年 580 亩，产 415 吨。1955 年 575 亩，产 571 吨。80 年代中期起，加工话梅、盐梅、青梅酒等需求增加，莼湖、萧王庙等地扩种较多。1988 年梅园 5213 亩，投产少，总产 337 吨。"

⑥ http：//www. cnluye. com/html/kjb/slzyView/294245. html。关于莼湖镇的植梅面积，郎进宝、司徒立友、竺华忠等《青梅生产现状、存在问题及改进措施》称莼湖镇 2000 年前后有 533.3 公顷，年产量 5000 吨，文章载《内蒙古农业科技》2004 年第 S2 期。

千亩梅林①。遂昌县云峰、金竹等乡镇有青梅2000多亩②。安吉县杭核镇尚梅村有青梅1200亩，在当地旅游资源调查报告中有报道③。

8. 福建省诏安县

福建是传统的青梅产区，据1992年统计，全省栽培面积就达8732平方公里，其中投产面积1564平方公里④。诏安、永泰、上杭、松溪等县较为重要。

图225　诏安山区梅林（风速提供）。

诏安县地处福建省最南端，西与广东饶平县交界，东临大海。以低山、丘陵为主，地貌多样，气候属南亚热带季风区，日照充足，雨量丰沛，土地肥沃，人口稀少，有着发展水果种植的诸多地理优势，盛产荔枝、龙眼、梅、李、柑橘等水果。诏安的水果种植历史悠久，青梅也当如此，康熙县志物产志中即列有梅与梅花⑤。诏安大规模种植青梅是从20世纪80年代中期开始的。当时红星农场（今红星乡）上万亩橡胶林经济效益下滑，于是开始改种青梅。由于种植青梅的效益好于柑橘、菠萝，当地政府组织推广，种植面积迅速扩大，附近太平乡也积极跟进。90年代中前期，青梅价格持续上扬，农民种植积极性不断高涨，1994年全县种植面积为

① http://www.yuhang.gov.cn/class/class_791/articles/64259.html。

② http://news.sina.com.cn/s/2003-03-07/0912936579.html。

③ 湖州市旅游局、安吉县旅游局、浙江旅游职业学校《安吉县旅游资源普查报告》第200页。

④ 蔡丽池、黄朝阳《福建果梅生产存在问题与相应措施》，《福建热作科技》1997年第1期。

⑤ 秦炯《（康熙）诏安县志》卷三。

2871.8 公顷，年产青梅 2755 吨①，居全省之冠。以红星、太平、官陂、建设等乡镇为主产区，到 2000 年已扩大到 7.88 万亩，年产 2.01 万吨②。2001 年，诏安被国家林业局命名为"中国青梅之乡"。90 年代末期以来，全国青梅市场供大于求的现象开始显露，进入本世纪，国际市场需求也发生变化，青梅行业步入困境。当地政府从剧烈的市场波动中吸取教训，积极探求市场多元化，规范种植技术，自主开发产品深加工，构建"公司+协会（专业技术）+农户"的生产经营模式，走上了产业化发展的康庄大道，逐步形成了种植、加工和销售一条龙较为坚实稳定的产业链③。

图 226　诏安红星乡吟梅阁（风速提供）。

红星乡是近二十多年诏安青梅产业腾飞的策源地、发祥地，80 年代中期由他们开始植梅，西埔村杨秋兴带头引种优良品种白粉梅，并承包乡综合加工厂，从事青梅加工销售，1996 年大量出口日本，为青梅种植的迅速发展注入了强大的动力④。2002 年全乡共有水果种植面积 5.51 万亩，其中青梅 3.5 万亩，年产青梅 12000 吨，

---

① 廖镜思、陈清西、郑国华、胡又厘《福建果梅品种资源及其利用前景》，《福建农业大学学报》1997 年第 1 期。
② 黄嘉祥《绿染山川果飘香》，载诏安政协文史委员会《诏安文史资料（第 20 期）》。
③ 《中国农业信息网》载陈惠强、沈乾生《政府推动，品牌带动，诏安小青梅成就大产业》，载 http://www.foods1.com/content/691831/；《光明日报》载沈乾生、陈惠强、马跃华等《打造"中国梅都"——福建省诏安县青梅产业实现转型升级》，见 http://www.gmw.cn/01gmrb/2009-09/05/content_975779.htm。
④ 黄家祥《梅花香自苦寒来——杨秋金印象》，诏安政协文史委员会《诏安文史资料（第 22 期红星乡专辑）》。

并探索"以梅花为主题的集观赏、品尝、游览为一体的旅游业"①。从 2000 年起，每年的大寒日举办红星梅花节暨青梅订购会②。我们来看看与会者的记录："大寒时节，我们组织了一些书画家到红星乡赏梅。车子一转入红星乡境内，眼前一亮：呵，路旁、山坡、沟谷，漫山遍野，尽是梅花。树枝伸出的枝桠，缀满了香气四溢的白梅，象是热情地向我们招手迎迓。沿着山路，我们来到坪埔梅林。一级级的石阶蜿蜒而上，一股清泉，沿着路边小沟，汩汩流淌。爬到半山，我们已经沉浸在花的海洋中了。举目四望，尽是铁骨虬枝的梅干，枝头盛开着千万朵的白梅，似冰雪凝成，似粉蝶聚集，千姿百态，令人目不暇接。一阵清风，带来一阵花香，也带来一阵花雨。""逶迤登上山顶，往下一看，大家都呆了：四周，是白茫茫一片花海，随着山势的起伏，如同大海的波涛。没想到，一树树柔美的花朵，成千上万连成一片，竟能形成这样令人震撼的气势！""徜徉在香雪海中，梅花那疏影横斜的风韵、清雅宜人的幽香，令人如疾如醉，涤尽了我们心头的躁气和俗气。今天，我们的世界太多地流失着纯洁和优美，太多地流失着轻松和浪漫，太多地流失着和自然的交流与和谐。生活就象沙尘暴一样混浊，象特快列车一样喧器。而在这里，只有心的呼吸，只有灵魂的净化，我们感受着宁静、真实和单纯。"③ 透过这热情的文字不难感受到诏安数万亩广袤的梅田给游客带来的惊喜和震撼。在红星乡梅花节的基础上，2008 年诏安举办首届海峡两岸（诏安）青梅节暨书画艺术节，层次提高了，规模也有所扩大，虽称青梅，但举办期为阳历一月中旬，在小寒、大寒两节气之间，正当梅花花期，商贸之外赏花旅游的意味也较浓重，有利于当地梅花风景的宣传④。

9. 福建省永泰县

永泰位于福建省中部，东与闽侯、福清相邻，南连莆田，北接闽清，境内群山林立，号称"八山一水一分田"，没有平原，只有少量山间盆地。气候温和湿润，雨量充足。具有发展果梅生产的地理优势。民国县志称："土人取其实制为白梅，为乌梅，入药品，能解渴杀虫，或曝干以佐食品。"⑤ 乌梅"五都溪洋最多"⑥。1956 年，永泰县青梅栽培面积大约 13 公顷，20 世纪 80 年代以来迅速发展，1984 年

---

① 红星乡党政办公室《乌山巍峨，青梅飘香——诏安县红星乡简介》，《诏安文史资料（第 22 期红星乡专辑）》。
② 沈幼仙《以花会友抒梅情，以梅为媒创商机——记红星乡梅花节》，《诏安文史资料（第 22 期红星乡专辑）》。
③ 吴无吾《感受香雪海》，《诏安文史资料（第 22 期红星乡专辑）》。
④ 本节诏安县梅景图片引用网络公共资源，谨向摄者致谢。
⑤ 金章、王绍沂《（民国）永泰县志》卷四。
⑥ 金章、王绍沂《（民国）永泰县志》卷七。

面积扩大到 252 公顷，主要用于生产乌梅，曾被列为福建省乌梅生产基地①。20 世纪 90 年代以来种植面积进一步扩大，1994 年全县 2209.7 公顷，年产青梅 1997 吨②。除一部分产品直接外销外，开始投资加工生产盐水梅、梅坯、话梅、青梅汁、青梅饮料等成品和半成品投放市场，取得很好的经济效益。2008 年，全县青梅面积已达到 4000 公顷，年产青梅 1.6 万吨。永泰青梅果实大，肉质厚，尤以酸度大闻名③。

图 227　永泰县城峰镇太原村梅花（完美飘飘提供）。

永泰青梅主要分布在城峰、赤锡、葛岭、东洋等乡镇。这里每年 12 月底到来年 1 月间梅花盛开，成千上万亩的梅花一片雪白，香雪如海。对于这里花季盛景，网络上已见报道："永泰县广种青梅树，全县青梅种植面积达到五万多亩，永泰县的'瑞雪'，便是当地满山遍野的青梅花。每年梅子花开时，永泰的山野被装点得'白

①　余国武《永泰青梅产业发展思考》，《中国果业信息》2009 年第 1 期。整个 80 年代永泰青梅并未形成规模，1992 年出版的《永泰县志》有专章介绍该县的李果生产，种植业中并未介绍到青梅，药材中也未列乌梅。该志记事截至 1987 年，可见此时青梅生产尚未兴起。
②　廖镜思、陈清西、郑国华、胡又厘《福建果梅品种资源及其利用前景》，《福建农业大学学报》1997 年第 1 期。
③　余国武《永泰青梅产业发展思考》，《中国果业信息》2009 年第 1 期。

雪皑皑',蔚为壮观。"① "一朵朵白梅花,密密麻麻地点缀在枝丫间,远远看去,犹如刚下了一场冬雪,整座山都变成了白色。……在永泰县太原村一处梅林,不少慕名而来的福州市民望着眼前的美景,不由啧啧称赞。"② 所说为永泰县城峰镇太原村的梅花,这里距福州仅60多公里,因而能吸引到那里的游客。

10. 福建省上杭县

上杭县位于福建省西南部,北接长汀、连城,南与广东蕉岭接壤,地处武夷山脉南麓,境内以中低山、低山和丘陵地貌为主,森林资源极为丰富。属中亚热带季风气候区,四季分明,气候温和,雨量充沛,较为适宜梅树生长。乾隆《上杭县志》记载县东北梅溪寨古石岩"一径四壁峭立,中有老梅数本,极疏影横斜之致",县东北与长汀交界之梅花洞"旁多古梅,盛开时香闻十里之外"③。"城邑、乡皆种,惟水南张滩(引者按:今县城汀江南有上下张滩)独多。杭俗酿梅作浆,有糖、盐二种,又浸渍青梅、甘草梅、白梅。"④ 民国《上杭县志》所载更为具体:"邑中梅树各乡皆有,惟附郭为盛……取梅浸以盐,晒干后锥碎之,贮以瓮曰白梅。又采其实去核留肉,或并核捣烂,伴以黄糖曰梅酱。又将子以火焙之使干成黑色曰乌梅,亦曰福梅,运售潮汕颇多。又以蜜渍青梅曰蜜梅,渍甘草曰甘草梅,味皆佳。有一种曰甜梅子,甜香甘脆,为南蛇渡(引者按:今上杭南都乡豪康村西北)一带所特制,是皆用青梅者也。"⑤ 可见从乾隆以来,境内种梅不断发展,而以县城附近最为集中,另境内汀江下游也有大量分布。产品较为丰富,有盐、糖、乌等品种,其中乌梅为大宗产品,远销漳汕等地。新中国成立后,这里的乌梅生产相沿不绝,并成了乌梅中的名优产品,主要产区在当时城郊公社的西郊、黄竹、城西、城北等地,其中西郊最多,罗屋、长亭、沙子、仙人、大横、团结、奄于、上柯等大队都有出产⑥。"1968年产量最高曾产鲜果250吨,乌梅收购量达历史最高水平,为39.65吨"。改革开放后,乌梅生产持续发展,1988年曾被国家计划委员会定为乌梅出口基地。"1993年全县种植3.19万亩","2002年上杭梅树种植面积达5.2万亩,产鲜梅果3937吨,2004年产鲜果创历史最高纪录达5194吨"⑦。2006年有报道称全县

---

① http://www.yododo.com/area/detail/1-01-03-12-13184。

② http://news.xinmin.cn/rollnews/2009/12/25/3160540.html。本节永泰县梅景图片引用网络公共资源,谨向摄者致谢。

③ 顾人骥、沈成国《(乾隆)上杭县志》卷一。

④ 赵成、赵宁静《(乾隆)上杭县志》卷一。

⑤ 张汉、丘复《(民国)上杭县志》卷九。

⑥ 李伟民《杭梅点滴》,载政协上杭县委员会文史资料组《上杭文史资料(第3辑)》。

⑦ 黄坚航、林兴龙《杭梅考证》,《海峡药学》2006年第5期。

栽培 2042 公顷，产量 5500 吨①，主要分布在临城、蓝溪、湖洋、白砂、中都等乡镇，其中临城即城郊地（所谓附郭）。乾隆县志中记载县中梅花有玉（白）、红、青绿三种，但如今并未见有开发梅花观光资源的报道。

图 228　福建上杭梅花（上杭县旅游局高美玲摄）。

11. 福建省松溪县

松溪县地处福建北部山区，位于闽浙交界处、武夷山麓东南侧。中低山环绕县境四周，中部为低山丘陵和山间河谷平原。属海洋性湿润季风气候，春秋短，夏冬长，适宜梅的生长和经济栽培②，早在康熙县志赋税中，即记载有乌梅一项③。该县青梅的发展出现在 20 世纪 90 年代前期，1990 年试种 3.33 公顷④，从 1992 到 1996 年的 5 年间，种植面积由原来的 3.33 公顷发展到 1008.1 公顷，分布在 9 个乡

---

① 李月娥《福建上杭青梅栽培技术》，《中国南方果树》2006 年第 4 期。本节上杭县梅景图片引自网络，谨向摄者致谢。

② 该县青梅的规模种植是晚近兴起的，1994 年出版的新编《松溪县志》记载经济作物有柑桔、梨、李、桃、栗、杨梅、葡萄等水果，未提及梅子，该志纪事至 1988 年，可见当时县内种梅较少。

③ 潘拱辰《（康熙）松溪县志》卷五。

④ 杨代章、李明、付强《福建省松溪县的青梅栽培》，《落叶果树》2002 年第 3 期。种植地点应在旧县乡游垱村，见萧志善主编《南平名产志》第 130 页。

镇的 74 个村组①。由于最初引进的品种不够适当，产量低下，加之交通不便，科技落后和信息闭塞等原因，到 2002 年尚存 588.27 公顷②。

12. 安徽省

安徽省的青梅种植主要分布在皖南丘陵、山区，其中以宁国县最为突出。宁国位于安徽省东南部，东与浙江安吉毗邻，介于天目山与黄山两大山系之间，属亚热带季风湿润气候，适宜梅树生长。全县山间野生梅和家前屋后、村落附丘的栽培梅分布都较普遍，其中杨山、云梯、仙霞、三元、狮桥、宁墩、济川、梅林等乡镇分布较为集中。据统计，20 世纪 80 年代全县栽培总面积 8400 多亩③，90 年代大力发展，90 年代中叶达到 20000 亩④，本世纪以来稍有减少，但仍约有 13000 亩⑤。宁国乡村多为自然实生梅树，不少数十年乃至上百年的古树，长势较为强健，冠径一般可达 10 多米，单株产量较高。如此壮硕的树势，具有特别的观赏价值。

近年媒体报道，地处黄山西南的休宁县海阳镇金佛山一带有植梅的历史，山中雍正年间所立《金佛山记》古碑就有"梅蕊繁花，簇簇如锦"的记载。除产青梅外，兼产药用梅花，因而不仅古梅多，花色品种也多。老庙基一带有成百上千株古梅和胸围 1.5 米的"梅王"。这里山深林茂，风景幽美，如今当地政府已规划为风景区，大力开发，吸引游客。

13. 江西省

江西省的青梅产地主要见于赣州市于都县，于都地处赣州东部，当地称有青梅基地 2 万亩，年产鲜果 2.4 万吨⑥，主要分布在靖石、宽田等乡镇⑦。

（二）中南地区青梅产地

1. 广东从化"流溪香雪"

流溪河森林公园位于广东从化市的东北，105 国道从旁经过，南距广州市大约

---

① 杨代章《论松溪发展青梅生产的前景》，《福建果树》2001 年第 3 期。一年后杨代章、李明、付强《福建省松溪县的青梅栽培》文中称 1996 年初全县已有 1203.33 公顷，两个数据不知哪个更可靠。《南平名产志》第 130 页《松溪青梅》称"2 万多亩"。
② 杨代章、李明、付强《福建省松溪县的青梅栽培》，《落叶果树》2002 年第 3 期。2010 年 11 月 15 日笔者在"松溪县人民政府"网站上全文检索，竟未发现任何当地青梅的消息，或者此时已衰落殆尽。
③ 宁国青梅资源调查组《宁国青梅资源调查报告》，《安徽农业科学》1990 年第 4 期。
④ http://www.huadu.gov.cn:8080/was40/detail？record＝983282&channelid＝48004。
⑤ http://www.ahny.gov.cn/Html/2009_07_27/6519_717078_2009_07_27_717079.html。
⑥ http://www.jxagriec.gov.cn/a_files/infile/a_trade/Invest/200404/F140416100357.html。
⑦ http://www.jxxnc.cn/A_citys/Towns/towns1.asp？id＝380；http://www.jxxnc.cn/A_citys/Towns/towns1.asp？id＝358。

90 多公里，这里是从化与佛冈、新丰、龙门四县交界处，华南山地、丘陵地貌，数百座山峰连绵起伏，重峦叠嶂，波涛云涌，气象万千。公园总面积 8813 公顷，其中 1958 年建成的流溪湖水库面积 1146 公顷，蓄水 3.6 亿立方米，水深 70 米。碧波万顷的湖面上分布着大小 22 个主要岛屿，如白玉翡翠。公园的东南耸立着五指山、牛角山、鸡枕山等海拔千米以上的山峰六座，最高峰鸡枕峰 1146.7 米。优美的自然环境和丰茂的植被、四季如春的气候，构成了公园得天独厚的风景特色。

"流溪香雪"是流溪河国家森林公园丰富的植物林景中一道最亮丽的风景，位于公园西北部的流溪湖畔（图 229）。这里种植的 3000 多亩梅林，属生产型果林，以江梅系白梅为主，每年的 12 月开始到来年 1 月，10 多万株梅花傲寒怒放，漫山遍野，凝如积雪，浮如白云，与碧绿的流溪湖水、周围的青嶂叠翠相互辉映，堪称南国奇观。梅树始种于 20 世纪 60 年代，尤以南山主梅园的梅树最老，别具疏影横斜之风韵。近十多年，森林公园开始有意识地开发梅林的旅游价值，注重林区的景观和配套游览设施的建设。景区建有"流溪香雪"标志雕塑（2003 年建），铭刻国画大师关山月题写的"流溪香雪"和书法名家题写的诗词，另有"四君子园"及观梅亭等点缀其间。环湖植梅，以梅饰山，更显梅之幽雅闲静之特色。漫步梅林，花海如云，韵香浮动，置身雪海香涛，令人流连忘返[①]。2002 年起每年 12 月至来年 1 月，从化市政府与流溪河林场在此联合举办"广东从化流溪梅花节"，广揽八方游客，发展地方经济，大大增强了这一赏梅胜地的影响。

图 229   "流溪香雪"（陈年爱友提供），在广东从化流溪河森林公园流溪湖畔。

---

① 见 http：//www.liketrip.cn/destination/scenery_detail_5404.html。

2. 广东从化"石门香雪"

从化"石门香雪"是与广州"萝岗香雪"、从化"流溪香雪"齐名的广州三大梅海景观，属于石门国家森林公园的特色景观之一（图230）。石门森林公园是在1960年建立的国营大岭山林场的基础上，1995年国家林业部批准建立的国家森林公园，位于广东从化县城东北桃园镇，西与从化温泉风景区、北与流溪河森林公园、东与南昆山自然保护区相连，总面积2636公顷，森林覆盖率达98.9%。公园内层峦叠翠，云涛波涌，峡谷姿态奇异，动植物资源丰富，生态环境优异。公园分田园风光、石门风景、石灶风景、天堂顶、峡谷探险5个景区。

整个森林公园有近千亩梅园，主要集中在公园中部的石门风景区与峡谷探险区交会处曲折幽长的山谷中，本属经济果林，近些年注意开发其旅游价值。每年12月至来年1月，近千亩梅林鲜花盛开，远望如白雪皑皑、云雾霏霏，风景迷离。尤其是每当此时，山中大片乌桕、红枫、槭树林开始由苍翠转为黄红，望之层林尽染，有"广州香山"之称。梅花疏影横斜、洁白如云，与山间层林若染的红叶，林下新生如茵的绿草，上下三色交映，极其绚丽夺目。

3. 广东省普宁市

普宁市位于广东省东南部、潮汕平原西缘，与汕头潮南、榕城、惠来、陆丰、陆河、揭西等县区接壤。境内南部、西部、东部为山地与丘陵，中部为宽广的平原。除北部少数乡村外，大都地处北回归线以南，属亚热带季风性气候，阳光充足，雨量充沛，四季如春，具有发展水果生产得天独厚的自然环境和地理条件，是全国闻名的水果之乡，盛产柑桔、青橄榄、香蕉、菠萝、油甘、青梅等，其中青梅、青橄榄、油甘的种植面积和产量均居全国县级市县的前列。普宁的青梅种植历史极为悠久，乾隆县志物产志中即记载有梅[①]，现主要分布在西南部

图230 "石门香雪"（天地提供），在今广东从化桃园镇石门森林公园内。

---

① 萧麟趾、梅奕绍《（乾隆）普宁县志》卷九。

的南阳山区高埔、船埔、大坪（图231）、云落、梅林、南阳、黄沙等乡镇。高埔镇龙堀村尚有150年树龄的梅树，株产最高可达340公斤。1984年全县青梅面积近23946亩，年产青梅2311吨。1988年种植32711亩，年产3658吨，种植面积和产量居全国县级前列。其中高埔6928亩，船埔5857亩，年产都达1000吨①。至2000年，全市青梅种植面积已达0.96万公顷，连片种植66.67公顷以上的生产基地15个，年总产1.9万吨，年出口创汇5000多万美元，1995年4月被国家有关部门命名为"中国青梅之乡"②。普宁市现有青梅种植面积16.3万亩，年产量3.5万吨，出口量2.8万吨，种植面积、总产量、出口量均居全国县（市）级首位③。

图231　普宁大坪镇善德村梅花（周坤亮摄）。

　　普宁的青梅种植规模较大，但似乎对花期的风光资源并未引起重视。只是从网络上看到一些游人间有报道："在南阳山区，白梅漫山遍野竞相开放，蜜蜂成群、香风阵阵，引来无数游客流连观赏，也吸引了大批摄影爱好者来此采风。"④

4. 广东省陆河县

　　陆河县地处广东省东部沿海与兴梅山区结合部、汕尾市的东北面。该县较为年轻，1988年始由陆丰县析出建立，境内以客家居民为主。北回归线横贯全境，属亚热带季风气候区，气候温和，雨量充沛，日照充足，以低山、丘陵为主，生态环境优美，森林资源极为丰富，果林产品多样，青梅、黄榄、荔枝、龙眼、油柑、柿饼、

---

①　普宁市地方志编纂委员会《普宁县志》第143页。
②　http：//agri.jieyang.gd.cn/zd_show.asp? act=news&id=108。
③　http：//tieba.baidu.com/£? kz=523146573。
④　http：//tieba.baidu.com/£? kz=523146573。本节照片承普宁市地方税务局周坤亮先生提供，谨志谢忱！

茶叶、松脂等都负盛名。陆河的青梅种植早在建县前就颇具规模。有统计资料表明，1986 年县境范围内就有青梅面积 1500 公顷，建县后的 1989 年 2000 公顷，2004 年达到 7000 公顷，此后受市场影响，面积有所减少，但仍维持在 6000 至 7000 公顷之间，主要分布在东坑（图 232）、河口、水唇、螺溪、新田等乡镇。全县青梅产量 1995 年之前在 2000 至 4000 吨之间，1998 年以来产量大幅增加，2005 年达到 12000 吨，目前基本维持在 6500 吨左右。以 2005 年前后鼎盛时期的面积和产量计算，分别占全国（大陆）种植果梅面积的 6.67%，产量的 7.27%，占广东全省种植面积的 19.6%，产量的 32.3%，是一个典型的青梅大县①。2004 年曾被推荐获授"中国青梅之乡"的称号②，为此该县举办首届青梅节以示庆祝③。

在陆河这样的青梅大县同样蕴含着巨大的风景资源，近年逐步开始引起关注。有网友报道："每年元旦过后，那漫山遍野的梅花，不是雪却胜似雪白，远远望去，让人有种不知谁在何方的感觉，不细看恐怕会误以为是在北方的雪地里呢。当你在

图 232　陆河县东坑镇共光村梅花（旅途纸鹞提供）。

---

① 张平湖《广东省陆河县果梅产业的发展现状及对策》，《北方园艺》2010 年第 9 期。
② 《汕尾日报》2004 年 4 月 14 日报道，见 http://bbs.gd.gov.cn/thread-73558-1-1.html。
③ http://www.agri.com.cn/doc/2004/5/3/41284.htm。

冬阳下，站在高岗上看着那满山遍野开满的雪白的梅花，那场面别提有多震撼，让人很难忘。"① 报纸也有一些文笔优美的游记："从来不曾奢望，在岭南会看见梅花。我见过的岭南的花，一律是丰硕、鲜艳的。紫荆，红棉，朱槿，九重葛，花朵重重地、硕硕地开在枝头，在风里，在光丽（引者按：当为里），花的颜色像野火在燃烧。寒冬的陆河，漫山遍野的雪白梅林，一朵一朵单瓣、微小、洁白的花，缠绵地开满枝条，一树一树，千树万树，花蔓延过一个山头又一个山头。放眼望去，山谷里白濛濛地，像落在南国的一场繁霜，一场薄薄的皓雪。空气里浮动着香雾一样稠厚、缠绵的花香，那种贴心入腑的香馥，纯净、清灵、无处不在。"② 就在饱受丰产歉收、"果贱伤农"之经济怪圈后的 2007 年，曾有网友发贴"建议陆河县举办'梅花节'"，认为"以花养农"，可以"提高果农抵抗市场风险能力，提高青梅产业附加值，延长扩宽青梅产业链"。"如能举办一届集摄影、观光为一体的'梅花节'，肯定将对'陆河青梅'知名度的提高带来很大的帮助。可以利用'梅花'的巨大号召力，将'陆河青梅'推广出去，变单一、原始的卖青梅果的第一产业，为旅游观光、休闲娱乐一体的第三产业。"③ 也许正是吸收了这些民间的建议和呼吁，2009 年 12 月 31 日，陆河县在东坑镇共光梅园举办旅游赏梅暨旅游风光摄影大赛活动开幕式④，共光梅园是陆河境内连片规模最大的一处，闻讯前来观光的游客络绎不绝，取得了很好的宣传效果⑤。

5. 广东省饶平县

　　饶平县位于广东省东端沿海，东与福建诏平毗邻，东、北、西三面环山，南面临海，山区占陆地面积 70% 以上。属海洋副热带季风气候区，气候温和，季风明显，雨量充沛，水果种植较为兴盛。康熙县志物产志中载有梅子与梅花⑥。全县青梅面积 3.15 万亩，主要分布在中部的新塘、新圩、汤溪、浮滨、三饶、联饶、建饶、东山等乡镇⑦。新圩镇东北的渔村镇是一个规模不小的山村，网上有赏梅的游记报道，"每年的严冬季节，漫山遍野的雪梅花争相绽放，渔村赏梅成了享誉粤东的一个特色景观"⑧。

① http：//www.hakkaonline.com/forum/thread-64949-1-1.html。
② 2010 年 04 月 13 日《羊城晚报》载宋唯唯《陆河香雪海》，http：//news.qq.com/a/20100413/002150.htm。
③ http：//club.dayoo.com/read-lhzq-98393.htm。
④ http：//www.luhe.gov.cn/Shownews.asp? ArticleID=4469。
⑤ http：//www.swddd.com。
⑥ 刘抃《（康熙）饶平县志》卷一一。
⑦ http：//nc.mofcom.gov.cn/news/P1P445122I1781330.html。
⑧ http：//www.ezeem.com/forum/read.asp? id=1570&no=13129134。

6. 广东省其他地区

广东是青梅种植大省，除上述几个粤东、粤中主产县外，揭阳市、潮州市下属的各县分布也不少，如潮安县的赤凤、归湖、磷溪等镇都有大面积种植①。另惠州、深圳、东莞、中山、江门、梅州、河源等市下属地区，云浮市的新兴县（天堂镇）②，韶关市新丰县（沙田镇）③ 等也有一些分布。

7. 广西壮族自治区

广西是我国重要的产梅区，区内青梅主产区主要在贺州，面积和产量均居全区首位。

贺州市位于广西东北部，2002 年由原贺州地区（原梧州地区）改设，下辖八步（原贺县）、平桂、富川、钟山、昭平等县区。地处湘、粤、桂三省区交界处，东与广东清远市、肇庆市毗邻，北与湖南省永州市相连。这里属南岭山地、丘陵地区，梅的种植历史比较悠久，光绪和民国《贺县志》、民国《钟山县志》物产志中都记载有果梅④。早在 20 世纪中期，这里的大肉梅种植就较普遍，新编《钟山县志》记载："1965 年统计，全县梅树约 3.7 万株，总产梅果 5550 公斤。""至 1984 年底，全县种植大肉梅面积达 1151 亩，年产量 16.43 万公斤"，主要分布在同古、城厢、燕塘等乡镇⑤。80 年代，贺县大肉青梅的生产也很兴旺，年产青梅 80 万公斤⑥。有资料称，1997 年原县级贺州市（贺县）有青梅 3970 多公顷，投产面积 1240 多公顷，主要分布在鹅塘、贺街、公会、步头、莲塘、沙田等乡镇，年产鲜果 6390 多吨⑦，是广西最大的青梅产区。地级贺州市成立后，大力发展梅、李等特色果业，2006 年整个地级贺州市有青梅 5300 公顷，年产鲜果 18100 吨，主要分布在八步、钟山和昭平等县区。种植较为集中的有八步区公会、鹅塘、步头、贺街、沙田等镇，昭平县黄姚镇⑧，还有前述钟山县燕塘、同古等乡镇。贺州八步即原贺县境内多有梅花村名⑨，想必与当地的梅花景象有关，但反复在网上搜寻，未见有贺州境内梅

---

① 见《潮安县人民政府公众网》之《潮安概览·行政区划》，主要网页：http://www.chaoan.gov.cn/cagl/xzqh_list.asp? id=17。
② 甘廉生《广东果梅的生态区划和生产布局》，《中国南方果树》1999 年第 1 期。
③ 周义润《青梅之乡》，《源流》2000 年第 9 期。本节广东从化、石门、普宁、陆河等地梅景图片，多引自网络，谨向摄者致谢。
④ 全文炳、苏煜坡《（光绪）贺县志》卷七；梁培煐、龙先钰《（民国）贺县志》卷四；潘宝疆、卢世标《（民国）钟山县志》卷六。
⑤ 钟山县志编纂委员会《钟山县志》第 157 页。
⑥ 董振胜、曾德盛、陈毓山主编《今日贺县》第 22 页。
⑦ 李志坚《贺州青梅生产的问题与对策》，《广西园艺》1998 年第 4 期。
⑧ 潘桂森、陈兆金《抓好梅、李特色水果生产，推动贺州富民工程建设》，《中国果业信息》2007 年第 6 期。
⑨ 梁培煐、龙先钰《（民国）贺县志》卷一"梅花乡"，卷二"梅花里"、"梅花冲"，卷四"梅花塘"。

花风景的报道。2010 年 12 月 8 日，北京画家元植（李林）先生电话见告，在贺州黄姚一带有大片古梅。

8. 湖南省

湖南省的青梅产地主要见于中部长沙、南部汝城、祁阳等县。长沙县北山乡的官桥、金星、蒿塘，牌楼乡的狮山、荷花，石常乡的长乐塘、向家坝等地，共有梅园 800 多亩，1988 年总产梅 256 吨①。汝城县是湖南青梅主产县，主要分布在土桥、附城、城郊、集龙、热水、田庄等乡镇。据湖南省经济作物局统计，种植面积"占全省 47.79%，年产量占全省 68.8%"。1988 年，全县种植面积 4230 亩，年产鲜果 20 万公斤，主要品种有小叶青梅、烟花梅、糯米梅等。其中土桥乡坳口青梅场，种植面积 550 亩，占全县青梅总面积 17.5%，年产梅 4 万公斤②。祁阳有大量野生梅，而青梅的种植也较兴盛，历史悠久。乾隆县志记载："祁地宜梅实，熟时以炭屑染之，熏干则为乌梅，远近商贩谓胜于他处产者。"③ 民国县志载县境营盘岭唐峡桥一线，"其冲多梅，大树成林，冬春之际过其下，寒香扑鼻，冷艳袭衣，出入花丛中，恍如身在庾岭，抑胜致也"④。如今鸭蛋梅为当地优良品种，品质好，产量高，而加工出产率也较高，在湖南有不少县引种⑤。这都是 20 世纪八九十年代的情况，如今似乎有所衰落。

（三）西南地区果梅产地

1. 四川省大邑县

大邑县位于成都平原西部，西北面与汶川、芦山县交界，东南面与崇州、新津、邛崃接壤。这里是青藏高原东部边缘向成都平原的过渡地带，全县呈东西狭长走势，地形落差较大，境内最高处海拔 5364 米，最低处为 475 米，自西北向东南分为高山、丘陵和平原（坝）三种地形，渐次走低。气候属四川盆地亚热带湿润气候区，特点是气候温和，雨量充沛，四季分明。这样的条件很适宜梅树的生长，尤其是中部的丘陵地区，丘壑错落，人口密度小，年平均气温在 14–16℃之间，全年无霜期 210 天以上，是发展林果种植的理想之地。

历史记载中，大邑有梅树的种植。清同治和民国《大邑县志》在物产志中都记

---

① 长沙县志编纂委员会《长沙县志》第 315 页。
② 汝城县志编纂委员会《汝城县志》第 315 页。
③ 李莳、旷敏本《（乾隆）祁阳县志》卷四。
④ 李馥《（民国）祁阳县志》卷八。
⑤ 黄烈武《梅的早熟良种——祁阳鸭蛋梅》，《果树科学》1985 年第 3 期。

载有"桃、梅、杏、枣、梨、李"之类①，可见当时即有果梅种植。以大邑的自然条件，无论是自然分布，还是人工种植，历史必定十分悠久。但大规模种植梅树应该是新中国成立以后的事，其初主要是为了生产中药材乌梅。中药材的生产一直是大邑的传统产业，也是支柱产业之一。1989 年完成的新编《大邑县志》记载，民国时期，乌梅是百姓家种的几种主要药材之一②，1951 年起由县供销社经销③。20 世纪六七十年代，和平（今雾山）、安顺（今花水湾）等公社大力发展药材种植，主产川芎等，大约在 60 年代中期以来，乌梅的种植得到了迅速的发展。在 1963 年至 1985 年的历年全县最高年收购量统计中，1978 年乌梅的收购量为 42275 公斤（1978 年），排在 23 年 237 种植物类药材最高年收购量的第三位，仅次于忍冬藤和川芎④，足见乌梅在当时全县药材生产中的分量。"1978 年起，县里在开展农业区划工作中，把黄柏、厚朴、乌梅、天麻、贝母、杜仲、黄连等 7 种中药材列为发展的主要品种。1980 年，县中药材公司决定在双河（引者按：今西岭）、安顺（今花水湾）、䢺江、三坝（引者按；今撤并入䢺江）、太平（引者按：今斜源）、和平（引者按：今雾山）、鹤鸣、复兴（引者按：今金星）等 8 个公社建立中药材生产基地，当年这 8 个公社共种植黄连 117 亩，黄柏、厚朴、杜仲 1746 亩（每亩均为 200 株），乌梅 2127 亩（每亩 60 株），天麻 3.5 亩（每亩 200 窖，共 674 窖），贝母 2.5 亩。"⑤ 乌梅种植面积居第一。这些措施，进一步扩大了全县种植的规模。

随着"新时期"的改革、开放，商品经济不断发展，大邑县的梅子生产也获得新的机遇。"1983 年，县外贸公司将乌梅制成梅胚 18.96 吨，梅干 10.21 吨，交省粮油进出口公司出口日本。同年 12 月，梅制品（引者按：指梅胚、梅干）在国家经贸部主办的出口商品基地产品展览会上获优质产品荣誉证书。"⑥ 不仅是出口创汇，梅子也被用作酿酒、饮料、果脯的原料，大大拓宽了梅子的销路和增值空间，尤其是作为出口商品，大大激发了全县梅子种植的积极性。20 世纪 80 至 90 年代，可以说是大邑梅子种植急剧发展的黄金时期，也是一个鼎盛时期。"1987 年 4 月，大邑县被四川省列为梅果生产基地。1992 年，全县有梅树 60 万株，产梅果 800 吨。品种有本地黄梅、白梅、青梅和从日本引进的白加贺、莺宿、甲洲小梅等。"⑦ 进入

---

① 赵霨《（同治）大邑县志》卷七；钟毓灵《（民国）大邑县志》卷一〇。另在花属植物中未见有梅花的记载，所记蜡梅、海梅、含笑梅、刺梅等，应非蔷薇科梅花。
② 大邑县志编委会《大邑县志》第 615 页。
③ 大邑县志编委会《大邑县志》第 585 页。
④ 大邑县志编委会《大邑县志》第 611 页。
⑤ 大邑县志编委会《大邑县志》第 615—616 页。
⑥ 大邑县志编委会《大邑县志》第 585 页。据邮江镇政府提供的材料，鲜梅果经盐渍处理后，晒干 70% 的水份为梅胚，晒干 97% 的水份为梅干。
⑦ 大邑县地方志编委会《大邑县志续编》第 356 页。

图 233　大邑邨江镇天车坡梅花（刘刚摄）。

新千年后，梅子的市场形势有所变化，经济效益开始下降，种植数量便略见萎缩，但生产传统和基础规模仍在。2004 年《大邑年鉴》称 "全县红梅种植 2.05 万亩，产量达 5000 吨"①，2005 年《大邑年鉴》称 "1507 多公顷（引者按：合 22600 多亩），年产果梅 4934 吨，是全省最大的果梅生产基地，全国六大梅产品基地之一"②。据糒江镇党委提供的数据，截至 2007 年，全县植梅 18000 亩，有梅树约 65 万株，年产鲜果 4550 吨，主要分布在糒江、金星、斜源、新场、悦来、青霞等乡镇③。

　　在大邑主产梅子的诸乡镇中，糒江镇无疑是最为重要的一个。糒江，今写作邨江，因流经境内的糒江河而得名，地处大邑西部山区和深丘地带④，向西毗邻的大

---

① 大邑地方志编委会《大邑年鉴（2004）》第 92 页。
② 大邑地方志编委会《大邑年鉴（2005）》第 1—2 页。
③ 2009 年 10 月，笔者就当地梅花风景提出一系列问题，在百度 "大邑" 贴吧上请求帮助，承大邑县交通局赵继铨先生古道热肠，接贴教示，并为联系大邑邨江镇党委书记耿晓林先生。耿晓林，四川开江人，大邑悦来出生，温江地区农机学校毕业，1993 年任悦来镇党委副书记、镇长，2001 年任三坝乡党委书记，2004 年任邨江镇党委书记。笔者同时也致函耿书记，请求帮助解答。承耿书记安排，手下廖国庆先生精心答复，以 "大邑县邨江镇党委" 的名义给笔者寄来六页长信，署时 "二〇〇九年十月二十五日"，后又应询寄来第二封信，署时 "2009 年月 12 月 30 日"，详细介绍了邨江、三坝等地植梅的历史和现状。笔者这里的论述，除明确的引文外，主要即使用和参考这两份来信的内容和 2009 年 10 月 21 日采访邨江镇副镇长罗成先生的记录。
④ 大邑县志编委会《大邑县志》第 111 页。

邑西岭、花水湾两镇，正是著名的"西岭雪山"和花水湾温泉所在地，向东为斜源、新场镇，南面是邛崃大同镇。今天的邮江镇由原糯江和三坝两乡镇合并而成①，在20世纪60年代以来大邑梅子种植业的发展中，糯江、三坝都是较为重要的乡镇。据邮江镇党委、政府的介绍，该镇植梅历史悠久，境内香桂村有梅子林、梅子坡的地名，至少都有上百年的历史了。1964年，糯江供销社帮助社队发展多种经营，供销社职工杨永钦发动虎岗大队（村）第三生产队用梅子培育梅苗②。1978年，该队喜获丰收，制成乌梅，县供销社以上等每公斤1.5元，中等每公斤1元，下等每公斤0.5元的价格收购，使当年公社社员收入剧增，在全县3000多个生产队中名列前茅，受到县革委会的表扬，生产队长李开友因此成了名噪一时的人物，红梅也因此广为人知，倍受重视。时任糯江公社党委书记杨旭成通过调查研究，提出在全公社大种红梅，走"红黑两通"之路，即地上种红梅，树下种黑芋子（魔芋）的发展构想③。当年全公社80%的生产队都开始播种育苗，1980年全公社植梅1000多亩。这是第一次大规模的种植。

1983年至1985年，由县外贸站牵头组织从日本引进莺蓿、白加贺、甲洲小梅、南高等优良品种，种植在邮江香桂、田园，三坝乡高坝，斜源乡斜源，双河乡（今西岭）沙坪、凤凰乡安乐等村庄。新编《大邑县志》记载：1985年"2月，日本西友株式会驻北京办事处赠大邑良种梅树2万株，栽糯江乡境内"④，所说即这次引进活动。1987年，引进的梅树新品种开始结果出产，其中莺蓿结果早，品质优，产量高，单株产量最高可达60公斤。当年鲜果由县外贸站收购出口，每公斤鲜果售价3元以上，乌梅由县供销社收购，每公斤20多元，1988年价格更是翻番，梅子的价格达到了历史高峰，全乡因种红梅年收入达万元的不在少数。这进一步刺激了农民种植的积极性，县里组织大规模嫁接繁育莺蓿等优良品种新苗，1990年无偿在邮江、三坝乡投入大田移植，掀起了又一轮植梅高潮。1992年，邮江、三坝两乡镇合并为邮江镇，"梅种植面积居全县之首，被称为梅乡"⑤。

原三坝乡积极跟进，曾计划与西岭雪山风景名胜区、花水湾旅游度假区的建设

---

① 1992年撤销邮江区，三坝乡与邮江镇合并称邮江镇，1995年三坝乡又分出独立，2004年重新并入邮江镇。
② 事在1965—1968年间，邮江镇政府提供的信息已不甚明确。
③ 杨旭成，男，1929年生。1958年任大邑灌口（今悦来）区委副书记并龙泉公社党委书记，1975年11月至1983年12月任邮（糯）江公社党委书记，在任推广马铃薯和梅子、魔芋种植，发动群众修建水电站，都是应时惠民之政，深得当地民众肯定。
④ 大邑县志编委会《大邑县志》第44页。邮江镇政府提供的资料表明，时任县外贸站站长（后称经理）周训扬在这一时期大邑的青梅开发中作用突出，他在种植红梅较多的邮江、三坝、金星三个乡配备了伍泽兵、胡宪树、杨建军等三个青梅技术员，进行技术指导。1984年日本客商山田父子来邮江香桂村考察，次年即有赠梅之举。
⑤ 大邑县地方志编委会《大邑县志续编》第43页。

图 234　大邑邱江镇天车坡梅花（刘刚摄）。

相配合，在原有梅子种植的基础上，在高坝、下坝、宝珠等村和境内王邱公路（大邑王泗至邱江）的 12 公里沿线广植梅树，营造风景林。这一规划 2001 年实施，至此整个邱江、三坝境内红梅面积已达万亩，梅树达 40 万株。近年来由于市场因素的制约，一些村组如香桂村药材种植品种的调整，梅树的种植面积有所减少，一些陈年老树开始枯萎，影响产量而被清除，但仍是大邑县梅树种植最为集中和庞大的地区。目前，当地县、乡（镇）政府正积极努力，想方设法拓宽梅果销售渠道，吸引酿酒、食品饮料企业前来投资，从事梅子的深加工[①]，构建政府、企业、农户三位一体的合作机制，以切实稳定的经济效益保持红梅种植的活力，以确保"红梅之乡"的美誉长盛不衰。目前全镇有红梅 6000 余亩，梅株 30 万株，主要分布在鱼泉、虎岗、田园、华山、上坝、马桥、雷山、下坝、高坝、宝珠、香桂等 11 个村，全镇人均植梅 0.4 亩、梅 20 株，每户平均 1.2 亩、梅树 60 株。

　　梅是花果兼利的作物，梅子的经济价值鲜明，而梅花的观赏价值同样显著。大邑县尤其是邱江镇及附近乡镇如此庞大的连片种植规模，蕴含着丰富的现代观光农

---

① 据邱江镇政府提供的资料，该镇 20 世纪 80 年代创办菜梨酒厂，厂领导曾启龄积极钻研技术，探索以青梅制酒，为梅果销路另辟蹊径第一人。据当地介绍，目前四川梅鹤山庄酒业有限公司（驻大邑县城）、成都大和红梅酒业有限公司（驻大邑西岭）等以青梅全果发酵技术生产青梅酒，它们的青梅原料都主要来源于大邑邱江等乡镇。

业和生态农业资源，值得大力开发利用。笔者查阅了清同治与民国《大邑县志》物产志，其中都只记载梅子，而在观赏花卉中却未提梅花，所载"海梅、蜡梅、含笑梅、刺梅"等似乎都非蔷薇科梅之类，由此可见人们对梅花的观赏意义关注不够。大邑县的红梅种植一直也主要用于生产乌梅、梅胚、梅干、鲜果等，也就是说只利用了果子，而没有注意到鲜花。梅花不仅也有药用和食用（如制花茶等）价值，更重要的大规模种植形成的风景，是最直接的观光旅游资源。全国号称"青梅之乡"的县乡不在少数，在福建、广东、浙江、贵州等省，成千上万亩连片种植的青梅产区每每可见，但有意识地开发观光旅游的寥寥无几，殊为可惜。与各类人工梅园相比，这种大规模乡村经济林洋溢着大自然原生态和乡村田园风光的浓郁气息，更适应现代社会回归自然，追求野逸之文化心理需求；这种扎根乡土，由农林产业生成的风景资源，也有着更为坚实持久的生命力；这种大规模产业种植所形成的植物风景，又有着一般的专类植物园林无可比拟的阔大气势和神奇魅力，如果再注意与当地自然山川和区域人文风光有机结合、相互烘托，将会形成强大的魅力。这是全国各青梅专业生产地区一个潜在的资源优势，如何使梅树种植物尽其用，这是值得各青梅主产区思考的一个问题。大邑邛江镇是较早地意识到这一点的，20 世纪 90 年代末，他们就在县电视台刊登广告，宣传境内的梅花风景。2001 年三坝乡在高坝、下坝、宝珠等村和天车坡王邛路沿线扩种补种，意在打造一个由梅花山和"红梅长廊"组成的景观带，形成与大邑境内西岭雪山、花水湾温泉相配套的旅游线路和品牌。这就突破了几十年一成不变的梅子生产传统，开始着眼于梅花风景旅游资源的开发。

　　笔者正是从网络上接触到"红梅长廊"这一风景名称，进而了解到这一带的青梅产业的。2009 年 11 月 21 日下午，邛江镇副镇长罗成先生、大邑县交通局赵继铨先生陪同笔者来到三坝东面的天车坡①，这里正是当年规划的"红梅走廊"的中心地带，所谓"红梅长廊"是指原三坝乡境内即今新场镇至邛江镇公路两侧十多公里的红梅种植带。虽非花期，但漫山遍野的梅树随处可见，远处冈峦起伏，林木葱茏

---

① 2009 年 10 月 21 日，笔者与同事曹辛华君由成都王宁、蔡中彩两位朋友驱车陪同，游览崇州罨画池、街子镇，下午 3 时赶到大邑悦来镇，县交通局赵继铨先生在此等候，一起赴邛江镇。邛江镇副镇长罗成先生向笔者介绍了该镇红梅种植的有关情况，又陪同参观了附近大和红梅酒业的门市部，然后来到三坝北的天车坡（邛江镇高坝村与下坝村连接处）。随着罗镇长的指点，放眼望去，俱是成片梅林。据邛江镇政府提供的资料，近些年引进的国内品种长农 16、长农 17、浙江萧山大青梅主要就种植在这一带。时天小雨，不容多留，遂与罗告辞，前往县城。在城边梅鹤山庄酒业公司酒厂，邛江镇党委书记耿晓林先生、公司董事长董杰先生、总工程师周育红女士等在此等候，互道幸会。董杰先生介绍，他们正计划在邛江鱼泉村兴建以梅花、梅果、梅树为主题的旅游产业项目——梅鹤山庄。董先生说手下拥有 8 个企业，想必实力非常雄厚，如此大力开发，邛江镇的红梅产业当别开生面。会后一同参观该厂酒库。

苍翠，道道沟溪迂回流贯，一些小山村隐约分布其间。新修不久的水泥路蜿蜒绕行林中，徜徉山道，极其畅爽怡人。想其鲜花盛开之时，如此漫山遍野、高低起伏、连绵不绝的花海，远处崇山高岭相为映衬，将是何等壮观而美妙的境界（图233、图234）。我们这里不妨引用一段互联网上的即景报道作为佐证："花至枝头俏，人在画中乐。'好大一片花海啊！'1月15日记者行进在大邑县邨新旅游复线10多公里的'红梅长廊'，漫山遍野的各色红梅似流云而过，粉的似霞，白的似雪，好似朵朵五彩祥云，深感车在花中行、人在花中游的乐趣。……一些到滑雪场的游客经不住红梅花开的诱惑，纷纷下车拍照留影。"①

据介绍，这里的花期在每年阳历的头两个月中，一月中旬至二月上旬为盛花期，本地大黄梅、大白梅、大青梅花期较早，一般在一月中旬开花，而日本白加贺、莺宿、甲洲小梅、南高等品种花期稍晚，一般要到阳历二月见花。花以粉红、白色为主，日本莺宿花色粉红，白加贺开白花。当地人所谓红梅，并不是指园艺学上的红梅品种，而是梅树的一种通称。笔者曾为此咨询邨江镇的领导们，他们告知是"历史沿袭下来的称呼"，"六十年代初期，电影《红岩》中的主题歌《红梅赞》歌颂红梅深入千家万户，梅在我乡就改称红梅了"。不仅是在邨江，在整个大邑都通行这一概念，新编《大邑县志》、《大邑年鉴》中凡梅大都统称"红梅"。不仅在大邑，在邻近的崇州乃至于成都也采取同样的说法，这可能是一个在四川较大范围内通行的方言现象。附带一提的是，由邨江镇向西大邑境内的"西岭雪山"，相传即杜甫"窗含西岭千秋雪，门泊东吴万里船"诗句所说的雪山，以雪山风光为主，主峰海拔5364米，是成都平原西缘的最高峰，终年积雪不化，森林覆盖率84%以上，是全国重点风景区。邨江镇正处于由成都、大邑通往西岭雪山南北两条旅游线的交叉处，附近还有花水湾温泉度假区、鹤鸣山道教宫观、药师山石窟等景点。据镇政府介绍，目前他们正与四川宏泰集团合作，在鱼泉村兴建以梅花、梅果、梅树为主要资源，融自然风景、休闲娱乐为一体的综合旅游项目——梅鹤山庄，形成上与西岭雪山、花水湾温泉，下与鹤鸣山道教圣城、雾中山开化寺、刘文彩地主庄园相为呼应的观光休闲景观带②。

2. 四川省其他地区

四川盆地周边山地梅的野生资源极为丰富，有些野生梅林面积还较大，一些地区野生、半野生和栽培兼而有之，呈现明显的混合和过渡状态。据调查，主要分布

---

① 四川旅游政务网摘录的《成都日报》文章《大邑红梅早绽放，游客留连彩云间》（2008—01—18），http：//www.scta.gov.cn/web/main.jsp? go=newsDetail&pid=2&cid=15&id=30640。
② 本节大邑天车坡一带梅景照片由大邑县交通局赵继铨先生提供，在大邑考察时承其陪同始终，古道热肠，至为感人，另耿晓林、罗成、董杰、廖国庆等先生也多予关心和帮助，谨此一并志谢！

在万源、达县，石棉、汉源、丹巴、泸定，川西的宝兴①，川北的平武②，川南的峨边、马边③，西南的木里、盐源、德昌、冕宁④等县。经济种植以大邑、平武、马边等县为主。

3. 贵州省荔波县

贵州省的青梅生产以荔波县最为著名。

荔波为贵州省黔南布依族苗族自治州下属的一个县，地处贵州省南部，与广西交界。荔波得名建县较迟，宋为羁縻州，明洪武间析广西思恩县（今环江毛南族自治州）地正式建县。这里是云贵高原向广西丘陵地区的过渡地貌，以中低山和丘陵为主，有国家级茂兰喀斯特森林自然保护区。荔波的大片梅林位于喀斯特森林保护区东南部的洞塘乡，主要是近几十年经济种植形成的。光绪《荔波县志》和潘一志《（民国）荔波县志资料稿》虽然在物产中都列有梅，但没有称作特产或有大片野梅的信息⑤。当代考察发现，洞塘乡与附近翁昂等乡有不少野梅分布（图236），有树

图 235　荔波万亩梅原（王翔提供）。

① 张旭东、苟剑英、张红非《四川果梅种质资源研究》，《四川林业科技》1999 年第 2 期。
② 孙建明、覃淑君、赖伯渊、尹发嘉、刘文贤《试论平武县的果梅发展》，《绵阳农专学报》1988 年第 2 期；张旭东、苟剑英、张红非《四川果梅种质资源研究》，《四川林业科技》1999 年第 2 期。
③ 吕大贵《马边酸梅资源分布特征与生态适应性调查研究》，《资源开发与保护》1987 年第 1 期；余子全《马边果梅》，《今日种业》1990 年第 6 期。
④ 张旭东、苟剑英、张红非《四川果梅种质资源研究》，《四川林业科技》1999 年第 2 期。
⑤ 苏忠廷、董成烈《（光绪）荔波县志》卷四。民国佚名原编，潘一志重编《（民国）荔波县志资料稿》（1954 年重编）第一编"地理资料"第十章"物产"。

龄 200 年以上的古梅数百株，整个茂兰保护区是野生梅的一个原生分布中心[①]。当地村民利用天然青梅"加工干果和酿造果酒等，后来随着加工利用的逐步深入，梅食品需求量的日益扩大，村民们就自发采种育苗种植青梅，梅林面积得以逐年扩大，至上个世纪 80 年代后期，洞塘全乡已拥有原生梅林 1 万余亩，造就了村村寨寨有梅林，田边地角有梅花，房前屋后有梅树，家家户户有梅果的独特景观，形成了'种梅树，食梅果，饮梅酒，赏梅花'的传统文化，洞塘乡亦当之无愧被人们誉为'青梅之乡'"[②]。有数据表明，20 世纪 90 年代早期洞塘乡有梅 133.3 公顷，年产青梅

① 范恩普、王刚、欧茂华、杨胜俊《贵州省荔波县野生梅资源及其生态因子调查》，《西南农业学报》1995 年第 1 期。关于荔波野生梅分布状况，有下述论文涉及。1、欧茂华、范恩普、唐立新、王刚《贵州省荔波县野生梅的调查研究》（《贵州农业科学》1993 年第 1 期）称茂兰区洞塘乡最多，其次是朝阳区朝阳、雍昂乡以及玉屏镇的姚排、永康二乡都有成片分布。2、范恩普、王刚、欧茂华、杨胜俊《贵州省荔波县野生梅资源及其生态因子调查》："野生梅的自然分布区主要集中在茂兰喀斯特原始森林保护区及其边缘地带的山脚、谷地、台地，这里土壤肥沃、环境潮湿。茂兰喀斯特原始森林保护区包括洞塘、翁昂、永康 3 个乡的大部分村（组），共 18900ha 土地。保护区内森林密布，覆盖率达 92%—100%。野生梅主要分布在洞塘乡的新街、尧所、计才、板寨、董朋，永康乡的董歹、翁昂乡的洞长、尧桥等村。这里野生梅分布集中，群体大，树龄在 200 年以上，最大树龄达 500 年，是荔波野生梅的原生分布中心。甲良保护区和小七孔保护区内，也有野生梅的分布，但数量少，分布零星，且树龄较小。这里是野生梅的次生分布区。"这是迄今最为具体的描述介绍，但缺乏分布面积、植株数量的明确数据。极其可贵的是该论文同时提供了一个当时《荔波县各乡（镇）年平均气温、梅产量及面积》表，表中洞塘乡梅面积 133.3 公顷，年产梅子 120 吨；翁昂乡 26.7 公顷，20 吨；永康乡 20 公顷，15 吨；玉屏 53.3 公顷，12 吨，其他地区 100 公顷，33 吨，合计全县梅面积 333.3 公顷，年产青梅 200 吨，表下作者自注称此表数据是"合野生梅和栽培梅"而言。笔者认为若就梅子产量的统计而言，表中数据有可能实际主要指的是经济种植。3、欧茂华、王刚、范恩普、周猷书《贵州省荔波野生梅分布、生态适应性和园艺学性状》，《西南农业学报》1999 年第 3 期，"荔波野生梅是一个原生性很强的自然原生群体，估计在贵州面积 333ha 以上。"这是所见关于"荔波野生梅"分布总面积最明确的一个估算。但与第二篇论文所说合栽培面积 333.3 公顷（约 5000 亩）的数据如此相似，不免令人生疑。两篇论文基本是同一组作者，到底是野生与栽培面积恰巧相等，还是所说两者不分，实出同一个数据，令人莫衷一是。4、2008 年贵州师范大学刘洋硕士学位论文《荔波野生梅环境适应性及其资源发展研究》第 19 页论述"荔波野生梅的分布"，认这荔波野生梅的分布主要集中在茂兰喀斯特自然保护区的原始森林及边缘地带的山脚、谷地、台地，主要见于洞塘、翁昂、永康等乡。该文提供了一个《茂兰保护区内各乡（镇）年平均气温及梅分布面积》表，表中洞塘乡梅 10500 亩，翁昂乡 1000 亩，永康乡 500 亩，三乡合计 13000 亩。就上下文的语意看，说的应是野生梅的分布面积，但就笔者推测，实际情况应与上举几篇贵州学者的论文一样，有可能是野生与种植面积合而言之。5、2009 年李庆卫博士学位论文《川、滇、藏、黔野梅种质资源调查和梅花抗寒品种区域试验的研究》第 28 页："调查发现荔波洞塘乡一带有集中成片的野生梅群落，面积约 100 多万平方米。"称 100 万平方米即 1 平方公里、1500 亩，这一数据后出，应比较可信，但似仅就茂兰保护区中成片林景而言，并非整个野梅分布区的面积。就笔者检索学术论文和其他网络资源所见，已有的研究成果对荔波野生梅种质资源的丰富性都盛赞有加，对种质性状等描述介绍较为具体明确，而对整个县域内分布状况、面积数量、生长状态等缺乏全面、详实的报告，有待进一步努力。象荔波这样相对偏僻的山区，加之又是少数民族聚居地，由于当地野生资源的丰富和采摘应用的普遍，在野生和半野生梅林（采摘）与人工种植林（生产）之间，无论分布空间还是变化时间，都很难有一个清晰的界线，这也许是科学工作者和当地政府有关荔波野生梅林面积都很难有一个明确说法的原因所在。

② 王翔《梅花香自苦寒来——荔波县青梅产业发展纪实》，载黔南州林业局《绿色礼赞——黔南林业建设巡礼》。

120 吨①。1995 年至 1998 年间，在国家林业部和省、州林业局的大力扶持下，荔波县实施并完成了"青梅建设项目"，在洞塘乡建成青梅基地 1.5 万亩，此后又不断发展，目前已超过 2.5 万亩，平均每户 3.5 亩。1997 年建起了荔波县青梅食品加工厂，以青梅生产果酒、饮料和果脯，解决青梅的加工与销售。经过十多年的科学管理，这些基地的梅树都已进入高产期，大大增加了当地的经济收入。在此基础上，从 2005 年起，荔波县政府依托已有的梅林资源，在洞塘乡着力开发万亩梅花旅游风景区。2005 年底至 2006 年初举办了首届"中国荔波万亩梅花报春节"，2006 年从全国各地引种了不同花色的观赏品种梅苗，建起占地 350 亩的"多彩梅园"景点，并扩大种植规模，完善基础设施，加大对外宣传，短短几年中使荔波梅花成了贵州省最著名的冬游赏梅胜地②。

　　荔波洞塘乡一带的梅景以丰富的野生资源最具特色，大量分布的野生梅林、上百年及至数百年的原生古梅、丰富的野生种质和天然林的生态景观是一个隐藏在高山丛林深处的天然宝库，有着极其丰富的探索与观赏价值。上万亩野生和栽培梅林，规模宏大，气势磅礴，漫山遍野，极其壮观。当地人认为"梅园"二字远远不能概括这浩瀚的气势，故而称之为"万亩梅原"（图 235），这是荔波梅景的又一特色。这里地处国家级森林保护区的中心，有着奇特而丰富的喀斯特地貌和茂盛的原生植物资源，生态环境极其优美，有"绿宝石"的美誉，每年元月下旬至 2 月下旬梅开季节，那如云似雪的花海香涛飘动在这古老的绿色海洋中，加之盛装的布依族、水族年轻女子的歌舞点缀，一副优美而神奇的人间仙境③。

4. 云南省大理市

　　大理市洱源县位于云南省西北部、大理白族自治州的北部，介于大理与丽江之间。地处横断山脉与云贵高原的交界地带，境内山岭纵横，盆地、河谷错落其间，地貌复杂多样，属北亚热带高原季风气候区。横断山区是我国野生梅的分布中心④，洱源也有丰富的野梅资源，而栽培历史也极悠久。有资料记载，20 世纪 80 年代洱

---

① 范恩普、王刚、欧茂华、杨胜俊《贵州省荔波县野生梅资源及其生态因子调查》，《西南农业学报》1995 年第 1 期。

② 王翔《梅花香自苦寒来——荔波县青梅产业发展纪实》，黔南州林业局《绿色礼赞——黔南林业建设巡礼》。王翔先生曾担任荔波县林业局副局长，现为县旅游局党委书记。2010 年 1 月由贵州师范大学文学院李朝军教授引荐，笔者与王翔先生取得联系。2010 年 8 月，王翔先生为笔者填写了《梅花（蜡梅）风景名胜历史情况调查表》、《梅花风景名胜现状（2010 年）调查表》、《梅种植现状（2010）调查表》、《青梅生产与销售情况统计表》，并提供所发表论文的复印件，本节内容除特别注明外，均据其提供的信息撰写。王翔先生古道热肠，多次主动电话联系指点，笔者受益不浅，本节照片也承其提供，谨志谢忱！

③ 《荔波旅游网》所载莫雄亮《荔波万亩梅原游人穿梭不息》，见 http：//www.libo.gov.cn/? thread－2116－1.html。

④ 包满珠《我国横断山区的野梅资源》，《中国园林》1990 年第 4 期。

图 236　荔波洞塘乡古梅园（莫仁金摄）。

源县蕨菜村有 30—100 年生梅树上千株，全县共有梅树 339 万株，大约有 20 万株有 30 年以上树龄，而大量的则是近 20 年陆续种植的①。2002 年有梅树 70 万株，产果 7600 吨②。现青梅种植面积 8.3 万亩，年产量约 1 万吨③，是云南省青梅主产区。所产青梅果大肉厚，品质较佳，主要加工制作雕梅（去核梅肉）、话梅、脆梅出售，另也有大量外销包括出口。象洱源这样的高原梅乡，大自然的野生梅林与经济种植浑然一体，有着特别的观赏意境。只是地处比较偏远，梅花风景资源并未引起人们注意。

除洱源外，剑川、鹤庆、漾濞、祥云、云龙等县都是传统梅产区④，巍山县也大力发展果梅种植。2002 年全州梅林有 8600 公顷，年产青梅 12500 吨⑤。

5. 云南省其他地区

丽江市宁蒗彝族自治县⑥、永胜县、原丽江县⑦、保山市施甸县、腾冲县、昌宁

---

① 董春耀、石卓功《云南发展果梅生产的条件和措施》，《西南林学院学报》1988 年第 2 期。

② 杨凤刚、王云祥《大理果梅产业化生产基地建设概况》，《柑桔与亚热带果树信息》2004 年第 11 期。

③ http：//ey. dali. gov. cn/DefaultStyle/DefaultStyle_NewPage. aspx？ PageId＝43408。

④ 王锡全、孙茂实《云南果梅与花梅》第 68 页。

⑤ 杨凤刚、王云祥《大理果梅产业化生产基地建设概况》，《柑桔与亚热带果树信息》2004 年第 11 期。

⑥ 李坤明、彭德清、杨学文、杨祖荣《云南宁蒗果梅优良地方品种》，《中国果树》2007 年第 3 期。

⑦ 王锡全、孙茂实《云南果梅与花梅》第 68 页。

县、迪庆藏族自治州维西傈僳族自治县、怒江傈僳族自治州的泸水、兰坪县[①]都是传统的梅产区，且具有一定的规模，野生和栽培资源都较为丰富[②]。

（四）果梅产地风景的分布区域、风景特色和旅游价值

1. 分布区域

关于我国当代果梅产区的分布格局，褚孟嫄为代表的南京农业大学科研团队有过系统的考察和研究，在他们完成的《中国果树志（梅卷）》中有极为清晰的论述。笔者是这方面的外行，读者如有详细了解的愿望，请首先去阅读他们的论著。我们这里主要从历史变化的角度，谈两点认识：

一、古今相较，现代果梅产地逐步向闽南、岭南、云贵高原、川西、川西南等东南沿海和西南边远地区大幅转移。从我们内编前两部分的内容不难看出，古代大规模的栽培产地主要出现在江、浙一带，皖、闽、赣也有一些分布，而同期的岭南山地、西南高原果梅栽培也是存在的，但由于山深入稀，多属自给自足，种植规模极为有限，因而难为外方所知。而如今栽培分布的重心逐步向这些地区收缩。江苏省的江南丘陵地区本多青梅产地，上世纪80—90年代，太湖沿岸的吴县（今吴中区）、宜兴、溧阳等地还有大规模发展的计划和投入。但由于90年代全国各地青梅种植面积不断扩张，加以90年代末期国际市场行情急剧萎缩，梅子供大于求的现象愈益严重，价格一路下滑。本世纪以来，梅产业进入一个低潮、衰萎和调整期，种植面积不断减少，分布地区不断萎缩。江、浙等经济基础较好的地区首先逐步减少青梅种植面积，江苏省目前仅剩苏州吴中区西山镇（金庭镇）、溧水傅家边等少数地区有成规模的梅田。浙江省的情况也大致类似，安徽、江西等地的情况稍好些，但也有不断减少的趋势。全国目前大规模的梅产区集中在福建永泰、上杭、诏安，广东饶平、普宁、陆河、从化，广西贺州、四川大邑等地，贵州、云南梅的野生与种植都较丰富，尤其是云南省，在上世纪80—90年代也曾有过大规模的发展，如今仍然是我国主要产地，俨然是一个梅产业发展的战略大后方。

二、古今相较，古代的大规模产地多在人口繁庶的地区，尤其是江浙两省的重要城市附近。这是因为古代交通困难，梅子成品除乌梅等少量产品可以长途贩运外，大多需要就近销售，主要依赖于人口众多的大中城市消费。而如今交通发达，市场逐步国际化，青梅产业就可以大规模地向生产成本比较低廉的边远山区转移，这是

① 王锡全、孙茂实《云南果梅与花梅》第68页。
② 云南农业区划委员会办公室《云南农村名特产》第249、251、263、318页。

当今青梅产业分布的基本趋势。上述两点是古今青梅产业分布格局变迁的历史大势。

2. 风景特色

单就梅花景观而言，青梅产地的风景有两大特点：

（1）规模盛大。古人称梅之盛多为"万树"，为连绵"十里"、"二十里"、"三十里"。如今的产业化生产更倾向于较大规模的集中种植，这样便于运输和销售一条龙规模化经营。因此在一些青梅种植的主产县动辄都是上万亩的种植面积，漫山遍野一派花海香国，其盛大气势远非观赏园林数十亩、数百亩可以比拟。

（2）弥望一色。果梅产地大多主种一两个适生优良品种，因此花色比较单一，一般多为白色或淡粉红。对于观赏园林来说，品种单一似乎是个缺陷，但对于乡村梅田风光来说是一最可贵的特色。大规模的白色或粉色鲜花，加以梅花花期无叶，放眼望去，一派白茫茫的海洋，古人多以雪海、香国形容，正是写出了弥望一色的浩大气势。

具体而言，江浙一带的梅田规模大多有限，而且近年在梅树枯死甚至衰弱时即行砍伐，补种其他经济收益更好的苗木，这样就影响了梅田的纯粹。在云南山区，由于人口稀少，植被茂盛，梅树也多株体高大，且多与其他高大乔木混杂，也影响了整体的视觉效果。而在福建、广东山区，多属漫山遍野连绵一色的梅林，较为典型地体现上述两个特点，具有鲜明的游览观赏价值。

3. 旅游资源价值

产地梅景属于观光农业资源，近十多年来，随着社会经济持续发展，人们生活水平不断提高，旅游休闲需求不断高涨，乡村种植风光开始受到越来越多的关注和欣赏。反映在产地梅景的开发利用上，有两种倾向比较明显。一是不少梅产地开始注意开发和利用这些风景资源，发展旅游经济。目前广州从化的"流溪香雪"、"石门香雪"、贵州荔波县的万亩梅原就得到了有效的开发，已经成了当地著名的旅游景点。江苏溧水傅家边、浙江长兴县林城镇、绍兴县王坛镇、四川大邑县邮江镇都举办了梅花节或其他观光旅游推介活动，取得了很好的经济和社会效益。但大多数产地还"养在深闺"，潜藏的旅游资源价值尚未引起当地政府的注意。笔者为了全面调查和介绍这些梅景，于2009年初向各梅产地市县农林部门奉函，附有详细的调查表，请求提供种植面积、青梅产量、分布乡镇、品种花期等信息，以便切实、准确地报道和宣传，但仅有四川大邑邮江镇、贵州荔波县、浙江绍兴王坛镇等少数地方回函赐答。这与观赏梅园的情况形成反差，笔者同期寄往全国各梅园的调查请求，大都得到了热情的回应。这说明人们对经济林景资源价值的认识还极为有限。二是随着现代都市自驾游、背包客即所谓"驴友"群体的增加，产地壮阔、绮丽的花季风光，逐步为人们所发现，引起越来越多的关注和追踪，正在成为各地早春远足郊游的全新选择。笔者这里介绍的风景绝大部分都得自网络报道，感谢网友们提供的精美图片和游记文字，使我们分享到了许多远方的风景和野游的乐趣①，同时也从一个侧面感受到了社会发展、生活提高的历史步伐。

就资源价值而言，除上述鲜花盛开的美丽特色外，青梅产地的风景还有两点值得我们重视：

（1）优美淳朴的环境。梅产区一般都地处偏远山区，远离现代都市，多有天然的青山绿水，淳朴的田园风光，浓郁的乡土气息，整体环境比较纯净而宁静，比较契合现代城市民众摆脱都市喧嚣、职场竞争，走近乡村，投身自然，放松身体，调整心情的意愿，因此值得大力宣传。

（2）花果兼利的风景。梅产区的旅游价值不只在花期，"枝头梅子青青"和梅子黄时的收获季节也是极好的风光，"青梅小摘嗅仍看"②、"青梅煮酒论英雄"、"梅子摘方熟"③ 等观果与收获活动，都充满了别样的情趣。这是江南地区的六七月份、岭南地区的五六月份，气候都比花期更为温和宜人，值得梅产区想方设法开发利用。

---

① 本章所用图片多引用网络公益照片。少数联系到摄者本人，征得同意。凡照片所在网页明确标注提供者真实姓名或其他名号者，均依所见网页注明。其中能明确摄者的，均称"某某摄"，否则则称"某某提供"。提供者不详的，则标以"旺友提供"。"旺友"谐音网友，借此谐言对这些网友，并所有照片主人，表示诚挚的敬意、祝福和感谢。因本书由笔者所在单位资助出版，出版社并不支付稿酬，因此本书引用网络公益照片均无法支付酬金，请各位朋友谅解。本书其他章节偶有类似现象，此处一并说明。
② 释惠洪《次韵通明叟晚春二十七首》其二，《石门文字禅》卷一六。
③ 程可则《晓起与邝无傲作》，徐世昌辑《晚晴簃诗汇》卷二六。

四、新发现的野梅和古梅资源

除了上述公私观赏梅园和青梅产地梅景外，全国许多地方天然分布的野生、半野生梅花林景和历史悠久的古梅老树是两道极为特殊的梅花风景，有着丰富的观赏价值，是梅花风景中最为自然、奇特的资源，值得我们特别的关注和珍惜。

（一）今人发现的野梅资源

在生物学上，野梅即野生梅，是指未经人类活动影响或者影响很少，作为自然植被中一个物种，进行纯自然生长、演替的梅花植物。近代以来，植物与园艺工作者陆续报道了一些地区的野梅分布，近30年我国园艺和植物学工作者开展广泛的野外调查，取得了丰硕的成果。经过陈俊愉、包满珠、张启翔、褚孟嫄、汪长进、崔铁成、乔传卓、沈红梅、范恩普、欧茂华、向显衡、罗大庆、徐来富、李庆卫、吴根松、姜良宝等学者陆续的考察和研究，发现了不少野梅分布群落和重要株体，对全国野生梅的分布区域和规律也逐步形成了较为全面、清晰和一致的认识[①]。我们这里引用陈俊愉先生主编的《中国梅花品种图志》一书的总结性论述："梅在我国的自然分布相当广泛，包括长江流域及整个江南地区。具体范围是：西起西藏通麦（引者按：见图237），向东北延至四川松潘、广元，向东至湖北北部、陕西南部以及湖北东部罗田、安徽黄山、江苏宜兴、浙江昌化，最终通过四明山等地到达海岸。从西藏通麦开始，向东南延至云南德钦、泸水、临沧，向东延至越南、老挝北部，而后东延至贵州、广西、广东、福建、台湾，由海岸线闭合成一分布圈。""川、滇、藏交界的横断山区是野梅分布的中心。在我国四川西南部、云南西北部和西藏东部交界的地区，野梅呈连续型分布，有成片野梅林的大范围多点分布。以怒江、澜沧江、金沙江及雅砻江切出之沟谷构成了梅的南北分布连续带，东西呈间断分布。

---

① 对这一课题的成果介绍，请参阅陈俊愉主编《中国梅花品种图志》（2010年版）第19—21页、李庆卫《川、滇、藏、黔野梅种质资源调查和梅花抗寒品种区域试验的研究》第6—8页。

图 237　西藏通麦野梅（李庆卫摄，陈俊愉《中国梅花品种图志》2010 年版第 10 页），在今西藏林芝地区波密县通麦一带。

该区域梅的种群数量大，随之变异类型多，前述的各种变异类型（引者按：指该书上文所论野梅的种质类型）均在该区域发现，因此，可以认为横断山区是梅的自然分布中心。后经近年实地调查研究，陈俊愉、李庆卫等将野梅分布中心扩大至贵州西北部。""在梅的整体分布范围之内，形成总体连续和局部间断的格局。从总体上讲，西藏、云南、四川、贵州、陕西、湖北、湖南、广西、广东、福建、江西、安徽、江苏、浙江、河南、重庆及台湾等 17 个省、自治区、直辖市均有野梅分布，形成了一个较大面积的闭合分布圈。但在这些省、区、市的部分地区，则形成了一定的间断区，主要包括平原区和农耕区，如四川盆地、江汉平原、长江中下游平原等。在这一区域山体河谷较为发达的地区，则形成了梅的分布亚中心。它们分别是：川东、鄂西一带山区；皖东南、赣东北及浙江一带山区；岭南分布区；贵州梵净山、荔波以及黔西北赫章、威宁分布区；台湾分布区。在分布间断区和亚中心区以外的其他地区，则是野梅的零星分布区。"① 在上述中心和亚中心区内，都有规模不等的天然野生梅林，无论生态与种质都与栽培林景有很大的差异，尤其是川、滇、藏交界的中心区，野生梅林的规模较大。如西藏林芝地区波密县通麦山坡、河谷就有大片的野梅②，前言云南宁蒗县万桃乡烂泥塘箐有大片野生梅分布，当地群众称为万亩梅园③。这些地处高山深谷、远乡僻壤的野生梅景蕴藏着丰富的游览资源，值得人们关注。

（二）今人发现、著录的古梅

近 30 年，园艺工作者广泛调查访求，新发现了不少古梅老树，并就其年龄、品种、生长状态等加以科学鉴别、严谨记录和跟踪观察，取得了不少成绩。其中武汉王其超、云南郭士钦等着力最勤，贡献最多，另陈俊愉、陈耀华、张启翔、林雁等也间有参与和发现。画家勇满然跋山涉水，历时数年，行程两万里，为各地古梅名木写生传神，也提供了不少宝贵的信息。所见古梅树龄少则两三百年，是谓"清梅"，多则四五百年，是谓"明梅"，更有六七百年，是为"元梅"。树体或雄伟挺拔，或虬曲苍劲，生势或老当益壮，或老而弥坚，姿态多老迈怪奇，气势多古崛刚毅，呈现着自然风霜和岁月沧桑的无穷磨炼和深厚积淀，包含着科学研究和旅游观赏的丰富价值。这些古木，多处穷乡僻壤、荒寺古刹、深山老林，以往长在深山人未识，如今一朝闻名天下知。这既是好事，也有隐忧，亟待当地政府部门和人民群众备加珍惜，注意切实保护，科学开发。此处主要就学者们个人或团队的著作所录，并其他学术论文和媒体报道所及，一并分省简要罗述，掇名存目，以备检索，至于性状、形态、长势等方面的具体情况，则请参阅有关著作。

1. 浙江省

（1）"九峰双艳"。在浙江黄岩县九峰公园米筛井边围墙内，树龄约 150 年，树径 45 厘米，分两大枝，故名双艳，系半野生大梅树中难得的幸存者，1991 年陈俊愉发现并命名。品种为大青梅，花白色④。

（2）"九峰独艳"。树龄、地点及发现者同上，因独干向上而得名⑤。

2. 安徽省

（1）姬川古梅。在安徽省歙县上丰乡姬川村，当地自古以采梅为副业，村内大

① 陈俊愉主编《中国梅花品种图志》（2010 年版）第 20—21 页。
② 陈俊愉主编《中国梅花品种图志》（2010 年版）第 10 页。
③ 王锡全、孙茂实《云南梅树》，中国花协二梅分会《中华梅讯》总第 24 期（2002 年）。
④ 陈俊愉主编《中国梅花品种图志》（2010 年版）第 43 页、勇满然《中华古梅画谱》第 4—5 页。
⑤ 陈俊愉主编《中国梅花品种图志》（2010 年版）第 43 页。

梅树随处可见。王其超著录1棵，干径53厘米，高5.5米，品种为小绿萼，树龄250年①。勇满然著录5棵，其一树龄320年，树干横卧拗翘，品种为江梅。其二树龄210年，树干离地分四杈上扬，品种为江梅。其三树龄同二，树干曲折上扬，品种为小绿萼。其四树龄同二，树干离地少许即曲折分叉多股，品种为江梅。其五树龄200年，树干直角横折再直上，品种为江梅②。吴根松、张启翔等报道两株，其一树龄300年。另称"最老一株古梅，有300年树龄，已于2007年枯死"，"另一株树龄相近的横卧古梅树干已基本枯死"。上述三者所说或有交叉，由于并未对应交代，因而无法辨明所说古梅间的关系。吴、张二氏还进一步介绍，"据当地老人估计，树龄百年、地径在40cm以上的古梅有80~100株"③。

（2）樟林古梅。在安徽歙县城东原樟林寺遗址附近，王其超等著录，干径49厘米，品种为江梅，树龄约250年④。

（3）跳石古梅。在安徽歙县许村镇跳石村，王其超著录1株，胸径43厘米，树龄约350年，品种为江梅⑤，1992年枯死⑥。吴根松、张启翔报道1株，在跳石村叶志远家山后，地径45厘米，白花⑦。

（4）昌西古梅。在歙县昌西村陈良根家院内，吴根松等报道，共2株，地径分别为46、40厘米，树龄分别为150、100年，为主人从山上移来，在新地生长已有7年，开白花。

（5）溪源古梅。在安徽歙县上丰乡溪源村村内小桥桥墩边，花白色，树龄不明。

（6）卖花渔村古梅。在安徽歙县卖花渔村村口，地径43厘米，由山上移来。卖花渔村是一个远近闻名的花木盆景专业村，村民以生产苗木和盆景为主。

（7）闪里古梅。在安徽祁门县闪里镇老镇政府吴桂生家边，为吴氏所有，其祖辈所植，据说有百年历史，胸径52厘米，花白色。

（8）望江茶安乡"二度梅"。在安徽望江县茶安乡东风村徐姓人家院内，地径27.7厘米（原作米，误），花白色，村龄百余年。据说中秋与春节前后两度开花，人称"二度梅"。

---

① 王其超等《梅花》第29—35页。
② 勇满然《中华古梅画谱》第8—17页。
③ 吴根松、张启翔《安徽古梅资源的现状与保护对策》，《北京林业大学学报》2010年增刊第2辑。
④ 王其超等《梅花》第29页。
⑤ 王其超《中国古梅研究十年》，《北京林业大学学报》1992年增刊第4辑。
⑥ 陈俊愉主编《中国梅花品种图志》（2010年版）第35页。
⑦ 吴根松、张启翔《安徽古梅资源的现状与保护对策》，《北京林业大学学报》2010年增刊第2辑。

（9）齐云山古梅。在安徽休宁县齐云山中，胸径 47.7 厘米，为清同治末年所种①。另安徽农业大学吴诗华曾报道，"安徽休宁县齐云山存有 400 多年生明梅"②。

3. 广东省

（1）跃龙古梅 1 号、2 号、3 号、4 号。在广东肇庆市鼎湖自然保护区跃龙庵旁，1984 年陈耀华调查，共 4 株，为同期之物，树龄均约 350 年。其中 3 号于 1990 年死亡③，此后几年，其他 3 株也陆续死亡④。

（2）白云古梅。在广东肇庆市鼎湖自然保护区白云寺东侧，1984 年陈耀华等调查，干径 40 多厘米，品种为白云果梅⑤。据说为六祖惠能高徒智常禅师手植，有千岁古梅之称，估计树龄 400 年，1988 年枯死⑥。

（3）潮塘古梅（图 238）。在广东梅县城东潮塘岗一农家房前坪台边，梅县高级中学教师罗慎仁最早报道⑦，王其超等著录。直径 70 厘米，高 8 米，树姿苍劲挺拔，长势良好，品种为"潮塘宫粉"，树龄约 450 年⑧。

（4）玉西古梅。在梅州市梅州区城北镇玉西村，树干 55 厘米，品种为江梅，长势较为强盛，具野梅性状，树龄约 250 年⑨。

（5）鸡冠山古梅。位于梅县桃尧镇鸡冠山下，大干直径 62 厘米，品种为江梅，树龄 280 年⑩。

（6）梅南古梅。位于梅县梅南镇南坑村，胸径 58 厘米，品种为江梅，当地果农曾嫁接果枝，树龄约 250 年。另梅州农业学校丘波等报道，梅江区"客天下"产业园从本县山村移植一株野梅，基径 50 多厘米，原桩树龄约 300 年，开白花，高位嫁接朱砂红梅，已经发枝开花。梅州区文化公园也移植了一些树龄百年上下的古梅⑪。

4. 云南省

（1）黑龙潭古梅。昆明黑龙潭公园古梅较多，清末至民国时，游人就称所见不

① 以上 4~9 条，均见吴根松、张启翔《安徽古梅资源的现状与保护对策》，《北京林业大学学报》2010 年增刊第 2 辑。其中第 9 条地点交代不够具体。

② 陈俊愉主编《中国梅花品种图志》（2010 年版）第 35 页。

③ 陈俊愉主编《中国梅花品种图志》（1989 年版）第 31 页；王其超等《梅花》第 28 页；王其超《中国古梅的调查》，《中国园林》1986 年第 1 期。

④ 陈俊愉主编《中国梅花品种图志》（2010 年版）第 35 页。

⑤ 陈俊愉主编《中国梅花品种图志》（1989 年版）第 32 页。

⑥ 王其超《中国古梅的调查》，《中国园林》1986 年第 1 期；王其超《中国古梅研究十年》，《北京林业大学学报》1992 年增刊第 4 辑。

⑦ 罗慎仁《中国古梅》（封二说明），《生命世界》1990 年第 4 期。

⑧ 王其超等《梅花》第 18 页、陈俊愉主编《中国梅花品种图志》（2010 年版）第 41 页。

⑨ 王其超等《梅花》第 27—28 页。

⑩ 丘波、李杰明等《梅州古梅及其保护利用研究》，《北京林业大学学报》2010 年增刊第 2 辑。

⑪ 丘波、李杰明等《梅州古梅及其保护利用研究》，《北京林业大学学报》2010 年增刊第 2 辑。

图238 潮塘古梅（丘波提供），在广东梅县城东潮塘岗一农舍前坪坡坎上。

少。除著名的"唐梅"外，今被确认为古树名木的就有近20株。王其超等调查并编号著录6株，树龄都在两三百年间。其中1号为"唐梅"，3号在玄都观碑亭左侧院内石方台内，是黑龙潭众多古梅中树龄最高的一株，大约380年[1]。现经当地园艺工作者全面排查，重新编号，整个公园及附近景区共得百年以上古梅18株，其中近年新移3株，具体著录见聂雅萍等《昆明黑龙潭公园古梅现状及应用》[2]。

———————————

[1] 王其超、张行言、郭士钦《云南古梅调查研究》，《北京林业大学学报》1995年增刊第1辑；王其超等《梅花》第18、22页；陈俊愉主编《中国梅花品种图志》（2010年版）第38、47页。
[2] 聂雅萍、刘敬、杨增星《昆明黑龙潭公园古梅现状及应用》，《北京林业大学学报》2010年增刊第2辑。

（2）太华古梅。在昆明西山太华寺如如不动殿左前，王其超等著录2株，基径在30—60厘米间，树龄在200—320年间，品种为曹溪宫粉、青芝玉蝶①。

（3）华亭古梅。在云南昆明西山华亭寺，王其超等著录8株，编为1—8号，分散在寺院藏经楼、大雄宝殿和天王殿周围，基径多在30—60厘米之间，树龄在200—300年间，品种有青芝玉蝶、台阁绿萼、曹溪宫粉等②。云南学者著录1株，称9号，胸径35厘米，树龄200年，品种为小绿萼③。据王其超等报道，该寺尚有不少200年以上古梅未及细究④。

（4）茅棚古梅。在昆明西山茅棚苗圃，王其超等著录3棵，编为1—3号，基径多在30—60厘米之间，树龄在200—300年间，品种有台阁绿萼、淡晕宫粉、红怀抱子等⑤。

（5）玉兰园古梅。在昆明西山森林公园玉兰园，勇满然摄绘报道，直径30厘米，树龄约200年⑥。

（6）曹溪古梅。在云南安宁县温泉镇曹溪寺，王其超等调查著录2株，其中大殿前庭左侧1号古梅，树龄约700年，是谓“元梅”，品种为曹溪宫粉。1983年调查时为双干，后两干陆续干枯，1998年完全枯死⑦。2号为台阁绿萼，基径53厘米，树龄200年⑧。勇满然摄影绘像3株，其一品种为曹溪宫粉，分两干，大干直径48厘米，树龄约250年；其二为台阁绿萼，胸径35厘米，树龄约210年；其三当为王氏著录之2号⑨。明嘉靖间杨慎《渔家傲·滇南月节》即有“十二月滇南云幂野，曹溪寺里梅开也”诗句，可见寺中植梅由来已久，今见古梅或有明本遗存⑩。

（7）盘龙古梅（图239）。在云南晋宁县东峤山盘龙寺大雄宝殿前庭东侧，王

---

① 王其超、张行言、郭士钦《云南古梅调查研究》，《北京林业大学学报》1995年增刊第1辑。王其超等《梅花》第24页对2号著述较详。勇满然《中华古梅画谱》第36—37页、陈俊愉《中国梅花品种图志》（2010年版）第47页著录稍异，其一品种为曹溪宫粉，而树龄亦异。

② 王其超、张行言、郭士钦《云南古梅调查研究》，《北京林业大学学报》1995年增刊第1辑；王其超等《梅花》第22—23页；陈俊愉主编《中国梅花品种图志》（2010年版）第47页。勇满然《中华古梅画谱》第28—35页所绘4株当在其列。

③ 王锡全、孙茂实《云南果梅与花梅》第44页。

④ 王其超《中国古梅研究十年》，《北京林业大学学报》1992年增刊第4辑。

⑤ 王其超、张行言、郭士钦《云南古梅调查研究》，《北京林业大学学报》1995年增刊第1辑；王其超等《梅花》第23—24页；陈俊愉主编《中国梅花品种图志》（2010年版）第48页。

⑥ 勇满然《中华古梅画谱》第26—27页。

⑦ 王其超、张行言、郭士钦《云南古梅调查研究》，《北京林业大学学报》1995年增刊第1辑；王其超等《梅花》第16—17、30页；陈俊愉主编《中国梅花品种图志》（2010年版）第35页。

⑧ 王其超等《梅花》第32页。

⑨ 勇满然《中华古梅画谱》第40—45页。

⑩ 杨慎《升庵长短句续集》卷一。

其超等著录，胸径 96 厘米，树龄约 650 年，可谓"元梅"，品种为红怀抱子[①]。

（8）万家凹古梅。在云南宜良县万家凹花园内，郑祖荣报道，基围 220 厘米，分枝直径 70 厘米，树龄 400 年，为明梅[②]。王锡全等报道，基径 70 厘米，树龄约 150 年，或即前者所说分枝，品种为小绿萼[③]。

（9）松鹤古梅。在云南宣威县榕城镇松鹤寺内，王其超等著录，胸径 55 厘米，树龄 300 年，花色粉红[④]。

（10）宝华古梅。在云南个旧市宝华公园猴山旁，王其超等著录，基径 94 厘米，树龄 290 年，品种为小绿萼[⑤]。

（11）锦屏古梅。在云南景东县锦屏镇文庙灵星门前左侧，王其超等著录，胸径 68 厘米，树龄 330 年，花色粉红[⑥]。

（12）玉洱古梅。在云南大理市广武路 63 号杨建国宅院内，王其超等编号著录 2 株，胸径分别为 49 和 70 厘米，品种为小绿萼和松月宫粉[⑦]。云南学者著录 1 株，为 3 号，在大理古城玉洱路 78 号唐家门前，基径 52 厘米[⑧]。

（13）银苍古梅。在云南大理市银苍路 3 号李祖怡宅前，共 2 株，王其超等编号著录，胸径分别为 46 和 38 厘米，树龄为 230、200 年，品种为曹溪宫粉[⑨]。

（14）三圣宫古梅。在云南大理市护国路 4 号原三圣宫遗址，勇满然有摄绘，胸径 37 厘米，树龄约 200 年，为曹溪宫粉[⑩]。

（15）普照古梅（图 240）。在云南永平县曲洞乡花桥小学（原普照寺）院内，

---

① 王其超、张行言、郭士钦《云南古梅调查研究》，《北京林业大学学报》1995 年增刊第 1 辑；王其超等《梅花》第 17、30 页；陈俊愉主编《中国梅花品种图志》（2010 年版）第 36—37、47 页；勇满然《中华古梅画谱》第 46—47 页。关于该树胸径，最初著录 127 厘米，后来多称 96—98 厘米，此从多数记载。

② 郑祖荣《一株明代古梅》，《云南林业》1986 年第 2 期。

③ 王锡全、孙茂实《云南果梅与花梅》第 47 页。

④ 王其超、张行言、郭士钦《云南古梅调查研究》，《北京林业大学学报》1995 年增刊第 1 辑；王其超等《梅花》第 27、33 页；陈俊愉主编《中国梅花品种图志》（2010 年版）第 48 页。勇满然《中华古梅画谱》第 48—49 页记载该树品种为红怀抱子。

⑤ 王其超、张行言、郭士钦《云南古梅调查研究》，《北京林业大学学报》1995 年增刊第 1 辑；王其超等《梅花》第 27、33 页；陈俊愉主编《中国梅花品种图志》（2010 年版）第 48 页；勇满然《中华古梅画谱》第 50—51 页。

⑥ 王其超、张行言、郭士钦《云南古梅调查研究》，《北京林业大学学报》1995 年增刊第 1 辑；王其超等《梅花》第 27、33 页；陈俊愉主编《中国梅花品种图志》（2010 年版）第 48 页。

⑦ 王其超、张行言、郭士钦《云南古梅调查研究》，《北京林业大学学报》1995 年增刊第 1 辑；王其超等《梅花》第 26、33 页；陈俊愉主编《中国梅花品种图志》（2010 年版）第 48 页。

⑧ 王锡全、孙茂实《云南果梅与花梅》第 46 页。

⑨ 王其超、张行言、郭士钦《云南古梅调查研究》，《北京林业大学学报》1995 年增刊第 1 辑；王其超等《梅花》第 26—27、33 页；陈俊愉主编《中国梅花品种图志》（2010 年版）第 48 页。勇满然《中华古梅画谱》第 54—55 页所绘当为其 1 号。

⑩ 勇满然《中华古梅画谱》第 56—57 页；王其超、陈俊愉主编《中国梅花品种图志》（2010 年版）第 48 页。此株或在勇氏之前已有报道，待考。

图 239　盘龙古梅（朱宝华摄，《中国梅花品种图志》2010 年版第 37 页），在云南晋宁县东峤山盘龙寺大雄宝殿前庭东侧。

图 240　普照古梅（王其超摄，《中国梅花品种图志》2010 年版第 37
页），在云南永平县曲洞乡花桥小学（原普照寺）院内。

胸径 77 厘米，树干斜上，扭曲盘旋，多树瘤，宛若巨型梅桩盆景，极富观赏价值。
树龄约 690 年，品种为单桃粉①。

　　（16）南大坪古梅。在云南洱源县三营乡南大坪村，这里是该县传统的产梅地，
200 年以上的古梅至少有 30 株，王其超等著录 19 株，分别编为 1—19 号，其中树龄
三四百年的"明梅" 6 株。分布在村庄、田野和山坡等环境中，以当地所说盐梅、
苦梅、江梅等品种为主，树胸径多在 50—80 厘米间，株体硕大，气势苍劲，资源丰
富，景象壮观②。

　　（17）万福古梅。在云南洱源县佑所乡松曲行政村万福村杨立本宅前，王其超
等著录，胸径 65 厘米，树龄约 200 年，品种为盐梅③。

①　王其超、张行言、郭士钦《云南古梅调查研究》，《北京林业大学学报》1995 年增刊第 1 辑；王其超等
　　《梅花》第 17—18、30 页；陈俊愉主编《中国梅花品种图志》（2010 年版）第 37、47 页；勇满然《中华
　　古梅画谱》第 52—53 页。

②　王其超、张行言、郭士钦《云南古梅调查研究》，《北京林业大学学报》1995 年增刊第 1 辑；王其超等
　　《梅花》第 18—21、30—31 页；陈俊愉主编《中国梅花品种图志》（2010 年版）第 47—48 页。勇满然
　　《中华古梅画谱》58—69 页所绘 6 株当在其列。

③　王其超、张行言、郭士钦《云南古梅调查研究》，《北京林业大学学报》1995 年增刊第 1 辑；王其超等
　　《梅花》第 32 页；陈俊愉主编《中国梅花品种图志》（2010 年版）第 48 页。

（18）洱源松鹤古梅。在云南洱源县松鹤乡松鹤村，村头、地边、山坡古梅随处可见，2005 年林雁等考察发现，最古者有 2 株，其一地径 1 米左右，据估树龄当有 500 年，另一树体略小，树龄当有 300 年①，品种不详。

（19）标楞寺古梅。在云南洱源县茈碧乡永兴村标楞寺前，2004 年春勇满然考察发现，胸径 50 厘米，树龄约 380 年，品种为当地苦梅②。

（20）永兴古梅。在云南洱源县茈碧乡永兴村标楞寺前，勇满然考察发现，胸径 80 厘米，树龄约 350 年，品种为苦梅③。

（21）回龙古梅。在云南剑川县甸南乡回龙村东山脚下，胸径 85 厘米，据树主赵富有称，此梅系其祖先于明弘治年间从四川迁来时所植，树龄约 500 年，品种为盐梅④。

（22）北溪古梅。在云南鹤庆县金墩乡北溪村孝廉桥边李宅门前，王其超等著录，胸径 69 厘米，树龄 330 年，着花繁密，结果少，当地称作盐梅⑤。

（23）楸园古梅。在云南鹤庆县金墩乡北溪村楸树园内，王其超等著录，品种为盐梅⑥。

（24）舍荼寺古梅。在云南鹤庆县北衙乡舍荼寺小学，基径 42 厘米，树龄约 150 年⑦。

（25）松月古梅。在云南鹤庆县松桂乡三庄小学（原松月寺）内，王其超等著录 1 株，胸径 39 厘米，树龄 300 年，品种为松月宫粉⑧。勇满然增补 1 株，在松桂乡，直径 30 厘米，树龄约 200 年，品种为松月宫粉⑨。

---

① 林雁、和军、张瑛、杨汝诚、赵玉敏《中国最古老梅树排序的研究》，《农业科技与信息（现代园林）》2007 年第 4 期。

② 勇满然《中华古梅画谱》第 70—71 页。

③ 勇满然《中华古梅画谱》第 72—73 页。陈俊愉主编《中国梅花品种图志》（2010 年版）第 41 页著录"标楞古梅"，出于勇氏所报，然所载照片（图 4—12 标楞古梅）实为勇氏谱中"永兴古梅"，正文所说又为勇氏谱中"标楞寺古梅"，必有差错。然所说较勇氏谱中画作题记更为详细，或亲闻勇氏口谈。

④ 王其超、张行言、郭士钦《云南古梅调查研究》，《北京林业大学学报》1995 年增刊第 1 辑；王其超等《梅花》第 18、30 页；陈俊愉主编《中国梅花品种图志》（2010 年版）第 47 页；勇满然《中华古梅画谱》第 82—83 页。

⑤ 王其超、张行言、郭士钦《云南古梅调查研究》，《北京林业大学学报》1995 年增刊第 1 辑；王其超等《梅花》第 25—26 页；陈俊愉主编《中国梅花品种图志》（2010 年版）第 48 页。

⑥ 王其超、张行言、郭士钦《云南古梅调查研究》，《北京林业大学学报》1995 年增刊第 1 辑；王其超等《梅花》第 33 页；陈俊愉主编《中国梅花品种图志》（2010 年版）第 48 页。

⑦ 王锡全、孙茂实《云南果梅与花梅》第 45 页。

⑧ 王其超、张行言、郭士钦《云南古梅调查研究》，《北京林业大学学报》1995 年增刊第 1 辑；王其超等《梅花》第 26 页；陈俊愉主编《中国梅花品种图志》（2010 年版）第 48 页；勇满然《中华古梅画谱》第 78—79 页。

⑨ 勇满然《中华古梅画谱》第 76—77 页。

（26）太平古梅。在云南鹤庆县城郊乡下村杜华福、杜恩普宅前，王其超等著录，四干并生，离地70厘米处合测直径78厘米，树龄约200年，品种为鹤庆宫粉①。

（27）万德古梅。在云南丽江县金山乡漾西村西林瓦自然村西林小学（原万德宫）内，王其超等著录，胸径57厘米，树龄300年，品种为万德宫粉②。

（28）指云古梅。在云南丽江县秾度山脚指云寺大殿前庭左右两边，王其超等著录两棵，编为1—2号，胸径多在40—60厘米间，树龄260年，品种为松月宫粉与江梅③。

（29）白沙古梅。在云南丽江县玉龙雪山下玉峰寺侧白沙壁西琉璃殿前，王其超等著录，胸径25厘米，树龄250年，品种为双套红梅④。

（30）兴化古梅。在云南丽江县五台乡下束河小学（原兴化寺）内，王其超等著录，胸径57厘米，树龄250年，品种为松月宫粉⑤。

（31）玉河古梅。在云南丽江市古城玉河边，2005年林雁等考察发现，地径72厘米，树龄约400年⑥。

（32）扎美戈古梅（图241）。在云南宁蒗县永宁乡开基村的扎美戈喇嘛寺北山坡下，王其超等著录，海拔2780米，树体雄伟高大，直径115厘米，两分干直径也有70—80厘米，高10米，堪称梅中巨木，树龄约700年，推其朝代当属"元梅"，当地称品种为杏梅⑦。

（33）来凤红梅。在腾冲县来凤森林公园，《腾冲县建设志》记载，品种不详，直径45厘米，树龄170年以上⑧。

---

① 王其超、张行言、郭士钦《云南古梅调查研究》，《北京林业大学学报》1995年增刊第1辑；王其超等《梅花》第32页；陈俊愉主编《中国梅花品种图志》（2010年版）第48页；
② 王其超、张行言、郭士钦《云南古梅调查研究》，《北京林业大学学报》1995年增刊第1辑；王其超等《梅花》第24页；陈俊愉主编《中国梅花品种图志》（2010年版）第48页。
③ 王其超、张行言、郭士钦《云南古梅调查研究》，《北京林业大学学报》1995年增刊第1辑；王其超等《梅花》第24—25页；陈俊愉主编《中国梅花品种图志》（2010年版）第48页。勇满然《中华古梅画谱》第86—87页所绘当为其中一株。
④ 王其超、张行言、郭士钦《云南古梅调查研究》，《北京林业大学学报》1995年增刊第1辑；王其超等《梅花》第25页；陈俊愉主编《中国梅花品种图志》（2010年版）第48页。
⑤ 王其超、张行言、郭士钦《云南古梅调查研究》，《北京林业大学学报》1995年增刊第1辑；王其超等《梅花》第25页；陈俊愉主编《中国梅花品种图志》（2010年版）第48页。
⑥ 林雁、和军、张瑛、杨汝诚、赵玉敏《中国最古老梅树排序的研究》，《农业科技与信息（现代园林）》2007年第4期。
⑦ 王其超、张行言、郭士钦《云南古梅调查研究》，《北京林业大学学报》1995年增刊第1辑；王其超等《梅花》第17、30页；陈俊愉主编《中国梅花品种图志》（2010年版）第26—27、47页；勇满然《中华古梅画谱》第80—81页。
⑧ 腾冲县建设委员会编《腾冲建设志》第315页。

图 241　扎美戈古梅（王其超摄，《中国梅花品种图志》2010 年版第 36
页），在云南宁蒗县永宁乡开基村的扎美戈喇嘛寺北山坡下。

5. 贵州省

茂兰古梅。在贵州荔波县茂兰自然保护区，勇满然画谱所绘。地处保护区的荔波县洞塘乡多天然野生古梅，勇氏共为 7 株摄影绘画，树径在 20—40 厘米间，树龄在 230—350 年间，品种都为江梅[①]。

6. 四川省

（1）益泉古梅。在四川平武县平通镇益泉村，勇满然绘图 3 株，树干直径分别为 54、43、48 厘米，树龄分别为 210、240、230 年，品种为盐梅[②]。

（2）达州古梅。在四川达州市，勇满然绘图 3 株。其一在四川达县百节镇蔡家坡，树径 65 厘米，树龄约 350 年，品种为盐梅。其一地点、品种同上，干径 60 厘米，树龄约 230 年。另一在达州翠屏山梅园，树径 24 厘米，树龄约 180 年，品种为宫粉[③]，该树既称在梅园，或为他处移植培育。

我国是个幅员辽阔、物产富饶、历史悠久的文明古国、东方大国，古树名木的资源极为丰富，梅树也不例外。而古梅名木的发现和形成，又是一个历史过程，可以肯定地说，上述见载的古梅只是整个自然资源宝库中的极少部分，随着人类生产的深度、广度和社会生活领域的不断拓展，将会有越来越多的古梅被发现和认识，融入我们的生活，丰富我们的物质资源和精神世界。

---

① 勇满然《中华古梅画谱》第 101—113 页。
② 勇满然《中华古梅画谱》第 88—93 页。
③ 勇满然《中华古梅画谱》第 94—99 页。

五、当代台湾的梅花风景名胜

台湾是我国重要的梅自然分布和栽培分布区，台湾中南部不少县乡以主产青梅著称。台湾还直接继承了1929—1949年间民国政府以梅花为国花的政治遗产，广大人民对梅花特别重视与喜爱，因而无论农业种植，还是观赏园林中，梅花风景资源极为丰富。遗憾的是两岸睽隔，难以实地考察了解，2009、2010年，笔者曾向台湾主要梅产地的乡公所奉函求助，希望提供有关情况，但未获任何回应。我们的只能通过网络来搜寻信息①，因而只就极为有限的了解，简要介绍如下。

（一）观赏梅园

台湾赏梅胜地北部主要见于台北市阳明山公园、四兽山②、士林官邸③、中正纪念堂④、桃园县复兴乡角板山行馆、石门水库⑤等地，多属小片园林点缀、山野小景，在南部则以乡村林景为主。就观赏梅园而言，北部以苗栗南庄乡的"胡须梅园"，南部以嘉义县梅山公园最为著名。

1. 胡须梅园

"胡须梅园"在台湾苗栗县南庄乡，由李锦昌先生私人创办（图242），大约经始于1988年前后。南庄为台湾原住民赛夏族的大本营，崇山迭起，风景秀丽。据主人说30多年前张大千曾来此寻梅未遇，抱憾而归，这事触动园主，遂起创办梅园之心。园主数十个寒暑春秋，走天南地北，爬深山大岭，觅优良品种，学习栽培技巧，培植各种梅树2000多株，盆景1000余盎，号称"三千佳丽"。梅花不仅改变

---

① 本章所配照片多为引用网络公益图片，凡图片明确创作者或提供者的，均依所见网页注明，作者不明者，则注以"旺友提供"，谨向这些照片的拍摄者、提供者致以诚挚的谢意。笔者此书属学术著作，由单位资助出版，出版社并不支付稿酬，因此也无法就这些照片提供酬金，特此说明，敬祈谅解和包涵。

② http：//travel.udn.com/mag/travel/storypage.jsp？f_MAIN_ID=118&f_SUB_ID=780&f_ART_ID=32497。

③ http：//travel.udn.com/mag/travel/storypage.jsp？f_ART_ID=32496。

④ http：//travel.udn.com/mag/travel/storypage.jsp？f_ART_ID=32495。

⑤ http：//travel.udn.com/mag/travel/storypage.jsp？f_ART_ID=32410。

其生涯，也改变其形象，高山族出身的园主留起了络腮胡须，方面大脸，颇为引人瞩目，乡人称其胡须大叔，梅园也便获"胡须梅园"的雅号。园内建有文物馆，广集名家字画，台湾政要和各界名流纷至沓来，声誉大振，成了苗栗一个重要旅游景点①。

图 242　台湾苗栗县南庄乡胡须梅园（李锦昌提供）。

2. 嘉义梅山公园

嘉义县梅山公园位于梅山乡市区，占地 6 公顷，曾经是"嘉义八景"之一的"梅坑月霁"所在，1934 年即开始种植梅树，但数量不多，直到民国二十三年，由梅山庄长江德树移植 3000 株梅花后，才有今日规模。梅山公园依山势辟建，沿鹅卵石步道漫游而上，满园翠绿，景色宜人，园中遍植梅树、桃、李、牡丹、杜鹃、樱花等花木，每年冬至节后的梅开季节，可见满山遍野的白色花海，是云嘉地区最密集的赏梅胜区②。

① 本节内容根据李锦昌先生提供的复印资料撰写，主要有《上海与台湾》网站所刊发的《痴迷梅花三十载》一文，见 http：//www. shanghai-taiwan. org/CHT/newsdetail. aspx？ id＝15601。

② http：//cy. village. tnn. tw/village04_ii. html？ id＝101＆sid＝439。

3. 台中和平乡武陵农场

台中县和平乡的武陵农场位于中横公路宜兰支线、海拔1800米的山间峡谷，这儿栽种有大片的观赏梅花，元月中旬进入梅开季节，粉红、桃红花色暄妍。盛开的红梅花夹杂着白梅花，形成独特的林间梅景，与南投信义或高雄六龟一片雪白的梅花景致大不相同，以色彩缤纷为特色（图243）。经营者举办林下宴饮、花间琴挑等活动吸引游客，颇称风雅①。

图243　台湾台中县和平乡武陵农场梅花（美华提供）。

（二）青梅产地梅景

台湾是重要的青梅产地，中南部山区分布着大片经济种植形成的梅林风景，主要有这样一些：

1. 南投信义乡风柜斗、乌松仑等

南投县是台湾最重要的青梅产地，有梅子故乡之誉，年产青梅17000吨左右，

①　根据以下网络资料：http：//travel. haixiachina. com/article/2009/0114/ckebpckcjlvip2wfif20i2eggg. html？p＝2；http：//travel. udn. com/mag/travel/storypage. jsp？f_ART_ID＝32681。

相应的梅花风景也较为繁盛。信义乡堪称是台湾知名度最高、最具代表性的梅花之乡，全乡的梅园面积达到 1500 公顷，多集中在风柜斗、乌松仑和牛稠坑三地，三处赏梅区相去不远，特色各异，正好串成赏梅路线。其中又以风柜斗最为著名。

风柜斗的梅林，历史较为悠久，树种比较单纯，花期一色雪白，煞是壮观。梅树多半沿着村落道路两旁栽植，三四十年以上的梅树粗大壮硕，少数高龄老树被当地人誉为"梅王"、"梅后"，老干配上小巧的白色花朵，景象非常动人。风斗柜附近爱国、明德等村也都有成片梅林。当地梅农开发出多种梅制品，并推出梅餐，让游客得以赏梅、选购特产兼品赏地方美食。

图 244　台湾南投县信义乡风柜斗梅花（旺友提供）。

乌松仑和牛稠坑则属新兴赏梅区，为近年种植而成。乌松仑位于海拔 1000 米左右的高处，梅区远离聚落和商店，花较风柜斗更为茂密，梅园间辟有步道方便游人穿游赏花，并可俯眺信义壮阔山景。牛稠坑的梅林规模虽比不上风柜斗和乌松仑两地，却以小巧取胜，梅园就在公路两旁，也有休闲农场就近提供赏梅游客餐饮服务，别有一种风情①。

---

①　根据以下网络资料：http：//travel. udn. com/mag/travel/storypage. jsp？f_ART_ID＝27569；http://travel. udn. com/mag/travel/storypage. jsp？f_ART_ID＝32541。

图 245　台湾南投县信义乡乌松仑梅花（yun 提供）。

2. 南投水里乡上安村

南投县水里乡上安村梅园集中在鹊桥两端的山坡地间，成片梅林面积约 40 公顷。水里栽种梅树的历史悠久，不乏 70 余岁的老梅树，而大片种植的都是经过改良的品种，比一般梅树都更加矮小，方便游客近距离观赏。游客从鹊桥附近可欣赏上安村山林风光，村内则保有传统农村民宅和茶园。水里梅花名气虽不甚高，当地农人却发展出独特的"梅花茶"以享游客。所谓"梅花茶"主要摘取鲜开的梅花花瓣，加入茶叶中泡茶，用梅花的暗香与茶香做完善的味蕾结合，提供游人尝鲜品赏，颇有特色①。

3. 台南楠西乡梅岭

台南县楠西乡是南台湾著名的水果之乡，也是台湾南部最著名的梅乡之一，全盛时期全乡栽种梅园面积达数千公顷，其中最为集中的是湾丘村的梅岭，北傍曾文水库，向西可俯瞰嘉南平原，背倚竹子尖山，山峦起伏且风景秀美。这里土壤肥沃，以前曾以出产香蕉闻名，质量好、口碑佳，因此旧称"香蕉山"。后来香蕉的价格日益低落，果农纷纷改种梅子，种植面积也越来越大，鼎盛时有 2000 公顷。大约

---

① 根据以下网络资料：http：//travel. udn. com/mag/travel/storypage. jsp？f_ART_ID = 32540；http：//j1qyrq. bay. livefilestore. com/y1pZvuOkd-SM0VeZXmp5onNZKEH-KFEOPHGBsLk3NmeFQ_Wa3gFI7RHXOLeXzTTg8pIRtAvIP0djiw/1-13. jpg。

图 246   台湾台南县楠西乡梅岭（马克药师提供）。

1981 年，当时的台湾地区副领导人谢东闵题名"梅岭"，至今仍是台湾最大的梅林之一，由于山水秀丽，也是台南近郊著名的旅游景点。

梅岭风景区目前有多达 20 万株的梅树，由于受南台湾天气偏暖的影响，梅花的开放时间较不稳定，花期多半错落成二到三期，大致在每年的冬至前后到来年的二月。这时期正是梅岭的赏梅旅游旺季，满山遍野尽是梅花吐蕊，殆如汪洋花海，花开小径更是旅客赏花的热门路线，游人穿梭梅树下，一路花光香氛、柔情诗意。"岭梅映雪"曾被推举为"台南八景"之一，现整个景区改称"梅林休闲农业区"。不仅是花季可观，到了四月采梅子季节，则又是一番乡村收获的风光。这里的梅树林间多套种有槟榔树、香蕉树等，使得梅园景象呈现多元的风貌①。

4. 高雄六龟梅园

高雄市六龟乡梅园广达 500 余公顷，仅是宝来村的竹林地区就有 300 公顷，沿着山坡栽种的大片梅林，树龄超过 30 年。山头上的梅园宛若一幅山水画，粉白花朵如烟似雾笼罩枝头。六龟乡的梅景，顺着台湾南横公路延伸到东北面的桃源乡梅山。海拔千米的梅山村，是布农族原住民的家园，沿村广植梅树，盛开的梅花在山坡形成起伏有致的美丽图景②。

5. 高雄桃源乡梅山

高雄县内青梅种植面积达 2000 公顷，桃源乡就占了 800 公顷，其中又以梅山最

---

① 根据以下网络资料：http：//travel. udn. com/mag/travel/storypage. jsp？f_ART_ID = 32549；http://travel. network. com. tw/tourguide/point/showpage/1061. html；http://okgo. tw/buty/01828. html。

② http：//travel. udn. com/mag/travel/storypage. jsp？f_MAIN_ID = 118&f_SUB_ID = 780&f_ART_ID = 27570。

图 247　台湾高雄市六龟乡宝来村竹林梅园（benwu 提供）。

为集中与繁茂。区内广植梅树，每到冬季梅花盛开时节，满山遍野的白花与阵阵花香，令人流连忘返。每年四月梅树结实累累之际，又是适合全家出游，享受采梅乐趣的时节①。从高雄六龟到桃源，再到台东海端、花莲富山，南横公路沿线山区梅花多连绵不绝。

6. 其他

花莲县太鲁阁公园天祥风景区有一大片梅园，大约有 350 多公顷②。花莲南部的富里乡罗山村有一片漂亮的梅花③。台东延平乡鸾山、海端乡雾鹿等地有数百公顷的成片梅花④，池上、关山、东河、鹿野，嘉义阿里山乡（丰山村）等乡镇也有大片梅花⑤，其它可参看网络信息《台湾全省著名的赏梅地点》一表⑥。

---

① 根据以下网络资料：http：//emmm. tw/news _ content. php？ id = 11967；http://travel. network. com. tw/tourguide/point/showpage/670. html；http://tw. myblog. yahoo. com/YEH－HOME/article？ mid = 3705&prev = 3706&l = f&fid = 5。

② http：//www. e-garden. com. tw/news. asp？ news_recno=5008。

③ http：//travel. udn. com/mag/travel/storypage. jsp？ f_ART_ID = 32582。

④ http：//travel. udn. com/mag/travel/storypage. jsp？ f_ART_ID = 32551。

⑤ http：//pdf. sznews. com/gb/content/2001－10/18/content _269196. htm；http://www. 178. com. tw/web/travel/natural/season/winter. htm。

⑥ http：//www. 178. com. tw/web/travel/natural/season/winter. htm。

附录　蜡梅名胜

一、湖北竹山蜡梅

南宋中期王质《题俞舜俞墨梅》诗："吾尝竹山道上烂看蜡凌乱，三程两程行不断。"序中称："菁村江梅，竹山蜡梅，余虽不遍历天下，东南未见也。"① 竹山，县名，今属湖北。乾道五年（1169）十月至乾道六年二月，王质从兴国（今湖北阳湖）取道房州（今湖北房县）、金州（今陕西安康）一线赴成都②，大约腊月间途经竹山，沿路蜡梅连绵不绝。南宋初郑刚中《金房道间皆蜡梅，居人取以为薪，周务本戏为蜡梅叹，予用其韵。是花在东南每见一枝，无不眼明者》："边城草木枯，散漫惟蜡梅……顽夫所樵采，八九皆梅材。余芳随束薪，日赴烟与埃。"③ 金房，指宋金、房二州，金州治今陕西安康，辖今陕西安康、宁陕、石泉、汉阴、紫阳、岚皋、旬阳、平利等县，房州治今湖北房县（宋房陵县），辖今湖北竹溪、竹山、房县、保康等县。宋时竹山属房州，辖地包括今竹溪县，居金、房二州间。这里是鄂西北大巴山与武当山之间的汉水支流谷道，千山万壑，森林茂密，人烟稀少。野生蜡梅分布广泛，资源极其丰富。遗憾的是山深地僻，外界所知甚少。清周士桢《（同治）竹山县志》卷六、杨延烈《（同治）房县志》卷一一"物产"类中均载有蜡梅。如今在相邻的神农架林区海拔 500 米的南垭山仍发现面积达 4000 亩，处于原始状态的野生蜡梅④，保康县（宋时属房州）也发现大量原始野生蜡梅林，一些树干粗大如乔木。王质等人的诗，充分说明这一带野生蜡梅资源丰富、历史悠久。

二、保康野生蜡梅

湖北是传统梅产区，如今武汉、丹江口等市以梅花作为市花，武汉东湖磨山梅园闻名全国，影响较大。近几十年，湖北境内最有影响的梅事莫过于鄂西北山区大量野生蜡梅林的发现，而其中最著名的莫过于保康县。

保康县位于襄樊市西南，得名建县历史不长，明弘治十一年（1498）始析房县地置。这里西与神农架林区相邻，属荆山山区，为汉水支流上游山谷，群山万壑，

---

① 《全宋诗》第 46 册第 28896—28897 页。
② 王质《西征丛纪序》，《雪山集》卷五。
③ 郑刚中《北山集》卷一二。
④ 湖北人民出版社编《湖北风物志》第 709 页；陈人麟《神农架探秘》第 70 页。

图 246   湖北保康野生蜡梅自然保护区蜡梅盛景（刘万义提供）。

山深林密，加之亚热带湿润气候和我国东西南北过渡区的特殊地理位置，有着极其丰富的植物资源，野生牡丹、野生紫薇、云锦杜鹃、红豆杉、珙桐等珍稀植物都有大量分布，十分罕见。保康的野生蜡梅资源极其丰富，据不完全统计，已发现大约有 40 平方公里合 6 万亩，经抽样测定约有 500 万株①，主要分布在过渡湾、寺坪、马桥（原金斗乡并入）、歇马（原欧店乡并入）、马良、两峪、黄堡等乡镇。有黄色、红心、蜡质、黄白、纯白等花色，紫蕊、红心淡蕊、黄白蕊、馨口、檀香等珍稀品种。其中一种乔木类新种，平均地径 34.8 厘米，最大地径 80.5 厘米，最大胸径 32 厘米，高度超过 13 米，打破了学术界有关蜡梅属灌木，高不足 5 米，干径不过 10 厘米的定论，在国际植物界产生了不小的震动。县东北过渡湾镇的野花谷自然保护区是整个保康野生蜡梅自然保护区的核心景区，其中刺滩沟、石板沟等七条山谷沟壑间，发现 1100 公顷的蜡梅纯林，约有 100 万株，为世界罕见②。这一保护区

----

① 有关保康野生蜡梅分布面积和株数，各家说法不一。这里采用陈慧君、谢其明的说法，见其《湖北保康天然蜡梅资源分布及其生态环境初探》，《武汉植物学研究》1988 年第 2 期。关于面积，保康县地方志编委会《保康县志》中也有"6 万多亩"的说法，见《保康县志》第 698 页。另有 6 万公顷的说法，或是 6 万亩之误。关于株数，保康县林业局戴振伦则称 190 万株，见其《湖北省保康县蜡梅资源简介》，《北京林业大学学报》1992 年增刊 4。两说相差较大，前者似乎偏多，而后者又似乎偏少。
② 肖运成《襄樊保康野生蜡梅资源及园林应用》，《农村经济与科技》2010 年第 8 期。

中野生牡丹、紫薇等珍稀资源也极丰富。保康县城河西的蜡梅植物园是一个城郊公园，以收集、种植蜡梅品种，展示古桩蜡梅盆景为主，外地游者若要领略保康蜡梅资源，此地最为便捷。

保康天然蜡梅资源的发现是近30多年的事，不仅是保康一县，整个大巴山区与秦岭南坡近20年都有大量发现①。追溯历史，早在宋人最初发现蜡梅时，就有汉水谷地大量野生蜡梅的报道，当时沿路都是蜡梅，村人取作柴火，这样的情景对今天保康山民们来说应该不会陌生②。

三、成都塔子山公园蜡梅园

塔子山公园位于成渝高速公路起点的五桂桥南侧，西边滨临沙河，北邻成都汽车总站。面积410亩，其中330亩绿地。1984年始以原苗圃为基础进行改建，1987春节正式对外开放，标志性建筑为高70米的九天楼。公园地处东郊浅丘地带，依山临水，植物依势布局，已形成蜡梅、海棠、紫薇、桂花、银杏、雪松、香樟、竹子等植物小苑和林带，另有荷花池、钓鱼池、泉石山林，一个拥有8大类170种5000只鸟的禽鸟专园"鸟语林"等。其中蜡梅苑占地约15亩，有素心、磬口等品类1000多丛，无论成片规模和种植数量都是成都地区较突出的一处。每年十二月底至来年一月花开季节，是成都人重要的赏梅去处。

四、河南安阳蜡梅园

安阳蜡梅园位于安阳市龙安区龙泉镇龙泉水库西侧，占地1200余亩，由许多方面联合投资建设。2004年4月开始兴建，利用独特的岗坡丘陵地势，一共移栽蜡梅、红梅、绿梅等20多种，共2.3万株，其他乔木品种30多种，共10万多株，2008年1月26日正式开园。园区以种植蜡梅为主，并有少量蔷薇科梅花品种，目前已有5万余株，另有各类植物160多种、近百万株，是融苗木生产和生态休闲旅游为一体的花卉生产基地及风景区。龙泉镇的花卉苗木生产历史悠久，民国《续安

---

① 伍碧华、徐恒伟、明军等《四川大巴山野生蜡梅资源现状与保护利用》，《中国野生植物资源》2009年第5期。
② 本节照片由保康县人大刘万义先生提供，谨此志谢！

阳县志》记载："本县以养花为业者，首推第五区零泉村，其次蜀村、龙宫亦有之。该村人民多业花匠，屋角墙下，尽植花卉，其接木移花之术，匠心独运，巧夺天工。足迹之远，天津、陕、晋、开封各地，无不到达。"① 20 世纪 50 年代，许以花匠被聘到全国各地担任花师，据说周恩来总理主持下的政务院一次就从龙泉招聘花师 23 名。改革开放以来，花木生产迅速复兴，成了当地支柱产业。2000 年林业部和中国花卉协会命名龙泉镇为"中国花木之乡"、"全国重点花卉市场"②。目前计划以现有的 3 万亩花卉苗木为依托，建设 7500 亩的开放式"花卉生态观光园"，而蜡梅园正是其中着力打造的项目。2009 年 1 月 4 日至 2 月 26 日，园区举办了首届安阳蜡梅旅游文化节，进一步扩大影响。

---

① 王幼侨、李国祉《续安阳县志》卷三。
② 陈志民《中国花木之乡——河南安阳龙泉镇》，《河南林业》2000 年第 6 期。

征引书目

[说明]（一）所列为本著正式引据的各类专著、文集、地志、图册和资料汇编，一般阅读参考文献不在其列；（二）引用报刊文章、公共档案、私人信函、调查采访记录和互联网资料等，出处信息仍见当页脚注；（三）编著者姓名前标明所属朝代，未标者均为当代人士或民国以来之机构；（四）条目中《四库全书》指《影印文渊阁四库全书》；（五）按书名的汉语拼音字母顺序排列。

1. 《爱日吟庐书画续录》，〔清〕葛嗣浵撰，民国二年（1913）刊本。

2. 《安吉县地名志》，安吉县地名委员会编，1984 年铅印本。

3. 《安吉县旅游资源普查报告》，湖州市旅游局、安吉县旅游局、浙江旅游职业学校编，2004 年印本。

4. 《（同治）安吉县志》，〔清〕汪荣、刘兰敏纂辑，清同治刊本。

5. 《（嘉靖）安吉州志》，〔明〕江一麟修，陈敬则纂，上海书店 1990 年版《天一阁藏明代方志选刊续编》本。

6. 《（乾隆）安吉州志》，〔清〕刘蓟植纂修，中国书店 1992 年版中国科学院图书馆编《稀见中国地方志汇刊》本。

7. 《安雅堂集》，〔元〕陈旅撰，《四库全书》本。

8. 《婷雅堂别集》，〔清〕赵文哲撰，清乾隆五十九年（1794）刊本。

9. 《鳌峰集》，〔明〕徐熥撰，明天启五年（1625）刊本。

10. 《（弘治）八闽通志》，〔明〕陈道修、黄仲昭纂，齐鲁书社 1997 年版《四库全书存目丛书》本。

11. 《白牟山人诗文集》，〔清〕阎尔梅撰，清康熙刊本。

12. 《白华绛柎阁诗集》，〔清〕李慈铭撰，清光绪十六年（1890）刊本。

13. 《白石词编年笺校》，夏承焘撰，上海古籍出版社 1981 年版。

14. 《白石道人诗集》，〔宋〕姜夔撰，《四库全书》本。

15. 《白下琐言》，〔清〕甘熙撰，南京出版社 2007 年版。

16. 《白云文史（第 4 辑）》，广州市白云区政协文史资料研究委员会编，1989 年印刷本。

17. 《百尺梧桐阁集》，〔清〕汪懋麟撰，《四库全书存目丛书》本。

18. 《百名家诗选》，〔清〕魏宪辑，清康熙魏氏枕江堂刻本。

19. 《百一山房诗集》，〔清〕孙士毅撰，清嘉庆二十年（1815）刻本。

20. 《柏枧山房全集》，〔清〕梅曾亮撰，清咸丰六年（1856）刻民国补修本。

21. 《稗史集传》，〔元〕徐显撰，《四库全书存目丛书》本。

22. 《宝纶堂诗文钞》，〔清〕齐召南撰，清嘉庆二年（1797）刻本。

23. 《（乾隆）保昌县志》，〔清〕陈志仪纂修，江苏古籍出版社、上海书店等联合出版《中国地方志集成》本。

24. 《保康县志》，保康县地方志编委会编，中国世界语出版社1991年版。

25. 《保越录》，〔元〕徐勉之撰，清《十万卷楼丛书》本。

26. 《北大讲座（第十八辑)》，北大讲座编委会编，北京大学出版社2008年版。

27. 《北桥诗钞》，〔清〕李豫曾撰，民国铅印本。

28. 《北山集》，〔宋〕郑刚中撰，《四库全书》本。

29. 《北山小集》，〔宋〕程俱撰，《四部丛刊续编》本。

30. 《本堂集》，〔宋〕陈著撰，《四库全书》本。

31. 《薜箖吟馆钞存》，〔清〕柏葰撰，清同治三年（1864）刻本。

32. 《避暑录话》，〔宋〕叶梦得撰，《四库全书》本。

33. 《汴京遗迹志》，〔明〕李濂辑，《四库全书》本。

34. 《盍山志》，〔清〕顾云撰，清光绪九年（1883）刊本。

35. 《泊鸥山房集》，〔清〕陶元藻撰，清刊本。

36. 《（民国）博罗县志》，〔民国〕曾焕章、张友仁纂，广州中山图书馆藏广东省博罗县志办公室、广东省文史研究馆1988年印本。

37. 《（乾隆）博罗县志》，〔清〕陈崟虞纂，《中国地方志集成》本。

38. 《博斋集》，〔清〕释元尹撰，清康熙刻本。

39. 《补瓢存稿》，〔清〕韩骐撰，清乾隆刊本。

40. 《不波山房诗草》，〔清〕王甲曾撰，民国十年（1921）刻本。

41. 《沧湄诗钞》，〔清〕尤珍撰，清康熙刊本。

42. 《苍霞草》，〔明〕叶向高撰，明万历刻本。

43. 《曹大理集》，〔明〕曹学佺撰，明万历刊本。

44. 《草阁诗文集》，〔元〕李昱撰，《四库全书》本。

45. 《草堂览胜》，杜甫草堂博物馆编，成都杜甫草堂博物馆1986年刊印本。

46. 《草堂雅集》，〔元〕顾瑛编，《四库全书》本。

47. 《茶山集》，〔宋〕曾几撰，《四库全书》本。

48. 《长沙县志》，长沙县志编纂委员会编，三联书店1995年版。

49. 《（光绪）长汀县志》，〔清〕谢昌霖、刘国光、丁上达修纂，清光绪五年（1879）刊本。

50. 《（民国）长汀县志》，〔民国〕王奎总修，杨澜等纂修，民国三十年（1941）铅印本。

51. 《（乾隆）长汀县志》，［清］陈朝羲修，许春晖纂，清乾隆刊本。

52. 《长兴诗存》，［清］王修辑，长兴王氏仁寿堂民国九年（1920）刊本。

53. 《长兴土特产品资源集》，长兴县农业区划办公室编，1989 年铅印本。

54. 《长兴文史资料（第 2 辑）》，长兴县人民政协文史委员会编，1987 年印本。

55. 《长兴县地名志》，长兴县地名委员会编，上海市印刷四厂 1983 年铅印本。

56. 《长兴县旅游资源普查报告》，湖州市旅游局、长兴县旅游局、浙江大学编，2004 年印本。

57. 《长兴县乡土志》，长兴县教育局编，长兴华丰书店 1933 年印行。

58. 《（嘉庆）长兴县志》，［清］邢澍修，钱大昕、钱大昭纂，清嘉庆十年（1805）刊本。

59. 《（康熙）长兴县志》，［清］韩应恒修，金镜、朱升等纂，清康熙刊本。

60. 《（乾隆）长兴县志》，［清］谭肇基修，吴棻等纂，清乾隆十四年（1749）刊本。

61. 《（顺治）长兴县志》，［清］张慎为修，金镜等纂，清顺治刊本。

62. 《（同治）长兴县志》，［清］赵定邦等修，陆心源等纂，清光绪元年（1875）刊本。

63. 《常郡八邑艺文志》，［清］卢文弨编，清光绪十六年（1890）刻本。

64. 《（康熙）常州府志》，［清］于琨修，陈玉璂纂，《中国地方志集成》本。

65. 《（万历）常州府志》，［明］刘广生修，唐鹤徵纂修，明万历四十六年（1618）刻本。

66. 《常州市天宁区志》，常州市天宁区志编纂委员会编，方志出版社 2003 年版。

67. 《超山风景名胜区核心保护区控制性规划（2006 年）》，杭州园林设计院有限公司编制，杭州
    余杭区图书馆藏本。

68. 《超山纪胜》，曹云、葛树法编，大众文艺出版社 2010 年版。

69. 《陈迦陵文集》，［清］陈维崧撰，《四部丛刊初编》本。

70. 《陈太史无梦园初集》，［明］陈仁锡撰，明崇祯六年（1633）刊本。

71. 《陈学士吟窗杂录》，［宋］陈应行撰，上海古籍出版社版《续修四库全书》本。

72. 《宸垣识略》，吴长元辑，清乾隆池北草堂刻本。

73. 《柽华馆诗集》，［清］路德撰，清光绪七年（1881）解梁刊本。

74. 《成都年鉴（2006）》，成都年鉴社编，2006 年。

75. 《成都诗览》，冯广宏、肖炬主编，华夏出版社 2008 年版。

76. 《成都市园林志》，成都市园林志编纂委员会编纂，四川人民出版社 1998 年版。

77. 《成都通览》，［民国］傅崇矩编，巴蜀书社 1987 年版。

78. 《成都文类》，［宋］袁说友、扈仲荣、程遇孙等编，《四库全书》本。

79. 《（嘉庆）成都县志》，［清］王泰云等主修，衷以埙等纂，兰州大学出版社 2004 年版《中国
    西南文献丛书》本。

80. 《成都园林绿化志（资料长编）》，成都市园林局修志办公室编，成都市图书馆地方文献室藏
    成都市园林局修志办公室 1991 年打印本。

81. 《成都竹枝词（增订本）》，林孔翼辑，四川人民出版社 1986 年版。

82. 《诚意伯文集》，［明］刘基撰，《四库全书》本。

83. 《诚斋集》，［宋］杨万里撰，《四部丛刊初编》本。

84. 《程侍郎遗集》，［清］程恩泽撰，《续修四库全书》本。

85. 《（弘治）赤城新志》，［明］陈相、谢铎纂修，《四库全书存目丛书》本。

86. 《赤城志》，［宋］陈耆卿撰，《四库全书》本。

87. 《重镌草堂外集》，［清］檀萃撰，清道光刊本。

88. 《（嘉庆）重刊荆溪县志》，［清］唐仲冕修，宁楷（栎山）纂，台湾成文出版社《中国方志丛书》本。

89. 《（道光）重刊续纂宜荆县志》，［清］顾名等修，吴德旋纂，《中国方志丛书》本。

90. 《（嘉庆）重刊宜兴县旧志》，［清］阮升基修，宁楷纂，《中国方志丛书》本。

91. 《重庆市园林绿化志》，重庆市园林管理局修志领导小组编纂，四川大学出版社 1993 年版。

92. 《（光绪）重修安徽通知》，［清］吴坤修，清光绪四年（1878）刻本。

93. 《（同治）重修成都县志》，［清］衷兴鉴等纂，清同治十二年（1873）重修本。

94. 《（乾隆）重修福建台湾府志》，［清］刘良璧纂修，《中国方志丛书》本。

95. 《（同治）重修上海县志》，［清］应宝时等修，俞樾、方宗诚纂，清同治十年（1871）刊本。

96. 《（崇祯）重修吴县志》，［明］牛若麟修，王焕如纂，《天一阁藏明代方志选刊续编》本。

97. 《（嘉庆）重修扬州府志》，［清］阿克当阿修，姚文田、江藩纂，清嘉庆十五年（1810）刊本。

98. 《（道光）重修仪征县志》，［清］王检心修，刘文淇、张安保纂，清光绪十六年（1890）刊本。

99. 《（民国）崇安县新志》，［民国］刘超然等修，郑丰稔等纂，《中国地方志集成》本。

100. 《（康熙）崇安县志》，［清］管声骏纂修，《稀见中国地方志汇刊》本。

101. 《崇百乐斋文集》，陆继辂撰，清嘉庆二十五年（1820）刻本。

102. 《崇敬堂诗钞》，［清］胡敬撰，清道光二十六年（1846）刊本。

103. 《（民国）崇庆县志》，［民国］谢汝霖等修，罗元黼等纂，民国十五年（1926）成都昌福公司印本。

104. 《崇庆县志》，四川省崇庆县志编纂委员会编，四川人民出版社 1991 年版。

105. 《（嘉庆）崇庆州志》，［清］丁荣表、顾尧峰修，卫道凝、谢攀云纂，清嘉庆十八年（1813）刊本。

106. 《崇州市旅游交通图》，成都地图出版社 2009 年版。

107. 《崇州市志》，崇州市地方志编纂委员会编，四川人民出版社 2003 年版。

108. 《（万历）滁阳志》，［明］戴瑞卿、李之茂纂修，《中国方志丛书》本。

109. 《滁县乡土志》，［民国］杭海纂，线装书局《乡土志抄稿本选编》本。

110. 《（康熙）滁州续志》，［清］王赐魁修纂，《中国方志丛书》本。

111. 《（光绪）滁州志》，［清］熊祖诒纂，《中国地方志集成》本。

112. 《（康熙）滁州志》，［清］余国楮、潘运皞修纂，清康熙十二年（1673）刻本。

113. 《川、滇、藏、黔野梅种质资源调查和梅花抗寒品种区域试验的研究》，李庆卫著，北京林业大学 2009 年博士学位论文。

114.《船山诗草》，〔清〕张问陶撰，清嘉庆二十年（1815）刻道光二十九年（1849）增修本。

115.《春草斋集》，〔明〕乌斯道撰，《四库全书》本。

116.《春在堂诗编》，〔清〕俞樾撰，清光绪二十五年（1899）刻本。

117.《春在堂随笔》，〔清〕俞樾撰，清光绪《春在堂全书》本。

118.《春渚纪闻》，〔宋〕何薳撰，《四库全书》本。

119.《纯白斋类稿》，〔元〕胡助撰，《四库全书》本。

120.《淳熙稿》，〔宋〕赵蕃撰，《四库全书》本。

121.《淳熙三山志》，〔宋〕梁克家撰，《四库全书》本。

122.《淳祐临安志》，〔宋〕施谔撰，《丛书集成续编》本。

123.《辍耕录》，〔元〕陶宗仪撰，《四库全书》本。

124.《（光绪）慈溪县志》，〔清〕杨泰亨修，冯可镛纂，清光绪二十五年（1899）刊本。

125.《（天启）慈溪县志》，〔明〕李逢申修，姚宗文纂，明天启四年（1824）刻本。

126.《（雍正）慈溪县志》，〔清〕冯鸿模纂修，阳正笋订正，《中国方志丛书》本。

127.《赐闲堂集》，〔明〕申时行撰，明万历刊本。

128.《赐余堂集》，〔清〕钱士升撰，清乾隆刊本。

129.《存素堂诗初集录存》，〔清〕法式善撰，清嘉庆十二年（1807）王埔刊本。

130.《存砚集二楼》，〔清〕储大文撰，清乾隆刊本。

131.《大观堂文集》，〔清〕余缙撰，清康熙三十八年（1699）刊本。

132.《（康熙）大理府志》，〔清〕傅天祥、李斯佺、黄元治等纂修，书目文献出版社《北京图书馆古籍珍本丛刊》本。

133.《大陆的曙光——大陆史志》，叶天法撰，浙江省图书馆地方文献室藏 2010 年印本。

134.《大茂山房合稿》，〔清〕宋起凤撰，清康熙刻本。

135.《大明一统名胜志》，〔明〕曹学佺撰，《四库全书存目丛书》本。

136.《（乾隆）大清一统志》，〔清〕和珅等编修，《四库全书》本。

137.《大学衍义补》，〔明〕丘濬撰，《四库全书》本。

138.《大邑年鉴（2004）》，大邑地方志编委会编，2004 年。

139.《大邑年鉴（2005）》，大邑地方志编委会编，2005 年。

140.《（民国）大邑县志》，〔民国〕钟毓灵等纂，民国十九年（1930）铅印本。

141.《（同治）大邑县志》，〔清〕赵霖等纂修，清同治六年（1867）刻本。

142.《大邑县志》，大邑县志编委会编，四川人民出版社 1992 年版。

143.《大邑县志续编》，大邑县地方志编委会编，四川大学出版社 1996 年版。

144.《大余县志》，江西省大余县志编纂委员会编（胡润选主编），（海口）三环出版社 1990 年版。

145.《（民国）大庾县志》，〔民国〕吴宝炬修，刘人俊纂，《中国地方志集成》本。

146.《（乾隆）大庾县志》，〔清〕余光璧修纂，《中国方志丛书》本。

147.《（同治）大庾县志》，〔清〕陈荫昌修，石景芬纂，清同治十三年（1874）刊本。

148.《带经堂集》，〔清〕王士稹撰，清康熙五十年（1711）刊本。

149.《担当诗文全集》，〔明〕担当撰，云南人民出版社、云南美术出版社 2003 年版。

150.《澹斋集》，〔宋〕李流谦撰，《四库全书》本。

151.《（康熙）当涂县志》（康熙三十四年修），〔清〕祝元敏修，彭希周等纂，成文运增修，《稀见中国地方志汇刊》本。

152.《（康熙）当涂县志》（康熙十九年修），〔清〕王斗枢修，张毕宿纂，线装书局 2004 年版《（国家图书馆藏）孤本旧方志选编》本。

153.《（民国）当涂县志》，〔民国〕鲁式谷纂，《中国地方志集成》本。

154.《道援堂诗集》，〔清〕屈大均撰，北京出版社版《四库禁毁书丛刊》本。

155.《德清县地图》，浙江煤炭测绘院编，山东省地图出版社 2009 年版。

156.《德清县续志》，〔清〕周绍濂纂，清嘉庆十三年（1808）刻本。

157.《德清县志》，德清县志编纂委员会编，浙江人民出版社 1992 年版。

158.《灯月闲情十七种》，唐英撰，清乾隆诏氏古柏堂刻本增修本。

159.《邓尉区风景交通整理特刊》（共三辑），〔民国〕江苏省省会建设工程处编，苏州市图书馆藏 1940 年铅印本。

160.《邓尉山灵岩山游记》，〔民国〕我一撰，线装书局 2003 年版国家图书馆分馆编《古籍珍本游记丛刊》本。

161.《邓尉山圣恩寺志》，邓尉山圣恩寺志编辑委员会编（张志新主编），广陵书社 2008 年版。

162.《邓尉圣恩寺志》，〔明〕周永年撰，《续修四库全书》本。

163.《邓尉探梅诗》，〔清〕谢家福编，清光绪二十年（1894）刊本。

164.《邓尉小志》，〔民国〕无名氏编，上海图书馆藏民国铅印本。

165.《滇南名胜图》，〔民国〕赵鹤清撰，民国四年（1915）云南崇文石印局初版。

166.《滇南诗略》，〔清〕袁文典、袁文揆辑，《丛书集成续编》本。

167.《滇南新语》，〔清〕张泓撰，《丛书集成续编》本。

168.《滇诗拾遗》，〔清〕陈荣昌辑，《丛书集成续编》本。

169.《滇文丛录》，〔民国〕云南丛书处辑，《丛书集成续编》本。

170.《滇志》，〔明〕刘文征纂修，《续修四库全书》本。

171.《点苍山人诗抄》，〔清〕沙琛撰，民国《云南丛书》本。

172.《定盫全集》，〔清〕龚自珍撰，清光绪二十三年（1897）万本书堂刻本。

173.《定香亭笔谈》，〔清〕阮元撰，清嘉庆五年（1800）扬州阮氏琅嬛仙馆刊本。

174.《定斋集》，〔宋〕蔡戡撰，《四库全书》本。

175.《东方博物》（第四十辑），浙江省博物馆编，浙江大学出版社 2011 年版。

176.《东湖史话》，涂文学主编，武汉出版社 2004 年版。

177.《东江诗钞》，〔清〕唐孙华撰，清康熙刊本。

178.《东莱诗集》，〔宋〕吕本中撰，《四部丛刊续编》本。

179.《东里集》，〔明〕杨士奇撰，《四库全书》本。

180.《东溟文集》，〔清〕姚莹撰，清同治六年（1867）《中复堂全集》本。

181.《东坡全集》，〔宋〕苏轼撰，《四库全书》本。

182.《东坡诗集注》，〔宋〕苏轼撰，〔宋〕王十朋注，《四库全书》本。

183.《东坡志林》，苏轼撰，中华书局 1981 年版。

184.《东山诗选》，〔宋〕葛绍体撰，《四库全书》本。

185.《东崦草堂诗钞》，〔清〕徐傅撰，清道光二十八年（1848）刊本。

186.《冬心先生续集》，〔清〕金农撰，清平江贝氏千墨庵钞本。

187.《洞麓堂集》，〔明〕尹台撰，《四库全书》本。

188.《洞庭东山物产考》，〔民国〕朱琛撰，民国九年（1920）铅印本。

189.《洞庭东山志》，洞庭东山志编纂委员会编（薛利华主编），上海人民出版社 1991 年版。

190.《都城纪胜》，〔宋〕耐得翁撰，《四库全书》本。

191.《读史方舆纪要》，〔清〕顾祖禹撰，中华书局 2005 年版。

192.《读书纪数略》，〔清〕宫梦仁编，《四库全书》本。

193.《独漉堂诗集》，〔清〕陈恭尹撰，《续修四库全书》本。

194.《独醒杂志》，〔宋〕曾敏行撰，上海古籍出版社 1986 年版。

195.《独学庐稿》，〔清〕石韫玉撰，清写刻《独学庐全稿》本。

196.《赌棋山庄集》，〔清〕谢章铤撰，清光绪刊本。

197.《杜甫草堂史话》，周维扬、丁浩编著，四川出版集团天地出版社 2009 年版。

198.《杜甫传》，冯至撰，人民文学出版社 1952 年版。

199.《杜曲集》，〔明〕戴澳撰，明崇祯刻本。

200.《杜诗详注》，〔清〕仇兆鳌编注，《四库全书》本。

201.《端峰诗选》，〔清〕毛师柱撰，清康熙三十三年（1694）刊本。

202.《耳谈类增》，〔明〕王同轨撰，明万历十一年（1583）刻本。

203.《洱海丛谈》，〔清〕释同揆撰，《四库全书存目丛书》本。

204.《二峰诗稿》，〔清〕程崟撰，清乾隆刊本。

205.《二知轩诗续钞》，〔清〕方濬颐撰，清同治刊本。

206.《二知轩文存》，〔清〕方濬颐撰，清光绪四年（1878）刊本。

207.《伐檀斋集》，〔明〕张元凯撰，《四库全书》本。

208.《樊榭山房集》，〔清〕厉鹗撰，《四部丛刊初编》本。

209.《范成大年谱》，孔凡礼撰，齐鲁书社 1985 年版。

210.《范成大年谱》，于北山撰，上海古籍出版社 1987 年版。

211.《范成大佚著辑存》，孔凡礼辑，中华书局 1983 年版。

212.《范村梅谱》，〔宋〕范成大撰，《四库全书》本。

213.《范石湖集》，〔宋〕范成大撰，上海古籍出版社 1981 年版。

214.《方洲集》，〔明〕张宁撰，《四库全书》本。

215.《芳洲文集》，〔明〕陈循撰，明万历二十一年（1593）刻本。

216. 《芳洲文集续编》，〔明〕陈循撰，明万历刊本。

217. 《（同治）房县志》，〔清〕杨延烈修，郁方董、刘元栋纂，清同治四年（1865）刻本。

218. 《放翁词编年笺注》，〔宋〕陆游撰，夏承焘、吴熊和笺注，上海古籍出版社 1981 年版。

219. 《（乾隆）丰顺县志》，〔清〕葛曙修纂，清乾隆十一年（1746）刻本。

220. 《丰顺县志》，丰顺县县志编纂委员会编，广东人民出版社 1995 年版。

221. 《风物：燕园景观及人文底蕴》，肖东发主编，北京图书馆出版社 2003 年版。

222. 《枫窗小牍》，〔宋〕袁褧撰，民国影明宝颜堂秘笈本。

223. 《枫桥史志》，陈炳荣撰，（北京）方志出版社 1998 年版。

224. 《奉化市志》，胡元福主编，中华书局 1994 年版。

225. 《弗告堂集》，〔明〕于若瀛撰，《四库禁毁书丛刊》本。

226. 《浮春阁诗集》，〔清〕沈景运撰，清乾隆五十四年（1789）刻本。

227. 《浮山志》，〔清〕陈铭珪撰，线装书局版《中华山水志丛刊》本。

228. 《桴亭先生诗文集》，〔清〕陆世仪撰，清光绪十五年（1889）刻《陆桴亭先生遗书》本。

229. 《（雍正）福建通志》，〔清〕郝玉麟等纂修，《四库全书》本。

230. 《（乾隆）福州府志》，〔清〕徐景熹总裁，鲁曾煜等纂修，清乾隆十九年（1754）刊本。

231. 《（万历）福州府志》，〔明〕喻政修，林烃、谢肇淛等纂，《稀见中国地方志汇刊》本。

232. 《福州掌故》，福州掌故编写组编，福建人民出版社 1998 年版。

233. 《黼庵遗稿》，〔明〕柴奇撰，明嘉靖刊本。

234. 《复初斋诗集》，〔清〕翁方纲撰，清刻本。

235. 《富春江游览志》，〔民国〕周天放、叶浅予撰，（上海）时代图书公司民国二十三年（1934）版。

236. 《（光绪）富阳县志》，〔清〕汪文炳等修纂，《中国方志丛书》本。

237. 《（康熙）富阳县志》，〔清〕钱晋锡纂辑，清康熙二十二年（1689）刊本。

238. 《甘露园短书》，〔明〕陈汝锜撰，明万历刻清康熙重修本。

239. 《高青丘集》，〔明〕高启撰，上海古籍出版社 1985 年版。

240. 《高士奇集》，〔清〕高士奇撰，清康熙刊本。

241. 《杲堂诗文钞》，〔清〕李邺嗣撰，清康熙刊本。

242. 《葛震甫诗集》，〔明〕葛一龙撰，明崇祯刻本。

243. 《艮山杂志》，〔清〕翟灏撰，《丛书集成续编》本。

244. 《艮岳景象研究》，朱育帆撰，北京林业大学 1997 年博士学位论文。

245. 《更生斋集》，〔清〕洪亮吉撰，清光绪刊本。

246. 《庚溪诗话》，〔宋〕陈岩肖撰，《百川学海》本。

247. 《工部浣花草堂考》，〔民国〕吴鼎南撰，民国三十二年（1943）新新新闻馆排印本。

248. 《公余集》，〔清〕刘秉恬撰，清乾隆五十年（1785）刊本。

249. 《攻愧集》，〔宋〕楼钥撰，《四库全书》本。

250. 《龚自珍全集》，〔清〕龚自珍撰，上海人民出版社 1975 年版。

251. 《孤山志》，〔清〕王复礼编，《丛书集成续编》本。

252. 《古今事文类聚》，〔宋〕祝穆、〔元〕富大用、祝渊等编，《四库全书》本。

253. 《古今谭概》，〔明〕冯梦龙编，栾保群点校，中华书局 2007 年版。

254. 《古今游名山记》，〔明〕何镗辑，《续修四库全书》本。

255. 《古今寓言》，〔明〕詹景凤辑，《四库全书存目丛书》本。

256. 《古圣贤像传略》，〔清〕顾沅辑，清道光十年（1830）刻本。

257. 《古雪山民诗后》，〔清〕吴铭道撰，清乾隆刊本。

258. 《顾华玉集》，〔明〕顾璘撰，《四库全书》本。

259. 《光福古镇》，叶陶君等编著（苏州市吴中区光福镇人民政府、苏州市吴中区政协文史委员会、苏州市吴中区吴地历史文化研究会编），陕西人民美术出版社 2008 年版。

260. 《光福景区简介》，苏州光福香雪海旅游公司编（吴亦农执笔），2008 年印本。

261. 《光福镇志》，光福镇志编纂委员会编纂，苏州大学出版社 2005 年版。

262. 《光福志》，〔清〕徐傅编，王铺、张郁文等补辑，《中国地方志集成》本。

263. 《广东碑刻集》，谭棣华等编，广东高等教育出版社 2001 年版。

264. 《广东名胜记》，徐续编撰，香港上海书局有限公司 1981 年版。

265. 《（万历）广东通志》，〔明〕陈大科等修，《稀见中国地方志汇刊》本。

266. 《（雍正）广东通志》，〔清〕郝玉麟等，《四库全书》本。

267. 《广东新语》，〔清〕屈大均撰，中华书局 1985 年版。

268. 《广陵诗事》，〔清〕阮元撰，江苏古籍出版社 2005 年版。

269. 《广陵诗事·广陵览古》，阮元、顾銮撰，王明发点校，广陵书社 2005 年版。

270. 《广群芳谱》，〔清〕汪灏等编，《四库全书》本。

271. 《广阳杂记》，〔清〕刘献廷撰，中华书局 1957 年版。

272. 《广舆记》，〔明〕陆应阳撰，〔清〕蔡方炳增辑，《四库全书存目丛书》本。

273. 《广志绎》，〔明〕王士性撰，《四库全书存目丛书》本。

274. 《广州白云区民间故事集成》，欧嘉年主编，广州市白云区民间文学三套集成领导小组 1987 年铅印本。

275. 《广州的传说》，叶春生、刘克宽编，上海文艺出版社 1985 年版。

276. 《广州好》，邵云平主编，花城出版社 2003 年版。

277. 《广州好》，朱光撰，广东人民出版社 1959 年版。

278. 《广州话旧"羊城今古"精选（1987—2000）上》，广州市地方志办公室编，广州出版社 2002 年版。

279. 《广州市白云区文化志》，广州市白云区文化志编纂委员会编，广州市白云区文化局 1993 年印本。

280. 《归玄恭遗著》，〔清〕归庄撰，中华书局 1923 年刊本。

281. 《归愚诗钞余集》，〔清〕沈德潜撰，《续修四库全书》本。

282. 《归庄集》，〔清〕归庄撰，上海古籍出版社 1986 年版。

283. 《龟巢集》，〔元〕谢应芳撰，《四部丛刊三编》本。

284. 《癸辛杂识》，〔宋〕周密撰，《四库全书》本。

285. 《桂山堂诗文选》，〔清〕王嗣槐撰，清康熙刊本。

286. 《郭大理遗稿》，〔清〕郭尚先撰，清道光二十五年（1845）刊本。

287. 《郭沫若旧体诗词系年注释》，王继权、姚国华、徐培均编，黑龙江人民出版社1984年版。

288. 《国朝词综续编》，〔清〕黄燮清编，清同治十二年（1873）刊本。

289. 《国朝杭郡诗辑》，〔清〕吴颢、吴振棫辑，清光绪十三年（1887）刊本。

290. 《国朝杭郡诗三辑》，〔清〕丁申、丁丙等辑，清光绪十三年（1887）刊本。

291. 《国朝杭郡诗续辑》，〔清〕吴颢、吴振棫等辑，清光绪十三年（1887）刊本。

292. 《国朝湖州词录》，〔清〕朱祖谋辑，《丛书集成续编》本。

293. 《国朝湖州诗录》，〔清〕陈焯辑，清道光十年（1830）刊本。

294. 《国朝湖州诗录续录》，〔清〕郑佶辑，清道光十一年（1831）刊本。

295. 《国朝金陵诗征》，〔清〕朱绪曾编，清光绪十三年（1887）刊本。

296. 《国朝金陵文钞》，〔清〕陈作霖辑，清光绪二十三年（1897）刊本。

297. 《国朝诗人征略二编》，〔清〕张维屏辑，清道光二十二年（1842）刻本。

298. 《国清寺志》，丁天魁主编，华东师范大学出版社1995年版。

299. 《果树园艺学》，〔民国〕吴耕民撰，商务印书馆1951年版。

300. 《过云楼书画记》，〔清〕顾文彬撰，清光绪刻本。

301. 《邗上题襟集》，〔清〕曾燠等撰，清嘉庆刻本。

302. 《韩江雅集》，〔清〕全祖望等撰，清乾隆十二年（1747）刻本。

303. 《汉奸内幕（第一辑）》，〔民国〕胡开文编，北平立生图书公司1946年版。

304. 《汉书》，〔汉〕班固撰，〔唐〕颜师古注，《四库全书》本。

305. 《汉魏六朝百三家集》，〔明〕张溥编，《四库全书》本。

306. 《杭俗遗风》，〔清〕范祖述撰，《中国方志丛书》本。

307. 《（民国）杭县志稿》，〔民国〕汪坚青修，姚寿慈、管伟等纂，余杭县地方志办公室、杭州图书馆整理，杭州文献复制技术服务部1987年复印本。

308. 《杭州导游》，〔民国〕赵君豪编，杭州出版社2004年版《西湖文献集成》本。

309. 《（成化）杭州府志》，〔明〕夏时正等纂，《四库全书存目丛书》本。

310. 《（康熙）杭州府志》，〔清〕马如龙修，杨鼐等纂，清康熙二十五年（1686）刊本。

311. 《（民国）杭州府志》，〔清〕李楁、吴庆坻、陆懋勋、王棻等纂，民国十一年（1922）铅印本。

312. 《（乾隆）杭州府志》，〔清〕郑沄等修，邵晋涵等纂，《续修四库全书》本。

313. 《（万历）杭州府志》，〔明〕刘伯缙修，陈善等纂，明万历七年（1579）刊本。

314. 《杭州古旧地图集》，杭州市档案馆编，浙江古籍出版社2006年版。

315. 《杭州孔庙》，杜正贤主编，西泠印社出版社2008年版。

316. 《杭州山水寺院名胜志》，徐映璞撰，《西湖文献集成》本。

317. 《杭州市余杭区镇乡街道简志》，杭州市余杭区地方志编纂委员会办公室编，方志出版社 2003 年版。

318. 《杭州市志》，杭州市地方志编纂委员会编，中华书局 1995 年版。

319. 《杭州文史丛编》，杭州市政协文史委编，杭州出版社 2002 年版。

320. 《杭州西湖导游》，[民国] 佚名编，杭州新医书局 1948 年版。

321. 《杭州指南》，[民国] 杭州指南社编，志成书局 1948 年版。

322. 《浩然斋雅谈》，[宋] 周密撰，《四库全书》本。

323. 《和县文史资料（第 3 辑）》，政协和县文史委员会编，1987 年印本。

324. 《和县文史资料（第 7 辑）》，政协和县委员会编（林厚春主编），上海文艺出版社 2009 年版。

325. 《和县志》，和县地方志编纂委员会编，黄山书社 1995 年版。

326. 《（光绪）贺县志》，[清] 全文炳修，苏煜坡等纂，清光绪十六年（1896）刻本。

327. 《（民国）贺县志》，[民国] 梁培煐、龙先钰纂，民国二十三年（1934）铅印本。

328. 《鹤汀集》，[清] 张毛健撰，清康熙刊本。

329. 《横浦集》，[宋] 张九成撰，宋刊本。

330. 《横浦心传录》，[宋] 张九成撰，《四库全书存目丛书》本。

331. 《横山游记》，[明] 马元调撰，清武林丁氏嘉惠堂《武林掌故丛编》本。

332. 《红豆村人诗稿》，[清] 袁树和撰，清刻随园藏版。

333. 《红叶山房集》，[清] 郑祖球撰，清道光元年（1821）刊本。

334. 《鸿庆居士集》，[宋] 孙觌撰，《四库全书》本。

335. 《鸿雪因缘图记》，[清] 麟庆撰，清道光二十七年（1847）扬州重刻本。

336. 《侯鲭录》，[宋] 赵令畤撰，《四库全书》本。

337. 《后村先生大全集》，[宋] 刘克庄，《四部丛刊初编》本。

338. 《壶园诗外集》，[清] 徐宝善撰，清道光二十三年（1843）刻本。

339. 《湖北风物志》，湖北人民出版社编，湖北人民出版社 1985 年版。

340. 《湖北旅游精华》，曹祥本编著，中国地图出版社 2004 年版。

341. 《湖北省监利县地名志》，监利县地名领导小组办公室编，1984 年。

342. 《湖海集》，[清] 孔尚任撰，清康熙刻本。

343. 《湖海诗传》，[清] 王昶辑，清嘉庆刊本。

344. 《湖海文传》，[清] 王昶辑，清道光十七年（1837）刊本。

345. 《湖壖杂记》，[清] 陆次云撰，《武林掌故丛编》本。

346. 《湖山便览（附〈西湖新志〉）》，[清] 翟灏等撰，上海古籍出版社 1998 年版。

347. 《湖山集》，[宋] 吴芾撰，《四库全书》本。

348. 《湖山杂咏》，[清] 王纬撰，《丛书集成续编》本。

349. 《（成化）湖州府志》，[明] 劳钺纂修，书目文献出版社 1991 年版《日本藏中国罕见地方志丛刊》本。

350.《（乾隆）湖州府志》，〔清〕李堂纂修，清乾隆二十三年（1758）刊本。

351.《（同治）湖州府志》，〔清〕宗源瀚等修，周学濬、陆心源等纂，清同治十三年（1874）刊本。

352.《（万历）湖州府志》，〔明〕栗祁修，唐枢等纂，《四库全书存目丛书》本。

353.《湖州古旧地图集》，湖州市地名委员会办公室编，中华书局 2009 年版。

354.《湖州金盖山古梅花观志》，王宗耀编，2003 年印本。

355.《湖州市志》，湖州市地方志编纂委员会编，（北京）昆仑出版社 1999 年版。

356.《瓠翁家藏集》，〔明〕吴宽撰，《四库全书》本。

357.《花随人圣庵摭忆》，〔民国〕黄濬撰，上海书店 1998 年版。

358.《花宜馆诗钞》，〔清〕吴振棫撰，《续修四库全书》本。

359.《（民国）华阳县志》，〔民国〕陈法驾、叶大锵等修，曾鉴等纂，民国二十三年（1934）刊本。

360.《画亭词草》，〔清〕朱黼撰，清乾隆刻增修本。

361.《画亭诗草》，〔清〕朱黼撰，清乾隆四十三年（1778）刻增修本。

362.《画延年室诗稿》，〔清〕袁起撰，清同治三年（1864）刊本。

363.《怀清堂集》，〔清〕汤右曾撰，《四库全书》本。

364.《怀星堂集》，〔明〕祝允明撰，《四库全书》本。

365.《淮海英灵集》，〔清〕阮元辑，《续修四库全书》影印清嘉庆三年（1798）刊本。

366.《槐江诗钞》，〔清〕程瑞祊撰，清乾隆二年（1737）刻本。

367.《浣川集》，〔宋〕戴栩撰，民国《敬乡楼丛书》本。

368.《浣花草堂志》，〔清〕何明礼编纂，清道光刻本。

369.《浣花集》，〔五代〕韦庄撰，《四库全书》本。

370.《黄梅县简志》，湖北省方志纂修委员会编，1958 年印本。

371.《（光绪）黄梅县志》，〔清〕覃瀚元等修，宛名昌、余邦士纂，《中国地方志集成》本。

372.《（乾隆）黄梅县志》，〔清〕薛乘时修，沈元寅纂，海南出版社 2002 年版《故宫珍本丛刊》本。

373.《黄梅县志》，黄梅县人民政府编，湖北人民出版 1985 年版。

374.《黄尧圃先生年谱》，〔清〕江标辑，清长沙使院刻本。

375.《黄山导游图》，安徽省第一测绘院编，安徽人民出版社、安徽文艺出版社 2011 年版。

376.《黄山纪胜》，〔清〕徐璈撰，上海古籍书店 1980 年油印本。

377.《黄山纪游》，〔清〕黄肇敏撰，清同治十年（1871）刊本。

378.《黄山图经》，〔宋〕佚名撰，民国二十四年（1935）安徽丛书编印处《安徽丛书》本。

379.《黄山志》，〔清〕闵麟嗣编，清康熙刻本。

380.《黄山志》，〔清〕张佩芳撰，清乾隆三十六年（1771）刊本。

381.《黄山志续集》，〔清〕汪士鈜、吴菘等纂次，民国《安徽丛书》本。

382.《黄岩县地名志》，黄岩县地名委员会办公室编，黄岩印刷厂等 1983 年铅印本。

383. 《（光绪）黄岩县志》，〔清〕陈宝善、陈钟英等修，王棻、王咏霓等纂，清光绪三年（1877）刊本。

384. 《（万历）黄岩县志》，〔明〕袁应祺修，牟汝忠等纂，上海书店版《天一阁藏明代方志选刊》本。

385. 《挥麈录》，〔宋〕王明清撰，《四部丛刊续编》本。

386. 《桧亭集》，〔元〕丁复撰，《四库全书》本。

387. 《（嘉靖）惠州府志》，〔明〕姚良弼修，杨宗甫纂，《天一阁藏明代方志选刊》本。

388. 《鸡肋编》，〔宋〕庄绰撰，《四库全书》本。

389. 《（同治）即墨县志》，〔清〕林溥修，周翕矿纂，《中国地方志集成》本。

390. 《集古梅花诗》，〔清〕张吴曼撰，《四库全书存目丛书》本。

391. 《寄庵诗文钞》，〔清〕刘大绅撰，民国《云南丛书》本。

392. 《迦陵词全集》，〔清〕陈维崧撰，清康熙二十八年（1689）刊本。

393. 《嘉庆重修大清一统志》，〔清〕穆彰阿、潘锡恩等纂修，《四部丛刊续编》本。

394. 《（光绪）嘉应州志》，〔清〕吴宗焯、李庆荣修，温仲和纂，清光绪二十七年（1901）刻本。

395. 《稼轩词编年笺注》，邓广铭笺注，上海古籍出版社1978年版。

396. 《坚匏庵集》，〔清〕刘锦藻撰，民国二十八年（1939）刊本。

397. 《（康熙）监利县志》，〔清〕郭徽祚修，清内府刻本。

398. 《（同治）监利县志》，〔清〕林瑞枝、王柏心等修纂，《中国地方志集成》本。

399. 《简松草堂诗文集》，〔清〕张云璈撰，清道光刻本。

400. 《见闻续笔》，〔清〕齐学裘撰，清光绪二年（1876）刻本。

401. 《（嘉靖）建宁府志》，〔明〕夏玉麟、郝维岳等修，汪佃等纂，《天一阁藏明代方志选刊》本。

402. 《建炎以来系年要录》，〔宋〕李心传撰，《四库全书》本。

403. 《剑南诗稿》，〔宋〕陆游撰，《四库全书》本。

404. 《剑南诗稿校注》，〔宋〕陆游撰，钱仲联校注，上海古籍出版社2005年版。

405. 《健松斋集》，〔清〕方象瑛撰，《四库全书存目丛书》本。

406. 《渐西村人初集》，〔清〕袁昶撰，清光绪刊本。

407. 《（光绪）江都县续志》，〔清〕谢延庚修，刘寿曾纂，《中国地方志集成》本。

408. 《（光绪）江陵县志》，〔清〕倪文蔚总裁，蒯正昌提调，胡九皋等编修，《中国地方志集成》本。

409. 《（乾隆）江陵县志》，〔清〕崔龙见提调，魏耀提调，黄义尊纂修，乾隆五十九年（1794）刻本。

410. 《江陵志余》，〔清〕孔自来编纂，《中国地方志集成》本。

411. 《江南丝绸史研究》，范金民、金文撰，农业出版社1993年。

412. 《（雍正）江南通志》，〔清〕李卫、嵇曾筠、赵宏恩等编，《四库全书》本。

413.《江南园林志（第二版）》，[民国] 童寯撰，中国建筑工业出版社 1984 年版。

414.《（康熙）江宁府志》，[清] 陈开虞纂修，清康熙七年（1668）刻本。

415.《（正德）江宁县志》，[明] 王诰修，刘雨纂，《北京图书馆古籍珍本丛刊》本。

416.《江苏省六合县地名录》，六合县地名委员会编，1983 年印本。

417.《（雍正）江西通志》，[清] 谢旻等编，《四库全书》本。

418.《（民国）江阴县续志》，[民国] 陈思修，缪荃孙纂，民国十年（1921）刊本。

419.《（道光）江阴县志》，[清] 张延恩修，李兆洛等纂，清道光二十年（1840）刊本。

420.《（光绪）江阴县志》，[清] 卢思诚等修，季念诒、夏炜如等纂，清光绪四年（1878）刊本。

421.《焦山续志》，[清] 陈任旸辑，《故宫珍本丛书》本。

422.《焦山志》，[清] 吴云辑，台湾文海出版社 1971 年版《中国名山胜迹志丛刊》本。

423.《焦氏澹园集》，[明] 焦竑撰，《续修四库全书》本。

424.《劫余诗选》，[清] 齐学裘撰，清同治八年（1869）刻增修本。

425.《鲒埼亭集》，[清] 全祖望撰，《续修四库全书》本。

426.《鲒埼亭集外编》，[清] 全祖望撰，《四部丛刊初编》本。

427.《鲒埼亭诗集》，[清] 全祖望撰，《四部丛刊初编》本。

428.《今白华堂诗录补》，[清] 童槐撰，清光绪三年（1877）刊本。

429.《今日贺县》，董振胜、曾德盛、陈毓山主编，广西人民出版社 1988 年版。

430.《金盖山志》，[清] 李宗莲纂，《中华山水志丛刊》本。

431.《金兰集》，[清] 徐达左撰，《四库全书存目丛书》本。

432.《金陵梵刹志》，[明] 葛寅亮撰，《续修四库全书》本。

433.《金陵古迹图考》，朱偰撰，中华书局 2006 年版。

434.《金陵览古》，[清] 余宾硕撰，上海古籍出版社 1983 年版。

435.《金陵览胜诗考》，[清] 周宝偀撰，清道光元年（1821）刊本。

436.《金陵名胜》，[清] 唐赞衮撰，中华全国图书馆文献缩微复制中心 1999 年版《天津图书馆孤本秘籍丛书》本。

437.《金陵胜迹志》，[民国] 胡祥翰撰，民国十五年（1926）刊本。

438.《金陵四十景图考》，[明] 朱之蕃撰，明天启刊本。

439.《金陵琐志九种》，[清] 陈作霖、陈诒绂撰，南京出版社 2008 年版《南京稀见文献丛刊》本。

440.《金陵五记》，黄裳撰，江苏古籍出版社 2000 年版。

441.《金陵杂咏》，[清] 王友亮撰，清嘉庆十四年（1809）刊本。

442.《金堂文史》，徐德勋主编，巴蜀书社 1990 年版。

443.《金堂县名胜古迹与文物》，薛玉树编著，四川省金堂县文物保管所编纂，1999 年。

444.《金文通公诗集》，[清] 金之俊撰，清康熙二十五年（1686）刊本。

445.《锦江年鉴（1991—1997）》，成都锦江区地方志编纂委员会编，1999 年编印。

446. 《锦江年鉴（1998—2002）》，锦江年鉴编辑部编，方志出版社 2003 年版。

447. 《锦江文史资料（第九辑）》，成都市锦江区政协学习文史委员会、成都幸福梅林梅花研究所编，2004 年编印本。

448. 《缙云文集》，〔宋〕冯时行撰，《四库全书》本。

449. 《荆川集》，〔明〕唐顺之撰，《四库全书》本。

450. 《荆南唱和诗集》，〔元〕周砥、马治撰，《四库全书》本。

451. 《荆溪外纪》，〔明〕沈敕编，《四库全书存目丛书》本。

452. 《景文集》，〔宋〕宋祁撰，《四库全书》本。

453. 《净土圣贤录》，〔清〕彭希涑编，清刻本。

454. 《敬孚类稿》，〔清〕萧穆撰，清光绪三十三年（1907）刻本。

455. 《敬亭诗文》，〔清〕沈起元撰，清乾隆刊本。

456. 《敬乡录》，〔元〕吴师道辑，《四库全书》本。

457. 《敬业堂诗集》，〔清〕查慎行撰，《四库全书》本。

458. 《敬业堂诗续集》，〔清〕查慎行撰，清乾隆刊本。

459. 《静崖诗稿》，〔清〕汪学金撰，清乾隆刻嘉庆增修本。

460. 《镜山庵集》，〔明〕高出撰，明天启刻本。

461. 《九家集注杜诗》，〔宋〕郭知达编，《四库全书》本。

462. 《九里洲的巨变——梅蓉村发展史》，中共桐庐县桐君街道梅蓉村支部委员会、桐庐县桐君街道梅蓉村民委员会编，桐庐县图书馆藏 2004 年印本。

463. 《居易堂集》，〔清〕徐枋撰，《四部丛刊三编》本。

464. 《娵隅集》，〔清〕赵文哲撰，清乾隆五十四年（1789）刻本。

465. 《具茨集》，〔明〕王立道撰，《四库全书》本。

466. 《具区志》，〔清〕翁澍撰，《四库全书存目丛书》本。

467. 《看山阁集》，〔清〕黄图珌撰，清乾隆刊本。

468. 《可园文存》，〔清〕陈作霖撰，《续修四库全书》本。

469. 《客座赘语》，〔明〕顾起元撰，《续修四库全书》本。

470. 《（康熙）会稽县志》，〔清〕吕化龙修，董钦德纂，民国二十五年（1936）绍兴县修志委员会铅印本。

471. 《（嘉泰）会稽志》，〔宋〕施宿撰，《四库全书》本。

472. 《快雪堂集》，〔明〕冯梦祯撰，《四库全书存目丛书》本。

473. 《（民国）昆明市志》，云南昆明市政公所总务课编纂，民国十三年（1924）刊本。

474. 《赖古堂集》，〔清〕周亮工撰，清康熙十四年（1675）刊本。

475. 《濑园诗文集》，〔清〕严守昇撰，清顺治十四年（1657）刻增修本。

476. 《兰雪堂集》，〔明〕王心一撰，清乾隆刊本。

477. 《郎潜纪闻》，〔清〕陈康祺撰，中华书局 1984 年版。

478. 《琅琊山石刻》，王浩远撰，黄山书社 2010 年版。

479.《琅琊山志》，琅琊山志编纂委员会编，黄山书社 1989 年版。

480.《琅玡山》，陈德勇、刘楠川、朱农等编，团结出版社 2002 年版。

481.《崂山志》，［民国］黄宗昌纂，威海卫刘公岛成兴印字馆 1935 年版。

482.《崂山志》，周至元撰，周氏后人自费重印本，2007 年。

483.《乐志堂文集》，［清］谭莹撰，清咸丰十年（1860）刊本。

484.《雷塘庵主弟子记》（阮元年谱），［清］张鉴编，黄爱平点校，中华书局 1995 年版。

485.《类说》，［宋］曾慥编，《四库全书》本。

486.《李沧文史（第四辑）——记忆中的村庄》，青岛市李沧区政协文史委员会编，青岛出版社 2008 年版。

487.《历阳典录》，［清］陈廷桂纂辑，《中国方志丛书》本。

488.《历阳杜氏宗谱》，安徽和县南义乡丰山杜村杜氏家藏本。

489.《丽郡诗征》，［清］赵联元辑，《丛书集成续编》本。

490.《（光绪）荔波县志》，［清］苏忠廷修，董成烈等纂，《中国地方志集成》本。

491.《（民国）荔波县志资料稿》（1954 年重编），［民国］佚名原编，潘一志重编，《中国地方志集成》本。

492.《莲坡诗话》，［清］查为仁撰，清乾隆刊本。

493.《莲须阁集》，［明］黎遂球撰，清康熙刊本。

494.《练江诗钞》，［清］程之鵔撰，清乾隆十八年（1753）刊本。

495.《两般秋雨庵随笔》，［清］梁绍壬撰，清道光刻本。

496.《两广名胜古迹》，谭新之编撰，香港上海书局有限公司 1981 年版。

497.《两宋名贤小集》，［宋］陈思编，［元］陈世隆补，《四库全书》本。

498.《两浙轺轩录》，［清］阮元辑，清嘉庆刊本。

499.《两浙轺轩续录》，［清］潘衍桐辑，清光绪刊本。

500.《聊园诗略》，［清］孔贞瑄撰，清康熙刻本。

501.《林和靖诗集》，［宋］林逋撰，沈幼征校注，浙江古籍出版社 1986 年版。

502.《林蕙堂全集》，［清］吴绮撰，《四库全书》本。

503.《林琴南文集》，［清］林纾撰，中国书店 1985 年版。

504.《林屋民风》，［清］王维德编纂，广陵书社版《中国风土志丛刊》本。

505.《临川文集》，［宋］王安石撰，《四库全书》本。

506.《（同治）临江府志》，德馨等修，朱孙诒、陈锡麟纂，清同治十年（1871）刻本。

507.《临平记》，［清］沈谦纂，《武林掌故丛编》本。

508.《临平记续》，［清］张大昌纂，《武林掌故丛编》本。

509.《临平记再续》，［民国］陈棠、姚景瀛纂，《中国地方志集成》本。

510.《临汀考言》，［清］王廷抡撰，清康熙刊本。

511.《灵峰探梅补梅图》，［民国］周庆云编，上海文明书局印刷所 1914 年影印。

512.《灵峰志》，［清］周庆云撰，民国元年（1912）刊本。

513. 《灵谷禅林志》，〔清〕释德铠撰，台湾明文书局1980年版《中国佛寺史志汇刊》本。

514. 《灵谷纪游稿（从风雨楼所藏墨迹录出）》，〔民国〕邓实辑，《丛书集成续编》本。

515. 《灵谷寺》，真慈主编，南京一品图文制作有限公司印本。

516. 《灵岩山人诗集》，〔清〕毕沅撰，清嘉庆四年（1799）刊本。

517. 《岭南诗集》，〔清〕李文藻撰，清乾隆刊本。

518. 《泠然斋诗集》，〔宋〕苏洞撰，《四库全书》本。

519. 《陵川集》，〔元〕郝经撰，《四库全书》本。

520. 《刘孟途集》，〔清〕刘开撰，清道光六年（1826）刊本。

521. 《流香一览》，〔清〕释明开撰，丁氏嘉惠堂《武林掌故丛编》本。

522. 《留春草堂诗钞》，〔清〕伊秉绶撰，清嘉庆十九年（1814）刻本。

523. 《留素堂诗删》，〔清〕蒋薰撰，清康熙刻本。

524. 《六朝事迹编类》，〔宋〕张敦颐撰，上海古籍出版社1995年版。

525. 《（民国）六合县续志稿》，〔民国〕郑耀烈修，汪升远、王桂馨纂，《中国地方志集成》本。

526. 《（光绪）六合县志》，〔清〕谢延庚修，贺廷寿、唐毓和纂，清光绪十年（1884）刻本。

527. 《（乾隆）六合县志》，〔清〕廖抡升修，戴祖启纂，国家图书馆出版社版《上海图书馆藏稀见方志丛刊》本。

528. 《六一山房诗集》，〔清〕董沛撰，清同治十三年（1874）刻增修本。

529. 《六艺之一录》，〔清〕倪涛撰，《四库全书》本。

530. 《龙泉胜境》，赵椿编纂，2010年印本。

531. 《娄东诗派》，〔清〕汪学金辑，清嘉庆九年（1804）刊本。

532. 《（乾隆）娄县志》，〔清〕谢庭薰修，陆锡熊纂，《中国地方志集成》本。

533. 《（嘉庆）庐江县志》，〔清〕魏绍源修，储嘉珩等纂，清嘉庆八年（1803）刊本。

534. 《露书》，〔明〕姚旅撰，明天启刊本。

535. 《卢溪文集》，〔宋〕王庭珪撰，《四库全书》本。

536. 《闾邱诗集》，〔清〕顾嗣立撰，《四库全书存目丛书》本。

537. 《旅堂诗文集》，〔清〕胡介撰，北京出版社《四库未收书辑刊》本。

538. 《旅游学研究（第三辑）》，周武忠、邢定康主编，东南大学出版社2008年版。

539. 《履园丛话》，〔清〕钱泳撰，中华书局1979年版。

540. 《绿筠书屋诗钞》，〔清〕叶观国撰，清乾隆五十七年（1792）刊本。

541. 《绿色礼赞——黔南林业建设巡礼》，黔南州林业局编，黔南日报社激光照排印刷厂2006年印本。

542. 《罗鄂州小集》，〔宋〕罗愿撰，《四库全书》本。

543. 《罗浮山志会编》，〔清〕宋广业编，《故宫珍本丛刊》本。

544. 《罗浮外史》，〔清〕钱以垲撰，《四库全书存目丛书》本。

545. 《罗浮野乘》，〔明〕韩晃撰，《四库全书存目丛书》本。

546. 《罗浮游记》，〔清〕马骏声撰，南京图书馆藏宣统元年（1909）香岛排印本。

547.《罗浮指南》，〔清〕陈伯陶撰，《中华山水志丛刊》本。

548.《罗浮志》，〔明〕陈梿撰，《丛书集成初编》本。

549.《萝岗文史（第一辑）》，广州市萝岗区政协学习和文史资料委员会编，2007 年印本。

550.《萝岗镇志》，广州市白云区萝岗镇人民政府编，广州市白云区地方志办公室 2001 年印本。

551.《幔亭集》，〔明〕徐熥撰，《四库全书》本。

552.《茅山志》，〔元〕刘大彬编，元刻本配明刻本。

553.《楙花庵诗》，〔清〕叶廷琯撰，清光绪《滂喜斋丛书》本。

554.《梅庵诗钞》，〔清〕铁保撰，清道光二年（1822）刻本。

555.《梅村家藏集》，〔清〕吴伟业撰，《四部丛刊初编》本。

556.《梅关古迹》，〔清〕史实昂编，国家图书馆藏清抄本。

557.《梅花》，王其超、包满珠、张行言撰，上海科学技术出版社 1998 年版。

558.《梅花百咏》，〔元〕冯子振、释明本撰，《四库全书》本。

559.《梅花端的种梅州——梅州咏梅诗选注》，谢崇德编著，梅州嘉应诗社 2009 年印本。

560.《梅硐诗话》，〔元〕韦居安撰，中华书局 1983 年版丁福保辑《历代诗话续编》本。

561.《梅文化论丛》，程杰撰，中华书局 2007 年版。

562.《梅溪先生文集》，〔宋〕王十朋撰，《四部丛刊初编》本。

563.《魅力崇州》，丛萱主编，四川美术出版社 2006 年版。

564.《梦厂杂著》，〔清〕俞蛟撰，清刻深柳读书堂印本。

565.《梦粱录》，〔宋〕吴自牧撰，《四库全书》本。

566.《梦楼诗集》，〔清〕王文治撰，清乾隆刻本道光补修本。

567.《梦坡诗存》，〔清〕周庆云撰，民国二年（1913）刊本。

568.《梦堂诗稿》，〔清〕英廉撰，清嘉庆刻本。

569.《梦溪笔谈》，〔宋〕沈括撰，《四部丛刊续编》本。

570.《勉行堂诗集》，〔清〕程晋芳撰，清嘉庆二十三年（1818）刊本。

571.《民国杭州市新志稿》，〔民国〕干人俊编纂，杭州图书馆 1983 年油印《杭州史地丛书》本。

572.《闽产录异》，〔清〕郭伯苍撰，岳麓书社 1986 年版。

573.《闽书》，〔明〕何乔远撰，《四库全书存目丛书》本。

574.《闽县乡土志·侯官县乡土志》，〔清〕郑祖庚撰，海风出版社 2001 年版。

575.《闽中金石志》，〔清〕冯登府辑，民国希古楼刻本。

576.《名山胜概记》，〔明〕佚名编，《四库全书存目丛书》本。

577.《明善堂诗文集》，〔清〕弘晓撰，清乾隆四十二年（1777）刊本。

578.《明诗综》，〔清〕朱彝尊编，《四库全书》本。

579.《明文海》，〔清〕黄宗羲编，清涵芬楼抄本。

580.《明孝陵志》，〔民国〕王焕镳纂，南京出版社 2006 年版。

581.《墨庄漫录》，〔宋〕张邦基撰，《四库全书》本。

582.《默斋诗稿》，〔清〕陈重庆撰，民国十一年（1922））刊本。

583. 《木渎小志》，［民国］张郁文纂，苏州华兴印书局 1921 年铅印本。

584. 《牧斋初学集》，［清］钱谦益撰，《四部丛刊初编》本。

585. 《耐冷谭》，［清］宋咸熙撰，清武林亦西斋藏板。

586. 《耐冷续谭》，［清］宋咸熙撰，清刊本。

587. 《（嘉靖）南安府志》，［明］刘节纂修，上海书店版《天一阁藏明代方志选刊续编》本。

588. 《南滁会景编》，［明］赵廷瑞编，《四库全书存目丛书》本。

589. 《南滁会景编》，［明］赵廷瑞编，李觉斯订辑，明崇祯九年（1636）刻本。

590. 《南村随笔》，［清］陆廷灿撰，清雍正十三年（1735）刻本。

591. 《南睹罗浮春》，广东省罗浮山风景名胜区管理委员会主编，谢泽南、唐春娣编著，中国旅游出版社 2008 年版。

592. 《南华山房诗钞》，［清］张鹏翀撰，清乾隆刊本。

593. 《南京简志》，南京市地方志编纂委员会办公室编，江苏古籍出版社 1986 年版。

594. 《南京梅谱》（第二版），南京梅谱编委会编纂，南京出版社 2008 年版。

595. 《南京新园林》，南京市园林局编，中国建筑工业出版社 2003 年版。

596. 《南京游览手册之一：陵园》，社会部南京社会服务处资料室编，南京图书馆藏 1947 年版。

597. 《南京园林志》，南京地方志编纂委员会、南京园林志编纂委员会编，（北京）方志出版社 1997 年版。

598. 《南京掌故》，陈济民编著，南京出版社 2008 年版。

599. 《南平名产志》，萧志善主编，方志出版社 1995 年版。

600. 《南溪偶刊》，［清］郑性撰，清乾隆七年（1742）刊本。

601. 《（嘉靖）南雄府志》，［明］谭大初纂修，《天一阁藏明代方志选刊续编》本。

602. 《（乾隆）南雄府志》，［清］蔡必升纂（一作梁弘勋修，胡定纂，蔡必升等校），《故宫珍本丛刊》本。

603. 《南雄文物志》，戴群芳主编，南雄文物志编委会、南雄市博物馆 1998 年编印。

604. 《南巡盛典》，［清］高晋等纂辑，清乾隆三十六年（1771）刻本。

605. 《南漳子》，［清］孙之騄撰，清光绪七年（1881）钱塘丁氏竹书堂重刊本。

606. 《南州草堂集》，［清］徐釚撰，清康熙三十四年（1696）刊本。

607. 《拟山园选集》，［明］王铎撰，《四库禁毁书丛刊》本。

608. 《念庵文集》，［明］罗洪先撰，《四库全书》本。

609. 《宁波市志》，宁波市地方志编纂委员会编，俞福海主编，中华书局 1995 年版。

610. 《欧阳文忠集》，［宋］欧阳修撰，《四库全书》本。

611. 《瓯北集》，［清］赵翼撰，清嘉庆十七年（1812）刻本。

612. 《鸥陂渔话》，［清］叶廷琯撰，清同治九年（1870）刻本。

613. 《拍案惊奇》，［明］凌濛初撰，明崇祯尚友堂刻本。

614. 《番禺县土壤调查报告书》，［民国］邓植仪撰，广东土壤调查所 1932 年印本。

615. 《（宣统）番禺县续志》，［清］梁鼎芬、丁仁长等纂，《中国地方志集成》本。

616. 《（乾隆）番禺县志》，［清］任果等修，檀萃、凌鱼纂，清乾隆三十九年（1774）本。

617. 《（同治）番禺县志》，［清］李福泰修，史澄、何若瑶纂，《中国地方志集成》本。

618. 《盘洲集》，［宋］洪适撰，《四部丛刊初编》本。

619. 《培远堂诗集》，［清］张藻撰，清乾隆刻本。

620. 《佩韦斋集》，［宋］俞德邻撰，《四库全书》本。

621. 《佩文韵府》，［清］孙致弥等编，《四库全书》本。

622. 《彭刚直公诗稿》，［清］彭玉麟撰，清光绪十七年（1891）吴下雕本。

623. 《批本随园诗话》，［清］袁枚撰，舒某批，商务印书馆1934年版冒广生删润本。

624. 《片刻余闲集》，［清］刘埥撰，清乾隆十九年（1754）刻本。

625. 《平播全书》，［明］李化龙撰，清光绪王灏《畿辅丛书》本。

626. 《朴村文集》，［清］张云章撰，清康熙刊本。

627. 《浦口区志》，南京浦口区地方志编纂委员会办公室编，方志出版社2005年版。

628. 《（乾隆）普宁县志》，［清］萧麟趾修，梅奕绍等纂，清乾隆十年（1745）刊本。

629. 《普宁县志》，普宁市地方志编纂委员会编，广东人民出版社1995年版。

630. 《七修类稿》，［明］郎瑛撰，明刊本。

631. 《栖里景物略》（八卷），［清］张之鼎撰，余杭塘栖镇人民政府2005年影印本，萧山古籍印务有限公司印制。

632. 《栖里景物略》（十二卷），［清］张之鼎撰，清眠云精舍抄本。

633. 《（民国）祁阳县志》，［民国］李馥纂修，民国二十年（1931）刻本。

634. 《（乾隆）祁阳县志》，［清］李莳修，旷敏本纂，清乾隆三十年（1765）刻本。

635. 《齐东野语》，［宋］周密撰，《四库全书》本。

636. 《千顷斋初集》，［明］黄居中撰，《续修四库全书》本。

637. 《（康熙）钱塘县志》，［清］魏源修，裴琏等纂，清康熙五十七年（1781）刊本。

638. 《（万历）钱塘县志》，［明］聂心汤纂修，《丛书集成续编》本。

639. 《钱文敏公全集》，［清］钱维城撰，清乾隆四十一年（1776）眉寿堂刊本。

640. 《乾道临安志》，［宋］周淙撰，《四库全书》本。

641. 《侨吴集》，［元］郑元祐撰，《四库全书》本。

642. 《钦定南巡盛典》，［清］清阿桂等编，《四库全书》本。

643. 《秦楚之际游记》，［清］薛熙撰，清康熙三十二年（1693）刊本。

644. 《琴川志》，［宋］孙应时、鲍廉纂，中华书局《宋元方志丛刊》本。

645. 《琴隐园诗集》，［清］汤贻汾撰，《续修四库全书》本。

646. 《青门剩稿》，［清］邵长蘅撰，《四库全书存目丛书》本。

647. 《青芝山馆诗集》，［清］乐钧，清嘉庆二十二年（1817）刻本。

648. 《清稗类钞》，［民国］徐珂编，中华书局1984—1986年版。

649. 《清闷阁全集》，［元］倪瓒撰，《四库全书》本。

650. 《清风亭稿》，［明］童轩撰，《四库全书》本。

651. 《清嘉录》，[清] 顾禄撰，江苏古籍出版社 1999 年版。

652. 《（同治）清江县志》，[清] 潘懿、胡湛修、朱孙诒等纂，清同治九年（1870）刻本。

653. 《清人杂剧初集》，郑振铎编，民国二十年（1931）长乐郑氏影印本。

654. 《清容居士集》，[元] 袁桷撰，《四部丛刊初编》本。

655. 《清史稿》，[民国] 赵尔巽等编，中华书局 1977 年版。

656. 《清献集》，[宋] 赵抃撰，《四库全书》本。

657. 《秋林琴雅》，[清] 厉鹗撰，清康熙六十一年（1722）刻本。

658. 《秋雪庵志》，[清] 周庆云编，广陵古籍刻印社版《中国佛寺志丛刊》本。

659. 《秋岩诗集》，[元] 陈宜甫撰，《四库全书》本。

660. 《屈大均年谱》，邬庆时撰，广东人民出版社 2006 年版。

661. 《全清词（顺康卷）》，南京大学中文系全清词编纂研究室编，中华书局 2002 年版。

662. 《全上古三代秦汉三国六朝文》，[清] 严可均辑，中华书局 1985 年版。

663. 《全蜀艺文志》，[明] 周复俊编，《四库全书》本。

664. 《全宋词》，唐圭璋编，中华书局 1965 年版。

665. 《全宋诗》，北京大学古文献研究所编，北京大学出版社 1991—1998 年版。

666. 《全宋文》，四川大学古籍整理研究所编（曾枣庄、刘琳主编），上海辞书出版社、安徽教育
出版社等 2006 年版。

667. 《全唐诗》，[清] 曹寅、彭定求等编，《四库全书》本。

668. 《（康熙）饶平县志》，[清] 刘抃等纂修，清内府本。

669. 《人与遗产——2008 年度中国文化遗产保护杰出人物纪实》，曹兵武、刘玉清主编，学苑出
版社 2008 年版。

670. 《（嘉靖）仁和县志》，[明] 沈朝宣修纂，《武林掌故丛编》本。

671. 《日下旧闻考》，[清] 英廉、于敏中、潘曾起等编，《四库全书》本。

672. 《荣德生和他的事业史料图片集》，陈文源、胡申生主编，上海古籍出版社 2006 年版。

673. 《荣德生文集（乐农史料选编）》，荣德生撰，上海古籍出版社 2002 年版。

674. 《荣德生与社会公益事业》，上海大学、江南大学《乐农史料》整理研究小组选编，上海古
籍出版社 2004 年版。

675. 《荣木堂合集》，[清] 陶汝鼐撰，清康熙刊本。

676. 《荣氏梅园史存》，沙无垢、陈文源、葛红编，（苏州）古吴轩出版社 2002 年版。

677. 《荣性堂集》，[清] 吴俊撰，清嘉庆刊本。

678. 《容斋随笔》，[宋] 洪迈撰，《四库全书》本。

679. 《榕城景物录》，[清] 陈学夔撰，福建省图书馆藏清道光抄本。

680. 《榕城考古略》（多种合订本），[清] 林枫撰，海风出版社 2001 年版。

681. 《汝城县志》，汝城县志编纂委员会编，湖南人民出版社 1997 年版。

682. 《入蜀记》，[宋] 陆游撰，《四库全书》本。

683. 《阮元年谱》，王章涛编，黄山书社 2003 年版。

684.《（道光）瑞金县志》，〔清〕蒋方增纂修，清道光二年（1822）刊本。

685.《（光绪）瑞金县志》，〔清〕张国英修，陈芳等纂，清光绪元年（1875）刊本。

686.《（乾隆）瑞金县志》，〔清〕郭灿修，黄天策、杨于位纂，《故宫珍本丛刊》本。

687.《弱水集》，〔清〕屈复撰，清乾隆七年（1742）刻本。

688.《三农纪》，〔清〕张宗法撰，清刊本。

689.《三异笔谈》，〔清〕许仲元撰，民国《笔记小说大观》本。

690.《散原精舍诗文集》，〔清〕陈三立著，李开军校点，上海古籍出版社 2003 年版。

691.《扫红亭吟稿》，〔清〕冯云鹏撰，清道光十年（1830）刊本。

692.《森斋汇稿》，〔清〕冯至撰，清《冯氏丛刻五种》本。

693.《沙市市建设志》，沙市市建设志编纂委员会编，中国建筑工业出版社 1992 年版。

694.《沙市志略》，〔清〕王百川撰，《中国地方志集成》本。

695.《山居新话》，〔元〕杨瑀撰，《四库全书》本。

696.《（嘉庆）山阴县志》，〔清〕徐元梅、朱文翰等纂，清嘉庆八年（1803）刻本。

697.《（康熙）山阴县志》，〔清〕高登先、沈麟趾等修纂，清康熙十年（1671）刻本。

698.《删后诗存》，〔清〕陈梓撰，清嘉庆二十年（1815）刊本。

699.《删后文集》，〔清〕陈梓撰，清嘉庆二十年（1815）刊本。

700.《珊瑚木难》，〔明〕朱存理编，《四库全书》本。

701.《善本书室藏书志》，〔清〕丁丙辑，清光绪刻本。

702.《赏雨茅屋诗集》，〔清〕曾燠撰，清嘉庆刻增修本。

703.《上海县文化志》，上海县文化志编纂委员会编纂，上海社会科学院出版社 1997 年版。

704.《（同治）上海县志》，〔清〕应宝时修，俞樾纂，《中国方志丛书》本。

705.《上杭文史资料（第 3 辑）》，政协上杭县委员会文史资料组编，1983 年印本。

706.《（民国）上杭县志》，〔民国〕张汉等修，丘复等纂，上杭启文书局 1939 年版。

707.《（乾隆）上杭县志》，〔清〕顾人骥等修，沈成国纂，清乾隆二十五年（1760）刻本。

708.《（乾隆）上杭县志》，〔清〕赵成修，赵宁静纂，清乾隆十八年（1753）刻本。

709.《（同治）上江两县志》，〔清〕莫祥芝、甘绍盘、汪士铎修纂，《中国地方志集成》本。

710.《上元江宁乡土志》，〔清〕陈作霖撰，清宣统二年（1910）江楚编译局刊本。

711.《（道光）上元县志》，〔清〕武念祖修，陈栻纂，《中国地方志集成》本。

712.《（乾隆）上元县志》，蓝应袭修，何梦篆、程廷祚纂，广陵古籍刻印社 1989 年影印乾隆
刊本。

713.《（万历）上元县志》，〔明〕程三省修，李登等纂，明万历二十五年（1597）刊本。

714.《（乾隆）绍兴府志》，〔清〕李亨特、平恕等修纂，《中国方志丛书》本。

715.《（万历）绍兴府志》，〔明〕萧良干、张元忭、孙矿修纂，明万历十五年（1587）刻本。

716.《神农架探秘》，陈人麟撰，科学出版社 1995 年版。

717.《沈归愚先生全集》，〔清〕沈德潜撰，清乾隆教忠堂刊本。

718.《沈氏日旦》，〔明〕沈长卿撰，明崇祯刊本。

719. 《升庵长短句续集》，〔明〕杨慎撰，成都天地出版社 2002 年版《杨升庵丛书》本。

720. 《圣祖仁皇帝御制文集》，〔清〕爱新觉罗玄烨撰，《四库全书》本。

721. 《盛明杂剧》，〔明〕沈泰编，诵芬室刻本。

722. 《诗歌意象论》，陈植锷撰，中国社会科学出版社 1990 年版。

723. 《诗话总龟》，〔宋〕阮阅编，《四库全书》本。

724. 《十诵斋集》，〔清〕周天度撰，乾隆四十八年（1783）刻本。

725. 《石仓历代诗选》，〔明〕曹学佺编，《四库全书》本。

726. 《石仓诗稿》，〔明〕曹学佺撰，清乾隆十九年（1754）刊本。

727. 《石仓文稿》，〔明〕曹学佺撰，明万历刊本。

728. 《石城山志》，〔民国〕陈诒绂纂，民国六年（1917）刊本。

729. 《石门文字禅》，〔宋〕释惠洪撰，《四部丛刊初编》本。

730. 《石民四十集》，〔明〕茅元仪撰，明崇祯刊本。

731. 《石屏诗集》，〔宋〕戴复古撰，《四库全书》本。

732. 《石泉书屋类稿》，〔清〕李佐贤撰，清同治十年（1871）刊本。

733. 《石泉书屋诗钞》，〔清〕李佐贤撰，清同治四年（1865）刊本。

734. 《石涛书画集》，〔清〕石涛绘，株氏会社东京堂昭和 53 年（1978）版。

735. 《石涛书画全集》，〔清〕石涛绘，天津人民美术出版社 1995 年版。

736. 《石田诗选》，〔明〕沈周撰，《四库全书》本。

737. 《识小录》，〔明〕徐树丕撰，涵芬楼景稿本。

739. 《实地步行西湖游览指南》，〔民国〕陆费执等编，《西湖文献集成》本。

739. 《史记》，〔汉〕司马迁撰，中华书局 1982 年版。

740. 《史记索引》，〔唐〕司马贞撰，《四库全书》本。

741. 《始青阁稿》，〔明〕邹迪光撰，明天启刻本。

742. 《市隐书屋文稿》，〔清〕亢树滋撰，清光绪三年（1877）刊本。

743. 《是程堂二集》，〔清〕屠倬撰，清道光元年（1821）刊本。

744. 《是程堂集》，〔清〕屠倬撰，清嘉庆十九年（1814）刊本。

745. 《守雅堂稿辑存》，〔清〕邢澍撰，甘肃人民出版社 1992 年版。

746. 《首都志》，〔民国〕王焕镳编纂，正中书局 1935 年版。

747. 《书史会要》，〔元〕陶宗仪撰，〔明〕朱谋垔补遗，《四库全书》本。

748. 《书隐丛说》，〔清〕袁栋撰，清乾隆刊本。

749. 《蜀中广记》，〔明〕曹学佺撰，《四库全书》本。

750. 《树艺篇》，〔明〕胡古愚撰，明纯白斋钞本。

751. 《数马集》，〔明〕黄克缵撰，清刊本。

752. 《双佩斋诗集》，〔清〕王友亮撰，清嘉庆刊本。

753. 《双溪集》，〔明〕杭淮撰，《四库全书》本。

754. 《霜镜集》，〔明〕陆宝撰，明崇祯刊本。

755.《说郛》，〔元〕陶宗仪辑，《四库全书》本。

756.《说苑疏证》，〔汉〕刘向撰，赵善诒疏证，华东师范大学 1985 年版。

757.《司牧安骥集》，〔唐〕佚名撰，明万历二十一年（1593）刊本。

758.《思辨录辑要》，〔清〕陆世仪撰，《四库全书》本。

759.《思绮堂文集》，〔清〕章藻功撰，清康熙六十一年（1722）刊本。

760.《司业诗集》，〔清〕陈祖范撰，清乾隆二十九年（1764）刻本。

761.《（雍正）四川通志》，〔清〕黄廷桂等修纂，《四库全书》本。

762.《四明谈助》，〔清〕徐兆昺撰，清道光八年（1828）刊本。

763.《（宝庆）四明志》，〔宋〕罗濬撰，中华书局版《宋元方志丛刊》本。

764.《四时幽赏录（外十种）》，〔明〕高濂等撰，上海古籍出版社 1999 年版。

765.《四忆堂诗集》，〔清〕侯方域撰，《续修四库全书》本。

766.《四照堂诗文集》，〔清〕王猷定撰，清康熙二十二年（1683）刻本。

767.《笥河诗集》，〔清〕朱筠撰，清嘉庆九年（1804）刻本。

768.《笥河文集》，〔清〕朱筠撰，清嘉庆二十年（1815）刻本。

769.《松窗梦语》，〔明〕张瀚撰，萧国亮点校，上海古籍出版社 1986 年版。

770.《松风阁诗钞》，〔清〕彭蕴章撰，清同治《彭文敬公全集》本。

771.《（嘉庆）松江府志》，〔清〕宋如林修，孙星衍、莫晋纂，清嘉庆二十三年（1818）修定本。

772.《松江文化志》，松江文化志编写组编，（上海）百家出版社 2001 年版。

773.《松梦寮诗稿》，〔清〕丁丙撰，清光绪二十五年（1899）刊本。

774.《松梧阁诗集》，〔清〕李暾撰，清雍正至乾隆间刊本。

775.《松溪文集》，〔清〕汪梧凤撰，清刊本。

776.《（康熙）松溪县志》，〔清〕潘拱辰纂修，黄鉴补遗，民国十七年（28）活字本。

777.《松溪县志》，松溪县地方志编纂委员会编，中国统计出版社 1994 年版。

778.《松心诗录》，〔清〕张维屏撰，清咸丰四年（1854）刊本。

779.《松隐集》，〔宋〕曹勋撰，民国《嘉业堂丛书》本。

780.《宋代咏梅文学研究》，程杰撰，安徽文艺出版社 2002 年版。

781.《宋会要辑稿》，〔清〕徐松辑，中华书局 1957 年版。

782.《宋诗话辑佚》，郭绍虞辑，中华书局 1980 年版。

783.《宋史》，〔元〕脱脱等撰，中华书局 1997 年版。

784.《宋史纪事本末》，〔明〕陈邦瞻撰，《四库全书》本。

785.《宋史全文》，〔元〕佚名编，《四库全书》本。

786.《宋学士文集》，〔明〕宋濂撰，《四部丛刊初编》本。

787.《苏轼文集》，〔宋〕苏轼撰，中华书局 1986 年版。

788.《（同治）苏州府志》，〔清〕李铭皖等修，冯桂芬纂，清光绪八年（1882）江苏书局刊本。

789.《苏州市志》，苏州市地方志编委会编纂，江苏人民出版社 1995 年版。

790. 《粟香随笔》，［清］金武祥撰，清光绪刻本。

791. 《随园诗话》，［清］袁枚撰，江苏古籍出版社 1993 年版《袁枚全集》本。

792. 《随园琐记》，［清］袁祖志撰，清光绪五年（1879）刊本。

793. 《随园图》，［清］袁起撰，清同治四年（1865）刊本。

794. 《遂昌杂录》，［元］郑元祐撰，《四库全书》本。

795. 《遂初草庐诗集》，［清］杜堮撰，清同治九年（1870）刊本。

796. 《遂初堂集》，［清］潘耒撰，《续修四库全书》本。

797. 《（民国）遂宁县志》，［民国］甘焘等修，王懋昭等纂，民国十八年（1929）刊本。

798. 《穗郊文史（第 1 辑）》，广州市郊区政协文史资料研究委员会编，1986 年印刷本。

799. 《遂雅堂集》，［清］姚文田撰，清道光元年（1821）刊本。

800. 《（民国）台州府志》，［民国］喻长林、柯华威等纂修，《中国地方志集成》本。

801. 《台州外书》，［清］戚学标纂，清嘉庆四年（1799）刻《戚学泉所著书》本。

802. 《台州札纪》，［清］洪颐煊撰，清钞本。

803. 《（康熙）台湾府志》，［清］蒋毓英纂修，《续修四库全书》本。

804. 《太鹤山人集》，［清］端木国瑚撰，清道光刊本。

805. 《太湖游记》，［民国］胡健生撰，《古籍珍本游记丛刊》本。

806. 《（康熙）太平府志》，［清］黄桂修，宋骧等纂，《中国方志丛书》本。

807. 《（乾隆）太平府志》，［清］朱肇基修，陆纶纂，《中国地方志集成》本。

808. 《太平御览》，［宋］李昉等编，中华书局 1996 年版。

809. 《泰云堂集》，［清］孙尔准撰，清道光刊本。

810. 《昙云阁集》，［清］曹楙坚撰，清光绪三年（1877）刊本。

811. 《（乾隆）郯城县志》，［清］王植、张金城等修纂，《中国方志丛书》本。

812. 《檀园集》，［明］李流芳撰，《四库全书》本。

813. 《坦斋刘先生文集》，［明］刘三吾撰，明万历六年（1578）刻本。

814. 《唐才子传校笺》，傅璇琮主编，中华书局 1990 年版。

815. 《唐栖志》，［清］王同纂，《中国地方志集成》本。

816. 《唐栖志略稿》，［清］何琪撰，《中国地方志集成》本。

817. 《唐文粹》，［宋］姚铉编，《四库全书》本。

818. 《塘栖镇志》，塘栖镇人民政府（塘栖镇志编纂办公室）编，上海书店 1991 年版。

819. 《陶山诗录》，［清］唐仲冕撰，清嘉庆十六年（1811）刊本。

820. 《陶文简公集》，［明］陶望龄撰，明天启七年（1627）刊本。

821. 《腾冲建设志》，腾冲县建设委员会编，云南民族出版社 2003 年版。

822. 《腾越州志》，［清］屠述濂纂修，清光绪二十三年（1897）重刊本。

823. 《藤山志》，［民国］蔡人奇纂，《中国地方志集成》本。

824. 《天府广记》，［清］孙承泽撰，清钞本。

825. 《天工开物》，［明］宋应星撰，明崇祯刊本。

826.《天台集续集》，〔宋〕林表民编，《四库全书》本。

827.《天台山笔记——与远年灵魂的对话》，刘长春撰，人民文学出版社 1999 年版。

828.《天台山二集》，〔民国〕蒋维乔编，商务印书馆 1924 年版。

829.《天台山方外志》，〔明〕释传灯纂，《四库全书存目丛书》本。

830.《天台山风景名胜》，天台县政协文史资料研究委员会编，1991 年印制。

831.《天台山名胜导游》，〔民国〕许钦明编，天台久记印刷社 1935 年版。

832.《天台山全志》，〔清〕张联元辑，《续修四库全书》本。

833.《天台山一集》，〔民国〕蒋维乔，商务印书馆 1923 年版。

834.《天台山游览志》，〔民国〕陈林甲编，中华书局 1937 年版。

835.《天台山指南》，〔民国〕徐玮编，商务印书馆 1934 年版。

836.《天台山志》，〔元〕无名氏纂，《四库全书存目丛书》本。

837.《（嘉靖）天台胜迹录》，〔明〕潘珹纂，明嘉靖二十五年（1546）刊本。

838.《天台诗选》，〔明〕许明远辑，齐鲁书社版《四库全书存目丛书补编》本。

839.《天台县志（1989—2000）》，天台县地方志编纂委员会编，方志出版社 2007 年版。

840.《（康熙）天台县志》，〔清〕李德耀、黄执中纂修，清康熙二十三年（1684）刻本。

841.《（民国）天台县志稿》，〔民国〕李光益、金城修，褚传诰纂，《中国地方志集成》本。

842.《天真阁集》，〔清〕孙原湘撰，清嘉庆五年（1800）刻增修本。

843.《田间诗文集》，〔清〕钱澄之撰，清康熙刊本。

844.《苕溪渔隐丛话》，〔宋〕胡仔编，人民文学出版社 1981 年版。

845.《桯史》，〔宋〕岳珂撰，《四库全书》本。

846.《桐庐果树——名优特产品及资源调查》，桐庐县农村经济委员会、农业局所编，桐庐县图书馆藏 1989 年印本。

847.《桐庐县农业志》，桐庐县农业局《农业志》编写小组编，浙江省地质测绘印刷厂 1990 年印制。

848.《（康熙）桐庐县志》，〔清〕童炜修，吴文纬等纂，清康熙二十二年（1683）刊本。

849.《（民国）桐庐县志》，〔民国〕颜士晋、朱邦彦、臧承宣纂修，1985 年桐庐县志办公室誊印本。

850.《（乾隆）桐庐县志》，〔清〕严正身等修，金嘉琰等纂，清抄本。

851.《桐庐县志》，桐庐县志编纂委员会编，浙江人民出版社 1991 年版。

852.《桐溪诗草》，〔清〕沈鹏撰，南京图书馆藏抄本。

853.《铜鼓书堂遗稿》，〔清〕查礼撰，清乾隆刊本。

854.《盦山集》，〔清〕方文撰，清康熙二十八年（1689）刊本。

855.《退庵诗存》，〔清〕梁章钜撰，清道光刊本。

856.《吞松阁集》，〔清〕郑虎文撰，清嘉庆刻本。

857.《箨石斋诗集》，〔清〕钱载撰，清乾隆刊本。

858.《宛在堂文集》，〔明〕郭之奇撰，明崇祯刻本。

859.《晚翠轩诗钞》，［清］戴淳撰，《丛书集成续编》本。

860.《晚晴簃诗汇》，［清］徐世昌辑，民国退耕堂刊本。

861.《王百谷集十九种》，［明］王稚登撰，明刊本。

862.《王奉常集》，［明］王世懋撰，明万历刻本。

863.《王冕》，骆焉名撰，海风出版社 2003 年。

864.《王冕诗选》，张堃选注，浙江人民出版社 1984 年版。

865.《王冕与墨梅画的发展》，嵇若昕撰，书目文献出版社 1987 年版。

866.《王世周先生诗集》，［明］王伯稠撰，明万历刊本。

867.《王侍御类稿》，［明］王圻撰，《四库全书存目丛书》本。

868.《王忠文集》，［明］王祎撰，《四库全书》本。

869.《王子安集》，［唐］王勃撰，《四库全书》本。

870.《味水轩日记》，［明］李日华撰，民国《嘉业堂丛书》本。

870.《文端集》，［清］张英撰，《四库全书》本。

872.《文简集》，［明］孙承恩撰，《四库全书》本。

873.《文山集》，［宋］文天祥撰，《四库全书》本。

874.《文溪集》，［宋］李昂英撰，《四库全书》本。

875.《文宪集》，［明］宋濂撰，《四库全书》本。

876.《文选》，［南朝梁］萧统编，［唐］李善注，中华书局 1997 年版。

877.《文苑英华》，［宋］李昉等编，中华书局 1966 年版。

878.《文征明集》，［明］文征明撰，上海古籍出版社 1987 年版。

879.《文直行书》，［明］熊明遇撰，《四库禁毁书丛刊》本。

880.《文忠集》，［宋］周必大撰，《四库全书》本。

881.《闻见后录》，［宋］邵博撰，《四库全书》本。

882.《闻见近录》，［宋］王巩撰，《四库全书》本。

883.《闻音室诗集》，［清］王嘉曾撰，清嘉庆二十一年（1816）刻本。

884.《翁山诗外》，［清］屈大均撰，《四库禁毁书丛刊》本。

885.《翁文恭公日记》，［清］翁同龢撰，《续修四库全书》本。

886.《（崇祯）乌程县志》，［明］刘沂春修，徐守纲、潘士遴纂，《稀见中国地方志汇刊》本。

887.《（光绪）乌程县志》，［清］潘玉璇、冯健修，周学濬、汪曰桢纂，清光绪七年（1881）刊本。

888.《（乾隆）乌程县志》，［清］罗愫修，杭世骏纂，《续修四库全书》本。

889.《无悔斋集》，［清］周京撰，乾隆刊本。

890.《无腔村笛》，［清］吴振棫撰，清同治四年（1865）刊本。

891.《（光绪）无锡金匮县志》，［清］裴大中等修，秦缃业等纂，《中国地方志集成》本。

892.《无锡梅园》，沙无垢、孙美萍编著，古吴轩出版社 2004 年版。

893.《吴船录》，［宋］范成大撰，《四库全书》本。

894.《吴都文粹续集》，〔明〕钱谷编，《四库全书》本。

895.《吴郡名贤图传赞》，〔清〕顾沅编，孔继尧绘，清道光九年（1829）长洲顾氏刊本。

896.《吴郡西山访古记》，〔民国〕李根源撰，《中国名山胜迹志丛刊》本。

897.《吴郡志》，〔宋〕范成大撰，《四库全书》本。

898.《吴吏部集》，〔明〕吴本泰撰，清顺治刊本。

899.《吴梅村诗集笺注》，〔清〕吴伟业撰，〔清〕程穆衡、杨学沆笺注，上海古籍出版社1983年版。

900.《吴门竹枝词》，〔民国〕范广宪撰，民国刊本。

901.《（民国）吴县志》，〔民国〕曹允源、李根源纂，苏州文新公司民国二十二年（1933）铅印本。

902.《（乾隆）吴县志》，〔清〕姜顺蛟等修，施谦纂，清乾隆十年（1745）刊本。

903.《吴县志》，吴县地方志编纂委员会编，上海古籍出版社1994年版。

904.《吴兴掌故集》，〔明〕徐献忠撰，《丛书集成续编》本。

905.《（嘉泰）吴兴志》，〔宋〕谈钥撰，《续修四库全书》影印《吴兴丛书》本。

906.《（嘉泰）吴兴志》，〔宋〕谈钥撰，台湾成文出版社1984年版《中国方志丛书》影印章氏读骚如斋抄本。

907.《吴学士诗文集》，〔清〕吴焯撰，清光绪八年（1882）刊本。

908.《吴邑志》，〔明〕杨循吉撰，《四库全书存目丛书》本。

909.《吴中区光福镇地图》，吴中区光福镇人民政府、苏州市测绘院有限公司，2007年彩印件。

910.《（嘉庆）芜湖县志》，〔清〕梁启让修，陈春华等纂，《中国方志丛书》本。

911.《（民国）芜湖县志》，〔民国〕余谊密修，鲍实纂，《中国地方志集成》本。

912.《梧门诗话》，〔清〕法式善撰，《中国基本古籍库》所载稿本。

913.《（乾隆）梧州府志》，〔清〕吴九龄修，史鸣皋等纂，《中国方志丛书》本。

914.《五百家注柳先生集》，〔唐〕柳宗元撰，《四库全书》本。

915.《五杂俎》，〔明〕谢肇淛撰，《续修四库全书》本。

916.《武功集》，〔明〕徐有贞撰，《四库全书》本。

917.《武汉的东湖》，东湖风景区管理处编，湖北人民出版社1956年版。

918.《武汉梅花》，赵守边、刘小祥编著，武汉工业大学出版社1997年版。

919.《武汉园林（1840—1985）》，武汉园林局编，1987年印本。

920.《武汉园林资料汇编（第一辑）》，武汉园林分志编纂委员会编，1984年印本。

921.《（道光）武康县志》，〔清〕疏筤修，陈殿阶等纂，《中国方志丛书》本。

922.《（嘉靖）武康县志》，〔明〕程嗣功修，骆文盛纂，《天一阁藏明代方志选刊》本。

923.《武林梵志》，〔明〕吴之鲸撰，《四库全书》本。

924.《武林坊巷志》，〔清〕丁丙编，浙江人民出版社1987—1990年版。

925.《武林旧事》，〔宋〕周密撰，《四库全书》本。

926.《武夷山市志》，武夷山市志编纂委员会编，中国统计出版社1994年版。

927.《物理小识》，〔清〕方以智撰，清光绪宁静堂刊本。

928.《西陂类稿》，〔清〕宋荦撰，《四库全书》本。

929.《西村集》，〔明〕史鉴撰，《四库全书》本。

930.《西河集》，〔清〕毛奇龄撰，《四库全书》本。

931.《西湖繁胜录》，〔宋〕西湖老人撰，明《永乐大典》本。

932.《西湖古今楹贴新集》，佚名编，《中国名山胜迹志丛刊》第六辑《西湖资料六种》本。

933.《西湖纪游》，〔清〕张仁美撰，《武林掌故丛编》本。

934.《西湖梦寻》，〔明〕张岱撰，《武林掌故丛编》本。

935.《西湖名胜快览》，〔民国〕佚名编，《西湖文献集成》本。

936.《西湖手册》，西湖指南社编，1947年版。

937.《西湖新志》，〔民国〕胡祥翰撰，翟灏等辑《湖山便览》附录。

938.《西湖寻梅》，杭州西湖区政协编，浙江人民出版社2009年版。

939.《西湖游览指南》，商务印书馆，商务印书馆1935年版。

940.《西湖游览志》，〔明〕田汝成撰，上海古籍出版社1958年版。

941.《西湖杂咏》，〔清〕秦武域撰，《丛书集成续编》本。

942.《西湖志》，〔清〕李卫修纂，《故宫珍本丛刊》本。

943.《西湖志》，杭州市园林文物管理局编（姚莫东主编），上海古籍出版社1995年版。

944.《西湖志纂》，梁诗正等编，《四库全书》本。

945.《西湖竹枝词》，〔清〕陈璨撰，《丛书集成续编》本。

946.《西京杂记》，〔汉〕刘歆撰，〔晋〕葛洪辑，《四库全书》本。

947.《西堂乐府》，〔清〕尤侗撰，《续修四库全书》本。

948.《西堂杂组》，〔清〕尤侗撰，清康熙刊本。

949.《西溪百咏》，〔明〕释大善撰，《丛书集成续编》本。

950.《西溪的历史与文化》，林正秋、黄春雷主编，人民日报出版社2005年版。

951.《西溪梵隐志》，〔清〕吴本泰撰，《丛书集成续编》本。

952.《西溪联吟》，〔清〕吴祖枚、陈如松撰，《丛书集成续编》本。

953.《西溪梅竹山庄图题咏》，〔清〕章黼撰，《武林掌故丛编》本。

954.《西溪湿地·西溪隐秀》，周膺、曹云、吴晶撰，当代中国出版社2005年版。

955.《西溪永兴寺志略》，〔民国〕庄绍周撰，杭州出版社《西湖文献集成》本。

956.《西溪杂咏》，〔清〕陈文述撰，丁丙《武林掌故丛编》本。

957.《西庄始存稿》，〔清〕王鸣盛撰，清乾隆三十年（1765）刊本。

958.《西子湖拾翠余谈》，〔明〕汪砢玉撰，《丛书集成续编》本。

959.《希古堂集》，〔清〕谭宗濬撰，清光绪刊本。

960.《惜抱轩诗文集》，〔清〕姚鼐撰，《四部丛刊初编》本。

961.《溪上遗闻集录》，〔清〕尹元炜撰，清道光二十八年（1848）刊本。

962.《洗桐轩诗集》，〔清〕李周南撰，清嘉庆刻本。

963.《仙屏书屋初集》，[清] 黄爵滋撰，清道光二十六年（1846）活字印本。

964.《先秦汉魏晋南北朝诗》，逯钦立编，中华书局 1983 年版。

965.《闲存堂集》，[清] 张永铨撰，清康熙刊本。

966.《闲青堂诗集》，[清] 朱伦瀚撰，清乾隆刊本。

967.《咸淳临安志》，[宋] 潜说友撰，《四库全书》本。

968.《咸淳毗陵志》，[宋] 史能之撰，《续修四库全书》本。

969.《显志堂稿》，[清] 冯桂芬撰，清光绪三年（1876）冯氏校邠庐刻本。

970.《香禅精舍集》，[清] 潘钟瑞撰，清光绪长洲香禅精舍刊本。

971.《香山集》，[宋] 喻良能撰，民国《续金华丛书》本。

972.《香石诗话》，[清] 黄培芳撰，清嘉庆十六年（1811）刊本。

973.《香树斋诗文集》，[清] 钱陈群撰，清乾隆刊本。

974.《香苏山馆诗集》，[清] 吴嵩梁撰，清木犀轩刊本。

975.《香雪林集》，[明] 王思义编，《四库全书存目丛书》本。

976.《萧山县农业志》，萧山市农业局编，浙江大学出版社 1989 年版。

977.《萧汤二老遗诗合编》，[清] 萧云从、汤燕生撰，黄钺辑，黄山书社 1999 年版《壹斋集》本。

978.《潇洒桐庐游记》，中共桐庐县委宣传部编（申屠丹荣主编），2008 年印本。

979.《小仓山房集》，[清] 袁枚撰，清乾隆刻本。

980.《小草斋集》，[明] 谢肇淛撰，明万历刊本。

981.《小方壶斋舆地丛钞》，[清] 王锡祺辑，清光绪十七年（1891）上海著易堂铅印本。

982.《小谟觞馆诗文集》，[清] 彭兆荪撰，清嘉庆十一年（1806）刻二十二年增修本。

983.《小岘山人集》，[清] 秦瀛撰，清嘉庆刻增修本。

984.《小重山房诗词全集》，[清] 张祥河撰，清光绪刊本。

985.《谢石渠先生诗集》，[明] 谢士章撰，明天启刊本。

986.《新门散记》，[清] 罗以智撰，《武林掌故丛编》本。

987.《（嘉庆）新修江宁府志》，[清] 吕燕昭修，姚鼐纂，《续修四库全书》本。

988.《虚斋名画录》，[清] 庞元济撰，清宣统刊本。

989.《虚直堂文集》，[清] 刘榛撰，清康熙刻本。

990.《徐清正公存稿》，[宋] 徐鹿卿撰，明万历刻本。

991.《徐文长文集》，[明] 徐渭撰，明刊本。

992.《续安阳县志》，王幼侨、李国桢等修纂，《中国方志丛书》本。

993.《续耆旧》，[清] 全祖望辑，清槎湖草堂钞本。

994.《续宋编年资治通鉴》，[宋] 刘时举撰，《四库全书》本。

995.《（钦定）续通志》，嵇璜、刘墉等纂，《四库全书》本。

996.《（康熙）续修瑞金县志》，[清] 郭一豪修，朱云映等纂，书目文献出版社版《日本藏中国罕见地方志丛刊》本。

997. 《（嘉庆）续修郯城县志》，〔清〕吴楷、陆继辂等修纂，《中国方志丛书》本。

998. 《（万历）续修严州府志》，〔明〕杨守仁原修，徐楚纂，吕昌期续修，俞炳然续纂，《四库全书存目丛书》本。

999. 《续甬上耆旧诗》，〔清〕全祖望编，清槎湖草堂钞本。

1000. 《蓄斋集》，〔清〕黄中坚撰，清康熙刊本。

1001. 《学福斋集》，〔清〕沈大成撰，清乾隆三十九年（1774）刊本。

1002. 《雪川诗稿》，〔清〕陈苌撰，清康熙鸳湖苏啸堂刊本。

1003. 《雪楼集》，〔元〕程钜夫撰，《四库全书》本。

1004. 《雪山集》，〔宋〕王质撰，《四库全书》本。

1005. 《雪堂集》，〔明〕沈守正撰，明崇祯刊本。

1006. 《雪翁诗集》，〔明〕魏耕撰，《续修四库全书》本。

1007. 《雪屋二集》，〔明〕孙永祚撰，清顺治刻本。

1008. 《雪园诗赋》，〔清〕单隆周撰，清康熙刻本。

1009. 《雪杖山人诗集》，〔清〕郑炎撰，清嘉庆五年（1800）刻本。

1010. 《雪庄西湖渔唱》，〔清〕许承祖撰，《丛书集成续编》本。

1011. 《循沧集》，〔明〕姚希孟撰，明《清闷全集》本。

1012. 《烟波渔唱》，〔清〕张应昌撰，清同治二年（1863）西昌旅舍刻增修本。

1013. 《烟霞万古楼诗选》，〔清〕王昙撰，清咸丰元年（1851）刊本。

1014. 《烟屿楼诗集》，〔清〕徐时栋撰，清同治七年（1868）叶鸿年刊本。

1015. 《（乾隆）严州府志》，〔清〕吴士进修，胡书源等纂，清乾隆二十一年（1756）刊本。

1016. 《（淳熙）严州图经》，〔宋〕陈公亮、刘文富撰，《续修四库全书》本。

1017. 《研北杂志》，〔元〕陆友仁撰，《四库全书》本。

1018. 《研经室集》，〔清〕阮元撰，《续修四库全书》本。

1019. 《弇州四部稿》，〔明〕王世贞撰，《四库全书》本。

1020. 《燕堂诗稿》，〔宋〕赵公豫撰，《四库全书》本。

1021. 《燕园史话》，苏勇、樊竟编著，工人出版社1985年版。

1022. 《杨升庵丛书》，王文才、万光治主编，成都天地出版社2002年版。

1023. 《（万历）扬州府志》，〔明〕杨洵修，徐銮、陆君弼等纂，《北京图书馆古籍珍本丛书》本。

1024. 《扬州画舫录》，〔清〕李斗撰，中华书局1960年版。

1025. 《扬州览胜录》，〔清〕王振世撰，江苏古籍出版社2002年版。

1026. 《扬州历代诗词》，李坦主编，人民文学出版社1998年版。

1027. 《阳羡古城揽胜续集》，宜兴市建设局编，（北京）方志出版社2005年版。

1028. 《养默山房诗稿》，〔清〕谢元淮撰，清光绪元年（1875）刊本。

1029. 《养小录》，〔清〕顾仲撰，《学海类编》本。

1030. 《养一斋集》，〔清〕李兆洛撰，清道光二十三年（1843）活字印增修本。

1031. 《尧峰文钞》，〔清〕汪琬撰，《四库全书》本。

1032. 《也足山房尤瘴稿》，〔明〕张廷玉撰，明崇祯刻本。

1033. 《野菜博录》，〔明〕鲍山撰，《四库全书》本。

1034. 《野菜博录》，〔明〕香林主人（鲍山）撰，《四部丛刊三编》本。

1035. 《叶适集》，〔宋〕叶适撰，刘公纯等点校，中华书局 1961 年版。

1036. 《夜雨秋灯录》，〔清〕宣鼎辑，清光绪铅印报馆丛书本。

1037. 《一斑录》，〔清〕郑光祖撰，清道光刻本。

1038. 《一楼集》，〔清〕黄达撰，清乾隆刊本。

1039. 《壹斋集》，〔清〕黄钺撰，清咸丰九年（1859）刻本。

1040. 《（康熙）仪真县志》，〔清〕陆师纂修，清康熙五十七年（1718）刻本。

1041. 《（隆庆）仪真县志》，〔明〕申嘉瑞修，陈国光等纂，《天一阁藏明代方志选刊》本。

1042. 《仪征市志》，仪征市市志编纂委员会编，江苏科学技术出版社 1994 年版。

1043. 《夷坚支志》，〔宋〕洪迈，清景宋本。

1044. 《（光绪、宣统）宜荆续志》，〔清〕陈善谟、祖福广修，周志靖纂，《中国地方志集成》本。

1045. 《（光绪）宜兴荆溪县新志》，〔清〕施惠、钱志澄修，吴景墙等纂，《中国地方志集成》本。

1046. 《颐道堂集》，〔清〕陈文述撰，清嘉庆十二年（1807）刻道光增修本。

1047. 《颐道堂诗选》，〔清〕陈文述撰，《续修四库全书》本。

1048. 《颐山诗稿》，〔明〕吴仕撰，《四库全书存目丛书》本。

1049. 《彝寿轩诗钞》，〔清〕张应昌撰，清同治二年（1863）西昌旅舍刻增修本。

1050. 《忆雪楼诗集》，〔清〕王焕撰，清康熙三十五年（1696）刊本。

1051. 《艺风堂文集》，〔清〕缪荃孙撰，清光绪二十六年（1900）刻本。

1052. 《艺庭诗文稿》，〔清〕彭启丰撰，清乾隆刊本。

1053. 《艺舟双楫》，〔清〕包世臣撰，清道光《安吴四种》本。

1054. 《亦有生斋集》，〔清〕赵怀玉撰，清道光元年（1821）刊本。

1055. 《因园集》，〔清〕赵执信撰，《四库全书》本。

1056. 《尹文端公诗集》，〔清〕尹继善撰，清乾隆刊本。

1057. 《隐秀轩诗》，〔明〕钟惺撰，《四库禁毁书丛刊》本。

1058. 《婴山小园诗集》，〔清〕张诚撰，清光绪元年（1875）刊本。

1059. 《楹联丛话》，〔清〕梁章钜撰，清道光二十年（1840）桂林署斋刊本。

1060. 《楹联续话》，〔清〕梁章钜撰，清道光刊本。

1061. 《瀛奎律髓》，〔宋〕方回编，《四库全书》本。

1062. 《（光绪）永嘉县志》，〔清〕张宝琳修，黄菜等纂，《中国地方志集成》本。

1063. 《永乐大典》，〔明〕解缙等编，中华书局 1986 年版。

1064. 《（民国）永泰县志》，〔民国〕金章等修，王绍沂等纂，民国十一年（1922）刊本。

1065. 《永泰县志》，永泰县地方志编纂委员会编，新华出版社 1992 年版。

1066. 《咏花轩诗集》，〔清〕张廷璐撰，清乾隆刻本。

1067. 《涌幢小品》，〔明〕朱国祯撰，《续修四库全书》本。

1068. 《游滇纪事》，〔民国〕钱文选撰，《中国西南文献丛书》本。

1069. 《游湖小识》，〔清〕潘春生撰，《西湖文献集成》本。

1070. 《游罗浮日记》，〔清〕潘飞声撰，南京图书馆藏香港聚珍书楼刊本。

1071. 《游西湖小记》，〔明〕浦祊撰，《天津图书馆孤本秘籍丛书》本。

1072. 《有正味斋集》，〔清〕吴锡麒撰，清嘉庆十三年（1808）刊本。

1073. 《幼学堂诗文稿》，〔清〕沈钦韩撰，清嘉庆道光刊本。

1074. 《于湖小集》，〔清〕袁昶撰，清光绪刻本。

1075. 《于湘遗稿》，〔清〕楼锜撰，清乾隆二十年（1755）刊本。

1076. 《余杭近代医林人物集萃》（《余杭文史资料》第九辑），余杭政协文史委员会、浙江省余杭县卫生局编，1994 年印本。

1077. 《余杭年鉴（2009）》，杭州市余杭区地方志编纂委员会编（陈耿忠主编），方志出版社 2009 年版。

1078. 《余杭年鉴（2010）》，杭州市余杭区地方志编纂委员会编（陈耿忠主编），方志出版社 2010 年版。

1079. 《余杭文史资料（第一辑）》，余杭县政协文史资料委员会编，1986 年印本。

1080. 《余杭县地名志》，余杭县地名委员会编，1987 年印本。

1081. 《余杭县农业志》，余杭县农业局农业志编写组编，1988 年铅印本。

1082. 《余杭县志》，余杭县志编纂委员会编，浙江人民出版社 1990 年版。

1083. 《俞曲园先生年谱》，〔民国〕徐澄编，江苏省立苏州图书馆 1940 年版。

1084. 《渔洋山人精华录》，〔清〕王士祯撰，《四库全书》本。

1085. 《渔洋山人文略》，〔清〕王士禛撰，《四库全书存目丛书》本。

1086. 《畬经堂诗文集》，〔清〕李景英撰，清乾隆刊本。

1087. 《雨花古今谈》，南京雨花台区委宣传部编，南京图书馆藏 1981 年内部印行本。

1088. 《雨花台区志》，南京市雨花台区地方志编纂委员会编，方志出版社 2002 年版。

1089. 《玉娇梨》，〔清〕荑秋散人（张匀）编著，上海古籍出版社 1994 年版《古本小说集成》本。

1090. 《玉笙楼诗录》，〔清〕沈寿榕撰，清光绪九年（1883）刻增修本。

1091. 《玉笥集》，〔元〕张宪撰，《四库全书》本。

1092. 《玉照亭诗钞》，〔清〕陈大章撰，清乾隆九年（1744）刊本。

1093. 《郁达夫散文全编》，浙江文艺出版社编，浙江文艺出版社 1990 年版。

1094. 《寓林集》，〔明〕黄汝亨撰，《续修四库全书》本。

1095. 《御选宋金元明四朝诗》，〔清〕张豫章等编，《四库全书》本。

1096. 《御制诗集》，〔清〕爱新觉罗弘历撰，《四库全书》本。

1097.《渊雅堂全集》，〔清〕王芑孙撰，清嘉庆刻本。

1098.《元丰九域志》，〔宋〕王存撰，中华书局 1984 年版。

1099.《元诗选》，〔清〕顾嗣立编，《四库全书》本。

1100.《元艺圃集》，〔明〕李蓘编，《四库全书》本。

1101.《沅湘耆旧集》，〔清〕邓显鹤编，清道光二十三年（1843）刊本。

1102.《袁枚全集》，〔清〕袁枚撰，江苏古籍出版社 1993 年版。

1103.《袁中郎全集》，〔明〕袁宏道撰，明崇祯刊本。

1104.《远去归来的昨天》，陈侃章撰，浙江人民出版社 2008 年版。

1105.《远香亭诗钞》，〔清〕杨有涵撰，清乾隆五十九年（1794）刊本。

1106.《月满楼诗文集》，〔清〕顾宗泰撰，清嘉庆八年（1803）刊本。

1107.《悦亲楼诗集》，〔清〕祝德麟撰，清嘉庆二年（1797）刻本。

1108.《粤中见闻》，〔清〕范端昂撰，汤志岳校注，广东高等教育出版社 1988 年版。

1109.《越镌》，〔明〕王在晋撰，明万历三十九年（1611）刊本。

1110.《云南风土纪事诗》，〔清〕彭崧毓撰，《中国西南文献丛书》本。

1111.《（康熙）云南府志》，〔清〕张毓碧修，谢俨等纂，清康熙三十五年（1696）刊本。

1112.《云南果梅与花梅》，王锡全、孙茂实撰，云南人民出版社 1997 年。

1113.《云南林业文化碑刻》，李荣高等编著，德宏民族出版社 2005 年版。

1114.《云南农村名特产》，云南农业区划委员会办公室编，云南人民出版社 1990 年版。

1115.《（光绪）云南通志》，〔清〕岑毓英修，陈灿纂，清光绪二十年（1894）刊本。

1116.《（雍正）云南通志》，〔清〕鄂尔泰、靖道谟等编，《四库全书》本。

1117.《云南游记》，〔民国〕谢彬撰，《中国西南文献丛书》本。

1118.《云南掌故》，〔民国〕罗养儒著，云南民族出版社 1996 年版。

1119.《云阳集》，〔元〕李祁撰，《四库全书》本。

1120.《云斋广录》，〔宋〕李献民撰，民国刊本。

1121.《云庄诗钞》，〔清〕阮充撰，民国铅印本。

1122.《云左山房诗钞》，〔清〕林则徐撰，清光绪十二年（1886）刊本。

1123.《筠轩文钞》，〔清〕洪颐煊撰，民国二十三年（1934）《邃雅斋丛书》本。

1124.《允都名教录》，〔清〕冯至撰，清《冯氏丛刻五种》本。

1125.《运甓轩文集》，〔清〕陶士偰撰，清乾隆二十七年（1762）刻本。

1126.《在鲁斋文集》，〔明〕孔贞时撰，明崇祯刻本。

1127.《造林学各论》，陈嵘撰，中国农学会（南京）民国二十二年（1933）发行本。

1128.《增订西湖游览指南》，〔民国〕徐珂编，《西湖文献集成》本。

1129.《（光绪）增修崇庆州志》，〔清〕沈恩培修，胡麟等纂修，光绪十年（1884）刻本。

1130.《（光绪）增修甘泉县志》，〔清〕徐成敩等修，陈浩恩、范用宾纂，清光绪十一年（1885）刊本。

1131.《增修云林寺志》，〔清〕厉鹗撰，清光绪刊本。

1132.《查浦诗钞》，〔清〕查嗣瑮撰，清刊本。

1133.《张东海先生诗文集》，〔明〕张弼撰，明正德十三年（1518）福建刊本。

1134.《张文襄公诗集》，〔清〕张之洞撰，民国十七年（1928）刊本。

1135.《张镃年谱》，曾维刚编，人民出版社 2010 年版。

1136.《诏安文史资料（第 20 期）》，诏安政协文史委员会编，2000 年印本。

1137.《诏安文史资料（第 22 期、红星乡专辑）》，诏安政协文史委员会编，2002 年印本。

1138.《（康熙）诏安县志》，〔清〕秦炯纂修，清康熙三十年（1691）刻本。

1139.《肇域志》，〔清〕顾炎武编，清钞本。

1140.《柘轩集》，〔明〕凌云翰撰，《四库全书》本。

1141.《浙江长兴县县政府实习总报告书》，〔民国〕宋宜山、吴向辰（国民党中央政治学校行政系普通行政组学生）撰，南京图书馆藏 1935 年稿本。

1142.《浙江省德清县地名志》，德清县地名委员会编，德清印刷厂 1984 年印本。

1143.《浙江省富阳县地名志》，富阳县地名委员会编，1982 年印本。

1144.《浙江省湖州市地名志》，湖州市地名领导小组（湖州市地名办公室）编，1983 年印本。

1145.《浙江省临海市地名志》，临海市地名办公室编，上海市印刷四厂 1986 年铅印本。

1146.《浙江省绍兴县地名志》，绍兴县革命委员会编，1980 年铅印本。

1147.《（雍正）浙江通志》，〔清〕李卫、嵇曾筠修，赵宠恩等编纂，《四库全书》本。

1148.《珍帚斋诗画稿》，〔民国〕姚景瀛撰，民国石印本。

1149.《（民国）镇洋县志》，〔民国〕王祖畲纂，民国七年（1918）刊本。

1150.《震泽集》，〔明〕王鏊撰，《四库全书》本。

1151.《征题超山梅花诗集》，〔民国〕张绶章等编，浙江图书馆藏民国十五年（1926）铅印本。

1152.《征题超山梅花小启》，〔民国〕钱庚、张绶章等编，浙江图书馆藏民国十五年（1926）铅印本。

1153.《正谊堂诗文集》，〔清〕董以宁撰，清康熙书林兰苏堂刻本。

1154.《之溪老生集》，〔清〕先著撰，《四库未收书辑刊》本。

1155.《芝庭诗文稿》，〔清〕彭启丰撰，清乾隆刊本。

1156.《知止斋诗集》，〔清〕翁心存撰，清光绪三年（1877）常熟毛文彬刻本。

1157.《织水斋集》，〔清〕李焕章撰，《四库全书存目丛书》本。

1158.《（光绪）直隶和州志》，〔清〕朱大绅修，高照纂，《中国地方志集成》本。

1159.《（道光）直隶南雄州志》，〔清〕余保纯等修，黄其勤纂，戴锡纶续纂，《中国地方志集成》本。

1160.《（嘉庆）直隶太仓州志》，〔清〕王昶编纂，清嘉庆七年（1802）刻本。

1161.《直斋书录解题》，〔宋〕陈振孙撰，上海古籍出版社 1987 年版。

1162.《中国果树志（梅卷）》，褚孟嫄主编，中国林业出版社 1999 年版。

1163.《中国历代人物图像集》，华人德主编，上海古籍出版社 2004 年版。

1164.《中国梅花品种图志》，陈俊愉主编，中国林业出版社 1989 年版。

1165.《中国梅花品种图志》，陈俊愉主编，中国林业出版社 2010 年版。

1166.《中国梅花审美文化研究》，程杰撰，巴蜀书社 2008 年版。

1167.《中国名山胜迹志丛刊》，沈云龙主编，台湾文海出版社 1971 年版。

1168.《中国实业志（浙江省）》，佚名编，1932 年印本。

1169.《中国市花的故事》，张壮年、张颖震编著，山东画报出版社 2009 年版。

1170.《中华人民共和国地图集》，总参谋部测绘局编，星球地图出版社 2004 年版。

1171.《中华古梅画谱》，勇满然绘，人民美术出版社 2006 年版。

1172.《中山陵档案史料选编》，南京市档案馆、中山陵园管理处编，江苏古籍出版社 1986 年版。

1173.《中山陵园史录》，南京市政协文史资料委员会编，南京出版社 1989 年版。

1174.《（民国）钟山县志》，〔民国〕潘宝疆、卢世标等纂修，民国二十二年（1933）铅印本。

1175.《钟山县志》，钟山县志编纂委员会编，广西人民出版社 1995 年版。

1176.《周礼注疏》，〔汉〕郑玄注、〔唐〕贾公彦疏，《四库全书》本。

1177.《朱太复乙集》，〔明〕朱长春撰，明万历刊本。

1178.《朱子语类》，〔宋〕黎靖德编，中华书局 1986 年版。

1179.《诸暨名优特产志》，浙江省诸暨县农业区划委员会办公室编，1988 年铅印本。

1180.《诸暨农业志》，应银桥主编，中华书局 2001 年版。

1181.《诸暨青梅词一百首》，〔清〕郭凤沼撰，清刊本。

1182.《诸暨诗英》，〔民国〕徐道政编，民国二十五年（1936）刻本。

1183.《诸暨县地名志》，诸暨县地名委员会编印，1982 年印本。

1184.《（光绪）诸暨县志》，〔清〕陈遹声修，蒋鸿藻纂，民国五年（1916）刊本。

1185.《（乾隆）诸暨县志》，〔清〕沈椿龄修，楼卜瀍纂，清乾隆三十八年（1773）刊本。

1186.《竹间续话》（多种合订本），〔民国〕郭白阳撰，海风出版社 2001 年版。

1187.《（同治）竹山县志》，〔清〕周士桢修，黄子遂纂，清同治四年（1865）刻本。

1188.《竹溪稿》，〔宋〕吕浦撰，民国《续金华丛书》本。

1189.《竹斋集》，〔元〕王冕撰，《四库全书》本。

1190.《竺可桢文集》，竺可桢撰，科学出版社 1979 年版。

1191.《麈史》，〔宋〕王得臣撰，《四库全书》本。

1192.《壮怀堂诗初稿》，〔清〕林直撰，清咸丰六年（1856）刊本。

1193.《紫山大全集》，〔元〕胡祗遹撰，《四库全书》本。

1194.《自勉斋随笔》，〔民国〕陈邦贤撰，上海书店 1997 年版。

1195.《总理陵园管理委员会报告》，总理陵园管理委员会编，南京出版社 2008 年版。

1196.《尊白堂集》，〔宋〕虞俦撰，《四库全书》本。

1197.《遵生八笺》，〔明〕高濂撰，《四库全书》本。

1198.《怼馣𫖯亭集》，〔清〕祁隽藻撰，清咸丰刻本。